NUEVO
TESTAMENTO

INTRODUCCIÓN Y TRADUCCIÓN
DE JUAN MATEOS Y LUIS ALONSO SCHÖKEL

EDICIONES
DABAR
S A D E C V

MÉXICO, D.F.

Nihil Obstat
Carlo Martini, SJ
Roma, 25-9-74

Imprimi potest
José María Martín Patino, SJ
Pro-Vicario General
Madrid, 4-10-74

Diseño de portada: *Guillermo Ruiz Contreras*
Tipografía y armado: *Irma García Cruz*

PARA AMÉRICA LATINA:

© Ediciones Dabar, S.A. de C.V.
Mirador, 42
Col. El Mirador
04950, México, D.F.
Tel. 56 03 36 30, 56 73 88 55
Fax 56 03 36 74
e-mail: dabar.ediciones@prodigy.net.mx
www.dabar.com.mx

ISBN: 970-652-242-5
Impreso y hecho en México.

CONTENIDO

SIGLAS BÍBLICAS

Abd	Abdías	Jos	Josué
Ag	Ageo	Jr	Jeremías
Am	Amós	Jue	Jueces
Ap	Apocalipsis	Lam	Lamentaciones
Bar	Baruc	Lc	Lucas
Cant	Cantar de los Cant	Lv	Levítico
Col	Colosenses	1 Mac	1º Macabeos
1 Cor	1ª Corintios	2 Mac	2º Macabeos
2 Cor	2ª Corintios	Mal	Malaquías
1 Cr	1º Crónicas	Mc	Marcos
2 Cr	2º Crónicas	Miq	Miqueas
Dn	Daniel	Mt	Mateo
Dt	Deuteronomio	Nah	Nahún
Ecl	Eclesiastés	Neh	Nehemías
Eclo	Eclesiástico	Nm	Números
Ef	Efesios	Os	Oseas
Esd	Esdras	1 Pe	1ª Pedro
Est	Ester	2 Pe	2ª Pedro
Éx	Éxodo	Prov	Proverbios
Ez	Ezequiel	1 Re	1º Reyes
Flm	Filemón	2 Re	2º Reyes
Flp	Filipenses	Rom	Romanos
Gál	Gálatas	Rut	Rut
Gn	Génesis	Sab	Sabiduría
Hab	Habacuc	Sal	Salmos
Hch	Hechos	Sant	Santiago
Heb	Hebreos	1 Sm	1º Samuel
Is	Isaías	2 Sm	2º Samuel
Jds	Judas	Sof	Sofonías
Jdt	Judit	1 Tes	1ª Tesalonicenses
Jl	Joel	2 Tes	2ª Tesalonicenses
Jn	Juan	1 Tim	1ª Timoteo
1 Jn	1ª Juan	2 Tim	2ª Timoteo
2 Jn	2ª Juan	Tit	Tito
3 Jn	3ª Juan	Tob	Tobías
Job	Job	Zac	Zacarías

PRESENTACIÓN

Esta edición del Nuevo Testamento reproduce el texto, revisado y actualizado, de la 2ª edición del Nuevo Testamento de Ediciones Cristiandad (Madrid 1987).

Por tratarse de una edición de bolsillo, se ha suprimido el comentario y se han dejado a pie de página solamente aquellas notas en las que se justifica una determinada opción de traducción o la ausencia o adición de versículos, atestiguadas por los códices.

Una buena traducción del Nuevo Testamento, que incorpore como ésta las técnicas lingüísticas y literarias modernas, debe estar realizada de tal modo que se comprenda por sí misma, sin necesidad de recurrir constantemente a aclaraciones a pie de página.

Éste es el caso de la versión del Nuevo Testamento realizada por Juan Mateos, de la que Eugene A. Nida, –especialista en lingüística aplicada a la traducción de la Biblia y Presidente durante muchos años de las Sociedades Bíblicas Unidas (*American Bible Societies*)– ha dicho que es «la mejor traducción de cuantas se han hecho a las lenguas europeas».

Muchos de los textos que se muestran oscuros y de difícil comprensión en otras versiones, en ésta adquieren claridad al haberse utilizado el método de traducción basado en la «equivalencia dinámica». Según este método, el traductor –en lugar de imitar la lengua de origen en el orden de las palabras, en la sintaxis, y en la medida de lo posible en la sonoridad y la fonología– se esfuerza por transmitir el sentido del texto original expresándolo en su propia lengua, manteniéndose siempre fiel al texto que traduce.

Juan Mateos, autor de esta traducción, parece haber tenido en cuenta los cinco consejos que E. Dolet, en su obra *La manière de bien **traduire** d'une langue en autre* (El modo de traducir bien de una lengua a otra) daba en el s. XVI, adelantándose a su tiempo:

1. Es necesario que el traductor entienda perfectamente «el sentido y materia» del autor que traduce.

2. Es necesario que tenga un perfecto conocimiento de la lengua del autor que traduce e, igualmente, de la lengua a la que traduce.

3. Al traducir no hay que someterse al texto palabra por palabra. Los que cometen este error deforman con frecuencia el sentido del autor que traducen y no expresan la gracia y perfección ni de una ni de la otra lengua.

4. El traductor debe emplear los giros que son naturales en la lengua receptora, sin introducir en su traducción formas calcadas de las de la lengua original.

5. El traductor debe cuidar en la lengua receptora el equilibrio de la frase y la armonía de la construcción del texto; es decir, no basta elegir palabras apropiadas, sino que conviene disponerlas en un orden que no repela el oído o el espíritu del lector.

Dicho de otro modo, y citando a otro autor del siglo XVI, «en el arte de traducir el texto es rey, mientras que la traducción no es más que una sierva humilde y fiel, decidida a servir a su dueño. Pero esta sierva está firmemente resuelta a hablar su propia lengua».

Los citados autores se mostraban ya en el siglo XVI claros y decididos precursores de este modo de traducción por «equivalencias dinámicas» que se aplica en esta versión del Nuevo Testamento.

Es lástima que esta teoría y práctica de traducción apenas progresase durante los siglos siguientes, que oscilaron entre un literalismo a ultranza y una libertad excesiva frente a los textos.

JESÚS PELÁEZ

Esta traducción, revisada y actualizada, que ha sido publicada recientemente por Ediciones El Almendro, ha sido adaptada por Ediciones Dabar al castellano usado en los países de Hispanoamérica, y ahora publicada por dicha editorial con el con el fin de prestar un valioso servicio a la difusión del mensaje del Nuevo Testamento en nuestros países.

LOS EDITORES

EL NUEVO TESTAMENTO Y SU MENSAJE

El libro llamado Nuevo Testamento es una colección de veintisiete escritos de diversos estilos. Unos tienen forma de historia (los cuatro evangelios y los Hechos de los Apóstoles), otros son o se llaman cartas, y uno, el Apocalipsis, contiene una revelación hecha a Juan.

No todas las cartas son lo que hoy se llamaría una carta. Algunas sí se dirigen a grupos cristianos concretos y tratan de problemas de las comunidades (por ejemplo, la primera y segunda a los Corintios, Gálatas, Filipenses); otras, en cambio, desarrollan temas (Romanos, Efesios, Hebreos, Santiago).

El título *Nuevo Testamento* resulta extraño. En español, «testamento» significa el documento legal que expresa la última voluntad de un difunto; este libro, en cambio, no es documento legal ni se parece en nada a un testamento. La razón del título fue la siguiente: los judíos que pusieron en griego los libros hebreos usaron la palabra griega que significaba «testamento» para traducir la palabra hebrea que significaba «alianza». El término griego adquirió así un sentido nuevo, pero a través del latín pasó al español con la forma «testamento».

Se llama «Nuevo» por oposición al «Antiguo», es decir, se refiere a la nueva alianza que hace Dios con la humanidad entera, que sustituye a la antigua, hecha con el pueblo hebreo.

I. ORIGEN Y FORMACIÓN DEL NT

En tiempos de Jesús existía ya una colección de libros judíos que componían lo que hoy llamamos el Antiguo Testamento o antigua alianza. Los cristianos, siguiendo a Jesús, aceptaron aquellos libros, pero ya no con valor en sí mismos, sino como preparación al Mesías (= el Ungido, el líder consagrado) que tenía que venir; es decir, los cristianos referían el contenido de aquellos libros a Jesús, que había sido el cumplimiento de las promesas. Por eso, muchas partes del AT, como Ley antigua, ya no valían para ellos, como Jesús mismo lo había declarado y lo había explicado san Pablo.

Los cristianos, al principio, no tenían libros propios, pero citaban los dichos y los hechos de Jesús transmitidos, de palabra o por escrito, por los apóstoles y primeros discípulos; atendían, además, a la guía que daba el Espíritu Santo a los grupos por medio de los profetas cristianos, es decir, de los hombres que recibían del Espíritu mensajes que transmitir a la comunidad. La fe no se basaba en libros, sino en el testimonio sobre Jesús y

7

en la experiencia personal del Espíritu.

San Pablo, que viajaba mucho, se mantenía en contacto por carta con las comunidades que había fundado, animándolas y aclarando o discutiendo ciertas cuestiones. Algunas de estas cartas se pasaban a otras comunidades para que las leyeran (Col 4,16); así se iban copiando y quedaban coleccionadas. Otros apóstoles u hombres eminentes escribieron también cartas que han llegado hasta nosotros.

No tardó mucho en sentirse la necesidad de conservar por escrito los dichos y hechos de Jesús, y algunos cristianos, en diferentes regiones, escribieron los libros que hoy llamamos «evangelios», para recordar y mantener vivo en las nuevas comunidades el mensaje original. Uno de los autores, Lucas, añadió un segundo volumen (Hechos de los Apóstoles), en el que cuenta la expansión del mensaje a partir de Palestina hasta Roma.

Al ir muriendo los que habían conocido al Señor, se hizo más urgente recoger los escritos que habían transmitido el mensaje de Jesús y la experiencia de los primeros discípulos. Empezaron a constituirse colecciones (la de los evangelios, la de las cartas de Pablo). Los libros que circulaban eran más que los que ahora se incluyen en el NT y hubo que decidir cuáles podían considerarse auténticos. Se eliminaron los evangelios falsos, que, con pretexto de contar la vida de Jesús, hacían propaganda de ideas no cristianas. Se conservaron los escritos que se pensaba eran obra de apóstoles o de discípulos de la primera época.

A fines del siglo II, la colección reconocida comprendía ya los cuatro evangelios y los Hechos de los Apóstoles, las cartas de san Pablo (excepto Hebreos), la primera de Pedro (aunque aún era discutida en Roma), la primera de Juan y el Apocalipsis. En ciertos lugares se siguió discutiendo acerca de Hebreos, Santiago, segunda de Pedro, segunda y tercera de Juan y la de Judas; en otros, en cambio, se admitían escritos eliminados después (Instrucciones para apóstoles, Pastor de Hermas, Apocalipsis de Pedro).

En resumen: los grandes escritos del NT, unos veinte, estaban unánimemente admitidos a fines del siglo II. La colección que nos ha llegado quedó fijada definitivamente al finalizar el siglo IV. Casi todos los escritos que la componen pertenecen al siglo I.

Al fijarse la colección, los escritos, junto con los del Antiguo Testamento, formaron *La Biblia,* que no significa más que «Los Libros». Aunque todo se llama «Sagrada Escritura», no todos los libros tienen igual autoridad: el AT hay que interpretarlo y juzgarlo a la luz de Jesús, el Mesías. En cierto modo, el mismo principio vale para el NT, pues no todos sus escritos contienen completo el mensaje de Jesús ni se escribieron en las mismas circunstancias. Los únicos autores que pretendieron exponer íntegro el mensaje o, al menos, lo esencial del mensaje, fueron los evangelistas, y a ellos hay que recurrir para comprenderlo. De ahí la particular autoridad y veneración de que han gozado en la Iglesia los evangelios. Los demás autores muestran algo de la vida y algunos de los problemas de los grupos cristianos y explican aspectos del mensaje, tratándolos de manera teológica o en relación con sus aplicaciones prácticas. Algunos escritos, sin embargo, consideran situaciones muy particulares y casi se limitan a cuestiones de organización o de polémica (1 y 2 Timoteo, 2 Pedro, Judas).

Como de costumbre, es san Juan quien da en el clavo y aclara la cuestión: la Palabra de Dios es Jesús, Mesías e Hijo de Dios; su persona es el mensaje. Los escritos que poseemos son testimonios más o menos cercanos sobre el único que es el camino, la verdad y la vida.

Documentos

Los escritos del NT nos han llegado en copias de los originales y, además, a trozos, en las citas que hacen los escritores antiguos.

Hasta el siglo IV se usaba, como material para escribir, el papiro, que sólo resiste largo tiempo en climas muy calientes y secos, como el de Egipto. A pesar de la dificultad de su conservación, han llegado hasta nosotros unos setenta papiros de los siglos II y III, que contienen fragmentos más o menos extensos de los escritos.

Desde el siglo IV se usó para escribir el pergamino (piel), material resistente que se ha conservado perfectamente hasta nuestros días. El número de documentos que poseemos es muy grande (sólo griegos, más de 5.000). Como es natural, hay pequeñas variaciones en el texto de unos a otros, pues no todos los copistas ponían el mismo esmero. La comparación de unos con otros permite restituir con certeza suficiente el original que salió de la pluma de los autores.

Orden de los escritos

Los escritos del NT no están dispuestos por orden cronológico, y apenas existe acuerdo entre los estudiosos sobre la datación de muchos de ellos. Prácticamente, nadie duda de que el evangelio más antiguo sea Marcos; la mayor parte de los autores colocan su composición al principio de la guerra judía (hacia el 66 d. C.), aunque el testimonio paleográfico y criterios internos aconsejan colocarla en la década de los cuarenta, antes del concilio de Jerusalén (49 d.C.). A la misma época podría pertenecer el evangelio de Juan, aunque la mayoría de los autores lo consideran una obra de fines del siglo I. Mateo, Lucas y Hechos parece que deben datarse después de la destrucción de Jerusalén (70 d.C.).

Las cartas de Pablo están colocadas más o menos por orden de longitud, empezando con las más largas (Hebreos fue muy discutida y no parece que sea de san Pablo). Las fechas que suelen atribuírseles son: 1 Tes (49/50, aunque la autenticidad de esta carta no es admitida por todos), Gál (54/57), Col y Flm (54/63), 1 y 2 Cor (55/56), Rom (57/58); la carta a los Filipenses, que suele colocarse en el 54/57, podría ser la más tardía entre las auténticas. La dos a Timoteo, Tito y Hebreos suelen datarse después de la muerte de Pablo (80/90), Efesios entre los años 90 y 100. 2 Tes es difícil de datar.

Se atribuyen al final del siglo las cartas de Juan y el Apocalipsis. La primera de Pedro, entre los años 60 y 65. La de Santiago parece tardía, y Judas y la segunda de Pedro suelen considerarse del siglo II.

II. EL MUNDO JUDÍO EN LA ÉPOCA DE JESÚS

Al nacer Jesús, reinaba en Palestina Herodes I el Grande (Mt 2,1), rey aliado del emperador romano. A la muerte de Herodes (año 4 a.C.), se dividió el reino entre sus hijos, con el consentimiento del emperador.

Judea, la provincia del sur (donde estaba Jerusalén), y Samaria, la del centro, le tocaron a Arquelao (Mt 2,22). Galilea, provincia del norte (su capital era Tiberíades, Jn 6,1.23) y la Transjordania al este, recibieron por rey a Herodes II Antipas (Lc 3,1; 13,31), que reinó hasta el año 39. Otro hijo, Filipo o Felipe, heredó el territorio al este del Jordán y del lago de Galilea hacia el norte (su capital era Cesarea de Filipo, Mt 16,13 y par.).

Arquelao, debido a su crueldad, fue depuesto por los romanos y desterrado; en su lugar, Roma nombró un gobernador (año 6 d.C.). Entre estos gobernadores, el más conocido es Poncio Pilato, que ocupó el cargo entre los años 26 y 36 y condenó a muerte a Jesús.

El gobierno romano dejaba a los judíos cierta libertad de movimientos. Herodes, en el norte, gozaba de relativa independencia y, en el sur, el gobernador romano no solía intervenir en los asuntos internos de los judíos, aunque las excepciones a esta manera de proceder fueran frecuentes.

Gobierno y partidos judíos

El gobierno judío propiamente dicho estaba en manos de un Gran Consejo compuesto de 72 miembros, bajo la presidencia del sumo sacerdote primado. El Consejo estaba formado por tres grupos: 1° los sumos sacerdotes; 2° los senadores seglares; 3° los letrados u hombres de letras, entendidos en las cuestiones de la religión y la Ley judía.

Sumos sacerdotes se llamaban los miembros de la aristocracia sacerdotal, pertenecientes a determinadas familias poderosas, que ocupaban los altos cargos en la administración del templo. El rango supremo lo tenía el sumo sacerdote primado, el segundo en dignidad era el jefe del templo, encargado del culto y de la policía (los guardias eran clérigos); seguían los jefes de los turnos sacerdotales semanales y diarios, los guardianes y los tesoreros del templo.

La figura del sumo sacerdote era sagrada. Originalmente el cargo era de por vida, pero en la época de Jesús los romanos quitaban y nombraban al sumo sacerdote según sus conveniencias políticas.

Los sumos sacerdotes eran los representantes oficiales de la religión y el culto, los que dirigían el templo, centro religioso y político de Israel. Todos los judíos mayores de doce años, incluso los que vivían en el extranjero, que eran muchos, tenían que pagar un impuesto anual para el templo, equivalente a dos días de jornal (Mt 17,24). Para el mantenimiento de los clérigos había que pagar también el diez por ciento de los frutos de la tierra (Mt 23,23). Además, recibía el templo donativos (Mc 7,11) y abundantes limosnas, sobre todo de la gente rica (Mc 12,41), para no hablar del comercio organizado de animales para los sacrificios y el cambio de moneda (Mc 11,15). Todo esto hacía del templo una gran empresa económica, administrada por los sumos sacerdotes. Ellos representaban, por tanto, el poder político y religioso, y eran al mismo tiempo una potencia financiera importante.

La ciudad de Jerusalén vivía prácticamente del templo, que proporcionaba grandes ingresos, sobre todo en las épocas de peregrinación, tres veces al año, cuando acudían, además de los judíos de Palestina (Jn 7,9-10), gente del extranjero (Jn 12,20).

El segundo grupo del Consejo lo formaban los senadores (presbíteros), seglares escogidos entre las familias de la aristocracia. Eran, por lo general, grandes propietarios, y constituían la fuerza del *partido saduceo,* al que pertenecían también los sumos sacerdotes.

Este partido era muy conservador en lo religioso (no admitía la tradición oral farisea, que pretendía actualizar la Ley escrita) y también en lo político. Se adaptaban, sin embargo, al dominio romano; habían llegado a una componenda, una especie de concordato no escrito: ellos procuraban mantener el orden establecido, en el que ocupaban los puestos dirigentes, para que así los romanos los dejasen tranquilos. Habían renunciado a todo ideal que no fuera mantener la situación en que se encontraban, en la que gozaban de cierto margen de libertad y podían llevar la administración religiosa y política del país. Eran los realistas: aceptaban la injusticia del dominio extranjero, con tal de no comprometer su posición.

El tercer grupo que entraba en el Consejo eran los letrados (entendidos en teología y cánones) que, en su gran mayoría, pertenecían al *partido fariseo.* Este partido («los separados») estaba formado sobre todo por seglares devotos que se proponían llevar las prácticas religiosas hasta los últimos detalles de la vida. Se dedicaban al estudio del AT, para saber bien lo que tenían que cumplir; pero, además, habían elaborado poco a poco un inmenso comentario que explicaba el sentido de los antiguos preceptos y observancias y determinaba lo que había que hacer en cada circunstancia particular. El individuo tenía que estar pendiente, en cada momento, de observar algo mandado o de evitar algo prohibido. Los letrados se consideraban el magisterio auténtico de la Ley y atribuían a su tradición una autoridad divina, pues, según ellos, la tradición no añadía nada a las antiguas Escrituras, sólo las explicaba.

Sus dos preocupaciones principales eran: primero, pagar el diez por ciento (diezmo) de los frutos de la tierra y no consumir nada sin estar seguros de que eso se había pagado; segundo, mantenerse «puros», evitando el contacto con cosas muertas o con personas con ciertas enfermedades (por ejemplo, lepra), y no tratar con gente de mala conducta; en la práctica, con nadie que no observara la Ley religiosa de la manera como ellos la explicaban. Pensaban que tocar tales cosas o tratar con tal gente ponía a mal con Dios. Pecado era, para ellos, no cumplir ciertas reglas o normas que consideraban obligatorias.

No se fiaban de los comerciantes ordinarios que a lo mejor no habían pagado el diez por ciento de los productos y organizaban unas cooperativas para ellos solos. Los comerciantes sencillos se sentían despreciados y, además, no hacían negocio, lo que creaba la antipatía consiguiente. Por otra parte, todo lo que adquirían, y lo mismo las ollas y los platos, lo lavaban escrupulosamente, por si acaso estaba «manchado» o «impuro». Tenían además unos lavatorios complicados antes de las comidas, por si las manos habían tocado, sin saberlo, algo «profano» (Mc 7,14; Lc 11,38).

Los fariseos tenían una enorme autoridad sobre el pueblo. Aunque, por su soberbia (Lc 16,15), se les miraba con gran antipatía, el pueblo se dejaba impresionar por la apariencia de virtud («santones»), que ellos procuraban hacer notar, para mantener vivo su prestigio y su influjo (Mt 6,1-2.5.16). Habían hecho creer a la gente que para estar a bien con Dios había que actuar como ellos, metiéndoles así un sentimiento de culpa y de inferioridad que les permitía dominarlos. A pesar de su observancia de las reglas religiosas, eran amigos del dinero y explotaban a la gente sencilla con pretexto de piedad (Mt 23,25-28;. Mc 12,40; Lc 11,39; 16,14).

Entre los fariseos, los de más categoría eran los letrados, los hombres de estudios, los maestros, que recibían una ordenación después de cumplidos cuarenta años. Éstos llevaban ropas especiales, con unas borlas en el manto; en la frente y en el brazo se ponían unos colgantes con frases del Antiguo Testamento; tenían discípulos que les servían y los llamaban «padre» o «director»; se les daban puestos de honor en las funciones religiosas y en los banquetes, y la gente los saludaba por la calle con gran respeto. El título ordinario que se les daba era el de «rabí» (= señor mío, monseñor) (Mt 23,5-10).

La obsesión farisea por conservar las leyes religiosas llevaba a muchos a imaginar a Dios como a un banquero que apuntaba en su libro de cuentas las acciones buenas y malas de los hombres. Si uno salía debiendo algo (como sucedía siempre), podía compensarlo con sacrificios en el templo o con obras de misericordia.

Su fidelidad a las reglas los llevaba al desprecio de los demás (Lc 18,9), a los que llamaban «pecadores», o sea, «descreídos» o «gente sin religión» (Mt 9,10-11 y par.; Lc 15,1-2) o «gente maldita» (Jn 7,49). Para ellos, la ley religiosa tenía que cumplirse a la letra, pero esta fidelidad dejaba muchas escapatorias ("quien hizo la ley hizo la trampa"), que permitían la injusticia con los demás; además, la minucia en las cosas pequeñas disimulaba el olvido de lo realmente importante (Mt 23,23; Lc 11,42). No faltaron entre los fariseos espíritus sinceros que precaviesen contra el peligro de hipocresía, pero no tuvieron gran resonancia.

El influjo de los fariseos era tan grande, que el partido saduceo (sumos sacerdotes y senadores), aunque nominalmente poseyeran el poder político y religioso, no tomaba medida alguna sin asegurarse el apoyo de los letrados fariseos.

En resumen: el Gran Consejo representaba el poder, la clase dominante, en todos sus aspectos: político, ideológico, económico y religioso.

Los esenios

Una secta que había roto con el sistema político y religioso era la de los esenios, que llevaban al extremo la tendencia farisea. Los fariseos eran el partido de oposición a los saduceos, pero respetaban las instituciones; los esenios, mucho más radicales, sostenían que el culto y el templo estaban impurificados porque el sacerdocio era ilegítimo, y no participaban en las ceremonias ni colaboraban con la institución. Esperaban ellos que Dios restauraría el sacerdocio y el templo. Su integrismo les hacía considerar el único pueblo de Dios, y esperaban el juicio divino que los salvaría y condenaría a todos los demás.

Vivían en comunidades, aun dentro de las ciudades; a orillas del Mar Muerto se han encontrado las ruinas de una especie de convento esenio, el de Qumrán. No había entre ellos propiedad privada, renunciaban a los bienes en beneficio de la comunidad que, naturalmente, los administraba. La comunidad cubría todas las necesidades de los miembros. Tenían sus ceremonias particulares, como lavados y baños rituales, y una comida en señal de hermandad. Lo corriente era no casarse, por el escrúpulo respecto de las reglas de «pureza» de la ley religiosa. Eran severísimos en la observancia y tenían por principio el amor a los miembros de la comunidad y el odio a los de fuera (cf. Mt 5,43).

Los nacionalistas

El último movimiento importante, el de los nacionalistas fanáticos («zelotas»), estaba formado por grupos clandestinos de resistencia. Su fundador parece haber sido Judas el Galileo (Hch 5,37), que se opuso al pago del tributo al emperador romano. Organizó una rebelión que los romanos sofocaron en sangre; su último refugio fue la ciudad de Séforis, situada en una colina, enfrente de Nazaret. Jesús era niño cuando las tropas romanas destruyeron esta ciudad, que se veía desde su pueblo.

Entre los zelotas había un grupo de terroristas armados de puñales («sicarios»), que en las aglomeraciones de gente asesinaban a sus enemigos, los que colaboraban con el gobierno romano.

Los nacionalistas se reclutaban entre la clase oprimida; su oposición al censo y al tributo les ganó la simpatía de los campesinos y pequeños propietarios, mientras los terratenientes simpatizaban con el régimen romano. Los nacionalistas tenían un programa de redistribución de la propiedad y, al principio de la guerra judía (65 d.C.), destruyeron los registros de los prestamistas para liberar a los pobres del yugo de los ricos.

Aceptaban las instituciones, pero aborrecían a los que ocupaban los cargos, a quienes consideraban traidores por colaborar con el poder extranjero. El partido era fuerte en Galilea, y los romanos lo perseguían a muerte (Lc 13,1).

Samaría

Samaría, la provincia del centro, estaba habitada por una población que no era puramente judía; se habían instalado allí colonos de otros países, y las razas y las creencias se habían mezclado. Habían tenido su propio templo (Jn 4,10), pero los judíos lo habían destruido antes de la era cristiana. En tiempo de Jesús la enemistad entre samaritanos y judíos era muy grande; por eso no encontraba Jesús alojamiento en las aldeas de Samaría (Lc 9,52-56). Como máximo insulto, los judíos llaman a Jesús «samaritano» (Jn 8,48); los judíos tenían a los samaritanos por herejes y paganos y no querían trato con ellos (Jn 4,9).

La esperanza: el reinado de Dios

La gran esperanza de Israel era el reinado de Dios, que cambiaría el curso de la historia, empezando la época de justicia, paz y prosperidad anunciada por los profetas, sobre todo a partir de la amarga experiencia de la deportación a Babilonia.

Es difícil sintetizar las variadas maneras de concebir la liberación. Una especie de denominador común podría ser el siguiente: el reinado de Dios sería inaugurado por el Mesías, líder consagrado por Dios, rey de Israel restaurador de la monarquía de David, guerrero victorioso que expulsaría a los romanos, derrotaría y humillaría a las naciones paganas. Él sería el custodio y maestro de la Ley (Jn 4,25), el juez que purificaría al pueblo e inauguraría la época donde no habría pobres ni oprimidos, cuando todas las instituciones, rey, templo, sacerdocio, tribunales, funcionarían como era debido. Se acabaría el pecado, el hambre y la desgracia, para entrar en una sociedad feliz. Según muchos, el Mesías debía hacer su aparición en el alero del templo (Mt 4,5; Lc 4,9), desde donde haría su proclama al pueblo y empezaría su victoria.

Actitudes ante esta esperanza

Ante la esperanza del reinado de Dios cada tendencia tenía su actitud propia.

Los saduceos (clase dirigente, poder político, religioso y económico) habían renunciado a ella, prefiriendo la componenda con la situación política del momento.

Los fariseos (el poder espiritual), integristas moderados que no ocultaban su odio a los romanos, se dedicaban a la práctica de la religión, pensando que con eso acelerarían la llegada del reinado de Dios, pero no hacían nada por mejorar la situación social injusta de la que ellos eran también culpables y en la que mantenían una posición de privilegio. Se imaginaban que, si ellos eran fieles a la ley religiosa, Dios intervendría en su momento con una especie de golpe de estado, sin colaboración humana alguna. Despreciaban a los que no pensaban ni actuaban como ellos, sobre todo a la gente sencilla que no tenía estudios ni tiempo para una piedad tan complicada, y echaban la culpa del retraso del reinado de Dios a su falta de religión.

Los esenios, grupo integrista extremo, aguardaban el reinado de Dios como los fariseos, sin ocuparse de nada que estuviera fuera de su círculo de elegidos.

Los nacionalistas zelotas, pertenecientes a la clase oprimida, esperaban el reinado de Dios, pero no se cruzaban de brazos como los fariseos; eran activistas, pasaban a la acción directa y pretendían hacer una revolución violenta, cuyo primer objetivo sería liberar a Israel del dominio romano. La revolución debía ser al mismo tiempo social, para mejorar la suerte de los pobres, y política, para eliminar a los dirigentes indignos. El partido profesaba, por tanto, un reformismo radical.

Las clases dirigentes eran, por tanto, o bien colaboracionistas (saduceos) o bien espiritualistas inactivos (fariseos) que, aunque odiaban al régimen romano, no ponían en peligro su estabilidad.

El pueblo, despreciado y descuidado por los dirigentes, sin finalidad ni orientación en la vida (Mt 9,36: «maltrechos y derrengados como ovejas sin pastor»), simpatizaba con el partido nacionalista y, perdida toda esperanza de justicia por parte de las clases dominantes, fácilmente se adhería a la violencia.

Denominador común a todos los partidos era la creencia en la validez de las instituciones y en el privilegio de Israel; pero la jerarquía saducea, colaboracionista con los romanos, era considerada indigna por los demás partidos.

También la denuncia profética había sido reformista: aparte algunos atisbos de un cambio de instituciones (por ejemplo, Jr 31,31-34, contrarrestado, sin embargo, por 33,19-26), la justicia que los profetas exigían en nombre de Dios respetaba en fin de cuentas las instituciones transmitidas.

Los pobres

En la organización económica de Palestina existían prácticamente sólo dos clases sociales: los pobres, en su mayoría gente del campo, y los propietarios o clase pudiente. No existía una clase media digna de mención; los artesanos pertenecían también a la clase humilde. Dada la distancia entre las dos clases y la falta de estados intermedios, no existía para los pobres esperanza de promoción humana ni tenían medios para cambiar su situación, pues dependían siempre de la voluntad de los poderosos.

El pobre del AT era, por tanto, al mismo tiempo el oprimido, el que ansiaba justicia, el que en casos extremos recurría a la violencia, único modo de aliviar su situación, aunque fuera de momento.

En la última época del AT aparece entre estos pobres una tendencia, «los pobres del Yahvé», que desesperando de toda ayuda humana, ponían su confianza en Dios, único capaz de hacerles justicia y de sacarlos de su miseria. De hecho, hasta la época de Jesús, aquella justicia no había llegado nunca.

III. EL MENSAJE DE JESÚS: LA NUEVA COMUNIDAD HUMANA

Resumamos ahora lo que nos dicen los evangelios acerca del mensaje de Jesús en medio de esta situación confusa y tirante.

Sucesos anunciadores

En el desierto de Judea, separado de la sociedad, aparece Juan Bautista, que exhorta a la gente a cambiar de vida, diciendo que el reinado de Dios, la esperanza del pueblo judío, estaba a las puertas (Mt 3,2). Juan provoca un movimiento de masas, lo que muestra el descontento popular por la injusticia reinante en la sociedad y en sus instituciones religiosas y políticas.

Llega de Galilea Jesús, un carpintero de Nazaret (Mc 6,3), y Juan lo bautiza: apoya así Jesús el movimiento de protesta comenzado por Juan, y, al mismo tiempo, se compromete a llevar a cabo su misión en favor de la humanidad. Se da entonces la consagración de Jesús como Mesías, como salvador enviado por Dios: el Espíritu, que es la fuerza de Dios, se posa sobre él y la voz del Padre lo declara Hijo, rey y servidor. Rey significaba la salvación para Israel; servidor, la salvación para todas las naciones (Is 42,1-4.6; cf. Mt 12,17-21); rey indicaba triunfo; servidor, sufrimiento (Is 53,3-12). Al unirse en la persona de Jesús estos rasgos dispersos en el AT, se ve que, en el plan de Dios, la idea del Mesías no era idéntica a la que tenían los judíos. Pero su misión, lo mismo como rey que como servidor, era implantar la justicia y defender al pobre y al explotado (Sal 71,1-4.12-14; Is 42,1-4; 49,9-13).

Jesús pasa por la prueba que lo califica para su misión de Mesías y servidor, rechazando toda pretensión de poder político y de gloria de este mundo (Mt 4,9-10; Lc 4,5-8).

Queda claro desde el principio que el reinado de Dios no se va a implantar por la violencia ni por la guerra, que el Mesías no va a ser un general triunfador ni un caudillo nacionalista. Más aún, que usar el poder y el esplendor (honor, prestigio, dinero) para llevar adelante el reinado de Dios es todo lo contrario de lo que Dios quiere, es hacerse instrumento de Satanás.

El pregón: el reinado de Dios

Después de la aprobación y el nombramiento divino, vuelve Jesús a Galilea, donde empieza su actividad. Como Juan Bautista, pide un cambio de vida, porque el reinado de Dios está a las puertas (Mt. 4,17), pero él no quiere decir lo mismo que Juan. Para este último, el reinado debía empezar con un juicio (Mt 3,12); para Jesús, es una posibilidad nueva que abre Dios a la humanidad.

La gente, naturalmente, entendía ese reinado conforme a las ideas que ya tenía, es decir, como un cambio en la historia de Israel, que le aseguraría la época final de prosperidad y de triunfo bajo el gobierno del Rey-Mesías. Al decir Jesús que el reinado estaba próximo, la gente debía esperar el golpe de estado en que el Mesías combatiese y derrotase a los romanos, poniendo fin a la dominación extranjera, y reformase las instituciones de la nación.

Jesús, en cambio, distingue dos épocas en el reinado de Dios: una época histórica, que ha de ir realizándose ahora, y una final, en que el triunfo de Dios será completo. Él viene para empezar la primera época: va a poner en marcha un movimiento que será principio del reinado de Dios en el mundo; la iniciativa es divina, pero exige la colaboración de los hombres (Mt 13,3-9.18-23).

La llegada del reinado es la buena noticia (Mc 1,15), especialmente para los pobres y oprimidos, como lo anunciaba el AT (Lc 4,18; Mt 11,5). La buena noticia es que éstos van a ser libres y no van a pasar ya necesidad alguna. Tal es el mensaje que trae Jesús de parte de Dios: una época de igualdad, abundancia (Lc 1,51-53) y hermandad, donde el único rey y padre sea Dios mismo. Como se esperaba, se trata de un cambio en el curso de la historia, el comienzo de una sociedad humana diferente.

El grupo

Por eso, lo primero que hace Jesús después de su pregón es reunir un grupo de hombres, gente humilde, pescadores del lago de Galilea (Mt 4,18-22). No los llama a vivir para sí mismos ni a dedicarse a la virtud aislándose del mundo, sino a una misión para la que él se encarga de prepararlos: ser pescadores de hombres. Es decir, Jesús no forma un grupo cerrado, sino abierto, que vaya creciendo, atrayendo a los hombres a la nueva manera de vida que él va a enseñar a estos primeros discípulos (Mt 13,31-32).

Comparación con los partidos anteriores

Comparándolo con las tendencias o grupos anteriores, Jesús no se identifica con ninguno. Por supuesto, no con la clase dominante, los *saduceos* colaboracionistas, que habían renunciado prácticamente al ideal del reinado de Dios; tampoco con los *fariseos*, que dominaban y explotaban al pueblo con la piedad y lo tenían en el engaño religioso: mantenían, por un lado, la injusticia, mientras decían, por otro, que Dios daría la solución al problema. Estos grupos se mantenían en la inactividad, que prolongaba la situación injusta.

El grupo activo, el que exigía la reforma, era el *nacionalista*. Como ellos, Jesús quiere que el reinado de Dios empiece aquí y ahora; coincide también con ellos en que sus seguidores pertenecen a la clase oprimida; pero su postura y su táctica son completamente distintas.

La diferencia profunda entre Jesús y todos esos grupos está en lo siguiente: todos aceptaban el sistema judío; creían que la monarquía, el templo y el sacerdocio eran instituciones válidas y permanentes, y sostenían además el privilegio del pueblo judío entre las demás naciones. Jesús, en cambio, no creía en nada de eso.

La postura de Jesús es radical: él no acepta la validez del sistema. La solución a la injusticia no se conseguirá nunca con la inactividad, pero tampoco con la reforma gradual o violenta de las instituciones existentes. La raíz de los males de la humanidad está en los fundamentos mismos de las instituciones que ha creado: en el afán de dinero, el deseo de prestigio y la sed de poder, en las tres ambiciones —«tener», «subir», «mandar»—, que despiertan en los hombres la rivalidad, el odio y la violencia.

Por eso rechaza Jesús todas las instituciones de Israel: templo, monarquía y sacerdocio. Él se propone crear una sociedad diferente, en la que el hombre pueda ser libre y feliz (Mt 5,3-10: «dichosos»). Para ello hay que renunciar voluntariamente a *los tres falsos valores:* al dinero (afán de ser rico), al brillo (ambición de figurar), al poder (deseo de dominar). En vez de acaparar, compartir lo que se tiene; en vez de encumbramiento, igualdad; en vez de dominio, solidaridad y servicio humilde y voluntario; en vez de rivalidad, odio y violencia, hermandad, amor y vida.

Este radicalismo de Jesús explica que en el evangelio no resuene el grito por la justicia, tan común en los profetas del AT. Los profetas eran también reformistas, pedían justicia porque creían en la validez de las instituciones. Jesús no viene a pedir justicia, sino a ofrecer la solución definitiva a la injusticia del mundo.

Pero todo esto, así explicado, no es más que una idea bonita, una utopía. Y, sin embargo, Jesús no propone ideologías, por eso no predicaba este mensaje a todo el mundo; habla a la gente en parábolas, para despertar la inquietud y hacerla reflexionar. Él se pone a formar un grupo donde ese ideal se viva. Mientras no existan comunidades así, no hay salvación, el objetivo de Jesús está anulado y su doctrina y ejemplo se convierten en una ideología más.

Por supuesto, para fundar esas comunidades no se puede usar la violencia: si el ser persona libre es esencial al grupo, la adhesión tiene que darse por convicción propia.

La proclama del Mesías

Por eso Jesús no fuerza, sólo invita, y empieza su proclama así: «Dichosos los que eligen ser pobres, porque sobre ésos reina Dios» (Mt 5,3). Para pertenecer al reino de Dios, que es la manera como él llama a esa nueva sociedad que empieza, no basta, por tanto, ser pobre; hay que renunciar a la ambición de dinero que acapara el corazón del hombre, lo hace cómplice de la injusticia y lo separa de Dios (Mt 6,19-21.24).

Cada artículo de la proclama empieza por la palabra «dichosos»; es decir, los que eligen ser pobres no van a ser ya unos oprimidos: Dios, que es su rey, va a liberarlos (5,4); serán hombres libres e independientes en el reino de la hermandad, sin necesitar recurrir a la violencia (5,5), pues toda reivindicación de justicia quedará más que satisfecha en el interior del grupo (5,6), en el que se ayudan unos a otros y se recibe abundante la ayuda de Dios (5,7); en esos corazones sinceros, limpios de maldad, Dios se hará presente (5,8); los que tienen experiencia de la hermandad serán los que trabajen por la paz entre los hombres, y esa labor de reconciliación los hará tan semejantes a lo que es Dios, que él los llamará hijos suyos (5,9). Hay que esperar que la perversa sociedad humana persiga a los que no aceptan los valores en que se apoya, pero eso no es signo de fracaso, sino de estar de parte de Dios (5,10) y de seguir el verdadero camino (5,12).

Como había indicado Jesús a los primeros discípulos, el grupo no vive para sí mismo, sino para atraer a todos los hombres de buena voluntad (luz del mundo, ciudad que se ve, Mt 5,14-16), para ser factor de cambio en la sociedad humana (sal de la tierra, Mt 5,13; levadura, 13,33), porque la venida del Mesías no pretende solamente llevar a algunos hombres a la perfección individual: él representa la intervención de Dios para cambiar el curso de la historia.

Condiciones para ser discípulo

Condición indispensable para ser discípulo es, por supuesto, la fe en Jesús como Mesías e Hijo de Dios (Mc 1,1; Mt 16,16; Jn 20,31), fe que significa adhesión a él, compromiso con su persona y su misión. Evidentemente, no habría motivo para seguir a Jesús sin estar convencido de que es el enviado de Dios.

a) La renuncia a la riqueza

Supuesta esa fe, la primera condición que Jesús pone para ser discípulo suyo es la renuncia a la riqueza (Mt 5,3; Mc 10,21 y par.; Lc 12,33; 14,33), única manera de romper con el sistema de injusticia (Lc 16,9). Esta renuncia no es un consejo ascético para individuos aislados, sino una necesidad para los que quieren formar parte de la comunidad humana alternativa que Dios pretende crear en este mundo.

No es que Jesús exigiera la renuncia a lo que uno tiene como condición para salvarse. Uno puede obtener la vida eterna siendo honrado y justo con sus semejantes en cualquier condición social en que se encuentre (Mc 10,17-18 y par.; Lc 10,25-28; 19,8-10; Mt 25,34-40.46); pero el objetivo del grupo que forma Jesús no es sólo obtener la vida eterna, que está asegurada (Mc 10,30 y par; cf. Jn 3,18; 6,47.54; Ef 2,5-6), sino cambiar la sociedad humana; y para este objetivo no basta la bondad individual, ni el bien hecho de arriba abajo, ni la limosna o las obras de caridad paternalistas, sino la creación de un grupo solidario, en que cada uno comparta lo que tiene con los demás.

Pero no hay que confundir a los que eligen ser pobres con un grupo de miserables; al contrario, Jesús promete el fin de la necesidad y del hambre. Lo que dice es que la solución del problema no está en acaparar (Mt 6,19-21), sino en compartir (Mt 14,15-21). El que renuncia al afán de riqueza tiene por riqueza y por seguridad a Dios mismo (Mt 6,19-21; 19,21); los que de hecho comparten lo que tienen se encontrarán con la abundancia, como lo dejó claro Jesús con el reparto de los panes (Mc 6,38-44) y en su respuesta al desafío de Pedro (Mc 10,28-31).

La subsistencia del grupo no es sólo cuestión de buena administración humana, entra ahí también la ayuda divina, pues lo que es humanamente imposible puede hacerse con Dios (Mt 19,26), que sabe muy bien lo que necesitamos (Mt 6,8.31-33). Lo que se pide es estar dispuestos a ayudarse unos a otros (Mt 5,7) y ser generosos (6,22-23). Saciar a los que tenían hambre fue precisamente la gran señal de que Jesús era el Mesías, el que vino a dar la buena noticia a los pobres, lección que a los Doce costó tanto aprender (Mc 8,14-21).

Un modo de vida así, que puede describirse como «austeridad solidaria», es contrario al de la sociedad; por eso lo que Jesús pide a los que quieren ser discípulos es que creen en medio de ella un modo de vida nuevo. No basta, por tanto, ser pobre de hecho para pertenecer al grupo de Jesús, hay que dar un paso más, renunciar a la ambición de acumular riqueza y abrazar la solidaridad.

Por eso Jesús no se identifica, sin más, con los pobres y oprimidos, ni acepta ser líder de masas (Mc 1,37-38.45; 6,45; 8,10; Jn 6,15). Quiere a los pobres con toda su alma (Mt 9,36; Mc 6,34; 8,2-3), se pone a su disposición, les enseña, los cura, los alimenta, les da su tiempo sin reserva, pero, acabada su ayuda, se retira. No quiere ser un oprimido más ni un líder de oprimidos; lo que él pretende es abrir una posibilidad nueva que permita a los oprimidos salir de su opresión y a los hambrientos de su hambre. Nunca se pasó necesidad en el grupo de Jesús (Lc 22,35); él no siguió una vida de privaciones (Mt 11,18-19) ni consintió en imponer ayunos a sus discípulos (Mt 9,14-15); y el hambre le pareció motivo suficiente para que un hombre se salte la Ley (Mt 12,1-8). Vive sencillamente porque no cree en el valor de la riqueza, porque sabe que riqueza significa injusticia (Lc 16,9) e idolatría (Mt 6,24), porque la libertad y la felicidad humanas sólo son posibles cuando la ambición está eliminada.

b) **La renuncia a los honores y al poder**

La renuncia a la riqueza lleva consigo la renuncia a los honores y al poder, que se basan en ella; donde no hay ricos ni pobres, no hay quien esté encima o debajo. En su grupo, no admite Jesús ningún dominio de unos sobre otros ni que unos dependan de otros. En primer lugar, reina en el grupo una libertad total; jamás impone una regla que observar, un día que guardar o una práctica obligatoria. Y cuando lo critican porque sus discípulos no llevan una vida ascética, se niega en absoluto a establecer una disciplina de ayuno (Mt 9,14-17 y par.). El grupo de Jesús es el de la libertad y la alegría, y él mismo lo compara a un tiempo de bodas *(ibid.)*.

En segundo lugar, no tolera entre los suyos tratamientos ni señales de honor o superioridad, como se hacía con los rabinos. Prohíbe llamar a alguien «padre», pues todos son hermanos con un solo Padre, el del cielo; tampoco permite que llamen a alguien «rabí» (monseñor), como se llamaba a los maestros, pues para ellos no hay más que un maestro, Jesús mismo (Mt 23,8-11).

Cada vez que entre los discípulos asoman ambiciones de poder, las corta por lo sano: hay que hacerse tan poca cosa como un chiquillo que hace de sirviente (Mt 18,1-4), y si en el grupo hay quien se encarga de algunas funciones, eso no puede parecerse en nada al modo de gobierno en la sociedad civil, que es dominio de hombre sobre hombre (Mt 20,25-27). Al poder, opone la igualdad de hermanos (Mt 23,8) y el servicio mutuo (Mt 20,25-28), y tiene palabras de amenaza para el que intenta encumbrarse (Mt 23,12).

Para ser discípulo suyo hay que arrancar la raíz del propio interés: «El que quiera venirse conmigo, reniegue de sí mismo» (Mt 16,24), es decir, renuncie a buscar ventajas personales. Y, además, al deseo de fama, pues el horizonte que se presenta es el contrario: «cargue con su cruz», es decir, esté dispuesto a ser mal mirado, excluido y aun condenado por la sociedad en que vive (Mt 6-10-12; 16,24).

c) Decisión

La adhesión a Jesús y la propagación de la buena noticia están por encima de los lazos de familia (Mt 10,37; Lc 14,26) y del amor a la fama y a la vida, a la seguridad y al éxito en este mundo (Mt 16,25-26 y par.). La decisión ha de ser radical e irreversible: «El que echa mano al arado y sigue mirando atrás, no vale para el reino de Dios» (Lc 9,62).

«El mundo» en san Juan

San Juan expresa el mismo rechazo de los falsos valores de la sociedad mediante la oposición entre Jesús y «el mundo», que, en su sentido peyorativo, significa el sistema social, político y religioso de su tiempo. El pecado de los dirigentes judíos estaba en ser miembros de un sistema de poder, que necesariamente estaba basado en la mentira y en la violencia (Jn 8,23.44).

Contra estos dirigentes, Jesús se presenta como el modelo de pastor, porque él no viene a destruir y a matar, sino a dar vida y a dar su misma vida por los suyos (Jn 10,10-11). Y los jefes que no proceden así no son más que ladrones y bandidos (Jn 10,1-2.7).

Para estar con Jesús, no basta ser bueno, hay que romper con ese mundo perverso; y el efecto de aceptar el mensaje de Dios es «no pertenecer al orden éste» (Jn 17,14.16). O sea, los que están con Jesús tienen que rechazar los valores perversos que propone «el orden presente». Si el que anima al grupo cristiano es Dios, el jefe del orden presente es Satanás, personificación del poder del dinero (Jn 8,44; 12,31; 14,30). El grupo cristiano debe tener clara conciencia de esa incompatibilidad: no le está permitido «pertenecer al mundo» (Jn 15,19) ni «amoldarse a este mundo» (Rom 12,2; 1 Pe 1,14).

Jesús y el pueblo: liberación

Jesús se esfuerza por liberar al pueblo de las ideas que le habían enseñado y le impedían aceptar la nueva mentalidad, la del reinado de Dios. Es lo que ahora llamaríamos la concientizacion.

El gran obstáculo para aceptar el mensaje de Jesús era el respeto a los dirigentes y a las instituciones judías. Jesús libera a la gente de dos maneras: con sus palabras y con sus acciones.

Con sus palabras lo hace desprestigiando a los dirigentes, no como individuos (nunca menciona nombres propios), sino como clase. Los fariseos gozaban de la veneración del pueblo por su fama de santidad y la gente se sentía culpable por no cumplir las obligaciones religiosas con el esmero de ellos. Jesús los ataca directamente: esos que tienen por santos no son más que unos hipócritas (Mt 6,2.5.16). En su cara los llama ladrones (Mt 23,25; Lc 11,39). Así destruye su influjo y acaba con la idea falsa de que santidad significa cumplir muchas observancias y devociones (Mt 5,20). Pero Jesús no prueba esto con teorías, lo que hace es abrir los ojos a los discípulos y a la gente para que vean los hechos como son y los interpreten; es decir, despierta el espíritu crítico (Mt 6,2.3.16.15,13; 16,12; 23,5-7 y par.).

Frente a los letrados o maestros, declara que su manera de interpretar y enseñar la Ley religiosa es insuficiente o falsa, que no deben fiarse de su doctrina, porque no enseñan lo que Dios ha dicho, sino lo que ellos han inventado (Mt 15,3-9; 22,41-45; 23,16-22 y par.).

A los sumos sacerdotes, representantes de la ideología oficial y administradores de la religión y del templo, los llama bandidos (Mt 21,13) y les anuncia que Dios les ha quitado toda autoridad (Mc 12,9). Al templo, centro de la religión y del orgullo nacional judío, lo llama «cueva de bandidos»; constata su esterilidad y desea que nadie busque nada en él (Mc 11,12-21: la higuera, figura del templo). Y, sin dejarse impresionar por su magnificencia, anuncia su total destrucción (Mc 13,1-2).

Pero Jesús no se queda en palabras, demuestra también *con sus acciones* la falsedad de las ideas que proponían los dirigentes: hace lo que estaba prohibido por la ley religiosa; pasa por alto lo que los letrados decían que era obligatorio.

Por ejemplo: decía el AT (Lv 13,45) que uno quedaba manchado si tocaba a un leproso; Jesús lo toca y sucede lo contrario: no es Jesús el que queda «impuro», sino el leproso el que queda limpio (Mc 1,40-42). Según los letrados, tratar con gente descreída también manchaba, y Jesús no sólo trata con ellos, sino que se sienta a la mesa con los de peor fama (Mc 2,15-17). Decían los letrados que no se podía arrancar y machacar espigas en sábado, y Jesús les dice que el hombre es más importante que la obligación del sábado (Mc 2,23-28). Decían que antes de comer había que lavarse las manos según ciertos ritos por si uno había tocado algo «impuro», y ni Jesús ni sus discípulos lo hacen (Mc 7,1-2; Lc 11,37-38). No se podía entrar en casa de un pagano, y Jesús se ofrece a entrar en casa del centurión, que tenía el criado enfermo (Mt 8,5-8). No estaba bien visto que las mujeres fueran de viaje con los hombres, y Jesús recorre Galilea acompañado de los Doce y de unas cuantas mujeres que les ayudaban con lo que tenían (Lc 8,1-3). Enseñaban los letrados que para obtener el perdón de Dios había que ofrecer sacrificios en el templo o hacer obras de misericordia, y Jesús perdona los pecados sólo porque el individuo tiene fe (Mc 2,1-5). Era inconcebible que un hombre respetable se dejara tocar por una mujer de mala conducta, y Jesús permite que la pecadora arrepentida le perfume y le bese los pies (Lc 7,36 39).

En realidad, del código religioso judío, aparte de la fe en Dios, Jesús no deja en pie más que una cosa: la justicia y el buen corazón con el prójimo (Mt 7,12; 19,16-19; 22,34-40; 23,23; 25,34-36). Todas las demás obligaciones: sacrificios en el templo (Mc 12,32-34), oraciones a horas fijas (Lc 5 33 34), lavados rituales (Mc 7,3), distinción entre alimentos permitidos y no permitidos (Mc 7,19) y, en consecuencia, la discriminación entre gente religiosa (observante) y no religiosa (no observante) no tiene para él valor alguno. Afirma que los llamados «pecadores» están más cerca de Dios que los que presumen de intachables (Lc 18,9-14); o sea, declara inválida la práctica propiamente religiosa; lo que Dios estima es ser bueno con los demás (Lc 10,30-37), y lo único que mancha al hombre (el pecado) es la mala idea, el hacer daño al prójimo (Mc 7,20-23).

En resumen: Jesús reduce la antigua Ley religiosa judía a un código moral parecido al de tantas otras religiones y culturas; así abre la puerta a los paganos (Mc 3,7b-8; Ef 2,15).

Para el grupo de Jesús, la Ley antigua se queda pequeña, porque miraba sobre todo a lo de fuera y no podía hacer a la gente buena de verdad. Jesús pide mucho más: no basta con no matar, si desprecias ya estás matando (Mt 6,21-22); no basta con no jurar en falso, hay que ser sinceros del todo (Mt 5,33-37); no basta querer a quien te quiere, hay que querer y hacer el bien a quien no te quiere (Mt 5,43-45). Lo que pide Jesús es un corazón bueno, leal y sincero para con todos, y que esa bondad le salga a uno en cada detalle de la vida (Mt 7,12).

A los individuos que se le acercan Jesús los atiende: si le piden un favor, lo hace (Mc 5,22-24; 17,11-19), aunque se niega a entrar en cuestiones de dinero (Lc 12,13-14). Acepta invitaciones también de gente rica, pero no disimula su mensaje (Lc 11,37-52; 14,1-14).

Jesús y los discípulos: la revelación del Mesías

Jesús respeta tanto la libertad de los discípulos, que no les revela directamente que es el Mesías; tienen que reconocerlo viéndolo vivir y actuar. Él no quiere ideas preconcebidas, sino resultado de experiencia; por eso prohíbe a los endemoniados proclamar su identidad (Mc 1,24-25; 3,11-12; consagrado por Dios, Hijo de Dios = Mesías) que, además, habría sido interpretada en sentido nacionalista; por eso también se niega a dar señales que vinieran del cielo, les pide que examinen las señales de cada momento (Mt 16,1-4; Mc 8,11-13; Lc 12,54-56), o sea, los hechos.

Hace reflexionar a los Doce y, cuando ya llevan bastante tiempo con él, les propone por fin la pregunta decisiva: «¿Quién dicen ustedes que soy yo?» Es Pedro quien habla en nombre de todos y reconoce en Jesús al Mesías prometido, al Hijo de Dios (Mt 16,16).

A esta fe quería Jesús que llegaran; desde entonces, su objetivo es subir a la capital, Jerusalén, para denunciar el sistema y anunciar su fin. Pero al mismo tiempo surge una dificultad: los Doce lo reconocen como Mesías, pero sin renunciar a sus antiguas ideas; interpretan ese título a la manera de los nacionalistas; esperan que triunfe en Jerusalén y empiece allí su reinado.

Jesús quiere quitarles eso de la cabeza, y desde el principio les explica que él no va a ser aclamado, sino rechazado y asesinado por los jefes de la nación. Esto provoca la protesta de Pedro, a quien Jesús lanza el insulto peor que podía encontrar (Mt 16,21-23: «Satanás»). A todo lo largo del camino hacia Jerusalén, los discípulos, que esperan ventajas personales, siguen sin entender (Mc 9,30-32). Jesús les repite hasta tres veces lo que va a pasar con él (Mc 10,32-34), pero no les cabe en la cabeza. Como se ve por Santiago y Juan, ellos esperaban que el reinado de Dios diera satisfacción a sus ambiciones (Mc 10,37). Tienen cariño a Jesús, pero el nacionalismo y el deseo de medrar no les deja entenderlo.

Cuando llega a Jerusalén, se organiza una manifestación nacionalista, que aclama a Jesús como el rey sucesor de David (Mc 11,10), restaurador de la monarquía y de la gloria de la nación. Pero Jesús, para desmentir tales pretensiones, entra en la ciudad montado en un borrico, la montura de los pobres, no de los reyes.

Jesús es paciente con los discípulos, les enseña, los regaña, contesta a sus preguntas y, aunque ve que no lo comprenden, sigue con ellos, insistiendo siempre en que no todo acabaría con su muerte (Mc 8,31; 9,31; 10 34). Los Doce son el ejemplo de lo difícil que es para los oprimidos, como clase social o como comunidad nacional, renunciar a la revancha (Hch 1, 6). Su idea fija es la vuelta de la tortilla para quedar ellos encima. Ya le había pasado a Jesús en Nazaret: cuando suprimió el último verso de Isaías, que hablaba del desquite, todos se le pusieron en contra, y cuando negó que Israel tuviera privilegios como pueblo, quisieron matarlo (Lc 4,16-30).

Jesús y las autoridades: la denuncia

Muchos habían sido los conflictos de Jesús con los dirigentes de Galilea (Mc 2,1-12; 13-17.23-28; 3,1-6; 8,11-12). Los expertos de la capital que habían ido a investigar lo que pasaba con aquel profeta provinciano, naturalmente, dieron un juicio desfavorable (Mc 3,22; 7,1).

Jesús ahora, en Jerusalén, va a enfrentarse con las autoridades centrales, va a denunciar el sistema, aunque sabe que le costará la vida. Es la batalla final, la lucha a muerte.

Denuncia el templo, donde el dinero ha tomado el puesto de Dios (Mc 11,17). No reconoce autoridad a los sumos sacerdotes (11 27 33) y les anuncia que Dios los ha destituido (12,9) e Israel ha dejado de ser pueblo de Dios (Mt 21,43). Declara que el Dios de las autoridades del templo no es el verdadero, porque es un Dios de muertos que no existe (Mc 12,18-27 y par.); insulta a los sumos sacerdotes diciéndoles que la gente de mala fama y las prostitutas están más cerca que ellos del reino de Dios (Mt 21,28-32). Reduce de nuevo la antigua Ley al compromiso inseparable con Dios y con el hombre, dejando de lado los aspectos religiosos (Mc 12,28-34). Niega la enseñanza de los letrados de que el Mesías vaya a restaurar el reino de Israel y la monarquía de David (Mc 12,35-37) y lanza una denuncia violentísima contra los líderes religiosos, insultándolos en presencia de la gente (Mt 23,1-36). Pero Jesús no es insensible y expresa su dolor ante la ruina que se acerca por culpa de la obstinación de los jefes (23,37-39).

Terminada la batalla, sale Jesús del templo para no volver. A sus discípulos les anuncia la destrucción del templo y de la ciudad, asegurándoles al mismo tiempo el éxito de la empresa que ha comenzado (Mc 13).

La cena

Sabía Jesús que su denuncia le acarrearía la muerte, pero necesitaba todavía un poco de tiempo con los discípulos para darles las últimas consignas y prepararlos para la prueba. Por eso pasa a la clandestinidad, de modo que los jefes, que ya han decidido matarlo (Mc 14,1-2), tienen que esperar la traición de un discípulo para poder detenerlo (14,10-11).

Jesús da las últimas consignas en la cena, en la eucaristía. Lo que había empezado en el reparto de los panes, prometiendo la bendición divina y la abundancia a los pobres que comparten todo lo que tienen, lo amplía Jesús ahora: hay que compartir el pan, pero con el pan hay que darlo todo, hasta la vida: compartir el pan es la expresión del amor sin regateos.

Eso es lo que él hace, les ha dado todo y va a dar también la vida por ellos y por todos los hombres; eso mismo tiene que ser realidad en los grupos de discípulos, darse del todo a los demás. Ese pan, figura y vehículo del amor de hermanos, lo es también del amor de Jesús; en esa comunidad de hermanos está él presente.

El pan que se come sustenta la vida; cuando es el pan de Jesús, la vida del grupo es la de Jesús. El pan compartido es signo de hermandad; al comer y beber juntos el pan y el vino, se crea la hermandad nueva, la de Dios.

La última consigna es, por tanto, que vivan y mueran como él ha vivido y va a morir (cuerpo y sangre), que lo sigan hasta el fin, creando la nueva sociedad de hermanos y oponiéndose como él al mal que hay en el mundo; para eso, que sobrepasa las fuerzas humanas, les da su misma vida. La eucaristía, en la que Jesús se entrega a los discípulos, exige, por tanto, el compromiso de vivir en la hermandad y de oponerse al mundo que mató a Jesús.

Al mismo tiempo, Jesús los anima. No todo va a acabar en su muerte, la prueba es pasajera, el éxito es seguro; les anuncia su resurrección (Mc 14,27-31).

La cruz

Al llegar el momento, Jesús siente desconcierto y angustia (Mc 12,33): ¿hace falta morir así, como un criminal, para destruir el mal de la sociedad humana y salvar a los hombres? Su misión con Israel ha fracasado, y su muerte va a provocar la ruina de ese pueblo. Por un momento le pide al Padre que encuentre otra solución, pero comprende pronto que una lucha a muerte se demuestra muriendo; si no, todo quedaría en palabras que nadie creería. Acepta plenamente el plan del Padre. Tenía que quedar claro lo malo que es el mundo del poder y del dinero, que son los que matan a Jesús y al hombre. Jesús no debe transigir, aunque le cueste la vida.

Siguiendo su línea, no ofrece resistencia ni la permite (Mt 26,50-52; cf. 5,5); no quiere que la violencia del poder encuentre pretextos que disimulen su injusticia. Ante el tribunal judío, no se achica: declara que es el Mesías, que Dios está con él y en contra de ellos, que el triunfo es suyo y a ellos, con todo lo que representan, les espera la ruina (Mc 14,61-62).

La pasión de Jesús demuestra con los hechos que profesar los valores de este mundo significa ser enemigo de Dios: las autoridades religiosas lo escupen y lo abofetean (Mt 26,67-68); los soldados romanos, que representan la represión y la violencia, le hacen una burla sangrienta (27,27-31); el pueblo, que se deja manipular por los jefes, pide que lo crucifiquen (27,20-26); el gobernador, sabiendo que es inocente, lo condena a muerte (27, 28).

La injusticia del mundo no quiere que Dios reine (Mt 11,12-15), odia todo lo que Dios pide, mata al Hijo de Dios. La cruz de Jesús es la condenación radical del mundo injusto (Gál 6,14). La cruz no deja escapatoria, hay que estar con el crucificado o con los que crucifican, no hay término medio. El mundo odia y mata todo lo que para Dios vale; y Dios aborrece todo lo que vale para el mundo. Por medio de Jesús, Dios ofrecía al mundo hermandad, igualdad, solidaridad y ayuda mutua, libertad y amor de hermanos, vida y felicidad, teniendo a Dios por rey y padre. Pero el dominio, la violencia, la injusticia, el poder civil y religioso, la clase dominante y el pueblo que busca seguridad en las instituciones, odian la vida y dan la muerte. Prefieren como rey al César (Jn 19,15).

Pero Dios no se da por vencido. El joven anuncia a las mujeres la alegre noticia, aunque con palabras extrañas: «Buscan a Jesús Nazareno, el crucificado. Ha resucitado, no está aquí» (Mc 16,6). Uno esperaría más títulos: Jesús el Mesías, el Hijo de Dios. Pero no, el joven menciona la historia desnuda: Jesús, el de Nazaret, condenado como un criminal, ése ha resucitado. Es la aprobación total de Dios a la vida y obra de Jesús; el mensaje y la lucha de Jesús están refrendados por Dios, los enemigos de Jesús lo son de Dios mismo. La muerte sufrida por salvar al hombre lleva a la vida. Dios no es indiferente al esfuerzo por liberar del hambre y de la opresión; aquí se contiene la promesa de la resurrección para los que siguen a Jesús.

La historia empieza otra vez: «Vayan a encontrarlo a Galilea» (Mc 16,5-7).

27

¿Antisemitismo en los evangelios?

A veces se acusa de antisemitismo a los evangelistas. No hay razón ninguna para ello. Lo que pasó en Palestina habría pasado igual en Grecia o en Roma, si Jesús hubiera actuado allí; el mundo es el mismo en todas partes. Que aquello sucediera en Israel, el pueblo especialmente preparado por Dios, es la prueba más convincente de que poder y riqueza hacen necesariamente sordos a la voz de Dios y asesinan a sus profetas (Mt 23,29-27; cf. Lc 16,29-31).

Ha sido cómodo para los cristianos echar la culpa de la muerte de Jesús al pueblo judío como tal; así han evitado el examen de conciencia que exige el evangelio. No fue la raza judía la que rechazó y mató a Jesús, sino la violencia del dinero y del poder, tan presente y tan malvada en los demás pueblos y épocas como lo fueron en la Palestina del siglo I.

IV. LA COMUNIDAD CRISTIANA

La adhesión a Jesús y seguir su manera de vida no son algo que el hombre pueda hacer por sí solo (Jn 6,44.65); necesita un cambio interior, que san Juan llama «nacer de nuevo» (Jn 3,3-8) y san Pablo «la nueva humanidad» (2 Cor 5,17; Gál 6,15) o «el hombre nuevo» (Ef 4,24; Col 3,9-10). En otras palabras, hay que recibir el Espíritu, la fuerza de Dios, para ser capaz de vivir de esa manera (Rom 8,2.4; Gál 5,16). Él afianza la decisión del hombre y lo capacita para la entrega. Según la promesa de Jesús, los discípulos recibirán el Espíritu de Dios: dejarán de vivir para su propio interés y podrán seguir su ejemplo (Lc 24,49; Hch 1,5; 2,1-4.38; 10,44; 11,17; 2 Cor 5,15).

El grupo de discípulos tiene como características, en primer lugar el amor de hermanos, luego la alegría, la paz, la tolerancia, el agrado, la generosidad, la lealtad, la sencillez y el dominio de sí (Gál 5,22-23; Col 3,12-13). Es el grupo en el que ya no hay privilegios: ni de raza, ni de nación, ni de clase social, ni de sexo (1 Cor 12,13; Gál 3,28; Col 3,11); en el que todas las barreras han caído, toda hostilidad ha desaparecido, porque Jesús el Mesías, ha hecho la paz (Ef 2,13-16). Se crea así la comunidad en la que no están unos arriba y otros abajo, sino en la que todos son últimos y todos son primeros (Mt 19,30): son los hermanos con un solo Padre, los servidores con un solo Señor, los discípulos con un solo Maestro, los pobres cuya riqueza y cuya seguridad son Dios mismo (Mt 6,19-21; 19,21) y practican la solidaridad (Hch 11,29); el grupo de la alegría completa (Jn 15,11; 16,24), del afecto mutuo (Rom 12,10; Col 3,12), del perdón fácil y continuo (Mt 18,21-22; Col 3,13); en el que no hay rivalidades ni partidismos, sino que todo está unido por el amor (Col 3,14) y la ayuda mutua (Mt 5,7); en el que cada uno arrima el hombro a las cargas de los demás (Gál 6,2), en el que las cualidades de cada uno se ponen al servicio de todos (Rom 12,3-8; 1 Cor 12,4-11; Ef 4,11-13) y la autoridad significa mayor servicio y nunca superioridad (Lc 22,26-27).

Además de la obra del Espíritu en cada uno, el grupo como tal ha de experimentar la presencia del Señor Jesús (2 Cor 13,5) y la acción de su Espíritu (Gál 3,5). Esta experiencia va dando profundidad a la fe, en un proceso parecido al de la convivencia de los Doce con Jesús, que los llevó a reconocerlo como Mesías e Hijo de Dios (Mt 16,16). Tiene que estar alimentada por la reflexión sobre el mensaje de Jesús, pues el grupo vive para seguirlo, confrontando con él las actitudes personales y comunitarias. Para los discípulos, el Señor glorioso es la salvación, la vida, la alegría, la fuerza y la esperanza (Col 3,4); Jesús en su vida terrestre y en su muerte es el camino y la verdad (Ef 4,20- 24).

Sólo esta experiencia en la oración común y en la eucaristía mantiene la cohesión de la comunidad y da solución a las tensiones y dificultades que puedan surgir; ayudará también a recuperar a los vacilantes (Mt 18,12; Gál 6,1). Los bajos instintos que pueden retoñar, las rivalidades y partidismos, no tienen más antídoto que el Espíritu de Dios (Gál 5,16); y misión del Espíritu es recordar e interpretar el mensaje de Jesús (Jn 14,26; 16,13-15).

En la reunión cristiana se expresan al mismo tiempo la alegría de la fe, que se traduce en acción de gracias a Dios por Jesucristo (Ef 5,18-20; Col 3,16), y la hermandad, que desemboca normalmente en la eucaristía (Hch 2,42).

La misión en el mundo

Por definición, el grupo no vive para sí mismo, los discípulos son «pescadores de hombres» que tratan de atraer a otros a la nueva manera de vida. Esto no se hace por afán de imponer las propias ideas, sino por la experiencia de la propia felicidad: el que ha encontrado el tesoro y la perla quiere que los demás los encuentren también (Mt 13,44-46).

Para la misión, lo primero de todo, lo más importante, es la *existencia del grupo* mismo. Si no existe la nueva sociedad de hermanos como Jesús la quiso, todo es inútil, no hay nada que ofrecer más que palabras e ideas sin realidad. Tiene que verse que el amor y la felicidad son posibles. Da pena ver cristianos amargados que intentan hacer felices a los demás sin tener ellos experiencia de lo que es la alegría y la paz cristiana. La renuncia a los valores del mundo se hace «por la alegría» de haber encontrado el tesoro (Mt 13,44).

El grupo *debe ser visible* y ha de percibirse a su alrededor el bien que hace (Mt 5,14-16); hay que pregonar el mensaje sin miedo (Mt 10,26-27), pero con prudencia (Mt 7,6; 10,16).

El que anuncia la buena noticia aparece en el evangelio (Mt 10,5-15) como pobre (sin dinero, sin provisiones), amable (saludar), sencillo (aceptar la hospitalidad), no exigente (no andar cambiando de casa, Mc 6,10), eficaz, convencido de la urgencia de su trabajo (no perder el tiempo con saludos interminables, Lc 10,4) y de la seriedad e importancia de su misión (si no escuchan echárselo en cara sacudiendo el polvo de las sandalias). Demuestra la realidad de la salvación curando enfermos y expulsando demonios. Es decir, el enviado personifica en cierto modo la comunidad a que pertenece; su manera de presentarse y de obrar hace visible lo que vive y ofrece la salvación que ya conoce.

San Juan expresa la misión de esta manera: ser instrumento del Espíritu de Dios en su *testimonio contra el mundo*. El Espíritu quiere probar al mundo que Jesús, el condenado, era inocente y tenía razón, que el mundo que lo condenó era el culpable y, además, va a la ruina (Jn 15,26-27; 16, 8-11). Los cristianos, por tanto, tienen que enfrentarse con el mundo para denunciar su maldad, como hacía Jesús (Jn 7,7). No se puede dejar al mundo tranquilo en su injusticia. Eso, necesariamente, provocará el odio del mundo, que perseguirá al grupo cristiano como hizo con Jesús (Jn 15,18-22; 16, 1-4). No hay que desanimarse: la empresa es de Dios y Jesús ha vencido al mundo (Jn 16, 33). A los que, ante esa denuncia guiada por el Espíritu reconozcan su error, se les perdonarán sus pecados; a los que se obstinen en su maldad, se les imputarán (Jn 20, 21-23). Y hay que pedirle a Dios con insistencia el fin de la injusticia en el mundo (Lc 18,1-8).

Otro aspecto importante de la misión es la *actitud ante el dolor y la injusticia*. No se puede ser indiferente ante el sufrimiento, cualquiera que sea. Nunca se negó Jesús a curar a un enfermo, ni pasó de largo ante el dolor de la madre viuda (Lc 7,11-17); atendió a los que le pedían por sus hijos (Mc 9,21-27; Jn 4,50) y al que tenía a su niña en las últimas (Mc 5,22-24). Tuvo compasión de la ignorancia de la gente y les enseñaba sin cansarse (Mc 6,34); una multitud estuvo con él tres días enteros y les dio de comer cuando se les acabaron las provisiones (Mc 8,1-3). Y nótese que muchas veces lo hacía con personas que no iban a ser discípulos. No hacía el bien por proselitismo, sino por compasión. Muchas veces incluso prohibía publicarlo, todo lo contrario de usarlo como propaganda (Mc 1,44; 5,43; 7,36). Para Jesús la popularidad no es señal de éxito ni contribuye al reinado de Dios (Mc 1,35-39; 6-45; 7,24).

Como Jesús, los cristianos tienen que sentir lástima y pena por el dolor de los demás y estar dispuestos a ayudar para que mejore la situación: aquí viene el compromiso del grupo cristiano en la *lucha contra la injusticia* en el mundo. La primera tarea será concientizar a la gente, como hacía Jesús, abriéndole los ojos para que perciba cuáles son las causas de sus males. Hay que desmentir los engaños que propone la sociedad y, el primero de ellos, que ser feliz consiste en tener, acaparar, ser rico, figurar y dominar. Hay que echar abajo los ídolos que crean las ideologías, de cualquier color que sean, y hacer hombres capaces de juzgar los hechos como son; es decir, hay que esforzarse por crear personas libres. En eso no hará el cristiano más que imitar lo que hizo Jesús con el pueblo de su tiempo.

Tendrá también que tomar iniciativas y apoyar las que existen para aliviar el dolor humano, la opresión y la injusticia, aunque sin adherirse a ideologías de poder ni identificar esta actividad liberadora con el reinado de Dios. Combatir la injusticia es necesario y urgente, pero en medio de esta lucha el grupo cristiano debe acordarse siempre de que Jesús, al contrario de los zelotas, no identificaba el reinado de Dios con la reforma de las instituciones. Por mucho esfuerzo que se ponga, mientras el individuo no cambie y elimine de su corazón las ambiciones, la injusticia seguirá existiendo de una forma o de otra. Jesús enseña que dentro del sistema de dinero y poder no hay solución para ella; la salvación de la sociedad humana se encuentra en la alternativa que Dios propone, cuya primicia es el grupo donde ambición y rivalidad están sustituidas por amor y hermandad. Y esta sociedad nueva requiere hombres nuevos, movidos por el Espíritu.

De ahí el empeño que los que creen en Jesús deben poner en formar comunidades que vivan plenamente el mensaje.

JUAN MATEOS

LOS EVANGELIOS

EVANGELIO SEGÚN MATEO

I
GENEALOGÍA E INFANCIA DE JESÚS

(Lc 3,23-28)

1 ¹ Génesis de Jesús, Mesías, hijo de David, hijo de Abrahán:

Abrahán engendró a Isaac,

² Isaac engendró a Jacob,

Jacob engendró a Judá y a sus hermanos,

³ Judá engendró, de Tamar, a Fares y a Zará,

Fares engendró a Esrón,

Esrón engendró a Arán,

⁴ Arán engendró a Aminadab,

Aminadab engendró a Naasón,

Naasón engendró a Salmón,

⁵ Salmón engendró, de Rajab, a Booz,

Booz engendró, de Rut, a Obed,

Obed engendró a Jesé,

⁶ Jesé engendró al rey David,

David engendró, de la que fue mujer de Urías, a Salomón,

⁷ Salomón engendró a Roboán,

Roboán engendró a Abías,

Abías engendró a Asaf,

⁸ Asaf engendró a Josafat,

Josafat engendró a Jorán,

Jorán engendró a Ozías,

⁹ Ozías engendró a Joatán,

Joatán engendró a Acaz,

Acaz engendró a Ezequías,

¹⁰ Ezequías engendró a Manasés,

Manasés engendró a Amón,

Amón engendró a Josías,

¹¹ Josías engendró a Jeconías y a sus hermanos, cuando la deportación a Babilonia.

¹² Después de la deportación a Babilonia, Jeconías engendró a Salatiel,

Salatiel engendró a Zorobabel,

¹³ Zorobabel engendró a Abiud,

Abiud engendró a Eliacín,

Eliacín engendró a Azor,

¹⁴ Azor engendró a Sadoc,

Sadoc engendró a Aquín,

Aquín engendró a Eliud,

¹⁵ Eliud engendró a Eleazar,

Eleazar engendró a Matán,

Matán engendró a Jacob

¹⁶ y Jacob engendró a José, el esposo de María, de la que nació Jesús, llamado el Mesías.

¹⁷ Por tanto, las generaciones desde Abrahán a David fueron en total catorce, desde David hasta la deportación catorce, y desde la deportación a Babilonia hasta el Mesías catorce.

Nacimiento de Jesús

(Lc 2,1-7)

¹⁸ Así nació Jesús el Mesías: María, su madre, estaba desposada con José y, antes de vivir juntos, resultó que esperaba un hijo por obra del Espíritu Santo. ¹⁹ Su esposo, José, que era hombre justo y no quería difamarla, decidió repudiarla en secreto. ²⁰ Pero, apenas tomó esta resolución, se le apareció en sueños el ángel del Señor, que le dijo:

–José, hijo de David, no tengas reparo en llevarte contigo a María, tu mujer, porque la criatura que lleva en su seno viene del Espíritu Santo. ²¹ Dará a luz un hijo, y le pondrás de nombre Jesús, porque él salvará a su pueblo de los pecados.

²² Esto sucedió para que se cumpliese lo que había dicho el Señor por el profeta:

²³ *Miren: la virgen concebirá y dará a luz un hijo*

y le pondrán de nombre Emanuel (Is 7,14).

(Que significa «Dios con nosotros»).

²⁴ Cuando se despertó José, hizo lo que le había dicho el ángel del Señor y se llevó a su mujer a su casa; ²⁵ sin haber tenido relación con él, María dio a luz un hijo y él le puso de nombre Jesús.

Visita de los magos

2 ¹ Jesús nació en Belén de Judea en tiempos del rey Herodes. En esto, unos magos de Oriente se presentaron en Jerusalén ² preguntando:

–¿Dónde está ese rey de los judíos que ha nacido? Porque hemos visto salir su estrella y venimos a rendirle homenaje.

³ Al enterarse el rey Herodes se sobresaltó, y con él Jerusalén entera; ⁴ convocó a todos los sumos sacerdotes y letrados del pueblo, y les pidió información sobre dónde tenía que nacer el Mesías.

⁵ Ellos le contestaron:

–En Belén de Judea, así lo escribió el profeta:

⁶ *Y tú, Belén, tierra de Judá,*

no eres ni mucho menos la última

de las ciudades de Judá:

pues de ti saldrá un jefe

que será pastor de mi pueblo,

Israel (Miq 5,1).

⁷ Entonces Herodes llamó en secreto a los magos, para que le precisaran cuándo había aparecido la estrella; ⁸ luego los mandó a Belén encargándoles:

–Averigüen exactamente qué hay de ese niño y, cuando lo encuentren, avísenme para ir yo también a rendirle homenaje.

⁹ Con este encargo del rey, se pusieron en camino; de pronto, la estrella que habían visto salir comenzó a guiarlos hasta pararse encima de donde estaba el niño.

¹⁰ Ver la estrella les dio muchísima alegría.

¹¹ Al entrar en la casa, vieron al niño con María, su madre, y cayendo de rodillas le rindieron homenaje; luego abrieron sus cofres y como regalos le ofrecieron oro, incienso y mirra.

¹² Avisados en sueños de que no volvieran a Herodes, se marcharon a su tierra por otro camino.

Huida a Egipto

¹³ Apenas se marcharon, el ángel del Señor se apareció en sueños a José y le dijo:

–Levántate, toma al niño y a su madre y huye a Egipto; quédate allí hasta nuevo aviso, porque Herodes va a buscar al niño para matarlo.

¹⁴ José se levantó, tomó al niño y a su madre de noche, se fue a Egipto ¹⁵ y se quedó allí hasta la muerte de Herodes. Así se cumplió lo que dijo el Señor por el profeta:

Llamé a mi hijo para que saliera de Egipto (Os 11,1).

Matanza de los inocentes

¹⁶ Entonces Herodes, viéndose

burlado por los magos, montó en cólera y mandó matar a todos los niños de dos años para abajo en Belén y sus alrededores, calculando la edad por lo que había averiguado de los magos.

[17] Entonces se cumplió el oráculo del profeta Jeremías:

[18] *Un grito se oyó en Ramá,*
llanto y lamentos grandes:
es Raquel que llora por sus hijos
y rehúsa el consuelo, porque ya
no existen (Jr 31,15).

Retorno de Egipto

[19] Apenas murió Herodes, el ángel del Señor se apareció en sueños a José en Egipto y le dijo:

[20] –Levántate, toma al niño y a su madre y vuélvete a Israel; ya han muerto los que intentaban acabar con el niño.

[21] Se levantó, tomó al niño y a su madre y entró en Israel. [22] Al enterarse de que Arquelao reinaba en Judea como sucesor de su padre, Herodes, tuvo miedo de ir allá. Entonces, avisado en sueños, se retiró a Galilea [23] y fue a establecerse en un pueblo llamado Nazaret. Así se cumplió lo que dijeron los profetas: que se llamaría Nazoreo.

II

PREPARACIÓN

(3,1-4,11)

Predicación de Juan Bautista
(Mc 1, 2-8; Lc 3,1-18; Jn 1, 19-28)

3 [1] Por aquellos días se presentó Juan Bautista en el desierto de Judea proclamando:

[2] –Enmiéndense, que está cerca el reinado de Dios.

[3] A él se refería el profeta Isaías cuando dijo:

Una voz grita desde el desierto:
Preparen el camino del Señor,
enderecen sus senderos (Is 40,3).

[4] Este Juan iba vestido de pelo de camello, con una correa de cuero a la cintura, y se alimentaba de saltamontes y miel silvestre.

[5] Acudía en masa la gente de Jerusalén, de todo el país judío y de la comarca del Jordán, [6] y él los bautizaba en el río Jordán, a medida que confesaban sus pecados.

[7] Al ver que muchos fariseos y saduceos venían a que los bautizara, les dijo:

–¡Camada de víboras! ¿Quién les ha enseñado a escapar del castigo inminente? [8] Pues entonces den el fruto que corresponde a la enmienda [9] y no se hagan ilusiones pensando que Abrahán es padre de ustedes; porque les digo que de las piedras estas es capaz Dios de sacar hijos a Abrahán. [10] Además, el hacha está ya tocando la base de los árboles, y todo árbol que no da

---

3,2 "de Dios", lit. "de los cielos", semitismo propio de Mt para sustituir el nombre divino.

buen fruto será cortado y echado al fuego.

¹¹ Yo los bautizo con agua, en señal de enmienda; pero llega detrás de mí el que es más fuerte que yo, y yo no soy quién para quitarle las sandalias. Ése los va a bautizar con Espíritu Santo y fuego, ¹² porque trae el bieldo en la mano para aventar su parva y reunir el trigo en su granero; la paja, en cambio, la quemará con fuego inextinguible.

Bautismo de Jesús y bajada del Espíritu

(Mc 1,9-11; Lc 3,21-22; Jn 1,29-34)

¹³ Entonces llegó Jesús desde Galilea al Jordán y se presentó a Juan para que lo bautizara. ¹⁴ Juan intentaba disuadirlo diciéndole:

– Soy yo quien necesita que tú me bautices, y ¿tú acudes a mí?

¹⁵ Jesús le contestó:

– Déjame ya, que así es como nos toca a nosotros cumplir todo lo que Dios quiera.

Entonces Juan lo dejó.

¹⁶ Jesús, una vez bautizado, salió en seguida del agua. De pronto quedó abierto el cielo y vio al Espíritu de Dios bajar como paloma y posarse sobre él. ¹⁷ Y una voz del cielo dijo:

–Éste es mi Hijo, el amado, en quien he puesto mi favor.

Las tentaciones

(Mc 1,12-13; Lc 4,1-13)

4 ¹ Entonces fue conducido Jesús al desierto por el Espíritu, para que el diablo lo tentara. ² Ayunó cuarenta días con sus noches y al final sintió hambre.

³ El tentador se le acercó y le dijo:

–Si eres Hijo de Dios, di que estas piedras se conviertan en panes.

⁴ Le contestó:

–Está escrito: *«No sólo de pan vive el hombre, sino también de todo lo que diga Dios por su boca»* (Dt 8,3).

⁵ Entonces se lo llevó el diablo a la ciudad santa, lo puso en el alero del templo ⁶ y le dijo:

–Si eres Hijo de Dios, tírate abajo; porque está escrito: *«A sus ángeles ha dado órdenes para que cuiden de ti»;* y también: *«te llevarán en volandas, para que tu pie no tropiece con piedras»* (Sal 91,11-12).

⁷ Jesús le repuso:

–También está escrito: *«No tentarás al Señor tu Dios»* (Dt 6,16).

⁸ Todavía lo llevó el diablo a un monte altísimo y le mostró todos los reinos del mundo con su gloria, ⁹ diciéndole:

–Te daré todo eso si te postras y me rindes homenaje.

¹⁰ Entonces le replicó Jesús:

–Vete, Satanás, porque está escrito: *«Al Señor tu Dios rendirás homenaje y sólo a él prestarás servicio»* (Dt 6,13).

¹¹ Entonces lo dejó el diablo; en esto se acercaron unos ángeles y se pusieron a servirle.

III
PROCLAMACIÓN DEL REINO Y REVELACIÓN DEL MESÍAS
(4,12-16,20)

A. EL ISRAEL MESIÁNICO

Primera actividad en Galilea
(Mc 1,14-15; Lc 4,14-15)

¹² Al enterarse de que habían detenido a Juan, Jesús se retiró a Galilea. ¹³ Dejó Nazaret y se estableció en Cafarnaún, junto al mar, en territorio de Zabulón y Neftalí. ¹⁴ Así se cumplió lo que había dicho el profeta Isaías:

¹⁵ ¡País de Zabulón y país de Neftalí,
camino del mar, al otro lado del Jordán,
Galilea de los paganos!
¹⁶ El pueblo que habitaba en tinieblas vio una luz grande;
a los que habitaban en tierra y sombra de muerte
una luz les brilló (Is 8,2-9,1).

¹⁷ Desde entonces empezó Jesús a proclamar:

– Enmiéndense, que está cerca el reinado de Dios.

Llamada de Israel
(Mc 1,16-21a; Lc 5,1-11)

¹⁸ Caminando junto al mar de Galilea, vio a dos hermanos: a Simón, el llamado Pedro, y a Andrés, su hermano, que estaban echando una red de mano en el mar, pues eran pescadores. ¹⁹ Les dijo:

– Vengan conmigo y los haré pescadores de hombres.

²⁰ Inmediatamente dejaron las redes y lo siguieron.

²¹ Pasando adelante vio a otros dos hermanos: a Santiago y a Juan, hijos de Zebedeo, que estaban en la barca poniendo a punto las redes, con Zebedeo, su padre. Jesús los llamó. ²² Inmediatamente dejaron la barca y a su padre y lo siguieron.

Sumario de su actividad
(Lc 6,17-19)

²³ Jesús fue recorriendo Galilea entera, enseñando en las sinagogas de ellos, proclamando la buena noticia del reino y curando todo achaque y enfermedad del pueblo. ²⁴ Se hablaba de él en toda Siria: le traían enfermos con toda clase de enfermedades y dolores, endemoniados, epilépticos y paralíticos, y él los curaba.

Código de la alianza mesiánica:
El sermón del monte
Proclamación del Reino: las bienaventuranzas
(Lc 6,20-23; 14,34-35; Mc 9,50)

²⁵ Lo siguieron grandes multitudes procedentes de Galilea, Decápolis, Jerusalén, Judea y Transjordania.

5 ¹ Al ver Jesús las multitudes, subió al monte, se sentó y se le acercaron sus discípulos. ² Él tomó

la palabra y se puso a enseñarles así:

³ Dichosos los que eligen ser pobres,

porque sobre ésos reina Dios.

⁴ Dichosos los que sufren,

porque ésos van a recibir el consuelo.

⁵ Dichosos los sometidos,

porque ésos van a heredar la tierra.

⁶ Dichosos los que tienen hambre y sed de esa justicia,

porque ésos van a ser saciados.

⁷ Dichosos los que prestan ayuda,

porque ésos van a recibir ayuda.

⁸ Dichosos los limpios de corazón,

porque ésos van a ver a Dios.

⁹ Dichosos los que trabajan por la paz,

porque a ésos los va a llamar Dios hijos suyos.

¹⁰ Dichosos los que viven perseguidos por su fidelidad,

porque sobre ésos reina Dios.

¹¹ Dichosos ustedes cuando los insulten, los persigan y los calumnien de cualquier modo por causa mía. ¹² Estén alegres y contentos, que grande es la recompensa que Dios les da; porque lo mismo persiguieron a los profetas que les han precedido.

¹³ Ustedes son la sal de la tierra. Y si la sal se pone sosa, ¿con qué se salará? Ya no sirve más que para tirarla a la calle y para que la pisotee la gente.

¹⁴ Ustedes son la luz del mundo. No se puede ocultar una ciudad situada en lo alto de un monte; ¹⁵ ni se enciende una lámpara para meterla debajo del perol, sino para ponerla en el candelero y que brille para todos los de la casa. ¹⁶ Empiece así a brillar la luz de ustedes ante los hombres; que vean el bien que ustedes hacen y glorifiquen al Padre del cielo.

Se cumplirán las promesas

¹⁷ ¡No piensen que he venido a echar abajo la Ley ni los Profetas! No he venido a echar abajo, sino a dar cumplimiento: ¹⁸ porque les aseguro que antes que desaparezcan el cielo y la tierra, ni una letra ni una coma desaparecerá de la Ley antes que todo se realice.

¹⁹ Por tanto, el que se exima de uno solo de esos mandamientos mínimos y lo enseñe así a los hombres, será llamado mínimo en el reino de Dios; en cambio, el que los cumpla y enseñe, ése será llamado grande en el reino de Dios: ²⁰ porque les digo que, si la fidelidad de ustedes no se sitúa muy por encima de la de los letrados y fariseos, no entrarán en el reino de Dios.

Corrige la Ley y su interpretación
(Lc 6,27-36)

²¹ Les han enseñado que se mandó a los antiguos: «*No matarás* (Éx 20,13), y *si uno mata será condenado por el tribunal*». ²² Pues yo les digo: Todo el que esté peleado con su hermano será condenado por el

---

5,15: "perol": en el original, "modion", medida para áridos parecida al desusado "celemín".

tribunal; el que lo insulte será condenado por el Consejo; el que lo llame renegado será condenado al fuego del quemadero.

²³ En consecuencia, si, yendo a presentar tu ofrenda al altar, te acuerdas allí de que tu hermano tiene algo contra ti, ²⁴ deja tu ofrenda allí, ante el altar, y ve primero a reconciliarte con tu hermano; vuelve entonces y presenta tu ofrenda.

²⁵ Busca un arreglo con el que te pone pleito, cuanto antes, mientras van todavía de camino; no sea que te entregue al juez, y el juez al guardia, y te metan en la cárcel. ²⁶ Te aseguro que no saldrás de allí hasta que no pagues el último centavo.

²⁷ Les han enseñado que se mandó: «*No cometerás adulterio*» (Éx 24,14). ²⁸ Pues yo les digo: Todo el que mira a una mujer casada excitando su deseo por ella, ya ha cometido adulterio con ella en su interior.

²⁹ Y si tu ojo derecho te pone en peligro, sácatelo y tíralo; más te conviene perder un miembro que ser echado entero en el fuego. ³⁰ Y si tu mano derecha te pone en peligro, córtatela y tírala; más te conviene perder un miembro que ir a parar entero al fuego.

³¹ Se mandó también: «*El que repudia a su mujer, que le dé acta de divorcio*» (Dt 24,1). ³² Pues yo les digo: Todo el que repudia a su mujer, fuera del caso de unión ilegal, la empuja al adulterio, y el que

se case con la repudiada comete adulterio.

³³ También les han enseñado que se mandó a los antiguos: «*No jurarás en falso*» y «*cumplirás tus votos al Señor*». ³⁴ Pues yo les digo que no juren en absoluto: por *el cielo* no, porque es el trono de Dios; ³⁵ por *la tierra* tampoco, porque *es el estrado de sus pies;* por Jerusalén tampoco, porque es *la ciudad del gran rey;* ³⁶ no jures tampoco por tu cabeza, porque no puedes volver blanco ni negro un solo pelo. ³⁷ Que el sí de ustedes sea un sí y su no, un no; lo que pasa de ahí es cosa del Malo.

³⁸ Les han enseñado que se mandó: «*Ojo por ojo, diente por diente*» (Ex 21,4). ³⁹ Pues yo les digo: No hagan frente al que les agravia. Al contrario, si uno te abofetea en la mejilla derecha, vuélvele también la otra; ⁴⁰ al que quiera ponerte pleito para quitarte la túnica, déjale también la capa; ⁴¹ a quien te fuerza a caminar una milla, acompáñalo dos; ⁴² al que te pide, dale; y al que quiere que le prestes, no le vuelvas la espalda.

⁴³ Les han enseñado que se mandó: «*Amarás a tu prójimo...*» (Lv 19,18) y odiarás a tu enemigo. ⁴⁴Pues yo les digo: Amen a sus enemigos y recen por los que los persiguen, ⁴⁵ para ser hijos de su Padre del cielo, que hace salir el sol sobre malos y buenos y manda la lluvia sobre justos e injustos.

⁴⁶Si quieren sólo a los que los

5,22: Éx 20,13; "lo insulte", lit. "lo llama racá" (imbécil).
5,33 Éx 20,7; Nm 30,3; Dt 23,22; Is 66,1; Sal 48,3.

quieren, ¿qué recompensa merecen? ¿No hacen eso mismo también los recaudadores? **47** Y si muestran afecto sólo a la propia gente, ¿qué hacen de extraordinario? ¿No hacen eso mismo también los paganos? **48** Por consiguiente, sean buenos del todo, como es bueno su Padre del cielo.

Desacredita a los fariseos. El "Padrenuestro"

6 **1** Cuidado con hacer sus obras de piedad delante de la gente para llamar la atención: si no, se quedan sin recompensa de su Padre del cielo.

2 Por tanto, cuando des limosna no lo anuncies a toque de trompeta como hacen los hipócritas en las sinagogas y en la calle para que la gente los alabe. Ya han recibido su recompensa, se lo aseguro. **3** Tú, en cambio, cuando des limosna, que no sepa tu mano izquierda lo que hace la derecha, **4** para que tu limosna quede escondida; y tu Padre, que ve lo escondido, te recompensará.

5 Cuando recen, no hagan como los hipócritas, que son amigos de rezar de pie en las sinagogas y en las esquinas para exhibirse ante la gente. Ya han recibido su recompensa, se lo aseguro. **6** Tú, en cambio, cuando quieras rezar, métete en tu cuarto, echa la llave a tu puerta y rézale a tu Padre que está en lo escondido; y tu Padre, que ve lo escondido, te recompensará.

7 Pero, cuando recen, no sean palabreros como los paganos, que se imaginan que por hablar mucho les harán más caso. **8** No sean como ellos, que el Padre de ustedes sabe lo que les hace falta antes de que se lo pidan. **9** Ustedes recen así:

Padre nuestro del cielo,
proclámese ese nombre tuyo,
    10 llegue tu reinado,
realícese en la tierra tu designio del cielo;
    11 nuestro pan del mañana dánoslo hoy
    12 y perdónanos nuestras deudas,
que también nosotros perdonamos a nuestros deudores;
    13 y no nos dejes ceder a la tentación,
sino líbranos del Malo.

14 Pues si perdonan sus culpas a los demás, también su Padre del cielo los perdonará (a ustedes). **15** Pero si no perdonan a los demás, tampoco su Padre perdonará las culpas de ustedes.

16 Cuando ayunen, no se pongan tristes, como los hipócritas, que se afean la cara para ostentar ante la gente que ayunan. Ya han recibido su recompensa, se lo aseguro. **17** Tú, en cambio, cuando ayunes, perfúmate la cabeza y lávate la cara, **18** para no ostentar tu ayuno ante la gente, sino ante tu Padre que está en lo escondido; y tu Padre, que ve lo escondido, te recompensará.

6,11: "del mañana"; otra traducción menos probable, "cotidiano".

Explica "los que deciden ser pobres"

(Lc 6,13; 11,34-36; 12,22-34)

[19] Déjense de amontonar riquezas en la tierra, donde la polilla y la carcoma las echan a perder, donde los ladrones abren boquetes y roban. [20] En cambio, acumulen riquezas en el cielo, donde ni polilla ni carcoma las echan a perder, donde los ladrones no abren boquetes ni roban. [21] Porque donde tengas tu riqueza tendrás tu corazón.

[22] La esplendidez da el valor a la persona. Si eres desprendido, toda tu persona vale; [23] en cambio, si eres tacaño, toda tu persona es miserable. Y si por valer tienes sólo miseria, ¡qué miseria tan grande!

[24] Nadie puede estar al servicio de dos señores, porque aborrecerá a uno y querrá al otro, o bien se apegará a uno y despreciará al otro. No pueden servir a Dios y al dinero.

[25] Por eso les digo: No anden preocupados por la vida pensando qué van a comer o a beber, ni por el cuerpo, pensando con qué se van a vestir. ¿No vale más la vida que el alimento, y el cuerpo más que el vestido? [26] Fíjense en los pájaros: ni siembran, ni siegan, ni almacenan, y, sin embargo, el Padre celestial de ustedes los alimenta. ¿No valen ustedes mucho más que ellos? [27] Y ¿quién de ustedes, a fuerza de preocuparse, podrá añadir una hora sola al tiempo de su vida? [28] Y ¿por qué andan preocupados por el vestido? Dense cuenta de cómo crecen los lirios del campo, y no trabajan ni hilan. [29] Y les digo que ni Salomón, en todo su fasto, estaba vestido como cualquiera de ellos. [30] Pues si a la hierba, que hoy está en el campo y mañana se quema en el horno, la viste Dios así, ¿no hará mucho más por ustedes, gente de poca fe?

[31] Así que no anden preocupados pensando qué van a comer, o qué van a beber, o con qué se van a vestir. [32] Son los paganos quienes ponen su afán en esas cosas. Ya sabe el Padre del cielo que ustedes tienen necesidad de todo eso. [33] Busquen primero que reine su justicia, y todo eso se les dará por añadidura.

[34] En resumen, no anden preocupados por el mañana, porque el mañana se preocupará de sí mismo. A cada día le basta su dificultad.

Avisos. Invitación a la oración

(Lc 6,37s.41s; 11,9-13)

7 [1] No juzguen y no los juzgarán; [2] porque los van a juzgar como juzguen ustedes, y la medida que usen la usarán con ustedes.

[3] ¿Por qué te fijas en la mota que tiene tu hermano en el ojo y no reparas en la viga que llevas en el tuyo? [4] O ¿cómo vas a decirle a tu

---

6,22-23: "esplendidez", "generosidad", expresadas en términos de luz; cf Sal 112 (111), 3-4; Is 58,7-8. "Tacaño", en las lenguas semíticas "ojo malvado"; cf Eclo 14,10.

hermano: «Deja que te saque la mota del ojo», con esa viga en el tuyo? ⁵ Hipócrita, sácate primero la viga de tu ojo; entonces verás claro y podrás sacar la mota del ojo de tu hermano.

⁶ No den lo sagrado a los perros ni echen sus perlas a los cerdos; no sea que las pisoteen, y además se vuelvan contra ustedes y los destrocen.

⁷ Pidan y se les dará, busquen y encontrarán, llamen y les abrirán; ⁸ porque todo el que pide recibe, el que busca encuentra y al que llama le abren.

⁹ O acaso si a uno de ustedes su hijo le pide pan, ¿le va a ofrecer una piedra? ¹⁰ O si le pide un pescado, ¿le va a ofrecer una serpiente? ¹¹ Pues si ustedes, aun siendo malos, saben dar cosas buenas a sus hijos, ¡cuánto más su Padre del cielo se las dará a los que se las piden!

¹² En resumen: Todo lo que quisieran ustedes que hicieran los demás por ustedes, háganlo ustedes por ellos, porque eso significan la Ley y los Profetas.

Decisión.
Criterios de la fidelidad
(Lc 13,24; 6,43s;
13,25-27; 6,47-49)

¹³ Entren por la puerta angosta; porque ancha es la puerta y amplia la calle que llevan a la perdición, y muchos entran por ellas. ¹⁴ ¡Qué angosta es la puerta y qué estrecho el callejón que llevan a la vida! Y pocos dan con ellos.

¹⁵ Cuidado con los profetas falsos, ésos que se les acercan con piel de oveja, pero por dentro son lobos rapaces. ¹⁶ Por sus frutos los conocerán; a ver, ¿ése cosechan uvas de las zarzas o higos de los cardos?

¹⁷ Así, los árboles sanos dan frutos buenos; los árboles dañados dan frutos malos. ¹⁸ Un árbol sano no puede dar frutos malos, ni un árbol dañado dar frutos buenos, ¹⁹ y todo árbol que no da fruto bueno se corta y se echa al fuego. ²⁰ Así que por sus frutos los conocerán.

²¹ No basta decirme: «¡Señor, Señor!», para entrar en el reino de Dios; no, hay que poner por obra el designio de mi Padre del cielo.

²² Aquel día muchos me dirán: «Señor, Señor, ¡si hemos profetizado en tu nombre y echado demonios en tu nombre y hecho muchos prodigios en tu nombre!» ²³ Y entonces yo les declararé: «Nunca los he conocido. ¡Lejos de mí los que practican la iniquidad!»

²⁴ En resumen: Todo aquel que escucha estas palabras mías y las pone por obra se parece al hombre sensato que edificó su casa sobre roca. ²⁵ Cayó la lluvia, vino la riada, soplaron los vientos y arremetieron contra la casa; pero no se hundió, porque estaba cimentada en la roca.

²⁶ Y todo aquel que escucha estas palabras mías pero no las pone por obra se parece al necio que edificó su casa sobre arena. ²⁷ Cayó la lluvia, vino la riada, soplaron los vientos, embistieron contra la casa y se hundió. ¡Y qué hundimiento tan grande!

²⁸ Al terminar Jesús este discurso, las multitudes estaban impre-

sionadas de su enseñanza, [29] porque les enseñaba con autoridad, no como sus letrados.

8 [1] Y al bajar del monte lo siguieron grandes multitudes.

Ámbito universal del Israel mesiánico

Cura a un leproso

(Mc 1,40-45; Lc 5,12-16)

[2] En esto se le acercó un leproso, y se puso a suplicarle:

–Señor, si quieres puedes limpiarme.

[3] Extendió la mano y lo tocó diciendo:

–¡Quiero, queda limpio!

Y enseguida quedó limpio de la lepra.

[4] Jesús le dijo:

–Cuidado con decírselo a nadie; en cambio, ve a presentarte al sacerdote y ofrece el donativo que mandó Moisés como prueba contra ellos.

El criado del centurión

(Lc 7,2-10; Jn 4,43-54)

[5] Al entrar en Cafarnaún se le acercó un centurión, [6] rogándole:

–Señor, mi criado está echado en casa con parálisis, sufriendo terriblemente.

[7] Jesús le contestó:

–Voy yo a curarlo.

[8] El centurión le replicó:

–Señor, yo no soy quién para que entres bajo mi techo, pero basta una palabra tuya para que mi criado se cure. [9] Porque yo, que estoy bajo la autoridad de otros, tengo soldados a mis órdenes, y si le

digo a uno que se vaya, se va; o a otro que venga viene; y si le digo a mi siervo que haga algo, lo hace.

[10] Al oír esto, Jesús dijo admirado a los que lo seguían:

–Les aseguro que en ningún israelita he encontrado tanta fe. [11] Les digo que vendrán muchos de Oriente y Occidente a sentarse a la mesa con Abrahán, Isaac y Jacob en el reino de Dios; [12] en cambio, a los destinados al reino los echarán afuera, a las tinieblas. Allí será el llanto y el rechinar de dientes.

[13] Y al centurión le dijo:

–Vete; que se te cumpla lo que has creído.

Y en aquel momento se puso bueno el criado.

Curaciones

(Mc 1,29-34; Lc 4,38-41)

[14] Al llegar Jesús a casa de Pedro, encontró a la suegra acostada con fiebre, [15] le tocó la mano y se le pasó la fiebre; ella se levantó y se puso a servirle.

[16] Al anochecer le llevaron muchos endemoniados; con su palabra expulsó a los espíritus y curó a todos los enfermos, [17] para que se cumpliese lo que dijo el profeta Isaías:

Él tomó nuestras dolencias
y quitó nuestras enfermedades
(Is 53,5).

Seguir a Jesús

(Lc 9,57-62)

[18] Al ver Jesús que una multitud lo rodeaba, dio orden de salir para la otra orilla. [19] Se le acercó un le-

trado y le dijo:

—Maestro, te seguiré adondequiera que vayas.

²⁰ Jesús le respondió:

—Las zorras tienen madrigueras y los pájaros nidos, pero el Hijo del hombre no tiene dónde reclinar la cabeza.

²¹ Otro, ya discípulo, le dijo:

—Señor, permíteme ir primero a enterrar a mi padre.

²² Jesús le replicó:

—Sígueme y deja que los muertos entierren a sus muertos.

Calma el temporal
(Mc 4,35-41; Lc 8,22-25)

²³ Subió Jesús a la barca y sus discípulos lo siguieron.

²⁴ De pronto se levantó un temporal tan fuerte que la barca desaparecía entre las olas; él dormía.

²⁵ Se acercaron los discípulos y lo despertaron gritándole:

—¡Sálvanos, Señor, que perecemos!

²⁶ Él les dijo:

—¿Por qué son cobardes? ¡Qué poca fe!

Entonces se puso en pie, increpó a los vientos y al mar y sobrevino una gran calma. ²⁷ Aquellos hombres se preguntaban admirados:

—¿Quién es éste, que hasta el viento y el mar le obedecen?

Los dos endemoniados
(Mc 5,1-20; Lc 8,26-39)

²⁸ Llegó él a la otra orilla, a la región de los gadarenos. Desde el cementerio dos endemoniados salieron a su encuentro; eran tan peligrosos que nadie se atrevía a transitar por aquel camino. ²⁹ De pronto empezaron a gritar:

—¿Qué tienes tú contra nosotros, Hijo de Dios? ¿Has venido aquí antes de tiempo para someternos al suplicio?

³⁰ Una gran piara de cerdos estaba hozando a distancia.

³¹ Los demonios le rogaron:

—Si nos echas, mándanos a la piara.

³² Jesús les dijo:

—Vayan.

Salieron y se fueron a los cerdos.

De pronto la piara entera se precipitó al mar, acantilado abajo, y murió ahogada en el agua. ³³ Los porquerizos salieron huyendo, llegaron a la ciudad y lo contaron todo, incluyendo lo de los endemoniados. ³⁴ Entonces la ciudad entera salió adonde estaba Jesús y, al verlo, le rogaron que abandonase su territorio.

9 ¹ Subió a una barca, cruzó a la otra orilla y llegó a su propia ciudad.

Cura a un paralítico
(Mc 2,2-13; Lc 5,17-26)

² En esto, intentaban acercarle un paralítico acostado en un catre. Viendo la fe que tenían, Jesús dijo al paralítico:

—¡Ánimo, hijo! Se te perdonan tus pecados.

³ Entonces algunos letrados se dijeron:

—Éste blasfema.

⁴ Jesús, consciente de lo que pensaban les dijo:

⁵ –¿Por qué piensan mal? A ver, ¿qué es más fácil decir: «se te perdonan tus pecados», o decir «levántate y echa a andar»? ⁶ Pues para que sepan que el Hijo del hombre tiene autoridad en la tierra para perdonar pecados... –le dijo entonces al paralítico:

–Levántate, carga con tu catre y vete a tu casa.

⁷ El hombre se levantó y se marchó a su casa.

⁸ Al ver esto, las multitudes quedaron sobrecogidas y alababan a Dios, que ha dado a los hombres tal autoridad.

Llama a Mateo
(Mc 2,14-17; Lc 5,27-32)

⁹ Cuando se marchó Jesús de allí, vio al pasar a un hombre llamado Mateo, sentado al mostrador de los impuestos, y le dijo:

–Sígueme.

Se levantó y lo siguió.

¹⁰ Sucedió que, estando él reclinado a la mesa en la casa, acudió un buen grupo de recaudadores y descreídos y se reclinaron con él y sus discípulos. ¹¹ Al ver aquello, preguntaron los fariseos a los discípulos:

–¿Por qué razón come su maestro con los recaudadores y descreídos?

¹² Jesús lo oyó y dijo:

–No sienten necesidad de médico los que son fuertes, sino los que se encuentran mal. ¹³ Vayan mejor a aprender lo que significa *«misericordia quiero y no sacrificios»* (Os 6,6): porque más que a justos, he venido a llamar a pecadores.

Caducan las instituciones de Israel
(Mc 2,18-22; Lc 5,33-39)

¹⁴ Se acercaron entonces los discípulos de Juan a preguntarle:

–Nosotros y los fariseos ayunamos a menudo, ¿por qué razón tus discípulos no ayunan?

¹⁵ Jesús les contestó:

–¿Pueden estar de luto los amigos del novio mientras el novio está con ellos? Llegará el día en que les arrebaten al novio y entonces ayunarán. ¹⁶ Nadie echa una pieza* de paño sin estrenar a un manto pasado, porque al remendarlo tira del manto y deja una rotura peor. ¹⁷ Tampoco se echa vino nuevo en odres viejos, porque, si no, revientan los odres: el vino se derrama y los odres se echan a perder; no, el vino nuevo se echa en odres nuevos, y así las dos cosas se conservan.

La hija del personaje y la mujer con flujos. La situación de Israel
(Mc 3,21-43; Lc 8,40-56)

¹⁸ Mientras Jesús les hablaba de esto, se presentó un personaje que se puso a suplicarle diciendo:

–Mi hija acaba de morir; pero ven tú, aplícale tu mano y vivirá.

¹⁹ Jesús se levantó y lo siguió con sus discípulos.

²⁰ En esto una mujer que sufría de flujos de sangre desde hacía doce años se le acercó por detrás y le tocó el borde del manto, ²¹ pensando: «Con sólo tocarle el manto, me salvaré».

²² Jesús se volvió y, al verla, le dijo:

–¡Ánimo, hija! Tu fe te ha salvado.

Y desde aquel momento quedó curada la mujer.

²³ Jesús llegó a casa del personaje y, al ver a los flautistas y el alboroto de la gente, dijo:

²⁴ –¡Fuera, que la muchacha no ha muerto, está durmiendo!

Ellos se reían de él. ²⁵ Cuando echaron a la gente, entró Jesús, tomó a la muchacha de la mano y ella se levantó.

²⁶ La noticia del hecho se divulgó por toda aquella comarca.

Los dos ciegos

²⁷ Cuando se marchó de allí, al pasar, lo siguieron dos ciegos pidiéndole a gritos:

–Ten compasión de nosotros, Hijo de David.

²⁸ Al llegar a la casa, se le acercaron los ciegos; Jesús les preguntó:

–¿Tienen fe en que puedo hacer eso?

Contestaron:

–Sí, Señor.

²⁹ Entonces les tocó los ojos diciendo:

–Que se les cumpla según la fe que tienen.

Y se les abrieron los ojos. Jesús les avisó muy en serio:

–Miren que nadie se entere.

³¹ Pero cuando salieron hablaron de él por toda aquella comarca.

El mudo

³² Mientras salían los ciegos, le presentaron a un endemoniado mudo. ³³ Echó al demonio y el mudo habló. La multitud decía admirada:

– Jamás se ha visto cosa semejante en Israel.

³⁴ En cambio, los fariseos decían:

– Echa a los demonios con poder del jefe de los demonios.

Primera misión del Israel mesiánico

(Mc 6,34; 3,13-19; Lc 10,2; 6,12-16)

³⁵ Recorría Jesús todos los pueblos y aldeas, enseñando en sus sinagogas, proclamando la buena noticia del Reino y curando todo achaque y enfermedad.

³⁶ Viendo a las multitudes, se conmovió, porque andaban maltrechas y muy cansadas, como ovejas sin pastor.

³⁷ Entonces dijo a sus discípulos:

–La mies es abundante y los braceros pocos; por eso, ³⁸ rueguen al dueño de la mies que mande braceros a su mies.

10 ¹ Y llamando a sus doce discípulos, les dio autoridad sobre los espíritus inmundos para expulsarlos y curar todo achaque y enfermedad.

² Los nombres de los doce apóstoles son éstos: en primer lugar, Simón, el llamado Pedro, y su hermano Andrés; Santiago el de Zebedeo y su hermano Juan; ³ Felipe y Bartolomé, Tomás y Mateo el recaudador, Santiago Alfeo y Tadeo, ⁴ Simón el fanático y Judas Iscariote, el mismo que lo entregó.

Instrucciones
(Mc 6,7-13; Lc 9,1-6)

⁵ A estos doce los envió Jesús con estas instrucciones:

–No tomen el camino de los paganos ni entren en ciudad de samaritanos; ⁶ mejor es que vayan a las ovejas descarriadas de Israel. ⁷ Por el camino proclamen que está cerca el reinado de Dios, ⁸ curen enfermos, resuciten muertos, limpien leprosos, echen demonios. De balde lo recibieron, denlo de balde.

⁹ No se procuren oro, plata ni monedas para llevar en la faja; ¹⁰ ni tampoco alforja para el camino, ni dos túnicas, ni sandalias, ni bastón, que el bracero merece su sustento.

¹¹ Cuando entren en un pueblo o aldea, averigüen quién hay allí que se lo merezca y quédense en su casa hasta que se vayan.

¹² Al entrar en una casa, saluden. ¹³ Si la casa se lo merece, que la paz que le desean se pose sobre ella; si no se lo merece, su paz vuelva a ustedes.

¹⁴ Si alguno no los recibe o no los escucha, al salir de su casa o del pueblo sacúdanse el polvo de los pies. ¹⁵ Les aseguro que el día del juicio será más llevadero para Sodoma y Gomorra que para aquel pueblo.

Persecuciones
(Mc 13,9-13; Lc 21,12-17)

¹⁶ Miren que yo los mando como ovejas entre lobos: por tanto, sean cautos como serpientes e ingenuos como palomas. ¹⁷ Pero tengan cuidado con la gente, porque los llevarán a los tribunales, los azotarán en sus sinagogas ¹⁸ y los conducirán ante gobernadores y reyes por mi causa, como prueba contra ellos y contra los paganos.

¹⁹ Cuando los entreguen no se preocupen por lo que van a decir o por cómo lo dirán, pues lo que tienen que decir se les inspirará en aquel momento; ²⁰ porque, más que hablar ustedes, será el Espíritu de su Padre quien hable por medio de ustedes.

²¹ Un hermano entregará a su hermano a la muerte, y un padre a su hijo; se levantarán en el juicio hijos contra padres y los harán morir, ²² y serán odiados de todos por razón de mi persona; pero aquel que resista hasta el final, ése se salvará.

²³ Cuando los persigan en una ciudad, huyan a otra, porque les aseguro que no habrán acabado con las ciudades de Israel antes que vuelva el Hijo del hombre.

²⁴ Un discípulo no es más que su maestro, ni un esclavo más que su amo. ²⁵ Ya basta al discípulo con ser como su maestro y al esclavo como su amo. Y si al cabeza de familia le han puesto de mote Belcebú, ¡cuánto más a los de su casa!

²⁶ Así que no les tengan miedo, porque nada hay cubierto que no deba descubrirse ni nada escondido que no deba saberse; ²⁷ lo que

---

10,4 "el Fanático", en el original se le llama "cananeo", palabra aramea que significa "celoso", "entusiasta"; en griego, "zelotes".

les digo de noche, díganlo en pleno día, y lo que escuchan al oído, pregónenlo desde la azotea.

²⁸ Tampoco tengan miedo de los que matan el cuerpo pero no pueden matar la vida; teman si acaso al que puede acabar con vida y cuerpo en el fuego.

²⁹ ¿No se vende un par de gorriones por unos centavos? Y, sin embargo, ni uno solo caerá al suelo sin que lo sepa el Padre de ustedes. ³⁰ Pues, de ustedes, hasta los pelos de la cabeza están contados. ³¹ Así que no tengan miedo, que ustedes valen más que todos los gorriones juntos. ³² En conclusión: Por todo el que se pronuncie por mí ante los hombres, me pronunciaré también yo ante mi Padre del cielo; ³³ pero al que me niegue ante los hombres, lo negaré yo a mi vez ante mi Padre del cielo.

No paz, sino espadas
(Lc 12,51-53; 14,26-27)

³⁴ No piensen que he venido a sembrar paz en la tierra: no he venido a sembrar paz, sino espadas; ³⁵ porque he venido a enemistar al hombre *con su padre, a la hija con su madre, a la nuera con la suegra;* ³⁶ *así que los enemigos de uno serán los de su casa* (Miq 7,6).

³⁷ El que quiere a su padre o a su madre más que a mí, no es digno de mí; el que quiere a su hijo o a su hija más que a mí, no es digno de mí; ³⁸ y el que no toma su cruz y me sigue, no es digno de mí.

³⁹ El que ponga al seguro su vida, la perderá, y el que pierda su vida por causa mía, la pondrá al seguro.

⁴⁰ El que los recibe a ustedes, me recibe a mí, y el que me recibe a mí recibe al que me ha enviado. ⁴¹ El que recibe a un profeta en calidad de profeta tendrá recompensa de profeta: el que recibe a un justo en calidad de justo, tendrá recompensa de justo; ⁴² y cualquiera que le dé a beber aunque sea un vaso de agua fresca a uno de estos pequeños por su calidad de discípulo, no se quedará sin recompensa, se lo aseguro.

11 ¹ Cuando terminó de dar instrucciones a sus doce discípulos, Jesús se marchó de allí, para enseñar y predicar por aquellos pueblos.

B. OPOSICIÓN DE LOS DIRIGENTES E INCOMPRENSIÓN DEL PUEBLO

Emisarios de Juan Bautista y elogio de Juan
(Lc 7,18-35)

² Juan se enteró en la cárcel de las obras que hacía el Mesías y mandó dos discípulos a preguntarle:

³ –¿Eres tú el que tenía que venir o esperamos a otro?

⁴ Jesús les respondió:

–Vayan a contarle a Juan lo que están viendo y oyendo:

⁵ *Ciegos ven* y cojos andan, leprosos quedan limpios y sordos oyen, muertos resucitan

y pobres reciben la buena noticia.

⁶ Y ¡dichoso el que no se escandalice de mí!

⁷ Mientras se alejaban, Jesús se puso a hablar de Juan a las multitudes:

–¿Qué salieron a contemplar en el desierto? ¿Una caña sacudida por el viento? ⁸ ¿Qué salieron a ver si no? ¿Un hombre vestido con elegancia? Los que visten con elegancia, ahí los tienen, en la corte de los reyes. ⁹ Entonces, ¿a qué salieron? ¿A ver un profeta? Sí, desde luego, y más que profeta; ¹⁰ es él de quien esta escrito:

Mira, yo envío mi mensajero delante de ti;

él preparará tu camino ante ti (Éx 23,20; Mal 31).

¹¹ Les aseguro que no ha nacido de mujer nadie más grande que Juan Bautista, aunque el más pequeño en el reino de Dios es más grande que él. ¹² Desde que apareció Juan hasta ahora, se usa la violencia contra el reinado de Dios y gente violenta quiere quitarlo en medio; ¹³ porque, hasta Juan, los profetas todos y la Ley eran profecía, ¹⁴ pero él, acéptenlo si quieren, es el Elías que tenía que venir. ¹⁵ Quien tenga oídos, que escuche.

¹⁶ ¿A quién diré que se parece esta generación? Se parece a unos niños sentados en la plaza que gritan a los otros:

¹⁷ «Tocamos la flauta y no bailan, cantamos lamentaciones y no hacen duelo».

¹⁸ Porque vino Juan, que ni comía ni bebía, y dijeron que tenía un demonio dentro. ¹⁹ Viene el Hijo del hombre, que come y bebe, y dicen: «¡Vaya un comilón y un borracho, amigo de recaudadores y descreídos!» Pero la sabiduría de Dios ha quedado justificada por sus obras.

Recrimina a las ciudades
(Lc 10,13-15)

²⁰ Se puso entonces a recriminar a las ciudades donde había hecho casi todas sus potentes obras, por no haberse enmendado.

²¹ –¡Ay de ti, Corozaín; ay de ti, Betsaida! Porque si en Tiro y en Sidón se hubieran hecho las potentes obras que en ustedes, hace tiempo que habrían mostrado su arrepentimiento con sayal y ceniza. ²² Pero les digo que el día del juicio será más llevadero a Tiro y a Sidón que a ustedes. ²³ Y tú, Cafarnaún, *¿piensas encumbrarte hasta el cielo? Bajarás al abismo* (Is 14,13-15); porque si en Sodoma se hubieran hecho las potentes obras que se han hecho en ti, habría durado hasta hoy. ²⁴ Pero les digo que el día del juicio le será más llevadero a Sodoma que a ti.

Acérquense a mí
(Lc 10,21-22)

²⁵ En aquella ocasión exclamó Jesús:

–Bendito seas, Padre, Señor de cielo y tierra, porque, si has escon-

---

11,5 Is 26,19; 29,18s; 61,1.
11,25 "bendito seas", sobreentendido en el original.

dido estas cosas a los sabios y entendidos, se las has revelado a la gente sencilla; 26 sí, Padre, bendito seas, por haberte parecido eso bien.

27 Mi Padre me lo ha entregado todo; al Hijo lo conoce sólo el Padre y al Padre lo conoce sólo el Hijo y aquel a quien el Hijo se lo quiera revelar.

28 Acérquense a mí todos los que están rendidos y abrumados, que yo les daré respiro. 29 Carguen con mi yugo y aprendan de mí, que soy sencillo y humilde: encontrarán su respiro, 30 pues mi yugo es llevadero y mi carga ligera.

Arrancando espigas en sábado

(Mc 2,23-28; Lc 6,1-5)

12 1 En aquella ocasión, un sábado echó Jesús a andar por lo sembrado; los discípulos sintieron hambre y empezaron a arrancar espigas y a comer. 2 Los fariseos, al verlo, le dijeron:

–Mira, tus discípulos están haciendo lo que no está permitido en día de precepto.

3 El les replicó:

–¿No han leído lo que hizo David cuando él y sus hombres sintieron hambre? 4 Entró en la casa de Dios y comieron de los panes y de la ofrenda, cosa que no les estaba permitida ni a él ni a sus hombres, sino sólo a los sacerdotes. 5 Y ¿no han leído en la Ley que los sábados los sacerdotes violan el precepto

en el templo sin incurrir en culpa? 6 Pues les digo que hay algo más que el templo aquí.

7 Si comprendieran lo que significa «misericordia quiero y no sacrificios» (Os 6,6; 1 Sm 15,22), no condenarían a los que no tienen culpa. 8 Porque el Hijo del hombre es señor del sábado.

El hombre del brazo atrofiado

(Mc 3,1-6; Lc 6,6-11)

9 Se marchó de allí y fue a la sinagoga de ellos. 10 Había allí un hombre con un brazo atrofiado; para poder acusar a Jesús, le preguntaron:

–¿Está permitido curar en sábado?

11 Él les respondió:

– Supongamos que uno de ustedes tiene una oveja, y que un sábado se le cae en una zanja, ¿la agarra y la saca o no? 12 Pues ¡cuánto más vale un hombre que una oveja! Por tanto, está permitido hacer bien en sábado.

13 Entonces dijo al hombre:

–Extiende el brazo.

Lo extendió y quedó sano y normal como el otro. 14 Al salir de la sinagoga, los fariseos planearon el modo de acabar con él.

El siervo elegido

15 Jesús se enteró y se marchó de allí. Lo siguieron muchos y él los curó a todos, 16 mandándoles que no lo descubrieran.

11,27 "enseñado", lit. "entregado"; "entregar", como "indicar" (cf. Jn 5,19-20), se usan también en el sentido de "enseñar".

¹⁷ Así se cumplió lo que dijo el profeta Isaías:

¹⁸ *Miren a mi siervo, mi elegido, mi amado, en quien he puesto mi favor.*

Sobre él pondré mi espíritu para que anuncie el derecho a las naciones.

¹⁹ *No altercará, no gritará, no voceará por las calles.*

²⁰ *No quebrará la caña rajada. hasta que haga triunfar el derecho.*

²¹ *Él será la esperanza de las naciones* (Is 42,1-4).

Lo acusan de magia

(Mc 3,20-30; Lc 11,14-23; 12,10; 6,43-45)

²² Le acercaron entonces un endemoniado ciego y mudo; él lo curó y el mudo hablaba y veía. ²³ Toda la multitud decía asombrada:

–¿No será éste el Hijo de David?

²⁴ Pero los fariseos, al oír esto, dijeron:

–Si éste echa los demonios no es más que con poder de Belcebú, el jefe de los demonios.

²⁵ Jesús, sabiendo lo que pensaban, les dijo:

–Todo reino dividido queda asolado, y ninguna ciudad o familia dividida podrá mantenerse en pie. ²⁶ Pues si Satanás echa a Satanás, es que se ha enfrentado consigo mismo; y entonces, ¿cómo podrá mantenerse en pie su reinado? ²⁷ Además, si yo echo los demonios con poder de Belcebú, sus adeptos, ¿con poder de quién los echan? Por eso ellos mismos serán jueces de ustedes.

²⁸ En cambio, si yo echo los demonios con el Espíritu de Dios, señal de que el reinado de Dios ha llegado hasta ustedes. ²⁹ ¿Cómo podrá uno meterse en la casa del fuerte y saquear sus bienes si primero no lo ata? Entonces podrá saquear su casa.

³⁰ El que no está conmigo, está contra mí; y el que no reúne conmigo, dispersa. ³¹ Por eso les digo: A los hombres se les podrá perdonar cualquier pecado o insulto, pero el insulto contra el Espíritu no tendrá perdón. ³² Es decir, al que haya dicho algo en contra del Hijo del hombre se le podrá perdonar; pero el que lo haya dicho en contra del Espíritu Santo no tendrá perdón ni en esta edad ni en la futura.

³³ O declaran sano el árbol y sano el fruto, o declaran dañado el árbol y dañado el fruto; porque el árbol se conoce por el fruto. ³⁴ ¡Camada de víboras! ¿Cómo pueden ser buenas sus palabras siendo ustedes malos? Porque lo que rebosa del corazón lo habla la boca; ³⁵ el que es bueno saca cosas buenas de su almacén de bondad; el que es malo saca cosas malas de su almacén de maldad.

³⁶ Y les digo que el día del juicio los hombres darán cuenta de toda palabra falsa que hayan pronunciado, ³⁷ pues por tus palabras te absolverán y por tus palabras te condenarán.

La señal de Jonás

(Mc 8,11.12; Lc 11,24-26.29-32)

³⁸ Entonces, en respuesta, algunos de los letrados y fariseos le dijeron:

–Maestro, queremos ver una señal tuya personal.

³⁹ Él les contestó:

–¡Una generación perversa e idólatra, y exigiendo señales! Pues señal no se le dará, excepto la señal de Jonás profeta. ⁴⁰ Porque si *tres días y tres noches estuvo Jonás en el vientre del monstruo* (Jon 2,1), también tres días y tres noches estará el Hijo del hombre en el seno de la tierra.

⁴¹ Los habitantes de Nínive se alzarán para carearse con esta generación y la condenarán, pues ellos se enmendaron con la predicación de Jonás, y hay más que Jonás aquí.

⁴² La reina del Sur se pondrá en pie para carearse con esta generación y la condenará, pues ella vino desde los confines de la tierra para escuchar el saber de Salomón, y hay más que Salomón aquí.

⁴³ Cuando echan al espíritu inmundo de un hombre, va atravesando lugares resecos buscando alojamiento, pero no lo encuentra. ⁴⁴ Entonces dice:

–Me vuelvo a mi casa, de donde me echaron.

Al llegar, se la encuentra desocupada, barrida y arreglada. ⁴⁵ Entonces va a tomar otros siete espíritus peores que él y se meten a vivir allí, y el final de aquel hombre resulta peor que el principio. Eso mismo le va a suceder a esta generación.

Madre y hermanos de Jesús
(Mc 3,31-35; Lc 8,19-21)

⁴⁶ Todavía estaba Jesús hablando a las multitudes, cuando su madre y sus hermanos se presentaron fuera, tratando de hablar con él. ⁴⁷ Uno lo avisó:

–Oye, tu madre y tus hermanos están ahí fuera y quieren hablar contigo.

⁴⁸ Pero él contestó al que lo avisaba:

–¿Quién es mi madre y quiénes son mis hermanos?

⁴⁹ Y señalando con la mano a sus discípulos, dijo:

–Aquí están mi madre y mis hermanos. ⁵⁰ Porque cualquiera que hace la voluntad de mi Padre del cielo, ése es hermano mío y hermana y madre.

Discurso en parábolas
(Mc 4,1-20.30-34; Lc 8,4-15; 13,18-21)

13 ¹ Aquel día salió Jesús de casa y se sentó junto al mar. ² Se congregaron alrededor de él grandes multitudes; él entonces se subió a una barca y se quedó sentado allí; toda la multitud se quedó en la playa. ³ Les habló de muchas cosas en parábolas:

–Salió el sembrador a sembrar. ⁴ Al sembrar, unos granos cayeron junto al camino; vinieron los pájaros y se los comieron. ⁵ Otros cayeron en terreno rocoso, donde apenas tenían tierra; como la tierra no era profunda, brotaron en seguida; ⁶ pero en cuanto salió el sol se quemaron y, por falta de raíz, se secaron. ⁷ Otros cayeron entre zarzas; las zarzas crecieron y los ahogaron. ⁸ Otros cayeron en tierra buena y fueron dando fruto: unos, ciento; otros, sesenta; otros treinta. ⁹ ¡Quien tenga oídos, que escuche!

¹⁰ Se le acercaron los discípulos y le preguntaron:

–¿Por qué razón les hablas en parábolas?

¹¹ Él les contestó:

–A ustedes se les han dado a conocer los secretos del reinado de Dios; a ellos, en cambio, no se les han dado; ¹² y al que produce se le dará hasta que le sobre, mientras al que no produce se le quitará hasta lo que ha recibido. ¹³ Por esa razón les hablo en parábolas, porque miran sin ver y escuchan sin oír ni entender. ¹⁴ Se cumple en ellos la profecía de Isaías:

Por mucho que oigan no entenderán,

por mucho que vean no percibirán;

¹⁵ *porque está embotada la mente de este pueblo;*

son duros de oído, han cerrado los ojos

para no ver con los ojos ni oír con los oídos

ni entender con la mente

ni convertirse para que yo los cure (Is 6,9-10).

¹⁶ ¡Dichosos, en cambio, los ojos de ustedes porque ven y los oídos de ustedes porque oyen! ¹⁷ Pues les aseguro que muchos profetas y justos desearon ver lo que ustedes ven, y no lo vieron, y oír lo que oyen ustedes, y no lo oyeron.

¹⁸ Escuchen ahora la parábola del sembrador: ¹⁹ Siempre que uno escucha el mensaje del reino y no lo entiende, viene el Malo y se lleva lo sembrado en su corazón: eso es «lo sembrado junto al camino». ²⁰ «El que recibió la semilla en terreno rocoso» es ese que escucha el mensaje y lo acepta en seguida con alegría; ²¹ pero no tiene raíces, es inconstante, y en cuanto surge una dificultad o persecución por el mensaje, falla. ²² «El que recibió la semilla entre zarzas» es ese que escucha el mensaje, pero el agobio de esta vida y la seducción de la riqueza lo ahogan y se queda estéril. ²³ «El que recibió la semilla en tierra buena» es ese que escucha el mensaje y lo entiende; ése sí da fruto y produce en un caso ciento, en otro sesenta, en otro treinta.

²⁴ Les propuso otra parábola:

–Se parece el reino de Dios a un hombre que sembró semilla buena en su campo; ²⁵ mientras todos dormían llegó su enemigo, sembró cizaña entre el trigo y se marchó. ²⁶ Cuando brotaron los tallos y se formó la espiga, apareció también la cizaña. ²⁷ Los obreros fueron a decirle al propietario:

–Señor, ¿no sembraste en tu campo semilla buena? ¿Cómo resulta entonces que sale cizaña? ²⁸ Él les declaró:

–Es obra de un enemigo.

Los obreros le preguntaron:

–¿Quieres que vayamos a escardarla?

²⁹ Respondió él:

–No, porque al escardar la cizaña pueden arrancar con ella el trigo. ³⁰ Déjenlos crecer juntos hasta

---

13,12 "al que produce", lit. "al que tiene", se sobreentiende: "por haber producido", alusión a la cosecha del v. 8.

la siega. Al tiempo de la siega diré a los segadores: Entresaquen primero la cizaña y átenla en gavillas para quemarla; el trigo, almacénenlo en mi granero.

³¹ Les propuso otra parábola:

–Se parece el reino de Dios al grano de mostaza que un hombre sembró en su campo; ³² siendo la más pequeña de las semillas, cuando crece sale por encima de las hortalizas y se hace un árbol, hasta el punto que vienen los pájaros a anidar en sus ramas.

³³ Les dijo otra parábola:

–Se parece el reino de Dios a la levadura que metió una mujer en medio quintal de harina; todo acabó por fermentar.

³⁴ Todo eso lo expuso Jesús a las multitudes en parábolas; sin parábolas no les exponía nada, ³⁵ para que se cumpliese el oráculo del profeta:

Abriré mis labios para decir parábolas,

proclamaré cosas escondidas desde que empezó el mundo (Sal 78,2).

³⁶ Luego dejó a la multitud y se fue a la casa. Los discípulos se le acercaron a pedirle:

–Acláranos la parábola de la cizaña en el campo.

³⁷ Él les contestó:

–El que siembra la buena semilla es el Hijo del hombre; ³⁸ el campo es el mundo; la buena semilla son los ciudadanos del reino; la cizaña son los secuaces del Malo; ³⁹ el enemigo que la siembra es el diablo, la cosecha es el fin de esta edad; los segadores, los ángeles. ⁴⁰ Lo mismo que la cizaña se entresaca y se quema, sucederá al fin de esta edad: ⁴¹ el Hijo del hombre enviará a sus ángeles, escardarán de su reino todos los escándalos y a los que cometen la iniquidad ⁴² y los arrojarán al horno encendido; allí será el llanto y el rechinar de dientes. ⁴³ Entonces los justos brillarán como el sol en el reino de su padre.

Quien tenga oídos, que escuche.

⁴⁴ Se parece el reino de Dios a un tesoro escondido en el campo; si un hombre lo encuentra, lo vuelve a esconder, y de la alegría va a vender todo lo que tiene y compra el campo aquel.

⁴⁵ Se parece también el reino de Dios a un comerciante que buscaba perlas finas; ⁴⁶ al encontrar una perla de gran valor, fue a vender todo lo que tenía y la compró.

⁴⁷ Se parece también el reino de Dios a la red que echan en el mar y recoge toda clase de peces: ⁴⁸ cuando está llena, la arrastran a la orilla, se sientan, reúnen los buenos en cestos y tiran los malos. ⁴⁹ Lo mismo sucederá al fin de esta edad: saldrán los ángeles, separarán a los malos de los buenos ⁵⁰ y los arrojarán al horno encendido. Allí será el llanto y el rechinar de dientes.

⁵¹ –¿Han entendido todo esto?

13,33 "medio quintal", lit. "tres sata", medida equivalente a unos trece litros.

Contestaron ellos:

–Sí.

⁵² Él les dijo:

–De modo que todo letrado instruido en el reino de Dios se parece al dueño de casa que saca de su arcón cosas nuevas y antiguas.

⁵³ Cuando acabó estas parábolas, se marchó Jesús de allí.

Lo desprecian en su patria

(Mc 6,1-6; Lc 4,16-30)

⁵⁴ Fue a su tierra y se puso a enseñar en su sinagoga. La gente decía impresionada:

–¿De dónde le vienen a éste ese saber y esos prodigios? ⁵⁵¿No es éste el hijo del carpintero? ¡Si su madre es María y sus hermanos, Santiago, José, Simón y Judas! ⁵⁶ ¡Si sus hermanas están todas con nosotros! Entonces, ¿de dónde le viene todo eso?

⁵⁷ Y se escandalizaban de él. Jesús les dijo:

–Sólo en su tierra y en su casa desprecian a un profeta.

⁵⁸ No hizo allí muchas obras potentes por su falta de fe.

C. LAS SEÑALES DEL ÉXODO DEL MESÍAS

Identidad de Jesús y muerte de Juan Bautista

(Mc 6,14-29; Lc 9,7-9)

14 ¹ Por aquel entonces oyó el tetrarca Herodes lo que se contaba de Jesús ² y dijo a sus servidores:

–Ése es Juan Bautista; ha resucitado y por eso las potencias actúan por su medio.

³ Porque Herodes había mandado prender a Juan y lo había metido en la cárcel encadenado; el motivo había sido Herodías, mujer de su hermano Felipe, ⁴ pues Juan le decía que no le estaba permitido tenerla por mujer.

⁵ Quería quitarle la vida, pero tuvo miedo de la gente, que lo tenía por profeta. ⁶ El día del cumpleaños de Herodes danzó la hija de Herodías delante de todos, y le gustó tanto a Herodes ⁷ que juró darle lo que pidiera.

⁸ Ella, instigada por su madre; le dijo:

–Dame ahora mismo en una bandeja la cabeza de Juan Bautista.

⁹ El rey lo sintió; pero debido al juramento y a los invitados ordenó que se la dieran, ¹⁰ y mandó decapitar a Juan en la cárcel. ¹¹ Trajeron la cabeza en una bandeja, se la entregaron a la muchacha y ella se la llevó a su madre.

¹² Sus discípulos recogieron el cadáver, lo enterraron y fueron a contárselo a Jesús.

El Mesías e Israel

El pan del éxodo para Israel

(Mc 6,30-44; Lc 9,10-17; Jn 6,1-14)

¹³ Al enterarse Jesús, se marchó de allí en barca a un sitio tranquilo y apartado. Las multitudes lo supieron y lo siguieron por tierra desde las ciudades. ¹⁴ Al desembarcar, vio Jesús una gran multitud, se conmovió y se puso a curar a los enfermos. ¹⁵ Caída la tarde se acer-

caron los discípulos a decirle:

—Estamos en despoblado y ya ha pasado la hora; despide a las multitudes, que vayan a las aldeas y se compren comida.

[16] Jesús les contestó:

—No necesitan ir; denles ustedes de comer.

[17] Ellos le replicaron:

—¡Si aquí no tenemos más que cinco panes y dos peces!

[18] Les dijo:

— Tráiganmelos

[19] Mandó a las multitudes que se recostaran en la hierba y, tomando los cinco panes y los dos peces, alzó la mirada al cielo, pronunció una bendición, partió los panes y se los dio a los discípulos; los discípulos, a su vez, se los dieron a las multitudes. [20] Comieron todos hasta quedar saciados y recogieron los trozos sobrantes: doce cestos llenos. [21] Los que comieron eran hombres adultos, unos cinco mil, sin mujeres ni niños.

[22] Enseguida obligó a los discípulos a que se embarcaran y se le adelantaran a la otra orilla, mientras él despedía a las multitudes. [23a] Después de despedirlas, subió al monte para orar a solas.

Anda sobre el agua
(Mc 6,45-52; Jn 6,15-21)

[23b] Caída la tarde, seguía allí solo. [24] Mientras tanto, la barca iba ya muy lejos de tierra, maltratada por las olas, porque llevaba viento contrario. [25] De madrugada se les acercó Jesús andando sobre el mar. [26] Los discípulos, viéndolo andar sobre el mar, se asustaron diciendo que era un fantasma, y daban gritos de miedo.

[27] Jesús les habló enseguida:

—¡Ánimo, soy yo, no tengan miedo!

[28] Pedro le contestó:

—Señor, si eres tú, mándame llegar hasta ti andando sobre el agua.

[29] Él le dijo:

—Ven.

Pedro bajó de la barca y echó a andar sobre el agua para llegar hasta Jesús; [30] pero al sentir la fuerza del viento le entró miedo, empezó a hundirse y gritó:

— ¡Sálvame, Señor!

[31] Jesús extendió enseguida la mano, lo agarró y le dijo:

—¡Qué poca fe! ¿Por qué has dudado?

[32] En cuanto subieron a la barca cesó el viento.

[33] Los de la barca se postraron ante él diciendo:

— Realmente eres Hijo de Dios.

Curaciones en Genesaret
(Mc 6,53-56)

[34] Terminada la travesía, tomaron tierra en Genesaret.

[35] Los hombres del lugar, al reconocerlo, avisaron por toda la comarca, y le llevaron los enfermos, [36] rogándole que les dejara tocar siquiera el borde de su manto; y todos los que lo tocaron se curaron.

El obstáculo a la universalidad: la tradición de los mayores
(Mc 7,1-23)

15 [1] Entonces se acercaron a Jesús unos fariseos y letrados de Jerusalén y le preguntaron:

² –¿Se puede saber por qué se saltan tus discípulos la tradición de nuestros mayores y no se lavan las manos antes de comer?

³ Él les replicó:

–¿Y se puede saber por qué se saltan ustedes el mandamiento de Dios, en nombre de su tradición? ⁴ Porque Dios dijo: «*Sustenta a tu padre y a tu madre*» y «*quien deja en la miseria a su padre o a su madre tiene pena de muerte*» (Ex 21,17). ⁵ En cambio, ustedes dicen que el que declara a su padre o a su madre: «Los bienes con que podría ayudarte los ofrezco al templo» ⁶ ya no está obligado a sustentar a su padre. Así, en nombre de la tradición de ustedes, han invalidado el mandamiento de Dios.

⁷ ¡Hipócritas! Qué bien profetizó de ustedes Isaías cuando dijo:

⁸ *Este pueblo me honra con los labios,*

pero su corazón está lejos de mí;

⁹ *el culto que me dan es inútil,*

pues la doctrina que enseñan *son preceptos humanos* (Is 29,13).

¹⁰ Y llamando a la multitud, les dijo:

–Escuchen y entiendan: ¹¹ No mancha al hombre lo que entra por la boca; lo que sale de la boca, eso es lo que mancha al hombre.

¹² Se acercaron entonces los discípulos y le dijeron:

–¿Sabes que los fariseos se han escandalizado al oír esas palabras?

¹³ Respondió él:

– El plantío que no haya plantado mi Padre del cielo será arrancado de raíz. ¹⁴ Déjenlos, son ciegos y guías de ciegos. Y si un ciego guía a otro ciego, los dos caerán en el hoyo.

¹⁵ Entonces Pedro le pidió:

–Explícanos la comparación.

¹⁶ Contestó Jesús:

–A estas alturas, ¿tampoco ustedes son capaces de entender? ¹⁷ ¿No comprenden que lo que entra por la boca pasa al vientre y se evacua en lugar retirado? ¹⁸ En cambio, lo que sale de la boca viene del corazón, y eso sí mancha al hombre. ¹⁹ Porque del corazón salen las malas ideas: los homicidios, adulterios, inmoralidades, robos, testimonios falsos, calumnias. ²⁰ Eso es lo que mancha al hombre; comer sin lavarse las manos no mancha al hombre.

El Mesías y los paganos

La mujer cananea
(Mc 7,24-30)

²¹ Jesús se marchó de allí y se retiró al país de Tiro y Sidón. ²² Y hubo una mujer cananea, de aquella región, que salió y se puso a gritarle:

–Señor, Hijo de David, ten compasión de mí. Mi hija tiene un demonio muy malo.

²³ Él no le contestó palabra. Entonces los discípulos se le acercaron a rogarle:

–Atiéndela, que viene detrás gritando.

15,4 "deja en la miseria", Ex 21,17, donde la raíz *qll* tiene el sentido de "privar de lo suyo". Cf. Ex 20,12; Dt 5,16; Lv 20,9.

²⁴ Él les replicó:

—Me han enviado sólo para las ovejas descarriadas de Israel.

²⁵ Ella los alcanzó y se puso a suplicarle:

—¡Socórreme, Señor!

²⁶ Jesús le contestó:

—No está bien quitarle el pan a los hijos para echárselo a los perros.

²⁷ Pero ella repuso:

—Anda, Señor, que también los perros se comen las migajas que caen de la mesa de sus amos.

²⁸ Jesús le dijo:

—¡Qué grande es tu fe, mujer! Que se cumpla lo que deseas.

En aquel momento quedó curada su hija.

Curaciones

²⁹ Jesús se marchó de allí y llegó junto al mar de Galilea; subió al monte y se quedó sentado allí. ³⁰ Acudieron grandes multitudes llevándole cojos, ciegos, lisiados, sordomudos y otros muchos enfermos; los echaban a sus pies y él los curaba. ³¹ La multitud estaba admirada viendo que los mudos hablaban, los lisiados se curaban, los cojos andaban y los ciegos veían; y alababan al Dios de Israel.

El pan del éxodo
para los paganos
(Mc 8,1-10)

³² Jesús llamó a sus discípulos y les dijo:

—Me conmueve esta multitud, porque llevan ya tres días conmigo y no tienen qué comer. Y no quiero despedirlos en ayunas, no sea que se desmayen por el camino.

³³ Los discípulos le preguntaron:

—Y en un despoblado, ¿de dónde vamos a sacar pan bastante para saciar a una multitud tan grande?

³⁴ Jesús les preguntó:

—¿Cuántos panes tienen?

Contestaron:

— Siete y unos cuantos pececillos.

³⁵ Mandó a la multitud que se recostase en la tierra.

³⁶ Tomó los siete panes y los pececillos, pronunció una acción de gracias, los partió y los fue dando a los discípulos; los discípulos se los daban a las multitudes. ³⁷ Todos comieron hasta quedar saciados y recogieron los trozos sobrantes: siete canastos llenos. ³⁸ Comieron cuatro mil hombres adultos, sin mujeres ni niños.

³⁹ Luego despidió a las multitudes, se embarcó y llegó a la comarca de Magadán.

Una señal del cielo
(Mc 8,11-13; Lc 12,54-56)

16 ¹ Se acercaron los fariseos y saduceos y lo tentaron pidiéndole:

—Muéstranos una señal que venga del cielo.

² Él les respondió:

—Al caer la tarde dicen ustedes: «Está el cielo rojo, va a hacer bueno»; ³ por la mañana dicen ustedes: «El rojo del cielo está sombrío, hoy va a haber tormenta». Saben interpretar el aspecto del cielo, ¿y no son capaces de hacerlo con la señal de cada momento? [4] ¡Una generación perversa e idólatra y exigiendo señales! Pues señal no se le dará, excepto la señal de Jonás.

Y, sin más, se marchó.

La levadura de fariseos y saduceos
(Mc 8,14-21)

[5] Al llegar los discípulos a la otra orilla, se les había olvidado llevar pan.

[6] Jesús les dijo:

—¡Atención! Mucho cuidado con la levadura de los fariseos y saduceos.

[7] Ellos se decían:

—¡No hemos traído pan!

[8] Dándose cuenta, les dijo Jesús:

—¿Por qué dicen entre ustedes, gente de poca fe, que no tienen pan? [9] ¿No acaban de entender? ¿No recuerdan los cinco panes de los cinco mil y cuántos cestos recogieron? [10] ¿Ni los siete panes de los cuatro mil y cuántos canastos recogieron? [11] ¿Cómo no entienden que no hablaba de panes? Mucho cuidado con la levadura de los fariseos y saduceos.

[12] Entonces comprendieron que no los prevenía contra la levadura del pan, sino contra la doctrina de los fariseos y saduceos.

Reconocimiento del Mesías
(Mc 8,27-30; Lc 9,18-21)

[13] Al llegar a la región de Cesarea de Filipo, Jesús preguntó a sus discípulos:

—¿Quién dice la gente que es el Hijo del hombre?

[14] Contestaron ellos:

—Unos que Juan Bautista, otros que Elías, otros que Jeremías o uno de los profetas.

[15] Él les preguntó:

—Y ustedes, ¿quién dicen que soy yo?

[16] Simón Pedro tomó la palabra y dijo:

—Tú eres el Mesías, el Hijo de Dios vivo.

[17] Jesús le respondió:

—¡Dichoso tú, Simón, hijo de Jonás! Porque eso no ha salido de ti, te lo ha revelado mi Padre del cielo. [18] Ahora te digo yo: Tú eres Piedra, y sobre esa roca voy a edificar mi comunidad y el poder de la muerte no la derrotará. [19] Te daré las llaves del reino de Dios; así, lo que ates en la tierra quedará atado en el cielo, y lo que desates en la tierra quedará desatado en el cielo.

[20] Y prohibió a sus discípulos decir a nadie que él era el Mesías.

16,6 "levadura del pan" lit. "levadura", término que designaba la levadura misma y también el pan fermentado, por oposición al pan "ázimo".

16,18 "Piedra" es sobrenombre de Simón (castellanizado "Pedro"), en griego "petros" es nombre común ("Simón el Piedra"). "Roca" (griego: "petra"), cf. 7,24.

IV
RESISTENCIA DE LOS DISCÍPULOS
AL MESIANISMO DE JESÚS
(16,21-20,34)

A. VERDADERO Y FALSO MESIANISMO
(Mc 8,31-9,1; Lc 9,22-27)

Predice la pasión

²¹ Desde entonces empezó Jesús a manifestar a sus discípulos que tenía que ir a Jerusalén, padecer mucho a manos de los senadores, sumos sacerdotes y letrados, ser ejecutado y resucitar al tercer día. ²² Entonces Pedro lo tomó aparte y empezó a increparlo:

–¡Líbrete Dios, Señor! ¡No te pasará a ti eso!

²³ Jesús se volvió y dijo a Pedro:

–¡Vete! ¡Ponte detrás de mí, Satanás! Eres un tropiezo para mí, porque tu idea no es la de Dios, sino la de los hombres.

²⁴ Entonces dijo a los discípulos:

–El que quiera venir conmigo, que reniegue de sí mismo, que cargue con su cruz y entonces me siga. ²⁵ Porque si uno quiere poner a salvo su vida, la perderá; en cambio, el que pierda su vida por causa mía, la pondrá al seguro. ²⁶ Y luego, ¿de qué le sirve a un hombre ganar el mundo entero a precio de su vida? ¿Y qué podrá dar para recobrarla? ²⁷ Además, el Hijo del hombre va a venir entre sus ángeles con la gloria de su Padre, y entonces retribuirá a cada uno según su conducta. ²⁸ Les aseguro que algunos de los aquí presentes no morirán sin haber visto llegar al Hijo del hombre en su realeza.

Transfiguración
(Mc 9,2-13; Lc 9,28-36)

17 ¹ Seis días después se llevó Jesús a Pedro, a Santiago y a su hermano Juan y subió con ellos a un monte alto y apartado. ² Allí se transfiguró delante de ellos: su rostro brillaba como el sol y sus vestidos se volvieron esplendentes como la luz. ³ De pronto se les aparecieron Moisés y Elías conversando con él.

⁴ Intervino Pedro y dijo a Jesús:

–Señor, viene muy bien que estemos aquí nosotros; si quieres, hago aquí tres chozas, una para ti, otra para Moisés y otra para Elías.

⁵ Todavía estaba hablando, cuando una nube luminosa los cubrió con su sombra. Y dijo una voz desde la nube:

–Éste es mi Hijo, el amado, en quien he puesto mi favor. Escúchenlo.

⁶ Al oírla, cayeron los discípulos de bruces, aterrados.

⁷ Jesús se acercó y los tocó diciéndoles:

–Levántense, no tengan miedo.

⁸ Alzaron los ojos y no vieron más que al Jesús de antes, solo.

⁹ Mientras bajaban del monte, Jesús les mandó:

–No cuenten a nadie la visión hasta que el Hijo del hombre resucite de la muerte.

¹⁰ Los discípulos le preguntaron:

—¿Por qué dicen los letrados que Elías tiene que venir primero?

¹¹ Él les contestó:

—¿De modo que va a venir Elías a ponerlo todo en orden? ¹² Pues les digo que Elías vino ya y, en vez de reconocerlo, lo trataron a su antojo. Así también el Hijo del hombre va a padecer a manos de ellos.

¹³ Los discípulos comprendieron entonces que se refería a Juan Bautista.

El niño epiléptico

(Mc 9,14-29; Lc 9,37-43a)

¹⁴ Cuando llegaron adonde estaba la multitud, se le acercó un hombre, ¹⁵ que le dijo de rodillas:

—Señor, ten compasión de mi hijo, que tiene epilepsia y sufre terriblemente: muchas veces se cae en el fuego y otras muchas en el agua. ¹⁶ Lo he traído a tus discípulos y no han sido capaces de curarlo.

¹⁷ Jesús contestó:

—¡Generación sin fe y pervertida! ¿Hasta cuándo tendré que estar con ustedes? ¿Hasta cuándo tendré que soportarlos? Tráiganmelo aquí.

¹⁸ Jesús increpó al demonio y salió; en aquel momento quedó curado el muchacho.

¹⁹ Los discípulos se acercaron a Jesús y le preguntaron aparte:

—¿Por qué razón no pudimos echarlo nosotros?

²⁰ Les contestó:

—Porque tienen poca fe. Les aseguro que si tuvieran fe como un grano de mostaza le dirían a ese monte que se moviera más allá y se movería. Nada les sería imposible.

B. CONDUCTA INDIVIDUAL Y COMUNITARIA

Predice nuevamente la pasión

²² Mientras caminaban juntos por Galilea les dijo Jesús:

—Al Hijo del hombre lo van a entregar en manos de los hombres y ²³ lo matarán, pero al tercer día resucitará.

Ellos quedaron consternados.

En Cafarnaún:
el impuesto del templo

²⁴ Cuando llegaron a Cafarnaún, los que cobraban el impuesto del templo se acercaron a Pedro y le preguntaron:

—¿Su maestro no paga el impuesto?

²⁵ Contestó:

—Sí.

Cuando llegó a casa se adelantó Jesús a preguntarle:

—¿Qué te parece, Simón? Los reyes de este mundo, ¿a quiénes les cobran tributos e impuestos, a los suyos o a los extraños?

²⁶ Contestó:

—A los extraños.

Jesús le dijo:

—O sea, que los suyos están

17,20 Algunos manuscritos añaden el v. 21, tomado de Mc 9,29.

exentos. [27] Sin embargo, para no escandalizarlos, ve al mar y echa el anzuelo; coge el primer pez que saques, ábrele la boca y encontrarás una moneda; tómala y págales por mí y por ti.

El más grande en el reino

(Mc 9,33-37.42-48;
Lc 9,46-48; 17,1-2)

18 [1] En aquel momento se acercaron los discípulos a Jesús y le preguntaron:

–Vamos a ver, ¿quién es más grande en el reino de Dios?

[2] Él llamó a un niño, lo puso en medio [3] y dijo:

–Les aseguro que si no cambian y se hacen como estos niños, no entran en el reino de Dios; [4] o sea, que cualquiera que se haga tan poca cosa como este niño, ése es el más grande en el reino de Dios; [5] y el que acoge a un niño como éste por causa mía, me acoge a mí.

Evitar el escándalo

(Mc 9,42-48; Lc 17,1-2)

[6] En cambio, al que escandalice a uno de estos pequeños que creen en mí más le convendría que le colgasen al cuello una rueda de molino y lo sepultaran en el fondo del mar.

[7] ¡Pobre mundo por los escándalos! Porque forzosamente los escándalos van a llegar, pero ¡ay del hombre por quien llega el escándalo!

[8] Si tu mano o tu pie te pone en peligro, córtatelo y tíralo: más te vale entrar manco o cojo en la vida que ser echado al fuego perenne con las dos manos o los dos pies.

[9] Y si tu ojo te pone en peligro, sácatelo y tíralo: más te vale entrar tuerto en la vida que ser echado con los dos ojos al fuego del quemadero.

[10] Cuidado con mostrar desprecio a un pequeño de éstos, porque les digo que sus ángeles están viendo siempre en el cielo el rostro de mi Padre celestial.

La oveja perdida

(Lc 15,3-7)

[12] A ver, ¿qué os parece? Supongan que un hombre tiene cien ovejas y que una se le extravía; ¿no deja las noventa y nueve en el monte para ir en busca de la extraviada? [13] Y si llega a encontrarla, les aseguro que ésta le da más alegría que las noventa y nueve que no se han extraviado. [14] Así tampoco su Padre del cielo quiere que se pierda uno de esos pequeños.

Perdón por las ofensas

(Lc 17,3)

[15] Si tu hermano te ofende, ve y házselo ver, a solas entre los dos. Si te hace caso, has ganado a tu her-

---

18,10 Algunos manuscritos añaden el v. 11, tomado de Lc 19,10:"Porque el Hijo del hombre ha venido a buscar lo que estaba perdido y a salvarlo"

18,15 Aunque omitido por excelentes manuscritos, el pronombre "te" está exigido por el contexto, cf. v. 21.

mano. ¹⁶ Si no te hace caso, llama a otro o a otros dos, para que *toda la cuestión quede* resuelta *apoyándose en dos o tres testigos* (Dt 19,15).

¹⁷ Si no les hace caso, díselo a la comunidad, y si no hace caso ni siquiera a la comunidad, considéralo como un pagano o un recaudador.

¹⁸ Les aseguro que todo lo que aten en la tierra quedará atado en el cielo, y todo lo que desaten en la tierra quedará desatado en el cielo.

¹⁹ Se lo digo otra vez: Si dos de ustedes llegan a un acuerdo aquí en la tierra acerca de cualquier asunto por el que hayan pedido, surtirá su efecto por obra de mi Padre del cielo, ²⁰ pues donde están dos o tres reunidos apelando a mí, allí, en medio de ellos, estoy yo.

²¹ Entonces se adelantó Pedro y le preguntó:

–Señor, y si mi hermano me sigue ofendiendo, ¿cuántas veces lo tendré que perdonar? ¿Siete veces?

²² Jesús le contestó:

–Siete veces, no; setenta veces siete.

²³ Por esto el reinado de Dios se parece a un rey que quiso saldar cuentas con sus empleados. ²⁴ Para empezar, le presentaron a uno que le debía muchos millones. ²⁵ Como no tenía con qué pagar, el señor mandó que lo vendieran a él, con su mujer, sus hijos y todas sus posesiones, y que pagara con eso. ²⁶ El empleado se echó a sus pies suplicándole:

–Ten paciencia conmigo, que te lo pagaré todo.

²⁷ El señor, conmovido, dejó marcharse a aquel empleado, perdonándole la deuda.

²⁸ Pero, al salir, el empleado encontró a un compañero suyo que le debía algún dinero, lo agarró por el cuello y le decía apretando:

–Págame lo que me debes.

²⁹ El compañero se echó a sus pies suplicándole:

–Ten paciencia conmigo, que te lo pagaré.

³⁰ Pero él no quiso, sino que fue y lo metió en la cárcel hasta que pagara lo que debía.

³¹ Al ver aquello sus compañeros, quedaron consternados y fueron a contarle a su señor lo sucedido. ³² Entonces el señor llamó al empleado y le dijo:

–¡Miserable! Cuando me suplicaste te perdoné toda aquella deuda. ³³ ¿No era tu deber tener también compasión de tu compañero como yo la tuve de ti? ³⁴ Y su señor, indignado, lo entregó a los verdugos hasta que pagara toda su deuda.

³⁵ Pues lo mismo los tratará mi Padre del cielo si no perdonan de corazón, cada uno a su hermano.

El repudio
(Mc 10,1-12)

19 ¹ Cuando terminó estas palabras, pasó Jesús de Gali-

18,24 "millones", lit. "diez mil talentos", cantidad fabulosa.
18,28 "algún dinero", lit. "cien denarios"; el denario era el jornal de un obrero.

lea al territorio de Judea del otro lado del Jordán. ² Lo siguieron grandes multitudes y él se puso a curarlos allí.

³ Se le acercaron unos fariseos y le preguntaron para tentarlo:

–¿Le está permitido a uno repudiar a su mujer por un motivo cualquiera?

⁴ Él les contestó:

–¿No han leído aquello? Ya al principio el creador *los hizo varón y hembra* (Gén 1, 27) ⁵ y dijo: *Por eso dejará el hombre a su padre y a su madre, se unirá a su mujer y serán los dos un solo ser* (Gén 2,24). ⁶ De modo que ya no son dos, sino un solo ser. Luego lo que Dios ha unido que no lo separe un hombre

⁷ Ellos insistieron:

–Y, entonces, ¿por qué prescribió Moisés *darle acta de divorcio cuando se la repudia?* (Dt 24,1).

⁸ Él les contestó:

–Por la terquedad de ustedes, por eso les consintió Moisés repudiar a sus mujeres; pero al principio no era así. ⁹ Ahora les digo yo que si uno repudia a su mujer –no hablo de unión ilegal– y se casa con otra, comete adulterio.

¹⁰ Los discípulos le replicaron:

–Si tal es la situación del hombre con la mujer, no es conveniente casarse.

¹¹ Pero él les dijo:

–No todos pueden con eso que han dicho ustedes, sólo los que han recibido el don. ¹² Hay eunucos que salieron así del vientre de su madre, a otros los hicieron los hombres, y hay quienes se hacen eunucos por el reinado de Dios. El

que pueda entenderlo, que lo entienda.

Bendice a unos chiquillos
(Mc 10,13-16; Lc 18,15-17)

¹³ Le acercaron entonces unos niños para que les impusiera las manos y rezara por ellos; los discípulos los regañaban, ¹⁴ pero Jesús dijo:

–Dejen a los niños, no les impidan que se acerquen a mí: porque sobre los que son como ellos reina Dios.

¹⁵ Les impuso las manos y siguió su camino.

El joven rico
(Mc 10,17-31; Lc 18,18-30)

¹⁶ En esto se le acercó uno y le preguntó:

–Maestro, ¿qué tengo que hacer de bueno para conseguir vida definitiva?¹⁷ Jesús le contestó:

–¿Por qué me preguntas por lo bueno? El Bueno es uno solo; y si quieres entrar en la vida, guarda los mandamientos.

¹⁸ Él le preguntó:

–¿Cuáles ?

Jesús le contestó:

–«*No matarás, no cometerás adulterio, no robarás, no darás falso testimonio,* ¹⁹ *sustenta a tu padre y a tu madre y ama a tu prójimo como a ti mismo*» (Éx 20, 12-16; Dt 5,16-20; Lv 19,18).

²⁰ El jovencito le dijo:

–Todo eso lo he cumplido. ¿Qué me falta?

²¹ Jesús le declaró:

–Si quieres ser un hombre logrado, vete a vender lo que tienes y dalo a los pobres, que tendrás en Dios tu riqueza; y, anda, sígueme.

²² Al oír aquello, el jovencito se fue entristecido, pues tenía muchas posesiones.

²³ Jesús dijo a sus discípulos:

—Les aseguro que con dificultad entrará un rico en el reino de Dios. ²⁴ Lo repito: Es más fácil que un camello entre por el ojo de una aguja que un rico entre en el reino de Dios.

²⁵ Al oír aquello, los discípulos se quedaron enormemente impresionados y decían:

—En tal caso, ¿quién puede subsistir?

²⁶ Jesús se les quedó mirando y les dijo:

—Humanamente eso es imposible, pero con Dios todo es posible.

²⁷ Intervino entonces Pedro:

—Pues mira, nosotros ya lo hemos dejado todo y te hemos seguido. En vista de eso, ¿qué nos va a tocar?

²⁸ Jesús les dijo:

—Les aseguro que cuando llegue el mundo nuevo y el Hijo del hombre se siente en su trono de gloria, también ustedes, los que me han seguido, se sentarán en doce tronos para juzgar a las doce tribus de Israel. ²⁹ Y todo aquel que por causa mía ha dejado casa, o hermanos o hermanas, o padre o madre, o hijos o tierras, recibirá cien veces más y heredará vida definitiva.

Los jornaleros de la viña

³⁰ Pero todos, aunque sean primeros, serán últimos, y aunque sean últimos, serán primeros.

20 ¹ Porque el reinado de Dios se parece a un propietario que salió al amanecer a contratar jornaleros para su viña. ² Después de ajustarse con ellos en el jornal de costumbre, los mandó a la viña. ³ Salió otra vez a media mañana, vio a otros que estaban en la plaza sin trabajo ⁴ y les dijo:

— Vayan también ustedes a mi viña y les pagaré lo que sea justo.

⁵ Ellos fueron.

Salió de nuevo hacia mediodía y a media tarde e hizo lo mismo. ⁶ Saliendo a última hora, encontró a otros que estaban allí sin hacer nada y les dijo:

—¿Cómo es que están aquí el día entero sin trabajar?

⁷ Le respondieron:

—Nadie nos ha contratado.

Él les dijo:

—Vayan también ustedes a la viña.

⁸ Caída la tarde, dijo el dueño de la viña a su encargado:

—Llama a los jornaleros y págales el jornal, empezando por los últimos y acabando por los primeros. ⁹ Llegaron los de la última hora y cobraron cada uno el jornal entero. ¹⁰ Al llegar los primeros pensaban que les darían más, pero también ellos cobraron el mismo jornal por cabeza. ¹¹ Al recibirlo se pusieron a

---

19,30 "todos", lit. "muchos", cf. vv. 16 y 28.
20,2 "el jornal de costumbre", lit. "un denario al día"; de modo parecido en vv. 9. 10. 13.

protestar contra el propietario:

¹² —Estos últimos han· trabajado sólo una hora y los has tratado igual que a nosotros, que hemos cargado con el peso del día y el calor.

¹³ Él repuso a uno de ellos:

—Amigo, no te hago ninguna injusticia. ¿No te ajustaste conmigo en ese jornal? ¹⁴ Toma lo tuyo y vete. Quiero darle a este último lo mismo que a ti. ¹⁵ ¿Es que no tengo libertad para hacer lo que quiera con lo mío? ¿O ves tú con malos ojos que yo sea generoso?

¹⁶ Así es como los últimos serán primeros y los primeros últimos.

C. FALSO MESIANISMO Y AMBICIÓN DE PODER

Tercer anuncio de la muerte y resurrección

(Mt 10,32-34; Lc 18,31-34)

¹⁷ Mientras iba subiendo a Jerusalén se llevó Jesús aparte a los Doce y les dijo por el camino:

¹⁸ —Miren, estamos subiendo a Jerusalén y el Hijo del hombre va a ser entregado a los sumos sacerdotes y letrados: lo condenarán a muerte ¹⁹ y lo entregarán a los paganos, para que se burlen de él, lo azoten y lo crucifiquen; pero al tercer día resucitará.

Petición de los Zebedeos

(Mc 10,35-41)

²⁰ Entonces se acercó a Jesús la madre de los Zebedeos con sus hijos para rendirle homenaje y pedirle algo. ²¹ Él le preguntó:

—¿Qué deseas?

Contestó ella:

—Dispón que cuando tú reines estos hijos míos se sienten uno a tu derecha y el otro a tu izquierda.

²² Pero Jesús replicó:

—No saben lo que piden: ¿Son capaces de pasar el trago que voy a pasar yo?

Le contestaron:

—Sí, lo somos.

²³ Él les dijo:

—Mi trago lo pasarán, pero el sentarse a mi derecha o a mi izquierda no está en mi mano concederlo más que a aquellos a los que mi Padre se lo tenga preparado.

²⁴ Los otros diez, que lo habían oído, se indignaron contra los dos hermanos.

Instrucción

(Mc 10,42-46a ; Lc 22,25-26)

²⁵ Jesús los reunió y les dijo:

—Saben que los jefes de las naciones las dominan y los grandes les imponen su autoridad. ²⁶ No será así entre ustedes; al contrario, el que quiera hacerse grande sea servidor de ustedes ²⁷ y el que quiera ser primero sea siervo de ustedes. ²⁸ Igual que el Hijo del hombre no ha venido para que lo sirvan, sino para servir y para dar su vida en rescate por todos.

20,22 "pasar el trago", lit. "beber la copa", locución semítica que, como la española, denota una prueba dolorosa (Is 51,17; Lam 4,21).

20,28 "por todos", lit. "por muchos", semitismo que expresa una totalidad de individuos.

Los dos ciegos

(Mc 10,46b-52; Lc 18,35-53)

[29] Al salir de Jericó, lo siguió una gran multitud. [30] Había dos ciegos sentados junto al camino, y al oír que Jesús pasaba, se pusieron a gritar:

–¡Ten compasión de nosotros, Señor, Hijo de David!

[31] La multitud los regañaba para que se callaran, pero ellos gritaban más:

– ¡Ten compasión de nosotros, Hijo de David!

[32] Jesús se detuvo, los llamó y les dijo:

– ¿Qué quieren que haga por ustedes?

[33] Le contestaron ellos:

– Señor, que se nos abran los ojos.

[34] Jesús, conmovido, les tocó los ojos; al momento recobraron la vista y lo siguieron.

V

EN JERUSALÉN: JESÚS Y LA INSTITUCIÓN JUDÍA

(21,2-25,46)

A. ENTRADA Y ACLAMACIÓN MESIÁNICA
(Mc 11,1-11; Lc 19,28-38; Jn 12,12-19)

21 [1] Cuando se acercaban a Jerusalén y llegaron a Betfagé, al Monte de los Olivos, Jesús mandó a dos discípulos, [2] diciéndoles:

–Vayan a la aldea de enfrente y encontrarán enseguida una borrica atada, con un pollino; desátenlos y tráiganmelos. [3] Y si alguien les dice algo, contéstenle que el Señor los necesita, pero que los devolverá cuanto antes.

[4] Esto ocurrió para que se cumpliese lo que dijo el profeta:

[5] *Digan a la ciudad de Sión:*
Mira a tu rey que llega,
sencillo, montado en un asno,
en un pollino, hijo de acémila
(Is 62,11; Zac 9,9)

[6] Fueron los discípulos e hicieron lo que les había mandado Jesús; [7] trajeron la borrica y el pollino, les pusieron encima los mantos y Jesús se montó. [8] La mayoría de la gente se puso a alfombrar la calzada con sus mantos; otros la alfombraban con ramas que cortaban de los árboles. [9] Y los grupos que iban delante y detrás gritaban:

–¡*Viva* el Hijo de David!

–¡*Bendito el que viene en nombre del Señor!* (Sal 118,25-26).

–¡*Sálvanos* desde lo alto!

[10] Al entrar en Jerusalén, la ciudad entera preguntaba agitada:

–¿Quién es éste?

[11] Las multitudes contestaban:

–Éste es el profeta Jesús, el de Nazaret de Galilea.

21,9 "viva", en el texto dice "hosanna", locución hebrea que significaba "salva, por favor", y que en tiempos posteriores pasó a ser una aclamación; Sal 118,25-26.

B. EN EL TEMPLO
(Mc 11,15-19; Lc 19,45-48; Jn 2,13-22)

¹²Jesús entró en el templo y se puso a echar a todos los que vendían y compraban allí. Volcó las mesas de los cambistas y los puestos de los que vendían palomas, ¹³diciéndoles:

–Escrito está: *«Mi casa será casa de oración»* (Is 56,7), pero ustedes la convierten en una *cueva de bandidos* (Jr 7,11).

¹⁴En el templo se le acercaron ciegos y cojos y él los curó. ¹⁵Los sumos sacerdotes y los letrados, al ver las cosas admirables que hacía y a los chicos que gritaban en el templo «Viva el Hijo de David», ¹⁶le dijeron indignados:

–¿Oyes lo que dicen ésos?

–Sí. ¿Nunca han leído aquello: *«De la boca de los niños y de los que aún maman has sacado una alabanza»?* (Sal 8,3 LXX).

¹⁷Y, sin esperar respuesta, salió de la ciudad y se fue a Betania y pasó la noche allí.

La higuera maldita
(Mc 11,12-14.20-24)

¹⁸A la mañana siguiente, cuando volvía a la ciudad, sintió hambre. ¹⁹Viendo una higuera junto al camino, se acercó, pero no encontró nada más que hojas; entonces le dijo:

–Nunca jamás brote fruto de ti.

Y la higuera se secó de repente. ²⁰Al verlo, los discípulos preguntaron sorprendidos:

–¿Cómo es que la higuera se ha secado de repente?

²¹Jesús les contestó:

–Les aseguro que si tuvieran una fe sin reservas, no sólo harían esto de la higuera; incluso si le dijeran al monte ese «quítate de ahí y tírate al mar», lo haría, y ²²todo lo que pidiesen en la oración con esa fe lo recibirían.

Oposición de los dirigentes
(Mc 11,27-33; Lc 20,1-8.)

²³Llegó al templo, y mientras enseñaba, los sumos sacerdotes y los senadores del pueblo se le acercaron para preguntarle:

–¿Con qué autoridad actúas así? ¿Quién te ha dado esa autoridad?

²⁴Jesús les replicó:

–Les voy a hacer también yo una pregunta; si me responden, les diré yo con qué autoridad actúo así. ²⁵El bautismo de Juan, ¿qué era, cosa de Dios o cosa humana?

Ellos razonaban para sus adentros:

–Si decimos «de Dios», nos dirá: entonces por qué no lo creímos; ²⁶y si decimos: «humana», nos da miedo de la multitud, porque todos piensan que Juan era un profeta.

²⁷Y respondieron a Jesús:

–No sabemos.

Entonces les declaró él:

–Pues tampoco les digo yo con qué autoridad actúo así.

Parábola de los dos hijos

²⁸–A ver, ¿qué les parece? Un hombre tenía dos hijos. Se acercó al primero y le dijo: «Hijo, ve hoy a trabajar en la viña». ²⁹Le contestó:

«No quiero». Pero después sintió remordimiento y fue. ³⁰ Se acercó al segundo y le dijo lo mismo. Éste contestó: «Por supuesto, señor». Pero no fue. ³¹ ¿Cuál de los dos cumplió la voluntad del padre?

Contestaron ellos:

–El primero.

Jesús les dijo:

–Les aseguro que los recaudadores y las prostitutas les llevan la delantera para entrar en el reino de Dios. ³² Porque Juan les enseñó el camino para ser justos y no le creyeron; en cambio, los recaudadores y las prostitutas le creyeron. Pero ustedes, ni aun después de ver aquello han sentido remordimiento ni le han creído.

Los viñadores perversos

(Mc 12,1-12; Lc 20,9-19)

³³ Escuchen otra parábola:

Había una vez un propietario que *plantó una viña, la rodeó con una cerca, cavó un lagar, construyó la torre del guarda* (Is 5,1-7), la arrendó a unos labradores y se marchó al extranjero. ³⁴ Cuando llegó el tiempo de la vendimia, envió a sus siervos para recibir de los labradores los frutos que le correspondían. ³⁵ Los labradores agarraron a los siervos, apalearon a uno, mataron a otro y a otro lo apedrearon. ³⁶ Envió entonces otros siervos, más que la primera vez, e hicieron con ellos lo mismo. ³⁷ Por último les envió a su hijo, pensando:

–A mi hijo lo respetarán.

³⁸ Pero los labradores, al ver al hijo, se dijeron:

–Éste es el heredero: vamos, lo matamos y nos quedamos con su herencia.

³⁹ Lo agarraron, lo empujaron fuera de la viña y lo mataron.

⁴⁰ Vamos a ver, cuando vuelva el dueño de la viña, ¿qué hará con aquellos labradores?

⁴¹ Le contestaron:

–Hará morir de mala muerte a esos malvados y arrendará su viña a otros que le entreguen los frutos a su tiempo.

⁴² Jesús les dijo:

–¿Nunca han leído en la Escritura:

La piedra que desecharon los constructores
es ahora la piedra angular.
Es el Señor quien lo ha hecho:
¡Qué maravilla para los que lo vemos!? (Sal 118,22-23).

⁴³ Por eso les digo que se les quitará a ustedes el reino de Dios y se le dará a un pueblo que produzca sus frutos. ⁴⁴ Además, el que caiga sobre esa piedra se estrellará, y si ella cae sobre alguno, lo hará pedazos.

⁴⁵ Al oír sus parábolas, los sumos sacerdotes y los fariseos se dieron cuenta de que iban por ellos. ⁴⁶ Aunque estaban deseando echarle mano, tuvieron miedo de las multitudes, que lo tenían por profeta.

Los invitados a la boda

(Lc 14,15-24)

22 ¹ De nuevo tomó Jesús la palabra y les habló en parábolas:

² –Se parece el reinado de Dios a

un rey que celebraba la boda de su hijo. ³ Envió a sus criados para avisar a los que ya estaban convidados a la boda, pero éstos no quisieron acudir. ⁴ Volvió a enviar criados, encargándoles que les dijeran:

—Tengo preparado el banquete, he matado los terneros y otros animales gordos y todo está a punto. Vengan a la boda.

⁵ Pero los convidados no hicieron caso: uno se marchó a su finca, otro a sus negocios; ⁶ los demás echaron mano de los criados y los maltrataron hasta matarlos.

⁷ El rey montó en cólera y envió tropas que acabaron con aquellos asesinos y prendieron fuego a su ciudad. ⁸ Luego dijo a sus criados:

—La boda está preparada, pero los que estaban convidados no se lo merecían. ⁹ Vayan ahora a las salidas de los caminos, y a todos los que encuentren invítenlos a la boda.

¹⁰ Los criados salieron a los caminos y reunieron a todos los que encontraron, malos y buenos. La sala del banquete se llenó de comensales.

¹¹ Cuando entró el rey a ver a los comensales, descubrió uno que no iba vestido de fiesta, ¹² y le dijo:

—Amigo, ¿cómo has entrado aquí sin traje de fiesta?

El otro no despegó los labios. ¹³ Entonces el rey dijo a los sirvientes:

—Átenlo de pies y manos y arrójenlo fuera, a las tinieblas. Allí será el llanto y el rechinar de dientes. ¹⁴ Porque hay más llamados que escogidos.

Tributo al César
(Mc 12,13-17; Lc 20,20-26)

¹⁵ Se retiraron entonces los fariseos a elaborar un plan para cazar a Jesús con una pregunta. ¹⁶ Le enviaron a sus discípulos con unos partidarios de Herodes, y le dijeron:

—Maestro, sabemos que eres sincero y enseñas el camino de Dios con verdad; además, no te dejas preocupar por nadie, porque no te fijas en lo que la gente sea. ¹⁷ Por eso, dinos qué opinas: ¿está permitido pagar tributo al César o no?

¹⁸ Calando Jesús su mala intención, les dijo:

—¿Por qué me tientan, hipócritas? ¹⁹ Enséñenme la moneda del tributo.

Ellos le ofrecieron un denario ²⁰ y él les preguntó:

—¿De quién son esta efigie y esta leyenda?

²¹ Le respondieron:

—Del César.

Entonces les replicó:

—Pues lo que es del César devuélvanselo al César, y lo que es de Dios, a Dios.

²² Sorprendidos al oír aquello, lo dejaron allí y se marcharon.

22,12 "traje de fiesta", lit. "traje de boda".
22,14 Lit. Porque muchos son llamados y pocos escogidos"; forma aramea de expresar el comparativo de superioridad.

La resurrección

(Mc 12,18-27; Lc 20,27-40)

²³ El mismo día se acercaron unos saduceos, de ésos que dicen que no hay resurrección, y le propusieron este caso:

²⁴ –Maestro, Moisés mandó esto: «*Si uno muere sin hijos, su hermano se casará con la viuda para dar descendencia a su hermano*» (Dt 25,5; Gn 38,3). ²⁵ Pues había entre nosotros siete hermanos: el primero se casó; como murió sin hijos, dejó la mujer a su hermano. ²⁶ Lo mismo le pasó al segundo y al tercero, y así hasta el séptimo. ²⁷ Finalmente, murió la mujer. ²⁸ Pues bien, cuando llegue la resurrección, ¿de cuál de los siete va a ser mujer, si lo ha sido de todos?

²⁹ Jesús les contestó:

–Están ustedes muy equivocados, por no comprender las Escrituras ni la fuerza de Dios. ³⁰ Porque en la resurrección, ni los hombres ni las mujeres se casan, son como ángeles del cielo. ³¹ Y acerca de la resurrección de los muertos, ¿no han leído lo que les dijo Dios; ³² *Yo soy el Dios de Abrahán y el Dios de Isaac y el Dios de Jacob*»? (Éx 3,6). No es Dios de muertos, sino de vivos.

³³ Al oír esto, las multitudes quedaron impresionadas de su enseñanza.

Los dos grandes mandamientos

(Mc 12,28-34; Lc 10,25-28)

³⁴ Los fariseos, al enterarse de que Jesús había tapado la boca a los saduceos, se congregaron, ³⁵ y uno de ellos, que era jurista, le preguntó para tentarlo:

³⁶ –Maestro, ¿cuál es el mandamiento principal de la Ley?

³⁷ Él le contestó:

– «*Amarás al Señor tu Dios con todo tu corazón, con toda tu alma, con toda tu mente*» (Dt 6,5). ³⁸ Éste es el mandamiento principal y el primero, ³⁹ pero hay un segundo no menos importante: «*Amarás a tu prójimo como a ti mismo*» (Lv 19,18). ⁴⁰ De estos dos mandamientos penden la Ley entera y los Profetas.

El hijo/sucesor de David

(Mc 12,35-37; Lc 20,41-44)

⁴¹ Mientras seguían reunidos los fariseos les preguntó Jesús:

⁴² –¿Qué piensan ustedes del Mesías? ¿De quién es sucesor? Contestaron ellos:

–De David.

⁴³ Él replicó:

–Pues entonces, ¿cómo es que David lo llama Señor cuando dice inspirado:

⁴⁴ *Dijo el Señor a mi Señor: Siéntate a mi derecha mientras hago de tus enemigos estrado de tus pies?* (Sal 110,1).

⁴⁵ Entonces, si David lo llama señor, ¿cómo puede ser sucesor suyo?

⁴⁶ Ninguno fue capaz de responder nada, y desde aquel día nadie se atrevió a hacerle más preguntas.

Desenmascara a letrados y fariseos

(Mc 12,38-40; Lc 11,37-52; 20,45-47)

23 ¹ Entonces Jesús, dirigiéndose a las multitudes y a sus discípulos, ² declaró:

–En la cátedra de Moisés han tomado asiento los letrados y los fariseos. ³ Por tanto, todo lo que les digan, háganlo y cúmplanlo..., pero no imiten sus obras, porque ellos dicen, pero no hacen.

⁴ Atan pesados bultos y los cargan en las espaldas de los hombres, mientras ellos no quieren empujarlos ni con un dedo.

⁵ Todo lo hacen para llamar la atención de la gente: se ponen distintivos ostentosos y borlas grandes en el manto; ⁶ les encantan los primeros puestos en los banquetes y los asientos de honor en las sinagogas, ⁷ que les hagan reverencias por la calle y que la gente los llame «rabbí».

⁸ Ustedes, en cambio, no se dejen llamar «rabbí», pues su maestro es uno solo y ustedes todos son hermanos; ⁹ y no se llamarán «padre» unos a otros en la tierra, pues el Padre de ustedes es uno solo, el del cielo; ¹⁰ tampoco dejarán que les llamen «directores», porque el director de ustedes es uno solo, el Mesías. ¹¹ El más grande de ustedes será servidor de ustedes. ¹² A quien se encumbre, lo abajarán, y a quien se abaje, lo encumbrarán.

¹³ ¡Ay de ustedes, letrados y fariseos hipócritas, que cierran a los hombres el reino de Dios! Porque ustedes no entran, y a los que están entrando tampoco los dejan.

¹⁵ ¡Ay de ustedes, letrados y fariseos hipócritas, que recorren mar y tierra para ganar un prosélito y, cuando lo consiguen, lo hacen digno del fuego el doble que ustedes!

¹⁶ ¡Ay de ustedes, guías ciegos, que enseñan: «Jurar por el santuario no es nada; pero jurar por el oro del santuario obliga»! ¹⁷ ¡Necios y ciegos! ¿Qué es más, el oro o el santuario que consagra el oro? ¹⁸ O también: «Jurar por el altar no es nada, pero jurar por la ofrenda que está en el altar obliga». ¹⁹ ¡Ciegos! ¿Qué es más, la ofrenda o el altar, que hace sagrada la ofrenda? ²⁰ Quien jura por el altar, jura al mismo tiempo por todo lo que está encima; ²¹ y quien jura por el santuario, jura al mismo tiempo por el que habita en él; ²² y quien jura por el cielo, jura por el trono de Dios y por el que está sentado en él.

²³ ¡Ay de ustedes, letrados y fariseos hipócritas, que pagan el diezmo de la hierbabuena, del anís y del comino y descuidan lo más grave de la Ley: la justicia, el buen corazón y la lealtad. Esto había que practicar, y aquello..., no dejarlo. ²⁴ ¡Guías ciegos, que filtran el mosquito y se tragan el camello!

²⁵ ¡Ay de ustedes, letrados y fariseos hipócritas, que limpian por fuera la copa y el plato, mientras dentro rebosan de robo y desenfreno! ²⁶ ¡Fariseo ciego! Limpia primero la copa por dentro, que así quedará limpia también por fuera.

²⁷ ¡Ay de ustedes, letrados y fariseos hipócritas, que se parecen a los sepulcros encalados! Por fuera tienen buena apariencia, pero por dentro están llenos de huesos de muerto y podredumbre; ²⁸ lo mismo ustedes: por fuera aparentan

23,13 Algunos manuscritos añaden el v. 14, tomado de Lc 20,47.

ser hombres justos, pero por dentro están repletos de hipocresía y de iniquidad.

²⁹ ¡Ay de ustedes, letrados y fariseos hipócritas, que edifican sepulcros a los profetas y ornamentan los mausoleos de los justos, ³⁰ diciendo: «Si hubiéramos vivido en tiempo de nuestros padres no habríamos sido cómplices suyos en el asesinato de los profetas»! ³¹ Con esto atestiguan en contra de ustedes, que son hijos de los que asesinaron a los profetas. ³² ¡Pues colmen ustedes la medida de sus padres! ³³ ¡Culebras, camada de víboras! ¿Cómo evitarán la condena al fuego?

³⁴ Miren, para eso les voy a enviar yo profetas, sabios y letrados: a unos los matarán y crucificarán, a otros los azotarán en sus sinagogas y los perseguirán de ciudad en ciudad. ³⁵ Así recaerá sobre ustedes toda la sangre inocente derramada sobre la tierra; desde la sangre de Abel el justo hasta la sangre de Zacarías, hijo de Baraquías, al que ustedes mataron entre el santuario y el altar. ³⁶ Les aseguro que todo eso va a recaer sobre esta generación.

Lamento por Jerusalén
(Lc 13,34-45)

³⁷ ¡Jerusalén, Jerusalén, que matas a los profetas y apedreas a los que se te envían! ¡Cuántas veces he querido reunir a tus hijos como la gallina reúne a sus pollitos bajo las alas, pero ustedes no han querido! ³⁸ Pues miren, la casa de ustedes *quedará desierta* (Jr 7,14; 12,7; 25,4-6), ³⁹ y les digo que ya no volverán a verme hasta que exclamen: *¡Bendito el que viene en nombre del Señor!* (Sal 118,26).

C. FUERA DEL TEMPLO

Predicción de la ruina del templo
(Mc 13,1-2; Lc 21,5-6)

24 ¹ Jesús salió del templo; mientras iba de camino se le acercaron sus discípulos y le señalaron los edificios del templo, ² pero él les repuso:

–¿Ven todo eso, verdad? Les aseguro que lo derribarán hasta no dejar piedra sobre piedra.

Pregunta de los discípulos
(Mc 13,3-4; Lc 21,7)

³ Estando él sentado en el Monte de los Olivos, se le acercaron los discípulos y le preguntaron aparte:

–Dinos cuándo va a ocurrir eso y cuál será la señal de tu venida y del fin de esta edad.

Respuesta de Jesús:
La caída de Jerusalén no anuncia la restauración, dará comienzo al proceso liberador
(Mc 13,5-8; Lc 21,8-11)

⁴ Jesús les contestó:

⁵ –¡Cuidado, que nadie los engañe! Porque llegarán muchos diciendo en nombre mío: «Yo soy el Mesías»; y engañarán a muchos.

⁶ Van a oír ustedes estruendo de batallas y noticias de batallas; mi-

ren, no se asusten, eso tiene que suceder, pero todavía no es el fin.

⁷ Porqué se alzará nación contra nación y reino contra reino, habrá hambre y terremotos en diversos lugares, ⁸ pero todo eso es el principio de los dolores.

La misión: persecución y fidelidad

(Mc 13,9-13; Lc 21,12-19)

⁹ Entonces los entregarán al suplicio y los matarán, por mi causa los odiarán todos los pueblos; ¹⁰ entonces fallarán muchos, y se delatarán y se odiarán unos a otros.

¹¹ Surgirán muchos profetas falsos y extraviarán a muchos; ¹² al crecer la iniquidad, se enfriará el amor de la mayoría, ¹³ pero el que resista hasta el fin, ése se salvará.

¹⁴ Y la buena noticia del Reino se proclamará en el mundo entero, como testimonio para todas las naciones. Entonces llegará el fin.

La ruina de Jerusalén: No habrá señal salvadora

(Mc 13,14-23, Lc 21,20-24)

¹⁵ Cuando vean ustedes que está *en el lugar santo el execrable devastador (Dn 29,7),* que anunció el profeta Daniel –téngalo presente el lector–, ¹⁶ entonces, los que estén en Judea, que huyan a los montes; ¹⁷ quien esté en la azotea, que no baje a coger nada de casa; ¹⁸ quien esté en el campo, que no vuelva por el manto.

¹⁹ ¡Pobres las que estén encinta o criando en aquellos días! ²⁰ Pidan que su huida no caiga en invierno o en día de precepto, ²¹ porque habrá entonces una angustia tan grande *como no la ha habido desde el principio de la humanidad* (Dn 12,1) ni la habrá nunca más. ²² Si no se hubiesen acortado aquellos días, no se salvaría ningún mortal; pero por los elegidos se acortarán aquellos días.

²³ Entonces, si alguien les dice: «Mira, aquí está el Mesías» o «Míralo allí», no le crean, ²⁴ porque surgirán mesías falsos y profetas falsos y ofrecerán señales y prodigios que engañarán, si fuera posible, también a los elegidos. ²⁵ Miren que los he prevenido.

²⁶ Por tanto, si les dijeren: «Mira, está en el desierto», no vayan; «Mira, está en el sótano», no lo crean. ²⁷ Porque, igual que el relámpago sale del levante y brilla hasta el poniente, así ocurrirá con la llegada del Hijo del hombre. ²⁸ Allí donde esté el cadáver se reunirán las águilas.

El proceso liberador en la historia

(Mc 13,24-27; Lc 21,25-28)

²⁹ Inmediatamente después de la angustia de aquellos días, *el sol se hará tinieblas, la luna no dará su resplandor, las estrellas caerán del cielo, las potencias del cielo vacilarán* (Am 8,9). ³⁰ Entonces brillará en el cielo la señal del Hijo del hombre y *todas las razas de la tierra se golpearán el pecho al ver llegar al Hijo del hombre sobre las nubes* con gran potencia y gloria. ³¹ Y enviará a sus ángeles con trompetas sonoras, y reunirán a sus elegidos de los cua-

tro vientos, de un confín a otro del cielo.

La ruina de Jerusalén: su momento

(Mc 13,28-31; Lc 21,29-33)

³² Aprendan de la higuera el sentido de la parábola: cuando ya sus ramas se ponen tiernas y brotan las hojas, saben ustedes que el verano está cerca. ³³ Así también ustedes: cuando vean todas esas cosas, sepan que está cerca, a las puertas.

³⁴ Les aseguro que no pasará esta generación antes que todo eso se cumpla. ³⁵ El cielo y la tierra pasarán, pero mis palabras no pasarán.

Confianza en el Padre. Vigilancia

(Mc 13,32-37)

³⁶ En cambio, en lo referente al día aquel o el momento, nadie entiende, ni siquiera los ángeles del cielo ni el Hijo, sólo y únicamente el Padre.

³⁷ Ahora bien, lo que pasó en tiempos de Noé pasará en la llegada del Hijo del hombre; ³⁸ es decir, lo mismo que en los días antes del diluvio la gente comía, bebía y se casaba, hasta el día en que Noé entró en el arca ³⁹ y, estando ellos desprevenidos, llegó el diluvio y los arrastró a todos, así sucederá también en la llegada del Hijo del hombre. ⁴⁰ Entonces, dos hombres estarán en el campo: a uno se lo llevarán y a otro lo dejarán; ⁴¹ dos mujeres estarán moliendo: a una se la llevarán y a otra la dejarán. ⁴² Por tanto, manténganse despiertos,

pues no saben qué día va a llegar el Señor.

⁴³ Comprenden que si el dueño de casa supiera a qué hora de la noche va a llegar el ladrón, se quedaría en vela y no le dejaría abrir un boquete en su casa. ⁴⁴Pues estén también ustedes preparados, que cuando menos lo piensen llegará el Hijo del hombre.

Responsabilidad de los discípulos

(Mc 13,33-36; Lc 12,41-48)

⁴⁵ ¿Dónde está ese siervo fiel y sensato, encargado por el señor de dar a su servidumbre la comida a sus horas?

⁴⁶ Dichoso el tal siervo si el señor, al llegar, lo encuentra cumpliendo con su obligación. ⁴⁷ Les aseguro que le confiará la administración de todos sus bienes.

⁴⁸ Pero si el siervo malvado, pensando que su señor tardará, ⁴⁹ empieza a maltratar a sus compañeros y a comer y beber con los borrachos, ⁵⁰ el día que menos se lo espera y a la hora que no ha previsto, llegará el señor ⁵¹ y cortará con él, asignándole la suerte de los hipócritas. Allí será el llanto y el rechinar de dientes.

Parábola de las diez muchachas

25 ¹ Entonces se parecerá el reino de Dios a diez muchachas que tomaron sus candiles y salieron a recibir al novio. ² Cinco eran necias y cinco sensatas. ³ Las necias, al tomar los candiles, no llevaron consigo aceite; ⁴ las sensatas, en cambio, llevaron alcuzas de aceite además de los candiles.

⁵ Como el novio tardaba, les entró sueño a todas y se durmieron. ⁶ A medianoche se oyó gritar:

—¡Que llega el novio, salgan a recibirlo!

⁷ Se despertaron todas y se pusieron a despabilar los candiles. ⁸ Las necias dijeron a las sensatas:

— Dennos de su aceite, que los candiles se nos apagan.

⁹ Pero las sensatas contestaron:

—No, no sea que no haya bastante para todas, mejor es que vayan ustedes a la tienda a comprarlo.

¹⁰ Mientras iban a comprarlo llegó el novio: las que estaban preparadas entraron con él al banquete de bodas, y se cerró la puerta. ¹¹ Cuando por fin llegaron las otras muchachas, se pusieron a llamar:

—Señor, señor, ábrenos.

¹² Pero él respondió:

—Les aseguro que no sé quiénes son ustedes.

¹³ Por tanto, manténganse despiertos, pues no saben el día ni la hora.

Parábola de los talentos
(Lc 19,11-27)

¹⁴ Es como un hombre que, al irse de viaje, llamó a sus empleados y los dejó encargados de sus bienes; ¹⁵ a uno le dejó cinco talentos de plata, a otro dos, a otro uno, según sus capacidades; luego se marchó.

¹⁶ El que recibió cinco talentos fue enseguida a negociar con ellos y ganó otros cinco; ¹⁷ el que recibió dos hizo lo mismo y ganó otros dos; ¹⁸ en cambio, el que recibió uno hizo un hoyo en la tierra y escondió el dinero de su señor.

¹⁹ Al cabo de mucho tiempo volvió el señor de aquellos empleados y se puso a saldar cuentas con ellos. ²⁰ Se acercó el que había recibido cinco talentos y le presentó otros cinco, diciendo:

—Señor, cinco talentos me dejaste; mira, he ganado otros cinco.

²¹ Su señor le respondió:

—¡Muy bien, empleado diligente y fiel! Has sido fiel en lo poco, te pondré al frente de mucho; pasa a la fiesta de tu señor.

²² Se acercó luego el que había recibido dos talentos, y dijo:

—Señor, dos talentos me dejaste; mira, he ganado otros dos.

²³ Su señor le respondió:

—¡Muy bien, empleado diligente y fiel! Has sido fiel en lo poco, te pondré al frente de mucho; pasa a la fiesta de tu señor.

²⁴ Finalmente se acercó el que había recibido un talento y dijo:

—Señor, supe que eres hombre duro, que siegas donde no has sembrado y recoges donde no has esparcido; ²⁵ me asusté y fui a esconder tu talento bajo tierra. Aquí tienes lo tuyo.

²⁶ El señor le replicó:

—¡Empleado malvado y holgazán! ¿Sabías que siego donde no he sembrado y recojo donde no he

---

25,16 el talento es una medida de peso entre 26 y 36 kilos.

esparcido? ²⁷ Pues entonces debías haber puesto mi dinero en el banco, para que al volver yo pudiera recobrar lo mío con los intereses.

²⁸ Quítenle el talento de plata y dénselo al que tiene diez; ²⁹ porque al que produce se le dará hasta que le sobre, mientras al que no produce se le quitará hasta lo que había recibido. ³⁰ Y a ese empleado inútil, échenlo afuera, a las tinieblas: allí será el llanto y el rechinar de dientes.

El juicio de las naciones

³¹ Cuando el Hijo del hombre llegue en su gloria, acompañado de todos sus ángeles, se sentará en su trono real ³² y reunirán ante él a todas las naciones. Él separará a unos de otros, como un pastor separa las ovejas de las cabras, ³³ y pondrá a las ovejas a su derecha y a las cabras a su izquierda. ³⁴ Entonces dirá el rey a los de su derecha:

–Vengan, benditos de mi Padre; hereden el reino preparado para ustedes desde la creación del mundo. ³⁵ Porque tuve hambre y me dieron de comer, tuve sed y me dieron de beber, fui forastero y me acogieron, ³⁶ estuve desnudo y me vistieron, enfermo y me visitaron, estuve en la cárcel y fueron a verme.

³⁷ Entonces los justos replicarán:

–Señor, ¿cuándo te vimos con hambre y te dimos de comer o con sed y te dimos de beber? ³⁸ ¿Cuándo llegaste como forastero y te acogimos, o desnudo y te vestimos? ³⁹ ¿Cuándo estuviste enfermo o en la cárcel y fuimos a verte?

⁴⁰ Y el rey les contestará:

–Se lo aseguro: cada vez que lo hicieron con uno de esos hermanos míos tan insignificantes, lo hicieron conmigo.

⁴¹ Después dirá a los de su izquierda:

–Apártense de mí, malditos, vayan al fuego perenne preparado para el diablo y sus ángeles. ⁴² Porque tuve hambre y no me dieron de comer, tuve sed y no me dieron de beber, ⁴³ fui forastero y no me recibieron, estuve desnudo y no me vistieron, enfermo y en la cárcel y no me visitaron.

⁴⁴ Entonces también éstos replicarán:

–Señor, ¿cuándo te vimos con hambre o con sed, o forastero o desnudo, o enfermo o en la cárcel y no te asistimos?

⁴⁵ Y él les contestará:

–Les aseguro: Cada vez que dejaron de hacerlo con uno de ésos tan insignificantes, dejaron de hacerlo conmigo.

⁴⁶ Éstos irán al castigo definitivo y los justos a la vida definitiva.

VI

PASIÓN, MUERTE, RESURRECCIÓN

(26,1-28,15)

A. PLAN PARA MATAR A JESÚS
(Mc 14,1-2; Lc 22,1-2; Jn 11,45-53)

26 ¹ Cuando acabó este discurso, dijo Jesús a sus discípulos:

² –Como saben, dentro de dos días se celebra la Pascua, y entregarán al Hijo del hombre para que lo crucifiquen.

³ Entonces se congregaron los sumos sacerdotes y los senadores del pueblo en el palacio del sumo sacerdote, que se llamaba Caifás, ⁴ y decidieron prender a Jesús a traición y darle muerte, ⁵ aunque dijeron:

–Durante las fiestas no, que podría armarse un tumulto en el pueblo.

La unción en Betania

(Mc 14,3-6; Jn 12,1-8)

⁶ Estando Jesús en Betania, en casa de Simón el leproso, ⁷ se le acercó una mujer llevando un frasco de perfume de mucho precio y se lo derramó en la cabeza a Jesús, que estaba recostado a la mesa.

⁸ Al ver aquello, los discípulos dijeron indignados:

–¿Para qué malgastarlo así?

⁹ Podía haberse vendido por mucho y habérselo dado a los pobres.

¹⁰ Jesús se dio cuenta y les dijo:

–¿Por qué molestan a esta mujer? Está muy bien lo que ha hecho conmigo; ¹¹ a esos pobres los tienen siempre entre ustedes; en cambio, a mí no me van a tener siempre. ¹² Cuando ella derramaba el perfume sobre mi cuerpo, me estaba preparando para la sepultura. ¹³ Les aseguro que en cualquier parte del mundo donde se proclame esta buena noticia, se recordará también en su honor lo que ha hecho ella.

Judas vende a Jesús

(Mc 14,10-11; Lc 22,3-6)

¹⁴ Entonces uno de los Doce, Judas Iscariote, fue a ver a los sumos sacerdotes ¹⁵ y les propuso:

–¿Cuánto están dispuestos a darme si se lo entrego? *Ellos quedaron en darle treinta monedas de plata* (Zac 11,12). ¹⁶ Desde entonces andaba buscando ocasión propicia para entregarlo.

B. LA PASCUA DE JESÚS

La preparación

(Mc 14,12-16; Lc 22,7-13)

¹⁷ El primer día de los Ázimos se acercaron los discípulos a Jesús y le preguntaron:

–¿Dónde quieres que te preparemos la cena de Pascua?

¹⁸ –Él contestó:

–Vayan a la ciudad, a casa de

Fulano, y denle este recado: «El Maestro dice que su momento está cerca y que va a celebrar la Pascua en tu casa con sus discípulos».

¹⁹ Los discípulos cumplieron las instrucciones de Jesús y prepararon la cena de Pascua.

Anuncio de la traición
(Mc 14,17-21; Lc 22,21-23; Jn 13,21-30)

²⁰ Caída la tarde se puso a la mesa con los Doce.

²¹ Mientras comían, dijo:

–Les aseguro que uno de ustedes me va a entregar.

²² Ellos, consternados, empezaron a replicarle uno tras otro:

–¿Acaso soy yo, Señor?

²³ Respondió él:

–Uno que ha mojado en la misma fuente que yo me va a entregar.

²⁴ El Hijo del hombre se va, como está escrito de él; pero ¡ay de ese hombre que va a entregar al Hijo del hombre! Más le valdría a ese hombre no haber nacido.

²⁵ Entonces reaccionó Judas, el que lo iba a entregar, diciéndole:

–¿Acaso soy yo, Rabbí?

Respondió:

–Tú lo has dicho.

La eucaristía
(Mc 14,22-26; Lc 22,15-20; 1 Cor 11,23-25)

²⁶ Mientras comían, Jesús tomó un pan, pronunció una bendición y lo partió; luego lo dio a sus discípulos, diciendo:

–Tomen y coman: esto es mi cuerpo.

²⁷ Y tomando una copa, pronunció una acción de gracias y se la pasó, diciendo:

–Beban todos de ella, ²⁸ pues esto es la sangre de la alianza mía, que se derrama por todos para el perdón de los pecados. ²⁹ Les digo que desde ahora no beberé más de este producto de la vid hasta que llegue el día en que lo beba entre ustedes, nuevo, estando yo en el reino de mi Padre.

³⁰ Y después de cantar salieron para el Monte de los Olivos.

C. PRENDIMIENTO Y CONDENA

Predice las negaciones de Pedro
(Mc 14,27-31; Lc 22,31-34; Jn 13,36-38)

³¹ Entonces Jesús les dijo:

–Esta misma noche van a fallar todos a causa de mí, porque está escrito: «*Heriré al pastor y se dispersarán las ovejas del rebaño*» (Zac 13,11). ³² Pero cuando resucite iré por delante de ustedes a Galilea.

³³ Le repuso Pedro:

–Aunque todos fallen a causa de ti, yo jamás fallaré.

³⁴ Jesús le declaró:

–Te aseguro que esta misma noche, antes de que el gallo cante, renegarás de mí tres veces.

³⁵ Pedro le replicó:

–Aunque tenga que morir contigo, jamás renegaré de ti.

Y los demás discípulos dijeron lo mismo.

La oración en Getsemaní
(Mc 14,34-42; Lc 22,39-46)

36 Entonces llegó Jesús con sus discípulos a una finca que llamaban Getsemaní, y les dijo:

–Siéntense aquí, mientras yo me voy allí a orar.

37 Y llevándose a Pedro y a los dos hijos de Zebedeo, dejó ver su tristeza y su angustia. 38 Entonces les dijo:

–Me muero de tristeza. Quédense aquí y manténganse despiertos conmigo.

39 Adelantándose un poco, cayó rostro en tierra y se puso a orar diciendo:

–Padre mío, si es posible, que se aleje de mí ese trago. Sin embargo, no se haga lo que yo quiero, sino lo que quieres tú.

40 Se acercó a los discípulos, los encontró dormidos y dijo a Pedro:

–¿Así que no han podido mantenerse despiertos conmigo ni una hora? 41 Manténganse despiertos y pidan no ceder a la tentación; el espíritu es animoso, pero la carne es débil.

42 Se apartó por segunda vez y oró diciendo:

–Padre mío, si no es posible que yo deje de pasarlo, realícese tu designio.

43 Al volver los encontró otra vez dormidos, porque los ojos no se les mantenían abiertos. 44 Los dejó, se alejó de nuevo y oró por tercera vez, repitiendo las mismas palabras. 45 Al final se acercó a los discípulos y les dijo:

–¿Así que durmiendo y descansando? Miren, está cerca el momento de que el Hijo del hombre sea entregado en manos de los pecadores. 46 ¡Levantémonos, vamos! Está cerca el que me entrega.

El prendimiento
(Mc 14,43-50; Lc 22,47-53; Jn 18,3-12)

47 Aún estaba hablando, cuando de pronto llegó Judas, uno de los Doce, y, con él, una gran multitud con machetes y palos, mandada por los sumos sacerdotes y los senadores del pueblo. 48 El traidor les había dado por seña:

–El que yo bese, ése es; deténganlo.

49 Se acercó enseguida a Jesús y le dijo:

–¡Salud, Rabbí!

Y lo besó con insistencia. 50 Pero Jesús le contestó:

–¡Amigo, a lo que has venido!

Entonces se acercaron a Jesús, le echaron mano y lo detuvieron. 51 Uno de los que estaban con él sacó el machete y de un tajo le cortó la oreja al criado del sumo sacerdote.

52 Jesús le dijo:

–Vuelve el machete a su sitio, que el que a hierro mata a hierro muere. 53 ¿Piensas que no puedo acudir a mi Padre? Él pondría a mi lado ahora mismo más de doce legiones de ángeles. 54 Pero, ¿cómo se cumpliría entonces la Escritura, que dice que esto tiene que pasar?

55 En el momento aquel dijo Jesús a las multitudes:

–¡Con machetes y palos han salido a prenderme, como si fuera un bandido! A diario me sentaba en el templo a enseñar y no me detuvieron.

⁵⁶ Todo esto ocurrió para que se cumpliera lo que escribieron los profetas. Entonces todos los discípulos lo abandonaron y huyeron.

Ante el Consejo

(Mc 14,53-65; Lc 22,54-55.63-71; Jn 18,12-14.19-24)

⁵⁷ Los que detuvieron a Jesús lo condujeron a casa de Caifás, el sumo sacerdote, donde se habían congregado los letrados y los senadores. ⁵⁸ Pedro lo fue siguiendo de lejos hasta el palacio del sumo sacerdote, entró y se sentó con los guardias para ver el fin.

⁵⁹ Los sumos sacerdotes y el Consejo en pleno buscaban un falso testimonio contra Jesús para condenarlo a muerte, ⁶⁰ pero no lo encontraban, a pesar de los muchos falsos testigos que comparecían. Finalmente comparecieron dos ⁶¹ que declararon:

–Éste ha dicho que puede echar abajo el santuario de Dios y reconstruirlo en tres días.

⁶² El sumo sacerdote se puso en pie y le preguntó:

–¿No tienes nada que responder? ¿Qué significan estos cargos en contra tuya?

⁶³ Jesús siguió callado. El sumo sacerdote le dijo entonces:

–Te conjuro por el Dios vivo a que nos digas si tú eres el Mesías, el Hijo de Dios.

⁶⁴ Jesús le respondió:

–Tú lo has dicho; pero además les digo esto: *Desde ahora van a ver al Hijo del hombre sentado a la derecha de* la Potencia (Sal 110,1) *y llegar sobre las nubes del cielo* (Dn 7,13).

⁶⁵ El sumo sacerdote se rasgó las vestiduras diciendo:

–Ha blasfemado, ¿qué falta hacen más testigos? Acaban ustedes de oír la blasfemia, ⁶⁶¿qué deciden?

Contestaron ellos:

–Pena de muerte.

⁶⁷ Entonces le escupieron a la cara y lo golpearon, otros le daban bofetadas, ⁶⁸ diciendo:

–Adivina, Mesías, ¿quién te ha pegado?

Negaciones de Pedro

(Mc 14,66-72; Lc 22,56-62; Jn 18,15-18.25-27)

⁶⁹ Pedro estaba sentado fuera, en el patio; se le acercó una criada y le dijo:

–También tú andabas con Jesús el Galileo.

⁷⁰ Él lo negó delante de todos, diciendo:

–¡No sé de qué hablas!

⁷¹ Al salir al portal lo vio otra y dijo a los que estaban allí:

–Éste andaba con Jesús Nazareno.

⁷² Otra vez lo negó, jurándolo:

–No sé quién es ese hombre.

⁷³ Al poco rato se le acercaron los que estaban allí y le dijeron:

–Tú también eres de ellos, seguro; se te nota en el habla.

⁷⁴ Entonces Pedro se puso a echar maldiciones y a jurar:

–¡No sé quién es ese hombre!

Y enseguida cantó un gallo. ⁷⁵ Pedro se acordó de las palabras de Jesús: «Antes que cante el gallo renegarás de mí tres veces». Y saliendo fuera, lloró amargamente.

Lo llevan a Pilato

(Mc 15,1; Lc 23,1-2; Jn 18,28-32)

27 ¹ Al amanecer, todos los sumos sacerdotes y los senadores del pueblo llegaron a un acuerdo para condenar a muerte a Jesús ² y, atándolo, lo condujeron a Pilato, el gobernador, y se lo entregaron.

Suicidio de Judas

(Hch 1,18-19)

³ Al ver Judas, el traidor, que habían condenado a Jesús, sintió remordimientos y devolvió las treinta monedas de plata a los sumos sacerdotes y senadores, ⁴ diciéndoles:

–He pecado entregando a la muerte a un inocente.

Ellos le contestaron:

–Y a nosotros, ¿qué? ¡Allá tú!

⁵ Entonces arrojó las monedas hacia el santuario y se marchó; luego fue y se ahorcó.

⁶ Los sumos sacerdotes recogieron las monedas y dijeron:

–No está permitido echarlas en el tesoro, porque son precio de sangre.

⁷ Y, después de llegar a un acuerdo, compraron con ellas el Campo del Alfarero, para cementerio de forasteros. ⁸ Por eso aquel campo se llama todavía hoy «Campo de Sangre». ⁹ Entonces se cumplió lo dicho por el profeta Jeremías: «*Tomaron las treinta monedas de plata, el precio de uno que fue tasado según la tasa de los hijos de Israel,* ¹⁰ *y pagaron con ellas el Campo del Alfarero, como me lo había mandado el Señor*» (Jr 32,6-9; Zac 11,12-13).

Ante Pilato. La acusación

(Mc 15,2-5; Lc 23,2-5.9-10; Jn 18,33-38)

¹¹ Jesús compareció ante el gobernador, y el gobernador lo interrogó:

–¿Tú eres el rey de los judíos?

Jesús declaró:

–Tú lo estás diciendo.

¹² Mientras duró la acusación de los sumos sacerdotes y senadores no replicó nada. ¹³ Entonces le preguntó Pilato:

–¿No oyes cuántos cargos presentan contra ti?

¹⁴ No le contestó a una sola pregunta, de suerte que el gobernador estaba sumamente extrañado.

Condena a muerte

(Mc 15,6-15; Lc 23,17-23; Jn 18,39-40)

¹⁵ Por la Fiesta acostumbraba el gobernador soltar un preso, el que la multitud quisiera. ¹⁶ Tenía entonces un preso famoso, Jesús Barrabás. Cuando se congregó la gente, ¹⁷ les preguntó Pilato:

–¿A quién quieren que les suelte, a Jesús Barrabás o a Jesús a quien llaman el Mesías?

¹⁸ Porque sabía que se lo habían entregado por envidia.

27,4 "entregando a la muerte un inocente", lit. "entregando sangre inocente"; "sangre connota al mismo tiempo la persona y la muerte.

¹⁹ Mientras estaba sentado en el tribunal, su mujer le mandó recado:

–Deja en paz a ese justo, que esta noche he sufrido mucho en sueños por causa suya.

²⁰ A pesar de todo, los sumos sacerdotes y los senadores convencieron a las multitudes de que pidieran a Barrabás y de que Jesús muriese.

²¹ El gobernador tomó la palabra:

–¿A cuál de los dos quieren que les suelte?

Contestaron ellos:

–A Barrabás.

²² Pilato les preguntó:

–Y ¿qué hago con Jesús, a quien llaman el Mesías?

Contestaron todos:

–¡Que lo crucifiquen!

²³ Pilato repuso:

–Pero ¿qué ha hecho de malo?

Ellos gritaban más y más:

–¡Que lo crucifiquen!

²⁴ Al ver Pilato que todo era inútil y que, al contrario, se estaba formando un tumulto, pidió agua y se lavó las manos cara a la gente, diciendo:

–Soy inocente de esta sangre. ¡Allá ustedes!

²⁵ El pueblo entero contestó:

–¡Nosotros y nuestros hijos respondemos de su sangre!

²⁶ Entonces les soltó a Barrabás; y a Jesús, después de mandarlo azotar, lo entregó para que lo crucificaran.

La burla de los soldados
(Mc 15,16-21; Lc 23,26; Jn 19,2-3)

²⁷ A continuación, los soldados del gobernador llevaron a Jesús a la residencia y reunieron alrededor de él toda la compañía. ²⁸ Lo desnudaron y le echaron encima un manto escarlata; ²⁹ después trenzaron una corona de espino, se la pusieron en la cabeza y en la mano derecha una caña. Doblando la rodilla ante él, le decían de burla:

–¡Salud, rey de los judíos!

³⁰ Le escupieron, le quitaron la caña y se pusieron a pegarle en la cabeza. ³¹ Terminada la burla, le quitaron el manto, le pusieron su ropa y se lo llevaron para crucificarlo.

³² Al salir encontraron a un hombre de Cirene que se llamaba Simón, y lo forzaron a llevar su cruz.

D. MUERTE Y RESURRECCIÓN

Crucifixión y muerte
(Mc 15,22-41; Lc 23,27-49; Jn 19,17-30)

³³ Cuando llegaron al lugar llamado Gólgota (que quiere decir «La Calavera»),³⁴ le *dieron a beber* vino mezclado con *hiel* (Sal 69,22); él lo probó, pero no quiso beberlo. ³⁵ Después de crucificarlo *se repartieron su ropa echándola a suerte* (Sal 22,19) ³⁶ y luego se sentaron

---

27,25 "nosotros...", lit. "caiga" (o "recaiga") su sangre sobre nosotros y sobre nuestros hijos.

allí a custodiarlo.

³⁷ Encima de su cabeza colocaron un letrero con la acusación:

ÉSTE ES JESÚS,
EL REY DE LOS JUDÍOS

³⁸ Crucificaron entonces con él a dos bandidos, uno a la derecha y el otro a la izquierda.

³⁹ Los que pasaban lo injuriaban, y decían, *meneando la cabeza (Sal 22,8)*:

⁴⁰ –¡Tú que echabas abajo el santuario y lo reconstruías en tres días! Si eres Hijo de Dios, sálvate y baja de la cruz.

⁴¹ Así también los sumos sacerdotes, en compañía de los letrados y los senadores, bromeaban:

⁴² –Ha salvado a otros y él no se puede salvar. ¡Rey de Israel! Que baje ahora de la cruz y creeremos en él. ⁴³ *¡Había puesto en Dios su confianza! Si de verdad lo quiere Dios, que lo libre (Sal 22,9)* ahora, ¿no decía que era Hijo de Dios?

⁴⁴ Hasta los bandidos que estaban crucificados con él lo insultaban.

⁴⁵ Desde el mediodía hasta la media tarde, toda la tierra estuvo en tinieblas. ⁴⁶ A media tarde gritó Jesús muy fuerte: *Elí, Elí, lemá sabaktani.* (Es decir: *Dios mío, Dios mío, ¿por qué me has abandonado? Sal 22,2*).

⁴⁷ Al oírlo, algunos de los que estaban allí decían:

–A Elías llama éste.

⁴⁸ Inmediatamente uno de ellos fue corriendo a coger una esponja, la empapó *de vinagre* y, sujetándola a una caña, le *dio de beber (Sal 69,22)*. ⁴⁹ Los demás decían:

–Déjalo, a ver si viene Elías a salvarlo.

⁵⁰ Jesús dio otro fuerte grito y exhaló el espíritu.

⁵¹ Entonces la cortina del santuario se rasgo en dos, de arriba abajo; la tierra tembló, las rocas se rajaron, ⁵² las tumbas se abrieron y muchos cuerpos de santos que habían muerto resucitaron; ⁵³ después que él resucitó, salieron de las tumbas, entraron en la ciudad santa y se aparecieron a muchos.

⁵⁴ El centurión y los soldados que con él custodiaban a Jesús, viendo el terremoto y todo lo que pasaba, dijeron aterrados:

–Verdaderamente éste era Hijo de Dios.

⁵⁵ Estaban allí mirando desde lejos muchas mujeres que habían seguido a Jesús desde Galilea para asistirlo; ⁵⁶ entre ellas María Magdalena, María la madre de Santiago y José, y la madre de los Zebedeos.

Sepultura
(Mc 15,42-47; Lc 23,50-56;
Jn 19,38-42)

⁵⁷ Caída la tarde, llegó un hombre rico de Arimatea, de nombre José, que también había sido discípulo de Jesús. ⁵⁸ Fue a ver a Pilato para pedirle el cuerpo y Pilato mandó que se lo entregaran.

⁵⁹ José se llevó el cuerpo de Jesús y lo envolvió en una sábana limpia; ⁶⁰ después lo puso en el sepulcro nuevo excavado para él mismo en la roca, rodó una losa grande a la entrada del sepulcro y se marchó. ⁶¹ Estaban allí María Magdalena, y la otra María, sentadas frente al sepulcro.

La guardia en el sepulcro

⁶² A la mañana siguiente, pasado el día de la Preparación, los sumos sacerdotes y los fariseos acudieron en grupo a Pilato ⁶³ y le dijeron:

—Señor, nos hemos acordado de que aquel impostor, estando en vida, anunció: «A los tres días resucitaré». ⁶⁴ Por eso manda que vigilen el sepulcro hasta el tercer día, no sea que vayan sus discípulos; roben el cuerpo y digan al pueblo que ha resucitado de la muerte. La última impostura sería peor que la primera.

⁶⁵ Pilato contestó:

—Tomen una guardia; vayan y aseguren la vigilancia como ya saben.

⁶⁶ Ellos fueron, sellaron la losa, y con la guardia aseguraron la vigilancia del sepulcro.

Resurrección
(Mc 16,1-8; Lc 24,1-12; Jn 20,1-10)

28 ¹ Pasado el sábado, al clarear el primer día de la semana, María Magdalena y la otra María fueron a ver el sepulcro. ² De pronto la tierra tembló violentamente, porque el ángel del Señor bajó del cielo y se acercó, corrió la losa y se sentó encima. ³ Tenía aspecto de relámpago y su vestido era blanco como la nieve. ⁴ Los centinelas temblaron de miedo y se quedaron como muertos.

⁵ El ángel habló a las mujeres:

—Ustedes, no tengan miedo. Ya sé que buscan a Jesús, el crucificado; ⁶ no esta aquí, ha resucitado, como tenía dicho. Vengan a ver el sitio donde yacía, ⁷ y después vayan aprisa a decir a sus discípulos que ha resucitado de la muerte y que va delante de ellos a Galilea, allí lo verán. Esto es todo.

⁸ Con miedo, pero con mucha alegría, se marcharon a toda prisa del sepulcro y corrieron a anunciarlo a los discípulos. ⁹ De pronto Jesús les salió al encuentro y las saludó diciendo:

—¡Alégrense!

Ellas se acercaron y se postraron abrazándole los pies. ¹⁰ Jesús les dijo:

—No tengan miedo; vayan a avisar a mis hermanos que vayan a Galilea; allí me verán.

Soborno de los guardias

¹¹ Mientras las mujeres iban de camino, algunos de la guardia fueron a la ciudad e informaron a los sumos sacerdotes de todo lo sucedido. ¹² Éstos se reunieron con los senadores, llegaron a un acuerdo y dieron a los soldados una suma considerable, ¹³ encargándoles:

—Digan que sus discípulos fueron de noche y robaron el cuerpo mientras ustedes dormían. ¹⁴ Y si esto llega a oídos del gobernador, nosotros lo calmaremos y los sacaremos de apuros.

¹⁵ Los soldados aceptaron el dinero y siguieron las instrucciones. Por eso corre esta versión entre los judíos hasta el día de hoy.

EPÍLOGO

En Galilea: la misión universal
(Mc 16,14-18; Lc 24,36-39;
Jn 20,19-23; Hch 1,9-11)

[16] Los once discípulos fueron a Galilea, al monte donde Jesús los había citado. [17] Al verlo se postraron ante él, los mismos que habían dudado. [18] Jesús se acercó y les habló así:

–Se me ha dado plena autoridad en el cielo y en la tierra. [19] Vayan y hagan discípulos de todas las naciones, bautícenlos para vincularlos al Padre y al Hijo y al Espíritu Santo, [20] y enséñenles a guardar todo lo que les mandé; miren que yo estoy con ustedes cada día, hasta el fin de esta edad.

EVANGELIO SEGÚN MARCOS

Mc 1,1: *Título de la obra*

1 ¹ Orígenes de la buena noticia de Jesús, Mesías, Hijo de Dios.

Mc 1, 2-5: *Juan, el mensajero prometido*

(Mt 3, 1-3; Lc 3, 1-6; Jn 1,19-23)

² Como estaba escrito en el profeta Isaías:

"Mira, envío mi mensajero delante de ti;

él preparará tu camino" (Éx 23,20; cf. Mal 3,1);

³ *"una voz grita desde el desierto: preparen el camino del Señor, enderecen sus senderos"* (Is 40,3),

⁴ se presentó Juan Bautista en el desierto proclamando un bautismo en señal de enmienda, para el perdón de los pecados.

⁵ Fue saliendo hacia él todo el país judío, incluidos todos los vecinos de Jerusalén, y él los bautizaba en el río Jordán, a medida que confesaban sus pecados.

Mc 1, 6-8: *Juan, precursor*

(Mt 3, 4.11-12; Lc 3, 15-17; Jn 1, 24-27. 29-34)

⁶ Juan iba vestido de pelo de camello, con una correa de cuero a la cintura, y comía saltamontes y miel silvestre. ⁷ Y proclamaba:

–Llega detrás de mí el que es más fuerte que yo, y yo no soy quién para agacharme y desatarle la correa de las sandalias. ⁸ Yo los he bautizado en agua, él los bautizará con Espíritu Santo.

Mc 1, 9-13: *Jesús, el que llega. Bautismo e investidura*

(Mt 3, 13-4,11; Lc 3, 21-4,13)

⁹ Sucedió que en aquellos días llegó Jesús desde Nazaret de Galilea, y Juan lo bautizó en el Jordán.

¹⁰ Inmediatamente, mientras salía del agua, vio rasgarse el cielo y al Espíritu bajar como paloma hasta él; ¹¹ y hubo una voz del cielo:

–Tú eres mi Hijo, el amado, te he otorgado mi favor.

¹² Inmediatamente el Espíritu lo empujó al desierto. ¹³ Estuvo en el desierto cuarenta días, tentado por Satanás; estaba entre las fieras y los ángeles le prestaban servicio.

Mc 1, 14-15: *En Galilea: el pregón de la buena noticia*

(Mt 4, 12-17; Lc 4,14-15)

¹⁴ Después que entregaron a Juan llegó Jesús a Galilea y se puso a proclamar la buena noticia de parte de Dios. ¹⁵ Decía:

–Se ha cumplido el plazo, está cerca el reinado de Dios. Enmiéndense y tengan fe en esta buena noticia.

Mc 1, 16-21a: *Llamada de Israel*

(Mt 4, 12-17; Lc 4, 14-15)

¹⁶ Yendo de paso junto al mar de Galilea, vio a cierto Simón y a Andrés, el hermano de Simón, que echaban redes de mano en el mar, pues eran pescadores. ¹⁷ Jesús les dijo:

–Vengan conmigo y los haré pescadores de hombres.

¹⁸ Inmediatamente dejaron las redes y lo siguieron.

¹⁹ Un poco más adelante vio a Santiago, el de Zebedeo, y a Juan, su hermano, que estaban en la barca poniendo a punto las redes, ²⁰ e inmediatamente los llamó. Dejaron a su padre Zebedeo en la barca con los asalariados y se marcharon tras él.

²¹ᵃ Y se encaminaron a Cafarnaún.

Mc 1, 21b-28: *El Israel integrado en la institución religiosa. Enseñanza en la sinagoga de Cafarnaún*

(Lc 4, 31-37)

²¹ᵇ El sábado entró en la sinagoga e inmediatamente se puso a enseñar. ²² Estaban impresionados de su enseñanza, pues les enseñaba como quien tiene autoridad, no como los letrados.

²³ Había allí en la sinagoga un hombre poseído por un espíritu inmundo e inmediatamente empezó a gritar:

²⁴ –¿Qué tienes tú contra nosotros, Jesús Nazareno? ¿Has venido a destruirnos? Sé quién eres tú, el Consagrado por Dios.

²⁵ Jesús le conminó:

–¡Cállate la boca y sal de él! ²⁶ El espíritu inmundo, retorciéndolo y dando un alarido, salió de él.

²⁷ Se quedaron todos ellos tan desconcertados que se preguntaban unos a otros:

–¿Qué significa esto? ¡Un nuevo modo de enseñar, con autoridad, e incluso da órdenes a los espíritus inmundos y le obedecen!

²⁸ Su fama se extendió inmediatamente por todas partes, llegando a todo el territorio circundante de Galilea.

Mc 1, 29-31: *El Israel disidente. En la casa de Simón y Andrés. La suegra de Simón*

(Mt 8, 14-17; Lc 4, 38-44)

²⁹ Enseguida, al salir de la sinagoga, fue a casa de Simón y Andrés, en compañía de Santiago y Juan.

³⁰ La suegra de Simón yacía en la cama con fiebre.

Enseguida le hablaron de ella. ³¹ Él se acercó, la tomó de la mano y la levantó; se le quitó la fiebre y se puso a servirles.

Mc 1,32-34: *Respuesta de la población de Cafarnaún. Entusiasmo reformista. Curaciones*

³² Caída la tarde, cuando se puso el sol, le fueron llevando a todos los que se encontraban mal y a los endemoniados.

³³ La ciudad entera estaba congregada a la puerta.

³⁴ Curó a muchos que se encontraban mal con diversas enfermedades y expulsó muchos demonios; y a los demonios no les permitía decir que sabían quién era.

Mc 1, 35-38: *Reacción de Simón y sus compañeros. Intento de hacer de Jesús el líder reformador*

³⁵ De mañana, muy oscuro, se

levantó y salió; se marchó a despoblado y allí se puso a orar.

³⁶ Salió tras él Simón, y los que estaban con él.

³⁷ Lo encontraron y le dijeron:

—¡Todo el mundo te busca!

³⁸ Él les respondió:

—Vámonos a otra parte, a las poblaciones cercanas, a predicar también allí, pues para eso he salido.

Mc 1, 39-45:
Predicación en toda Galilea. La marginación: el leproso
(Mt 8, 2-4; Lc 5, 12-16)

³⁹ Fue predicando en sus sinagogas, por toda Galilea, y expulsando los demonios.

⁴⁰ Acudió a él un leproso y le suplicó de rodillas:

—Si quieres, puedes limpiarme.

⁴¹ Conmovido, extendió la mano y lo tocó diciendo:

—Quiero, queda limpio.

⁴² Al momento se le quitó la lepra y quedó limpio.

⁴³ Lo regañó y lo sacó fuera en seguida ⁴⁴diciéndole:

—¡Mira, no digas nada a nadie! Pero ve a que te examine el sacerdote y ofrece por tu purificación lo que prescribió Moisés como prueba contra ellos.

⁴⁵ Él, cuando salió, se puso a proclamar y a divulgar el mensaje más y más; en consecuencia, Jesús no podía ya entrar manifiestamente en ninguna ciudad; se quedaba fuera, en despoblado, pero acudían a él de todas partes.

Mc 2, 1-13: La nueva humanidad. El paralítico
(Mt 9, 2-8; Lc 5, 17-26)

2 ¹ Entró de nuevo en Cafarnaún y, pasados unos días, se supo que estaba en casa. ² Se congregaron tantos que no había lugar ni en la puerta, y él les exponía el mensaje.

³ Llegaron llevándole un paralítico transportado entre cuatro. ⁴ Como no podían acercárselo por causa de la multitud, levantaron el techo del lugar donde él estaba, abrieron un agujero y descolgaron la camilla donde yacía el paralítico.

⁵ Viendo Jesús la fe de ellos, dice al paralítico:

—Hijo, se te perdonan tus pecados.

⁶ Pero estaban sentados allí algunos de los letrados y empezaron a razonar en su interior:

⁷ —¿Cómo habla éste así? ¡Está blasfemando! ¿Quién puede perdonar pecados sino sólo Dios?

⁸ Jesús, intuyendo cómo razonaban dentro de ellos, les dijo al momento:

—¿Por qué razonan así en su interior? ⁹ ¿Qué es más fácil, decir al paralítico "se te perdonan tus pecados" o decirle "levántate, carga con tu camilla y echa a andar"? ¹⁰ Pues para que vean que el Hijo del hombre tiene autoridad en la tierra para perdonar pecados ... —dice al paralítico:

¹¹ —A ti te digo: Levántate, carga con tu camilla y márchate a tu casa.

¹² Se levantó, cargó enseguida con la camilla y salió a la vista de

todos. Todos se quedaron atónitos y alababan a Dios diciendo:

–Nunca hemos visto cosa igual.

¹³ Salió esta vez a la orilla del mar. Toda la multitud fue acudiendo adonde estaba él, y se puso a enseñarles.

Mc 2, 14:
Leví: llamada
de los excluidos de Israel
(Mt 9,9; Lc 5, 27-28)

¹⁴ Yendo de paso, vio a Leví de Alfeo sentado al mostrador de los impuestos y le dijo:

–Sígueme.

Él se levantó y lo siguió.

Mc 2, 15-17:
La nueva comunidad.
Oposición de los letrados
(Mt 13; Lc 5, 29-32)

¹⁵ Sucedió que, estando él recostado a la mesa en su casa, muchos recaudadores y incrédulos se fueron recostando a la mesa con Jesús y sus discípulos; de hecho, eran muchos y lo seguían.

¹⁶ Los fariseos letrados, al ver que comía con los incrédulos y recaudadores, decían a los discípulos:

–¿Por qué come con los recaudadores e incrédulos?

¹⁷ Lo oyó Jesús y les dijo:

–No sienten necesidad de médico los que son fuertes, sino los que se encuentran mal. Más que justos, he venido a llamar pecadores.

Mc 2, 18-22: La nueva alianza.
Caducan las instituciones
de Israel.
(Mt 9, 14-17; Lc 5, 33-39)

¹⁸ Los discípulos de Juan y los fariseos estaban de ayuno.

Fueron a preguntarle:

–¿Por qué razón los discípulos de Juan y los fariseos discípulos ayunan y, en cambio, tus discípulos no ayunan?

¹⁹ Les replicó Jesús:

–¿Es que pueden ayunar los amigos del novio mientras el novio está con ellos? Mientras tienen al novio con ellos no pueden ayunar. ²⁰ Pero llegarán días en que les arrebaten al novio; entonces, aquel día, ayunarán.

²¹ Nadie le cose una pieza de paño sin estrenar a un manto pasado; porque, si no, el remiendo tira del manto –lo nuevo de lo viejo– y deja un roto peor. ²² Tampoco echa nadie vino nuevo en odres viejos; porque, si no, el vino reventará los odres y se pierden el vino y los odres; no, a vino nuevo, odres nuevos.

Mc 2, 23-26:
Los discípulos y el sábado
(Mt 12, 1-7; Lc 6, 1-4)

²³ Sucedió que un sábado iba él a través de lo sembrado, y sus discípulos empezaron a abrir camino arrancando espigas. ²⁴ Los fariseos le dijeron:

–¡Oye! ¿Cómo hacen en sábado

2,16 "incrédulos", cf. Mt 9,10, nota.

lo que no está permitido?

²⁵ Él les replicó:

–¿No han leído nunca lo que hizo David cuando tuvo necesidad y sintió hambre, él y los que estaban con él? ²⁶ ¿Cómo entró en la casa de Dios en tiempo de Abiatar, sumo sacerdote, y comió de los panes de la ofrenda, que no está permitido comer más que a los sacerdotes, y les dio también a sus compañeros?

Mc 2, 27-28:
El hombre y la ley.
Antigua alianza y Reino de Dios
(Mt 12, 8; Lc 5,5)

²⁷ Y les dijo:

–La ley existió por el hombre, no el hombre por la ley; ²⁸ luego señor es el Hijo del hombre también de la ley.

Mc 3, 1-7 a´:
Efecto del legalismo.
El hombre del brazo atrofiado
(Mt 12, 9-14; Lc 6, 6-11)

3 ¹ Entró de nuevo en la sinagoga y había allí un hombre con el brazo atrofiado. ² Estaban al acecho para ver si lo curaba en sábado y presentar una acusación contra él.

³ Le dijo al hombre del brazo atrofiado:

–Levántate y ponte en medio.⁴ Y a ellos les preguntó:

–¿Qué está permitido en sábado, hacer bien o hacer daño, salvar una vida o matar? Ellos guardaron silencio.

⁵ Echando en torno una mirada de ira y apenado por la obcecación de su mente, dijo al hombre:

–Extiende el brazo.

Lo extendió y su brazo volvió a quedar normal.

⁶ Al salir, los fariseos, junto con los herodianos, se pusieron enseguida a maquinar en contra suya, para eliminarlo; ⁷ᵃ Jesús, junto con sus discípulos, se retiró en dirección al mar.

Mc 3, 7b-12:
Reacción de las multitudes

⁷ᵇ Una muchedumbre enorme procedente de Galilea, de Judea ⁸ y de Jerusalén, de Idumea, Transjordania y las comarcas de Tiro y Sidón, una enorme muchedumbre que se había ido enterando de todo lo que hacía, acudió a él.

⁹ Dijo a sus discípulos que le tuvieran preparada una barquilla por causa de la multitud, para que no lo oprimieran, ¹⁰ pues, como había curado a muchos, se le echaban encima para tocarlo todos los que padecían algún tormento.

¹¹ Y los espíritus inmundos, cuando percibían su presencia, se postraban ante él y gritaban:

–Tú eres el Hijo de Dios. ¹² Pero él les conminaba una y otra vez a que no le hicieran publicidad.

Mc 3, 13-19: Convocación del Israel mesiánico. Los Doce
(Lc 6, 12-16)

¹³ Subió al monte, convocó a los que él quería y se acercaron a él. ¹⁴ Entonces constituyó a doce, para que estuviesen con él y para

enviarlos a predicar, [15]con autoridad para expulsar a los demonios.

[16]Así constituyó a los Doce:

A Simón, y le puso de sobrenombre "Pedro"; [17]a Santiago de Zebedeo y a Juan su hermano, y les puso de sobrenombre "Boanerges", es decir, "Truenos", [18]a Andrés y Felipe, a Bartolomé y Mateo, a Tomás y Santiago de Alfeo, a Tadeo y Simón el Fanático [19]y a Judas Iscariote, el mismo que lo entregó.

Mc 3, 20-21: *Reacciones populares a la iniciativa de Jesús*

[20]Fue a casa, y se reunió de nuevo tal multitud que ellos no podían ni comer; [21]al enterarse los suyos se pusieron en camino para echarle mano, pues decían que había perdido el juicio.

Mc 3, 22-20: *Reacción oficial. Ofensiva de los letrados de Jerusalén y respuesta de Jesús*

(Mt 12, 22-32; Lc 11, 14-23; 12, 10)

[22]Los letrados que habían bajado de Jerusalén iban diciendo:

—Tiene dentro a Belcebú. Y también:

—Expulsa los demonios con poder del jefe de los demonios.

[23]Él los convocó y, usando comparaciones, les dijo:

—¿Cómo puede Satanás expulsar a Satanás? [24]Si un reino se divide internamente, ese reino no puede seguir en pie; [25]y si una familia se divide internamente, no podrá esa familia seguir en pie. [26]Entonces, si Satanás se ha levantado contra sí mismo y se ha dividido, no puede tenerse en pie, le ha llegado su fin.

[27]Pero no, nadie puede meterse en la casa del fuerte y saquear sus bienes, si primero no ata al fuerte; entonces podrá saquear su casa.

[28]Les aseguro que todo se perdonará a los hombres, las ofensas y, en particular, los insultos, por muchos que sean; [29]pero quien insulte al Espíritu Santo no tiene perdón jamás; no, es reo de un pecado definitivo.

[30]Es que iban diciendo:

—Tiene dentro un espíritu inmundo.

Mc 3, 31-35: *La nueva familia de Jesús*

(Mt 12, 46-50; Lc 8, 19-21)

[31]Llegó su madre con sus hermanos y, quedándose fuera, lo mandaron llamar. [32]Una multitud estaba sentada en torno a él. Le dijeron:

—Mira, tu madre y tus hermanos te buscan ahí fuera.

[33]Él les replicó:

—¿Quiénes son mi madre y mis hermanos?

[34]Y, paseando la mirada por los que estaban sentados en corro en torno a él, dijo:

—He aquí mi madre y mis hermanos. [35]Quienquiera que lleve a

---

3,19 "el fanático", cf. Mt 10,4, nota.

efecto el plan de Dios, ése es hermano mío y hermana y madre.

Mc 4, 1-9: *Introducción y parábola del sembrador*

(Mt 13, 1-9; Lc 8, 4-8)

4 [1] De nuevo empezó a enseñar junto al mar, pero se congregó alrededor de él una multitud grandísima; él entonces se subió a una barca y se quedó sentado, mar adentro. Toda la multitud se quedó en la tierra, de cara al mar, [2] y se puso a enseñarles muchas cosas con parábolas.

En su enseñanza, les dijo:

[3] –¡Escuchen! Una vez salió el sembrador a sembrar. [4] Sucedió que, al sembrar, algo cayó junto al camino; llegaron los pájaros y se lo comieron. [5] Otra parte cayó en el terreno rocoso, donde apenas tenía tierra; como la tierra no era profunda, brotó enseguida, [6] pero cuando salió el sol se abrasó y, por falta de raíz, se secó. [7] Otra cayó entre las zarzas: brotaron las zarzas, la ahogaron, y no llegó a dar fruto. [8] Otros granos cayeron en la tierra buena y, a medida que brotaban y crecían, fueron dando fruto, produciendo treinta por uno y sesenta por uno y ciento por uno.

[9] Y añadió:

–¡Quien tenga oídos para oír, que escuche!

Mc 4, 10-25: *Aparte de Jesús con sus seguidores*

(Mt 13, 10-23; Lc 8, 9-18)

[10] Cuando se quedó a solas, los que estaban en torno a él le preguntaron con los Doce la razón de usar parábolas.

[11] Él les dijo:

–A ustedes se les ha comunicado el secreto del reino de Dios; ellos, en cambio, los de fuera, todo eso lo van teniendo en parábolas, [12] para que

por más que vean no perciban y por más que escuchen no entiendan,

a menos que se conviertan y se les perdone (Is 6,9-10).

[13] Les dijo además:

–¿No han entendido esa parábola? Entonces, ¿cómo van a comprender las demás? [14] El sembrador siembra el mensaje. [15] Éstos son "los de junto al camino": aquéllos donde se siembra el mensaje, pero, en cuanto lo escuchan, llega Satanás y les quita el mensaje sembrado en ellos. [16] Éstos son "los que se siembran en terreno rocoso": los que, cuando escuchan el mensaje, enseguida lo aceptan con alegría, [17] pero no echa raíces en ellos, son inconstantes; por eso, en cuanto surge una dificultad o persecución por el mensaje, fallan. [18] Otros son "los que se siembran entre las zarzas": éstos son los que escuchan el mensaje, [19] pero las preocupaciones de este mundo, la seducción de la riqueza y los deseos de todo lo demás van penetrando, ahogan el mensaje y se queda estéril. [20] Y ésos son "los que se han sembrado en la tierra buena": los que siguen escuchando el mensaje, lo van haciendo suyo y van produciendo fruto: treinta por uno y sesenta por uno y ciento por uno.

²¹ Y siguió diciéndoles:

—¿Acaso se trae la lámpara para meterla debajo de la olla o debajo de la cama? ¿No es para ponerla en el candelero? ²² Porque si algo está escondido es sólo para que se manifieste, y si algo se ha ocultado es solamente para que salga a la luz. ²³ ¡Si alguno tiene oídos para oír, que escuche!

²⁴ Y siguió diciéndoles:

—¡Atención a lo que van a escuchar! La medida que llenen la llenarán para ustedes, y con creces, ²⁵ pues al que produce se le dará, pero al que no produce le quitarán hasta lo que había recibido.

Mc 4, 26-32: Las parábolas del Reino
(Mt 13, 31-32; Lc 13, 18-19)

²⁶ Y siguió diciendo:

—Así es el reinado de Dios, como cuando un hombre ha lanzado la semilla en la tierra: ²⁷ duerma o esté despierto, de noche o de día, la semilla germina y va creciendo sin que él sepa cómo. ²⁸ Por sí misma la tierra va produciendo el fruto: primero tallo, luego espiga, luego grano repleto en la espiga. ²⁹ Y cuando el fruto se entrega, echa en seguida la hoz, porque la cosecha está ahí.

³⁰ Y siguió diciendo:

—¿Con qué podríamos comparar el reino de Dios? ¿Qué parábola usaremos? ³¹ Con un grano de mostaza, que, cuando se siembra en la tierra, aun siendo la semilla más pequeña de todas las que hay en la tierra, ³² sin embargo, cuando se siembra, va subiendo, se hace más alta que todas las hortalizas y echa ramas tan grandes que los pájaros del cielo pueden acampar a su sombra.

Mc 4, 33-34: Resumen de la enseñanza en parábolas

³³ Con otras muchas parábolas del mismo estilo les exponía el mensaje, a la manera como podían oírlo, ³⁴ y no les exponía más que en parábolas; pero a sus propios discípulos les explicaba todo aparte.

Mc 4, 35-5,1: Travesía. La tempestad. Impedimento para la misión
(Mt 8, 23-27; Lc 8, 22-25)

³⁵ Aquel día, caída la tarde, les dijo:

—Crucemos al otro lado.

³⁶ Dejando a la multitud, se lo llevaron mientras estaba en la barca, aunque otras barcas estaban con él.

³⁷ Entonces sobrevino un fuerte torbellino de viento; las olas se abalanzaban contra la barca, y ya la barca se iba llenando; ³⁸ él se había puesto en la popa, sobre el cabezal, a dormir.

Lo despertaron y le dijeron:

—Maestro, ¿no te importa que perezcamos?

³⁹ Una vez despierto, conminó al viento (y le dijo al mar):

—¡Silencio, estate callado!

Cesó el viento y sobrevino una gran calma.

⁴⁰ Él les dijo:

—¿Por qué son tan cobardes? ¿Aún no tienen fe?

Les entró un miedo atroz y se decían unos a otros:

—Pero entonces, ¿quién es éste, que hasta el viento y el mar le obedecen?

5 ¹ Y llegó al otro lado del mar, al país de los gerasenos.

Mc 5, 2-10:
Encuentro de Jesús con el poseído. Situación de éste y diálogo con Jesús
(Mt 8, 28-29; Lc 8, 27-31)

² Apenas bajó de la barca, fue a su encuentro desde el cementerio un hombre poseído por un espíritu inmundo. ³ Éste tenía su habitación en los sepulcros y ni siquiera con cadenas podían sujetarlo; ⁴ de hecho, muchas veces lo habían atado con grillos y cadenas, pero él rompía las cadenas y hacía pedazos los grillos, y nadie tenía fuerza para dominarlo. ⁵ Todo el tiempo, noche y día, lo pasaba en los sepulcros y en los montes, gritando y lastimándose con piedras.

⁶ Al ver de lejos a Jesús, fue corriendo y se postró ante él; ⁷ y dijo gritando a voz en cuello:

—¿Qué tienes tú contra mí, Jesús, Hijo del Dios Altísimo? Por ese Dios te conjuro, no me sometas al suplicio.

⁸ Es que Jesús le había mandado:

—¡Espíritu inmundo, sal de este hombre!

⁹ Entonces le preguntó:

—¿Cómo te llamas? Le respondió:

—Me llamo Legión, porque somos muchos.

¹⁰ Y le rogaba con insistencia que no los enviase fuera del país.

Mc 5, 11-17: Los cerdos. Liberación del endemoniado. Reacción negativa de los habitantes del país.
(Mt 8, 30-34; Lc 8, 32-37a)

¹¹ Había allí, en la falda del monte, una gran piara de cerdos hozando. ¹² Los espíritus le rogaron:

—Mándanos a los cerdos para que nos metamos en ellos.

¹³ Él se lo permitió. Salieron los espíritus inmundos y se metieron en los cerdos; y la piara se precipitó acantilado abajo hasta el mar, unos dos mil, y se fueron ahogando en el mar.

¹⁴ Los porquerizos salieron huyendo, lo contaron en la ciudad y en las fincas, y fueron a ver qué significaba lo ocurrido. ¹⁵ Llegaron adonde estaba Jesús, contemplaron al endemoniado sentado, vestido y en su juicio, al mismo que había tenido la legión, y les entró miedo. ¹⁶ Los que lo habían visto les refirieron lo ocurrido con el endemoniado y también lo de los cerdos. ¹⁷ Entonces se pusieron a rogarle que se marchase de su territorio.

Mc 5, 18-20: El hombre liberado y Jesús. Petición y misión
(Lc 8, 37b-39)

¹⁸ Mientras subía a la barca, el antes endemoniado le rogaba que le permitiese estar con él, ¹⁹ pero no lo dejó, sino que le dijo:

—Márchate a tu casa con los tuyos y cuéntales cuanto ha hecho el Señor por ti, mostrándote su misericordia.

²⁰ Se marchó y empezó a proclamar por la Decápolis cuanto había hecho Jesús por él; y todos se sorprendían.

Mc 5, 21-24a: *En la playa. Petición del jefe de sinagoga. El Israel sometido a la institución*

(Mt 9, 18-19; Lc 8, 40-42a)

²¹ Cuando Jesús atravesó de nuevo al otro lado, una gran multitud se congregó donde estaba él, y él se quedó junto al mar.

²² Llegó un jefe de sinagoga, de nombre Jairo, y, al verlo, cayó a sus pies, ²³ rogándole con insistencia:

–Mi hijita está en las últimas; ven a ponerle las manos para que se salve y viva.

²⁴ᵃ Y se fue con él.

Mc 5, 24b-34: *La mujer con flujos: el Israel marginado*

(Mt 9, 20-22; Lc 8, 42b-48)

²⁴ᵇ Lo seguía una gran multitud que lo apretujaba.

²⁵ Una mujer que llevaba doce años con un flujo de sangre, ²⁶ que había sufrido mucho por obra de muchos médicos y se había gastado todo lo que tenía sin aprovecharle nada, sino más bien poniéndose peor, ²⁷ como había oído hablar de Jesús, acercándose entre la multitud le tocó por detrás el manto, ²⁸ porque ella se decía: "Si le toco aunque sea la ropa, me salvaré". ²⁹ Inmediatamente se secó la fuente de su hemorragia, y notó en su cuerpo que estaba curada de aquel tormento.

³⁰ Jesús, dándose cuenta interiormente de la fuerza que había salido de él, se volvió inmediatamente entre la multitud preguntando:

–¿Quién me ha tocado la ropa?

³¹ Los discípulos le contestaron:

–Estás viendo que la multitud te apretuja y aún así preguntas "quién me ha tocado".

³² Él miraba a su alrededor para distinguir a la que había sido. ³³ La mujer, asustada y temblorosa por ser consciente de lo que le había ocurrido, se acercó, se postró ante él y le confesó toda la verdad. ³⁴ Él le dijo:

–Hija, tu fe te ha salvado. Márchate en paz y sigue sana de tu tormento.

Mc 5, 35-61a: *La nueva vida para el Israel sometido a la institución*

(Mt 9, 23-26; Lc 8, 49-56)

³⁵ Aún estaba hablando cuando llegaron de casa del jefe de sinagoga para decirle:

–Tu hija ha muerto. ¿Para qué molestar ya al maestro?

³⁶ Pero Jesús, sin hacer caso del mensaje que transmitían, le dijo al jefe de sinagoga:

–No temas; ten fe y basta.³⁷ No dejó que lo acompañara nadie más que Pedro, Santiago y Juan, el hermano de Santiago. ³⁸ Llegaron a la casa del jefe de sinagoga y contempló el alboroto de los que lloraban gritando sin parar. ³⁹ Luego entró y les dijo:

–¿Qué alboroto y qué llantos son éstos? La niña no ha muerto, está durmiendo.

⁴⁰ Ellos se reían de él.

Pero él, después de echarlos fuera a todos, se llevó consigo al padre de la chiquilla, a la madre y a los que habían ido con él y fue adonde estaba la niña.

⁴¹ Tomó a la niña de la mano y le dijo:

—Talitha, qum (que significa: "Muchacha, a ti te digo, levántate").

⁴² Inmediatamente se puso en pie la muchacha y echó a andar (tenía doce años). Se quedaron viendo visiones.

⁴³ Les advirtió con insistencia que nadie se enterase y encargó que se le diera de comer.

6 ¹ᵃ Y salió de aquel lugar.

Mc 6, 1b-6: Jesús en la sinagoga de su tierra. El rechazo de los fieles a la institución.

¹ᵇ Fue a su tierra, seguido de sus discípulos. ² Cuando llegó el día de precepto se puso a enseñar en la sinagoga; la mayoría, al oírlo, decían impresionados:

—¿De dónde le vienen a éste esas cosas? ¿Qué clase de saber le han comunicado a éste y qué clase de fuerzas son ésas que le salen de las manos? ³ ¿No es éste el carpintero, el hijo de María y hermano de Santiago y José, de Judas y Simón? Y ¿no están sus hermanas aquí con nosotros?

Y se escandalizaban de él.

⁴ Jesús les dijo:

—No hay profeta despreciado, excepto en su tierra, entre sus parientes y en su casa.

⁵ No le fue posible de ningún modo actuar allí con fuerza; sólo curó a unos pocos postrados poniéndoles las manos. Y estaba sorprendido de su falta de fe.

Entonces fue dando una vuelta por las aldeas de alrededor, enseñando.

Mc 6, 7-13: Envío de los Doce
(Mt 10, 1.5-15; Lc 9, 1-6)

⁷ Convocó a los Doce y empezó a enviarlos de dos en dos, dándoles autoridad sobre los espíritus inmundos. ⁸ Les ordenó que no tomasen nada para el camino, excepto sólo un bastón: ni pan, ni alforja, ni dinero en la faja; ⁹ eso sí, cálcense sandalias, pero no se pongan dos túnicas.

¹⁰ Además les dijo:

—Dondequiera que se alojen en una casa, quédense en ella hasta que se vayan de allí. ¹¹ Y si un lugar no los recibe, ni les hacen caso, márchense de allí y sacúdanse el polvo de los pies, como prueba contra ellos.

¹² Ellos se fueron y se pusieron a predicar que se enmendaran; ¹³ expulsaban muchos demonios y, además, ungían con aceite a muchos enfermos y los curaban.

Mc 6, 14-16: Opiniones sobre la identidad de Jesús. Inquietud de Herodes
(Mt 14, 1-2; Lc 9, 7-9)

¹⁴ Como su fama se había extendido, llegó a oídos del rey Herodes que se decía:

—Juan Bautista ha resucitado de entre los muertos y por eso las fuerzas actúan por su medio.

¹⁵ Otros, en cambio, opinaban:

—Es Elías.

Otros, por su parte, decían:

—Es un profeta, como uno de los antiguos.

¹⁶ Pero Herodes, al oírlo, decía:

—Aquel Juan a quien yo le corté la cabeza, ése ha resucitado.

Mc 6, 17-20:
Prisión de Juan Bautista por su denuncia de Herodes

(Mt 14, 3-5)

¹⁷ Porque él, Herodes, había mandado prender a Juan y lo había metido en la cárcel encadenado, debido a Herodías, la mujer de su hermano Filipo, con la que se había casado. ¹⁸ Porque Juan le decía a Herodes:

—No te está permitido tener la mujer de tu hermano.

¹⁹ Herodías, por su parte, se la tenía guardada a Juan y quería darle muerte, pero no podía; ²⁰ porque Herodes sentía temor de Juan, sabiendo que era un hombre justo y santo, y lo tenía protegido. Cuando lo escuchaba quedaba muy indeciso, pero le gustaba escucharlo.

Mc 6, 21-29:
Muerte de Juan Bautista

(Mt 14, 6-12)

²¹ Llegó el día propicio cuando Herodes, por su aniversario, dio un banquete a sus ministros, a sus oficiales y a los notables de Galilea. ²² Entró la hija de la dicha Herodías y danzó, gustando mucho a Herodes y a sus comensales. El rey le dijo a la muchacha:

—Pídeme lo que quieras, que te lo daré.

²³ Y le juró repetidas veces:

—Te daré cualquier cosa que me pidas, incluso la mitad de mi reino.

²⁴ Salió ella y le preguntó a su madre:

—¿Qué le pido?

La madre le contestó:

—La cabeza de Juan Bautista.

²⁵ Entró ella enseguida, a toda prisa, adonde estaba el rey, y le pidió:

—Quiero que ahora mismo me des en una bandeja la cabeza de Juan el Bautista.

²⁶ El rey se entristeció`mucho, pero, debido a los juramentos hechos ante los convidados, no quiso desairarla. ²⁷ El rey mandó inmediatamente un verdugo, con orden de que le llevara la cabeza de Juan. Fue, lo decapitó en la cárcel, ²⁸ le llevó la cabeza en una bandeja y se la dio a la muchacha: y la muchacha se la dio a su madre.

²⁹ Al enterarse sus discípulos, fueron a recoger el cadáver y lo pusieron en un sepulcro.

Mc 6, 30-33:
Vuelta de los enviados

(Lc 9, 10)

³⁰ Los enviados se congregaron donde estaba Jesús y le contaron todo lo que habían hecho y todo lo que habían enseñado.

³¹ Él les dijo:

—Vengan solos aparte, a un lugar despoblado, y descansen un poco.

Es que eran muchos los que iban y venían, y ni para comer encontraban momento propicio.

³² Se marcharon en la barca, a un lugar despoblado, aparte, ³³ pero, mientras iban, muchos los vieron y los reconocieron. Entonces, desde todos los pueblos fueron corriendo por tierra a aquel lugar y se les adelantaron.

Mc 6, 34-46: El pan del éxodo para Israel
(Mt 14, 13-23 a; Lc 9, 11-17; Jn 6, 1-15)

³⁴ Al desembarcar vio una gran multitud; se conmovió, porque estaban como ovejas sin pastor, y se puso a enseñarles muchas cosas. ³⁵ Como se había hecho ya tarde, se le acercaron sus discípulos y le dijeron:

—El lugar es un despoblado y es ya tarde; ³⁶ despídelos que vayan a los caseríos y aldeas de alrededor y se compren de comer.

³⁷ Él les contestó:

—Denles ustedes de comer.

Le dijeron:

—¿Vamos a comprar doscientos denarios de pan para darles de comer?

³⁸ Él les dijo:

—¿Cuántos panes tienen? Vayan a ver.

Cuando lo averiguaron, le dijeron:

—Cinco, y dos peces.

³⁹ Les mandó que hicieran que todos se recostasen en la hierba verde formando corros, ⁴⁰ pero se echaron formando cuadros de ciento y de cincuenta.

⁴¹ Tomando él los cinco panes y los dos peces, y alzando la mirada al cielo, pronunció una bendición, partió los panes y se los fue dando a los discípulos para que los sirvieran; también los dos peces los dividió para todos. ⁴² Comieron todos y se saciaron, ⁴³ y recogieron de pedazos doce cestos llenos, también de los peces. ⁴⁴ Eran los que comieron cinco mil hombres adultos.

⁴⁵ Enseguida obligó a sus discípulos a que se montaran en la barca y fueran delante de él al otro lado, en dirección a Betsaida, mientras él despedía a la multitud. ⁴⁶ Cuando se despidió de ellos se marchó al monte a orar.

Mc 6, 47-53: Travesía. Jesús anda sobre el mar
(Mt 14, 23b-33; Jn 6, 15-21)

⁴⁷ Caída la tarde, estaba la barca en medio del mar y él solo en tierra. ⁴⁸ Viendo el suplicio que era para ellos avanzar, porque el viento les era contrario, a eso del último cuarto de la noche fue hacia ellos andando sobre el mar, con intención de pasarlos.

⁴⁹ Ellos, al verlo andar sobre el mar, pensaron que era una fantasma y empezaron a dar gritos; ⁵⁰ porque todos lo habían visto y se habían asustado. Pero él habló enseguida con ellos diciéndoles:

—Ánimo, soy yo, no teman.

⁵¹ Subió a la barca con ellos y el viento cesó. Su estupor era enorme, ⁵² pues no habían entendido lo de los panes; al contrario, su mente seguía obcecada.

⁵³ Atravesaron hasta tocar tierra, llegaron a Genesaret y atracaron.

Mc 6, 54-56: *Curaciones*

(Mt 14, 34-36)

⁵⁴ Al salir ellos de la barca, enseguida, al reconocerlo, ⁵⁵ se pusieron a recorrer toda aquella comarca y empezaron a llevar de acá para allá en sus camillas a los que se encontraban mal, hasta donde oían que estaba.

⁵⁶ Dondequiera que entraba, aldeas, pueblos o caseríos, colocaban en las plazas a los que estaban enfermos y le rogaban que les dejase tocar aunque fuera la orla de su manto; y cuantos lo iban tocando se curaban.

Mc 7, 1-13: *Lo profano.*
Jesús rechaza las tradiciones

(Mt 15, 1-20)

7 ¹ Se congregaron alrededor de él los fariseos y algunos letrados llegados de Jerusalén ² y, notando que algunos de sus discípulos comían los panes con manos profanas, es decir, sin lavar, ...

³ (Es que los fariseos, y todos los judíos, si no se lavan las manos hasta la muñeca, no comen, aferrándose a la tradición de sus mayores; ⁴ y, lo que traen de la plaza, si no lo enjuagan, no lo comen; y hay otras muchas cosas a las que se aferran por tradición, como enjuagar vasos, jarras y ollas.)

⁵ Le preguntaron entonces los fariseos y los letrados:

–¿Por qué razón no proceden tus discípulos conforme a la tradición de los mayores, sino que comen ese pan con manos profanas?

⁶ Él les contestó:

–¡Qué bien profetizó Isaías acerca de ustedes, los hipócritas! Así está escrito:

Este pueblo me honra con los labios,

pero su corazón está lejos de mí.

⁷ *En vano me dan culto,*

pues enseñan como doctrinas leyes humanas (Is 29,13).

⁸ Dejan el mandamiento de Dios para aferrarse a la tradición de los hombres.

⁹ Y añadió:

–¡Qué bien echan a un lado el mandamiento de Dios para implantar la tradición de ustedes! ¹⁰ Porque Moisés dijo: *"Sustenta a tu padre y a tu madre"* y *"el que deje en la miseria a su padre o a su madre tiene pena de muerte"* (Ex 20,12; 21,17). ¹¹ En cambio, ustedes dicen: Si uno le declara a su padre o a su madre: «Eso mío con lo que podría ayudarte lo ofrezco en donativo al templo», ¹² ya no le dejan hacer nada por el padre o la madre, ¹³ invalidando la palabra de Dios con esa tradición que ustedes han transmitido. Y de éstas hacen ustedes muchas.

Mc 7, 14-15: *Lo que hace*
profano al hombre

¹⁴ Y convocando esta vez a la multitud les dijo:

–¡Escúchenme todos y entiendan! ¹⁵ No hay nada que desde fuera del hombre entre en él y pueda hacerlo profano; no, lo que sale del

---

7,15 Algunos manuscritos añaden el v. 16, tomado de 4,9.23.

hombre es lo que hace profano al hombre.

Mc 7, 17-23: *Incomprensión de los discípulos*

¹⁷ Cuando entró en casa, separándose de la multitud, le preguntaron sus discípulos el sentido de la parábola. ¹⁸ Él les replicó:

–¿Así que también ustedes son incapaces de entender? ¿No caen en la cuenta de que nada de fuera que entre en el hombre puede hacerlo profano? ¹⁹ Porque no entra en su corazón, sino en su vientre, y se echa en la letrina.

(Con esto declaraba puros todos los alimentos.)

²⁰ Y añadió:

–Lo que sale del interior del hombre, eso hace profano al hombre; ²¹ porque de dentro, del corazón de los hombres, salen las malas ideas: libertinajes, robos, homicidios, ²² adulterios, codicias, maldades, engaño, desenfreno, envidia, difamación, arrogancia, desatino. ²³ Todas esas cosas malas salen de dentro y hacen profano al hombre.

Mc 7, 24-31: *La injusticia de la sociedad pagana. La sirofenicia*

(Mt 15, 21-28)

²⁴ Se marchó desde allí al territorio de Tiro. Se alojó en una casa, no queriendo que nadie se enterase, pero no pudo pasar inadvertido. ²⁵ Una mujer que había oído hablar de él y cuya hijita tenía un espíritu inmundo, llegó y enseguida se echó a sus pies. ²⁶ La mujer era una griega, sirofenicia de origen, y le rogaba que echase al demonio de su hija.

²⁷ Él le dijo:

–Deja que primero se sacien los hijos, porque no está bien tomar el pan de los hijos y echárselo a los perrillos.

²⁸ Reaccionó ella diciendo:

–Señor, también los perrillos debajo de la mesa comen de las migajas que dejan caer los niños.

²⁹ Él le dijo:

–En vista de lo que has dicho, márchate: ya ha salido el demonio de tu hija. ³⁰ Al llegar a su casa encontró a la niña echada en la cama; el demonio ya había salido.

³¹ Dejó Jesús la comarca de Tiro, pasó por Sidón y llegó de nuevo al mar de Galilea por mitad del territorio de la Decápolis.

Mc 7, 32-27: *Resistencia de los discípulos. El sordo tartamudo*

³² Le llevaron un sordo tartamudo y le suplicaron que le pusiera la mano.

³³ Lo tomó aparte, separándolo de la multitud, le metió los dedos en los oídos y con su saliva le tocó la lengua. ³⁴ Levantando la mirada al cielo dio un suspiro y le dijo:

–*Effatá* (esto es: "Ábrete del todo").

³⁵ Inmediatamente se le abrió el oído, se le soltó la traba de la lengua y hablaba correctamente.

³⁶ Les advirtió que no lo dijeran a nadie, pero, cuanto más se lo advertía, más y más lo pregonaban ellos. ³⁷ Extraordinariamente im-

presionados, decían:

–¡Qué bien lo hace todo! Hace oír a los sordos y hablar a los mudos.

Mc 8, 1-9: *El pan del éxodo para los paganos*
(Mt 15, 32-29)

8 [1] En aquellos días, como había otra vez una gran multitud y no tenían qué comer, convocó a los discípulos y les dijo:

[2] –Me conmueve esta multitud, porque llevan ya tres días a mi lado y no tienen qué comer; [3] y si los despido en ayunas a su casa, desfallecerán en el camino. Además, algunos de ellos han venido de lejos.

[4] Le replicaron sus discípulos:

–¿Cómo podrá alguien saciar a tantos con pan, aquí en descampado?

[5] Él les preguntó:

–¿Cuántos panes tienen?

Contestaron:

–Siete.

[6] Ordenó a la multitud que se echara en la tierra. Tomando los siete panes y pronunciando una acción de gracias, los partió y los fue dando a sus discípulos para que los sirvieran, y ellos los sirvieron a la multitud. [7] Tenían además unos cuantos pececillos; y, pronunciando una acción de gracias, dijo que los sirvieran también.

[8] Comieron y se saciaron; y recogieron los pedazos sobrantes: siete canastos. [9] Eran unos cuatro mil, y él los despidió.

Mc 8, 10-22a: *Travesía.*
La ideología de fariseos y herodianos
(Mt 12, 38s; 16, 1-12; Lc 11, 16-29; 12,/54-56)

[10] Se subió a la barca con sus discípulos y fue derecho a la región de Dalmanuta.

[11] Salieron los fariseos y empezaron a discutir con él, exigiéndole, para tentarlo, una señal del cielo. [12] Dando un profundo suspiro, dijo:

–¡Cómo! ¿Esta generación exige una señal? Les aseguro, a esta generación no se le dará señal.

[13] Los dejó, se embarcó de nuevo y se marchó rumbo al otro lado.

[14] Se les había olvidado tomar panes y no tenían con ellos más que un pan en la barca. [15] Él les estaba advirtiendo:

–Miren: cuidado con la levadura de los fariseos y con la levadura de los herodianos.

[16] Pero ellos estaban discutiendo unos con otros porque no tenían panes.

[17] Al darse cuenta, les dijo:

–¿Por qué discuten de que no tienen panes? ¿No acaban de reflexionar ni de entender? ¿Tienen la mente obcecada? [18] ¿Teniendo ojos no ven y teniendo oídos no oyen? *(Jr 5,21; Ez 12,2).* ¿No se acuerdan? [19] Cuando partí los cinco panes para los cinco mil, ¿cuántos cestos llenos de pedazos recogieron?

Le contestaron:

–Doce.

[20] –Y cuando los siete para los cuatro mil, ¿cuántos canastos llenos de pedazos recogieron?

Contestaron:

–Siete.

²¹ Él les dijo:

–¿No acaban de entender?

²²ᵃ Y llegaron a Betsaida.

Mc 8, 22b-26: *Incomprensión de los discípulos. El ciego*

²²ᵇ Le llevaron un ciego y le suplicaron que lo tocase.

²³ Tomando la mano del ciego, lo condujo fuera de la aldea; le echó saliva en los ojos, le puso las manos y le preguntó:

–¿Ves algo?

²⁴ Empezó a ver y dijo:

–Veo a los hombres, los percibo como árboles, aunque andan.

²⁵ Luego le puso otra vez las manos en los ojos; entonces fijó la mirada y quedó restablecido, distinguiéndolo todo con claridad.

²⁶ Y lo envió a su casa diciéndole:

–¡Ni entrar siquiera en la aldea!

Mc 8, 27-30: *Declaración mesiánica de Pedro*

(Mt 16, 13-20; Lc 9, 18,21)

²⁷ Salió Jesús con sus discípulos para las aldeas de Cesarea de Filipo. En el camino hizo a sus discípulos esta pregunta:

–¿Quién dicen los hombres que soy yo?

²⁸ Ellos le contestaron:

–Juan Bautista; otros, Elías; otros, en cambio, uno de los profetas.

²⁹ Entonces él les preguntó:

–Y ustedes, ¿quién dicen que soy yo?

Contestó Pedro diciéndole:

–Tú eres el Mesías.

³⁰ Pero él les conminó a que a nadie dijeran eso acerca de él.

Mc 8, 31-33: *El destino del Mesías. Primer anuncio de la muerte-resurrección*

(Mt 16, 21-23; Lc 8, 22)

³¹ Entonces empezó a enseñarles que el Hijo del hombre tenía que padecer mucho –siendo rechazado por los senadores, los sumos sacerdotes y los letrados y sufriendo la muerte– y a los tres días resucitar. ³² Exponía el mensaje abiertamente.

Entonces Pedro, tomándolo aparte, empezó a conminarle. ³³ Pero él, volviéndose de cara a sus discípulos, conminó a Pedro diciéndole:

–¡Ponte detrás de mí, Satanás! Porque tu idea no es la de Dios, sino la de los hombres.

Condiciones para el seguimiento

(8, 34-9,1)

³⁴ Convocando a la multitud con sus discípulos, les dijo:

–Si uno quiere venir detrás de mí, reniegue de sí mismo y cargue con su cruz; entonces, que me siga. ³⁵ Porque quien quiera poner a salvo su vida, la perderá; en cambio, quien pierda su vida por causa mía y de la buena noticia, la pondrá a salvo. ³⁶ Pues, ¿de qué le sirve a uno ganar el mundo entero y malograr su vida? ³⁷ Y ¿qué podría uno pagar para recobrar su vida?

³⁸ Además, quien se avergüence de mí y de mis palabras ante esta generación idólatra e incrédula,

también el Hijo del hombre se avergonzará de él cuando llegue con la gloria de su Padre acompañado de los ángeles santos.

9 ¹ Y añadió:

–Les aseguro que algunos de los aquí presentes no morirán sin haber visto que el reinado de Dios ha llegado ya con fuerza.

Mc 9, 2-13: El estado definitivo del hombre.
La transfiguración de Jesús
(Mt 17, 1-13; Lc 9, 28-36)

² A los seis días, Jesús tomó consigo a Pedro, a Santiago y a Juan, los hizo subir a un monte alto, aparte, a ellos solos, y se transfiguró ante ellos: ³ sus vestidos se volvieron de un blanco deslumbrador, como ningún batanero en la tierra es capaz de blanquear.

⁴ Se les apareció Elías con Moisés; estaban conversando con Jesús. ⁵ Reaccionó Pedro diciéndole a Jesús:

–Rabbí, viene muy bien que estemos aquí nosotros; podríamos hacer tres chozas: una para ti, una para Moisés y una para Elías.

⁶ Es que no sabía cómo reaccionar, porque estaban aterrados.

⁷ Sobrevino una nube que los cubría con su sombra, y hubo una voz desde la nube:

–Este es mi Hijo, el amado: escúchenlo.

⁸ Y de pronto, al mirar alrededor, ya no vieron a nadie más que a Jesús solo con ellos.

⁹ Mientras bajaban del monte les advirtió que a nadie contasen lo que habían visto hasta que el Hijo del hombre resucitase de entre los muertos. ¹⁰ Ellos se atuvieron a este aviso, aunque entre ellos discutían qué significaba eso de "resucitar de entre los muertos".

¹¹ Entonces le hicieron esta pregunta:

–¿Por qué dicen los letrados que Elías tiene que venir primero?

¹² Pero él les repuso:

–¡De modo que Elías viene primero y lo restaura todo! Entonces, ¿cómo está escrito que el Hijo del hombre va a padecer mucho y a ser despreciado? ¹³ Les digo más: no sólo Elías ha venido ya, sino que lo han tratado a su antojo, como estaba escrito de él.

Mc 9, 14-27: Fracaso de los discípulos.
El niño epiléptico
(Mt 17, 14-20; Lc 9,37-43a)

¹⁴ Al llegar adonde estaban los discípulos, vio en torno a ellos a una gran multitud y a los letrados, discutiendo con ellos.

¹⁵ Al verlo, toda la multitud quedó desconcertada; pero enseguida, echando a correr, se pusieron a saludarlo.

¹⁶ Él les preguntó:

–¿Por qué discuten con ellos?

¹⁷ Uno de la multitud le contestó:

–Maestro, te he traído a mi hijo, que tiene un espíritu mudo. ¹⁸ Dondequiera lo agarra, lo derriba, echa espumarajos, rechina los dientes y se queda rígido. He pedido a tus discípulos que lo expulsen, pero no han sido capaces.

¹⁹ Reaccionó él diciéndoles:

–¡Generación sin fe! ¿Hasta cuándo tendré que estar con ustedes? ¿Hasta cuándo tendré que soportarlos? Tráiganmelo.[20] Se lo llevaron y, en cuanto lo vio, el espíritu empezó a retorcerlo; cayó por tierra y se revolcaba echando espumarajos. [21] Entonces le preguntó a su padre:

–¿Cuánto tiempo hace que le pasa esto?

Respondió:

–Desde pequeño; [22] y muchas veces lo ha echado al fuego o al agua para acabar con él. Si algo puedes, conmuévete por nuestra situación y ayúdanos.

[23] Jesús le replicó:

–¿Qué es eso de "si puedes"? Todo es posible para el que tiene fe.

[24] Inmediatamente el padre del chiquillo dijo gritando:

–¡Tengo fe, ayúdame en la que me falta!

[25] Al ver Jesús que una multitud acudía corriendo, conminó al espíritu inmundo:

¡Espíritu mudo y sordo, yo te lo ordeno: sal de él y nunca vuelvas a entrar en él!

[26] Entre gritos y violentas convulsiones salió. Se quedó como un cadáver, de modo que todos decían que había muerto. [27] Pero Jesús, tomándolo de la mano, lo levantó y se puso en pie.

Mc 9, 28-29: *En casa con los discípulos*

[28] Cuando entró en casa sus discípulos le preguntaron aparte:

–¿Por qué no hemos podido expulsarlo nosotros?[29] Él les replicó:

–Esta ralea no puede salir más que pidiéndolo.

Mc 9, 30-33a: *Segundo anuncio de la muerte-resurrección*

(Mt 17, 22-23; Lc 9, 43b-45)

[30] Salieron de allí y fueron atravesando Galilea; pero no quería que nadie se enterase, [31] porque iba enseñando a sus discípulos.

Les decía:

–El Hijo del hombre va a ser entregado en manos de ciertos hombres y lo matarán; sin embargo, aunque lo maten, a los tres días resucitará.

[32] Pero ellos no entendían aquel dicho y les daba miedo preguntarle.

[33a] Y llegaron a Cafarnaún.

Mc 9, 33b-37: *El deseo de preeminencia Los Doce y "el niño"*

(Mt 18, 1-5; Lc 9, 46-48)

[33b] Una vez en la casa, les preguntó:

–¿De qué hablaban en el camino?

[34] Ellos guardaban silencio, pues en el camino habían discutido entre ellos sobre quién era el más grande.

[35] Entonces se sentó, llamó a los Doce y les dijo:

–Si uno quiere ser primero, ha de ser último de todos y servidor de todos.[36] Y tomando al chiquillo, lo puso en medio de ellos, lo abrazó y les dijo:

[37] –Quien acoge a uno de estos niños, como si fuera a mí mismo, me acoge a mí; y el que me acoge a mí, más que a mí, acoge al que me ha enviado.

Mc 9, 38-40:
Exclusivismo de los Doce
(Lc 9, 49-50)

[38] Le dijo Juan:

—Maestro, hemos visto a uno que expulsaba demonios invocando tu nombre y hemos intentado impedírselo, porque no nos seguía a nosotros.

[39] Pero Jesús le replicó:

—No se lo impidan, pues nadie que actúa con una fuerza como si fuera mía puede al momento maldecir de mí. [40] O sea, que quien no está contra nosotros está a favor nuestro.

Mc 9, 41-49:
Aviso contra la ambición
(Mt 18, 6-9; Lc 17, 1-2)

[41] Así pues, quien les dé a beber un vaso de agua por razón de que son del Mesías, no quedará sin recompensa, les aseguro; [42] pero a quien escandalizare a uno de estos pequeños que me dan su confianza , más le valdría que le pusieran al cuello una rueda de molino y lo arrojasen al mar.

[43] En consecuencia, si te pone en peligro tu mano, córtatela; más te vale entrar manco en la vida que no ir con las dos manos al quemadero, al fuego inextinguible. [44] Y si tu pie te pone en peligro, córtatelo; [45] más te vale entrar en la vida cojo que no con los dos pies ser arrojado al quemadero. [46] Y si tu ojo te pone en peligro, sácatelo; [47] más te vale entrar tuerto en el Reino de Dios que ser arrojado con los dos ojos al quemadero, [48] *donde su gusano no muere y el fuego no se apaga* (Is 66,24). [49] Es decir, cada cual ha de salarse con fuego.

Mc 9,50: Colofón

[50] Excelente es la sal. Pero si la sal se vuelve sosa, ¿con qué la salarán? Tengan sal en ustedes mismos y vivan en paz unos con otros.

Mc 10, 1-12: El repudio:
igualdad del hombre
y de la mujer

10 [1] De allí se marchó al territorio de Judea al otro lado del Jordán. Esta vez se le fueron reuniendo multitudes por el camino y, una vez más se puso a enseñarles como solía.

[2] Se acercaron los fariseos y, para tentarlo, le preguntaron si está permitido al marido repudiar a la mujer. [3] Él les replicó:

—¿Qué les mandó Moisés?

[4] Contestaron:

—Moisés permitió *redactar un acta de divorcio y repudiarla* (Dt 24,1).

[5] Jesús les dijo:

—Por su terquedad les dejó escrito Moisés el mandamiento ese. [6] Pero desde el principio de la creación Dios *los hizo varón y hembra;* [7] *por eso el ser humano dejará a su padre y a su madre* [8] *y serán los dos un solo ser* (Gn 1,27; 2,24); de modo que ya no son dos, sino un solo ser. [9] Luego lo que Dios ha

---

9,45 Algunos manuscritos añaden los vv. 44 y 46, iguales al v. 48.

emparejado, que un ser humano no lo separe.

[10] De nuevo en la casa, los discípulos le preguntaron sobre aquello. [11] Él les dijo:

–Quien repudia a su mujer y se casa con otra, comete adulterio contra la primera; [12] y si ella, repudiando a su marido, se casa con otro, comete adulterio.

Mc 10, 13-16: *Los discípulos y los nuevos seguidores*

(Mt 19, 13-15; Lc 18, 15-17)

[13] Le llevaban chiquillos para que los tocase, pero los discípulos se pusieron a conminarles. [14] Al verlo Jesús, les dijo indignado:

–Dejen que los niños se acerquen a mí, no se lo impidan, porque sobre los que son como éstos reina Dios. [15] Les aseguro: quien no acoja el reinado de Dios como un niño, no entrará en él.

[16] Y, después de abrazarlos, los bendecía imponiéndoles las manos.

Mc 10, 17-22: *El rico propietario*

(Mt 19, 16-22; Lc 18, 18-23)

[17] Cuando salía al camino, he aquí que un rico se le acercó corriendo y, arrodillándose ante él, le preguntó:

–Gran maestro, ¿qué tengo que hacer para heredar vida definitiva?

[18] Jesús le contestó:

–¿Por qué me llamas grande a mí? Grande como Dios, ninguno.

[19] Los mandamientos, los conoces: *no mates, no cometas adulterio, no robes, no des falso testimonio, no engañes, sustenta a tu padre y a*

tu madre (Ex 20,12-16; Dt 5,16-20; 24,14).

[20] Él le declaró:

–Maestro, todo eso lo he cumplido desde joven.

[21] Jesús, fijando la vista en él, le mostró su amor diciéndole:

–Una cosa te falta: márchate; todo lo que tienes, véndelo y dalo a los pobres, que tendrás un tesoro del cielo; entonces, ven y sígueme.

[22] A estas palabras, el otro frunció el ceño y se marchó entristecido, pues tenía muchas posesiones.

Mc 10, 23-30: *Los discípulos y la riqueza*

(Mt 19, 23-30)

[23] Jesús, mirando a su alrededor, dijo a sus discípulos:

–¡Con qué dificultad van a entrar en el reino de Dios los que tienen el dinero!

[24] Los discípulos quedaron desconcertados ante estas palabras suyas. Jesús reaccionó diciéndoles de nuevo:

–Hijos, ¡qué difícil es entrar en el reino de Dios para los que confían en las riquezas! [25] Más fácil es que un camello pase por el ojo de una aguja que un rico entre en el reino de Dios.

[26] Ellos, enormemente impresionados, se decían unos a otros:

–Entonces, ¿quién puede mantener la vida?

[27] Jesús, fijando la mirada en ellos, les dijo:

–Humanamente, imposible, pero no con Dios; porque con Dios todo es posible.

[28] Pedro empezó a decirle:

–Pues mira, nosotros lo hemos dejado todo y te hemos venido siguiendo.

²⁹ Jesús declaró:

–Les aseguro: no hay ninguno que deje casa o hermanos o hermanas o madre o padre o hijos o tierras, por causa mía y por causa de la buena noticia, ³⁰ que no reciba cien veces más: ahora, en este tiempo, casas y hermanos y hermanas y madres e hijos y tierras –con persecuciones– y, en la edad futura, vida plena.

Mc 10, 31: *Todos últimos para ser todos primeros*

³¹ Pero todos, aunque sean primeros, han de ser últimos, y esos últimos serán primeros.

IV

CENTRO DEL SEGUNDO PERIODO: LA SUBIDA A JERUSALÉN

Tercer anuncio de la muerte-resurrección
(Mt 19,13-15; Lc 18,15-17)

³² Estaban en el camino, subiendo a Jerusalén. Jesús iba delante de ellos, y estaban desconcertados; los que seguían sentían miedo. Esta vez se llevó con él a los Doce y se puso a decirles lo que iba a sucederle:

³³ –Miren, estamos subiendo a Jerusalén, y el Hijo del hombre va a ser entregado a los sumos sacerdotes y a los letrados: lo condenarán a muerte y lo entregarán a los paganos; ³⁴ se burlarán de él, lo azotarán y lo matarán, pero a los tres días resucitará.

Ambición de Santiago y Juan
(Mt 20,20-24)

³⁵ Se le acercaron Santiago y Juan, los dos hijos de Zebedeo, y le dijeron:

–Maestro, queremos que lo que te pidamos lo hagas por nosotros.

³⁶ Pero él les preguntó:

–¿Qué quieren que haga por ustedes?

³⁷ Le contestaron ellos:

–Concédenos sentarnos uno a tu derecha y el otro a tu izquierda el día de tu gloria.

³⁸ Jesús les replicó:

–No saben lo que piden. ¿Son ustedes capaces de pasar el trago que voy a pasar yo, o de ser sumergidos por las aguas que van a sumergirme a mí?

³⁹ Le contestaron:

–Somos capaces.

Entonces Jesús les dijo:

–El trago que voy a pasar yo, lo pasarán, y las aguas que van a sumergirme a mí los sumergirán a ustedes; ⁴⁰ pero el sentarse a mi derecha o a mi izquierda no está en

_____

10,38 "el trago", cf. Mt 20,22, nota.

mi mano concederlo más que a aquellos para quienes está preparado.

⁴¹ Al enterarse, los otros diez dieron rienda suelta a su indignación respecto a Santiago y Juan.

Instrucción de Jesús:
el servicio
(Mt 20,25-28; Lc 22,24-27)

⁴² Jesús los convocó y les dijo:

—Ustedes saben que los que figuran como jefes de las naciones las dominan, y que sus líderes les imponen su autoridad. ⁴³ No ha de ser así entre ustedes; al contrario, el que quiera hacerse grande entre ustedes ha de ser servidor suyo, ⁴⁴y el que quiera entre ustedes ser primero, ha de ser siervo de todos; ⁴⁵ porque tampoco el Hijo del hombre ha venido para ser servido, sino para servir y para dar la vida en rescate por todos.

⁴⁶ᵃ Y llegaron a Jericó.

Incomprensión de los
discípulos: el ciego Bartimeo
(Mt 20,29-34; Lc 18,35-43)

⁴⁶ᵇ Cuando iba saliendo de Jericó con sus discípulos y una considerable multitud, el hijo de Timeo, Bartimeo, un ciego mendigo, estaba sentado junto al camino. ⁴⁷ Al oír que era Jesús Nazareno, se puso a gritar:

—¡Hijo de David, Jesús, ten compasión de mí!

⁴⁸ Muchos le conminaban a que guardase silencio, pero él gritaba mucho más:

—¡Hijo de David, ten compasión de mí!

⁴⁹ Jesús se detuvo y dijo:

—Llámenlo.

Llamaron al ciego diciéndole:

—¡Ánimo, levántate, que te llama!

⁵⁰ Él, arrojando a un lado el manto, se puso en pie de un brinco y se acercó a Jesús.

⁵¹ Reaccionó Jesús preguntándole:

—¿Qué quieres que haga por ti?

El ciego le contestó:

—Rabbuní, que recobre la vista.

⁵² Jesús le dijo:

—Márchate, tu fe te ha salvado.

Inmediatamente recobró la vista y lo seguía en el camino.

Entrada en Jerusalén
*(Mt 21,1-11; Lc 19,28-40;
Jn 12,12-19)*

11 ¹ Cuando se acercaban a Jerusalén, esto es, a Betfagé y Betania, en dirección al Monte de los Olivos, envió a dos de sus discípulos ² diciéndoles:

—Vayan a la aldea que está frente a ustedes; al entrar en ella encontrarán enseguida un burro atado que ningún hombre ha montado todavía; desátenlo y tráiganlo. ³ Y si alguien les pregunta por qué lo hacen, contéstenle: «Su dueño lo necesita y lo devolverá cuanto antes».

⁴ Fueron ellos, encontraron el burro fuera, en la calle, atado a un portón, y lo desataron. ⁵ Algunos de los que estaban allí les decían:

—¿Qué hacen desatando el burro?

⁶ Ellos les contestaron como había dicho Jesús, y los dejaron.

⁷ Le llevaron el burro a Jesús, echaron encima sus mantos y se sentó sobre él. ⁸ Muchos alfombra-

ban el camino con sus mantos; otros, con puñados de hierbas y hojas que habían cortado en los campos. ⁹ Tanto los que iban delante como los que seguían gritaban:

–¡Sálvanos! ¡Bendito el que viene en nombre del Señor!

¹⁰ ¡Bendito el reinado que llega, el de nuestro padre David!

¡Sálvanos desde lo alto!

¹¹ Entró en Jerusalén, esto es, en el templo, lo miró todo a su alrededor y, como era ya tarde, salió para Betania con los Doce.

VII

EN EL TEMPLO: LA DENUNCIA Y CONTROVERSIA

La higuera sin fruto

(Mt 21,18-29)

¹² Al día siguiente, cuando se alejaban de Betania, sintió hambre. ¹³ Viendo de lejos una higuera que tenía hojas, fue a ver si acaso encontraba algo en ella; pero, al acercarse, no encontró nada más que hojas, porque el tiempo no había sido de higos. ¹⁴ Reaccionó diciéndole:

–Nunca jamás coma ya nadie fruto de ti.

Sus discípulos lo estaban oyendo.

¹⁵ ᵃY llegaron a Jerusalén.

Denuncia del templo

(Mt 21,12-17; Lc 19,45-48; Jn 2,13-22)

¹⁵ ᵇ Entró en el templo y empezó a expulsar a los que vendían y a los que compraban en el templo; volcó las mesas de los cambistas y los asientos de los que vendían las palomas; ¹⁶ y no consentía que nadie transportase objetos atravesando por el templo.

¹⁷ A continuación se puso a enseñar; y les decía:

¿No está escrito: «Mi casa ha de llamarse casa de oración para todos los pueblos»? Ustedes, en cambio, la tienen convertida en una *cueva de bandidos* (Is 56,7; Jr 7,11).

¹⁸ Lo oyeron los sumos sacerdotes y los letrados y buscaban cómo acabar con él; es que le tenían miedo, porque toda la multitud estaba impresionada de su enseñanza.

¹⁹ Cuando llegó el anochecer, salió fuera de la ciudad.

La higuera seca

(Mt 21,20-22)

²⁰ Al pasar por la mañana vieron la higuera seca de raíz.

²¹ Se acordó Pedro y le dijo:

–Rabbí, mira, la higuera que maldijiste se ha secado.

²² En respuesta, les dijo Jesús:

–Tengan fe en Dios. ²³ Les aseguro que quien diga a ese monte: «Quítate de ahí y arrójate al mar», y no vacile en su interior, sino que tenga fe en que lo que está diciendo va a suceder, lo obtendrá.

²⁴ Con motivo de eso les digo: todo cuanto pidan para ustedes en oración, tengan fe en que lo han recibido y lo obtendrán. ²⁵ Y cuan-

do estén de pie orando, perdonen si tienen algo contra alguien, para que también su Padre del cielo les perdone sus faltas.

[27] Y llegaron de nuevo a Jerusalén.

Los dirigentes discuten la autoridad de Jesús
(Mt 21,23-27; Lc 20,1-8)

[27b] En el templo, mientras él iba andando, se le acercaron los sumos sacerdotes, los letrados y los senadores [28] y se pusieron a preguntarle:

–¿Con qué autoridad actúas así? O sea, ¿quién te ha dado a ti la autoridad para actuar así?

[29] Jesús les replicó:

–Les voy a hacer una sola pregunta; contéstenmela y entonces les diré con qué autoridad actúo así. [30] El bautismo aquel de Juan, ¿era cosa de Dios o cosa humana? Contéstenme.

[31] Ellos razonaban, diciéndose unos a otros:

–Si decimos «de Dios», dirá: «Y, entonces, ¿por qué no le creyeron?»; [32] pero si decimos «cosa humana»...

(Tenían miedo del pueblo, porque todo el mundo pensaba que Juan había sido realmente un profeta.)

[33] Y respondieron a Jesús:

–No lo sabemos.

Jesús les replicó:

–Pues tampoco yo les digo con qué autoridad actúo así.

Parábola de la viña y los labradores
(Mt 21,33-46; Lc 20,9-19)

12 [1] Entonces se puso a hablarles en parábolas:

–Un hombre *plantó una viña, la rodeó de una cerca, cavó un lagar, construyó una torre para el guarda* (Is 5,1-2), la arrendó a unos labradores y se marchó de su país. [2] A su tiempo envió a los labradores un siervo, para percibir de ellos su tanto de la cosecha de la viña. [3] Ellos lo prendieron, lo apalearon y lo despidieron con las manos vacías. [4] Entonces les envió otro siervo; a éste lo descalabraron y lo trataron con desprecio. [5] Envió a otro, y a éste lo mataron; y a otros muchos, a unos los apalearon, a otros los mataron. [6] Uno le quedaba todavía, un hijo amado, y se lo envió al último, diciéndose: «A mi hijo lo respetarán».

[7] Pero los labradores aquellos se dijeron: «Éste es el heredero; vamos, matémoslo y será nuestra la herencia». [8] Y, prendiéndolo, lo mataron y lo arrojaron fuera de la viña.

[9] ¿Qué hará el dueño de la viña? Irá a acabar con esos labradores y dará la viña a otros.

[10] ¿No han leído siquiera este pasaje?:

La piedra que desecharon los constructores

se ha convertido en piedra angular.

[11] *Es el Señor quien lo ha hecho:*

11,25 Algunos manuscritos añaden el v. 26, tomado de Mt 6,15.

¡qué maravilla para los que lo vemos! (Sal 118,22-23).

¹² Estaban deseando echarle mano, porque se dieron cuenta de que la parábola iba por ellos; pero tuvieron miedo de la multitud y, dejándolo, se marcharon.

Emboscada de los dirigentes: el tributo al César

(Mt 22,15-22; Lc 20,20-26)

¹³ Entonces le enviaron unos fariseos y herodianos para cazarlo con una pregunta. ¹⁴ Llegaron y le dijeron:

–Maestro, sabemos que eres sincero y que no te importa de nadie, porque tú no miras lo que la gente sea. No, tú enseñas el camino de Dios de verdad. ¿Está permitido pagar tributo al César o no? ¿Pagamos o no pagamos?

¹⁵ Jesús, consciente de su hipocresía, les repuso:

–¡Cómo! ¿Quieren tentarme? Tráiganme una moneda, que yo la vea.

Se la llevaron, y él les preguntó:

–¿De quién son esta efigie y esta leyenda?

Le contestaron:

–Del César.

¹⁷ Jesús les dijo:

–Lo que es del César, devuélvanlo al César, y lo que es de Dios, a Dios.

Y se quedaron de una pieza.

La resurrección: el materialismo saduceo

(Mt -2,23-33; Lc 20,27-40)

¹⁸ Se le acercaron unos saduceos, esos que dicen que no hay resurrección, y le propusieron este caso:

¹⁹ –Maestro, Moisés nos dejó escrito: *«Si a uno se le muere su hermano, dejando mujer, pero no hijos, cásese con la viuda y dé descendencia a su hermano»* (Dt 25,5s). ²⁰ Había siete hermanos: el primero se casó y murió sin dejar hijos; ²¹ el segundo se casó con la viuda y murió también sin tener hijos; lo mismo el tercero, ²² y ninguno de los siete dejó hijos. Por último, murió también la mujer. ²³ En la resurrección, ¿de cuál de ellos va a ser mujer, si ha sido mujer de los siete?

²⁴ Les contestó Jesús:

–Precisamente por eso están ustedes equivocados, por no conocer la Escritura ni la fuerza de Dios. ²⁵ Porque, cuando resucitan de la muerte, ni los hombres ni las mujeres se casan, son como ángeles del cielo. ²⁶ Y acerca de que los muertos resucitan, ¿no han leído en el libro de Moisés, en el episodio de la zarza, lo que le dijo Dios?: *«Yo soy el Dios de Abrahán y el Dios de Isaac y el Dios de Jacob»* (Ex 3,6). ²⁷ No es Dios de muertos, sino de vivos. Están ustedes muy equivocados.

El letrado: El principal mandamiento

(Mt 22,34-40; Lc 10,25-28)

²⁸ Se le acercó un letrado que había oído la discusión y notado lo bien que respondía, y le preguntó:

–¿Qué mandamiento es el primero de todos?

²⁹ Respondió Jesús:

–El primero es: *«Escucha, Israel: El Señor nuestro Dios es el único Señor;* ³⁰ *amarás al Señor tu Dios con todo tu corazón, con toda tu alma, con toda tu mente y con todas tus fuerzas»* (Dt 6,4-5). ³¹ El segundo, éste: *«Amarás a tu prójimo como a ti mismo»* (Lv 19,18). No hay ningún mandamiento mayor que éstos.

³² El letrado le dijo:

–Muy bien, Maestro, es verdad lo que has dicho, que Dios *es uno solo y que no hay otro fuera de él;* ³³ y que *amarlo con todo el corazón y con todo el entendimiento y con todas las fuerzas y amar al prójimo como a uno mismo* supera todos los holocaustos y sacrificios (Dt 6,4).

³⁴ Viendo Jesús que había respondido inteligentemente, le dijo:

–No estás lejos del reino de Dios.

Y ya nadie se atrevía a hacerle más preguntas.

Doctrina de los letrados: el hijo, sucesor de David
(Mt 22,41-46; Lc 20,41-44)

³⁵ Mientras enseñaba en el templo, abordó Jesús la cuestión preguntando:

–¿Cómo dicen los letrados que el Mesías es sucesor de David? ³⁶ David mismo, movido por el Espíritu Santo, dice:

Dijo el Señor a mi Señor: Siéntate a mi derecha,

mientras hago de tus enemigos estrado de tus pies (Sal 110,1).

³⁷ David mismo lo llama Señor; entonces, ¿de dónde sale que es sucesor suyo?

La multitud, que era grande, disfrutaba escuchándolo.

Conducta de los letrados
(Mt 23,1-36; Lc 20,45-47)

³⁸ Entre lo que enseñaba, dijo:

–¡Cuidado con los letrados! Esos que gustan de pasearse con sus vestiduras y de las reverencias en la calle, ³⁹ de los primeros asientos en las sinagogas y de los primeros puestos en los banquetes; ⁴⁰ esos que se comen los hogares de las viudas con pretexto de largos rezos. Esos tales recibirán una sentencia muy severa.

Donativos al templo. La viuda pobre
(Lc 21,1-4)

⁴¹ Se sentó enfrente de la Sala del Tesoro y observaba cómo la multitud iba echando monedas en el tesoro; muchos ricos echaban en cantidad. ⁴² Llegó una viuda pobre y echó dos moneditas, que hacen medio jornal. ⁴³ Convocando a sus discípulos, les dijo:

–Esa viuda pobre ha echado en el tesoro más que nadie, se lo aseguro. ⁴⁴ Porque todos han echado de lo que les sobra; ella, en cambio, tomando de lo que le falta, ha echado todo lo que tenía, todos sus medios de vida.

VIII

EL GRUPO CRISTIANO EN LA HISTORIA

Predicción de la ruina del templo

(Mt 24,1-2; Lc 21,5-6)

13 ¹Mientras se alejaba del templo uno de sus discípulos le dijo:

–Maestro, ¡mira qué piedras labradas y qué edificios!

²Jesús le dijo:

–¿Ves esos grandes edificios? No dejarán ahí piedra sobre piedra que no derriben.

Introducción al discurso. Pregunta de los discípulos

(Mt 24,3; Lc 21,7)

³Mientras estaba sentado en el Monte de los Olivos, enfrente del templo, le preguntó aparte Pedro, con Santiago, Juan y Andrés:

⁴–Dinos cuándo van a ocurrir esas cosas y cuál va ser la señal, cuando todo esto esté tocando a su fin.

Respuesta de Jesús. La ruina de Jerusalén no anunciará la restauración, dará comienzo al proceso liberador

(Mt 24,4-8; Lc 21,8-11)

⁵Jesús se puso a decirles:

–¡Cuidado con que nadie los engañe!

⁶Llegarán muchos diciendo en nombre mío que yo soy y extraviarán a muchos.

⁷En cambio, cuando empiecen a oír estruendo de batallas y noticias de batallas, no se alarmen; tiene que suceder, pero todavía no es el fin.

⁸Es decir, se levantará nación contra nación y reino contra reino, habrá terremotos en diversos lugares, habrá hambre: eso es el principio de los dolores.

La misión: Persecución y fidelidad

(Mt 24,9-14; Lc 21,12-19)

⁹Y ustedes, ¡cuidado con ustedes mismos! Los entregarán a consejos judíos y los apalearán en sinagogas, y los harán comparecer ante gobernadores y reyes, por causa mía, como prueba contra ellos, ¹⁰pues primero tiene que proclamarse la buena noticia a todas las naciones.

¹¹Cuando los conduzcan para entregarlos, no se preocupen por lo que van a decir, sino aquello que se les comunique en aquella hora, díganlo, pues más que hablar ustedes, hablará el Espíritu Santo.

¹²Un hermano entregará a su hermano a la muerte, y un padre a su hijo; se levantarán en el juicio hijos contra padres y los harán morir, ¹³y serán odiados de todos por razón de mi persona. Pero aquel que resista hasta el fin, ése se salvará.

La ruina de Jerusalén: no habrá señal salvadora

(Mt 24,15-28; Lc 21,20-24)

¹⁴Cuando vean que *el abominable devastador* (Dn 9,27) ha puesto el pie donde no tiene que hacerlo, entonces, los que estén en Ju-

dea huyan a los montes, ¹⁵ el que esté en la azotea no baje ni entre para recoger algo de su casa, ¹⁶ y el que esté en el campo no vuelva atrás para recoger su manto.

¹⁷ ¡Pobres las que estén encinta o criando en aquellos días!

¹⁸ Pidan que no suceda en invierno.

¹⁹ Porque aquellos días serán una *angustia tal como no la ha habido desde el principio de la humanidad* (Dn 12,1) que Dios creó hasta ahora, ni la habrá nunca más.

²⁰ Y si el Señor no hubiese acortado los días, no se salvaría ningún mortal, pero por los elegidos que él eligió ha acortado los días.²¹ Y entonces, si alguien les dice: «Mira, aquí está el Mesías, míralo allí», no lo crean, ²² porque surgirán mesías falsos y profetas falsos y ofrecerán señales y prodigios que desviarían, si fuera posible, a los elegidos.

²³ ¡Y ustedes, cuidado! Les he predicho todo.

El proceso liberador en la historia, fruto de la misión
(Mt 24,29-31; Lc 21,25-28)

²⁴ Ahora bien, en aquellos días, después de aquella angustia, *el sol se oscurecerá y la luna no dará su resplandor,* ²⁵ *las estrellas irán cayendo del cielo y las potencias que están en el cielo* vacilarán (Dn 7,13-14).

²⁶ Y entonces verán llegar al Hijo del hombre entre nubes, con gran potencia y gloria, ²⁷ y entonces enviará a los ángeles y reunirá a sus elegidos de los cuatro vientos, del confín de la tierra al confín del cielo.

La ruina de Jerusalén: su momento
(Mt 24,32-35; Lc 21,29-33)

²⁸ De la higuera, aprendan el sentido de la parábola: Cuando ya sus ramas se ponen tiernas y echa las hojas, ustedes saben que el verano está cerca.

²⁹ Así también ustedes: cuando vean que esas cosas están sucediendo, sepan que está cerca, a las puertas.

³⁰ Les aseguro que no pasará esta generación antes que todo eso se cumpla.

³¹ El cielo y la tierra pasarán, pero mis palabras no pasaran.

La misión de la comunidad: entrega plena
(Mt 24,36-44)

³² En cambio, en lo referente al día aquel o la hora, nadie entiende, ni siquiera los ángeles del cielo ni el Hijo, únicamente el Padre.

³³ ¡Ándense con cuidado, ahuyenten el sueño, que no saben cuándo va a ser el momento! Es como un hombre que se marchó de su país: dejó su casa, dio a los siervos su autoridad –a cada uno su tarea– ³⁴ y, en especial, al portero le mandó mantenerse despierto.

³⁵ Por tanto, manténganse despiertos, que no saben cuándo va a llegar el señor de la casa –si al oscurecer o a media noche o al canto del gallo o de madrugada–, ³⁶ no sea que, al llegar de improviso, los encuentre dormidos.

³⁷ Y lo que les digo a ustedes, lo digo a todos: manténganse despiertos.

DESENLACE: PASIÓN, MUERTE Y RESURRECCIÓN

(14,1-16,8)

Propósito de las autoridades
(Mt 26,1-5; Lc 22,1-2; Jn 11,45-53)

14 ¹ Dos días después se celebraban la Pascua y los Ázimos. Los sumos sacerdotes y los letrados andaban buscando cómo darle muerte prendiéndolo a traición, ² porque decían:

—Durante las fiestas, no, no vaya a haber un tumulto en el pueblo.

Unción en Betania
(Mt 26,6-13; Jn 12.1-8)

³ Estando él en Betania recostado a la mesa en casa de Simón el leproso, llegó una mujer llevando un frasco de perfume de nardo auténtico de mucho precio; quebró el frasco y se lo fue derramando en la cabeza. ⁴ Algunos comentaban indignados:

—¿Para qué se ha malgastado así el perfume? ⁵ Podía haberse vendido ese perfume por más de trescientos denarios de plata y haberlo dado a los pobres.

Y la regañaban. ⁶ Pero Jesús replicó:

—Déjenla, ¿por qué la molestan? Una obra excelente ha realizado conmigo; ⁷ porque a los pobres los tienen siempre con ustedes y pueden hacerles bien cuando quieran; a mí, en cambio, no me van a tener siempre. ⁸ Lo que recibió, lo ha llevado a la práctica: de antemano ha perfumado mi cuerpo para la sepultura. ⁹ Les aseguro que en cualquier parte del mundo entero donde se proclame esta buena noticia se recordará también en su honor lo que ha hecho ella.

Traición de Judas
(Mt 26,14-16; Lc 22,3-6)

¹⁰ Judas Iscariote, aquel que era uno de los Doce, acudió a los sumos sacerdotes para entregárselo. ¹¹ Ellos, al oírlo, se alegraron y prometieron darle dinero. Él andaba buscando cómo entregarlo y el momento oportuno.

La preparación de la cena
(Mt 26,17-19; Lc 22.7,13)

¹² El primer día de los Ázimos, cuando se sacrificaba el cordero pascual, le dijeron sus discípulos:

—¿Dónde quieres que vayamos a prepararte la cena de Pascua?

¹³ Él envió a dos de sus discípulos diciéndoles:

—Vayan a la ciudad, se encontrarán con un hombre que lleva un cántaro de agua; síganlo, ¹⁴ y donde entre díganle al dueño: "El Maestro pregunta dónde está su posada, donde va a celebrar la cena de Pascua con sus discípulos". ¹⁵ Él les mostrará un local grande, en alto, con divanes, preparado; prepárennosla allí.

¹⁶ Salieron los discípulos, llegaron a la ciudad, encontraron las cosas como les había dicho y prepararon la cena de Pascua.

La cena:
denuncia de la traición

(Mt 26,20-25; Lc 22,21-23;
Jn 13,21-30)

¹⁷ Caída la tarde, fue allí con los Doce. ¹⁸ Mientras estaban recostados a la mesa comiendo, dijo Jesús:

–Les aseguro que uno de ustedes me va a entregar, uno que está comiendo conmigo.

¹⁹ Dejando ver su pesadumbre, le preguntaban uno tras otro:

–¿Seré acaso yo?

²⁰ Repuso él:

–Es uno de los Doce, uno que está mojando en la misma fuente que yo. ²¹ Porque el Hijo del hombre se marcha, según está escrito acerca de él, pero ¡ay del hombre ese que va a entregar al Hijo del hombre! Más le valdría a ese hombre no haber nacido.

La eucaristía

(Mt 26,26-30; Lc 22,15-20;
1 Cor 11,23-25)

²² Mientras comían, tomó un pan, pronunció una bendición, lo partió y se lo dio a ellos, diciendo:

–Tomen, esto es mi cuerpo.

²³ Y, tomando una copa, pronunció una acción de gracias, se la pasó y todos bebieron de ella. ²⁴ Y les dijo:

–Ésta es la sangre de la alianza mía, que se derrama por todos. ²⁵ Les aseguro que ya no beberé más del producto de la vid hasta el día aquel en que lo beba nuevo en el reino de Dios

²⁶ Y después de cantar salieron para el Monte de los Olivos.

Camino de Getsemaní. Predice
la negación de Pedro

(Mt 26,31-35; Lc 22,31-34;
Jn 13,36-38)

²⁷ Jesús les dijo:

–Todos van a fallar, como está escrito: «Heriré al pastor y se dispersarán las ovejas» (Zac 13,7). ²⁸ Pero cuando resucite iré delante de ustedes a Galilea.

²⁹ Pero Pedro le declaró:

–Aunque todos fallen, yo no.

³⁰ Le dijo Jesús:

–Te aseguro que tú, hoy, esta misma noche, antes que el gallo cante dos veces, renegarás de mí tres.

³¹ Pero él insistía con vehemencia:

–Aunque tuviese que morir contigo, jamás renegaré de ti. Y todos decían igual.

En Getsemaní. Oración de Jesús

(Mt 26,26-46; Lc 22,39-46)

³² Llegaron a una finca llamada Getsemaní, y dijo a sus discípulos:

–Siéntense aquí hasta que termine de orar.

³³ Se llevó con él a Pedro, a Santiago y a Juan y, dejando ver su profundo desconcierto y su angustia, ³⁴ les dijo:

–Me muero de tristeza. Quédense aquí y manténganse despiertos.

³⁵ Adelantándose un poco, se dejó caer a tierra, pidiendo que, si era posible, no le tocase aquel momento. ³⁶ Decía:

–¡*Abba*! Padre, todo es posible para ti; aparta de mí este trago; pero no se haga lo que yo quiero, sino lo que quieres tú.

³⁷ Se acercó, los encontró dormidos y dijo a Pedro:

–Simón, ¿estás durmiendo? ¿No has tenido fuerzas para mantenerte despierto ni una hora? ³⁸ Manténganse despiertos y pidan no ceder a la tentación: el espíritu está listo, pero la carne es débil.

³⁹ Se apartó de nuevo y oró repitiendo las mismas palabras. ⁴⁰ Se acercó a ellos y de nuevo los encontró dormidos, pues no conseguían tener los ojos abiertos; y no sabían qué decirle.

⁴¹ Se acercó por tercera vez y les dijo:

–¿Todavía durmiendo y descansando? ¡Basta ya, ha llegado el momento! Miren, el Hijo del hombre va a ser entregado en manos de los incrédulos. ⁴² ¡Levántense, vamos, que está cerca el que me entrega!

El prendimiento
(Mt 26,47-56; Lc 22,47-53; Jn 18,2-12)

⁴³ Enseguida, mientras aún estaba hablando, se presentó Judas, uno de los Doce, y con él una multitud con machetes y palos, de parte de los sumos sacerdotes, los letrados y los senadores. ⁴⁴ El traidor había convenido con ellos una señal, diciéndoles:

–El que yo bese, ése es: préndanlo y condúzcanlo bien seguro.

⁴⁵ Al llegar, se le acercó enseguida y le dijo:

–¡Rabbí!

Y lo besó con insistencia. ⁴⁶ Los otros le echaron mano y lo prendieron, ⁴⁷ pero uno de los presentes sacó el machete e hirió al siervo del sumo sacerdote, cortándole el lóbulo de la oreja.

⁴⁸ Intervino Jesús diciéndoles:

–¡Con machetes y palos han salido a capturarme, como a caza de un bandido! ⁴⁹ A diario me tenían en el templo enseñando y no me prendieron. Pero que se cumpla la Escritura.

⁵⁰ Todos lo abandonaron y huyeron.

El joven que escapa

⁵¹ Lo acompañaba un joven que iba desnudo, envuelto en una sábana, y lo prendieron. ⁵² Pero él, soltando la sábana, huyó desnudo.

Jesús ante el Consejo
(Mt 26,57-68; Lc 22,54-55.63-71; Jn 18,13-14.19-24)

⁵³ Condujeron a Jesús ante el sumo sacerdote, y se reunieron todos los sumos sacerdotes, los senadores y los letrados. ⁵⁴ Pedro lo siguió de lejos hasta el interior del atrio del sumo sacerdote y se quedó sentado entre los guardias, calentándose a la lumbre.

⁵⁵ Los sumos sacerdotes y el Consejo en pleno buscaban un testimonio contra Jesús para condenarlo a muerte, pero no lo encontraban, ⁵⁶ pues, aunque muchos testimoniaban en falso contra él, sus testimonios no eran adecuados. ⁵⁷ Levantándose algunos, testimoniaban falsamente contra él diciendo:

⁵⁸ –Nosotros le hemos oído decir: «Yo derribaré este santuario, obra de manos humanas, y en tres

días edificaré otro, que no será obra de manos humanas».

⁵⁹ Pero tampoco así era adecuado su testimonio.

⁶⁰ Entonces el sumo sacerdote se puso en pie en el centro e interrogó a Jesús:

–¿No respondes nada? ¿Qué significan estos cargos en contra tuya?

⁶¹ Pero él seguía callado y no respondía nada. El sumo sacerdote reanudó el interrogatorio preguntándole:

–¿Tú eres el Mesías, el Hijo de Dios bendito?

⁶² Contestó Jesús:

–Yo soy. Y *verán al Hombre sentado a la derecha del Poderoso y llegar entre las nubes del cielo* (Dn 7,13).

⁶³ El sumo sacerdote se rasgó las vestiduras, diciendo:

–¿Qué falta nos hacen ya testigos? ⁶⁴ Han oído la blasfemia. ¿Qué les parece?

Todos sin excepción pronunciaron sentencia de muerte.

⁶⁵ Algunos se pusieron a escupirle y, tapándole la cara, le daban golpes, diciéndole:

–¡Haz de profeta!

También los guardias lo recibieron a bofetadas.

Pedro reniega de Jesús
(Mt 26 69 75; Lc 22 56 62; Jn 18 15 18 25 27)

⁶⁶ Mientras Pedro estaba abajo en el atrio llegó una criada del sumo sacerdote ⁶⁷ y, al ver a Pedro calentándose, se le quedó mirando y le dijo:

–También tú estabas con el Nazareno, con ese Jesús.

⁶⁸ Él lo negó diciendo:

–¡Ni sé ni entiendo lo que dices tú!

Salió fuera, al zaguán, y un gallo cantó. ⁶⁹ Pero la criada lo vio y esta vez se puso a decir a los presentes:

–Éste es uno de ellos.

⁷⁰ Él volvió a negarlo. Poco después, los presentes mismos se pusieron a decir a Pedro:

–Seguro que eres de ellos, porque eres también galileo.

⁷¹ Pero él se puso a echar maldiciones y a jurar:

–¡No sé quién es ese hombre que dicen ustedes!

⁷² Y, enseguida, por segunda vez, cantó un gallo. Pedro recordó las palabras que le había dicho Jesús: «Antes que el gallo cante dos veces, renegarás de mí tres», y se echó a llorar.

Juicio ante Pilato. Condena a muerte
(Mt 27,1-2.11-26; Lc 23,1-5.13-25; Jn 18,28-19,16)

15 ¹ Por la mañana los sumos sacerdotes, con los senadores, los letrados y el Consejo en pleno, prepararon su plan y, enseguida, atando a Jesús, lo llevaron y lo entregaron a Pilato.

² Pilato lo interrogó:

–¿Tú eres el rey de los judíos? Él le contestó:

–Tú lo estás diciendo.

³ Los sumos sacerdotes lo acusaban de muchas cosas.

⁴ Pilato reanudó el interrogatorio:

–¿No responds nada? Mira de cuántas cosas te acusan.

[5] Pero Jesús no respondió nada; por lo que Pilato estaba sorprendido.

[6] Cada fiesta solía soltarles un preso, el que ellos solicitaran. [7] El llamado Barrabás estaba en la cárcel con los revoltosos que en la revuelta habían cometido un asesinato. [8] Subió la multitud y empezó a pedir que hiciera lo que solía. [9] Pilato les contestó:

–¿Quieren que les suelte al rey de los judíos?

[10] Porque sabía que los sumos sacerdotes se lo habían entregado por envidia. [11] Pero los sumos sacerdotes incitaron a la multitud a pedir que les soltara mejor a Barrabás. [12] Intervino de nuevo Pilato y les preguntó:

–Entonces, ¿qué quieren que haga con ese que llaman «el rey de los judíos»?

[13] Ellos esta vez gritaron:

–¡Crucifícalo!

[14] Pilato les preguntó:

–Pero, ¿qué ha hecho de malo? Ellos gritaron más y más:

–¡Crucifícalo!

[15] Pilato, queriendo dar satisfacción a la multitud, les soltó a Barrabás, y a Jesús, después de hacerlo azotar, lo entregó para que lo crucificaran.

La burla de los soldados
(Mt 27,27-31; Jn 19,2-3)

[16] Los soldados lo condujeron al interior del palacio, es decir, a la residencia del gobernador, y convocaron a todo el batallón. [17] Lo vistieron de púrpura, le pusieron una corona de espinas que habían trenzado [18] y empezaron a hacerle el saludo:

–¡Salud, rey de los judíos!

[19] Le golpeaban la cabeza con una caña, le escupían y, arrodillándose, le rendían honores. [20] Cuando terminaron la burla, le quitaron la púrpura, le pusieron su propia ropa y lo sacaron para crucificarlo.

Simón de Cirene: el seguidor hasta el fin
(Mt 27,32; Lc 23,26)

[21] A uno que pasaba, a un tal Simón de Cirene, el padre de Alejandro y de Rufo, que llegaba del campo, lo forzaron a cargar con su cruz.

Crucifixión y muerte
(Mt 27,33-36; Lc 23,32-49; Jn 19,17-30)

[22] Lo llevaron al «lugar del Gólgota» (que significa «Lugar de la Calavera») [23] y le ofrecieron vino con mirra, pero él no lo tomó. [24] Lo crucificaron y *se repartieron su ropa, echándola a suertes para ver lo que se llevaba cada uno* (Sal 22,29).

[25] Era media mañana cuando lo crucificaron. [26] El letrero con la causa de su condena llevaba esta inscripción: EL REY DE LOS JUDÍOS. [27] Crucificaron con él a dos bandidos, uno a su derecha y otro a su izquierda.

15,27 Algunos manuscritos añaden el v. 28, tomado de Lc 22,37.

²⁹ Los transeúntes lo insultaban y decían, burlándose de él:

–¡Vaya! ¡El que derriba el santuario y lo edifica en tres días! ³⁰ ¡Baja de la cruz y sálvate!

³¹ De modo parecido los sumos sacerdotes, bromeando entre ellos en compañía de los letrados, decían:

–Ha salvado a otros y él no se puede salvar ³² ¡El Mesías, el rey de Israel! ¡Que baje ahora de la cruz para que lo veamos y creamos!

También los que estaban crucificados con él lo ultrajaban.

³³ Al llegar el mediodía, la tierra entera quedó en tinieblas hasta media tarde.

³⁴ A media tarde, clamo Jesús dando una gran voz

–¡Eloi, Eloi, lema sabaktani! (que significa: *Dios mío, Dios mío, ¿por qué me has abandonado?*) (Sal 22,2).

³⁵ Algunos de los allí presentes, al oírlo, dijeron:

–Mira, está llamando a Elías.

³⁶ Uno echó a correr y, empapando una esponja en *vinagre*, la sujetó a una caña y *le ofreció de beber* (Sal 69,22), mientras decía:

–Vamos a ver si viene Elías a descolgarlo.

³⁷ Pero Jesús, lanzando una gran voz, expiró, ³⁸ y la cortina del santuario se rasgó en dos de arriba abajo.

³⁹ El centurión que estaba allí presente frente a él, al ver que había expirado de aquel modo, dijo:

–Verdaderamente este hombre era Hijo de Dios.

⁴⁰ Había también unas mujeres observando aquello de lejos, entre ellas María Magdalena, María la madre de Santiago el Pequeño y de José, y Salomé, ⁴¹ que, cuando él estaba en Galilea, lo seguían prestándole servicio; y además otras muchas que habían subido con él a Jerusalén.

La sepultura
(Mt 27,57-61; Lc 23,50-56; Jn 19,38-42)

⁴² Caída ya la tarde, como era Preparación, es decir, víspera de día de precepto, ⁴³ fue José de Arimatea, distinguido consejero que también había esperado el reinado de Dios, y, armándose de valor, entró a ver a Pilato y le pidió el cuerpo de Jesús. ⁴⁴ Pilato se extrañó de que ya estuviera muerto y, llamando al centurión, le preguntó si había muerto hacía mucho.

⁴⁵ Informado por el centurión, concedió el cadáver a José. ⁴⁶ Éste compró una sábana y, descolgando a Jesús, lo envolvió en la sábana, lo puso en un sepulcro que había sido excavado en la roca y rodó una losa contra la entrada del sepulcro.

⁴⁷ María Magdalena y María la de José observaban dónde lo ponían.

Anuncio de la resurrección
(Mt 28,1-8; Lc 24,1-12; Jn 20,1-10)

16 ¹ Pasado el día de precepto, María Magdalena, María la de Santiago y Salomé compraron aromas para ir a embalsamarlo. ² El primer día de la semana, muy de mañana, fueron al sepulcro ya salido el sol. ³ Se decían unas a otras:

–¿Quién nos correrá la losa de la entrada del sepulcro?

⁴ Al levantar la vista observaron que la losa estaba corrida (y era muy grande).

⁵ Entraron en el sepulcro y vieron a un joven sentado a la derecha, envuelto en una vestidura blanca, y se quedaron completamente desconcertadas. ⁶ Él les dijo:

—No se asusten. ¿Buscan a Jesús el Nazareno, el crucificado? Ha resucitado, no está aquí. Miren el lugar donde lo pusieron. ⁷ Y ahora, márchense, digan a sus discípulos y, en particular, a Pedro: «Va delante de ustedes a Galilea; allí lo verán, como les había dicho».

⁸ Salieron huyendo del sepulcro, por el temblor y el espanto que les entró, y no dijeron nada a nadie, por el miedo que tenían.

APÉNDICE
UN FINAL AÑADIDO AL EVANGELIO DE MARCOS

Aparición a María Magdalena y a dos discípulos
(Mt 28,9-10; Jn 20,11-18; Lc 24,13-35)

⁹ Jesús resucitó en la mañana del primer día de la semana y se apareció primero a María Magdalena, de la que había echado siete demonios. ¹⁰ Ella fue a decírselo a los que habían estado con él, que estaban de duelo y llorando; pero ellos, al oírle decir que estaba vivo y que lo había visto, se negaron a creer.

¹² Después se apareció por el camino, con aspecto diferente, a dos de ellos que iban a una finca. ¹³ También éstos fueron a anunciarlo a los demás, pero tampoco a ellos les creyeron.

Misión de los discípulos y ascensión
(Mt 28,16-20; Lc 24,36-53)

¹⁴ Por último se apareció Jesús a los Once, estando ellos a la mesa, y les echó en cara su incredulidad y su terquedad en no creer a los que lo habían visto resucitado.

¹⁵ Y añadió:

—Vayan por el mundo entero proclamando la buena noticia a toda la humanidad. ¹⁶ El que crea y se bautice, se salvará; el que se niegue a creer, se condenará. ¹⁷ A los que crean, los acompañarán estas señales: echarán demonios en mi nombre, hablarán lenguas nuevas, ¹⁸ tomarán serpientes en la mano y, si beben algún veneno, no les hará daño; pondrán las manos a los enfermos y quedarán sanos.

¹⁹ Después de hablarles, el Señor Jesús subió al cielo y se sentó a la derecha de Dios. ²⁰ Ellos se fueron a proclamar el mensaje por todas partes, y el Señor cooperaba confirmándolo con las señales que los acompañaban.

Otro final breve añadido al Evangelio de Marcos

Han anunciado en compendio todo lo que se prescribió a Pedro y sus compañeros. Después de esto, Jesús mismo envió por medio de ellos, de oriente a occidente, el sagrado e incorruptible pregón de la salvación plena.

EVANGELIO SEGÚN LUCAS

PRÓLOGO

1 ¹ Dado que muchos han intentado hacer una exposición ordenada de los hechos que se han verificado entre nosotros, ² según lo que nos transmitieron los que desde un principio fueron testigos oculares y llegaron a ser garantes del mensaje, ³ he resuelto yo también, después de investigarlo todo de nuevo con rigor, ponértelo por escrito de forma conexa, excelentísimo Teófilo, ⁴ para que compruebes la solidez de las enseñanzas con que has sido instruido.

I

JUAN Y JESÚS

Se anuncia el nacimiento de Juan Bautista

⁵ Hubo en tiempos de Herodes, rey del país judío, cierto sacerdote de nombre Zacarías, de la sección de Abías; tenía por mujer a una descendiente de Aarón, que se llamaba Isabel. ⁶ Ambos eran justos delante de Dios, pues procedían sin falta según todos los mandamientos y preceptos del Señor. ⁷ No tenían hijos, porque Isabel era estéril, y eran ya los dos de edad avanzada.

⁸ Mientras prestaba su servicio sacerdotal ante Dios en el turno de su sección, ⁹ le tocó entrar en el santuario del Señor a ofrecer el incienso, según la costumbre del sacerdocio; ¹⁰ toda la muchedumbre del pueblo estaba fuera orando durante el rito del incienso. ¹¹ Se le apareció el ángel del Señor, de pie a la derecha del altar del incienso. ¹² Zacarías, al verlo, se sobresaltó y lo invadió el temor.

¹³ Pero el ángel le dijo:

—No temas, Zacarías, que tu ruego ha sido escuchado: tu mujer, Isabel, te dará a luz un hijo y le pondrás de nombre Juan. ¹⁴ Será para ti una grandísima alegría, y muchos se regocijarán de su nacimiento, ¹⁵ porque va a ser grande a los ojos del Señor; no beberá vino ni licor, se llenará de Espíritu Santo ya en el vientre de su madre ¹⁶ y convertirá a muchos israelitas al Señor su Dios. ¹⁷ Él precederá al Señor con el espíritu y fuerza de Elías, *para reconciliar a los padres con los hijos* (Mal 3,23-24) y enseñar a los rebeldes la sensatez de los justos, preparando así al Señor un pueblo bien dispuesto.

¹⁸ Zacarías replicó al ángel:

—¿Qué garantía me das de eso? Porque yo soy ya viejo y mi mujer de edad avanzada.

¹⁹ El ángel le repuso:

—Yo soy Gabriel, que estoy a las órdenes inmediatas de Dios, y me han enviado para darte de palabra esta buena noticia. ²⁰ Pues mira, te

---

1,19 "que estoy a las órdenes, etc.", lit. "que asisto en la presencia de Dios".

quedarás mudo y no podrás hablar hasta el día que eso suceda, por no haber dado fe a mis palabras, que se cumplirán en su momento.

²¹ El pueblo estaba aguardando a Zacarías, extrañado de que tardase tanto en el santuario. ²² Pero cuando salió no podía hablarles, y comprendieron que en el santuario había tenido una visión. Él les hacía gestos, pero permanecía mudo.

²³ Cuando se cumplieron los días de su servicio, se marchó a su casa. ²⁴ Después de aquello concibió Isabel, su mujer, y estuvo cinco meses sin dejarse ver. Ella se decía:

²⁵ —Esto se lo debo al Señor, que ahora se ha dignado librarme de esta vergüenza mía ante la gente.

Se anuncia el nacimiento de Jesús

²⁶ A los seis meses envió Dios al ángel Gabriel a un pueblo de Galilea que se llamaba Nazaret, ²⁷ a una virgen desposada con un hombre llamado José, de la estirpe de David; la virgen se llamaba María. ²⁸ Entrando adonde estaba ella, el ángel le dijo:

—Alégrate, favorecida, el Señor está contigo.

²⁹ Ella se turbó al oír estas palabras, preguntándose qué saludo era aquél ³⁰ El ángel le dijo:

—No temas, María, que Dios te ha concedido su favor. ³¹ Mira, vas a concebir en tu seno y a dar a luz un hijo y le pondrás por nombre Jesús ³² Éste será grande, lo llama-

rán Hijo del Altísimo y el Señor Dios le dará el trono de David su antepasado; ³³ reinará para siempre en la casa de Jacob y su reinado no tendrá fin.

³⁴ María dijo al ángel:

—¿Cómo sucederá eso, si no vivo con un hombre?

³⁵ El ángel le contestó:

—El Espíritu Santo bajará sobre ti y la fuerza del Altísimo te cubrirá con su sombra; por eso al que va a nacer lo llamarán "Consagrado", "Hijo de Dios". ³⁶ Y mira, también tu pariente Isabel, en su vejez, ha concebido un hijo; la que decían que era estéril está ya de seis meses, *porque para Dios no hay nada imposible* (Gn 18,14).

³⁸ Respondió María.

—Aquí está la sierva del Señor, cúmplase en mí lo que has dicho.

Y el ángel la dejó.

María visita a Isabel

³⁹ Por aquellos días, María se puso en camino y fue a toda prisa a la sierra, a un pueblo de Judá; ⁴⁰ entró en casa de Zacarías y saludó a Isabel. ⁴¹ Al oír Isabel el saludo de María, la criatura dio un salto en su vientre e Isabel se llenó de Espíritu Santo. ⁴² Y dijo a voz en grito:

¡Bendita tú entre las mujeres y bendito el fruto de tu vientre! ⁴³ Y ¿quién soy yo para que me visite la madre de mi Señor? ⁴⁴ Mira, en cuanto tu saludo llegó a mis oídos la criatura saltó de alegría en mi vientre. ⁴⁵ ¡Y dichosa tú por haber creído

---

1,34 "si no vivo", etc., lit. "puesto que no conozco" ("estoy conociendo") "varón".

que llegará a cumplirse lo que te han dicho de parte del Señor!

⁴⁶ Entonces dijo María:

—Proclama *mi alma* la grandeza del *Señor*

⁴⁷ y *se alegra* mi espíritu *en Dios mi Salvador* (1 Sm 2,1; Hab 3,18),

⁴⁸ *porque se ha fijado en la humillación de su sierva* (1Sm 1,11).

Pues mira, desde ahora me llamarán dichosa todas las generaciones,

⁴⁹ porque el Potente ha hecho grandes cosas en mi favor.

Santo es su nombre

⁵⁰ y su misericordia llega a sus fieles

de generación en generación.

⁵¹ Su brazo interviene con fuerza, desbarata los planes de los arrogantes:

⁵² derriba del trono a los poderosos

y encumbra a los humildes;

⁵³ a los hambrientos los colma de bienes

y a los ricos los despide de vacío.

⁵⁴ Ha auxiliado a Israel, su servidor,

acordándose, como lo había prometido a nuestros padres,

⁵⁵ de la misericordia en favor de Abrahán y su descendencia,

por siempre.

⁵⁶ María se quedó con ella cuatro meses y se volvió a su casa.

Nacimiento de Juan Bautista

⁵⁷ A Isabel se le cumplió el tiempo de dar a luz y tuvo un hijo. ⁵⁸ Sus vecinos y parientes se enteraron de lo bueno que había sido el Señor con ella y compartían su alegría.

⁵⁹ A los ocho días fueron a circuncidar al niño y empezaron a llamarlo Zacarías, por el nombre de su padre. ⁶⁰ Pero la madre intervino diciendo:

—¡No! Se va a llamar Juan.

⁶¹ Le replicaron:

—Ninguno de tus parientes se llama así.

⁶² Y por señas le preguntaban al padre cómo quería que se llamase. ⁶³ Él pidió una tablilla y escribió: "Su nombre es Juan". Y todos se quedaron sorprendidos. ⁶⁴ En el acto se le soltó la lengua y empezó a hablar bendiciendo a Dios.

⁶⁵ Toda la vecindad quedó sobrecogida; corrió la noticia de estos hechos por toda la sierra de Judea ⁶⁶ y todos los que los oían los conservaban en la memoria, preguntándose:

—¿Qué irá a ser este niño?

Porque la fuerza del Señor lo acompañaba.

⁶⁷ Zacarías, su padre, se llenó de Espíritu Santo y profetizó:

⁶⁸ —*Bendito sea el Señor, Dios de Israel* (Sal 41,14; 72,18),

porque ha visitado y liberado a su pueblo

⁶⁹ suscitándonos una fuerza salvadora en la casa de David, su servidor.

⁷⁰ Así lo había predicho desde antiguo por boca de sus santos profetas:

⁷¹ que nos salvaría de nuestros enemigos

y de la mano de todos los que nos odian,

⁷² mostrándose fiel a nuestros padres

y recordando su santa alianza:

⁷³ la promesa que juró a nuestro padre Abrahán

de concedernos [74] que, libres de temor,

arrancados de la mano de nuestros enemigos,

le sirvamos [75] con santidad y rectitud

en su presencia, todos nuestros días.

[76] Y a ti, niño, te llamarán profeta del Altísimo,

porque irás delante del Señor

a preparar sus caminos (Mal 3,1; Is 40,3),

[77] dando a su pueblo una experiencia de salvación

mediante el perdón de sus pecados.

[78] Por la entrañable misericordia de nuestro Dios

nos visitará un astro que nace de lo alto:

[79] *brillará ante los que viven en tinieblas*

y en sombra de muerte (Is 9,1; 42,7)

y guiará nuestros pasos

por el camino de la paz.

[80] El niño crecía y su personalidad se afianzaba; y estuvo en el desierto hasta el momento de presentarse a Israel.

Nacimiento de Jesús
(Mt 1,18-25)

2 [1] Por aquel entonces salió un decreto de César Augusto mandando hacer un censo del mundo entero [2] Este censo fue el primero que se hizo siendo Quirino gobernador de Siria. [3] Todos iban a inscribirse, cada cual a su ciudad.

[4] También José, por ser de la estirpe y familia de David, subió desde Galilea, de la ciudad de Nazaret, a Judea, a la ciudad de David, que se llama Belén, [5] para inscribirse en el censo con María, la desposada con él, que estaba encinta.

[6] Mientras estaban ellos allí le llegó el tiempo del parto [7] y dio a luz a su hijo primogénito; lo envolvió en pañales y lo acostó en un pesebre, porque no había sitio para ellos en la posada.

[8] En aquella misma comarca había unos pastores que pasaban la noche al raso velando el rebaño por turno. [9] Se les presentó el ángel del Señor, la gloria del Señor los envolvió de claridad y se asustaron mucho. [10] El ángel les dijo:

–No teman, miren que les traigo una buena noticia, una gran alegría que lo será para todo el pueblo; [11] hoy, en la ciudad de David, les ha nacido un salvador, que es el Mesías Señor. [12] Esto les servirá de señal: encontrarán un niño envuelto en pañales y acostado en un pesebre.

[13] De pronto se sumó al ángel una muchedumbre del ejército celestial, que alababa a Dios diciendo:

[14] –¡Gloria a Dios en lo alto,

y paz en la tierra a los hombres de su agrado!

[15] Cuando los dejaron los ángeles para irse al cielo, los pastores empezaron a decirse unos a otros:

–Ea, vamos a Belén a ver eso que ha pasado y nos ha comunicado el Señor.

[16] Fueron a toda prisa y encontraron a María y a José, y al niño recostado en el pesebre. [17] Al verlo, les comunicaron las palabras que les habían dicho acerca de aquel

niño. ¹⁸ Todos los que lo oyeron quedaron sorprendidos de lo que decían los pastores. ¹⁹ María, por su parte, conservaba el recuerdo de todo esto, meditándolo en su interior. ²⁰ Los pastores se volvieron glorificando y alabando a Dios por todo lo que habían visto y oído; tal y como les habían dicho.

²¹ Al cumplirse los ocho días, cuando tocaba circuncidar al niño, le pusieron de nombre Jesús, como lo había llamado el ángel antes de su concepción.

Presentación en el templo

²² Cuando llegó el tiempo de que se purificasen conforme a la Ley de Moisés, llevaron al niño a la ciudad de Jerusalén para presentarlo al Señor, ²³ tal como está prescrito en la Ley del Señor: *"Todo primogénito varón será consagrado al Señor"* (Ex 13,2; 13,11), ²⁴ y ofrecer un sacrificio conforme a lo mandado en la Ley del Señor: *"Un par de tórtolas o dos pichones"* (Lv 5,7; 12,8).

²⁵ Había por cierto en Jerusalén un hombre llamado Simeón, justo y piadoso, que aguardaba el consuelo de Israel, y el Espíritu Santo descansaba sobre él. ²⁶ El Espíritu Santo le había avisado que no moriría sin ver al Mesías del Señor. ²⁷ Impulsado por el Espíritu fue al templo y, en el momento en que entraban los padres con el niño Jesús para cumplir con él lo que era costumbre según la Ley, ²⁸ él lo tomó en brazos y bendijo a Dios diciendo:

²⁹ –Ahora, mi Dueño, según tu promesa,

³⁰ puedes dejar a tu siervo irse en paz,

³¹ porque mis ojos han visto la salvación

³² que has puesto a disposición de todos los pueblos:

una luz que es revelación para las naciones

y gloria para tu pueblo, Israel.

³³ Su padre y su madre estaban sorprendidos por lo que se decía del niño. ³⁴ Simeón los bendijo y dijo a María su madre:

–Mira, éste está puesto para que en Israel unos caigan y otros se levanten, y como bandera discutida ³⁵ –y a ti, tus anhelos te los truncará una espada–; así quedarán al descubierto las ideas de muchos.

³⁶ Había también una profetisa, Ana, hija de Fanuel, de la tribu de Aser. Ésta era de edad muy avanzada: de casada había vivido siete años con su marido ³⁷ y luego, de viuda, hasta los ochenta y cuatro años. No se apartaba del templo, sirviendo a Dios con ayunos y oraciones noche y día. ³⁸ Presentándose en aquel momento, daba gracias a Dios y hablaba del niño a todos los que aguardaban la liberación de Jerusalén.

³⁹ Cuando dieron término a todo lo que prescribía la Ley del Señor, se volvieron a Galilea, a su pueblo de Nazaret. ⁴⁰ El niño, por su parte, crecía y se robustecía, llenándose de saber, y el favor de Dios descansaba sobre él.

Jesús se queda en Jerusalén

⁴¹ Sus padres iban en peregrinación cada año a Jerusalén por las

fiestas de Pascua. ⁴² Cuando Jesús había cumplido doce años subieron ellos a la fiesta según la costumbre, ⁴³y cuando los días terminaron, mientras ellos se volvían, el joven Jesús se quedó en Jerusalén sin que se enteraran sus padres.

⁴⁴ Creyendo que iba en la caravana, después de una jornada de camino se pusieron a buscarlo entre los parientes y conocidos; ⁴⁵ al no encontrarlo, regresaron a Jerusalén en su busca.

⁴⁶ A los tres días lo encontraron en el templo sentado en medio de los maestros, escuchándolos y haciéndoles preguntas. ⁴⁷ Todos los que lo oían estaban desconcertados de sus inteligentes respuestas.

⁴⁸ Al verlo, quedaron impresionados, y le dijo su madre:

–Hijo, ¿por qué te has portado así con nosotros? ¡Mira, con qué angustia te buscábamos tu padre y yo!

⁴⁹ Él les contestó:

–¿Por qué me buscaban? ¿No sabían que yo tengo que estar en lo que es de mi Padre?

⁵⁰ Pero ellos no comprendieron lo que les había dicho.

⁵¹ Jesús bajó con ellos, llegó a Nazaret y siguió bajo su autoridad. Su madre conservaba todo aquello en la memoria. ⁵² Y Jesús iba adelantando en saber, en madurez y en favor ante Dios y los hombres (Prov 3,4).

II

JUAN Y JESÚS: LA MISIÓN

Investidura profética y predicación de Juan

(Mt 3,1-12; Mc 1,1-8; Jn 119-28)

3 ¹ EL año quince del gobierno de Tiberio César, siendo Poncio Pilato gobernador de Judea, Herodes, tetrarca de Galilea, su hermano Filipo, tetrarca de Iturea y Traconítide, y Lisanio, tetrarca de Abilene, ² bajo el sumo sacerdocio de Anás y Caifás, un mensaje divino le llegó a Juan, el hijo de Zacarías, en el desierto.

³ Recorrió entonces toda la comarca lindante con el Jordán, proclamando un bautismo en señal de enmienda, para el perdón de los pecados, ⁴ como está escrito en el libro del profeta Isaías:

Una voz clama desde el desierto: "Preparen el camino del Señor, enderecen sus senderos: ⁵ *que todo valle se rellene, que todo monte y colina se abaje, que lo torcido se enderece, lo escabroso se allane,* ⁶ *y vea todo mortal la salvación de Dios"* (Is 40,3-5).

⁷ A las multitudes que iban saliendo para que las bautizara, les decía:

–¡Camada de víboras! ¿Quién les ha enseñado a escapar del castigo inminente? ⁸ Así que produzcan los frutos propios de la enmienda y no empiecen a decirse: "Tenemos por padre a Abrahán"; porque les digo que de estas piedras Dios es capaz de sacarle hijos a Abrahán. ⁹ Además, el hacha está ya tocando la base de los árboles, y todo árbol que no dé buen fruto será cortado y echado al fuego.

[10] Las multitudes le preguntaban:

—¿Qué tenemos que hacer?

[11] Él les contestó:

—El que tenga dos túnicas, que las comparta con el que no tiene, y el que tenga que comer, que haga lo mismo.

[12] Llegaron también recaudadores a bautizarse y le preguntaron:

—Maestro, ¿qué tenemos que hacer?

[13] Él les dijo:

—No exijan más de lo que tienen establecido.

[14] Incluso soldados le preguntaban:

—Y nosotros, ¿qué tenemos que hacer?

Les dijo:

—No extorsionen dinero a nadie con amenazas; confórmense con su paga.

[15] Mientras el pueblo aguardaba y todos se preguntaban para sus adentros si acaso Juan era el Mesías, [16] declaró Juan dirigiéndose a todos:

—Yo los bautizo con agua, pero llega el que es más fuerte que yo, y yo no soy quién para desatarle la correa de las sandalias. Él los va a bautizar con Espíritu Santo y fuego. [17] Trae el bieldo en la mano para aventar su parva y reunir el trigo en su granero; la paja, en cambio, la quemará en un fuego inextinguible.

[18] Así, con largas y diversas exhortaciones, anunciaba al pueblo la buena noticia. [19] Pero el tetrarca Herodes, acusado por él del asunto de Herodías, mujer de su hermano, y de todos los demás crímenes que había cometido el dicho Herodes, [20] dio remate a todo encerrando en la cárcel a Juan.

Investidura mesiánica de Jesús: el bautismo
(Mt 3,13-17; Mc 1,9-11)

[21] Después de bautizarse el pueblo entero, y mientras oraba Jesús después de su bautismo, se abrió el cielo, [22] bajó sobre él el Espíritu Santo en forma visible, como de paloma, y hubo una voz del cielo:

—Hijo mío eres tú, yo hoy te he engendrado.

[23] Así, también él, Jesús, comenzaba a los treinta años; se pensaba que era hijo de José, el de Elí, [24] el de Matat, el de Leví, el de Melquí, el de Jannai, el de José, [25] el de Matatías, el de Amós, el de Nahún, el de Hesli, el de Nagai, [26] el de Máat, el de Matatías, el de Semein, el de Josec, el de Jodá, [27] el de Joanán, el de Resá, el de Zorobabel, el de Salatiel, el de Nerí, [28] el de Melquí, el de Addí, el de Cosán, el de Elmadán, el de Er, [29] el de Jesús, el de Eliezer, el de Jorín, el de Matat, el de Leví, [30] el de Simeón, el de Judá, el de José, el de Joná, el de Eliacín, [31] el de Meleá, el de Mená, el de Matatá, el de Natán, el de David, [32] el de Jesé, el de Jobed, el de Booz, el de Salá, el de Naasón, [33] el de Aminadab, el de Admín, el de Arni, el de Esrón, el de Fares, el de Judá, [34] el de Jacob, el de Isaac, el de Abrahán, el de Tara, el de Nacor, [35] el de Seruc, el de Ragau, el de

Falec, el de Eber, el de Salá, [36] el de Cainán, el de Arfaxad, el de Sem, el de Noé, el de Lámec, [37] el de Matusalén, el de Henoc, el de Járet, et de Malaleel, el de Cainán, [38] el de Enós, el de Set, el de Adán, el de Dios.

El falso mesianismo:
las tentaciones
(Mt 4,1-11; Mc 1,12-13)

4 [1] Jesús, lleno de Espíritu Santo, regresó del Jordán, y el Espíritu lo fue llevando por el desierto [2] durante cuarenta días, mientras el diablo lo tentaba. Todo aquel tiempo estuvo sin comer, y al final sintió hambre. [3] El diablo le dijo:

–Si eres Hijo de Dios, dile a esta piedra que se convierta en un pan.

[4] Jesús le contestó:

–Está escrito que *"no sólo de pan vivirá el hombre"* (Dt 8,3).

[5] Después, llevándolo a lo alto, el diablo le mostró en un instante todos los reinos del mundo [6] y le dijo:

–Te daré toda esa autoridad y su gloria, porque me la han dado a mí y yo la doy a quien quiero; si tú me rindes homenaje, será toda tuya.

[8] Jesús le contestó:

–Está escrito: *"Al Señor tu Dios rendirás homenaje y a él solo prestarás servicio"* (Dt 6,13).

[9] Entonces lo condujo a Jerusalén, lo puso en el alero del templo y le dijo:

–Si eres Hijo de Dios, tírate de aquí abajo, [10] porque está escrito: *"Dará órdenes a sus ángeles para que te guarden"*, [11] y también: *"Te llevarán en volandas, para que tu pie no tropiece con piedras"* (Sal 91,11-12).

[12] Le contestó Jesús:

–Está mandado: *"No tentarás al Señor tu Dios"* (6,16).

[13] Acabadas todas sus tentaciones, el diablo se alejó de él por un tiempo.

Enseñanza programática
en Galilea
(Mt 4,12-17; 13,53-58; Mc 6,lb-6)

[14] Con la fuerza del Espíritu regresó Jesús a Galilea, y la noticia se difundió por toda la comarca. [15] Enseñaba en aquellas sinagogas, y todos se hacían lenguas de él.

[16] Llegó a Nazaret, donde se había criado. El sábado entró en la sinagoga, según su costumbre, y se levantó para tener la lectura. [17] Le entregaron el volumen del profeta Isaías y, desenrollando el volumen, dio con el pasaje donde estaba escrito:

[18] *El Espíritu del Señor descansa sobre mí,*

porque él me ha ungido.

Me ha enviado a dar la buena noticia a los pobres,

a proclamar la libertad a los cautivos

y la vista a los ciegos,

a poner en libertad a los oprimidos

[19] *a proclamar el año favorable del Señor* (Is 61,1-2).

[20] Enrolló el volumen, lo devolvió al sacristán y se sentó. Toda la sinagoga tenía los ojos clavados en él [21] y empezó a hablarles:

–Hoy ha quedado cumplido este

pasaje ante ustedes que lo han escuchado.

²² Todos se declaraban en contra, extrañados del discurso sobre la gracia que salía de sus labios, y decían:

—Pero, ¿no es éste el hijo de José?

²³ Él les repuso:

—Seguramente me citarán el proverbio aquel: "Médico, cúrate tú"; todo lo que nos han dicho que ha ocurrido en esa Cafarnaún, hazlo también aquí en tu tierra.

²⁴ Y añadió:

—Les aseguro que a ningún profeta lo aceptan en su tierra. ²⁵ Pero no les quepa duda de que en tiempo de Elías, cuando no llovió en tres años y medio y hubo una gran hambre en toda la región, había muchas viudas en Israel; ²⁶ y, sin embargo, a ninguna de ellas enviaron a Elías, pero sí a una viuda de Sarepta en el territorio de Sidón. ²⁷ Y en tiempo del profeta Eliseo había muchos leprosos en Israel y, sin embargo, ninguno de ellos quedó limpio, pero sí Naamán el sirio.

²⁸ Al oír aquello, todos en la sinagoga se pusieron furiosos ²⁹ y, levantándose, lo empujaron fuera de la ciudad y lo condujeron hasta un barranco del monte sobre el que estaba edificada su ciudad, para despeñarlo. ³⁰ Pero él se abrió paso entre ellos y emprendió el camino.

Actividad programática en Cafarnaún

(Mt 8,14-17; Mc 1,21b-39)

³¹ Bajó a Cafarnaún, ciudad de Galilea, y el sábado les estuvo en-

señando. ³² Quedaban impresionados por su enseñanza, porque hablaba con autoridad.

³³ Había en la sinagoga un hombre que tenía un espíritu, un demonio inmundo, y se puso a gritar a grandes voces:

³⁴ —¡Deja! ¿Qué tienes tú contra nosotros, Jesús Nazareno? ¿Has venido a destruirnos? Sé quién eres tú, el Consagrado por Dios.

³⁵ Jesús le conminó:

—¡Cállate la boca y sal de él!

El demonio lo tiró por tierra allí en medio, pero salió de él sin hacerle ningún daño.

³⁶ Todos se quedaron estupefactos y comentaban entre ellos:

—¿Qué modo de hablar es éste, que con autoridad y fuerza da órdenes a los espíritus inmundos y salen?

³⁷ Su fama iba llegando a todos los lugares de la comarca circundante.

³⁸ Dejó la sinagoga y entró en casa de Simón. La suegra de Simón estaba aquejada de fiebre muy alta, y le rogaron por ella. ³⁹ Él, de pie a la cabecera, conminó a la fiebre y se le pasó. Levantándose en el acto, se puso a servirles.

⁴⁰ Al ponerse el sol, todos los que tenían enfermos con las más variadas dolencias se los llevaron, y él, aplicando las manos a cada uno de ellos, los fue curando. ⁴¹ De muchos salían también demonios, gritando:

—¡Tú eres el Hijo de Dios!

Él les conminaba y no les permitía decir que sabían que era el Mesías.

⁴² Al hacerse de día, salió y se

marchó a un lugar despoblado. Las multitudes lo andaban buscando, dieron con él e intentaban retenerlo para que no se les fuese. ⁴³Él les dijo:

—También a las otras ciudades tengo que dar la buena noticia del reinado de Dios, pues para eso me han enviado.

⁴⁴Y anduvo predicando por las sinagogas del país judío.

III

LLAMADA DEL ISRAEL HISTÓRICO

Llamada del grupo israelita
(Mt 4,18-22; Mc 1,16-21a)

5 ¹Mientras la multitud se agolpaba alrededor de él para escuchar el mensaje de Dios, estando él también a la orilla del lago, ²vio dos barcas que estaban en la orilla; los pescadores habían desembarcado y estaban lavando las redes. ³Subió a una de las barcas, que pertenecía a Simón, y le rogó que la sacase un poco de tierra. Se sentó y, desde la barca, se puso a enseñar a las multitudes.

⁴Cuando acabó de hablar, dijo a Simón:

—Sácala adonde haya fondo y echen sus redes para pescar.

⁵Simón le contestó:

—Jefe, nos hemos pasado la noche bregando y no hemos pescado nada; pero, fiado en tu palabra, echaré las redes.

⁶Así lo hicieron, y capturaron tal cantidad de peces que reventaban las redes. ⁷Hicieron señas a los socios de la otra barca para que fueran a echarles una mano. Fueron ellos y llenaron las dos barcas, que casi se hundían. ⁸Al ver esto, Simón Pedro se postró a los pies de Jesús, diciendo:

—Apártate de mí, Señor, que soy un pecador.

⁹Es que él y todos los que estaban con él se habían quedado pasmados por la redada de peces que habían cogido, ¹⁰y lo mismo le pasaba a Santiago y a Juan, hijos de Zebedeo, que eran compañeros de Simón. Jesús dijo a Simón:

—No temas; desde ahora pescarás hombres vivos.¹¹Ellos sacaron las barcas a tierra y, dejándolo todo, lo siguieron.

Jesús y los marginados: el leproso
(Mt 8,2-4; Mc 1,39-45)

¹²Estando él en uno de aquellos pueblos, apareció un hombre todo lleno de lepra; al ver a Jesús se echó rostro en tierra y le rogó:

—Señor, si quieres, puedes limpiarme.

¹³Jesús extendió la mano y lo tocó diciendo:

—Quiero, queda limpio.

Y enseguida se le quitó la lepra. ¹⁴Él le mandó no decirlo a nadie, añadiendo:

—Eso sí, ve a presentarte al sacerdote y ofrece por tu purificación lo que prescribió Moisés como testimonio para ellos.

¹⁵ Se iba hablando de él cada vez más, y grandes multitudes acudían a oírlo y a que los curara de sus enfermedades; ¹⁶ pero él solía retirarse a despoblado para orar.

El paralítico
(Mt 9,1-8; Mc 2,1-13)

¹⁷ Uno de aquellos días estaba él enseñando, y estaban sentados fariseos y maestros de la Ley llegados de todas las aldeas de Galilea y de Judea, e incluso de Jerusalén. La fuerza del Señor estaba con él para curar.

¹⁸ Aparecieron unos hombres llevando en un catre a un individuo que estaba paralizado, y trataban de introducirlo para colocárselo delante. ¹⁹ No encontrando por dónde introducirlo, por causa de la multitud, subieron a la azotea y, separando las losetas, lo descolgaron con el catrecillo hasta el centro, delante de Jesús.

²⁰ Él, viendo la fe que tenían, dijo:

–Hombre, tus pecados quedan perdonados.

²¹ Los letrados y los fariseos se pusieron a razonar:

–¿Quién es éste que blasfema así? ¿Quién puede perdonar pecados más que Dios solo?

²² Intuyendo Jesús cómo razonaban, les repuso:

–¿Qué razonamiento es ése? ²³ ¿Qué es más fácil, decir "tus pecados quedan perdonados" o decir

"levántate y echa a andar"? ²⁴ Pues para que vean que el hijo del Hombre tiene autoridad en la tierra para perdonar pecados, dijo al paralítico:

–A ti te hablo: ponte en pie, carga con tu catrecillo y vete a tu casa.

²⁵ Se levantó en el acto delante de todos, cargó con el catre donde había yacido y se marchó a su casa alabando a Dios.

²⁶ Todos ellos quedaron atónitos y alababan a Dios, diciendo sobrecogidos:

–Hoy hemos visto cosas increíbles.

Leví: llamada del grupo no israelita
(Mt 9,9-13; Mc 2,44-17)

²⁷ Después de esto, salió, se quedó mirando a un recaudador llamado Leví, sentado al mostrador de los impuestos, y le dijo:

–Sígueme.

²⁸ Él, abandonándolo todo, se levantó y empezó a seguirlo.

²⁹ Leví le ofreció un gran banquete en su casa, y había gran número de recaudadores y otra gente, que estaban recostados a la mesa con ellos.

³⁰ Los fariseos y sus letrados protestaban diciendo a los discípulos:

–¿Por qué razón comen y beben con los recaudadores y descreídos?

³¹ Jesús les replicó:

–No sienten necesidad de médico los sanos, sino los que se encuentran mal. ³² Más que a llamar

---

5,30: "descreídos", cf. Mt 9,10, nota.

justos, he venido a llamar pecadores, para que se arrepientan.

El ayuno:
el cambio de alianza
(Mt 9,14-17; Mc 2,18-22)

³³ Ellos le dijeron:

–Los discípulos de Juan ayunan a menudo y tienen sus rezos, y lo mismo los fariseos discípulos; los tuyos, en cambio, a comer y a beber.

³⁴ Jesús les contestó:

–¿Acaso pueden hacer que ayunen los amigos del novio mientras el novio está con ellos? ³⁵ Llegarán días en que les arrebaten al novio; entonces, aquellos días, ayunarán.

³⁶ Les propuso también una comparación:

–Nadie corta un manto nuevo para echarle una pieza a un manto viejo; pues entonces, el nuevo quedará cortado y al viejo la pieza no le irá bien. ³⁷ Tampoco nadie echa vino nuevo en odres viejos; pues, si se hace, el vino nuevo reventará los odres: el vino se derramará y los odres se echarán a perder. ³⁸ No, el vino nuevo se echa en odres nuevos. ³⁹ Pero nadie, acostumbrado al de siempre, quiere uno nuevo, porque dice: "Bueno está el de siempre".

Oposición a Jesús:
el hombre y el sábado
(Mt 12,1-8; Mc 2,23-28)

6 ¹ Un día de precepto atravesaba él por unos sembrados; sus discípulos arrancaban espigas y, frotándolas con las manos, se comían el grano. ² Unos fariseos les dijeron:

–¿Por qué hacen lo que no está permitido en sábado?

³ Jesús les replicó:

–¿Ni siquiera han leído lo que hizo David cuando él y sus compañeros sintieron hambre? ⁴ Entró en la casa de Dios, cogió los panes de la ofrenda –que sólo a los sacerdotes está permitido comer–, comió él y dio a sus compañeros.

⁵ Y añadió:

–El Hijo del hombre es Señor del precepto.

Rechazo:
el hombre del brazo atrofiado
(Mt 12,9-14; Mc 3,1-7a)

⁶ Otro sábado entró en la sinagoga y se puso a enseñar. Había allí un hombre que tenía el brazo derecho atrofiado.

⁷ Los letrados y fariseos estaban al acecho para ver si curaba en día de precepto y encontrar de qué acusarlo. ⁸ Pero él, conociendo sus intenciones, dijo al hombre del brazo atrofiado:

–Levántate y ponte en medio.

El hombre se levantó y se puso allí. ⁹ Jesús les dijo:

–Una pregunta: ¿Qué está permitido en día de precepto, hacer bien o hacer daño, salvar una vida o destruirla?

¹⁰ Y, pasando su mirada por todos, dijo al hombre:

–Extiende el brazo.

Lo hizo, y su brazo volvió a quedar normal.

¹¹ Ellos se pusieron furiosos y discutían unos con otros qué podrían hacer con Jesús.

EL ISRAEL MESIANICO

Constitución del Israel mesiánico: elección de los Doce

(Mc 3,13-19)

¹² Por aquel entonces salió Jesús, fue al monte a orar y se pasó la noche orando a Dios. ¹³ Cuando se hizo de día, llamó a sus discípulos, eligió a doce de ellos y los nombró apóstoles: ¹⁴ a Simón, al que además dio el nombre de Pedro, y a Andrés su hermano; a Santiago y Juan, Felipe y Bartolomé, ¹⁵ Mateo y Tomás, Santiago de Alfeo y Simón el llamado Fanático, ¹⁶ Judas de Santiago y Judas Iscariote, que llegó a ser un traidor. ¹⁷ Bajó con ellos y se detuvo en un llano, con gran número de discípulos suyos.

Ante el pueblo: el programa del Reino. Curaciones

(Mt 4,23-25)

¹⁷ᵇ Una gran muchedumbre del pueblo, procedente de todo el país judío, incluida Jerusalén, y de la costa de Tiro y Sidón, ¹⁸ que habían ido a oírlo y a quedar sanos de sus enfermedades, y también los atormentados por espíritus inmundos, se curaban; ¹⁹ y toda la multitud trataba de tocarlo, porque salía de él una fuerza que los sanaba a todos.

Bienaventuranzas e imprecaciones

(Mt 5,1-12)

²⁰ Jesús, dirigiendo la mirada a sus discípulos, dijo:

–Dichosos ustedes los pobres, porque tienen a Dios por rey.
²¹ Dichosos los que ahora pasan hambre,
porque los van a saciar.
Dichosos los que ahora lloran,
porque van a reír.
²² Dichosos ustedes cuando los odien los hombres y los excluyan y los insulten y proscriban su nombre como malo por causa del Hijo del hombre. ²³ Alégrense ese día y salten de gozo, que grande es la recompensa que Dios les da; pues lo mismo hacían sus padres con los profetas.
²⁴ Pero ¡ay de ustedes, los ricos,
porque ya han recibido su consuelo!
²⁵ ¡Ay de ustedes, los que ahora están repletos,
porque van a pasar hambre!
¡Ay de los que ahora ríen,
porque van a lamentarse y a llorar!
²⁶ ¡Ay si los hombres hablan bien de ustedes, pues lo mismo hacían sus padres con los falsos profetas!

Amor universal

(Mt 5,38-48; 7,1-2.12a)

²⁷ Ahora bien, a ustedes los que me escuchan les digo: Amen a sus enemigos, hagan el bien a los que los odian, ²⁸ bendigan a los que los maldicen, recen por los que los maltratan. ²⁹ Al que te pegue en una mejilla, preséntale también la otra; al que te quite la capa, déjale

---

6,15 "el Fanático", cf. Mt 9,10, nota

también la túnica; ³⁰a todo el que te pide, dale, y al que se lleve lo tuyo, no se lo reclames. ³¹ O sea, traten a los demás como quieran que ellos los traten.

³² Pues si quieren a los que los quieren, ¡vaya generosidad! También los descreídos quieren a los que los quieren. ³³ Y si hacen el bien a los que les hacen el bien, ¡vaya generosidad! También los descreídos lo hacen. ³⁴ Y si prestan sólo cuando piensan recibir, ¡vaya generosidad! También los descreídos se prestan unos a otros con intención de recobrar lo prestado. ³⁵ ¡No! Amen a sus enemigos, hagan el bien y presten sin esperar nada; así tendrán una gran recompensa y serán hijos del Altísimo, porque él es bondadoso con los desagradecidos y malvados.

³⁶ Sean compasivos como su Padre es compasivo. ³⁷ No juzguen y no serán juzgados, no condenen y no los condenarán, perdonen y los perdonarán, ³⁸ den y les darán: les verterán una medida generosa, colmada, apretada, rebosante; pues la medida que usen la usarán con ustedes.

Actitud del discípulo
(Mt 7,3-5.17-20; 12,34b-35)

³⁹ Y añadió una comparación:

–¿Puede acaso un ciego guiar a otro ciego? ¿No caerán los dos en el hoyo? ⁴⁰ Un discípulo no es más que su maestro, aunque, terminado el aprendizaje, cada uno le llegará a su maestro.

⁴¹ ¿Pór qué te fijas en la mota del ojo de tu hermano y no reparas en la viga que llevas en el tuyo? ⁴² ¿Como puedes decir a tu hermano: "Hermano, deja que te saque la mota del ojo", sin fijarte tú en la viga que llevas en el tuyo? ¡Hipócrita! Sácate primero la viga de tu ojo: entonces verás claro y podrás sacar la mota del ojo de tu hermano.

⁴³ Cíerto, no hay árbol sano que dé fruto dañado ni, a su vez, árbol dañado que dé fruto sano. ⁴⁴Cada árbol se conoce por su fruto: ¡no se recogen higos de los espinos ni se cosechan uvas de las zarzas! ⁴⁵ El que es bueno, de la bondad que almacena en su corazón saca el bien, y el que es malo, de la maldad saca el mal: porque lo que rebosa del corazón lo habla la boca.

Los dos cimientos
(Mt 7,24 27)

⁴⁶ ¿Por qué me invocan "Señor, Señor", y no hacen lo que digo? ⁴⁷ Todo el que se acerca a mí, escucha mis palabras y las pone por obra, les voy a indicar a quién se parece: ⁴⁸ se parece a un hombre que edificaba una casa: cavó, ahondó y asentó los cimientos sobre la roca; vino una crecida, rompió el río contra aquella casa y no pudo hacerla vacilar porque estaba bien construida. ⁴⁹ En cambio, el que las escucha y no las pone por obra se parece a uno que edificó una casa sobre la tierra, sin cimientos; rompió el río contra ella y enseguida se derrumbó; y ¡hay que ver qué ruina la de aquella casa!

7 ¹ Cuando acabó todas las prescripciones que destinaba al pueblo, entró en Cafarnaún.

Jesús y el paganismo.
El siervo del centurión
(Mt 8,5-13; Jn 4,46b-54)

² Cierto centurión tenía un siervo al que apreciaba mucho y se encontraba mal, a punto de morir. ³ Oyendo hablar de Jesús, le envió unos notables judíos para rogarle que fuera a salvar a su siervo. ⁴ Se presentaron a Jesús y le suplicaron encarecidamente:

–Merece que se lo concedas, ⁵ porque quiere a nuestra nación y es él quien nos ha construido la sinagoga.

⁶ Jesús se fue con ellos. Ya no estaba lejos de la casa cuando el centurión le mandó unos amigos a decirle:

–Señor, no te molestes, que yo no soy quién para que entres bajo mi techo. ⁷ Por eso tampoco me atreví a ir en persona; pero con una palabra tuya se curará mi criado. Porque yo, que estoy bajo la autoridad de otros, tengo soldados a mis órdenes, y si le digo a uno que se vaya, se va; o a otro que venga, viene; y si le digo a mi siervo que haga algo, lo hace.

⁹ Al oír esto, Jesús se quedó admirado y, volviéndose hacia la multitud que lo seguía, dijo:

–Les digo que ni siquiera en Israel he encontrado tanta fe.

¹⁰ Al volver a casa, los enviados encontraron al siervo sano.

Jesús e Israel:
el hijo de la viuda

¹¹ Después de esto fue a una ciudad llamada Naín, acompañado de sus discípulos y de una gran multitud. ¹² Cuando se acercaba a las puertas de la ciudad resultó que sacaban a enterrar a un muerto, hijo único de su madre, que era viuda; una considerable multitud de la ciudad la acompañaba. ¹³ Al verla el Señor, se conmovió y le dijo:

–No llores.

¹⁴ Acercándose, tocó el ataúd (los que lo llevaban se pararon) y dijo:

–¡Joven, a ti te hablo, levántate!

¹⁵ El muerto se incorporó y empezó a hablar, y Jesús se lo entregó a su madre. ¹⁶ Todos quedaron sobrecogidos y alababan a Dios diciendo:

–Un gran profeta ha surgido entre nosotros.

Y también:

–Dios ha visitado a su pueblo.

¹⁷ Este dicho acerca de Jesús se extendió por todo el país judío y todo el territorio circundante.

Los emisarios de Juan Bautista.
Elogio de Juan
(Mt 11,2-19)

¹⁸ Sus discípulos informaron a Juan de todo aquello. Juan, entonces, llamó a dos de ellos ¹⁹ y los envió al Señor para preguntarle:

–¿Eres tú el que tenía que llegar o esperamos a otro?

²⁰ Aquellos hombres se presentaron a Jesús y le dijeron:

–Juan Bautista nos envía a preguntarte: "¿Eres tú el que tenía que llegar o esperamos a otro?"

²¹ Entonces mismo curó Jesús a muchos de enfermedades, tormentos y malos espíritus, y dio la

vista a muchos ciegos. ²² Después contestó a los enviados:

—Vayan a informar a Juan de lo que han visto y oído:

Los *ciegos ven,* los cojos andan,

Los leprosos quedan limpios y los sordos oyen,

los muertos resucitan,

a los pobres se les anuncia la buena noticia (Is 35,5-6; 61,1).

²³ Y ¡dichoso el que no se escandalice de mí!

²⁴ Cuando se marcharon los emisarios de Juan, se puso Jesús a hablar de Juan a las multitudes:

—¿Qué salieron a contemplar en el desierto? ¿Una caña sacudida por el viento? ¿Qué salieron a ver si no? ¿Un hombre vestido con elegancia? ²⁵ Los que visten espléndidamente y viven en el lujo, ahí están, en la corte de los reyes. ²⁶ Entonces, ¿qué salieron a ver? ¿Un profeta? Sí, desde luego, y más que profeta. ²⁷ Es él de quien está escrito:

"Mira, envío mi mensajero delante de ti;

él preparará tu camino" (Éx 23,20; Mal 3,1).

²⁸ Les digo que entre los nacidos de mujer ninguno es más grande que Juan y, sin embargo, el más pequeño en el reino de Dios es más grande que él.

²⁹ El pueblo entero hizo caso a Juan, incluso los recaudadores, y dieron la razón a Dios recibiendo su bautismo; ³⁰ en cambio, los fariseos y los juristas frustraron en ellos mismos el designio de Dios al rehusar su bautismo.

³¹ Entonces, ¿a quién diré que se parece esta generación? Y, de hecho, ¿a quién se parece? ³² Se pa-

rece a esos niños sentados en la plaza que se gritan unos a otros:

"Tocamos la flauta y no bailan,

cantamos lamentaciones y no lloran".

³³ Porque llegó Juan Bautista, que no comía ni bebía, y dijeron: "tiene un demonio dentro"; ³⁴ ha llegado el Hijo del hombre, que come y bebe, y dicen: "¡vaya un comilón y un borracho, amigo de recaudadores y descreídos!" ³⁵ Pero todos los discípulos de la Sabiduría le han dado la razón.

En casa del fariseo: la pecadora

³⁶ Un fariseo lo invitó a comer con él. Entró en casa del fariseo y se recostó a la mesa. ³⁷ En esto, una mujer conocida en la ciudad como pecadora, al enterarse de que estaba a la mesa en casa del fariseo, llegó con un frasco de perfume, ³⁸ se colocó detrás de él junto a sus pies, llorando, y empezó a regarle los pies con sus lágrimas; se los secaba con el pelo, se los besaba y se los ungía con perfume.

³⁹ Al ver aquello, el fariseo que lo había invitado dijo para sus adentros:

—Éste, si fuera profeta, sabría quién es la mujer que lo está tocando y qué clase de mujer es: una pecadora.

⁴⁰ Jesús tomó la palabra y dijo:

—Simón, tengo algo que decirte.

Él respondió:

—Dímelo, Maestro.

⁴¹ —Un prestamista tenía dos deudores: uno le debía quinientos denarios y el otro cincuenta. ⁴² Como ellos no tenían con qué pagar, les

perdonó a los dos. ¿Cuál de ellos le estará más agradecido?

⁴³ Contestó Simón:

–Supongo que aquel a quien le perdonó más.

Jesús le dijo:

–Has juzgado con acierto.

⁴⁴ Y, volviéndose a la mujer, dijo a Simón:

–¿Ves esta mujer? Cuando entré en tu casa, no me diste agua para los pies; ella, en cambio, me ha regado los pies con sus lágrimas y me los ha secado con su pelo. ⁴⁵ Tú no me besaste; ella, en cambio, desde que entró no ha dejado de besarme los pies. ⁴⁶ Tú no me echaste ungüento en la cabeza; ella, en cambio, me ha ungido los pies con perfume. ⁴⁷ Por eso te digo: sus pecados, que eran muchos, se le han perdonado, por eso muestra tanto agradecimiento; en cambio, al que poco se le perdona, poco tiene que agradecer.

⁴⁸ Y a ella le dijo:

–Tus pecados están perdonados.

⁴⁹ Los comensales empezaron a decirse:

–¿Quién es éste, que hasta perdona pecados?

⁵⁰ Pero él le dijo a la mujer:

–Tu fe te ha salvado; vete en paz.

Labor itinerante
El grupo que acompañaba a Jesús

8 ¹ A continuación fué también él caminando de pueblo en pueblo y de aldea en aldea, proclamando la buena noticia del reinado de Dios. Lo acompañaban los Doce ² y algunas mujeres, curadas de malos espíritus y enfermedades: María, la llamada Magdalena, de la que habían salido siete demonios; ³ Juana, la mujer de Cusa, intendente de Herodes; Susana, y otras muchas que les ayudaban con sus bienes.

Parábola del sembrador y explicación a los discípulos
(Mt 13,1-23; Mc 4,1-25)

⁴ Como se había juntado una gran multitud y en cada pueblo se iba añadiendo más gente, dijo en forma de parábola:

⁵ –Salió el sembrador a sembrar su semilla. Al sembrar, algo cayó junto al camino, lo pisaron y los pájaros se lo comieron. ⁶ Otra parte cayó en las rocas; brotó, pero se secó por falta de humedad. ⁷ Otra parte cayó entre las zarzas, y las zarzas, brotando al mismo tiempo, la ahogaron. ⁸ Otra parte cayó en la tierra buena; brotó y dio fruto, cien veces más.

Dicho esto, exclamó:

–¡Quien tenga oídos para oír, que escuche!

⁹ Sus discípulos le preguntaron qué significaba aquella parábola. ¹⁰ Él les respondió:

– A ustedes se les ha concedido conocer los secretos del reino de Dios; a los demás, en cambio, se les proponen con parábolas. Así,

viendo no ven

y oyendo no entienden (Is 6,9).

¹¹ La parábola significa esto: "La semilla" es el mensaje de Dios. ¹² "Los de junto al camino" son los que escuchan, pero luego llega el diablo y les quita el mensaje del corazón, para que no crean y se sal-

ven. [13] "Los de las rocas" son los que, cuando lo escuchan, reciben el mensaje con alegría, pero éstos no tienen raíces; por un tiempo creen, pero en el momento de la prueba desertan. [14] "Lo que cayó entre las zarzas" son esos que escuchan, pero las preocupaciones, las riquezas y los placeres de la vida los van ahogando mientras caminan y no llegan a madurar. [15] "Lo de la tierra buena" son esos que escuchan, guardan el mensaje en un corazón noble y bueno y van dando fruto con su constancia.

[16] Nadie enciende una lámpara para taparla con una vasija o meterla debajo de la cama; la pone en el candelero para que los que entren vean la luz. [17] Porque no hay nada oculto que no se haga manifiesto, ni nada escondido que no llegue a saberse y no salga a la luz.

[18] Y atención a cómo escuchan, porque al que produce, se le dará, pero al que no produce le quitarán hasta lo que cree tener.

Madre y hermanos de Jesús
(Mt 12,46-50; Mc 3,31-35)

[19] Se presentó allí su madre con sus hermanos, pero no lograban llegar hasta él por causa de la multitud. [20] Entonces le avisaron:

—Tu madre y tus hermanos se han quedado fuera y quieren verte.

[21] Pero él les contestó:

—Madre y hermanos míos son los que escuchan el mensaje de Dios y lo ponen por obra.

Travesía a país pagano:
la tempestad
(Mt 8,23-27; Mc 4,35-5,1)

[22] Un día subió también él a una barca con sus discípulos y les dijo:

—Crucemos al otro lado del lago.

Y zarparon. [23] Mientras navegaban se quedó dormido. Se abatió sobre el lago un torbellino de viento; la barca se les anegaba y corrían peligro. [24] Acercándose a Jesús lo despertaron diciéndole:

— ¡Jefe, jefe, que perecemos!

Él, ya despierto, conminó al viento y al oleaje; se apaciguaron y se produjo la calma. [25] Entonces les dijo:

—¿Dónde está su fe?

Ellos, con miedo y admiración, comentaban:

—Pero entonces, ¿quién es éste? Porque da órdenes a los vientos y al agua y le obedecen.

[26] Y arribaron a la región de los gerasenos, que está enfrente de Galilea.

Jesús y el paganismo:
el geraseno endemoniado
(Mt 8,28-34; Mc 5,2-20)

[27] Al saltar él a tierra, fue a su encuentro un hombre de la ciudad que estaba endemoniado; hacía tiempo que no usaba vestido y no vivía en una casa, sino en los sepulcros. [28] Al ver a Jesús, dio un grito, se postró ante él y le dijo a voces:

—¿Qué tienes tú contra mí, Jesús, Hijo del Dios Altísimo? ¡Te lo ruego, no me sometas al suplicio!

8,18 "produce", lit. "tiene" sobreentendiéndose "por haber producido"; alusión a los frutos del v. 15.

29 Es que Jesús le estaba mandando al espíritu inmundo que saliera de aquel hombre; de hecho, hacía mucho tiempo que lo tenía en su poder y, aunque lo custodiaban teniéndolo atado con cadenas y grillos, él rompía las ataduras y el demonio lo empujaba a lugares desiertos.

30 Jesús le preguntó:

—¿Cómo te llamas?

Respondió él:

—Legión.

Porque eran muchos los demonios que habían entrado en él. 31 Y le suplicaban que no los mandara al abismo.

32 Había allí cerca una numerosa piara de cerdos hozando en el monte, y los demonios le suplicaron que les permitiera entrar en ellos. Él se lo permitió. 33 Salieron los demonios del hombre y se metieron en los cerdos; y la piara se abalanzó al lago, acantilado abajo, y se ahogó.

34 Al ver lo ocurrido, los porquerizos salieron huyendo y lo contaron en la ciudad y en los cortijos. 35 Salieron a ver lo ocurrido, llegaron adonde estaba Jesús y se encontraron al hombre del que habían salido los demonios sentado a los pies de Jesús, vestido y en su juicio, y les entró miedo.

36 Los que lo habían visto les contaron cómo había sido liberado el endemoniado. 37 Toda la población de la comarca de los gerasenos, presa de un miedo atroz, le rogó que se marchase de allí. Él subió a la barca y se volvió; 38 el hombre del que habían salido los demonios le rogaba por favor que lo admitiese en su compañía, pero Jesús lo despidió diciéndole:

—Vuelve a tu casa y refiere lo que Dios ha hecho por ti.

39 Él se marchó para anunciar por toda la ciudad lo que Jesús había hecho por él.

Jesús e Israel: la hija de Jairo y la mujer con flujos
(Mt 9,18-26; Mc 5,21-6,1a)

40 Al regresar Jesús, la multitud le dio la bienvenida, pues todos estaban aguardándolo. 41 En esto llegó un hombre llamado Jairo, que era jefe de la sinagoga, y se echó a los pies de Jesús suplicándole que fuera a su casa, 42 porque tenía una hija única, de doce años, y se estaba muriendo.

Mientras iba de camino, las multitudes lo asfixiaban. 43 Una mujer que padecía flujos de sangre desde hacía doce años y había malgastado toda su fortuna en médicos sin que ninguno pudiera curarla, 44 se acercó y le tocó por detrás el borde del manto; en el acto se le cortaron los flujos. 45 Jesús preguntó:

—¿Quién me ha tocado?

Mientras todos decían que ellos no, le repuso Pedro:

—¡Jefe, si las multitudes te aprietan y te estrujan!

46 Pero Jesús dijo:

—Alguien me ha tocado, porque he sentido que una fuerza salía de mí.

47 Viendo la mujer que no había pasado inadvertida, se acercó temblorosa, se postró ante él y explicó delante de todo el pueblo por qué motivo lo había tocado y cómo se había curado en el acto. 48 Él le dijo:

—Hija, tu fe te ha salvado; vete en paz.

⁴⁹ Aún estaba hablando, cuando llegó uno de casa del jefe de sinagoga a decirle:

–Tu hija ha muerto; no molestes más al Maestro.

⁵⁰ Pero Jesús lo oyó y le repuso:

–No temas; basta que tengas fe y se salvará.

⁵¹ Al llegar a la casa, no dejó entrar con él más que a Pedro, a Juan y a Santiago, y al padre y la madre de la niña. ⁵² Todos lloraban y hacían duelo por ella. Pero él dijo:

–No lloren, que no ha muerto; está durmiendo.

⁵³ Todos se reían de él, sabiendo que había muerto.

⁵⁴ Pero él la tomó de la mano y la llamó diciendo:

–Niña, levántate.

⁵⁵ Le volvió el aliento y se puso en pie al instante: él mandó que le dieran de comer. ⁵⁶ Sus padres se quedaron atónitos, pero Jesús les ordenó que no dijeran a nadie lo sucedido.

Envío de los Doce

(Mt 10,1-15; Mc 6,7-13)

9 ¹ Convocó a los Doce y les dio fuerza y autoridad sobre toda clase de demonios y para curar enfermedades. ² Luego los envió a proclamar el reinado de Dios y a curar a los enfermos, ³ diciéndoles:

–No tomen nada para el camino: ni bastón ni alforja, ni pan ni dinero, ni lleven cada uno dos túnicas. ⁴ Quédense en la casa en que se alojen hasta que se vayan de aquel lugar. ⁵ Y en caso de que no los reciban, al salir de aquel pueblo sacúdanse el polvo de los pies, como prueba contra ellos.

⁶ Ellos se pusieron en camino y fueron de aldea en aldea, anunciando la buena noticia y curando en todas partes.

Desconcierto de Herodes

(Mt. 14,1-12; Mc 6,14-29)

⁷ El tetrarca Herodes se enteró de todo lo que estaba pasando y no sabía a qué atenerse, porque unos decían que Juan había resucitado de la muerte; ⁸ otros, en cambio, que había aparecido Elías, y otros que un profeta de los antiguos había vuelto a la vida. ⁹ Pero Herodes se dijo:

–A Juan le corté yo la cabeza. ¿Quién es éste de quien oigo semejantes cosas?

Y tenía ganas de verlo.

El pan del éxodo

(Mt 14,13-21; Mc 6,30-44; Jn 6,1-14)

¹⁰ Al volver los enviados contaron a Jesús todo lo que habían hecho. Entonces se los llevó y se retiró con ellos aparte en dirección a una ciudad llamada Betsaida, ¹¹ pero las multitudes se dieron cuenta y lo siguieron. Él las acogió, estuvo hablándoles del reinado de Dios y fue curando a los que lo necesitaban.

¹² Caía la tarde y los Doce se le acercaron a decirle:

–Despide a la multitud, que vayan a las aldeas y cortijos de alrededor a buscar alojamiento y comida, porque esto es un descampado.

¹³ Él les contestó:

–Denles ustedes de comer.

Replicaron ellos:

–¡Si no tenemos más que cinco panes y dos peces! A menos que vayamos nosotros a comprar de comer para todo este pueblo. [14] Eran unos cinco mil hombres adultos.

Jesús dijo a sus discípulos:

–Díganles que se acomoden en grupos de cincuenta.

[15] Así lo hicieron, diciendo a todos que se acomodaran. [16] Y tomando él los cinco panes y los dos peces, alzó la mirada al cielo, los bendijo, los partió y los dio a sus discípulos para que los sirvieran a la multitud. [17] Comieron todos hasta saciarse y recogieron las sobras de los trozos: doce cestos.

El Mesías: declaración de Pedro y primer anuncio de la muerte-resurrección
(Mt 16,13-21.24-28; Mc 8,27-31.34-9,1)

[18] Una vez que estaba orando él solo, se encontraban con él los discípulos y les hizo esta pregunta:

–¿Quién dice la gente que soy yo?

[19] Contestaron ellos:

–Juan Bautista; otros, en cambio, Elías, y otros un profeta de los antiguos que ha vuelto a la vida.

[20] Entonces él les preguntó:

–Y ustedes, ¿quién dicen que soy yo?

Pedro tomó la palabra y dijo:

–El Mesías de Dios.

[21] Pero él los conminó a que no lo dijeran absolutamente a nadie. [22] Y añadió:

–El Hijo del hombre tiene que padecer mucho, tiene que ser rechazado por los senadores, sumos sacerdotes y letrados, sufrir la muerte y, al tercer día, resucitar.

[23] Y, dirigiéndose a todos, dijo:

–El que quiera venirse conmigo, que se niegue a sí mismo, que cargue cada día con su cruz y entonces me siga; [24] porque si uno quiere poner a salvo su vida, la perderá; en cambio, el que pierda su vida por causa mía, ése la pondrá a salvo. [25] Y ¿de qué sirve a un hombre ganar el mundo entero si acaba perdiéndose o malográndose él mismo? [26] Porque si uno se avergüenza de mí o de mis palabras, también el Hombre se avergonzará de él cuando llegue con su gloria, con la del Padre y la de los ángeles santos. [27] Y les aseguro que algunos de los aquí presentes no morirán sin haber visto el reinado de Dios.

El éxodo del Mesías: la transfiguración
(Mt 17,1-8; Mc 9,2-8)

[28] Ocho días después de éste discurso se llevó a Pedro, a Juan y a Santiago y subió al monte a orar. [29] Mientras oraba, el aspecto de su rostro cambió y sus vestidos refulgían de blancos. [30] En esto, se presentaron dos hombres que conversaban con él: eran Moisés y Elías, [31] que se habían aparecido resplandecientes y hablaban de su éxodo, que iba a completar en Jerusalén. [32] Pedro y sus compañeros estaban amodorrados por el sueño, pero se espabilaron y vieron su gloria y a los dos hombres que estaban con él. [33] Mientras éstos se alejaban, dijo Pedro a Jesús:

–Jefe, viene muy bien que estemos aquí nosotros; podríamos hacer tres chozas: una para ti, otra para Moisés y otra para Elías.

No sabía lo que decía. ³⁴ Mientras hablaba, se formó una nube y los fue cubriendo con su sombra. Al entrar en la nube se asustaron. ³⁵ Y hubo una voz de la nube que decía:

–Éste es mi Hijo, el Elegido. Escúchenlo.

³⁶ Al producirse la voz, Jesús estaba solo. Ellos guardaron el secreto y, por el momento, no contaron a nadie nada de lo que habían visto.

El pueblo desesperado: el niño epiléptico

(Mt 17,14-18; Mc 9,14-27)

³⁷ Al día siguiente, al bajar ellos del monte, salió al encuentro de Jesús una gran multitud ³⁸ y, de pronto, entre la multitud un hombre exclamó:

–¡Maestro, por favor, fíjate en mi hijo, que es el único que tengo! ³⁹ Sin más lo agarra un espíritu, y de repente da un grito, lo retuerce entre espumarajos y a duras penas se va, dejándolo molido. ⁴⁰ He rogado a tus discípulos que lo echen, pero no han sido capaces.

⁴¹ Jesús replicó:

–¡Generación sin fe y pervertida! ¿Hasta cuándo tendré que estar con ustedes y soportarlos? Trae aquí a tu hijo.

⁴² Mientras se acercaba lo derribó el demonio y empezó a retorcerlo. Jesús conminó al espíritu inmundo, curó al muchacho y se lo devolvió a su padre. ⁴³ᵃ Todos quedaron impresionados de la grandeza de Dios.

Segundo anuncio de la muerte-resurección

(Mt 17,22-23; Mc 9,30-33a)

⁴³ᵇ Entre la admiración general por todo lo que hacía, dijo a sus discípulos:

⁴⁴ –Ustedes métanse bien esto en la cabeza: el Hijo del hombre va a ser entregado en manos de ciertos hombres.

⁴⁵ Pero ellos no entendían este lenguaje; les resultaba tan oscuro que no entendían el sentido, y tenían miedo de preguntarle sobre el asunto.

Ambición: el ejemplo del niño

(Mt 18,1-5; Mc 9,33b-37)

⁴⁶ Pero les entró la idea de cuál de ellos sería el más grande. ⁴⁷ Jesús, adivinando sus intenciones, tomó al niño, lo puso a su lado ⁴⁸ y les dijo:

–El que acoge a este niño como si fuera a mí mismo, me acoge a mí, y el que me acoge a mí, acoge al que me ha enviado; es decir, el que es de hecho más pequeño entre ustedes, ése es grande.

Exclusivismo de los discípulos

(Mc 9,38-40)

⁴⁹ Intervino Juan y dijo:

–Jefe, hemos visto a uno que echaba demonios en tu nombre y hemos intentado impedírselo, porque no te sigue junto con nosotros.

⁵⁰ Jesús le repuso:

–Nada se lo impida, pues el que no está contra ustedes está a favor de ustedes.

V
EL CAMINO HACIA JERUSALÉN

En Samaría: Jesús decide enfrentarse con Jerusalén

⁵¹ Cuando iba llegando el tiempo de que se lo llevaran a lo alto, también él resolvió ponerse en camino para encararse con Jerusalén. ⁵² Envió mensajeros por delante; éstos entraron en una aldea de Samaría para preparar su llegada, ⁵³ pero se negaron a recibirlo, porque había resuelto ir a Jerusalén. ⁵⁴ Al ver esto, Santiago y Juan, discípulos suyos, le propusieron:

—Señor, si quieres, decimos que *caiga un rayo y los aniquile* (2 Re 1,10-12).

⁵⁵ Él se volvió y los increpó. ⁵⁶ Y se marcharon a otra aldea.

Nuevos discípulos
(Mt 8,19-22)

⁵⁷ Mientras iban por el camino, le dijo uno:

—Te seguiré adondequiera que vayas.

⁵⁸ Jesús le respondió:

—Las zorras tienen madrigueras y los pájaros nidos, pero el Hijo del hombre no tiene donde reclinar la cabeza.

⁵⁹ A otro le dijo:

—Sígueme.

Él respondió:

—Señor, permíteme que vaya primero a enterrar a mi padre.

⁶⁰ Jesús le replicó:

—Deja que los muertos entierren a sus propios muertos; tú vete a anunciar por ahí el reinado de Dios.

⁶¹ Otro le dijo:

—Te seguiré, Señor, pero permíteme despedirme primero de mi familia.

⁶² Jesús le contestó:

—El que echa mano al arado y sigue mirando atrás, no vale para el reino de Dios.

Designación y misión de otros setenta
(Mt 11,20-24)

10 ¹ Después de esto, el Señor designó a otros setenta y los mandó por delante, de dos en dos, a todos los pueblos y lugares adonde pensaba ir él. ² Y les dijo:

—La mies es abundante y los braceros pocos; por eso, rueguen al Señor de la mies que mande braceros a su mies. ³ ¡En marcha! Miren que los envío como corderos entre lobos. ⁴ No lleven bolsa ni alforja ni sandalias, y no se paren a saludar por el camino. ⁵ Cuando entren en una casa, lo primero saluden: "Paz a esta casa". ⁶ Si hay allí gente de paz, la paz que les desean se posará sobre ellos; si no, volverá a ustedes. ⁷ Quédense en esa casa, coman y beban de lo que tengan, que el obrero merece su salario. No anden cambiando de casa.

9,55 algunos manuscritos añaden: "y dijo: No saben de qué espíritu son ustedes, porque el Hijo del hombre no ha venido a perder a los hombres, sino a salvarlos".

⁸ Si entran en un pueblo y los reciben bien, coman de lo que les pongan, ⁹ curen a los enfermos que haya y díganles: "Está cerca de ustedes el reinado de Dios". ¹⁰Cuando entren en un pueblo y no los reciban, salgan a las calles y díganles: ¹¹ "Hasta el polvo de este pueblo que se nos ha pegado a los pies nos lo limpiamos, ¡para ustedes! De todos modos, sepan que está cerca el reinado de Dios". ¹² Les digo que el día aquel le será más llevadero a Sodoma que a ese pueblo.

¹³ ¡Ay de ti, Corozaín; ay de ti, Betsaida! Porque si en Tiro y en Sidón se hubieran hecho las potentes obras que en ustedes, hace tiempo que se habrían arrepentido vestidas de saco y sentadas en ceniza. ¹⁴ Por eso, el juicio le será más llevadero a Tiro y a Sidón que a ustedes. ¹⁵ Y tú, Cafarnaún, ¿piensas encumbrarte hasta el cielo? Bajarás al abismo (Is 14,13.15).

¹⁶ Quien los escucha a ustedes, me escucha a mí; quien los rechaza a ustedes, me rechaza a mí; y quien me rechaza a mí, rechaza al que me ha enviado.

Regreso de los setenta
(Mt 11,25-27; 13,16-17)

¹⁷ Los setenta regresaron muy contentos y le dijeron:

–Señor, hasta los demonios se nos someten por tu nombre. ¹⁸ Él les contestó:

–¡Ya veía yo que Satanás caería del cielo como un rayo! ¹⁹ Yo les he dado la potestad de pisar serpientes y escorpiones y todas las fuerzas del enemigo; y nada podrá hacerles daño. ²⁰ Sin embargo, no se alegren porque se les someten los espíritus; alégrense de que sus nombres están escritos en el cielo.

El gozo de Jesús
(Mt 11,25-27; 13,16-17)

²¹ En aquel preciso momento, exultante con el gozo del Espíritu Santo, exclamó:

–¡Bendito seas, Padre, Señor de cielo y tierra, porque si has ocultado estas cosas a los sabios y entendidos, se las has revelado a la gente sencilla! Sí, Padre, bendito seas por haberte parecido eso bien. ²² Mi Padre me lo ha entregado todo: quién es el Hijo, lo sabe sólo el Padre; quién es el Padre, lo sabe sólo el Hijo y aquel a quien el Hijo se lo quiera revelar.

²³ Y, volviéndose a sus discípulos, les dijo aparte:

–¡Dichosos los ojos que ven lo que ustedes ven! ²⁴ Porque les digo que muchos profetas y reyes desearon ver lo que ustedes ven y no lo vieron, y oír lo que oyen ustedes y no lo oyeron.

La Ley y el prójimo:
el buen samaritano

²⁵ En esto se levantó un jurista y le preguntó para ponerlo a prueba:

–Maestro, ¿qué tengo que hacer para heredar vida definitiva?

²⁶ Él le dijo:

–¿Qué está escrito en la Ley? ¿Cómo es eso que recitas?

²⁷ Éste contestó:

–"Amarás al Señor tu Dios con todo tu corazón, con toda tu alma, con todas tus fuerzas y con toda tu mente. *Y a tu prójimo como a ti mismo*" (Dt 6,5; Lv 19,18).

²⁸ Él le dijo:

–Bien contestado. Haz eso y tendrás vida.

²⁹ Pero el otro, queriendo justificarse, preguntó a Jesús:

–Y ¿quién es mi prójimo?

³⁰ Tomando pie de la pregunta, dijo Jesús:

–Un hombre bajaba de Jerusalén a Jericó y lo asaltaron unos bandidos; lo desnudaron, lo molieron a palos y se marcharon, dejándolo medio muerto. ³¹ Coincidió que bajaba un sacerdote por aquel camino; al verlo, dio un rodeo y pasó de largo. ³² Lo mismo hizo un clérigo que llegó a aquel sitio; al verlo, dio un rodeo y pasó de largo. ³³ Pero un samaritano que iba de viaje llegó adonde estaba el hombre y, al verlo, se conmovió; ³⁴ se acercó a él y le vendó las heridas echándoles aceite y vino; luego lo montó en su propia cabalgadura, lo llevó a una posada y lo cuidó. ³⁵ Al día siguiente sacó dos denarios de plata y, dándoselos al posadero, le dijo: "Cuida de él, y lo que gastes de más te lo pagaré a la vuelta". ³⁶ ¿Qué te parece? ¿Cuál de estos tres se hizo prójimo del que cayó en manos de los bandidos?

³⁷ El jurista contestó:

–El que tuvo compasión de él.

Jesús le dijo:

–Pues anda, haz tú lo mismo.

Los dos grupos de seguidores: Marta y María

³⁸ Mientras iban de camino, entró también él en una aldea, y una mujer de nombre Marta lo recibió en su casa. ³⁹ Ésta tenía una hermana llamada María, que se sentó a los pies del Señor para escuchar sus palabras. ⁴⁰ Marta, en cambio, se dispersaba en múltiples tareas. Se le plantó delante y le dijo:

–Señor, ¿no se te da nada de que mi hermana me deje sola con el servicio? Dile que me eche una mano.

⁴¹ Pero el Señor le contestó:

–Marta, Marta, andas preocupada e inquieta con tantas cosas: ⁴² sólo una es necesaria. Sí, María ha escogido la parte mejor, y ésa no se le quitará.

La oración

Dos modos de orar: Juan y Jesús

(Mt 6,9-15)

11 ¹ Una vez estaba él orando en cierto lugar; al terminar, uno de sus discípulos le pidió:

–Señor, enséñanos a orar, como Juan enseñó a sus discípulos.

² Él les dijo:

–Cuando oren, digan:

"Padre,

proclámese ese nombre tuyo,

llegue tu reinado;

³ nuestro pan del mañana dánoslo cada día

⁴ y perdónanos nuestros pecados,

que también nosotros perdonamos a todo deudor nuestro,

y no nos dejes ceder a la tentación".

Petición insistente

(Mt 7,7-11)

⁵ Y añadió:

–Supongan que uno de ustedes tiene un amigo, que llega a mitad de la noche diciendo: "Amigo, préstame tres panes, [6] que un amigo mío ha venido de viaje y no tengo nada que ofrecerle". [7] Y que, desde dentro, el otro le responde: "Déjame en paz; la puerta está ya cerrada, los niños y yo estamos acostados: no puedo levantarme a dártelos". [8] Les digo que, si no se levanta a dárselos por ser amigo suyo, al menos por su impertinencia se levantará a darle lo que necesita.

[9] Por mi parte, les digo yo: pidan y se les dará, busquen y encontrarán, llamen y les abrirán; [10] porque todo el que pide recibe, el que busca encuentra, y al que llama le abren. [11] ¿Quién de ustedes que sea padre, si su hijo le pide pescado, en vez de pescado le va a ofrecer una culebra? [12] O, si le pide un huevo, ¿le va a ofrecer un alacrán? [13] Pues si ustedes, aun siendo malos, saben dar cosas buenas a sus hijos, ¡cuánto más el Padre del cielo dará Espíritu Santo a los que se lo piden!

La llegada del reinado de Dios.
Lo acusan de magia y le piden una señal
(Mt 12,22-30.43-45; Mc 3,20-27)

[14] Estaba Jesús echando un demonio que era mudo y, apenas salió el demonio, el mudo habló. Las multitudes quedaron admiradas, [15] pero algunos de ellos dijeron:

—Echa los demonios con poder de Belcebú, el jefe de los demonios.

[16] Otros, para tentarlo, le exigían una señal que viniera del cielo.

[17] Él, calando sus intenciones, les dijo:

—Todo reino dividido queda asolado y se derrumba casa tras casa. [18] Pues si también Satanás se ha dividido, ¿cómo va a mantenerse en pie su reino? ..., ya que dicen ustedes que yo echo los demonios con poder de Belcebú. [19] Ahora, si yo echo los demonios con poder de Belcebú, sus adeptos, ¿con poder de quién los echan? Por eso, ellos mismos serán sus jueces. [20] En cambio, si yo echo los demonios con la fuerza de Dios, señal de que el reinado de Dios ha llegado hasta ustedes.

[21] Mientras el fuerte bien armado guarda su palacio, sus bienes están seguros. [22] Pero cuando otro más fuerte que él lo asalta y lo vence, le quita las armas con que confiaba y reparte el botín. [23] El que no está conmigo, está contra mí; y el que no reúne conmigo, dispersa.

[24] Cuando al espíritu inmundo lo echan de un hombre, va recorriendo lugares áridos buscando un alojamiento; al no encontrarlo, dice: "Me vuelvo a mi casa, de donde me echaron". [25] Al llegar se la encuentra barrida y arreglada. [26] Entonces va a reunir otros siete espíritus peores que él y se mete a vivir allí. Y el final de aquel hombre resulta peor que el principio.

La verdadera dicha

[27] Mientras él decía estas cosas, una mujer de entre la multitud alzó la voz y le dijo:

—¡Dichoso el vientre que te llevó y los pechos que te criaron!

[28] Pero él repuso:

—Mejor: ¡dichosos los que escuchan el mensaje de Dios y lo cumplen!

Única señal: su mensaje
(Mt 12,-38-42; Mt 8,12)

²⁹ Las multitudes se apiñaban a su alrededor, y él se puso a decir:

—Esta generación es una generación perversa. Pide una señal, y señal no se le dará sino la señal de Jonás. ³⁰ Porque, igual que Jonás fue una señal para los habitantes de Nínive, así va a serlo también el Hijo del hombre para esta generación. ³¹ En el juicio, la reina del Sur se pondrá en pie para carearse con esta generación y hará que la condenen; porque ella vino desde los confines de la tierra para escuchar la sabiduría de Salomón, y hay más que Salomón aquí. ³² En el juicio, los habitantes de Nínive se levantarán para carearse con esta generación y harán que la condenen, porque ellos se arrepintieron con la predicación de Jonás, y hay más que Jonás aquí.

Solidaridad entre los hombres. La generosidad
(Mt 5,15; 6,22 23 Mc 4 21)

³³ Nadie enciende una lámpara para meterla en el sótano; la pone en el candelero para que todos los que entren vean la luz.

³⁴ La lámpara de la persona es la esplendidez. Cuando eres generoso, toda tu persona está luminosa; en cambio, si eres tacaño, tu persona está oscura. ³⁵ Por eso cuidado con que la luz que tienes no sea oscuridad. ³⁶ Si tu persona entera es luminosa, sin parte alguna oscura, serás luminoso todo entero, como cuando la lampara te ilumina con su brillo.

Los que no se enmiendan: fariseos y juristas
(Mt 23,1-36;.Mc 12,38-40; Lc 20,45-47)

³⁷ Apenas terminó de hablar, un fariseo lo invitó a comer a su casa. Él entró y se recostó a la mesa. ³⁸ El fariseo se extrañó al ver que no hacía abluciones antes de comer, ³⁹ y el Señor le dijo:

—De modo que ustedes, los fariseos, limpian por fuera la copa y el plato, mientras por dentro están repletos de robos y maldades. ⁴⁰ ¡Insensatos! El que hizo lo de fuera, ¿no hizo también lo de dentro? ⁴¹ En vez de eso, den lo que tienen en limosnas y así tendrán limpio todo.

⁴² Pero, ¡ay de ustedes, fariseos! Pagan el diezmo de la hierbabuena, de la ruda y de toda verdura, y pasan por alto la justicia y el amor de Dios. ¡Esto había que practicar! Y aquello ..., no descuidarlo.

⁴³ ¡Ay de ustedes, fariseos, que gustan de los primeros asientos en las sinagogas y de las reverencias por la calle!

⁴⁴ ¡Ay de ustedes, porque son como tumbas sin señal, que la gente pisa sin saberlo!

⁴⁵ Intervino un jurista y le dijo:

—Maestro, diciendo eso nos ofendes también a nosotros.

⁴⁶ Jesús le replicó:

—¡Ay de ustedes también, juristas, que abruman a la gente con cargas insoportables, mientras ustedes ni las rozan con un dedo!

⁴⁷ ¡Ay de ustedes, que edifican mausoleos a los profetas, después que sus padres los mataron! ⁴⁸ Así dan testimonio de lo que hicieron sus padres y lo aprueban; porque

ellos los mataron y ustedes edifican sus sepulcros. ⁴⁹ Por eso dijo la sabiduría de Dios: "Les enviaré profetas y apóstoles; a unos los matarán, a otros los perseguirán", ⁵⁰ para que a esta generación se le pida cuenta de la sangre de los profetas derramada desde que empezó el mundo; ⁵¹ desde la sangre de Abel hasta la sangre de Zacarías, que pereció entre el altar y el santuario. Sí, les digo: se le pedirá cuenta a esta generación.

⁵² ¡Ay de ustedes, juristas, porque se han guardado la llave del saber! Ustedes no han entrado y a los que iban a entrar se lo han impedido.

⁵³ Al salir de allí, los letrados y fariseos empezaron a acosarlo sin piedad y a tirarle de la lengua sobre muchas cuestiones, ⁵⁴ estando al acecho para sorprenderlo en algo con sus propias palabras.

Actitudes del discípulo

Contra la hipocresía y el miedo a los fariseos

(Mt 16,6-12; 10,28-33; 12,32; 10,19-20; Mc 8,15)

12 ¹ Entretanto, miles y miles de personas se habían aglomerado hasta pisarse unos a otros. Jesús empezó a hablar, dirigiéndose en primer lugar a los discípulos:

–Cuidado con la levadura de los fariseos, que es la hipocresía. ² Pero nada hay encubierto que no llegue a descubrirse, ni nada escondido que no llegue a saberse; ³ porque lo que dijeron de noche se escuchará en pleno día, y lo que dijeron al oído se pregonará desde las azoteas.

⁴ Les digo a ustedes, mis amigos: no teman a los que matan el cuerpo y después no pueden hacer más. ⁵ Les voy a indicar a quién tienen que temer: teman a aquel que, después de matar, tiene poder para arrojar al quemadero. Sí, yo les digo, a ése témanle. ⁶ ¿No se venden cinco gorriones por cuatro centavos? Y, sin embargo, ni uno solo de ellos está olvidado por Dios. ⁷ Es más, hasta los pelos de su cabeza están todos contados. No tengan miedo: ustedes valen más que todos los gorriones juntos.

⁸ Y les digo que si uno, quienquiera que sea, se pronuncia por mí ante los hombres, también el Hijo del hombre se pronunciará por él ante los ángeles de Dios. ⁹ Pero si uno me niega ante los hombres, será negado él ante los ángeles de Dios. ¹⁰ A todo el que diga algo contra el Hijo del hombre, se le podrá perdonar; pero el que insulte al Espíritu Santo no tendrá perdón.

¹¹ Y cuando los hagan comparecer en las sinagogas y ante los magistrados y las autoridades, no se preocupen de cómo o de qué se van a defender o de lo que van a decir; ¹² porque lo que tienen que decir se lo enseñará el Espíritu Santo en aquel mismo momento.

Parábola del rico necio

¹³ Uno de la multitud le pidió:

–Maestro, dile a mi hermano que reparta conmigo la herencia.

¹⁴ Le contestó Jesús:

–Hombre, ¿quién me ha nombrado juez o árbitro entre ustedes?

¹⁵ Entonces les dijo:

—Miren, guárdense de toda codicia, que, aunque uno ande sobrado, la vida no depende de los bienes. [16] Y les propuso una parábola:

—Las tierras de un hombre rico dieron una gran cosecha.

[17] Él se puso a echar cálculos:

—¿Qué hago? No tengo dónde almacenarla.

[18] Entonces se dijo:

—Voy a hacer lo siguiente: derribaré mis graneros, construiré otros más grandes y almacenaré allí todo mi grano y mis provisiones. [19] Luego podré decirme: "amigo, tienes muchas provisiones en reserva para muchos años: descansa, come, bebe y date a la buena vida".

[20] Pero Dios le dijo:

—Insensato, esta misma noche te van a reclamar la vida. Lo que tienes preparado, ¿para quién va a ser?

[21] Eso le pasa al que amontona riquezas para sí y no es rico para con Dios.

Confianza en el Padre. Vigilancia
(Mt 6,19-21.25-34)

[22] Y a los discípulos les dijo:

—Por eso les digo: No anden preocupados por la vida, pensando qué van a comer; ni por el cuerpo, pensando con qué se van a vestir. [23] Porque la vida vale más que el alimento y el cuerpo más que el vestido. [24] Fíjense en los cuervos: ni siembran ni siegan, no tienen despensa ni granero y, sin embargo, Dios los alimenta. Y ¡cuánto más valen ustedes que los pájaros! [25] Y ¿quién de ustedes a fuerza de preocuparse podrá añadir una hora al tiempo de su vida? [26] Entonces, si no son capaces ni siquiera de lo pequeño, ¿por qué se preocupan por lo demás? [27] Fíjense cómo crecen los lirios: ni hilan ni tejen, y les digo que ni Salomón en todo su fasto estaba vestido como cualquiera de ellos. [28] Pues si a la hierba, que hoy está en el campo y mañana se echa en el horno, Dios la viste así, ¿cuánto más no hará por ustedes, gente de poca fe?

[29] No estén con el alma en un hilo, buscando qué comer o qué beber. [30] Son los paganos del mundo entero quienes ponen su afán en esas cosas, pero ya sabe su Padre que ustedes tienen necesidad de ellas. [31] Por el contrario, busquen que él reine, y eso se les dará por añadidura. [32] No temas, rebaño pequeño, que es decisión de su Padre reinar de hecho entre ustedes.

[33] Vendan sus bienes y denlos en limosna; háganse bolsas que no se estropeen, una riqueza inagotable en el cielo, adonde no se acercan los ladrones ni echa a perder la polilla. [34] Porque donde tengan su riqueza tendrán el corazón.

[35] Tengan el delantal puesto y encendidos los candiles; [36] parézcanse a los que aguardan a que su señor vuelva de la boda, para, cuando llegue, abrirle en cuanto llame. [37] ¡Dichosos esos siervos si el señor al llegar los encuentra despiertos! Les aseguro que él se pondrá el delantal, los hará recostarse y les irá sirviendo uno a uno. [38] Si llega entrada la noche o incluso de madrugada y los encuentra así, ¡dichosos ellos! [39] Esto ya lo comprenden ustedes, que si el dueño de la

casa supiera a qué hora va a llegar el ladrón, no le dejaría abrir un boquete en su casa. 40 Estén también ustedes preparados, pues, cuando menos lo piensen, llegará el Hijo del hombre.

Buenos y malos administradores
(Mt 24,45-51)

41 Pedro le preguntó:

–Señor, ¿has dicho esa parábola por nosotros o por todos en general?

42 El Señor prosiguió:

–Conque, ¿dónde está ese administrador fiel y sensato a quien el señor va a encargar de su servidumbre para que les reparta la ración a su debido tiempo? 43 ¡Dichoso ese siervo si al llegar lo encuentra cumpliendo con su encargo! 44Les aseguro que le confiará la administración de todos sus bienes. 45 Pero si ese siervo se dice: "Mi señor tarda en llegar", y empieza a golpear a los mozos y a las muchachas, a comer y beber y emborracharse, 46 el día que menos se lo espera y a la hora que no ha previsto llegará el señor de ese siervo y cortará con él, asignándole la suerte de los infieles. 47 El siervo ese que, conociendo el deseo de su señor, no prepara las cosas o no las hace como su señor desea, recibirá muchos palos; 48 en cambio, el que no lo conoce, pero hace algo que merece palos, recibirá pocos. Al que mucho se le ha dado, mu-

cho se le exigirá; al que mucho se le ha confiado, más se le pedirá.

Jesús, causa de división
(Mt 10,34-36)

49 Fuego he venido a lanzar a la tierra, y ¡cómo deseo que hubiese prendido ya! 50 Pero tengo que ser sumergido por las aguas y no veo la hora de que eso se cumpla. 51 ¿Piensan que he venido a traer paz a la tierra? Les digo que paz no, sino división. 52 Porque, de ahora en adelante, una familia de cinco estará dividida: tres contra dos y dos contra tres; 53 se dividirá padre contra hijo e *hijo contra padre,* madre contra hija e *hija contra madre,* la suegra contra su nuera y *la nuera contra la suegra* (Miq 7,3).

Urgencia de la enmienda. Interpretar los acontecimientos
(Mt 16,2-3)

54 Y añadió para las multitudes:

–Cuando ustedes ven subir una nube por el poniente, dicen enseguida: "Chaparrón tenemos", y así sucede. 55Cuando sopla el sur, dicen: "Va a hacer bochorno", y lo hace. 56 ¡Hipócritas! Si saben interpretar el aspecto de la tierra y del cielo, ¿cómo es que no saben interpretar el momento presente?

57 Y ¿por qué no juzgan ustedes mismos lo que se debe hacer? 58 Por ejemplo, cuando vas con tu contrincante a ver al magistrado, haz lo posible por librarte de él

---

12,50 "sumergido en las aguas", cf. Mc 10,38: "Y no veo la hora, etcétera, lit. "y cómo estoy agobiado hasta que se cumpla".

mientras van de camino; no sea que te arrastre ante el juez, y el juez te entregue al alguacil, y el alguacil te meta en la cárcel. [59] Te digo que no saldrás de allí hasta que pagues el último céntimo.

Enmienda o ruina

13 [1] En aquella ocasión algunos de los presentes le contaron que Pilato había mezclado la sangre de unos galileos con la de las víctimas que ofrecían. [2] Jesús les contestó:

–¿Piensan que esos galileos eran más pecadores que los demás, por la suerte que han sufrido? [3] Les digo que no; y, si no se enmiendan, todos ustedes perecerán también. [4] Y aquellos dieciocho que murieron aplastados por la torre de Siloé, ¿piensan que eran más culpables que los demás habitantes de Jerusalén? [5] Les digo que no; y, si no se enmiendan, todos perecerán también.

La institución judía: Parábola de la higuera estéril

[6] Y añadió esta parábola:

–Un hombre tenía una higuera plantada en su viña, fue a buscar fruto en ella y no lo encontró. [7] Entonces dijo al viñador:

–Ya ves: tres años llevo viniendo a buscar fruto en esta higuera y no lo encuentro. Córtala. ¿Para qué, además, va a agotar la tierra? [8] Pero el viñador le contestó;

–Señor, déjala todavía este año; entretanto yo cavaré alrededor y le echaré estiércol; [9] si en adelante diera fruto..., si no, la cortas.

La Ley y el precepto. El reino de Dios

El pueblo disminuido: la mujer encorvada

[10] Estaba enseñando un sábado en una de las sinagogas. [11] Había allí una mujer que llevaba dieciocho años enferma por causa de un espíritu y andaba encorvada, sin poderse enderezar del todo. [12] Al verla, Jesús la llamó y le dijo:

–Mujer, quedas libre de tu enfermedad.

[13] Y le aplicó las manos. En el acto se puso derecha y empezó a alabar a Dios.

[14] Intervino el jefe de sinagoga, indignado porque Jesús había curado en sábado, y dijo a la gente:

–Hay seis días de trabajo: vengan esos días a que los curen, y no el día de precepto. [15] Pero el Señor, dirigiéndose a él, dijo:

–¡Hipócritas! Cualquiera de ustedes ¿no desata del pesebre al buey o al burro el día de precepto y lo lleva a abrevar? [16] Y a ésta, que es hija de Abrahán, que Satanás ató hace ya dieciocho años, ¿no había que soltarla de su cadena en día de precepto?

[17] Según iba diciendo esto se abochornaban todos sus adversarios, mientras toda la gente se alegraba de tantas magníficas cosas como hacía.

Parábolas: el grano de mostaza y la levadura

(Mt 13,31-33; Mc 4,30-32)

[18] Continuó:

–¿A qué se parece el reino de Dios? ¿Con qué lo compararé?

¹⁹ Se parece al grano de mostaza que un hombre sembró en su huerto; creció, se hizo un árbol y los pájaros anidaron en sus ramas.

²⁰ E insistió:

–¿Con qué compararé el reino de Dios? ²¹ Se parece a la levadura que metió una mujer en medio quintal de harina, y todo acabó por fermentar.

Peligro para Israel: la puerta estrecha del Reino
(Mt 7,13-14.21-23; 25,10-12)

²² Camino de la ciudad de Jerusalén enseñaba en los pueblos y aldeas que iba atravesando. ²³ Uno le preguntó:

–Señor, ¿son pocos los que se salvan?

Jesús les dio esta respuesta:

²⁴ –Forcejeen para abrirse paso por la puerta estrecha, porque les digo que muchos van a intentar entrar y no podrán. ²⁵ Una vez que el dueño de la casa se levante y cierre la puerta, por mucho que llamen a la puerta desde fuera diciendo: "Señor, ábrenos", él les replicará: "No sé quiénes son ustedes". ²⁶ Entonces ustedes se pondrán a decirle: "Si hemos comido y bebido contigo, y tú has enseñado en nuestras plazas"; ²⁷ pero él les responderá: "No sé quiénes son; ¡lejos de mí todos los que practican la injusticia!" ²⁸ Allí será el llanto y el rechinar de dientes, cuando vean a Abrahán, a Isaac, a Jacob y a todos los profetas en el reino de Dios, mientras a ustedes los echan fuera.

²⁹ Y también de oriente y occidente, del norte y del sur, habrá quienes vengan a sentarse en el banquete del reino de Dios.

³⁰ Y así hay últimos que serán primeros, y primeros que serán últimos.

Lamento sobre Jerusalén
(Mt 23,37-39)

³¹ En aquel momento se acercaron unos fariseos a decirle:

–Vete, márchate de aquí, que Herodes quiere matarte.

³² El les contestó:

–Vayan a decirle a ese don nadie: "Yo, hoy y mañana, seguiré curando y echando demonios; al tercer día habré acabado". ³³ Pero hoy, mañana y pasado tengo que proseguir mi camino, porque no cabe que un profeta perezca fuera de Jerusalén.

³⁴ ¡Jerusalén, Jerusalén, que matas a los profetas y apedreas a los que se te envían! ¡Cuántas veces he querido reunir a tus hijos como la clueca a sus pollitos bajo las alas, pero no han querido! ³⁵ Pues miren, su casa se les quedará vacía. Y les digo que no volverán a verme hasta el día que digan: "*¡Bendito el que llega en nombre del Señor!* (118,26)".

La Ley y el precepto. El hidrópico

14 ¹ Un día de precepto fue a comer a casa de uno de los jefes fariseos, y ellos lo estaban acechando.

13,32 "don nadie", lit. "zorro", con el sentido de "individuo insignificante", opuesto a "león" o persona importante.

² Jesús se encontró delante un hombre enfermo de hidropesía ³ y, dirigiéndose a los juristas y fariseos, preguntó:

—¿Está o no permitido curar en día de precepto?

⁴ Ellos se quedaron callados. Jesús tomó al enfermo, lo curó y lo despidió. ⁵ Y a ellos les dijo:

—Si a uno de ustedes se le cae al pozo el burro o el buey, ¿no lo saca enseguida aunque sea día de precepto?

⁶ Y se quedaron sin respuesta.

Afán de precedencia

⁷ Notando que los convidados escogían los primeros puestos, les propuso estas máximas:

⁸ —Cuando alguien te convide a una boda, no te sientes en el primer puesto, que a lo mejor han convidado a otro de más categoría que tú; ⁹ se acercará el que los invitó a ti y a él y te dirá: "Déjale el puesto a éste". Entonces, avergonzado, tendrás que ir a ocupar el último puesto. ¹⁰ Al revés, cuando te conviden, ve a sentarte en el último puesto, para que, cuando se acerque el que te convidó, te diga: "Amigo, sube más arriba". Así quedarás muy bien ante los demás comensales. ¹¹ Porque a todo el que se encumbra, lo abajarán, y al que se abaja, lo encumbrarán.

¹² Y al que lo había invitado le dijo:

—Cuando des una comida o una cena, no invites a tus amigos ni a tus hermanos ni a tus parientes ni a vecinos ricos; no sea que te inviten ellos para corresponder y quedes pagado. ¹³ Al revés, cuando des un banquete, invita a los pobres, lisiados, cojos y ciegos; ¹⁴ y dichoso tú entonces, porque no pueden pagarte; te pagarán cuando resuciten los justos.

Parábola:
el gran banquete del Reino
(Mt 22,1-10)

¹⁵ Al oír aquello, uno de los comensales le dijo:

—¡Dichoso el que coma en el banquete del reino de Dios!

¹⁶ Jesús le repuso:

—Un hombre daba un gran banquete y convidó a mucha gente; ¹⁷ a la hora del banquete mandó a su criado a avisar a los convidados:

—Vengan, que ya está preparado.

¹⁸ Pero todos a una empezaron a excusarse. El primero le dijo:

—He comprado un campo y necesito ir a verlo. Dispénsame, por favor.

¹⁹ Otro dijo:

—He comprado cinco yuntas de bueyes y voy a probarlas. Dispénsame, por favor.

²⁰ Otro dijo:

—Me acabo de casar y, naturalmente, no puedo ir.

²¹ El criado volvió a contárselo a su señor. Entonces el dueño de la casa, indignado, le dijo:

—Sal corriendo a las plazas y calles de la ciudad y trae aquí a los pobres, lisiados, ciegos y cojos.

²² El criado dijo:

—Señor, se ha hecho lo que mandaste, y todavía queda sitio.

²³ Entonces el señor dijo al criado:

—Sal a los caminos y senderos y aprémiales a entrar hasta que se llene la casa; ²⁴ porque les digo que ninguno de aquellos invitados probará mi banquete.

Invitación al discipulado. General aceptación de los pecadores

Condiciones para ser discípulo

(Mt 10,37-38; 5,13; Mc 9,50)

²⁵ Lo acompañaban por el camino grandes multitudes; él se volvió y les dijo:

²⁶ –Si uno quiere venirse conmigo y no me prefiere a su padre y a su madre, a su mujer y a sus hijos, a sus hermanos y hermanas, y hasta a sí mismo, no puede ser discípulo mío. ²⁷ Quien no carga con su cruz y se viene detrás de mí, no puede ser discípulo mío.

²⁸ Ahora bien, si uno de ustedes quiere construir una casa, ¿no se sienta primero a calcular los gastos, a ver si tiene para terminarla? ²⁹ Para evitar que, si echa los cimientos y no puede acabarla, los mirones se pongan a burlarse de él a coro ³⁰ diciendo: "Éste empezó a construir y no ha sido capaz de acabar". ³¹ Y si un rey va a dar batalla a otro, ¿no se sienta primero a deliberar si le bastarán diez mil hombres para hacer frente al que viene contra él con veinte mil? ³² Y si ve que no, cuando el otro está todavía lejos, le envía legados para pedir condiciones de paz.

³³ Esto supuesto, todo aquel que no renuncia a todo lo que tiene no puede ser discípulo mío.

³⁴ Sí, excelente cosa es la sal. Pero si también la sal se pone sosa, ¿con qué se sazonará? ³⁵ No sirve ni para adorno ni para el estercolero. Hay que tirarla. ¡Quien tenga oídos para oír, que escuche!

Parábolas: la oveja y la moneda perdidas

(Mt 18,12-14)

15 ¹ Todos los recaudadores y descreídos se le iban acercando para escucharlo; ² por eso tanto los fariseos como los letrados lo criticaban diciendo:

–Éste acoge a los descreídos y come con ellos.

³ Entonces les propuso Jesús esta parábola:

⁴ –Si uno de ustedes tiene cien ovejas y se le pierde una, ¿no deja las noventa y nueve en el campo y va en busca de la descarriada hasta que la encuentra? ⁵ Y cuando la encuentra, se la carga a hombros, muy contento; ⁶ al llegar a casa, reúne a los amigos y a los vecinos para decirles:

–¡Denme la enhorabuena! He encontrado la oveja que se me había perdido.

⁷ Les digo que lo mismo dará más alegría en el cielo un pecador que se enmienda, que noventa y nueve justos que no sienten necesidad de enmendarse.

⁸ Y si una mujer tiene diez monedas de plata y se le pierde una, ¿no enciende una lámpara, barre la casa y busca con cuidado hasta encontrarla? ⁹ Y cuando la encuentra, reúne a las amigas y vecinas para decirles:

–¡Denme la enhorabuena! He encontrado la moneda que se me había perdido.

¹⁰ Les digo que la misma alegría

14,26 "no me prefiere", el significado del semitismo "odia".
15,1 "descreídos", cf Mt 9,10.

sienten los ángeles de Dios por un solo pecador que se enmienda.

El hijo pródigo y el hijo observante

[11] Y añadió:

—Un hombre tenía dos hijos; [12] el menor dijo a su padre:

—Padre, dame la parte de la fortuna que me toca.

El padre les repartió los bienes. [13] A los pocos días, el hijo menor, juntando todo lo suyo, emigró a un país lejano, y allí derrochó su fortuna viviendo como un perdido. [14] Cuando se lo había gastado todo, vino un hambre terrible en aquella tierra, y empezó él a pasar necesidad. [15] Fue entonces y buscó amparo en uno de los ciudadanos de aquel país, que lo mandó a sus campos a cuidar cerdos. [16] Le entraban ganas de llenarse el estómago de las algarrobas que comían los cerdos, pues nadie le daba de comer. [17] Recapacitando entonces se dijo:

—Cuántos jornaleros de mi padre tienen pan de sobra, mientras yo aquí me muero de hambre. [18] Voy a volver a casa de mi padre y le voy a decir: "Padre, he ofendido a Dios y te he ofendido a ti; [19] ya no merezco llamarme hijo tuyo; trátame como a uno de tus jornaleros".

[20] Entonces se puso en camino para la casa de su padre. Cuando aún estaba lejos, lo vio su padre y se conmovió; salió corriendo, se le echó al cuello y lo cubrió de besos.

[21] El hijo empezó:

—Padre, he ofendido a Dios y te he ofendido a ti; ya no merezco llamarme hijo tuyo. [22] Pero el padre dijo a sus criados:

—Saquen enseguida el mejor traje y vístanlo; pónganle un anillo en el dedo y sandalias en los pies; [23] traigan el ternero cebado, mátenlo y celebremos un banquete, [24] porque este hijo mío estaba muerto y ha vuelto a la vida; estaba perdido y se le ha encontrado.

Y empezaron el banquete.

[25] El hijo mayor estaba en el campo. A la vuelta, cerca ya de la casa, oyó la música y la danza; [26] llamó a uno de los mozos y le preguntó qué pasaba. [27] Éste le contestó:

— Ha vuelto tu hermano, y tu padre ha mandado matar el ternero cebado por haber recobrado a su hijo sano y salvo.

[28] Él se indignó y se negaba a entrar; su padre salió e intentó persuadirlo, [29] pero él replicó a su padre:

—A mí, en tantos años como te sirvo sin saltarme nunca un mandato tuyo, jamás me has dado un cabrito para hacer fiesta con mis amigos; [30] en cambio, cuando ha venido ese hijo tuyo que se ha comido tus bienes con malas mujeres, matas para él el ternero cebado.

[31] El padre le respondió:

—Hijo, ¡si tú estás siempre conmigo y todo lo mío es tuyo! [32] Además, había que hacer fiesta y alegrarse, porque este hermano tuyo estaba muerto y ha vuelto a vivir, andaba perdido y se le ha encontrado.

Actitudes del discípulo

Parábola del administrador

16 [1] Y añadió dirigiéndose a sus discípulos:

–Había un hombre rico que tenía un administrador, y le fueron con el cuento de que éste derrochaba sus bienes. [2] Entonces lo llamó y le dijo:

–¿Qué es eso que oigo decir de ti? Dame cuenta de tu gestión, porque no podrás seguir de administrador.

[3] El administrador se dijo:

–¿Qué voy a hacer ahora que mi señor me quita el empleo? Para cavar no tengo fuerzas; mendigar me da vergüenza. [4] Ya sé lo que voy a hacer, para que, cuando me despidan de la administración, haya quien me reciba en su casa.

[5] Fue llamando uno por uno a los deudores de su señor y preguntó al primero:

–¿Cuánto debes a mi señor?

[6] Aquél respondió:

–Cien barriles de aceite.

Él le dijo:

–Toma tu recibo; date prisa, siéntate y escribe "cincuenta".

[7] Luego preguntó a otro:

–Y tú, ¿cuánto le debes?

Éste contestó:

–Cien fanegas de trigo.

Le dijo:

–Toma tu recibo y escribe "ochenta".

[8] El señor elogió a aquel administrador de lo injusto por la sagacidad con que había procedido, pues los que pertenecen a este mundo son más sagaces con su gente que los que pertenecen a la luz.

[9] Ahora les digo yo: Háganse amigos con el dinero injusto, para que, cuando se acabe, los reciban en las moradas definitivas. [10] Quien es de fiar en lo de nada, también es de fiar en lo importante; quien no es honrado en lo de nada, tampoco es honrado en lo importante. [11] Por eso, si no han sido de fiar con el injusto dinero, ¿quién les va a confiar lo que vale de veras? [12] Si no han sido de fiar en lo ajeno, lo de ustedes, ¿quién se lo va a entregar? [13] Ningún criado puede estar al servicio de dos amos: porque o aborrecerá a uno y querrá al otro, o bien se apegará a uno y despreciará al otro. No pueden servir a Dios y al dinero.

Invectiva a los fariseos. El rico y Lázaro
(Mt 11,12-13)

[14] Oyeron todo esto los fariseos, que son amigos del dinero, y se burlaban de él. [15] Jesús les dijo:

–Ustedes son los que se las dan de intachables ante la gente, pero Dios los conoce por dentro, y ese encumbrarse entre los hombres le repugna a Dios.

[16] La Ley y los Profetas llegaron hasta Juan; desde entonces se anuncia el reinado de Dios, y todo el mundo usa la violencia contra él; [17] pero es más fácil que pasen el cielo y la tierra que no que caiga un acento de la Ley. [18] Todo el que repudia a su mujer y se casa con otra, comete adulterio; y el que se casa con una repudiada comete adulterio.

[19] Había un hombre rico que se vestía de púrpura y lino, y banque-

---

16,6 El administrador no defrauda al amo; en ambos casos renuncia a su comisión.

teaba todos los días espléndidamente. ²⁰ Un pobre llamado Lázaro estaba echado en el portal, cubierto de llagas; ²¹ habría querido llenarse el estómago con lo que caía de la mesa del rico; por el contrario, incluso se le acercaban los perros para lamerle las llagas. ²² Se murió el pobre y los ángeles lo reclinaron a la mesa al lado de Abrahán. Se murió también el rico, y lo enterraron. ²³ Estando en el lugar de los muertos, en medio de tormentos, levantó los ojos, vio de lejos a Abrahán con Lázaro echado a su lado ²⁴ y lo llamó:

–Padre Abrahán, ten piedad de mí; manda a Lázaro que moje en agua la punta de un dedo y me refresque la lengua, que padezco mucho en estas llamas.

²⁵ Pero Abrahán le contestó:

–Hijo, recuerda que en vida te tocó a ti lo bueno y a Lázaro lo malo; por eso ahora éste encuentra consuelo y tú padeces. ²⁶ Además, entre nosotros y ustedes se abre una sima inmensa, así que, aunque quiera, nadie puede cruzar de aquí hasta ustedes ni pasar de ahí hasta nosotros.

²⁷ El rico insistió:

–Entonces, padre, por favor, manda a Lázaro a casa de mi padre, ²⁸ porque tengo cinco hermanos: que los prevenga, no sea que acaben también ellos en este lugar de tormento.

²⁹ Abrahán le contestó:

–Tienen a Moisés y a los Profetas, que los escuchen.

³⁰ El rico volvió a insistir:

–No, no, padre Abrahán, pero si uno que ha muerto fuera a verlos, se enmendarían.

³¹ Abrahán le replicó:

–Si no escuchan a Moisés y a los Profetas, no se dejarán convencer ni aunque uno resucite de la muerte.

Contra el espíritu fariseo
(Mt 18,6-7.21-22; Mc 9,42)

17 ¹ Y dirigiéndose a sus discípulos les dijo:

–Es inevitable que sucedan esos escándalos, pero ¡ay del que los provoca! ² Más le valdría que le encajaran en el cuello una piedra de molino y lo arrojasen al mar, antes que escandalizar a uno de estos pequeños. ³ Ándense con cuidado.

Si tu hermano te ofende, repréndelo; y, si se arrepiente, perdónalo. ⁴ Si te ofende siete veces al día y vuelve siete veces a decirte: "Lo siento", lo perdonarás.

Calidad de la fe e inutilidad
de la observancia

⁵ Los apóstoles le pidieron al Señor:

–Auméntanos la fe. ⁶ El Señor contestó:

–Si tuvieran una fe como un grano de mostaza, le dirían a esa morera: "quítate de ahí y tírate al mar", y les obedecería.

⁷ Pero supongan que un siervo de ustedes trabaja de labrador o de pastor. Cuando vuelve del campo, ¿quién de ustedes le dice: "pasa corriendo a la mesa"? ⁸ No, le dicen: "prepárame de cenar, ponte el delantal y sírveme mientras yo como; luego comerás tú". ⁹ ¿Tienen que estar agradecidos al siervo porque hace lo que se le manda?

[10] Pues ustedes lo mismo: cuando hayan hecho todo lo que les han mandado, digan: "somos unos pobres siervos, hemos hecho lo que teníamos que hacer".

Los diez leprosos

[11] Yendo camino de Jerusalén, también Jesús atravesó por entre Samaria y Galilea. [12] Cuando iba a entrar en una aldea, le salieron al encuentro diez leprosos, que se pararon a lo lejos [13] y le dijeron a voces:

—¡Jesús, jefe, ten compasión de nosotros!

[14] Al verlos les dijo:

—Vayan a presentarse a los sacerdotes.

Mientras iban de camino, quedaron limpios. [15] Uno de ellos, viendo que se había curado, se volvió alabando a Dios a grandes voces [16] y se echó a sus pies rostro a tierra, dándole las gracias; éste era samaritano. [17] Jesús preguntó:

—¿No han quedado limpios los diez? Los otros nueve, ¿dónde están? [18] ¿No ha habido quien vuelva para dar gloria a Dios, excepto este extranjero?

[19] Y le dijo:

—Levántate, vete, tu fe te ha salvado.

La llegada del reinado de Dios.
Contra la expectación farisea
(Mt 24,23-28.37-41)

[20] A los fariseos, que le preguntaban cuándo iba a llegar el reinado de Dios, les contestó:

—La llegada del reinado de Dios no está sujeta a cálculos, [21] ni podrán decir: "míralo aquí o allí"; porque el reinado de Dios está al alcance de ustedes.

[22] Y a sus discípulos les dijo:

—Llegará un tiempo en que desearán ver el primero de los días del Hijo del hombre y no lo verán. [23] Entonces les dirán: "mírenlo aquí, mírenlo allí". No vayan ni corran detrás; [24] porque, igual que el fulgor del relámpago brilla de un extremo al otro del horizonte, así ocurrirá con el Hijo del hombre. [25] Pero antes tiene que padecer mucho y ser rechazado por esta generación.

[26] Lo que pasó en los días de Noé pasará también en los del Hijo del hombre: [27] comían, bebían y se casaban ellos y ellas, hasta el día en que Noé entró en el arca; entonces llegó el diluvio y acabó con todos. [28] Lo mismo sucedió en los días de Lot: comían, bebían, compraban, vendían, plantaban y construían; [29] pero el día que Lot salió de Sodoma llovió fuego y azufre del cielo y acabó con todos. [30] Así sucederá el día que el Hijo del hombre se manifieste.

[31] Aquel día, quien esté en la azotea y tenga sus cosas en la casa, que no baje por ellas; y quien esté en el campo, lo mismo, que no se vuelva para atrás. [32] Acuérdense de la mujer de Lot. [33] El que trate de poner su vida al seguro, la perderá; en cambio, el que la pierda la con-

---

17,10 "pobres siervos", lit. "siervos inútiles".

servará. ³⁴ Esto les digo: aquella noche estarán dos en una cama: a uno se lo llevarán y al otro lo dejarán; ³⁵ estarán dos moliendo juntas: a una se la llevarán y a la otra la dejarán.

³⁷ Entonces le preguntaron:

–¿Dónde será, Señor?

Él les contestó:

– Allí donde esté el cuerpo, se reunirán las águilas.

La oración

Parábola de la viuda y el juez

18 ¹ Para explicarles que tenían que orar siempre y no desanimarse, les propuso esta parábola:

² –En una ciudad había un juez que ni temía a Dios ni respetaba a hombre. ³ En la misma ciudad había una viuda que iba a decirle: "Hazme justicia frente a mi adversario". ⁴ Por bastante tiempo no quiso, pero después pensó: "Yo no temo a Dios ni respeto a hombre, ⁵ pero esa viuda me está amargando la vida; le voy a hacer justicia, para que no venga continuamente a importunarme".

⁶ Y el Señor añadió:

–Fíjense en lo que dice el juez injusto; ⁷ pues Dios ¿no reivindicará a sus elegidos, si ellos le gritan día y noche, o les dará largas? ⁸ Les digo que los reivindicará cuanto antes. Pero cuando llegue el Hijo del hombre, ¿qué? ¿Va a encontrar esa fe en la tierra?

Dos modos de orar: parábola del fariseo y el recaudador

⁹ Refiriéndose a algunos que estaban plenamente convencidos de estar a bien con Dios y despreciaban a los demás, añadió esta parábola:

¹⁰ –Dos hombres subieron al templo a orar. Uno era fariseo, el otro recaudador. ¹¹ El fariseo se plantó y se puso a orar para sus adentros: "Dios mío, te doy gracias de no ser como los demás hombres: ladrón, injusto o adúltero; ni tampoco como ese recaudador. ¹² Ayuno dos veces por semana y pago el diezmo de todo lo que gano. ¹³ El recaudador, en cambio, se quedó a distancia y no se atrevía ni a levantar los ojos al cielo; se daba golpes de pecho diciendo: "¡Dios mío, ten piedad de este pecador!" ¹⁴ Les digo que éste bajó a su casa a bien con Dios y aquél no. Porque a todo el que se encumbra, lo abajarán, y al que se abaja, lo encumbrarán.

Los discípulos y los niños
(Mt 19,13-15; Mc 10,13-16)

¹⁵ Le llevaban también a los niños de pecho para que los tocara. Al verlo, los discípulos los regañaban. ¹⁶ Pero Jesús los invitó a acercarse diciendo:

– Dejen que se me acerquen los niños y no se lo impidan, porque sobre los que son como ellos reina Dios. ¹⁷ Les aseguro que quien no

---

17,35 Algunos mss. añaden el v. 36, tomado de Mt 24,40.

acoja el reino de Dios como un niño, no entrará en él.

La Ley y la entrada en el reino. El rico observante

(Mt 19,16-30; Mc 10,17-31)

[18] Un magistrado le preguntó:

—Maestro insigne, ¿qué tengo que hacer para heredar vida definitiva?

[19] Jesús le contestó:

—¿Por qué me llamas insigne? Insigne como Dios, ninguno. [20] Ya sabes los mandamientos: *No cometas adulterio, no mates, no robes, no des falso testimonio, sustenta a tu padre y a tu madre* (Ex 20,12-16; Dt 5,16-20).

[21] Él replicó:

—Todo eso lo he cumplido desde joven.

[22] Al oírlo Jesús, le dijo:

—Aún te falta una cosa: vende todo lo que tienes y repártelo a los pobres, que tendrás un tesoro del cielo; y, anda, sígueme a mí.

[23] Al oír aquello se puso muy triste, porque era riquísimo. [24] Viéndolo tan triste, dijo Jesús:

—¡Con qué dificultad entran en el reino de Dios los que tienen el dinero! [25] Porque es más fácil que entre un camello por el ojo de una aguja que no que entre un rico en el reino de Dios.

[26] Los presentes exclamaron:

—Entonces, ¿quién puede subsistir?

[27] Él contestó:

—Lo imposible humanamente es posible con Dios. [28] Replicó Pedro:

—Pues nosotros dejamos lo que teníamos y te seguimos.

[29] Jesús les dijo:

—Les aseguro: no hay ninguno que haya dejado casa o mujer o hermanos, o padre o hijos, por causa del reinado de Dios, [30] que no reciba en este tiempo mucho más y en la edad futura vida definitiva.

Final del viaje: subida a Jerusalén

Tercer anuncio de la muerte-resurrección

(Mt 20,17-19; Mc 10,32-34)

[31] Se llevó consigo a los Doce y les dijo:

—Vamos a subir a Jerusalén y va a cumplirse todo lo que escribieron los profetas acerca del Hijo del hombre: [32] lo entregarán a los paganos, se burlarán de él, lo insultarán, lo escupirán; [33] después de azotarlo, lo matarán, pero al tercer día resucitará.

[34] Ellos no entendieron nada de esto; aquel lenguaje era para ellos un enigma y no comprendían lo que decía.

Cerca de Jericó: el mendigo ciego

(Mt 20,29-36; Mc 10,46b-52)

[35] Cuando se acercaba a Jericó, había un ciego sentado junto al camino, pidiendo. [36] Al oír que pasaba gente, preguntaba qué era aquello, [37] y le explicaron:

—Está pasando Jesús el Nazoreo.

[38] Entonces empezó a dar voces, diciendo:

—¡Jesús, Hijo de David, ten compasión de mí!

[39] Los que iban delante lo conmi-

naban a que se callara, pero él gritaba mucho más:

—¡Jesús, Hijo de David, ten compasión de mí!

⁴⁰ Jesús se detuvo y mandó que se lo llevaran. Cuando lo tuvo cerca le preguntó:

⁴¹ —¿Qué quieres que haga por ti? Él dijo:

—Señor, que recobre la vista.

⁴² Jesús le contestó:

—Recobra la vista; tu fe te ha salvado.

⁴³ En el acto recobró la vista y lo siguió, bendiciendo a Dios. Y todo el pueblo, al ver esto, alababa a Dios.

En Jericó: Zaqueo

19 ¹ Entró en Jericó y empezó a atravesar la ciudad. ² En esto, un hombre llamado Zaqueo, que era jefe de recaudadores y además rico, ³ trataba de distinguir quién era Jesús, pero la gente se lo impedía, porque era bajo de estatura. Entonces se adelantó corriendo y, para verlo, se subió a una higuera, porque iba a pasar por allí. ⁵ Al llegar a aquel sitio, levantó Jesús la vista y le dijo:

—Zaqueo, baja enseguida, que hoy tengo que alojarme en tu casa.

⁶ Él bajó enseguida y lo recibió muy contento. ⁷ Al ver aquello, se pusieron todos a criticarlo diciendo:

—¡Ha entrado a hospedarse en casa de un pecador!

⁸ Zaqueo se puso en pie y dirigiéndose al Señor le dijo:

—Doy la mitad de mis bienes, a los pobres, Señor, y si a alguien he extorsionado dinero, se lo restituiré cuatro veces.

⁹ Jesús le contestó:

—Hoy ha llegado la salvación a esta casa, pues también él es hijo de Abrahán. ¹⁰ Porque el Hijo del hombre ha venido a buscar lo que estaba perdido y a salvarlo.

Parábola de las diez onzas
(Mt 25,14-30)

¹¹ Como ellos lo estaban escuchando, añadió una parábola, porque estaba cerca de Jerusalén y ellos pensaban que el reinado de Dios iba a despuntar de un momento a otro. ¹² Dijo así:

—Un hombre noble se marchó a un país lejano para conseguir el título de rey y volver después. ¹³ Llamó a diez empleados suyos y les repartió diez onzas de oro, encargándoles:

—Negocien mientras vuelvo.

¹⁴ Sus conciudadanos, que lo aborrecían, enviaron detrás de él una delegación que dijese: "No queremos a éste como rey".

¹⁵ Cuando volvió con el título real, mandó llamar a los empleados a quienes había dado el dinero, para enterarse de que habían ganado. ¹⁶ El primero se presentó y dijo:

—Señor, tu onza ha producido diez.

¹⁷ Él le contestó:

—Muy bien, empleado diligente; por haber sido fiel en una minucia, tendrás autoridad sobre diez ciudades.

19,13 "onzas de oro", en griego *mná* o "mina", moneda de gran valor.

¹⁸ El segundo llegó y dijo:

–Tu onza, Señor, ha producido cinco.

¹⁹ A éste le dijo también:

–Pues tú toma el mando de cinco ciudades.

²⁰ El otro llegó y dijo:

–Señor, aquí está tu onza; la he tenido guardada en un pañuelo; ²¹ te tenía miedo porque eres hombre exigente, que retiras lo que no has depositado y siegas lo que no has sembrado.

²² Él le contestó:

–Por tu boca te condeno, empleado perverso. ¿Conque sabías que soy exigente, que retiro lo que no he depositado y siego lo que no he sembrado? ²³ Entonces, ¿por qué razón no has puesto mi dinero en el banco? Así, al volver yo, lo habría cobrado con los intereses.

²⁴ Dijo entonces a los presentes:

–Quítenle a éste la onza y entréguenla al que tiene diez.

²⁵ Le replicaron:

–¡Señor, si tiene ya diez onzas!

²⁶ –Les digo que a todo el que produce se le dará, y al que no produce se le quitará hasta lo que había recibido. ²⁷ Y a esos enemigos míos que no me querían como rey, tráiganlos acá y degüéllenlos en mi presencia.

²⁸ Y, dicho esto, echó a andar delante, prosiguiendo la subida a la ciudad de Jerusalén.

Entrada en Jerusalén hasta el templo
(Mt 21,1-17; Mc 11,1-11.15-17; Jn 2,13-22)

²⁹ Al acercarse a Betfagé y Betania, en dirección al monte que llaman de los Olivos, envió a dos de sus discípulos ³⁰ diciéndoles:

–Vayan a esa aldea de enfrente; al entrar encontrarán un borrico atado en el que nadie se ha montado nunca. Desátenlo y tráiganlo. ³¹ Y si alguien les pregunta por qué razón lo desatan, contéstenle que su dueño lo necesita.

³² Los enviados fueron y encontraron lo que les había dicho. ³³ Mientras desataban el borrico, sus dueños les preguntaron:

–¿Por qué desatan el borrico?

³⁴ Contestaron ellos:

– Su dueño lo necesita. ³⁵ Se lo llevaron a Jesús, echaron sus mantos encima del borrico y ayudaron a Jesús a montarse. ³⁶ Según iba él avanzando, alfombraban el camino con los mantos.

³⁷ Cuando ya se acercaba a la bajada del Monte de los Olivos, la muchedumbre de los discípulos, en masa, empezó a alabar a Dios con alegría y a grandes voces por todas las potentes obras que habían visto. ³⁸ Decían:

–*¡Bendito el que viene* como rey *en nombre del Señor!* Del cielo paz y a Dios gloria! (Sal 118,26).

³⁹ De entre la multitud, unos fariseos le dijeron:

–Maestro, reprende a tus discípulos.

⁴⁰ Él replicó:

– Les digo que si éstos callan gritarán las piedras.

⁴¹ Al acercarse y ver la ciudad, le dijo llorando por ella:

⁴² –¡Si también tú comprendieras en este día lo que conduce a la paz! Pero no, no tienes ojos para verlo. ⁴³ Por eso van a llegar días en que tus enemigos te rodeen de

trincheras, te sitien, aprieten el cerco, ⁴⁴te arrasen con tus hijos dentro y no dejen en ti piedra sobre piedra; porque no reconociste la oportunidad que Dios te daba.

⁴⁵ Entró en el templo y se puso a echar a los vendedores, ⁴⁶ diciéndoles:

–Escrito está: *Mi casa será casa de oración,* pero ustedes la han convertido en una *cueva de bandidos* (Is 56,7; Jr 7,11).

VI

ENSEÑANZA Y CONTROVERSIA EN EL TEMPLO

Enseñanza y reacción de los dirigentes

(Mc 11,18-19)

⁴⁷ Todos los días enseñaba en el templo. Por su parte, los sumos sacerdotes y los letrados trataban de acabar con él, y lo mismo los notables del pueblo, ⁴⁸ pero no encontraban modo de hacer nada, porque el pueblo entero lo escuchaba pendiente de sus labios.

Discuten su autoridad

(Mt 21,23-27; Mc 11,27-33)

20 ¹ Uno de aquellos días, mientras enseñaba al pueblo en el templo anunciándoles la buena noticia, se presentaron los sumos sacerdotes y los letrados con los senadores ² y le hicieron esta pregunta:

–Dinos con qué autoridad actúas así; o sea, ¿quién es el que te ha dado esa autoridad?

³ Jesús les replicó:

–Les voy a hacer yo también una pregunta. Díganme: ⁴ ¿el bautismo de Juan era cosa de Dios o cosa humana?

⁵ Ellos se pusieron a deliberar: si decimos "de Dios", dirá: "¿por qué razón no le creyeron?"; ⁶ y si decimos "cosa humana", el pueblo entero nos apedreará, convencido como

está de que Juan era un profeta. ⁷ Y le contestaron que no lo sabían.

⁸ Entonces Jesús les replicó:

–Pues tampoco les digo yo con qué autoridad actúo así.

Parábola de la viña y los labradores

(Mt 21,33-46; Mc 12,1-12)

⁹ Entonces se puso a decir al pueblo esta parábola:

–Un hombre *plantó una viña,* la arrendó a unos labradores y se marchó a otro país para una buena temporada. ¹⁰ A su tiempo envió un siervo a los labradores, para que le entregasen su tanto del fruto de la viña, pero los labradores lo apalearon y lo despidieron sin nada. ¹¹ Insistió mandando otro siervo, pero también a éste lo apalearon, lo insultaron y lo despidieron sin nada. ¹² Insistió mandando un tercero; pero también a éste lo malhirieron y lo echaron. ¹³ El dueño de la viña se dijo entonces:

–¿Qué hago? Voy a mandar a mi hijo querido; quizás a él lo respeten.

¹⁴ Pero los labradores, al verlo, razonaron entre ellos:

–Éste es el heredero; lo matamos y será nuestra la herencia.

¹⁵ Lo empujaron fuera de la viña y lo mataron.

–Vamos a ver, ¿qué hará con ellos el dueño de la viña? ¹⁶ Irá, acabará con aquellos labradores y dará la viña a otros.

Al oír esto exclamaron:

–¡No lo permita Dios!

¹⁷ Él, mirándolos fijamente, les dijo:

–¿Qué significa entonces aquel texto de la Escritura:

"La piedra que desecharon los constructores
se ha convertido en piedra angular"? (Sal 118,22).

¹⁸ Todo el que caiga sobre esa piedra se estrellará y, si ella cae sobre alguno, lo hará trizas.

¹⁹ Los letrados y los sumos sacerdotes, dándose cuenta de que la parábola iba por ellos, intentaron echarle mano en aquel mismo momento, pero tuvieron miedo del pueblo.

El tributo al César
(Mt 22,15-22; Mc 12,13-17)

²⁰ Entonces, poniéndose al acecho, enviaron unos espías que aparentaban ser hombres observantes, para sorprenderlo en alguna expresión y poderlo entregar a la autoridad y jurisdicción del gobernador.

²¹ Le hicieron esta pregunta:

–Maestro, sabemos que hablas y enseñas como se debe, y no tienes en cuenta lo que es cada uno. Tú enseñas, pues, el camino de Dios de verdad. ²² ¿Nos está permitido pagar impuesto al César o no?

²³ Jesús, advirtiendo su mala intención, les dijo:

²⁴ –Muéstrenme una moneda. ¿De quién son la efigie y la inscripción que lleva?

Le contestaron:

–Del César.

²⁵ Les replicó:

–Pues entonces, lo que es del César, devuélvanselo al César, y lo que es de Dios, a Dios.

²⁶ No lograron sorprenderlo en nada delante del pueblo y, sorprendidos por su respuesta, se callaron.

Los saduceos y la resurrección
(Mt 22,23-33; Mc 12,18-27)

²⁷ Se acercaron entonces unos saduceos, de ésos que niegan la resurrección, y le propusieron ²⁸ este caso:

–Maestro, Moisés nos dejó escrito: "Si a uno se le muere su hermano, dejando mujer pero no hijos, cásese con la viuda y dé descendencia a su hermano". ²⁹ Bueno, pues había siete hermanos: el primero se casó y murió sin hijos. ³⁰ El segundo, ³¹ el tercero y así hasta el séptimo se casaron con la viuda y murieron también sin dejar hijos.

³² Finalmente murió también la mujer. ³³ Pues bien, esa mujer, cuando llegue la resurrección, ¿de cuál de ellos va a ser mujer, si ha sido mujer de los siete?

³⁴ Jesús les respondió:

–En este mundo, los hombres y las mujeres se casan; ³⁵ en cambio, los que han sido dignos de alcanzar el mundo futuro y la resurrección, sean hombres o mujeres, no se casan; ³⁶ es que ya no pueden morir, puesto que son como ángeles, y, por haber nacido de la resurrección, son hijos de Dios. ³⁷ Y que resucitan los muertos lo indicó el mismo Moisés en el episodio de la zarza, cuando llama al Señor "el Dios de Abrahán y Dios de Isaac y Dios de Jacob" (Ex 3,6). ³⁸ Y Dios no lo es de muertos, sino de vivos; es decir, para él todos ellos están vivos.

El Mesías, ¿hijo/sucesor de David?
(Mt 22,41-46; Mc 12,35-37)

³⁹ Intervinieron unos letrados:
–Bien dicho, Maestro.
⁴⁰ Porque ya no se atrevían a hacerle más preguntas. ⁴¹ Pero Jesús les preguntó a ellos:
–¿Cómo dicen que el Mesías es sucesor de David, ⁴² si David mismo dice en el libro de los Salmos:
"Dijo el Señor a mi Señor:
Siéntate a mi derecha,
⁴³ *mientras hago de tus enemigos*
estrado de tus pies"? (Sal 110,1).
⁴⁴ De modo que David lo llama Señor; entonces, ¿cómo puede ser sucesor suyo?

Denuncia de los letrados
(Mt 23,1-36; Mc 12,38-40; Lc 11,37-54)

⁴⁵ Delante de todo el pueblo que lo escuchaba dijo a sus discípulos:
⁴⁶ –¡Atención con los letrados!, esos que gustan de pasearse con sus vestiduras y son amigos de que les hagan reverencias por la calle, de los primeros asientos en la sinagoga y de los primeros puestos en los banquetes; ⁴⁷ los que se comen los hogares de las viudas con pretexto de largos rezos. Esos tales recibirán una sentencia muy severa.

El donativo de la viuda
(Mc 12,41-44)

21 ¹ Alzando los ojos vio a los ricos que echaban sus donativos en el tesoro del templo; ² vio también a una viuda muy pobre que echaba unos céntimos ³ y dijo:
Esa viuda, que es pobre, ha echado más que nadie, se lo aseguro; ⁴ porque todos ésos han echado donativos de lo que les sobra; ella, en cambio, sacándolo de lo que le hace falta, ha echado todo lo que tenía para vivir.

Predicción de la ruina del templo
(Mt 24,1-2; Mc 13,1-2)

⁵ Como algunos hablaban del templo, ponderando la calidad de la piedra y el adorno de los exvotos, dijo:
⁶ –Eso que contemplan llegará un día en que no dejarán piedra sobre piedra que no derriben.

La guerra no anuncia el fin. Persecuciones
(Mt 24,2-14; Mc 13,3-13)

⁷ Entonces le hicieron esta pregunta:
–Maestro, ¿cuándo va a ocurrir eso? ¿Cuál será la señal cuando eso esté para suceder?
⁸ Él respondió:
–Cuidado con dejarse extraviar, porque van a llegar muchos diciendo en nombre mío "Yo soy" y "El momento está cerca"; no se vayan tras ellos. ⁹ Cuando oigan estruendo de batallas y subversiones, no tengan pánico, porque eso tiene

que suceder primero, pero el fin no será inmediato.

[10] Entonces dijo a los discípulos:

—Se alzará nación contra nación y reino contra reino, [11] habrá grandes terremotos y, en diversos lugares, hambre y epidemias; habrá fenómenos terribles y señales grandes en el cielo. [12] Pero antes de todo eso los perseguirán y les echarán mano, para entregarlos a las sinagogas y cárceles y conducirlos ante reyes y gobernadores por causa mía. [13] Tendrán en eso una prueba. [14] Ahora, hagan el propósito de no preocuparse por su defensa, [15] porque yo les daré palabras tan acertadas que ninguno de sus adversarios podrá hacerles frente o contradecirlos. [16] Hasta sus propios padres y hermanos, parientes y amigos, los entregarán y harán morir a algunos. [17] Serán odiados de todos por razón de mi persona, [18] pero ustedes no perderán ni un pelo de la cabeza. [19] Con constancia conseguirán la vida.

Predice la ruina de Jerusalén
(Mt 24,15-21; Mc 13,14-23)

[20] Cuando vean que Jerusalén está siendo sitiada por ejércitos, sepan que está cerca su devastación. [21] Entonces, los que estén en Judea, que huyan a los montes; los que estén en la ciudad, que se alejen; los que estén en el campo, que no entren en la ciudad; [22] porque ésos son días de reivindicación en que se cumplirá todo lo que está escrito. [23] ¡Pobres las que estén encinta o criando en aquellos días! Porque habrá una necesidad tremenda en la tierra y un castigo para este pueblo. [24] Caerán a filo de espada, los llevarán cautivos a todas las naciones, y Jerusalén será pisoteada por los paganos, hasta que los plazos de los paganos se cumplan.

La caída de los imperios. El triunfo del Hijo del hombre
(Mt 24,29-31; Mc 13,24-27)

[25] Habrá señales en el sol, la luna y las estrellas, y en la tierra las naciones paganas serán presa de angustia, en vilo por el estruendo del mar y el oleaje, [26] mientras los hombres quedarán sin aliento por la temerosa expectación de lo que se le viene encima al mundo, pues las potencias del cielo vacilarán. [27] Entonces verán llegar al Hijo del hombre en una nube con gran potencia y gloria (Dn 7,13-14). [28] Cuando empiece a suceder esto, pónganse derechos y alcen la cabeza, porque está cerca su liberación.

Proximidad de la destrucción de Jerusalén
(Mt 24,32-35; Mc 13,28-31)

[29] Y les puso una comparación:

—Fíjense en la higuera o en cualquier árbol: [30] cuando echan brotes, les basta verlos para saber que el verano está cerca. [31] Pues lo mismo, cuando vean ustedes que están sucediendo estas cosas, sepan que está cerca el reinado de Dios. [32] Les aseguro que no pasará esta generación sin que todo suceda. [33] El cielo y la tierra pasarán, pero mis palabras no pasarán.

Exhortación a la vigilancia

³⁴ Anden con cuidado, que no se les embote la mente con el vicio, la borrachera y las preocupaciones de la vida, y el día aquel se les eche encima de improviso; ³⁵ porque caerá como un lazo sobre todos los que habitan la faz de la tierra. ³⁶ Auyenten el sueño y pidan fuerza en cada momento para escapar de todo lo que va a venir y poder mantenerse de pie ante el Hijo del hombre.

³⁷ De día estaba enseñando en el templo y salía a pasar la noche al monte que llaman de los Olivos. ³⁸ El pueblo en masa madrugaba para acudir al templo a escucharlo.

VII

LA PASCUA: PASIÓN, MUERTE, RESURRECCIÓN, ASCENSIÓN

Complot contra Jesús
(Mt 26,1-5.14-16;
Mc 14,1-2.10-11;
Jn 11,45-53)

22¹ Se acercaba la fiesta de los Ázimos, llamada la Pascua. ² Los sumos sacerdotes y los letrados andaban buscando la manera de darle muerte, pues tenían miedo del pueblo. ³ Pero entró Satanás en Judas, el llamado Iscariote, que pertenecía al grupo de los Doce, ⁴ y éste fue a tratar con los sumos sacerdotes y los oficiales la manera de entregárselo. ⁵ Ellos se alegraron y se comprometieron a darle dinero. ⁶ Judas aceptó y andaba buscando una ocasión propicia para entregárselo, sin que se enterara la multitud.

Preparación de la Pascua
(Mt 26,17-19; Mc 14,12-16)

⁷ Llegó el día de los Ázimos, en que había que sacrificar el cordero pascual. ⁸ Entonces envió a Pedro y a Juan diciéndoles:

–Vayan a prepararnos la cena de Pascua.

⁹ Le preguntaron:

–¿Dónde quieres que la preparemos?

¹⁰ Les contestó:

–Al entrar en la ciudad se encontrarán con un hombre que lleva un cántaro de agua; síganlo hasta la casa donde entre ¹¹ y díganle al dueño de la casa: "El Maestro te pregunta dónde está la habitación en la que va a celebrar la cena de Pascua con sus discípulos". ¹² Él les mostrará un local grande, en alto, con divanes. Prepárenla allí.

¹³ Ellos se fueron, encontraron lo que les había dicho y prepararon la cena de Pascua.

La Eucaristía.
Anuncio de la traición.
(Mt 26,26-30.20-25; Mc
14,22-26.17-21; 1 Cor 11,23-25)

¹⁴ Cuando llegó la hora, se recostó Jesús a la mesa y los apóstoles con él; ¹⁵ y les dijo:

–¡Cuánto he deseado cenar con

ustedes esta Pascua antes de mi pasión! [16] Porque les digo que no la comeré más hasta que tenga su cumplimiento en el reino de Dios.

[17] Aceptando una copa pronunció una acción de gracias y dijo:

—Tomen, repártanla entre ustedes; [18] porque les digo que desde ahora no beberé más del producto de la vid hasta que llegue el reinado de Dios.

[19] Y tomando un pan pronunció una acción de gracias, lo partió y se lo dio diciendo:

—Esto es mi cuerpo, [que se entrega por ustedes; hagan lo mismo en memoria mía.

[20] Después de cenar hizo igual con la copa diciendo:

—Esta copa es la nueva alianza sellada con mi sangre, que se derrama por ustedes.] [21] Pero miren, la mano del que me entrega está a la mesa conmigo. [22] Porque el Hijo del hombre se va, según lo establecido, pero ¡ay del hombre que lo entrega!

[23] Ellos empezaron a preguntarse unos a otros quién podría ser el que iba a hacer aquello.

La verdadera grandeza. Promesa

(Mt 19,25-28; Mc 10,42-45)

[24] Surgió además entre ellos una disputa sobre cuál de ellos debía ser considerado el más grande. [25] Jesús les dijo:

—Los reyes de las naciones las dominan, y los que ejercen la autoridad sobre ellas se hacen llamar bienhechores. [26] Pero ustedes, nada de eso: al contrario, el más grande entre ustedes iguálese al más joven, y el que dirige al que sirve. [27] Vamos a ver, ¿quién es más grande, el que está a la mesa o el que sirve? El que está a la mesa, ¿verdad? Pues yo estoy entre ustedes como el que sirve.

[28] Son ustedes los que se han mantenido a mi lado en las tentaciones, [29] y yo les confiero la realeza como mi Padre me la confirió a mí. [30] Cuando yo reine, comerán y beberán a mi mesa y se sentarán en tronos para juzgar a las doce tribus de Israel.

Predice las negaciones de Pedro

(Mt 26,31-35; Mc 14,27-31; Jn 13,36-38)

[31] ¡Simón, Simón! Mira que Satanás los ha reclamado para cribarlos como el trigo, [32] pero yo he rogado por ti para que no llegue a faltarte la fe. Y tú, cuando te conviertas, afianza a tus hermanos.

[33] Él le repuso:

—Señor, contigo estoy dispuesto a ir incluso a la cárcel y a la muerte.

[34] Replicó Jesús:

—Te digo, Pedro, que no cantará el gallo antes que hayas negado tres veces que me conoces.

Nuevas circunstancias

[35] Y dijo a todos:

—Cuando los envié sin bolsa ni alforja ni sandalias, ¿acaso les faltó algo?

Los vv. 19b-20 (entre corchetes) son omitidos por muchos códices o presentan variantes.

Ellos contestaron:

—Nada.

³⁶ Él añadió:

—Pues ahora, el que tenga bolsa, que la tome, y lo mismo la alforja; y el que no tenga, que venda el manto y se compre un machete. ³⁷ Porque les digo que tiene que realizarse en mí lo que está escrito: *"Lo tuvieron por un hombre sin ley"* (Is 53,12). De hecho, lo que a mí se refiere toca a su fin.

³⁸ Ellos dijeron:

—Señor, aquí hay dos machetes. Les replicó:

—¡Basta ya!

Oración de Jesús en el Monte de los Olivos
(Mt 26,36-46; Mc 14,32-42)

³⁹ Salió entonces y se dirigió, como de costumbre, al Monte de los Olivos, y lo siguieron también los discípulos.

⁴⁰ Llegado a aquel lugar les dijo:

—Pidan no ceder a la tentación.

⁴¹ Entonces él se alejó de ellos a distancia como de un tiro de piedra y se puso a orar de rodillas, ⁴² diciendo:

—Padre, si quieres, aparta de mí este trago; sin embargo, que no se realice mi designio, sino el tuyo.

⁴³ [Se le apareció un ángel del cielo, que lo animaba. ⁴⁴ Al entrarle la angustia se puso a orar con más insistencia. Le chorreaba hasta el suelo un sudor parecido a goterones de sangre.]

⁴⁵ Levantándose de la oración fue adonde estaban los discípulos, los encontró dormidos por la tristeza ⁴⁶ y les dijo:

—¡Conque durmiendo! Levántense y pidan no ceder a la tentación.

Traición y prendimiento
(Mt 26,47-56; Mc 14,43-50; Jn 18,3-11)

⁴⁷ Aún estaba hablando cuando apareció gente: el llamado Judas, uno de los Doce, iba al frente y se acercó a Jesús para besarlo. ⁴⁸ Jesús le dijo:

—Judas, ¿con un beso entregas al Hijo del hombre?

⁴⁹ Dándose cuenta de lo que iba a pasar, los que estaban en torno a él dijeron:

—Señor, ¿atacamos con el machete?

⁵⁰ Y uno de ellos atacó al criado del sumo sacerdote y le cortó la oreja derecha. ⁵¹ Jesús intervino diciendo:

—Dejen que lleguen hasta eso.

Y, tocándole la oreja, lo curó.

⁵² Entonces dijo Jesús a los sumos sacerdotes, a los oficiales del templo y a los senadores que habían ido a prenderlo:

—Ustedes han salido con machetes y palos, como a caza de un bandido. ⁵³ Mientras a diario estaba en el templo con ustedes, no me pusieron las manos encima. Pero ésta es su hora, la del poder de las tinieblas.

22,42 "trago", cf. Mt 20,22.

43-44 (entre corchetes) Varios de los mejores y más antiguos manuscritos omiten estos dos versículos.

Pedro niega a Jesús

(Mt 26,57-58.69-75;
Mc 14,53-54.66-72;
Jn 18,12-18.25-27)

⁵⁴ Lo prendieron, se lo llevaron y lo condujeron a la casa del sumo sacerdote. Pedro lo seguía de lejos. ⁵⁵Encendieron un fuego en medio del patio y se sentaron juntos, y Pedro se sentó entre ellos. ⁵⁶ Una criada, al verlo sentado a la lumbre, se le quedó mirando y dijo:

–También éste estaba con él.

⁵⁷ Pero él lo negó diciendo:

–No sé quién es, mujer.

⁵⁸ Poco después lo vio otro y le dijo:

–Tú también eres de ellos.

Pedro replicó:

–No, hombre; yo, no.

⁵⁹ Pasada cosa de una hora, otro insistía:

–Seguro, también éste estaba con él, porque es también galileo.

⁶⁰ Pedro contestó:

–Hombre, no sé de qué hablas.

Y al instante, cuando aún estaba hablando, cantó un gallo. ⁶¹ El Señor, volviéndose, fijó la mirada en Pedro, y Pedro se acordó de lo que el Señor le había dicho: "Antes que cante hoy el gallo, me negarás tres veces". ⁶² Y, saliendo fuera, lloró amargamente.

La burla

(Mt 26,67-68; Mc 14,65)

⁶³ Los hombres que tenían preso a Jesús le daban golpes burlándose de él. ⁶⁴ Tapándole los ojos, le preguntaban:

–Adivina, profeta, ¿quién te ha pegado?

⁶⁵ Y lo insultaban de otras muchas maneras.

Jesús ante el Consejo

(Mt 26,59-66; Mc 14,55-64;
Jn 18,19-24)

⁶⁶ Cuando se hizo de día, se reunieron los senadores del pueblo, así como los sumos sacerdotes y letrados, y, haciendo comparecer a Jesús ante su Consejo, ⁶⁷ le dijeron:

–Si tú eres el Mesías, dínoslo.

Él les contestó:

–Si se lo digo, no lo van a creer, ⁶⁸ y, si les hago preguntas, no me van a contestar. ⁶⁹ Pero de ahora en adelante el Hijo del hombre estará sentado a la derecha de la Potencia de Dios (Sal 110,1).

⁷⁰ Dijeron todos:

–Entonces, ¿tú eres el Hijo de Dios?

Él les declaró:

–Ustedes lo están diciendo, yo soy.

⁷¹ Ellos dijeron:

–¿Qué necesidad tenemos ya de testimonio? Nosotros mismos lo hemos oído de su boca.

Ante Pilato

(Mt 27,1-2.11-14; Mc 15,1-15;
Jn 18,28-38)

23 ¹ Se levantó toda la asamblea y condujeron a Jesús a presencia de Pilato. ² Empezaron la acusación diciendo:

–Hemos comprobado que éste anda amotinando a nuestra nación, impidiendo que se paguen impuestos al César y afirmando que él es Mesías y rey.

³ Pilato lo interrogó:

–¿Tú eres el rey de los judíos? Él le contestó declarando:

–Tú lo estás diciendo.

[4] Pilato dijo a los sumos sacerdotes y a las multitudes:

–No encuentro ningún delito en este hombre.

[5] Ellos insistían:

–Solivianta al pueblo enseñando por todo el país judío; empezó en Galilea y ha llegado hasta aquí.

[6] Pilato, al oírlo, preguntó si era galileo; [7] al enterarse de que pertenecía a la jurisdicción de Herodes, se lo remitió a Herodes, que estaba también en la ciudad de Jerusalén por aquellos días.

Ante Herodes

[8] Herodes, al ver a Jesús, se puso muy contento; hacía tiempo que estaba deseando verlo por lo que oía de él, y esperaba verlo realizar algún milagro. [9] Le hizo numerosas preguntas, pero Jesús no le contestó palabra. [10] Estaban allí los sumos sacerdotes y los letrados acusándolo con vehemencia. [11] Herodes, con su escolta, lo trató con desprecio; para burlarse de él, le hizo poner un ropaje espléndido y se lo remitió a Pilato.

[12] Aquel día se hicieron amigos Herodes y Pilato, que antes estaban enemistados.

Condena a muerte

*(Mt 27,15-26; Mc 15,6-15;
Jn 18,39-19,6)*

[13] Pilato convocó a los sumos sacerdotes, a los jefes y al pueblo, [14] y les dijo:

–Ustedes me han traído a este hombre como si fuera un agitador del pueblo; pues bien, yo lo he interrogado delante de ustedes y no he encontrado en él ninguno de los delitos de que lo acusan. [15] Herodes tampoco, porque nos lo ha devuelto. Ya ven que no ha hecho nada que merezca la muerte, [16] así que le daré un escarmiento y lo soltaré.

[18] Pero ellos gritaron todos a una:

–¡Quita de en medio a ése y suéltanos a Barrabás!

[19] (A este último lo habían metido en la cárcel por cierta sedición acaecida en la ciudad y por asesinato.)

[20] Pilato volvió a dirigirles la palabra con intención de soltar a Jesús.

[21] Pero ellos vociferaban:

–¡Crucifícalo, crucifícalo!

[22] Él les dijo por tercera vez:

–Y ¿qué ha hecho éste de malo? No he encontrado en él ningún delito que merezca la muerte, así que le daré un escarmiento y lo soltaré.

[23] Ellos insistían a grandes voces en que lo crucificara, y las voces iban creciendo. [24] Pilato decidió que se hiciera lo que pedían: [25] soltó al que reclamaban (al que habían metido en la cárcel por sedición y asesinato) y les entregó a Jesús a su arbitrio.

Crucifixión y muerte

*(Mt 27,32-46; Mc 15,21-41;
Jn 19,17-30)*

[26] Mientras lo conducían, echaron mano de un tal Simón de Cirene, que llegaba del campo, y le cargaron la cruz para que la llevase detrás de

---

23,16 Algunos manuscritos añaden el v. 17: "por la fiesta tenía que soltarles un preso".

Jesús. ²⁷ Lo seguía una gran muchedumbre del pueblo, incluidas mujeres que se golpeaban el pecho y gritaban lamentándose por él. ²⁸ Jesús se volvió hacia ellas y les dijo:

–Hijas de Jerusalén, no lloren por mí, lloren mejor por ustedes mismas y por sus hijos; ²⁹ porque miren que van a llegar días en que digan: "Dichosas las estériles, los vientres que no han parido y los pechos que no han criado". ³⁰ Entonces se pondrán a decir a los montes: "Desplómense sobre nosotros", y a las colinas: "Sepúltennos" (Os 10,8); ³¹ porque si con el leño verde hacen esto, con el seco, ¿qué irá a pasar?

³² Conducían también a otros, a dos malhechores, para ajusticiarlos con él. ³³ Cuando llegaron al lugar llamado "La Calavera", lo crucificaron allí, a él y a los malhechores, uno a su derecha y el otro a su izquierda. ³⁴ Jesús decía:

– Padre, perdónalos, que no saben lo que están haciendo.

Se repartieron su ropa echando suertes (Sal 22,19).

³⁵ El pueblo se había quedado observando. Los jefes, a su vez, comentaban con sorna:

–A otros ha salvado; que se salve él, si es el Mesías de Dios, el Elegido.

³⁶ También los soldados se burlaban de él; se acercaban y le ofrecían vinagre, ³⁷ diciendo:

–Si tú eres el rey de los judíos, sálvate.

³⁸ Además, tenía puesto un letrero:

ÉSTE ES EL REY DE LOS JUDÍOS

³⁹ Uno de los malhechores crucificados lo insultaba. ¿No eres tú el Mesías? Sálvate a ti y a nosotros.

⁴⁰ Pero el otro se lo reprochó:

– Y tú, sufriendo la misma pena, ¿no tienes siquiera temor de Dios? ⁴¹ Además, para nosotros es justa, nos dan nuestro merecido; éste, en cambio, no ha hecho nada malo.

⁴² Y añadió:

– Jesús, acuérdate de mí cuando vengas como rey.

⁴³ Jesús le respondió:

–Te lo aseguro: hoy estarás conmigo en el paraíso.

⁴⁴ Era ya eso de mediodía, cuando la tierra entera quedó en tinieblas hasta media tarde, ⁴⁵ porque se eclipsó el sol; y la cortina del santuario se rasgó por medio. ⁴⁶ Jesús clamó con voz muy fuerte:

–Padre, en tus manos pongo mi espíritu.

Y, dicho esto, expiró.

⁴⁷ Viendo lo que había ocurrido, el centurión alababa a Dios diciendo:

–Realmente este hombre era justo.

⁴⁸ Todas las multitudes que se habían reunido para este espectáculo, viendo lo que había ocurrido, fueron regresando a la ciudad, dándose golpes de pecho. ⁴⁹ Todos sus conocidos se habían quedado a distancia, y también las mujeres que lo habían acompañado desde Galilea, que estaban viendo aquello.

Sepultura
(Mt 27,57-61; Mc 15,42-47; Jn 19,38-42)

⁵⁰ Había un miembro del Consejo, de nombre José, hombre bueno y justo, ⁵¹ que no se había adherido ni al designio ni a la acción de los demás. Era natural de Arima-

tea, ciudad judía, y aguardaba el reinado de Dios. [52] Éste acudió a Pilato y le pidió el cuerpo de Jesús. [53]Lo descolgó, lo envolvió en una sábana y lo puso en un sepulcro excavado en la roca, donde no habían puesto a nadie todavía. [54] Era día de Preparación y rayaba el día de precepto. [55]Las mujeres que habían llegado con Jesús desde Galilea habían acompañado a José para ver el sepulcro y cómo colocaba su cuerpo. [56] A la vuelta prepararon aromas y ungüentos.

El anuncio de la resurrección
(Mt 28,1-10; Mc 16,1-8;
Jn 20,1-10)

[56b] El día de precepto observaron el descanso, según el mandamiento.

24 [1] Pero el primer día de la semana, de madrugada, fueron al sepulcro llevando los aromas que habían preparado. [2] Encontraron corrida la losa [3]y entraron en el sepulcro, pero no encontraron el cuerpo del Señor Jesús. [4] No sabían qué pensar de aquello, cuando se les presentaron dos hombres con vestiduras refulgentes; [5] despavoridas, agacharon la cabeza, pero ellos les dijeron:

–¿Por qué buscan entre los muertos al que está vivo? [6] No está aquí, ha resucitado. Acuérdense de lo que les dijo cuando estaba todavía en Galilea: [7] "El Hijo del hombre tiene que ser entregado en manos de hombres descreídos, ser crucificado y al tercer día resucitar".

[8] Recordaron entonces sus palabras, [9] volvieron del sepulcro y anunciaron todo esto a los Once y a to-

dos los demás. [10] Eran María Magdalena, Juana y María la de Santiago; también las demás, junto con ellas, decían lo mismo a los apóstoles, [11] pero ellos tomaron sus palabras por delirio y se negaban a creerlas. [12] Pedro, sin embargo, se levantó y fue corriendo al sepulcro. Asomándose, vio sólo las vendas y se volvió a su casa extrañado de lo ocurrido.

Camino de Emaús

[13]Aquel mismo día, dos de ellos iban camino de una aldea llamada Emaús, distante unas dos leguas de Jerusalén, [14]y conversaban de todo lo que había sucedido. [15] Mientras conversaban y discutían, Jesús en persona se acercó y se puso a caminar con ellos, [16] pero algo en sus ojos les impedía reconocerlo. [17] Él les preguntó:

–¿Qué conversación es ésa que se traen ustedes por el camino?

Se detuvieron cariacontecidos, [18]y uno de ellos, que se llamaba Cleofás, le replicó:

–¿Eres tú el único de paso en Jerusalén que no se ha enterado de lo ocurrido estos días en la ciudad?

[19] Él les preguntó:

–¿De qué?

Contestaron:

–De lo de Jesús Nazareno, que fue un profeta poderoso en obras y palabras ante Dios y ante todo el pueblo; [20] cómo lo entregaron los sumos sacerdotes y nuestros jefes para que lo condenaran a muerte, y lo crucificaron, [21] cuando nosotros esperábamos que él fuese el libertador de Israel. Pero, además de todo eso, con hoy son ya tres días que ocurrió. [22] Es verdad que algunas mujeres de nuestro grupo nos han dado un susto: fueron muy de mañana al sepulcro ²³y, no encontrando su cuerpo, volvieron contando que incluso habían tenido una aparición de ángeles, que decían que está vivo. ²⁴ Algunos de nuestros compañeros fueron también al sepulcro y lo encontraron tal y como habían dicho las mujeres, pero a él no lo vieron.

²⁵ Entonces Jesús les replicó:

–¡Qué torpes son y qué lentos para creer en todo lo que dijeron los profetas! ²⁶ ¿No tenía el Mesías que padecer todo eso para entrar en su gloria?

²⁷ Y, tomando pie de Moisés y los profetas, les explicó lo que se refería a él en toda la Escritura. ²⁸ Cerca ya de la aldea adonde iban, hizo además de seguir adelante, ²⁹ pero ellos le apremiaron diciendo:

–Quédate con nosotros, que está atardeciendo y el día va ya de caída.

Él entró para quedarse con ellos. ³⁰ Estando recostado con ellos a la mesa, tomó el pan, lo bendijo, lo partió y se lo ofreció. ³¹ Se les abrieron los ojos y lo reconocieron, pero él desapareció de su vista. ³² Entonces se dijeron uno a otro:

–¿No estábamos en ascuas mientras nos hablaba por el camino haciéndonos comprender la Escritura?

³³ Y levantándose al momento, se volvieron a Jerusalén; encontraron reunidos a los Once con sus compañeros, ³⁴ que decían:

–Realmente ha resucitado el Señor y se ha aparecido a Simón.

³⁵ Ellos contaron lo que les había pasado en el camino y cómo lo habían reconocido al partir el pan.

Jesús se presenta a los discípulos

(Mt 28,16-20; Jn 20,19-23; Hch 1,6-8)

³⁶ Mientras hablaban de esto, se presentó Jesús en medio de ellos y les dijo:

–Paz con ustedes.

³⁷ Se asustaron y, despavoridos, pensaban ver un fantasma. ³⁸ Él les dijo:

–¿Por qué ese espanto y a qué vienen esas dudas? ³⁹ Miren mis manos y mis pies: soy yo en persona. Pálpenme y miren; un fantasma no tiene carne ni huesos como ven que yo tengo.

⁴⁰ Dicho esto, les mostró las manos y los pies. ⁴¹ Como aún no acababan de creer de la alegría y no salían de su asombro, les dijo:

–¿Tienen ahí algo de comer?

⁴² Ellos le ofrecieron un trozo de pescado asado; ⁴³ Él lo tomó y comió delante de ellos. ⁴⁴ Después les dijo:

–Esto significaban mis palabras cuando les dije, estando todavía con ustedes, que todo lo escrito en la Ley de Moisés y en los Profetas y Salmos acerca de mí tenía que cumplirse.

⁴⁵ Entonces les abrió el entendimiento para que comprendieran la Escritura. ⁴⁶ Y añadió:

–Así estaba escrito: el Mesías padecerá, pero al tercer día resucitará de la muerte; ⁴⁷ y en su nombre se predicará la enmienda y el perdón de los pecados a todas las naciones. Empezando por Jerusalén, ⁴⁸ ustedes serán testigos de todo esto. ⁴⁹ Yo voy a enviar sobre ustedes la Promesa de mi Padre; por su parte, quédense en la ciudad hasta que de lo alto los revistan de fuerza.

Ascensión

(Hch 1,9-11)

⁵⁰ Después los condujo fuera hasta las inmediaciones de Betania y, levantando las manos, los bendijo. ⁵¹ Mientras los bendecía, se separó de ellos y se lo llevaron al cielo. ⁵² Ellos se postraron ante él y se volvieron a Jerusalén llenos de alegría. ⁵³ Y estaban siempre en el templo bendiciendo a Dios.

EL EVANGELIO DE JUAN

PRÓLOGO

1 ¹ Al principio ya existía la Palabra
y la palabra se dirigía a Dios
y la Palabra era Dios.
² Ella al principio se dirigía a Dios.

³ Mediante ella existió todo,
sin ella no existió cosa alguna
de lo que existe.
⁴ Ella contenía vida
y la vida era la luz del hombre:
⁵ esa luz brilla en la tiniebla
y la tiniebla no la ha apagado.

⁶ Apareció un hombre enviado
de parte de Dios,
su nombre era Juan;
éste vino para un testimonio,
⁷ para dar testimonio de la luz,
de modo que, por él, todos llegasen a creer.
⁸ No era él la luz,
vino sólo para dar testimonio de
la luz.

⁹ Era ella la luz verdadera.
la que ilumina a todo hombre
llegando al mundo.
¹⁰ En el mundo estaba
y, aunque el mundo existió mediante ella,
el mundo no la reconoció.

¹¹ Vino a su casa,
pero los suyos no la acogieron.
¹² En cambio, a cuantos la han
aceptado.
los ha hecho capaces de hacerse
hijos de Dios:
a esos que mantienen la adhesión a su persona;
¹³ los que no han nacido de mera
sangre derramada
ni por mero designio de una carne
ni por mero designio de un varón,
sino que han nacido de Dios.

¹⁴ Así que la Palabra se hizo hombre,
acampó entre nosotros
y hemos contemplado su gloria
–la gloria que un hijo único recibe de su padre–
plenitud de amor y lealtad.

¹⁵ Juan da testimonio de él
y sigue gritando:
–Éste es de quien yo dije:
"El que llega detrás de mí
estaba ya presente antes que yo,
porque existía primero que yo".

¹⁶ La prueba es que de su plenitud
todos nosotros hemos recibido:
un amor que responde a su amor.

¹⁷ Porque la Ley se dio
por medio de Moisés;
el amor y la lealtad han existido
por medio de Jesús Mesías.

¹⁸ A la divinidad nadie la ha visto
nunca;
un Hijo único, Dios,
el que está de cara al Padre,
él ha sido la explicación.

1,14 "acampó" probable alusión al antiguo Tabernáculo o tienda (skene-shekinah) del Encuentro (Éx 33,7), ahora sustituida por la Palabra hecha hombre.

DE JUAN A JESÚS

(1,19-51)

El testimonio de Juan Bautista
(Mt 3,1-12; Mc 1,7-8; Lc 3,15-17)

[19] Y éste fue el testimonio de Juan, cuando las autoridades judías enviaron desde Jerusalén sacerdotes y clérigos a preguntarle:

–Tú, ¿quién eres?

[20] Él lo reconoció, no se negó a responder; y reconoció esto:

–Yo no soy el Mesías.

[21] Le preguntaron:

–Entonces, ¿qué? ¿Eres tú Elías? Contestó él:

–No lo soy

–¿Eres tú el Profeta?

Respondió:

–No.

[22] Entonces le dijeron:

–¿Quién eres? Tenemos que llevar una respuesta a los que nos han enviado. ¿Cómo te defines tú?

[23] Declaró:

–Yo, una voz que grita desde el desierto: "Enderecen el camino del Señor" (como dijo el profeta Isaías) (Is 40,3).

[24] Había también enviados del grupo fariseo, [25] y le preguntaron:

–Entonces, ¿por qué bautizas, si no eres tú el Mesías ni Elías ni el Profeta?

[26] Juan les respondió.

–Yo bautizo con agua; entre ustedes se ha hecho presente, aunque ustedes no saben quién es [27] el que llega detrás de mí; y a ése yo no soy quién para desatarle la correa de las sandalias.

[28] Esto sucedió en Betania, al otro lado del Jordán, donde Juan estaba bautizando.

Identidad y misión del Mesías

[29] Al día siguiente, vio a Jesús que llegaba hacia él, y dijo:

–Miren el Cordero de Dios, el que va a quitar el pecado del mundo. [30] Éste es de quien yo dije: "Detrás de mí llega un varón que estaba ya presente antes que yo, porque existía primero que yo". [31] Yo no sabía quién era; a pesar de eso, si yo he venido a bautizar con agua es para que se manifieste a Israel.

[32] Y Juan dio este testimonio:

–He contemplado al Espíritu bajar como paloma desde el cielo y quedarse sobre él. [33] Tampoco yo sabía quién era; fue el que me mandó a bautizar con agua quien me dijo: "Aquél sobre quien veas que el Espíritu baja y se queda, ése es el que va a bautizar con Espíritu Santo". [34] Pues yo en persona lo he visto y dejo testimonio de que éste es el Hijo de Dios.

Discípulos de Juan siguen a Jesús

[35] Al día siguiente, de nuevo estaba presente Juan con dos de sus discípulos [36] y, fijando la vista en Jesús que caminaba, dijo:

–Miren el Cordero de Dios.

[37] Al escuchar sus palabras, los dos discípulos siguieron a Jesús.

1,23 Is 40,3

³⁸ Jesús se volvió y, al ver que lo seguían, les preguntó:

–¿Qué buscan?

Le contestaron:

–Rabbí (que equivale a "Maestro"), ¿dónde vives?

³⁹ Les dijo:

–Vengan y lo verán.

Llegaron, vieron dónde vivía y aquel mismo día se quedaron a vivir con él; era alrededor de la hora décima.

⁴⁰ Uno de los dos que escucharon a Juan y siguieron a Jesús era Andrés, el hermano de Simón Pedro; ⁴¹ fue a buscar primero a su hermano carnal Simón y le dijo:

–Hemos encontrado al Mesías (que significa "Ungido").

⁴² Lo condujo a Jesús. Jesús, fijando la vista en él, le dijo:

–Tú eres Simón, el hijo de Juan; a ti te llamarán Cefas (que significa "Piedra").

Llama a Felipe y a Natanael

⁴³ Al día siguiente, decidió Jesús salir para Galilea; fue a buscar a Felipe y le dijo:

–Sígueme.

⁴⁴ Felipe era de Betsaida, del pueblo de Andrés y Pedro.

⁴⁵ Felipe fue a buscar a Natanael y le dijo:

–Aquel de quien escribió Moisés en la Ley y en los Profetas, lo hemos encontrado: es Jesús, hijo de José, el de Nazaret.

⁴⁶ Natanael le replicó:

–¿De Nazaret puede salir algo bueno? Felipe le contestó:

–Ven a verlo.

⁴⁷ Jesús vio a Natanael, que se le acercaba, y comentó:

–Miren un israelita de veras, en quien no hay falsedad.

⁴⁸ Natanael le preguntó:

–¿De qué me conoces? Jesús le contestó:

–Antes que te llamara Felipe, estando tú bajo la higuera, me fijé en ti.

⁴⁹ Natanael le respondió:

–Maestro, tú eres el Hijo de Dios, tú eres rey de Israel.

⁵⁰ Jesús le contestó:

–¿Es porque te he dicho que me fijé en ti debajo de la higuera por lo que crees? Pues cosas más grandes verás.

⁵¹ Y le dijo:

–Sí, les aseguro: verán el cielo quedar abierto y a los ángeles de Dios subir y bajar por el Hijo del hombre.

EL DÍA DEL MESÍAS

(2,1-11,54)

CICLO DE LAS INSTITUCIONES (2,1-4,46a)
Caná: sustitución de la alianza

2 ¹ Al tercer día hubo una boda en Caná de Galilea, y estaba allí la madre de Jesús; ² y fue invitado Jesús, como también sus discípulos, a la boda.

³ Faltó el vino, y la madre de Jesús se dirigió a él:

–No tienen vino.

⁴ Jesús le contestó:

—¿Qué nos importa a mí y a ti, mujer? Todavía no ha llegado mi hora.

⁵ Su madre dijo a los sirvientes:

—Cualquier cosa que les diga, háganla.

⁶ Estaban allí colocadas seis tinajas de piedra destinadas a la purificación de los Judíos; cabían unos cien litros en cada una.

⁷ Jesús les dijo:

—Llenen las tinajas de agua.

Y las llenaron hasta arriba.

⁸ Entonces les mandó:

—Saquen ahora y llévenla al encargado de la fiesta.

Ellos se la llevaron. ⁹ Al probar el encargado de la fiesta el agua convertida en vino, sin saber de dónde venía (los sirvientes sí lo sabían, pues habían sacado el agua), llamó al novio ¹⁰ y le dijo:

—Todo el mundo sirve primero el vino de calidad, y cuando la gente está bebida, el peor; tú, el vino de calidad lo has tenido guardado hasta ahora.

¹¹ Esto hizo Jesús en Caná de Galilea, como principio de las señales; manifestó su gloria, y sus discípulos le dieron su adhesión.

Transición. Campo de la actividad de Jesús

¹² Después de esto bajó él a Cafarnaún con su madre, sus hermanos y sus discípulos y se quedaron allí, no por muchos días.

LA PRIMERA PASCUA

Sustitución del templo. Jesús, nuevo santuario

¹³ Estaba cerca la Pascua de los Judíos y Jesús subió a Jerusalén.

¹⁴ Encontró en el templo a los vendedores de bueyes, ovejas y palomas y a los cambistas instalados. ¹⁵ Haciendo como un látigo de cuerdas, a todos los echó del templo, lo mismo a las ovejas que a los bueyes; a los cambistas les desparramó las monedas y les volcó las mesas ¹⁶ y a los que vendían palomas les dijo:

—Quiten eso de ahí: no conviertan la casa de mi Padre en una casa de negocios.

¹⁷ Se acordaron sus discípulos de que estaba escrito: "La pasión por tu casa me consumirá" (Sal 69,10).

¹⁸ Respondieron entonces los dirigentes judíos, diciéndole:

—¿Qué señal nos presentas para hacer estas cosas?

¹⁹ Les replicó Jesús:

—Supriman este santuario y en tres días lo levantaré.

²⁰ Respondieron los dirigentes:

—Cuarenta y seis años ha costado construir este santuario, y ¿tú vas a levantarlo en tres días?

²¹ Pero él se refería al santuario de su cuerpo.

²² Así, cuando se levantó de la muerte, se acordaron sus discípulos de que había dicho esto y dieron fe a aquel pasaje y al dicho que había pronunciado Jesús.

Reacciones a la escena del templo: sustitución de la Ley

²³ Mientras estaba en Jerusalén, durante las fiestas de Pascua, muchos prestaron adhesión a su figura, al presenciar las señales que realizaba. ²⁴ Pero Jesús no se confiaba a ellos, por conocerlos a todos; ²⁵ no necesitaba que nadie le informase sobre el hombre, pues él conocía lo que el hombre llevaba dentro.

3 ¹ Ahora bien, había un hombre del grupo fariseo, de nombre Nicodemo, jefe entre los Judíos. ² Éste fue a verlo de noche y le dijo:

– Rabbí, sabemos que has venido de parte de Dios como maestro, pues nadie puede realizar las señales que tú estás realizando si Dios no está con él.

³ Jesús le replicó:

–Sí, te lo aseguro: Si uno no nace de nuevo, no puede vislumbrar el reino de Dios.

⁴ Le objetó Nicodemo:

–¿Cómo puede un hombre nacer siendo viejo? ¿Es que puede entrar por segunda vez en el seno de su madre y nacer?

⁵ Repuso Jesús:

–Pues sí, te lo aseguro: Si uno no nace de agua y Espíritu, no puede entrar en el reino de Dios. ⁶ De la carne nace carne, del Espíritu nace espíritu. ⁷ No te extrañes de que te haya dicho: "tienes que nacer de nuevo". ⁸ El viento sopla donde quiere, y oyes su ruido, aunque no sabes de dónde viene ni adónde va. Eso pasa con todo el que ha nacido del Espíritu.

⁹ Replicó Nicodemo:

–¿Cómo es posible que eso suceda?

¹⁰ Repuso Jesús:

–Y tú, siendo el maestro de Israel, ¿no conoces estas cosas? ¹¹ Pues sí, te aseguro que hablamos de lo que sabemos y damos testimonio de lo que hemos visto personalmente, pero no aceptan nuestro testimonio. ¹² Si les he expuesto lo de la tierra y no creen, ¿cómo van a creer si les expongo lo del cielo?

¹³ Nadie sube al cielo para quedarse, sino el que ha bajado del cielo, el Hijo del hombre: ¹⁴ Lo mismo que en el desierto Moisés levantó en alto la serpiente, así tiene que ser levantado el Hijo del hombre, ¹⁵ para que todo el que lo haga objeto de su adhesión tenga vida definitiva. ¹⁶ Porque así demostró Dios su amor al mundo, llegando a dar a su Hijo único, para que todo el que le presta su adhesión tenga vida definitiva y ninguno perezca. ¹⁷ Porque no envió Dios el Hijo al mundo para que dé sentencia contra el mundo, sino para que el mundo por él se salve. ¹⁸ El que le presta adhesión no está sujeto a sentencia: el que se niega a prestársela ya tiene la sentencia, por su negativa a prestarle adhesión en su calidad de Hijo único de Dios.

¹⁹ Ahora bien, ésta es la sentencia: que la luz ha venido al mundo y

3,17 Sal 69,10

los hombres han preferido las tinieblas a la luz, porque su modo de obrar era perverso. ²⁰Todo el que obra con bajeza odia la luz y no se acerca a la luz, para que no se le eche en cara su modo de obrar. ²¹En cambio, el que practica la lealtad se acerca a la luz, y así se manifiesta su modo de obrar, realizado en unión con Dios.

Sustitución de los mediadores. El Esposo / Hijo

²²Algún tiempo después fue Jesús con sus discípulos a la región de Judea, se detuvo allí con ellos y bautizaba. ²³También Juan estaba bautizando en Enón, cerca de Salim, por haber allí agua abundante; se presentaba gente y se bautizaba ²⁴(aún no habían metido a Juan en la cárcel).

²⁵Entablaron una discusión los discípulos de Juan con un judío sobre ritos de purificación. ²⁶Fueron después adonde estaba Juan y le dijeron:

—Maestro, el que estaba contigo al otro lado del Jordán, y de quien tú diste testimonio, resulta que ése está bautizando y todos acuden a él.

²⁷Replicó Juan:

—Nadie puede apropiarse cosa alguna si no se le concede del cielo. ²⁸Ustedes mismos me son testigos de que dije que no soy yo el Mesías, sino que me han enviado delante de él. ²⁹El que se lleva a la esposa es el esposo, y el amigo del esposo, que se mantiene a su lado y lo oye, siente gran alegría por la voz del esposo. Por eso, esta mi alegría ha llegado a su máximo. ³⁰A él le toca crecer, a mi empequeñecer.

³¹El que viene de arriba está por encima de todos. El que es de la tierra, de la tierra es y desde la tierra habla. El que viene del cielo, ³²de lo que ha visto personalmente y ha oído, de eso da testimonio, pero su testimonio nadie lo acepta. ³³Quien acepta su testimonio pone su sello, declarando: "Dios es leal": ³⁴de hecho, el enviado de Dios propone las exigencias de Dios, pues comunican el Espíritu sin medida. ³⁵El Padre ama al Hijo y todo lo ha puesto en su mano; ³⁶quien presta adhesión al Hijo posee vida definitiva, quien no hace caso al Hijo no sabrá lo que es vida: no, la reprobación de Dios queda sobre él.

4 ¹Se enteraron los fariseos de que Jesús hacía más discípulos y bautizaba más que Juan ²(aunque, en realidad, no bautizaba él personalmente, sino sus discípulos). ³Cuando Jesús lo supo, abandonó Judea y se volvió a Galilea.

Samaría: sustitución del culto. El Espíritu

⁴Tenía que pasar por Samaría. ⁵Llegó así a un pueblo de Samaría que se llamaba Sicar, cerca del terreno que dio Jacob a su hijo José; ⁶estaba allí el manantial de Jacob.

Jesús, fatigado del camino, se quedó, sin más, sentado en el manantial. Era alrededor de la hora sexta.

⁷Llegó una mujer de Samaría a sacar agua. Jesús le dijo:

—Dame de beber.

⁸(Sus discípulos se habían marchado al pueblo a comprar provisiones.)

⁹ Le dice entonces la mujer samaritana:

—¿Cómo tú, siendo judío, me pides de beber a mí, que soy samaritana? (Porque los judíos no se tratan con los samaritanos).

¹⁰ Jesús le contestó:

—Si conocieras el don de Dios y quién es el que te pide de beber, le pedirías tú a él y te daría agua viva.

¹¹ Le dice la mujer:

—Señor, si no tienes cubo y el pozo es hondo, ¿de dónde vas a sacar el agua viva? ¹² ¿Acaso eres tú más que nuestro padre Jacob, que nos dio el pozo, del que bebió él, sus hijos y sus ganados?

¹³ Le contestó Jesús:

—Todo el que bebe agua de ésta volverá a tener sed; ¹⁴ en cambio, el que haya bebido el agua que yo voy a darle, nunca más tendrá sed; no, el agua que yo voy a darle se le convertirá dentro en un manantial de agua que salta dando vida definitiva.

¹⁵ Le dice la mujer:

—Señor, dame agua de ésa; así no tendré más sed ni vendré aquí a sacarla.

¹⁶ Él le dijo:

—Ve a llamar a tu marido y vuelve aquí.

¹⁷ La mujer le contestó:

—No tengo marido.

Le dijo Jesús:

—Has dicho muy bien que no tienes marido; ¹⁸ porque maridos has tenido cinco, y el que tienes ahora no es tu marido. En eso has dicho la verdad.

¹⁹ La mujer le dijo:

—Señor, veo que tú eres profeta. ²⁰ Nuestros padres celebraron el culto en este monte; en cambio, ustedes dicen que el lugar donde hay que celebrarlo está en Jerusalén.

²¹ Jesús le dijo:

—Créeme, mujer: se acerca la hora en que no darán culto al Padre ni en este monte ni en Jerusalén. ²² Ustedes adoran lo que no conocen, nosotros adoramos lo que conocemos; la prueba es que la salvación proviene de los judíos; ²³ pero se acerca la hora, o, mejor dicho, ha llegado, en que los que dan culto verdadero adorarán al Padre con espíritu y lealtad, pues el Padre busca hombres que lo adoren así. ²⁴ Dios es Espíritu, y los que lo adoran han de dar culto con espíritu y lealtad.

²⁵ Le dice la mujer:

—Sé que va a venir un Mesías (es decir, Ungido); cuando venga él, nos lo explicará todo.

²⁶ Le dice Jesús:

—Soy yo, el que hablo contigo.

²⁷ En esto llegaron sus discípulos y se quedaron extrañados de que hablara con una mujer, aunque ninguno le preguntó de qué discutía o de qué hablaba con ella. ²⁸ La mujer dejó su cántaro, se marchó al pueblo y le dijo a la gente:

²⁹ —Vengan a ver a un hombre que me ha dicho todo lo que he hecho; ¿será éste tal vez el Mesías? ³⁰ Salieron del pueblo y se dirigieron adonde estaba él.

³¹ Mientras tanto sus discípulos le insistían:

—Maestro, come.

³² Él les dijo:

—Yo tengo para comer un alimento que ustedes no conocen.

³³ Los discípulos comentaban:

—¿Le habrá traído alguien de comer?

³⁴ Jesús les dijo:

–Para mí es alimento realizar el designio del que me manda, dando término a su obra. ³⁵ Ustedes dicen que aún faltan cuatro meses para la siega. ¿Verdad? Pues miren lo que les digo: Levanten la vista y contemplen los campos: ya están dorados para la siega ³⁶ El segador cobra salario reuniendo fruto para una vida definitiva; así se alegran los dos, sembrador y segador. ³⁷ Con todo, en esto tiene razón el refrán, que uno siembra y otro siega: ³⁸ yo los he enviado a segar lo que no les ha costado fatiga; otros se han estado fatigando y ustedes se han encontrado con el fruto de su fatiga.

³⁹ Del pueblo aquel muchos de los samaritanos le dieron su adhesión por lo que les decía la mujer, que declaraba: "Me ha dicho todo lo que he hecho". ⁴⁰ Así, cuando llegaron los samaritanos adonde estaba él, le rogaron que se quedara con ellos, y se quedó allí dos días. ⁴¹ Muchos más creyeron por lo que dijo él, ⁴² y decían a la mujer:

–Ya no creemos por lo que tú cuentas; nosotros mismos lo hemos estado oyendo y sabemos que éste es realmente el salvador del mundo.

⁴³ Al cabo de los dos días salió de allí para Galilea, ⁴⁴ pues Jesús mismo había declarado que a ningún profeta se le honra en su propia tierra.

– Termina el ciclo de las instituciones. –
– Acogida en Galilea y vuelta a Caná –

⁴⁵ Cuando llegó a Galilea, los galileos lo recibieron bien, por haber visto personalmente todo lo que había hecho en Jerusalén durante la fiesta, pues también ellos habían ido a la fiesta. ⁴⁶ᵃ Llegó así de nuevo a Caná de Galilea, donde había convertido el agua en vino.

CICLO DEL HOMBRE.
EL ÉXODO DEL MESÍAS
(4,46b-11,54)

Episodio programático: señales de vida, no alardes de poder

⁴⁶ᵇ Había un funcionario real, cuyo hijo estaba enfermo en Cafarnaún.

⁴⁷ Al oír éste que Jesús había llegado de Judea a Galilea, fue a verlo y le pidió que bajara y curara a su hijo, que estaba para morirse.

⁴⁸ Le contestó Jesús:

–Como no vean señales portentosas, no creen.

⁴⁹ El funcionario le insistió:

–Señor, baja antes que se muera mi niño.

⁵⁰ Jesús le dijo:

–Ponte en camino, que tu hijo vive.

Se fió el hombre de las palabras que le dijo Jesús y se puso en camino.

⁵¹ Cuando iba ya bajando lo encontraron sus siervos, y le dijeron que su niño vivía. ⁵² Les preguntó a

qué hora se había puesto mejor, y ellos le contestaron:

—Ayer a la hora séptima se le quitó la fiebre.

⁵³ Cayó en la cuenta el padre de que había sido aquélla la hora en que le había dicho Jesús: "Tu hijo vive", y creyó él con toda su familia.

⁵⁴ Esto hizo Jesús, esta vez como segunda señal, al llegar de Judea a Galilea.

PRIMERA SECCIÓN: FIESTA EN JERUSALÉN

(5,1-47)

El pueblo enfermo y el inválido que camina

5 ¹ Algún tiempo después era fiesta de los Judíos y Jesús subió a Jerusalén.

² Hay en Jerusalén, junto a la Puerta de las Ovejas, una piscina que en la lengua del país llaman El Foso, con cinco pórticos; ³ en ellos yacía una muchedumbre, los enfermos: ciegos, tullidos, resecos.

⁵ Había un hombre allí que llevaba treinta y ocho años con su enfermedad. ⁶ Viéndolo Jesús echado y notando que llevaba mucho tiempo, le dijo:

—¿Quieres ponerte sano?

⁷ Le contestó el enfermo:

—Señor, no tengo un hombre que, cuando se agita el agua, me meta en la piscina; mientras yo llego, otro baja antes que yo.

⁸ Le dice Jesús:

—Levántate, carga con tu camilla y echa a andar.

⁹ᵃ Inmediatamente se puso sano el hombre, cargó con su camilla y echó a andar.

La Ley, obstáculo a la libertad

⁹ᵇ Era aquél un día de precepto. ¹⁰ Dijeron, pues, los dirigentes judíos al que había quedado curado:

—Es día de precepto y no te está permitido cargar con tu camilla.

¹¹ Él replicó:

—El que me dio la salud fue quien me dijo: "Carga con tu camilla y echa a andar".

¹² Le preguntaron:

—¿Quién es el hombre que te dijo: "cárgatela y echa a andar"?

¹³ El que había sido curado no sabía quién era, pues, como había mucha gente en el lugar, Jesús se había escabullido.

¹⁴ Algún tiempo después, Jesús fue a buscarlo en el templo y le dijo:

—Mira, has quedado sano. No peques más, no sea que te ocurra algo peor.

¹⁵ El hombre notificó a los dirigentes judíos que era Jesús quien le había dado la salud.

5,4 Algunos manuscritos añaden "que aguardaban la agitación del agua, porque de cuando en cuando el ángel del Señor bajaba a la piscina y removía el agua; y entonces el primero que entraba después de la agitación del agua quedaba sano de cualquier enfermedad que tuviera".

La obra de Jesús, obra del Padre

16 Precisamente por esto empezaron los dirigentes judíos a perseguir a Jesús, porque hacía aquellas cosas en día de precepto. 17 Jesús les replicó:

—Mi Padre, hasta el presente, sigue trabajando y yo también trabajo.

18 Más aún, en vista de esto, los dirigentes judíos trataban de matarlo, ya que no sólo suprimía el descanso de precepto, sino también llamaba a Dios su propio Padre, haciéndose él mismo igual a Dios.

19 Reaccionó Jesús diciéndoles:

—Pues sí, les aseguro: un hijo no puede hacer nada por su cuenta, tiene que vérselo hacer al padre. Así, cualquier cosa que éste haga, también el hijo la hace igual, 20 porque el padre quiere al hijo y le enseña todo lo que él hace. Y le enseñará obras mayores que éstas, para asombro de ustedes.

21 Así, igual que el Padre levanta a los muertos dándoles vida, también el Hijo da vida a los que quiere; 22 de hecho ni siquiera da el Padre sentencia contra nadie, sino que la sentencia la ha delegado toda en el Hijo, 23 para que todos honren al Hijo como lo honran a él. Negarse a honrar al Hijo significa negarse a honrar al Padre que lo envió.

24 Sí, les aseguro que quien escucha mi mensaje, y así da fe al que me envió, posee vida definitiva y no está sujeto a juicio: ya ha pasado de la muerte a la vida.

25 Sí, les aseguro que se acerca la hora, o, mejor dicho, ha llegado, en que los muertos van a oír la voz del Hijo de Dios, y los que la escuchen tendrán vida. 26 Porque lo mismo que el Padre dispone de la vida, así también ha concedido al Hijo disponer de la vida 27 y, además, le ha dado autoridad para pronunciar sentencia, porque es hombre.

28 No les asombre esto, porque se acerca la hora en que van a oír su voz los que están en el sepulcro, 29 y saldrán: los que practicaron el bien, para comparecer y tener vida; los que obraron con bajeza, para comparecer y recibir sentencia.

30 Yo no puedo hacer nada por mi propia cuenta; doy sentencia según lo que aprendo, y esa sentencia es justa, porque no persigo un designio mío, sino el designio del que me envió.

Testigos en favor de Jesús

31 Si yo fuera testigo en causa propia, mi testimonio no sería válido. 32 Otro es el testigo en mi causa, y me consta que es válido el testimonio que da sobre mí.

33 Ustedes enviaron a interrogar a Juan, y él dejó testimonio en favor de la verdad. 34 No es que yo acepte el testimonio de un hombre; lo digo, sin embargo, para que se salven ustedes.

35 Él era la lámpara encendida que brillaba, y ustedes quisieron por un tiempo disfrutar de su luz. 36 Pero el testimonio en que yo me apoyo vale más que el de Juan, pues las obras que el Padre me ha encargado llevar a término, esas obras que estoy haciendo, me acreditan como enviado del Padre;

37 y así el Padre que me envió va dejando él mismo un testimonio en mi favor.

Nunca han escuchado su voz ni visto su figura, 38 y tampoco conservan su mensaje entre ustedes; la prueba es que no dan fe a su enviado.

39 Ustedes estudian las Escrituras pensando encontrar en ellas vida definitiva; son ellas las que dan testimonio en mi favor, 40 y, sin embargo, no quieren acercarse a mí para tener vida.

41 Gloria humana, no la acepto; 42 pero sé muy bien que ustedes no tienen el amor de Dios. 43 Yo he venido en nombre de mi Padre, y no me aceptan; si otro viniese en su propio nombre, a ése lo aceptarían. 44 ¿Cómo les va a ser posible creer a ustedes, que aceptan gloria unos de otros y no buscan la gloria que se recibe de Dios sólo?

45 No piensen que los voy a acusar yo ante el Padre; su acusador es Moisés, en quien tienen puesta su esperanza. 46 Porque si creyeran a Moisés, me creerían a mí, dado que de mí escribió él. 47 Pero si no dan fe a sus escritos, ¿cómo van a dar fe a mis palabras?

SEGUNDA SECCIÓN: LA SEGUNDA PASCUA

(6,1-71)

El pan del éxodo

6 1 Algún tiempo después se fue Jesús al otro lado del mar de Galilea (de Tiberíades). 2 Solía seguirlo una gran multitud, porque percibían las señales que realizaba con los enfermos.

3 Subió Jesús al monte y se quedó sentado allí con sus discípulos. 4 Estaba cerca la Pascua, la fiesta de los judíos.

5 Jesús levantó los ojos y, al ver que una gran multitud se le acercaba, se dirigió a Felipe:

–¿Con qué podríamos comprar pan para que coman éstos? 6 (Lo decía para ponerlo a prueba, pues él ya sabía lo que iba a hacer.)

7 Felipe le contestó:

–Doscientos denarios de plata no bastarían para que a cada uno le tocase un pedazo.

8 Uno de los discípulos, Andrés, el hermano de Simón Pedro, le dice:

9 –Hay aquí un muchacho que tiene cinco panes de cebada y dos peces; pero ¿qué es eso para tantos?

10 Jesús les dijo:

–Hagan que esos hombres se recuesten.

Había mucha hierba en el lugar.

Se recostaron aquellos hombres, adultos, que eran unos cinco mil. 11 Jesús tomó los panes, pronunció una acción de gracias y se puso a repartirlos a los que estaban recostados, y pescado igual, todo lo que querían.

12 Cuando quedaron satisfechos dijo a sus discípulos:

–Recojan los trozos que han sobrado, que nada se vaya a perder.

13 Los recogieron y llenaron doce cestos con trozos de los cinco panes de cebada, que habían sobrado a los que habían comido.

¹⁴ Aquellos hombres, al ver la señal que había realizado, decían:

—Ciertamente éste es el Profeta, el que tenía que venir al mundo.

¹⁵ Jesús entonces, dándose cuenta de que iban a llevárselo por la fuerza para hacerlo rey, se retiró de nuevo al monte, él solo.

¹⁶ Al anochecer bajaron sus discípulos al mar, ¹⁷ subieron a una barca y se dirigieron a Cafarnaún. (Los había sorprendido la oscuridad y aún no se había reunido con ellos Jesús; ¹⁸ además, el mar, por un fuerte viento que soplaba, estaba picado.) ¹⁹ Habían ya remado unos cinco o seis kilómetros cuando percibieron a Jesús que, andando sobre el mar, se acercaba a la barca, y les entró miedo; ²⁰ pero él les dijo:

—Soy yo, no tengan miedo.

²¹ Al querer ellos recogerlo en la barca, inmediatamente se encontró la barca en la tierra adonde iban.

El nuevo maná:
Jesús el pan de vida

²² Al día siguiente, la multitud que se había quedado al otro lado del mar se dio cuenta de que allí no había habido más que un bote y que no había entrado Jesús con sus discípulos en aquella barca, sino que sus discípulos se habían marchado solos. ²³ Llegaron de Tiberíades otros botes cerca del lugar donde habían comido el pan, cuando el Señor pronunció la acción de gracias. ²⁴ Así, al ver la gente que Jesús no estaba allí ni sus discípulos tampoco, se montaron ellos en los botes y fueron a Cafarnaún en busca de Jesús.

²⁵ Lo encontraron al otro lado del mar y le preguntaron:

—Maestro, ¿desde cuándo estás aquí?

²⁶ Les contestó Jesús:

—Sí, les aseguro. Más que por haber visto señales, me buscan por haber comido pan hasta saciarse. ²⁷ Trabajen, no tanto por el alimento que se acaba como por el alimento que dura dando vida definitiva, el que les va a dar el Hijo del hombre, pues a éste el Padre, Dios, lo ha marcado con su sello.

²⁸ Le preguntaron:

—¿Qué obras tenemos que hacer para trabajar en lo que Dios quiere?

²⁹ Respondió Jesús:

—Éste es el trabajo que Dios quiere, que presten adhesión al que él ha enviado.

³⁰ Le replicaron:

—Y ¿qué señal realizas tú para que viéndola te creamos? ¿Qué obra haces? ³¹ Nuestros padres comieron el maná en el desierto; así está escrito: "Les dio a comer pan del cielo" (Sal 78,24).

³² Entonces Jesús les respondió.

—Pues, sí, les aseguro: nunca les dio Moisés el pan del cielo; no, es mi Padre quien les da el verdadero pan del cielo. ³³ Porque el pan de Dios es el que baja del cielo y da vida al mundo.

³⁴ Entonces le dijeron:

—Señor, danos siempre pan de ése.

6,19 "cinco o seis kilómetros", lit. "veinticinco o treinta estadios", medida de longitud equivalente a 192 metros.

³⁵ Les contestó Jesús:

–Yo soy el pan de la vida. Quien se acerca a mí nunca pasará hambre y quien me presta adhesión nunca pasará sed. ³⁶ Pero, como les he dicho, me han visto en persona y, sin embargo, no creen.

³⁷ Todo lo que el Padre me entrega llega hasta mí, y al que se acerca a mí no lo echo fuera, ³⁸ porque no he bajado del cielo para realizar un designio mío, sino el designio del que me envió. ³⁹ Y éste es el designio del que me envió: que de todo lo que me ha entregado no pierda nada, sino que lo resucite el último día. ⁴⁰ Porque éste es el designio de mi Padre, que todo el que reconoce al Hijo y le presta adhesión tenga vida definitiva, y lo resucite yo el último día.

Asimilar a Jesús, vida y norma de vida

⁴¹ Los judíos del régimen lo criticaban porque había dicho: "Yo soy el pan bajado del cielo", ⁴² y decían:

–Pero ¿no es éste Jesús, el hijo de José, de quien nosotros conocemos el padre y la madre? ¿Cómo dice ahora: "He bajado del cielo"?

⁴³ Replicó Jesús:

–Dejen de criticar entre ustedes. ⁴⁴ Nadie puede llegar hasta mí, si el Padre que me envió no tira de él, y yo lo resucitaré el último día. ⁴⁵ Está escrito en los profetas: "*Serán todos discípulos de Dios* (Is 54,13; Jr 31,33s); todo el que escucha al Padre y aprende se acerca a mí. ⁴⁶ No porque alguien haya visto personalmente al Padre, excepto el que procede de Dios: ése ha visto personalmente al Padre.

⁴⁷ Pues sí, les aseguro: el que cree posee vida definitiva. ⁴⁸ Yo soy el pan de la vida. ⁴⁹ Sus padres comieron el maná en el desierto, pero murieron; ⁵⁰ éste es el pan que baja del cielo para comerlo y no morir. ⁵¹ Yo soy el pan vivo bajado del cielo; el que come pan de éste vivirá para siempre. Pero, además, el pan que yo voy a dar es mi carne, para que el mundo viva.

⁵² Los judíos aquellos discutían acaloradamente unos con otros diciendo:

–¿Cómo puede éste darnos a comer su carne?

⁵³ Les dijo Jesús:

–Pues sí, les aseguro: si no comen la carne del Hijo del hombre y beben su sangre, no tienen vida en ustedes. ⁵⁴ Quien come mi carne y bebe mi sangre tiene vida definitiva y yo lo resucitaré el último día, ⁵⁵ porque mi carne es verdadera comida y mi sangre verdadera bebida. ⁵⁶ Quien come mi carne y bebe mi sangre sigue conmigo y yo con él; ⁵⁷ como a mí me envió el Padre que vive y, así, yo vivo por el Padre, también aquel que me come vivirá por mí. ⁵⁸ Éste es el pan bajado del cielo, no como el que comieron sus padres y murieron; quien come pan de éste vivirá para siempre.

⁵⁹ Esto lo dijo enseñando en una sinagoga, en Cafarnaún.

Crisis en la comunidad de discípulos y su resolución

⁶⁰ Muchos discípulos suyos dijeron al oírlo:

–Este modo de hablar es insoportable; ¿quién puede hacerle caso?

⁶¹ Consciente Jesús de que lo criticaban sus discípulos, les dijo:

– ¿Esto los escandaliza? ⁶² ¿Y si vieran subir al Hijo del hombre donde estaba antes? ⁶³ Es el Espíritu quien da vida, la carne no es de ningún provecho; las exigencias que les he estado exponiendo son espíritu y son vida. ⁶⁴ Pero hay entre ustedes quienes no creen.

(Es que Jesús sabía ya desde el principio quiénes eran los que no creían y quién era el que lo iba a entregar.)

⁶⁵ Y añadió:

–Por eso les he venido diciendo que nadie puede llegar hasta mí si el Padre no se lo concede.

⁶⁶ Desde entonces, muchos de sus discípulos se echaron atrás y ya no andaban con él.

⁶⁷ Preguntó entonces Jesús a los Doce:

–¿También ustedes quieren marcharse?

⁶⁸ Le contestó Simón Pedro:

–Señor, ¿con quién nos vamos a ir? Tus exigencias comunican vida definitiva, ⁶⁹ y nosotros creemos firmemente y sabemos muy bien que tú eres el Consagrado por Dios.

⁷⁰ Les repuso Jesús:

–¿No los elegí yo a ustedes, los Doce? Y, sin embargo, uno de ustedes es un enemigo.

⁷¹ Se refería a Judas de Simón Iscariote, pues éste, siendo uno de los Doce, lo iba a entregar.

TERCERA SECCIÓN: LA FIESTA DE LAS CHOZAS

(7,1-8,59)

Jesús rechaza la propuesta de los suyos

7 ¹ Después de esto, andaba Jesús por Galilea; no quería andar por Judea porque los dirigentes judíos trataban de matarlo. ² Se acercaba la gran fiesta de los judíos, la de las Chozas.

³ Sus hermanos le dijeron:

–Trasládate de aquí y márchate a Judea, así tus discípulos presenciarán esas obras que haces; ⁴ pues nadie hace las cosas clandestinamente si busca ser una figura pública. Si haces estas cosas, manifiéstate al mundo.

⁵ De hecho, tampoco sus hermanos le daban su adhesión.

⁶ Jesús les contestó:

–Para mí, todavía no es el momento; para ustedes, en cambio, cualquier momento es bueno. ⁷ El mundo no tiene motivo para odiarlos; a mí, en cambio, me odia, porque yo denuncio que su modo de obrar es perverso. ⁸ Suban ustedes a la fiesta, yo no subo a esta fiesta, porque para mí el momento no ha llegado aún.

⁹ Dicho esto, él se quedó en Galilea; ¹⁰ sin embargo, después que subieron sus hermanos a la fiesta, entonces subió él también, no de modo manifiesto, sino clandestinamente.

1. ENSEÑANZA AL PUEBLO

El origen del Mesías

[11] Los dirigentes judíos lo buscaban durante las fiestas y decían:

–¿Dónde estará ése?

[12] La gente hablaba mucho de él, cuchicheando. Unos decían:

– Es un hombre honrado.

Otros, en cambio:

– No, que extravía a la gente.

[13] Pero nadie hablaba de él en público por miedo a los dirigentes.

[14] Sin embargo, mediadas ya las fiestas, subió Jesús al templo y se puso a enseñar. [15] Los dirigentes judíos se preguntaban desconcertados:

– ¿Cómo sabe éste de Escritura si no ha estudiado?

[16] Les replicó Jesús:

– Mi doctrina no es mía, sino del que me ha enviado. [17] El que quiera realizar el designio de Dios apreciará si esta doctrina es de Dios o si yo hablo por mi cuenta. [18] Quien habla por su cuenta busca su propia gloria; en cambio, quien busca la gloria del que lo ha enviado, ése es de fiar y en él no hay injusticia.

[19] ¿No fue Moisés quien les dejó la Ley? Y, sin embargo, ninguno de ustedes cumple esa Ley. ¿Por qué tratan de matarme?

[20] La gente reaccionó:

–Estás loco, ¿quién trata de matarte?

[21] Les replicó Jesús:

–Una obra realicé y todos siguen desconcertados. [22] A propósito, Moisés les prescribió la circuncisión (no es que venga de Moisés, viene de los patriarcas) y en día de precepto circuncidan al hombre. [23] Si se circuncida al hombre en día de precepto para no quebrantar la Ley de Moisés, ¿se indignan conmigo porque en día de precepto le di la salud a un hombre entero? [24] No juzguen superficialmente, den la sentencia justa.

[25] Unos vecinos de Jerusalén comentaban:

–¿No es éste al que tratan de matar? [26] Pues mírenlo, habla públicamente y no le dicen nada. ¿Será que los jefes se han convencido de que es éste el Mesías? [27] Pero éste sabemos de dónde procede, mientras que, cuando llegue el Mesías, nadie sabrá de dónde procede.

[28] Gritó entonces Jesús, mientras enseñaba en el templo:

–¿Conque saben quién soy y saben de dónde procedo? Y, sin embargo, no he venido por decisión propia, sino que hay realmente uno que me ha enviado, aunque ustedes no saben quién es. [29] Yo sí sé quién es, porque procedo de él y él me ha enviado.

[30] Intentaron entonces prenderlo, pero nadie le puso la mano encima, porque todavía no había llegado su hora.

[31] Entre la multitud, sin embargo, muchos le dieron su adhesión y decían:

–Cuando venga el Mesías, ¿va a realizar más señales de las que éste ha realizado?

7,20 "estás loco", lit. "tienes un demonio". La locura se atribuía al influjo del demonio.

El tiempo de la salvación: invitación y urgencia

[32] Oyeron los fariseos estos cuchicheos de la gente; entonces, los sumos sacerdotes y los fariseos mandaron guardias a prenderlo.

[33] Entonces dijo Jesús:

–Todavía voy a estar un poco de tiempo entre ustedes y luego me marcho con el que me envió. [34] Me buscarán, pero no me encontrarán; y es que donde yo estoy, ustedes no son capaces de venir.

[35] Comentaron entre ellos los dirigentes judíos:

–¿Adónde querrá irse éste, para que nosotros no podamos encontrarlo? ¿Querrá irse con los emigrados en países griegos para enseñar a los griegos? [36] ¿Qué significa eso que ha dicho: "me buscarán, pero no me encontrarán" y "donde yo estoy, ustedes no son capaces de venir"?

[37] El último día, el más solemne de las fiestas, Jesús, puesto de pie, gritó:

–Si alguno tiene sed, que se acerque a mí, y que beba [38] quien me da su adhesión, como dice aquel pasaje: *De su entraña manarán ríos de agua viva* (Is 55,1-3).

[39] Esto lo dijo refiriéndose al Espíritu que iban a recibir los que le dieran su adhesión (aún no había Espíritu, porque la gloria de Jesús aún no se había manifestado).

[40] A oír estas palabras, algunos de la multitud decían:

–Ciertamente éste es el Profeta.

[41] Decían otros:

–Éste es el Mesías.

Pero aquéllos replicaban:

–¿Es que el Mesías va a venir de Galilea? [42] ¿No dice aquel pasaje que el Mesías vendrá del linaje de David, y de Belén, el pueblo de David?

[43] Se produjo división entre la gente a propósito de él.

[44] Algunos de ellos querían prenderlo, pero nadie le puso las manos encima.

[45] Volvieron entonces los guardias adonde estaban los sumos sacerdotes y fariseos, y éstos les preguntaron:

–¿Se puede saber por qué no lo han traído?

[46] Replicaron los guardias:

–Nunca hombre alguno ha hablado así.

[47] Les replicaron los fariseos:

–¿También ustedes se han dejado engañar? [48] ¿Alguno de los jefes le ha dado su adhesión o alguno de los fariseos? [49] En cambio, esa plebe que no conoce la Ley está maldita.

[50] Los interpeló Nicodemo, el que había ido a verlo al principio, que era uno de ellos:

[51] –¿Es que nuestra Ley condena a un hombre sin antes escucharlo y averiguar lo que hace?

[52] Le replicaron:

–¿También tú eres de Galilea? Estudia y verás que de Galilea no salen profetas.

El Mesías, la luz del mundo

8 [12] Jesús les habló de nuevo:

–Yo soy la luz del mundo; el que me sigue no caminará en la tiniebla, tendrá la luz de la vida.

196

¹³ Los fariseos le replicaron:

—Tú haces de testigo en causa propia, tu testimonio no es válido.

¹⁴ Jesús les repuso:

—Aunque yo sea testigo en causa propia, mi testimonio es válido, porque sé de dónde he venido y adónde me marcho, mientras ustedes no saben de dónde vengo ni adónde me marcho.

¹⁵ Ustedes dan sentencia ateniéndose a lo humano; yo no doy sentencia contra nadie. ¹⁶ Pero incluso si la diera, esa sentencia mía sería legítima, porque no estoy solo, estamos yo y el Padre que me mandó,

¹⁷ y también en la Ley de ustedes está escrito que el testimonio de dos es válido. ¹⁸ Soy yo el testigo en mi causa y además es testigo en mi causa el Padre que me envió.

¹⁹ Entonces le preguntaron ellos:

—¿Dónde está tu Padre?

Replicó Jesús:

—Ni saben quién soy yo ni saben quién es mi Padre; si supieran quién soy yo, sabrían también quién es mi Padre.

²⁰ Estas palabras las dijo enseñando en el Tesoro, en el templo. Y nadie lo detuvo, porque aún no había llegado su hora.

II. DENUNCIA DE LOS DIRIGENTES

Pecado y muerte

²¹ Entonces les dijo de nuevo:

—Yo me voy, me buscarán, pero el pecado de ustedes los llevará a la muerte. A donde yo voy, ustedes no son capaces de venir.

²² Los judíos del régimen comentaban:

—¿Irá a suicidarse, y por eso dice "A donde yo voy, ustedes no son capaces de venir"?

²³ Él continuó:

—Ustedes pertenecen a lo de aquí abajo, yo pertenezco a lo de arriba; ustedes pertenecen a este orden, yo no pertenezco al orden este. ²⁴ Por eso les he dicho que los llevarán sus pecados a la muerte; es decir, si no llegan a creer que yo soy lo que soy, los llevarán a la muerte sus pecados.

²⁵ Entonces le preguntaron:

—Tú, ¿quién eres?

Les contestó Jesús:

—Ante todo, eso mismo que les estoy diciendo. ²⁶ Mucho tengo que decir de ustedes y condenarlo; más aún, el que me envió es digno de fe, y lo que yo digo contra el mundo es lo mismo que le he escuchado a él.

²⁷ No comprendieron que les hablaba del Padre. ²⁸ Jesús entonces les dijo:

—Cuando levanten en alto al Hijo del hombre, entonces comprenderán que yo soy lo que soy y que no hago nada por mi propia cuenta, sino que propongo exactamente lo que me ha enseñado el Padre. ²⁹ Además, el que me envió está conmigo, no me ha dejado solo; la prueba es que yo hago siempre lo que le agrada a él.

³⁰ Mientras hablaba así, muchos le dieron su adhesión.

El mito del linaje

³¹ Dijo entonces Jesús a los judíos que le habían dado crédito:

–Ustedes, para ser de verdad mis discípulos tienen que atenerse a ese mensaje mío; ³² conocerán la verdad y la verdad los hará libres.

³³ Reaccionaron contra él: –somos hijos de Abrahán y nunca hemos sido esclavos de nadie: ¿cómo dices tú: "llegarán a ser libres"?

³⁴ Les replicó Jesús:

–Pues sí, les aseguro que todo el que practica el pecado es esclavo. ³⁵ Ahora bien, el esclavo no se queda en la casa para siempre, el Hijo se queda para siempre. ³⁶ Por tanto, si el Hijo les da la libertad, serán realmente libres.

³⁷ Ya sé que son linaje de Abrahán, y, sin embargo, ustedes tratan de matarme a mí, porque ese mensaje mío no les cabe en la cabeza. ³⁸ Yo propongo lo que he visto personalmente junto al Padre, y también ustedes hacen lo que han aprendido de su padre.

³⁹ Le repusieron:

–Nuestro padre es Abrahán.

Les respondió Jesús:

–Si fueran hijos de Abrahán, realizarían las obras de Abrahán; ⁴⁰ en cambio, ustedes tratan de matarme a mí, hombre que les he estado proponiendo la verdad que aprendí de Dios. Eso no lo hizo Abrahán. ⁴¹ Ustedes realizan las obras de su padre.

Le replicaron entonces:

–Nosotros no hemos nacido de prostitución; un solo padre tenemos, Dios.

⁴² Les replicó Jesús:

–Si Dios fuera el padre de ustedes, me quisieran a mí, porque yo estoy aquí procedente de Dios; y tampoco he venido por decisión propia, fue él quien me envió. ⁴³ ¿Por qué razón no entienden mi lenguaje? Porque no son capaces de escuchar ese mensaje mío. ⁴⁴ Ustedes proceden de ese padre que es el Enemigo, y quieren realizar los deseos de su padre. Él ha sido homicida desde el principio y nunca ha estado en la verdad, porque en él no hay verdad; cuando expone la mentira, le sale de dentro, porque es mentiroso y el padre de la mentira. ⁴⁵ A mí, en cambio, porque digo la verdad, no me creen. ⁴⁶ ¿Quién de ustedes puede echarme en cara pecado alguno? Si digo la verdad, ¿por qué no me creen? ⁴⁷ El que procede de Dios escucha las exigencias de Dios; por eso ustedes no escuchan, porque no proceden de Dios.

⁴⁸ Repusieron los dirigentes:

–¿No tenemos razón en decir que eres un samaritano y que estás loco?

⁴⁹ Replicó Jesús:

–Yo no estoy loco, sino que honro a mi Padre; en cambio, ustedes quieren quitarme la honra a mí. ⁵⁰ Aunque yo no busco mi gloria; hay quien se encarga de eso y es juez en el asunto. ⁵¹ Pues sí, les aseguro: quien cumpla mi mensaje, no sabrá nunca lo que es morir.

⁵² Replicaron entonces los dirigentes:

–Ahora estamos seguros de que estás loco. Abrahán murió y los profetas también, ¿y tú sales diciendo que quien cumpla tu mensaje no probará nunca la muerte? ⁵³ ¿Acaso eres tú más que nuestro padre Abrahán, que murió? También los profetas murieron. ¿Quién pretendes ser?

⁵⁴ Repuso Jesús:

–Si yo mismo me procurase gloria, mi gloria no valdría nada; es mi Padre quien me la procura, el que ustedes dicen que es su Dios, ⁵⁵ aunque nunca lo han conocido. Yo, en cambio, sé quién es y, si negase saberlo, sería un mentiroso parecido a ustedes. Pero sé quién es y cumplo su mensaje. ⁵⁶ Abrahán, el padre de ustedes, saltó de gozo porque iba a ver este día mío, lo vio y se llenó de alegría.

⁵⁷ Los dirigentes le replicaron:

–¿No tienes todavía cincuenta años y has visto a Abrahán en persona?

⁵⁸ Les contestó Jesús:

–Pues sí, les aseguro: desde antes que existiera Abrahán, soy yo lo que soy.

⁵⁹ Agarraron piedras para tirárselas, pero Jesús se ocultó saliendo del templo.

CUARTA SECCIÓN: EN JERUSALÉN. LA LUZ QUE LIBERA DE LA TINIEBLA

(9,1-10,21)

Curación del ciego

9 ¹ Al pasar vio Jesús un hombre ciego de nacimiento. ² Le preguntaron sus discípulos:

–Maestro, ¿quién había pecado, él o sus padres, para que naciera ciego?

³ Contestó Jesús:

–Ni había pecado él ni tampoco sus padres, pero así se manifestarán en él las obras de Dios. ⁴ Mientras es de día, nosotros tenemos que trabajar realizando las obras del que me envió. Se acerca la noche, cuando nadie puede trabajar. ⁵ Mientras esté en el mundo, soy luz del mundo.

⁶ Dicho esto, escupió en tierra, hizo barro con la saliva, le untó su barro en los ojos ⁷ y le dijo:

–Ve a lavarte a la piscina de Siloé (que significa "Enviado").

Fue, se lavó y volvió con vista. ⁸ Los vecinos y los que antes solían verlo, porque era mendigo, preguntaban:

–¿No es éste el que estaba sentado y mendigaba?

⁹ Unos decían:

–El mismo.

Otros, en cambio:

–No, pero se le parece.

Él afirmaba:

–Soy yo.

¹⁰ Le preguntaron entonces:

–¿Cómo se te han abierto los ojos?

¹¹ Contestó él:

–Ese hombre que se llama Jesús hizo barro, me lo untó en los ojos y me dijo: "Ve a Siloé y lávate". Fui entonces, y al lavarme empecé a ver.

¹² Le preguntaron:

–¿Dónde está él?

Respondió:

–No sé.

Verificación del hecho e interpretación de los dirigentes

¹³ Llevaron a los fariseos al que había sido ciego. ¹⁴ El día en que

Jesús hizo el barro y le abrió los ojos era día de precepto. [15] Los fariseos, a su vez, le preguntaron también cómo había llegado a ver. Él les respondió:

–Me puso barro en los ojos, me lavé y veo.

[16] Algunos de los fariseos comentaban:

–Ese hombre no viene de parte de Dios, porque no guarda el precepto.

Otros, en cambio, decían:

–¿Cómo puede un hombre, siendo pecador, realizar semejantes señales?

Y estaban divididos.

[17] Le preguntaron otra vez al ciego:

–A ti te ha abierto los ojos, ¿qué piensas tú de él?

Él respondió:

–Es un profeta.

[18] Los dirigentes judíos no creyeron que aquel había sido ciego y había llegado a ver hasta que no llamaron a los padres del que había conseguido la vista [19] y les preguntaron:

–¿Es éste su hijo, el que ustedes dicen que nació ciego? ¿Cómo es que ahora ve?

[20] Respondieron sus padres.

–Sabemos que éste es nuestro hijo y que nació ciego. [21] Ahora bien, cómo es que ve ahora, no lo sabemos, y quién le ha abierto los ojos, nosotros tampoco lo sabemos. Pregúntenselo a él, ya es mayor de edad; él dará razón de sí mismo.

[22] Sus padres respondieron así por miedo a los dirigentes judíos, porque los dirigentes tenían ya convenido que fuera excluido de la sinagoga quien lo reconociese por Mesías. [23] Por eso dijeron sus padres: "ya es mayor de edad, pregúntenle a él".

[24] Llamaron entonces por segunda vez al hombre que había sido ciego y le dijeron:

–Reconócelo tú ante Dios. A nosotros nos consta que ese hombre es un pecador.

[25] Replicó entonces él:

–Si es pecador o no, no lo sé; una cosa sé, que yo era ciego y ahora veo.

[26] Insistieron:

–¿Qué te hizo? ¿Como te abrió los ojos?

[27] Les replicó:

–Ya les he dicho y no me han hecho caso. ¿Para qué quieren oírlo otra vez? ¿Es que quieren hacerse discípulos suyos también ustedes?

[28] Ellos lo llenaron de improperios y le dijeron:

–Discípulo de ése lo serás tú, nosotros somos discípulos de Moisés. [29] A nosotros nos consta que a Moisés le habló Dios; ése, en cambio, no sabemos de dónde procede.

[30] Les replicó el hombre:

–Pues eso es lo raro, que ustedes no sepan de dónde procede cuando me ha abierto los ojos. [31] Sabemos que Dios no escucha a los pecadores, sino que al que lo respeta y realiza su designio a ése

---

9,24 "reconócelo tú", lit. "da gloria a Dios", expresión hebrea usada en el sentido de "confesar" o "reconocer la verdad", cf. Lc 23,47.

lo escucha. ³² Jamás se ha oído decir que nadie haya abierto los ojos a uno que nació ciego; ³³ si éste no viniera de parte de Dios, no podría hacer nada.

³⁴ Le replicaron:

—Pecador naciste tú de arriba abajo, ¡y vas tú a darnos lecciones a nosotros!

Y lo echaron fuera.

Encuentro de Jesús con el hombre

³⁵ Se enteró Jesús de que lo habían echado fuera, fue a buscarlo y le dijo:

—¿Das tu adhesión al Hijo del hombre?

³⁶ Contestó él:

—Y ¿quién es, Señor, para dársela?

³⁷ Le contestó Jesús:

—Ya lo has visto; el que habla contigo, ése es.

³⁸ Él declaró:

—Te doy mi adhesión, Señor.

Y se postró ante él.

La explotación del pueblo y la alternativa de Jesús

³⁹ Añadió Jesús:

—Yo he venido a abrir un proceso contra el orden este; así, los que no ven, verán, y los que ven, quedarán ciegos.

⁴⁰ Se enteraron de esto aquellos fariseos que habían estado con él, y le preguntaron:

—¿Es que también nosotros somos ciegos?

⁴¹ Les contestó Jesús:

—Si fueran ciegos, no tendrían pecado; pero como dicen que ven, su pecado persiste.

10 ¹ Sí, les aseguro: quien no entra por la puerta en el recinto de las ovejas, sino trepando por otro lado, ése es un ladrón y un bandido. ² Quien entra por la puerta es pastor de las ovejas; ³ a ése le abre el portero y las ovejas escuchan su voz. A las ovejas propias las llama por su nombre y las va sacando; ⁴ cuando ha empujado fuera a todas las suyas, camina delante de ellas, y las ovejas lo siguen porque conocen su voz. ⁵ A un extraño, en cambio, no lo seguirán, huirán de él, porque no conocen la voz de los extraños.

⁶ Esta semejanza les puso Jesús, pero ellos no entendieron a qué se refería.

⁷ Entonces añadió Jesús:

—Pues sí, les aseguro que yo soy la puerta de las ovejas. ⁸ Todos los que han venido antes de mí son ladrones y bandidos, pero las ovejas no les han hecho caso. ⁹ Yo soy la puerta, el que entre por mí quedará a salvo, podrá entrar y salir y encontrará pastos. ¹⁰ El ladrón no viene más que para robar, sacrificar y destruir. Yo he venido para que tengan vida y les rebose.

¹¹ Yo soy el modelo de pastor. El pastor modelo se entrega él mismo por las ovejas; ¹² el asalariado, como no es pastor ni son suyas las ovejas, cuando ve venir al lobo, deja las ovejas y huye, y el lobo las arrebata y las dispersa; ¹³ porque a un asalariado no le importan las ovejas.

¹⁴ Yo soy el modelo de pastor; conozco a las mías y las mías me conocen a mí, ¹⁵ igual que el Padre

me conoce a mí y yo conozco al Padre; por eso me entrego yo mismo por las ovejas. [16] Tengo además otras ovejas que no son de este recinto: también a ésas tengo que conducirlas; escucharán mi voz y habrá un solo rebaño, un solo pastor.

[17] Por eso el Padre me demuestra su amor, porque yo entrego mi vida y así la recobro. [18] Nadie me la quita, yo la entrego por decisión propia. Está en mi mano entregarla y está en mi mano recobrarla. Éste es el mandamiento que recibí de mi Padre.

[19] Estas palabras causaron de nuevo división entre los dirigentes judíos. [20] Muchos de ellos decían:

—Está loco de atar, ¿por qué lo escuchan?

[21] Otros, en cambio:

—Ésas no son palabras de loco; ¿es que puede un loco abrir los ojos de los ciegos?

QUINTA SECCIÓN: LA FIESTA DE LA DEDICACIÓN

(19,22-42)

Los dirigentes rechazan al Mesías

[22] Se celebró por entonces en Jerusalén la fiesta de la Dedicación del templo. Era invierno. [23] Jesús paseaba en el templo por el pórtico de Salomón.

[24] Lo rodearon entonces los dirigentes y le dijeron:

—¿Hasta cuándo vas a tenernos en vilo? Si eres tú el Mesías, dínoslo abiertamente.

[25] Les replicó Jesús:

—Se lo he dicho, pero no lo creen. Las obras que yo realizo en nombre de mi Padre, ésas son las que me acreditan, [26] pero ustedes no creen porque no son ovejas mías. [27] Mis ovejas escuchan mi voz: yo las conozco y ellas me siguen, [28] yo les doy vida definitiva y no se perderán jamás ni nadie las arrancará de mi mano. [29] Lo que me ha entregado mi Padre es lo que más importa, y nadie puede arrancar nada de la mano del Padre. [30] Yo y el Padre somos uno.

[31] Los dirigentes cogieron de nuevo piedras para apedrearlo. [32] Les replicó Jesús:

—Muchas obras excelentes les he hecho ver, que son obras del Padre; ¿por cuál de ellas me apedrean?

[33] Le contestaron los dirigentes:

—No te apedreamos por ninguna obra excelente, sino por blasfemia; porque tú, siendo un hombre, te haces Dios.

[34] Les replicó Jesús:

—¿No está escrito en su Ley: *"Yo he dicho: son dioses"*? (Sal 82,6) [35] Si llamó dioses a aquellos a quienes Dios dirigió su palabra, y ese pasaje no se puede suprimir, [36] de mí, a quien el Padre consagró y envió al mundo, ¿ustedes dicen que blasfemo porque he dicho: "soy hijo de Dios"? [37] Si yo no realizo las obras de mi Padre, no me crean; [38] pero si las realizo, aunque no me crean a mí, crean a las obras; así sabrán de una vez que el Padre está identificado conmigo y yo con el Padre.

³⁹ Otra vez intentaron prenderlo, pero se les escapó de las manos.

Jesús, más allá del Jordán

⁴⁰ Se fue esta vez al otro lado del Jordán, al lugar donde Juan había estado bautizando al principio, y se quedó allí. ⁴¹ Acudieron a él muchos y decían:

—Juan no realizó ninguna señal, pero todo lo que dijo Juan de éste era verdad.

⁴² Y allí muchos le dieron su adhesión.

SEXTA SECCIÓN: LA VIDA DEFINITIVA

(11,1-54)

Jesús y los discípulos:
El temor de la muerte

11 ¹ Había cierto enfermo, Lázaro, que era de Betania, de la aldea de María y de Marta su hermana. ² (María era la que ungió al Señor con perfume y le secó los pies con el pelo, y su hermano Lázaro estaba enfermo.)

³ Las hermanas le enviaron recado:

—Señor, mira que tu amigo está enfermo.

⁴ Al oírlo, dijo Jesús:

—Esta enfermedad no es para muerte, sino para la gloria de Dios; así se manifestará por ella la gloria del Hijo de Dios.

⁵ Jesús quería a Marta, a su hermana y a Lázaro. ⁶ Al enterarse de que estaba enfermo, se quedó, aun así, dos días en el lugar donde estaba.

⁷ Luego, después de esto, dijo a los discípulos:

—Vamos otra vez a Judea.

⁸ Los discípulos le dijeron:

—Maestro, hace nada querían apedrearte los judíos, y ¿vas a ir otra vez allí?

⁹ Replicó Jesús:

—¿No hay doce horas de día? Si uno camina de día no tropieza, porque ve la luz de este mundo; ¹⁰ en cambio, si uno camina de noche, tropieza, porque le falta la luz.

¹¹ Esto dijo, y a continuación añadió:

—Lázaro, nuestro amigo, se ha dormido, pero voy a despertarlo.

¹² Le dijeron los discípulos:

—Señor, si se ha dormido, se salvará.

¹³ (Jesús lo había dicho de su muerte, pero ellos pensaron que hablaba del sueño natural.) ¹⁴ Entonces Jesús les dijo abiertamente:

—Lázaro ha muerto, ¹⁵ y me alegro por ustedes de no haber estado allí, para que lleguen a creer. Ea, vamos a verlo.

¹⁶ Entonces Tomás, es decir, Mellizo, dijo a sus compañeros:

—Vamos también nosotros a morir con él.

¹⁷ Al llegar Jesús, encontró que Lázaro llevaba ya cuatro días en el sepulcro.

Jesús y Marta:
la resurrección y la vida

[18] Betania estaba cerca de Jerusalén, a unos tres kilómetros, [19] y muchos judíos habían ido a ver a Marta y a María para darles el pésame por el hermano.

[20] Al enterarse Marta de que llegaba Jesús, le salió al encuentro (María estaba sentada en la casa).

[21] Dijo Marta a Jesús:

–Señor, si hubieras estado aquí, no habría muerto mi hermano; [22] pero, incluso ahora, sé que todo lo que le pidas a Dios, Dios te lo dará.

[23] Jesús le dijo:

–Tu hermano resucitará.

[24] Respondió Marta:

–Ya sé que resucitará en la resurrección del último día.

[25] Le dijo Jesús:

–Yo soy la resurrección y la vida; el que el me presta adhesión, aunque muera vivirá, [26] pues todo el que vive y me presta adhesión, no morirá nunca. ¿Crees esto?

[27] Ella le contestó:

–Sí, Señor, yo creo firmemente que tú eres el Mesías, el Hijo de Dios, el que tenía que venir al mundo.

Jesús y María:
el dolor por la muerte

[28] Dicho esto, se marchó y llamó a María, su hermana, diciéndole en secreto:

–El Maestro está ahí y te llama.

[29] Ella, al oírlo, se levantó deprisa y se dirigió adonde estaba él. [30] Jesús no había entrado todavía en la aldea, estaba aún en el lugar adonde había ido Marta a encontrarlo.

[31] Los judíos que estaban con María en la casa dándole el pésame, al ver que se había levantado deprisa y había salido, la siguieron, pensando que iba al sepulcro a llorar allí.

[32] Cuando llegó María adonde estaba Jesús, al verlo se le echó a los pies, diciéndole:

–Señor, si hubieras estado aquí, mi hermano no habría muerto.

[33] Jesús entonces, al ver que lloraba ella y que lloraban los judíos que la acompañaban, se reprimió con una sacudida [34] y preguntó:

–¿Dónde lo han puesto?

Le contestaron:

–Ven a verlo, Señor.

[35] A Jesús se le saltaron las lágrimas. [36] Los judíos comentaban:

–¡Miren cuánto lo quería!

[37] En cambio, algunos de ellos dijeron:

–¿Y éste, que le abrió los ojos al ciego, no podía hacer también que éste otro no muriera?

[38a] Jesús entonces, reprimiéndose de nuevo, se dirigió al sepulcro.

Jesús y Lázaro:
de la muerte a la vida

[38b] Era una cueva y una losa estaba puesta en la entrada. [39] Dijo Jesús:

–Quiten la losa.

Le dijo Marta, la hermana del difunto:

–Señor, ya huele mal, lleva cuatro días.

11,18 "tres kilómetros", lit. "quince estadios", cf. 6,19.

⁴⁰ Le contestó Jesús:

–¿No te he dicho que si crees verás la gloria de Dios?

⁴¹ Entonces quitaron la losa.

Jesús levantó los ojos a lo alto y dijo:

–Gracias, Padre, por haberme escuchado. ⁴² Yo sabía que siempre me escuchas, pero lo digo por la gente que está alrededor, para que crean que tú me has enviado.

⁴³ Dicho esto, gritó muy fuerte:

–¡Lázaro, ven fuera!

⁴⁴ Salió el muerto con las piernas y los brazos atados con vendas; su cara estaba envuelta en un sudario. Les dijo Jesús:

–Desátenlo y déjenlo que se marche.

⁴⁵ Muchos de los judíos que habían ido a ver a María y habían presenciado lo que hizo le dieron su adhesión. ⁴⁶ Algunos de ellos, sin embargo, fueron a ver a los fariseos y les refirieron lo que había hecho Jesús.

La sentencia de muerte contra Jesús

⁴⁷ Los sumos sacerdotes y los fariseos reunieron entonces una sesión del Consejo y decían:

–¿Qué hacemos? Porque ese hombre realiza muchas señales. ⁴⁸ Si lo dejamos seguir así, todos van a darle su adhesión y vendrán los romanos y quitarán de en medio nuestro lugar sagrado e incluso nuestra nación.

⁴⁹ Pero uno de ellos, Caifás, que era sumo sacerdote el año aquel, les dijo:

–Ustedes no tienen idea; ⁵⁰ ni siquiera calculan que les conviene que un solo hombre muera por el pueblo antes que perezca la nación entera.

⁵¹ Esto no lo dijo por cuenta propia. Siendo sumo sacerdote el año aquel, profetizó que Jesús iba a morir por la nación, ⁵² y no sólo por la nación, sino también para reunir en uno a los hijos de Dios dispersos. ⁵³ Así aquel día acordaron matarlo.

La ciudad de Jesús

⁵⁴ Por eso Jesús dejó de andar en público entre los judíos y se fue de allí a la región cercana al desierto, a una ciudad llamada Efraín, y allí se quedó con los discípulos.

LA HORA FINAL. LA PASCUA DEL MESÍAS (11,55-19,42)

PRIMERA SECCIÓN: LA OPCIÓN ANTE EL MESÍAS

(11,55-12,50)

Preludio: expectación ante la tercera Pascua

⁵⁵ Estaba cerca la Pascua de los Judíos, y subieron muchos del campo a Jerusalén, antes de la Pascua, para lavar su impureza. ⁵⁶ Buscaban a Jesús y comentaban entre ellos, sin moverse del templo:

–¿Qué les parece? ¿Que no ven-

205

drá a las fiestas?

⁵⁷ Por su parte, los sumos sacerdotes y los fariseos tenían dada la orden de que si alguien se enteraba de dónde estaba, que avisara, para prenderlo.

La comunidad celebra la vida

12 ¹ Jesús, seis días antes de la Pascua, fue a Betania, donde estaba Lázaro, al que él había levantado de la muerte. ² Le ofrecieron allí una cena, y Marta servía. Lázaro era uno de los que estaban reclinados con él a la mesa. ³ Entonces María, tomando una libra de perfume de nardo auténtico de mucho precio, ungió los pies a Jesús y los secó con el pelo. Y la casa se llenó de la fragancia del perfume.

⁴ Pero Judas Iscariote, uno de sus discípulos, el que iba a entregarlo, dijo:

⁵ –¿Por qué razón no se ha vendido ese perfume por trescientos denarios de plata y no se ha dado a los pobres?

⁶ Dijo esto no porque le importasen los pobres, sino porque era un ladrón, y como tenía la bolsa, se llevaba lo que echaban.

⁷ Dijo entonces Jesús:

–Déjala, que lo guarde para el día de mi sepultura; ⁸ pues a los pobres los tienen siempre entre ustedes, en cambio a mí no me van a tener siempre.

La comunidad, centro de atracción

⁹ Una gran multitud de judíos se enteró de que estaba allí y fueron no sólo por Jesús, sino también para ver a Lázaro, al que había levantado de la muerte.

¹⁰ Los sumos sacerdotes, por su parte, acordaron matar también a Lázaro, ¹¹ porque debido a él muchos de aquellos judíos se marchaban y daban su adhesión a Jesús.

Israel rechaza al Mesías

¹² Al día siguiente, la multitud que había llegado para la fiesta, al oír que Jesús llegaba a Jerusalén, ¹³ tomaron los ramos de las palmas, salieron a su encuentro y empezaron a dar gritos:

–¡Sálvanos! ¡Bendito el que llega en nombre del Señor, el rey de Israel! (Sal 118,25).

¹⁴ Pero Jesús encontró un borriquillo y se montó en él, como estaba escrito:

¹⁵ *No temas, ciudad de Sión,*
mira a tu rey que llega
montado en un borrico (Zac 9,9).

¹⁶ Sus discípulos no comprendieron esto al principio, pero cuando Jesús manifestó su gloria se acordaron de que habían hecho con él lo mismo que estaba escrito.

¹⁷ Daba testimonio la gente que había estado con él cuando llamó a Lázaro del sepulcro levantándolo de la muerte. ¹⁸ Precisamente por eso le salió al encuentro la multitud, por haberse enterado de que había realizado aquella señal.

¹⁹ A esto, los fariseos se dijeron entre ellos:

–Están viendo que no adelantan nada; miren, todo el mundo se ha ido detrás de él.

²⁰ Algunos de los que subían a dar culto en la fiesta eran griegos. ²¹ Éstos se acercaron a Felipe, el de

Betsaida de Galilea, y le rogaron:

—Señor, quisiéramos ver a Jesús.

²² Felipe fue a decírselo a Andrés; Andrés y Felipe fueron a decírselo a Jesús. ²³ Jesús les respondió:

—Ha llegado la hora de que se manifieste la gloria del Hijo del hombre. ²⁴ Sí, les aseguro: si el grano de trigo una vez caído en la tierra no muere, permanece él solo; en cambio, si muere, produce mucho fruto. ²⁵ Tener apego a la propia vida es destruirse, despreciar la propia vida en medio del orden este es conservarse para una vida definitiva. ²⁶ El que quiera ayudarme, que me siga, y así, allí donde yo estoy, estará también el que me ayuda. A quien me ayude lo honrará el Padre.

²⁷ Ahora me siento fuertemente agitado; pero ¿qué voy a decir: "Padre, líbrame de esta hora"? ¡Pero si para esto he venido, para esta hora! ²⁸ ¡Padre, manifiesta la gloria de tu persona!

Vino entonces una voz desde el cielo:

—¡Como la manifesté, volveré a manifestarla!

²⁹ A esto, la gente que estaba allí y la oyó, decía que había sido un trueno. Otros decían:

—Le ha hablado un ángel.

³⁰ Replicó Jesús:

—Esa voz no era por mí, sino por ustedes. ³¹ Ahora hay ya una sentencia contra el orden este, ahora el jefe del orden este va a ser echado fuera, ³² pues yo, cuando sea levantado de la tierra, atraeré a todos hacia mí.

³³ Esto lo decía indicando con qué clase de muerte iba a morir.

³⁴ Le replicó la gente:

—Nosotros hemos aprendido de la Ley que el Mesías sigue para siempre, ¿cómo dices tú que el Hijo de hombre tiene que ser levantado en alto? ¿Quién es ese Hijo del hombre?

³⁵ Les contestó Jesús:

—Todavía un poco de tiempo va a estar la luz entre ustedes; caminen mientras tienen la luz, para que no los alcance la tiniebla, pues el que camina en la tiniebla no sabe adónde va. ³⁶ Mientras tienen luz, presten adhesión a la luz, y así serán partícipes de la luz.

Así habló Jesús. Luego se fue, y se ocultó de ellos.

Las causas de la incredulidad

³⁷ A pesar de tantas señales como llevaba realizadas delante de ellos, se negaban a darle su adhesión; ³⁸ así se cumplieron las palabras que dijo el profeta Isaías:

Señor, ¿quién ha creído nuestro anuncio?

Y ¿a quién se ha revelado la fuerza del Señor? (Is 53,1).

³⁹ Y no podían creer por aquello que dijo en otra ocasión Isaías:

⁴⁰ *Les ha cegado los ojos*
y les ha embotado la mente,
para que sus ojos no vean
ni su mente perciba
ni se conviertan
ni yo los cure (Is 6,10).

⁴¹ Esto lo dijo Isaías hablando de él, porque había visto su gloria.

⁴² A pesar de todo, muchos, incluso de los jefes, le dieron su adhesión, pero por causa de los fariseos no lo confesaban, para no ser excluidos de la sinagoga, ⁴³ prefi-

riendo la gloria humana a la gloria de Dios.

El aviso final

[44] Jesús dijo gritando:

—Cuando uno me da su adhesión, más que dármela a mí, se la da al que me ha enviado, [45] y cuando uno me ve a mí ve al que me ha enviado.

[46] Yo he venido al mundo como luz; así, nadie que me da su adhesión permanece en la tiniebla.

[47] Si uno escucha mis exigencias y no las cumple, yo no doy sentencia contra él; porque no he venido para dar sentencia contra el mundo, sino para salvar al mundo. [48] Cuando uno me rechaza y no acepta mis exigencias, tiene quien le dé sentencia: el mensaje que he propuesto dará sentencia contra él el último día. [49] Porque yo no he propuesto lo que se me ha ocurrido, sino que el Padre que me envió me dejó mandado él mismo lo que tenía que decir y que proponer, [50] y sé que su mandamiento significa vida definitiva; por eso, lo que yo propongo, lo propongo exactamente como me lo dijo el Padre.

SEGUNDA SECCIÓN: LA CENA. LA NUEVA COMUNIDAD HUMANA

(13,1-17,26)

1. LA NUEVA COMUNIDAD: FUNDACIÓN Y CAMINO (13,1-14,31)

El lavado de los pies

13 [1] Antes de la fiesta de Pascua, consciente Jesús de que había llegado su hora, la de pasar del mundo este al Padre, él, que había amado a los suyos que estaban en medio del mundo, les demostró su amor hasta el fin.

[2] Mientras cenaban (el Enemigo había ya inducido a Judas de Simón Iscariote a entregarlo), [3] consciente de que el Padre había puesto todo en sus manos y que de Dios procedía y con Dios se marchaba, [4] se levantó de la mesa, dejó el manto y, tomando un paño, se lo ató a la cintura. [5] Echó luego agua en la vasija y se puso a lavar los pies a los discípulos y a secárselos con el paño que llevaba ceñido.

[6] Al acercarse a Simón Pedro, éste le dijo:

—Señor, ¿tú a mí lavarme los pies?

[7] Jesús le replicó:

—Lo que yo estoy haciendo tú no lo entiendes ahora, pero lo comprenderás dentro de algún tiempo.

[8] Le dijo Pedro:

—No me lavarás los pies jamás.

Le repuso Jesús:

—Si no dejas que te lave, no tienes nada que ver conmigo.

[9] Simón Pedro le dijo:

—Señor, no sólo los pies, sino también las manos y la cabeza.

[10] Jesús le contestó:

—El que ya se ha bañado no necesita que le laven más que los pies. Está enteramente limpio. También ustedes están limpios, aunque no todos.

[11] (Es que sabía quién lo iba a en-

tregar, por eso dijo: "No todos están limpios".)

¹² Cuando les lavó los pies, tomó su manto y se recostó de nuevo a la mesa. Entonces les dijo:

–¿Comprenden lo que he hecho con ustedes? ¹³ Ustedes me llaman Maestro y Señor, y con razón, porque lo soy. ¹⁴ Pues si yo, el Señor y el Maestro, les he lavado los pies, también ustedes deben lavarse los pies unos a otros. ¹⁵ Es decir, les dejo un ejemplo para que igual que yo he hecho con ustedes, hagan también ustedes.

¹⁶ Sí, se lo aseguro: no es el siervo más que su señor ni el enviado más que el que lo envía. ¹⁷ ¿Lo entienden? Pues dichosos ustedes si lo cumplen.

¹⁸ No lo digo por todos ustedes, yo sé bien a quiénes elegí, pero así se cumple aquel pasaje: *El que come el pan conmigo me ha puesto la zancadilla* (Sal 41,10). ¹⁹ Les digo ya desde ahora, antes de que suceda, para que, cuando suceda, crean que yo soy lo que soy. ²⁰ Sí, les aseguro: Quien recibe a cualquiera que yo envíe, me recibe a mí, y quien me recibe a mí, recibe al que me envió.

El traidor

²¹ Dicho esto, Jesús, estremeciéndose, declaró:

–Sí, les aseguro que uno de ustedes me va a entregar.

²² Los discípulos se miraban unos a otros sin saber por quién lo decía.

²³ Uno de sus discípulos estaba reclinado inmediato a Jesús; era el predilecto de Jesús. ²⁴ Simón Pedro le hizo señas de que averiguase por quién podría decirlo. ²⁵ Reclinándose entonces sin más sobre el pecho de Jesús, le preguntó:

–Señor, ¿quién es?

²⁶ Jesús contestó:

–Es aquel para quien yo voy a mojar el trozo y a quien se lo voy a dar.

Mojando, pues, el trozo se lo dio a Judas de Simón Iscariote. ²⁷ Y en cuanto recibió el trozo, entró en él Satanás. Por eso le dijo Jesús:

–Lo que vas a hacer, hazlo pronto.

²⁸ Ninguno de los comensales se dio cuenta de por qué le decía esto. ²⁹ Algunos pensaban que, como Judas tenía la bolsa, Jesús le decía: "compra lo que necesitamos para la fiesta", o que diera algo a los pobres.

³⁰ Él tomó el trozo y salió enseguida: era de noche.

³¹ Cuando salió, dijo Jesús:

–Acaba de manifestarse la gloria del Hijo del hombre y, por su medio, la de Dios; ³² y, por su medio, Dios va a manifestar su gloria y va a manifestarla muy pronto.

Código y distintivo de la nueva comunidad

³³ Hijos míos, ya me queda poco de estar con ustedes. Me buscarán, pero aquello que dije a los judíos: "Adonde yo voy, ustedes no son capaces de venir", se lo digo también a ustedes ahora.

³⁴ Les doy un mandamiento nuevo: que se amen unos a otros; igual que yo los he amado, también ustedes ámense unos a otros. ³⁵ En esto conocerán todos que son discípulos míos: en que se tienen amor entre ustedes.

El falso amor. Jesús predice la negación de Pedro

[36] Le preguntó Simón Pedro:

—Señor, ¿adónde te vas?

Le repuso Jesús:

—Adonde me voy no eres capaz de seguirme ahora, pero, al fin, me seguirás.

[37] Le dice Pedro:

—Señor, ¿por qué no soy capaz de seguirte ya ahora? Daré mi vida por ti.

[38] Replicó Jesús:

—¿Que vas a dar tu vida por mí? Pues sí, te lo aseguro: antes que cante el gallo me habrás negado tres veces.

La comunidad en camino hacia el Padre

14 [1] No estén intranquilos; mantengan su adhesión a Dios manteniéndola a mí. [2] En el hogar de mi Padre hay vivienda para muchos; si no, les habría dicho. Voy a prepararles sitio. [3] Cuando vaya y les prepare, vendré de nuevo y los acogeré conmigo; así, donde estoy yo estarán también ustedes. [4] Y para ir adonde yo voy, ya saben el camino.

[5] Tomás le dijo:

—Señor, no sabemos adónde vas, ¿cómo podemos saber el camino?

[6] Respondió Jesús:

—Yo soy el camino, la verdad y la vida; nadie se acerca al Padre sino por mí. [7] Si llegan a conocerme del todo, conocerán también a mi Padre; aunque ya ahora lo conocen y lo están viendo presente.

[8] Felipe le dijo:

—Señor, haz que veamos al Padre, y nos basta.

[9] Jesús le contestó:

—Tanto tiempo como llevo con ustedes y ¿no has llegado a conocerme, Felipe? Quien me ve a mí está viendo al Padre; ¿cómo dices tú: "haz que veamos al Padre"? [10] ¿No crees que yo estoy identificado con el Padre y el Padre conmigo? Las exigencias que yo propongo no las propongo como cosa mía: es el Padre, quien, viviendo en mí, realiza sus obras. [11] Créanme: yo estoy identificado con el Padre y el Padre conmigo; y si no, créanlo por las obras mismas.

[12] Sí, les aseguro: quien me presta adhesión, hará obras como las mías y aun mayores; porque yo me voy con el Padre, [13] y cualquier cosa que pidan en unión conmigo, la haré; así la gloria del Padre se manifestará en el Hijo. [14] Lo que pidan unidos a mí, yo lo haré.

Dios en la nueva humanidad

[15] Si me aman, cumplirán los mandamientos míos; [16] yo, a mi vez, le rogaré al Padre y les dará otro valedor que esté siempre con ustedes, [17] el Espíritu de la verdad, el que el mundo no puede recibir porque no lo percibe ni lo reconoce. Ustedes lo reconocen, porque vive con ustedes y además estará con ustedes.

[18] No los voy a dejar desamparados, volveré con ustedes. [19] Dentro de poco, el mundo dejará de verme; ustedes, en cambio, me verán, porque de la vida que yo tengo vivirán también ustedes. [20] Aquel día experimentarán que yo estoy identificado con mi Padre, ustedes conmigo y yo con ustedes.

[21] El que ha hecho suyos mis

mandamientos y los cumple, ése es el que me ama; y al que me ama mi Padre le demostrará su amor y yo también se lo demostraré manifestándole mi persona.

²² El otro Judas, no el Iscariote, le preguntó:

—Señor, y ¿a qué se debe que nos vayas a manifestar tu persona a nosotros y al mundo no?

²³ Jesús le contestó:

—Uno que me ama cumplirá mi mensaje y mi Padre le demostrará su amor: vendremos a él y nos quedaremos a vivir con él. ²⁴ El que no me ama no cumple mis palabras; y el mensaje que están oyendo no es tanto mío, como del Padre que me envió.

²⁵ Les dejo dichas estas cosas mientras estoy con ustedes. ²⁶ Ese valedor, el Espíritu Santo, que enviará el Padre por mi medio, él les irá enseñando todo, recordándoles todo lo que yo les he expuesto.

Colofón: la despedida

²⁷ "Paz" es mi despedida; paz les deseo, la mía, pero yo no me despido como se despide todo el mundo. No estén intranquilos ni tengan miedo; ²⁸ han oído lo que les dije: que me marcho para volver con ustedes. Si me amaran, se alegrarían de que vaya con el Padre, porque el Padre es más que yo. ²⁹ Les dejo dicho ahora, antes de que suceda, para que cuando suceda lleguen a creer.

³⁰ Ya no hay tiempo para hablar largo, porque está para llegar el jefe del orden este. No es que él pueda nada contra mí, ³¹ sino que así comprenderá el mundo que amo al Padre y que cumplo exactamente lo que me mandó. ¡Levántense, vamos de aquí!

II. LA NUEVA COMUNIDAD EN MEDIO DEL MUNDO

(15,1-16,33)

La comunidad en expansión

15 ¹ Yo soy la vid verdadera, mi Padre es el labrador. ² Todo sarmiento que en mí no produce fruto, lo corta, y a todo el que produce fruto lo limpia, para que dé más fruto.

³ Ustedes están ya limpios por el mensaje que les he comunicado. ⁴ Sigan conmigo, que yo seguiré con ustedes. Lo mismo que el sarmiento no puede dar fruto por sí solo si no sigue en la vid, así tampoco ustedes si no siguen conmigo.

⁵ Yo soy la vid, ustedes los sarmientos. El que sigue conmigo y yo con él, ése produce mucho fruto, porque sin mí no pueden hacer nada. ⁶ Si uno no sigue conmigo, lo tiran fuera como al sarmiento y se seca; los recogen, los echan al fuego y se queman.

14,27 "'paz' es mi despedida, etc.", lit. "paz les dejo, la paz mía les doy".

Amor, amistad y fruto

[7] Si siguen conmigo y mis exigencias siguen entre ustedes, pidan lo que quieran, que se realizará. [8] En esto se ha manifestado la gloria de mi Padre, en que hayan comenzado a producir mucho fruto por haberse hecho discípulos míos.

[9] Igual que el Padre me demostró su amor, les he demostrado yo el mío. Manténganse en ese amor mío. [10] Si cumplen mis mandamientos, se mantendrán en mi amor, como yo vengo cumpliendo los mandamientos de mi Padre y me mantengo en su amor. [11] Les dejo dicho esto para que lleven dentro mi propia alegría y así la alegría de ustedes llegue a su máximo.

[12] Éste es el mandamiento mío: que se amen unos a otros igual que yo los he amado. [13] Nadie tiene amor más grande por los amigos que uno que entrega su vida por ellos. [14] Ustedes son amigos míos si hacen lo que les mando. [15] No, no los llamo siervos, porque un siervo no está al corriente de lo que hace su señor; a ustedes los vengo llamando amigos, porque todo lo que le oí a mi Padre se lo he comunicado. [16] Más que elegirme ustedes a mí, los elegí yo a ustedes y los destiné a que se pongan en camino, produzcan fruto y su fruto dure; así, cualquier cosa que le pidan al Padre en unión conmigo, se la dará. [17] Esto les mando: que se amen unos a otros.

El odio del mundo

[18] Cuando el mundo los odie, tengan presente que primero me ha odiado a mí. [19] Si pertenecieran al mundo, el mundo los quisiera como cosa suya, pero como no pertenecen al mundo, sino que al elegirlos yo los saqué del mundo, por eso el mundo los odia.

[20] Acuérdense del dicho que yo mismo les cité: "No es un siervo más que su señor". Si a mí me han perseguido, también a ustedes los perseguirán; si han vigilado mi mensaje, también el de ustedes lo vigilarán. [21] Todo eso lo harán contra ustedes por ser de los míos, porque no quieren reconocer al que me envió.

[22] Si yo no hubiera venido y les hubiera hablado, no habrían mostrado su obstinación en el pecado; pero ahora no tienen excusa de su pecado. [23] Odiarme a mí es odiar a mi Padre. [24] Si yo no hubiera hecho entre ellos las obras que ningún otro ha hecho, no habrían mostrado su obstinación en el pecado; pero ahora las han visto personalmente y, sin embargo, nos han tomado odio tanto a mí como a mi Padre, [25] pero así se cumple el dicho que está escrito en su Ley: *"Me odiaron sin razón"* (Sal 35,19).

El Espíritu en la lucha contra el mundo

[26] Cuando llegue el valedor que yo voy a mandarles recibiéndolo del Padre, el Espíritu de la verdad que procede del Padre, él dará testimonio en mi favor. [27] Pero también ustedes darán testimonio, porque desde el principio están conmigo.

16 [1] Les voy a decir esto para que no se vengan abajo:

[2] los excluirán de la sinagoga; es más, se acerca la hora en que todo el que les dé muerte se figure que ofrece culto a Dios. [3] Y obrarán así porque no han conocido al Padre ni tampoco a mí. [4] Sin embargo, les dejo dicho esto para que, cuando llegue la hora de ellos, se acuerden de que yo los había prevenido.

No se lo dije desde el principio porque estaba con ustedes. [5] Ahora, en cambio, me marcho con el que me envió, pero ninguno de ustedes me pregunta adónde me marcho. [6] Eso sí, lo que les he dicho los ha llenado de tristeza. [7] Sin embargo, es verdad lo que les digo: les conviene que yo me vaya, pues si no me voy, el valedor no vendrá con ustedes. En cambio, si me voy, se lo enviaré.

[8] Cuando llegue él, echará en cara al mundo que tiene pecado, que llevo razón y que se ha dado sentencia. [9] Primero, que tiene pecado, y la prueba es que se niegan a darme su adhesión; [10] luego, que llevo razón, y la prueba es que me marcho con el Padre y dejarán de verme; [11] por último, que se ha dado sentencia, y la prueba es que el jefe del orden este está ya condenado.

[12] Mucho me queda por decirles, pero no pueden con ello por el momento. [13] Cuando llegue él, el Espíritu de la verdad, les irá guiando en la verdad toda, porque no hablará por su cuenta, sino que les comunicará cada cosa que le digan y les interpretará lo que vaya viniendo. [14] Él manifestará mi gloria, porque, para darles la interpretación, tomará de lo mío. [15] Todo lo que tiene el Padre es mío; por eso he dicho que toma de lo mío para darles la interpretación.

Ausencia y presencia de Jesús

[16] –Dentro de poco dejarán de verme, pero un poco más tarde me verán aparecer.

[17] Comentaron entonces algunos de sus discípulos:

–¿Qué significa eso que nos dice: "dentro de poco dejarán de verme, pero un poco más tarde me verán aparecer"? ¿Y eso de: "me marcho con el Padre"?

[18] Y se preguntaban:

–¿Qué significa ese "dentro de poco"? No sabemos de qué habla.

[19] Notó Jesús que querían preguntarle, y les dijo:

–¿Están discutiendo porque he dicho: "dentro de poco dejarán de verme, pero un poco más tarde me verán aparecer"? [20] Pues sí, les aseguro que ustedes llorarán y se lamentarán; el mundo, en cambio, se alegrará. Ustedes se entristecerán, pero su tristeza se convertirá en alegría. [21] Cuando la mujer va a dar a luz se siente triste, porque le ha llegado su hora; pero, cuando nace el niño, ya no se acuerda del apuro, por la alegría de que ha nacido un ser humano para el mundo. [22] Así, también ustedes ahora sienten tristeza, pero cuando aparezca entre ustedes se alegrarán, y su alegría no se la quitará nadie. [23a] Ese día no tendrán que preguntarme nada.

El amor del Padre

[23] Sí, se lo aseguro: si le piden algo al Padre en unión conmigo, se

lo dará. [24] Hasta el presente no han pedido nada en unión conmigo; pidan y recibirán, así estarán colmados de alegría.

[25] Hasta aquí les he hablado en comparaciones. Se acerca la hora en que ya no les hablaré en comparaciones, sino que les informaré sobre el Padre claramente. [26] Ese día pedirán en unión conmigo; y no les digo que yo rogaré al Padre por ustedes, [27] porque el Padre mismo los quiere, ya que ustedes me quieren de verdad y creen firmemente que yo salí de Dios. [28] Salí del Padre y he venido al mundo; ahora dejo el mundo y voy con el Padre.

[29] Sus discípulos le dijeron:

–Ahora sí que hablas claro, sin usar comparaciones. [30] Ahora sabemos que lo sabes todo y no necesitas que nadie te haga preguntas. Por eso creemos que procedes de Dios.

[31] Jesús le replicó:

–¿Que ahora creen? [32] Miren, se acerca la hora, y ya está aquí, de que se dispersen cada uno por su lado y a mí me dejen solo; aunque yo no estoy solo, porque el Padre está conmigo.

Colofón.
La victoria sobre el mundo

[33] Les voy a decir esto para que, unidos a mí, tengan paz: en medio del mundo tendrán dificultades; pero, ánimo, que yo he vencido al mundo.

III. LA ORACIÓN DE JESÚS
(17,1-26)

17 [1] Así habló Jesús y, levantando los ojos al cielo, dijo:

–Padre, ha llegado la hora: manifiesta la gloria de tu Hijo, para que el Hijo manifieste la tuya: [2] ya que le has dado esa capacidad para con todo hombre, que les dé a ellos vida definitiva, a todo lo que le has entregado; [3] y ésta es la vida definitiva, que te reconozcan a ti como el único Dios verdadero y al que enviaste, Jesús, como Mesías.

[4] Yo he manifestado tu gloria en la tierra dando remate a la obra que me encargaste realizar; [5] ahora, Padre, manifiesta tú mi gloria a tu lado, la gloria que tenía antes que el mundo existiera en tu presencia.

[6] He manifestado tu persona a los hombres que me entregaste sacándolos del mundo; tuyos eran, a mí me los entregaste y vienen cumpliendo tu mensaje. [7] Ahora ya conocen que todo lo que me has dado procede de ti; [8] porque las exigencias que tú me entregaste se las he entregado a ellos y ellos las han aceptado, y así han conocido de veras que de ti procedo y han creído que tú me enviaste.

[9] Yo te ruego por ellos; no te ruego por el mundo, sino por los que me has entregado, porque son tuyos [10] (como todo lo mío es tuyo, también lo tuyo es mío); en ellos dejo manifiesta mi gloria [11] y no voy a estar más en el mundo; mientras ellos van a estar en el mundo, yo me voy contigo.

Padre santo, guárdalos unidos a tu persona –esos que me has entregado–, para que sean uno como lo somos nosotros. 12 Mientras estaba con ellos, yo los guardaba unidos a tu persona –esos que me has entregado–, y los protegí; ninguno de ellos se perdió, excepto el que iba a la perdición, y así se cumple aquel pasaje. 13 Pero ahora me voy contigo, y hablo así en medio del mundo para que estén colmados de mi propia alegría. 14 Yo les he entregado tu mensaje, y el mundo les ha cobrado odio porque no pertenecen al mundo, como tampoco yo pertenezco al mundo; 15 no te ruego que los saques del mundo, sino que los guardes del Perverso.

16 No pertenecen al mundo, como tampoco yo pertenezco al mundo. 17 Conságralos con la verdad, verdad que es tu mensaje. 18 Igual que a mí me enviaste al mundo, también yo los he enviado a ellos al mundo, 19 y por ellos llevo yo a término mi consagración, para que también ellos estén consagrados con verdad.

20 Pero no te ruego solamente por éstos, sino también por los que por su mensaje me den su adhesión: 21 que sean todos uno como tú, Padre, estás identificado conmigo y yo contigo, para que también ellos lo estén con nosotros, y así el mundo crea que tú me enviaste. 22 Yo, por mi parte, la gloria que tú me has dado se la he dado a ellos, para que sean uno como nosotros somos uno 23 –yo identificado con ellos y tú conmigo–, para que queden realizados alcanzando la unidad, y así conozca el mundo que tú me enviaste y que les has demostrado a ellos tu amor como me lo has demostrado a mí.

24 Padre, quiero que también ellos –esos que me has entregado– estén conmigo donde estoy yo, para que contemplen mi propia gloria, la que tú me has dado, porque me amaste antes que existiera el mundo.

25 Padre justo, el mundo no te ha reconocido; y en cambio, te he reconocido, y éstos han reconocido que tú me enviaste. 26 Ya les he dado a conocer tu persona, pero aún se la daré a conocer, para que ese amor con el que tú me has amado esté en ellos y así esté yo identificado con ellos.

TERCERA SECCIÓN:
ENTREGA, MUERTE Y SEPULTURA DE JESÚS.
LA MANIFESTACIÓN DE LA GLORIA

(18,1-19,42)

Introducción: entrega de Jesús y opción de Pedro.
Entrega de Jesús a la violencia del mundo

18 1 Dicho esto, salió Jesús con sus discípulos al otro lado del torrente Cedrón, donde había un huerto; allí entró él, y sus discípulos. 2 (También Judas, el que lo entregaba, conocía el lugar, porque muchas veces se había reunido allí Jesús con sus discípulos).

3 Entonces Judas tomó la cohorte y guardias de los sumos sacerdotes y de los fariseos y llegó allí

con faroles, antorchas y armas.

⁴ Jesús, entonces, consciente de todo lo que se le venía encima, salió y les dijo:

–¿A quién buscan ?

⁵ Le contestaron:

–A Jesús el Nazoreo.

Les dijo:

–Soy yo.

(También Judas, el que lo entregaba, estaba presente con ellos.)

⁶ Al decirles, "soy yo", se echaron atrás y cayeron a tierra.

⁷ Les preguntó de nuevo:

–¿A quién buscan?

Ellos dijeron:

–A Jesús el Nazoreo.

⁸ Replicó Jesús:

–Les he dicho que soy yo; pues si me buscan a mí, dejen que se marchen éstos.

⁹ Así se cumplieron las palabras que había dicho: "De los que me entregaste, no he perdido a ninguno".

¹⁰ Entonces, Simón Pedro, que llevaba un machete, lo sacó, agredió al siervo del sumo sacerdote y le cortó el lóbulo de la oreja derecha. El siervo se llamaba Malco.

¹¹ Jesús dijo a Pedro:

–Mete el machete en su funda. El trago que me ha mandado beber el Padre, ¿voy a dejar de beberlo?

¹² Entonces, la cohorte, el comandante y los guardias de las autoridades judías prendieron a Jesús, lo ataron ¹³ y lo condujeron primero a presencia de Anás, porque era suegro de Caifás, que era sumo sacerdote el año aquel. ¹⁴ Era Caifás el que había persuadido a los dirigentes judíos de que convenía que un solo hombre muriese por el pueblo.

Negaciones de Pedro y testimonio de Jesús

¹⁵ Seguía a Jesús Simón Pedro y, además, otro discípulo. El discípulo aquel le era conocido al sumo sacerdote y entró junto con Jesús en el atrio del sumo sacerdote. ¹⁶ Pedro, en cambio, se quedó junto a la puerta, fuera.

Salió entonces el otro discípulo, el conocido del sumo sacerdote; se lo dijo a la portera y condujo a Pedro dentro. ¹⁷ Le dice entonces a Pedro la sirvienta que hacía de portera:

–¿Acaso eres también tú discípulo de ese hombre?

Dijo él:

–No lo soy.

¹⁸ Se habían quedado allí los siervos y los guardias, que, como hacía frío, tenían encendidas unas brasas, y se calentaban. (Estaba también Pedro con ellos allí parado y calentándose).

¹⁹ Entonces, el sumo sacerdote interrogó a Jesús acerca de sus discípulos y de su doctrina. ²⁰ Jesús le contestó:

–Yo he venido hablando públicamente a todo el mundo; yo siempre he enseñado en reuniones y en el templo, donde todos los judíos acuden, y no he dicho nada a ocultas. ²¹ ¿Por qué me preguntas a mí? Pregúntales a los que me estuvieron escuchando de qué les he hablado. Ahí los tienes, ésos saben lo que he dicho.

²² Apenas dijo esto, uno de los guardias presentes dio una bofetada a Jesús, diciendo:

–¿Así le contestas al sumo sacerdote?

²³ Le replicó Jesús:

–Si he faltado en el hablar, declara en qué está la falta; pero, si he hablado como se debe, ¿por qué me pegas?

²⁴ Entonces Anás lo mandó atado a Caifás, el sumo sacerdote.

²⁵ Estaba, pues, Simón Pedro allí parado y calentándose. Le dijeron entonces:

–¿Acaso eres también tú discípulo suyo?

Él lo negó:

–No lo soy.

²⁶ Le dijo uno de los siervos del sumo sacerdote, pariente del otro a quien Pedro cortó la oreja:

–¿No te he visto yo en el huerto con él?

²⁷ De nuevo negó Pedro, y enseguida cantó un gallo.

I. EL REY DE LOS JUDÍOS
(18,28-19,22)

La entrega a Pilato: El malhechor

²⁸ Condujeron entonces a Jesús de casa de Caifás a la residencia del gobernador. Era por la mañana temprano. Ellos, sin embargo, no entraron en la residencia del gobernador, para no contaminarse y poder celebrar la comida de Pascua.

²⁹ Salió Pilato fuera, adonde estaban ellos, y les preguntó:

–¿Qué acusación presentan contra este hombre?

³⁰ Le contestaron:

–Si éste no fuese un malhechor, no te lo habríamos entregado.

³¹ Les dijo entonces Pilato:

–Llévenselo ustedes y júzguenlo conforme a la Ley de ustedes.

Le dijeron entonces las autoridades judías:

–A nosotros no nos está permitido matar a nadie.

³² Así tendría cumplimiento el dicho de Jesús, cuando indicaba con qué clase de muerte iba a morir.

La realeza de Jesús

³³ Entró de nuevo Pilato en la residencia, llamó a Jesús y le dijo:

–¿Tú eres el rey de los judíos?

³⁴ Contestó Jesús:

–¿Dices tú eso como cosa tuya o te lo han dicho otros de mí?

³⁵ Replicó Pilato:

–¿Acaso soy yo judío? Tu propia nación y los sumos sacerdotes te han entregado a mí. ¿Qué has hecho?

³⁶ Contestó Jesús:

–La realeza mía no pertenece al orden este. Si mi realeza perteneciera al orden este, mis propios guardias habrían luchado para impedir que me entregaran a las autoridades judías. Ahora que mi realeza no es de aquí.

³⁷ Le preguntó entonces Pilato:

–Luego ¿tú eres rey?

Contestó Jesús:

–Tú lo estás diciendo, yo soy rey. Yo para esto he nacido y para esto he venido al mundo, para dar testimonio en favor de la verdad. Todo el que pertenece a la verdad escucha mi voz.

³⁸ᵃ Le dice Pilato:

—¿Qué es eso de "verdad"?

La opción por la violencia: Barrabás

³⁸ᵇ Dicho esto, salió de nuevo adonde estaban las autoridades judías y les dijo:

—Yo no encuentro ningún cargo contra él. ³⁹ Pero tienen ustedes por costumbre que les suelte a uno por Pascua, ¿quieren que les suelte al rey de los judíos?

⁴⁰ Esta vez empezaron a dar gritos:

—A ése, no; a Barrabás.

Y Barrabás era un bandido.

La burla del rey

19¹ Entonces tomó Pilato a Jesús y lo mandó azotar. ² A continuación, los soldados trenzaron una corona de espino y se la pusieron en la cabeza, lo vistieron con un manto color púrpura ³ y, acercándose a él, le decían:

—¡Salud, rey de los judíos!

Y le daban bofetadas.

El Hombre-Hijo de Dios: la verdadera realeza

⁴ Salió otra vez fuera Pilato y les dijo:

—Miren, se lo traigo fuera para que sepan que no encuentro ningún cargo contra él.

⁵ Salió entonces fuera Jesús, llevando la corona de espino y el manto color púrpura. Y les dijo:

—Miren al hombre.

⁶ Pero apenas lo vieron los sumos sacerdotes y los guardias, empezaron a dar gritos:

—¡Crucifícalo, crucifícalo!

Les contestó Pilato:

—Llévenselo ustedes y crucifíquenlo, porque yo no encuentro cargo contra él.

⁷ Le replicaron los dirigentes judíos:

—Nosotros tenemos una Ley, y, según esa Ley, debe morir, porque se ha hecho hijo de Dios.

⁸ Cuando Pilato oyó decir aquello, sintió más miedo.

Responsabilidad de Pilato y de los judíos

⁹ Entró de nuevo en la residencia y preguntó a Jesús:

—¿De dónde procedes tú?

Pero Jesús no le dio respuesta.

¹⁰ Entonces le dijo Pilato:

—¿Te niegas a hablarme a mí? ¿No sabes que está en mi mano soltarte y está en mi mano crucificarte?

¹¹ Le replicó Jesús:

—No estaría en tu mano hacer nada contra mí si Dios no te dejara. Por eso, el que me ha entregado a ti es más culpable que tú.

¹² Desde aquel momento Pilato trataba de soltarlo, pero los dirigentes judíos daban gritos diciendo:

—Si sueltas a ése, no eres amigo del César. Todo el que se hace rey se declara contra el César. .

La opción contra Dios: el César

¹³ Al oír Pilato aquellas palabras, condujo fuera a Jesús. Se sentó en un escaño, en un lugar que llamaban "el Enlosado" (en la lengua del país, Gábbata). ¹⁴ Era preparación de la Pascua y alrededor de la hora sexta.

Dijo a los judíos:

—Miren a su rey.

[15] Ellos entonces empezaron a dar gritos:

—¡Quítalo, quítalo de en medio! ¡Crucifícalo!

Pilato les dijo:

—¿A su rey voy a crucificar?

Replicaron los sumos sacerdotes:

—No tenemos más rey que el César.

[16a] Entonces, al fin, se lo entregó a ellos para que fuese crucificado.

El crucificado y sus compañeros

[16b] Tomaron, pues, consigo a Jesús [17] y, cargando él mismo con la cruz, salió para el que llamaban "lugar de la Calavera" (que, en la lengua del país, se dice Gólgota); [18] allí lo crucificaron y, con él, a otros dos, a un lado y a otro; en medio, a Jesús.

El Mesías rey crucificado: la nueva escritura

[19] Pilato escribió además un letrero y lo fijó en la cruz; estaba escrito: JESÚS EL NAZOREO, EL REY DE LOS JUDÍOS.

[20] Este letrero lo leyeron muchos judíos, porque estaba cerca de la ciudad el lugar donde fue crucificado Jesús. Y estaba escrito en hebreo, latín y griego.

[21] Dijeron entonces a Pilato los sumos sacerdotes de los judíos:

—No dejes escrito: "El rey de los judíos", sino: "Éste dijo: Soy rey de los judíos".

[22] Replicó Pilato:

—Lo que he escrito, escrito lo dejo.

II. EL REINO DEL MESÍAS
(19,23-27)

Reparto de la ropa de Jesús: la comunidad universal

[23] Los soldados, cuando crucificaron a Jesús, cogieron su manto y lo hicieron cuatro partes, una parte para cada soldado; además, la túnica. La túnica no tenía costura, estaba tejida toda entera desde arriba.

[24] Se dijeron unos a otros:

—No la dividamos, la sorteamos a ver a quién le toca.

Así se cumplió aquel pasaje: *"Se repartieron mi manto y echaron a suerte mi ropa"* (Sal 22,19). Fueron los soldados quienes hicieron esto.

La madre y el discípulo: Israel integrado en la nueva comunidad

[25] Estaban presentes junto a la cruz de Jesús su madre y la hermana de su madre, María la de Cleofás y María Magdalena.

[26] Jesús, entonces, viendo a la madre y, al lado de ella, a su discípulo predilecto, dijo a la madre:

—Mujer, mira a tu hijo.

[27] Luego dijo al discípulo:

—Mira a tu madre.

Y desde aquella hora la acogió el discípulo en su casa.

III. EPISODIO CENTRAL: LA MUERTE DE JESÚS

El amor leal: la creación terminada y la nueva alianza

²⁸ Después de esto, consciente Jesús de que ya todo iba quedando terminado, dijo:

—Tengo sed (así se realizaría del todo aquel pasaje).

²⁹ Estaba allí colocado un jarro lleno de vinagre. Sujetando a una caña de hisopo una esponja empapada con el vinagre, se la acercaron a la boca ³⁰ y, cuando tomó el vinagre, dijo Jesús:

—Queda terminado.

Y, reclinando la cabeza, entregó el Espíritu.

IV. LA PREPARACIÓN DE LA PASCUA
(19,31-42)

La visión de la gloria

³¹ Los dirigentes judíos, como era día de preparación –para que no se quedaran en la cruz los cuerpos durante el día de precepto, pues era solemne aquel día de precepto–, le rogaron a Pilato que les quebraran las piernas y los quitaran.

³² Fueron, pues, los soldados, y les quebraron las piernas, primero a uno y luego al otro de los que estaban crucificados con él. ³³ Pero, al llegar a Jesús; viendo que estaba ya muerto, no le quebraron las piernas. ³⁴ Sin embargo, uno de los soldados, con una lanza, le traspasó el costado, y salió inmediatamente sangre y agua.

³⁵ El que lo ha visto personalmente deja testimonio –y este testimonio suyo es verdadero, y él sabe que dice la verdad– para que también ustedes crean. ³⁶ Pues estas cosas sucedieron para que se cumpliera aquel pasaje: *"No se le romperá ni un hueso"* (Éx 12,46); Sal 34,21); ³⁷ y todavía otro pasaje dice: *"Mirarán al que traspasaron"* (Zac 12,10).

La sepultura en el huerto

³⁸ Después de esto, José de Arimatea, que era discípulo de Jesús, pero clandestino por miedo a los dirigentes judíos, rogó a Pilato que lo dejara quitar el cuerpo de Jesús; Pilato lo autorizó. Fue entonces y quitó su cuerpo.

³⁹ Fue también Nicodemo, aquel que al principio había ido a verlo de noche, llevando unas cien libras de una mezcla de mirra y áloe.

⁴⁰ Cogieron entonces el cuerpo de Jesús y lo ataron con lienzos –junto con los aromas–, como tienen costumbre los judíos de dar sepultura.

⁴¹ En el lugar donde lo crucificaron había un huerto, y en el huerto un sepulcro nuevo donde todavía nadie había sido puesto. ⁴² Por ser día de preparación para los judíos, como el sepulcro estaba cerca, pusieron allí a Jesús.

EL DÍA PRIMERO: LA NUEVA CREACIÓN

(20,1-31)

Introducción:
el sepulcro vacío

20 ¹ El primer día de la semana, por la mañana temprano, todavía en tinieblas, fue María Magdalena al sepulcro y vio la losa quitada. ² Fue entonces corriendo a ver a Simón Pedro y también al otro discípulo, el predilecto de Jesús, y les dijo:

—Se han llevado al Señor del sepulcro y no sabemos dónde lo han puesto.

³ Salió entonces Pedro y también el otro discípulo y se dirigieron al sepulcro. ⁴ Corrían los dos juntos, pero el otro discípulo se adelantó, corriendo más deprisa que Pedro, y llegó primero al sepulcro. ⁵ Asomándose vio puestos los lienzos; sin embargo, no entró. ⁶ Llegó también Simón Pedro siguiéndolo, entró en el sepulcro y contempló los lienzos puestos, ⁷ y el sudario, que había cubierto su cabeza, no puesto con los lienzos, sino aparte, envolviendo determinado lugar. ⁸ Entonces, al fin, entró también el otro discípulo, el que había llegado primero al sepulcro, vio y creyó.

⁹ Es que aún no habían entendido aquel pasaje donde se dice que tenía que resucitar de la muerte. ¹⁰ Los discípulos se fueron de nuevo a su casa.

LA VUELTA DE JESÚS CON LOS SUYOS

La nueva pareja (20,11-18)

¹¹ María se había quedado junto al sepulcro, fuera, llorando. Sin dejar de llorar, se asomó al sepulcro ¹² y vio dos ángeles vestidos de blanco sentados uno a la cabecera y otro a los pies, en el lugar donde había estado puesto el cuerpo de Jesús. ¹³ Le preguntaron ellos:

—Mujer, ¿por qué lloras?

Les dijo:

—Se han llevado a mi Señor y no sé dónde lo han puesto.

¹⁴ Dicho esto, se volvió hacia atrás y vio a Jesús de pie, pero no sabía que era Jesús. ¹⁵ Jesús le preguntó:

—Mujer, ¿por qué lloras? ¿A quién buscas?

Ella, pensando que era el hortelano, le dice:

—Señor, si te lo has llevado tú, dime dónde lo has puesto y yo me lo llevaré.

¹⁶ Le dice Jesús:

—María.

Volviéndose ella, le dijo en su lengua:

—Rabbuni (que equivale a "Maestro").

¹⁷ Le dijo Jesús:

—Suéltame, que aún no he subido con el Padre para quedarme. En cambio, ve a decirles a mis hermanos: "Subo a mi Padre, que es Padre de ustedes, mi Dios y su Dios".

¹⁸ María fue anunciando a los discípulos:

–He visto al Señor en persona, y me ha dicho esto y esto.

La nueva Pascua: creación de la comunidad mesiánica

¹⁹ Ya anochecido, aquel día primero de la semana, estando atrancadas las puertas del sitio donde estaban los discípulos, por miedo a los dirigentes judíos, llegó Jesús, haciéndose presente en el centro, y les dijo:

–Paz con ustedes.

²⁰ Y dicho esto, les mostró las manos y el costado. Los discípulos sintieron la alegría de ver al Señor.

²¹ Les dijo de nuevo:

–Paz con ustedes. Igual que el Padre me ha enviado a mí, los envío yo también a ustedes.

²² Y dicho esto sopló y les dijo:

–Reciban Espíritu Santo. ²³ A quienes dejen libres de los pecados, quedarán libres de ellos; a quienes se los imputen, les quedarán imputados.

Tomás: la fe de los que no hayan visto

²⁴ Pero Tomás, es decir, Mellizo, uno de los Doce, no estaba con ellos cuando llegó Jesús. ²⁵ Los otros discípulos le decían:

–Hemos visto al Señor en persona.

Pero él les dijo:

–Como no vea en sus manos la señal de los clavos y, además, no meta mi dedo en la señal de los clavos y meta mi mano en su costado, no creo.

²⁶ Ocho días después estaban de nuevo dentro de casa sus discípulos y Tomás con ellos. Llegó Jesús estando las puertas atrancadas, se hizo presente en el centro y dijo:

–Paz con ustedes.

²⁷ Luego dijo a Tomás:

–Trae aquí tu dedo, mira mis manos; trae tu mano y métela en mi costado, y no seas incrédulo, sino fiel.

²⁸ Reaccionó Tomás diciendo:

–¡Señor mío y Dios mío!

²⁹ Le dijo Jesús:

–¿Has tenido que verme en persona para acabar de creer? Dichosos los que, sin haber visto, llegan a creer.

Colofón de la vida de Jesús

³⁰ Ciertamente, Jesús realizó todavía, en presencia de sus discípulos, otras muchas señales que no están escritas en este libro; ³¹ éstas quedan escritas para que crean que Jesús es el Mesías, el Hijo de Dios, y, creyendo, tengan vida unidos a él.

EPÍLOGO: LA MISIÓN DE LA COMUNIDAD Y JESÚS

(21,1-25)

La misión en acto: la pesca

21 ¹ Algún tiempo después se manifestó de nuevo Jesús a los discípulos junto al mar de Tibe-

ríades, y se manifestó de esta manera:

² Estaban juntos Simón Pedro, Tomás (es decir, Mellizo), Natanael

el de Caná de Galilea, los de Zebedeo y otros dos de sus discípulos. [3] Les dijo Simón Pedro:

—Voy a pescar.

Le contestaron:

—Vamos también nosotros contigo.

Salieron y se subieron a la barca, pero aquella noche no agarraron nada.

[4] Al llegar ya la mañana, se hizo presente Jesús en la playa, aunque los discípulos no sabían que era Jesús.

[5] Les preguntó Jesús:

—Muchachos, ¿tienen algo para acompañar el pan?

Le contestaron:

—No.

[6] Él les dijo:

—Echen la red al lado derecho de la barca y encontrarán.

La echaron y no tenían en absoluto fuerzas para tirar de ella por la muchedumbre de los peces.

[7] El discípulo aquel, el predilecto de Jesús, dijo entonces a Pedro:

—Es el Señor.

Simón Pedro entonces, al oír que era el Señor, se ató la prenda de encima a la cintura, pues estaba desnudo, y se tiró al mar.

[8] Los otros discípulos fueron en la barca (no estaban lejos de tierra, sino a unos cien metros) arrastrando la red con los peces. [9] Al saltar a tierra vieron puestas unas brasas, un pescado encima y pan.

[10] Les dijo Jesús:

—Traigan pescado del que han agarrado ahora.

[11] Subió entonces Simón Pedro y tiró hasta tierra de la red repleta de peces grandes, ciento cincuenta y tres; a pesar de ser tantos, no se rompió la red.

[12] Les dijo Jesús:

—Vengan, almuercen.

A ningún discípulo se le ocurría cerciorarse preguntándole: "¿Quién eres tú?", conscientes de que era el Señor.

[13] Llegó Jesús, tomó el pan y se lo fue dando, y lo mismo el pescado.

[14] Así ya por tercera vez se manifestó Jesús a los discípulos después de levantarse de la muerte.

El seguimiento de Pedro: la misión como pastoreo

[15] Cuando acabaron de almorzar, le preguntó Jesús a Simón Pedro:

—Simón de Juan, ¿me amas más que éstos?

Le respondió:

—Señor, sí; tú sabes que te quiero.

Le dijo:

—Apacienta mis corderos.

[16] Le preguntó de nuevo, por segunda vez:

—Simón de Juan, ¿me amas?

Le respondió:

—Señor, sí; tú sabes que te quiero.

Le dijo:

—Pastorea mis ovejas.

[17] La tercera vez le preguntó:

—Simón de Juan, ¿me quieres?

Pedro se puso triste porque la tercera vez le había preguntado: "¿Me quieres?", y le respondió:

—Señor, tú lo sabes todo, tú sabes que te quiero.

Le dijo:

—Apacienta mis ovejas. [18] Sí, te lo aseguro: Cuando eras joven, tú mismo te ponías el cinturón e ibas adonde querías; pero cuando llegues a viejo, extenderás los brazos y otro te pondrá el cinturón para llevarte adonde no quieres.

¹⁹ (Esto lo dijo indicando con qué clase de muerte iba a manifestar la gloria de Dios.)

Y dicho esto, añadió:

–Sígueme.

²⁰ Al volverse, Pedro vio al discípulo predilecto de Jesús, que iba siguiendo, el mismo que en la cena se había apoyado en su pecho y le había preguntado: "Señor, ¿quién es el que te va a entregar." ²¹ Pedro, entonces, al verlo, preguntó a Jesús:

–Señor, y éste, ¿qué?

²² Le respondió Jesús:

–Y si quiero que se quede mientras sigo viniendo, ¿a ti qué te importa? Tú sígueme a mí.

²³ De ahí que se corriera la voz entre los hermanos de que el discípulo aquel no moriría. Pero Jesús no le dijo que no moriría, sino: "Si quiero que se quede mientras sigo viniendo, ¿a ti qué te importa?"

Colofón del Evangelio

²⁴ Éste es el discípulo que da testimonio de estas cosas y las ha escrito, y sabemos que su testimonio es digno de fe.

²⁵ Pero hay además otras muchas cosas que hizo Jesús, las cuales, si se escribieran una por una, pienso que los libros que se escribieran no cabrían en el mundo.

APÉNDICE

La adúltera

7 ⁵³ Y se fueron cada uno a su casa.

8 ¹ Jesús se fue al Monte de los Olivos.

² Al alba se presentó de nuevo en el templo y acudió a él el pueblo en masa; él se sentó y se puso a enseñarles.

³ Los letrados y los fariseos le llevaron una mujer sorprendida en adulterio y, poniéndola en medio, ⁴ le dijeron:

–Maestro, esta mujer ha sido sorprendida en flagrante adulterio; ⁵ en la Ley nos mandó Moisés apedrear a esta clase de mujeres; ahora bien, ¿tú qué dices?

⁶ Esto se lo decían con mala idea, para poder acusarlo. Jesús se inclinó y se puso a escribir con el dedo en el suelo.

⁷ Como persistían en su pregunta, se incorporó y les dijo:

–Aquel de ustedes que no tenga pecado, sea el primero en tirarle una piedra.

⁸ Él, inclinándose de nuevo, siguió escribiendo en el suelo.

⁹ Al oír aquello, se fueron saliendo uno a uno, empezando por los ancianos, y lo dejaron solo con la mujer, que seguía allí en medio.

¹⁰ Se incorporó Jesús y le preguntó:

–Mujer, ¿dónde están? ¿Ninguno te ha condenado?

¹¹ Respondió ella:

–Ninguno, Señor.

Jesús le dijo:

–Tampoco yo te condeno. Vete y, en adelante, no vuelvas a pecar.

HECHOS DE LOS APÓSTOLES

PRÓLOGO

1 ¹ En mi primer libro, querido Teófilo, traté de todo lo que hizo y enseñó Jesús desde el principio ² hasta el día en que, después de dar instrucciones a los apóstoles que había escogido, movido por el Espíritu Santo, se lo llevaron a lo alto.

Promesa del Espíritu, encargo de la misión y ascensión

³ Fue a ellos a quienes se presentó después de su pasión, dándoles numerosas pruebas de que estaba vivo y, dejándose ver de ellos durante cuarenta días, les habló acerca del reino de Dios.

⁴ Mientras comía con ellos les mandó:

—No se alejen de la ciudad de Jerusalén; al contrario, aguarden a que se cumpla la promesa del Padre, de la que yo les he hablado; ⁵ porque Juan bautizó con agua; ustedes, en cambio, de aquí a pocos días serán bautizados con Espíritu Santo.

⁶ Ellos, por su parte, se reunieron para preguntarle:

—Señor, ¿es en esta ocasión cuando vas a restaurar el reino para Israel?

⁷ Pero él les repuso:

—No es cosa de ustedes conocer ocasiones o momentos que el Padre ha reservado a su propia autoridad; ⁸ al contrario, recibirán fuerza, cuando el Espíritu Santo venga sobre ustedes, y así serán testigos míos en Jerusalén y también en toda Judea y Samaría, y hasta los confines de la tierra.

⁹ Dicho esto, lo vieron subir, hasta que una nube lo ocultó a sus ojos. ¹⁰ Mientras miraban fijos al cielo cuando se marchaba, dos hombres vestidos de blanco que se habían presentado a su lado ¹¹ les dijeron:

—Galileos, ¿qué hacen ahí plantados mirando al cielo? El mismo Jesús que se han llevado a lo alto de entre ustedes vendrá tal como lo han visto marcharse al cielo.

Vuelta a Jerusalén: los Once y los parientes de Jesús

¹² Entonces regresaron a Jerusalén desde el monte llamado de los Olivos, que está cercano a Jerusalén, a la distancia que se permite caminar un día de sábado. ¹³ Cuando entraron, subieron a la sala de arriba donde se alojaban; eran Pedro y Juan, Santiago y Andrés, Felipe y Tomás, Bartolomé y Mateo, Santiago de Alfeo, Simón el Fanático y Judas el de Santiago. ¹⁴ Todos ellos perseveraban unánimes en la oración, con las mujeres, además de María, la madre de Jesús, y sus parientes.

I
ORÍGENES DE LA IGLESIA JUDÍA DE JERUSALÉN
CONSTITUCIÓN DE LA COMUNIDAD HEBREA

Elección de Matías:
restauración del número Doce

¹⁵ Uno de aquellos días, Pedro se puso en pie en medio de los hermanos (había una multitud como de ciento veinte personas reunidas con el mismo propósito) y dijo:

¹⁶ –Hermanos, tenía que cumplirse lo que el Espíritu Santo había predicho en la Escritura por boca de David acerca de Judas, que hizo de guía a los que prendieron a Jesús. ¹⁷ Formaba parte de nuestro grupo y le cupo en suerte este servicio. ¹⁸ (A propósito, éste con la paga del crimen compró un campo, se despeñó, reventó por medio y se esparcieron todas sus entrañas. ¹⁹ El hecho fue notorio a todos los residentes en Jerusalén, hasta el punto de llamar aquel campó en su propia lengua Hacéldama, o sea, «Campo de Sangre».) ²⁰ En efecto, está escrito en el libro de los Salmos:

Que su finca quede desierta

y no haya nadie que habite en ella,

y que su cargo lo ocupe otro
(Sal 69,26; 109,8 LXX).

²¹ Por tanto, uno de los hombres que nos acompañaron todo el tiempo mientras vivía entre nosotros el Señor Jesús, ²² a partir del bautismo de Juan hasta el día en que se lo llevaron a lo alto separándolo de nosotros, uno de ésos tiene que ser con nosotros testigo de su resurrección. ²³ Propusieron a dos: a José el llamado Barsabá, de sobrenombre Justo, y a Matías. ²⁴ Y oraron así:

–Señor, tú penetras el corazón de todos; muéstranos a cuál de estos dos has elegido, ²⁵ a fin de que, en este servicio apostólico, ocupe el puesto del que desertó Judas para marcharse al que le correspondía.

²⁶ Les repartieron los votos, el voto recayó en Matías, y fue cooptado por elección a los once apóstoles.

INVESTIDURA DEL ESPÍRITU SANTO

2 ¹ Mientras iba transcurriendo el día de Pentecostés, seguían todos juntos reunidos con un mismo propósito. ² De repente, un ruido del cielo, como una violenta ráfaga de viento, resonó en toda la casa donde se encontraban, ³ y vieron aparecer unas lenguas como de fuego, que se repartían posándose encima de cada uno de ellos. ⁴ Se llenaron todos de Espíritu Santo y empezaron a hablar en diferentes lenguas, según el Espíritu les concedía expresarse.

⁵ Residían por aquel entonces en Jerusalén hombres devotos de todas las naciones que hay bajo el cielo. ⁶ Al producirse aquel ruido,

acudieron en masa y quedaron desconcertados, porque cada uno los oía hablar en su propio idioma. ⁷ Todos, desorientados y admirados, decían:

–¿No son galileos todos esos que están hablando? ⁸ Entonces, ¿cómo es que nosotros, partos, medos y elamitas, los oímos hablar cada uno en nuestra propia lengua nativa? ⁹ Y nosotros, los residentes en Mesopotamia, en Judea y Capadocia, en el Ponto y en Asia, ¹⁰ en Frigia y Panfilia, en Egipto y en la zona de Libia que confina con Cirene, y también los forasteros, romanos ¹¹ –tanto judíos como prosélitos–, cretenses y árabes, los oímos hablar cada uno en nuestras lenguas de las maravillas de Dios.

¹² No acertando a explicárselo, se preguntaban todos desorientados:

–¿Qué quiere decir esto?

¹³ Otros decían en son de burla:

–Están repletos de mosto.

Discurso de Pedro con los Once

¹⁴ Pedro, de pie con los Once, alzó la voz y les dirigió la palabra:

–Judíos y todos los que residen en Jerusalén, entérense bien de lo que pasa y presten oídos a mis palabras, ¹⁵ porque éstos no están borrachos, como suponen ustedes; no es más que media mañana. ¹⁶ No, está sucediendo lo que dijo el profeta Joel:

¹⁷ *Sucederá en los últimos días*
–dice Dios–
que derramaré mi Espíritu so-
bre todo mortal:
Profetizarán sus hijos y sus hi-
jas,

sus jóvenes tendrán visiones
y sus ancianos soñarán sueños;
¹⁸ *y sobre mis siervos y mis sier-*
vas
derramaré mi Espíritu en aque-
llos días y profetizarán.
¹⁹ *Haré prodigios arriba en el cie-*
lo
y señales abajo en la tierra:
sangre, fuego, nubes de humo;
²⁰ *el sol se hará tinieblas*
y la luna se teñirá de sangre,
antes de que llegue el día del
Señor,
grande y esplendoroso.
²¹ *Sucederá que cuantos invo-*
quen el nombre del Señor
se salvarán (Jl 3,1-5).

²² Escúchenme, israelitas: les hablo de Jesús el Nazoreo, hombre que Dios acreditó ante ustedes, realizando por su medio milagros, prodigios y señales, como ustedes mismos saben. ²³ A éste, entregado conforme al designio previsto y decretado por Dios, ustedes, por manos de hombres sin ley, lo mataron en una cruz. ²⁴ Pero Dios lo resucitó rompiendo las ataduras de la muerte; no era posible que ésta lo retuviera bajo su dominio, ²⁵ pues David dice a propósito de él:

Tengo siempre conmigo al Señor,
está a mi derecha para que no
vacile.
²⁶ *Por eso se me alegra el cora-*
zón,
exulta mi lengua
e incluso mi carne descansa es-
peranzada.
²⁷ *Porque no me abandonarás a*
la muerte

ni dejarás a tu fiel conocer la corrupción.

²⁸ *Me has enseñado senderos de vida,*

me saciarás de gozo con tu presencia (Sal 16,8-11).

²⁹ Hermanos, permítanme decirles con franqueza que el patriarca David murió y lo enterraron, y conservamos su sepulcro hasta el día de hoy. ³⁰ Pero como era profeta y sabía que *Dios le había prometido con juramento sentar en su trono a un descendiente suyo* (Sal 132,1), ³¹ cuando dijo que «*no lo abandonaría a la muerte*» y que «*su carne no conocería la corrupción*» (1Sam 7,12), hablaba previendo la resurrección del Mesías.

³² Es a este Jesús a quien resucitó Dios, y todos nosotros somos testigos de ello. ³³ Exaltado así por la diestra de Dios y recibiendo del Padre el Espíritu Santo prometido, lo ha derramado: esto es lo que ustedes están viendo y oyendo.

³⁴ Pues no fue David quien subió al cielo, sino que él mismo dice:

Dijo el Señor a mi Señor: siéntate a mi derecha,

³⁵ *mientras hago de tus enemigos estrado de tus pies* (Sal 110,1).

³⁶ Por tanto, entérese bien todo Israel de que Dios ha constituido Señor y Mesías a ese Jesús a quien ustedes crucificaron.

³⁷ Estas palabras les traspasaron el corazón, y preguntaron a Pedro y a los demás apóstoles:

–¿Qué tenemos que hacer, hermanos?

³⁸ Pedro les contestó:

–Arrepiéntanse, bautícense cada uno vinculándose a Jesús Mesías para que se les perdonen los pecados, y recibirán el don del Espíritu Santo. ³⁹ Porque la Promesa vale para ustedes y para sus hijos, así como para todos los extranjeros a quienes llame el Señor Dios nuestro.

⁴⁰ Les urgía además, con otras muchas razones y los exhortaba diciendo:

–Pónganse a salvo de esta generación depravada.

Primer esbozo de comunidad

⁴¹ Los que aceptaron sus palabras se bautizaron, y se les agregaron aquel día como tres mil almas. ⁴² Eran constantes en escuchar la enseñanza de los apóstoles y en la comunidad de vida, en el partir el pan y en las oraciones. ⁴³ Pero los invadía a todos el temor ante las muchas señales y prodigios que realizaban los apóstoles.

⁴⁴ Todos los que iban creyendo abrigaban el mismo propósito y lo tenían todo en común; ⁴⁵ vendían sus posesiones y sus bienes y lo repartían entre todos según la necesidad de cada uno. ⁴⁶ Asimismo, mientras a diario perseveraban unánimes en el templo, también partían el pan en las casas y comían con alegría y de todo corazón, ⁴⁷ alabando a Dios y siendo bien vistos de todo el pueblo. El Señor les iba agregando a los que día tras día se iban poniendo a salvo con el mismo propósito.

MANIFESTACIÓN DE LA COMUNIDAD ANTE ISRAEL

Situación de Israel:
el lisiado junto a la puerta
del templo

3 ¹ Cuando Pedro y Juan subían al templo a la hora de la oración de media tarde, ² llevaban a cierto individuo, lisiado de nacimiento, al que colocaban cada día junto a la puerta del templo que llaman la Hermosa, para que pidiera limosna a los que iban entrando en el templo. ³ Al ver a Pedro y a Juan, que estaban para entrar en el templo, les pidió una limosna. ⁴ Pedro, junto con Juan, fijó la vista en él y le dijo:

–Míranos.

⁵ El otro estaba pendiente de ellos esperando que le darían algo.
⁶ Pedro le dijo:

–Plata y oro no poseo, lo que tengo te lo doy: en nombre de Jesús Mesías, el Nazoreo, echa a andar.

⁷ Agarrándolo de la mano derecha, lo levantó. En el acto se le robustecieron las piernas y los tobillos, ⁸ se puso en pie de un salto, echó a andar y entró con ellos en el templo por su pie, dando brincos y alabando a Dios. ⁹ Todo el pueblo lo vio andar alabando a Dios, ¹⁰ y, al reconocerlo como el mismo que pedía limosna sentado junto a la Puerta Hermosa del templo, se quedaron estupefactos y desconcertados ante lo que le había ocurrido.

Los apóstoles se dirigen al
pueblo de Israel

¹¹ Mientras el hombre seguía agarrado a Pedro y a Juan, todo el pueblo, lleno de estupor, acudió corriendo al pórtico llamado de Salomón, donde ellos estaban. ¹² Pedro, al ver aquello, dirigió la palabra al pueblo:

–Israelitas, ¿por qué se extrañan de esto? ¿Por qué nos miran como si hubiéramos hecho andar a éste con nuestro propio poder o virtud? ¹³ *El Dios de Abrahán, Dios de Isaac y Dios de Jacob, el Dios de nuestros padres* (Éx 3,6.15), ha glorificado a su Servidor, Jesús, a quien ustedes entregaron y negaron en presencia de Pilato cuando éste había decidido soltarlo. ¹⁴ Ustedes renegaron del Santo, del Justo, y pidieron que les indultaran a un asesino; ¹⁵ mataron al autor de la vida, a quien Dios resucitó de la muerte; nosotros somos testigos. ¹⁶ Como éste que ven aquí y que conocen ha tenido fe en su persona, él le ha dado vigor: esta fe que él inspira lo ha dejado completamente sano delante de todos ustedes.

¹⁷ Ahora bien, hermanos, sé que lo hicieron por ignorancia, y sus jefes lo mismo; ¹⁸ pero Dios cumplió de esta manera lo que había predicho por boca de todos los profetas: que su Mesías iba a padecer. ¹⁹ Por tanto, arrepiéntanse y conviértanse para que se borren sus pecados; ²⁰ a ver si el Señor manda tiempos de consuelo y envía el Mesías que les estaba destinado, Jesús. ²¹ El cielo tiene que retenerlo hasta que llegue la restauración universal que Dios anunció desde antiguo por boca de sus santos profetas. ²² Pues dijo Moisés: *«Para ustedes el Señor Dios suyo suscitará entre sus hermanos un profeta como yo; harán caso de todo lo que les*

diga, ²³ *y todo aquel que no haga caso a ese profeta será excluido del pueblo»* (Dt 18,15.19). ²⁴ Y todos los profetas que hablaron desde Samuel en adelante anunciaron también estos días. ²⁵ Ustedes son los herederos de los profetas y de la alianza que hizo Dios con nuestros padres, cuando le dijo a Abrahán: *«Tu descendencia será la bendición de todas las razas de la tierra»* (Gn 12,3). ²⁶ Para ustedes en primer lugar suscitó Dios a su Servidor y lo envió para que les otorgase esa bendición, con tal que se aparte cada uno de sus maldades.

4 ¹ Mientras hablaban al pueblo se les presentaron los sacerdotes, el comisario del templo y los saduceos, ² muy molestos porque enseñaban al pueblo anunciando que la resurrección de los muertos se había verificado en Jesús. ³ Les echaron mano y, como era ya tarde, los metieron en prisión hasta el día siguiente. ⁴ Pero muchos de los que habían oído el discurso creyeron, y el número de hombres adultos alcanzó la cifra de cinco mil.

Comparecencia de Pedro y Juan ante el Consejo judío

⁵ Sucedió que al día siguiente se reunieron en Jerusalén los jefes del pueblo, los senadores y los letrados, ⁶ incluyendo al sumo sacerdote Anás, y Caifás, a Juan y Alejandro, y a cuantos pertenecían a familias de sumos sacerdotes. ⁷ Hicieron comparecer a Pedro y a Juan y los interrogaron:

–¿Con poder de quién o en nombre de quién han hecho ustedes esto?

⁸ Entonces Pedro se llenó de Espíritu Santo y les respondió:

–Jefes del pueblo y senadores: ⁹ Dado que nuestro interrogatorio de hoy versa sobre el beneficio hecho a un enfermo, para averiguar por obra de quién está curado este hombre, ¹⁰ entérense bien todos ustedes y todo el pueblo de Israel que ha sido por obra de Jesús Mesías, el Nazoreo, a quien ustedes crucificaron y a quien Dios resucitó de la muerte; por obra suya tienen aquí a éste sano ante ustedes. ¹¹ Ese Jesús *es la piedra que desecharon ustedes los constructores y se ha convertido en piedra angular* (Sal 118,22). ¹² La salvación no está en ningún otro, pues bajo el cielo no se ha dado a los hombres otro nombre al que tengamos que invocar para salvarnos.

¹³ Observando la valentía de Pedro y Juan, y notando que eran hombres sin letras ni instrucción, estaban sorprendidos; reconocían también que habían sido compañeros de Jesús; ¹⁴ pero, viendo junto a ellos al hombre que se había curado, en nada podían contradecirlos. ¹⁵ Les mandaron salir fuera del Consejo y se pusieron a deliberar:

¹⁶ –¿Qué podemos hacer con estos hombres? Porque han dado una señal evidente, notoria para todos los que residen en Jerusalén, y no podemos negarlo. ¹⁷ Para evitar que se siga divulgando entre el pueblo,· los amenazaremos para que no vuelvan a mencionar ese nombre a hombre alguno.

¹⁸ Los llamaron y les prohibieron terminantemente hablar y enseñar sobre la persona de Jesús. ¹⁹ Pedro y Juan les replicaron:

–¿Puede aprobar Dios que les hagamos caso a ustedes antes que a él? Júzguenlo ustedes. ²⁰ Nosotros no podemos menos que contar lo que hemos visto y oído.

²¹ Con nuevas amenazas los soltaron. No encontraban manera de imponerles un castigo, por causa del pueblo, pues todos alababan a Dios por lo sucedido; ²² además, el hombre en quien se había realizado aquella señal, la curación, tenía más de cuarenta años.

Confirmación de la iglesia de Jerusalén

²³ En cuanto los soltaron, volvieron a los suyos y les contaron lo que les habían dicho los sumos sacerdotes y los senadores. ²⁴ Al oírlo, todos a una invocaron a Dios en voz alta:

–Dueño nuestro, tú *hiciste el cielo, la tierra, el mar y todo lo que contienen* (Éx 20,11); ²⁵ tú dijiste por boca de tu servidor, David, nuestro padre, inspirado por el Espíritu Santo:

¿Por qué se amotinaron las naciones
*   y los pueblos planearon fracasos?*
²⁶ *Se juntaron los reyes de la tierra*
*   y los jefes se aliaron con un propósito común*
*   contra el Señor y contra su Mesías* (Sal 2, 1s).

²⁷ Realmente se aliaron en nuestra ciudad Herodes y Poncio Pilato con las naciones paganas y pueblos de Israel contra tu santo Servidor Jesús, tu Ungido, ²⁸ para realizar cuanto tu designio eficaz había decretado que sucediera. ²⁹ Ahora, Señor, fíjate cómo nos amenazan, y concede a tus siervos exponer tu mensaje con toda valentía; ³⁰ al mismo tiempo, extiende tu mano para que se realicen curaciones, señales y prodigios, cuando invoquemos a tu santo Servidor Jesús.

³¹ Al terminar esta súplica retembló el lugar donde estaban reunidos, se llenaron todos ellos de Espíritu Santo y se pusieron a exponer con valentía el mensaje de Dios.

Nuevo compendio sobre la vida comunitaria: Bernabé, Ananías y Safira

³² En la multitud de los creyentes todos pensaban y sentían lo mismo: nadie consideraba suyo nada de lo que tenía, sino que lo poseían todo en común. ³³ Los apóstoles daban testimonio de la resurrección del Señor Jesús con mucho vigor; todos ellos eran muy bien vistos, ³⁴ porque entre ellos no había ningún indigente, ya que los que poseían campos o casas los vendían, llevaban el producto de la venta ³⁵ y lo ponían a disposición de los apóstoles; luego se distribuía según lo que necesitaba cada uno.

³⁶ José, a quien los apóstoles dieron el sobrenombre de Bernabé –que significa exhortador–, clérigo levita, natural de Chipre, ³⁷ poseía un terreno, lo vendió, llevó el importe y lo puso a disposición de los apóstoles.

5 ¹ En cambio, cierto individuo llamado Ananías, de acuerdo con su mujer Safira, vendió una propiedad ² y, a sabiendas de la mujer, retuvo parte del precio, llevó el resto y lo puso a disposición de los apóstoles.

³ Pedro le dijo:

–Ananías, ¿cómo es que Satanás te ha inducido a mentir al Espíritu Santo, reservándote parte del precio del campo? ⁴ ¿No podías tenerlo para ti sin venderlo? Y, si lo vendías, ¿no eras dueño de quedarte con el dinero? ¿Cómo se te ha ocurrido semejante cosa? Más que mentir a hombres has mentido a Dios.

⁵ Mientras oía estas palabras, Ananías cayó al suelo y expiró, y a todos los que se enteraban los invadía un miedo enorme. ⁶ Acudieron los jóvenes, lo amortajaron y lo llevaron a enterrar.

⁷ Al cabo de un intervalo como de tres horas, llegó la mujer, que ignoraba lo ocurrido. ⁸ Pedro la interpeló:

–Dime, ¿vendieron el campo por tanto?

Contestó ella:

–Sí, por tanto.

⁹ Pedro le repuso:

–¿Por qué se pusieron ustedes dos de acuerdo para provocar al Espíritu del Señor? Mira, los que han enterrado a tu marido están ya pisando el umbral para llevarte a ti.

¹⁰ En el acto cayó a sus pies y expiró. Al entrar los muchachos la encontraron muerta; se la llevaron y la enterraron junto a su marido. ¹¹ Un miedo enorme invadió a toda la comunidad y a todos los que se enteraban de aquello.

¹² Por mano de los apóstoles se realizaban muchas señales y prodigios en medio del pueblo. Todos los fieles se reunían unánimes en el pórtico de Salomón; ¹³ ninguno de los demás se atrevía a juntárseles, aunque el pueblo se hacía lenguas de ellos. ¹⁴ Más y más creyentes se iban adhiriendo al Señor, multitud de hombres y mujeres, ¹⁵ hasta el punto de sacar los enfermos a la calle y ponerlos en catres y camillas para que, al pasar Pedro, por lo menos su sombra cayera sobre alguno de ellos. ¹⁶ Muchísima gente de los pueblos de alrededor acudía a Jerusalén llevando enfermos y atormentados por espíritus inmundos, y todos ellos se curaban.

RECONOCIMIENTO OFICIAL DE LA COMUNIDAD

¹⁷ Entonces el sumo sacerdote y todos los de su partido –la facción de los saduceos– se llenaron de coraje ¹⁸ mandaron echar mano a los apóstoles y, a la vista de todos, meterlos en prisión. ¹⁹ Pero por la noche el ángel del Señor abrió las puertas de la cárcel y los sacó fuera diciéndoles:

²⁰ –Vayan, plántense en el templo y explíquenle al pueblo íntegramente este modo de vida.

²¹ Obedecieron, entraron al alba en el templo y se pusieron a enseñar.

Cuando se presentó el sumo sacerdote con los de su partido, convocaron el Consejo, a saber, el pleno del senado israelita, y mandaron traer a los presos del calabozo. ²²Se presentaron los guardias, pero no los encontraron en la cárcel y volvieron a dar parte:

²³–Hemos encontrado el calabozo cerrado, todo al seguro, y a los centinelas de puesto en las puertas; pero al abrir no encontramos a nadie dentro.

²⁴Al oír esto, el comisario del templo y los sumos sacerdotes no atinaban a explicarse qué podría haber pasado con ellos. ²⁵Se presentó uno para informarles:

–Miren, los hombres que metieron en la cárcel están plantados en el templo y siguen enseñando al pueblo.

²⁶Salió entonces el comisario con los guardias y los condujo sin emplear la fuerza, por miedo a que el pueblo los apedrease. ²⁷Los condujeron a presencia del Consejo, y el sumo sacerdote los interrogó:

²⁸–¿No les habíamos prohibido formalmente enseñar sobre esa persona? En cambio, ustedes han llenado Jerusalén de su enseñanza y pretenden hacernos responsables de la sangre de ese hombre.

²⁹Replicó Pedro junto con los apóstoles:

–Hay que obedecer a Dios antes que a hombres. ³⁰El Dios de nuestros padres resucitó a Jesús, a quien ustedes asesinaron colgándolo de un madero. ³¹La diestra de Dios lo exaltó constituyéndolo Jefe y Salvador, para otorgar a Israel el arrepentimiento y el perdón de los pecados. ³²Testigos de estos hechos somos nosotros, y también el Espíritu Santo, que Dios ha dado a los que le obedecen.

³³Exasperados por esta respuesta, querían darles muerte. ³⁴Pero se levantó en el Consejo cierto fariseo, de nombre Gamaliel, doctor de la Ley respetado por todo el pueblo; mandó que los sacaran fuera un momento, ³⁵y les dijo:

–Israelitas, cuidado con lo que van a hacer con esos hombres. ³⁶Porque no hace mucho que surgió un tal Teudas dándoselas de ser un gran personaje, y se le juntó un grupo de hombres en número de cuatrocientos; lo ejecutaron, se desbandaron todos sus secuaces y todo acabó en nada. ³⁷Más tarde, cuando el censo, surgió Judas el Galileo arrastrando tras de sí mucha gente del pueblo. También éste pereció, y se dispersaron todos sus secuaces. ³⁸En el caso presente mi consejo es éste: no se metan con esos hombres, déjenlos. Si su plan o actividad fuese obra humana, fracasarán; ³⁹pero si es obra de Dios, no lograrán hacerlos fracasar y se expondrán a luchar contra Dios.

Le hicieron caso; ⁴⁰llamaron a los apóstoles, los azotaron, les prohibieron hablar de la persona de Jesús y los soltaron.

⁴¹Los apóstoles salieron del Consejo contentos de haber merecido aquel ultraje por la causa de Jesús. ⁴²Ni un solo día dejaban de enseñar en el templo y por las casas, dando la buena noticia de que Jesús es el Mesías.

II
ORÍGENES DE LA IGLESIA CRISTIANA DE ANTIOQUÍA
CONSTITUCIÓN DE LA COMUNIDAD HELENISTA

Elección de los Siete

6 ¹ Por aquellos mismos días, al crecer el número de los discípulos, se produjo una protesta de los de lengua griega contra los de lengua hebrea, a saber, que en el servicio asistencial de cada día desatendían a sus viudas. ² Los Doce convocaron la asamblea de los discípulos y les dijeron:

—No está bien que nosotros desatendamos el mensaje de Dios por un servicio de administración. ³ Por tanto, hermanos, escojan entre ustedes a siete hombres de buena fama, llenos de Espíritu y saber, a los que podamos encargar de esta función; ⁴ nosotros perseveraremos en la oración y en el servicio del mensaje.

⁵ La propuesta pareció bien a toda la asamblea, y eligieron a Esteban, hombre lleno de fe y Espíritu Santo, a Felipe, Prócoro, Nicanor, Timón, Parmenas y Nicolás, prosélito de Antioquía. ⁶ Los presentaron a los apóstoles, y éstos, imponiéndoles las manos, oraron.

Colofón

⁷ El mensaje de Dios iba cundiendo, y en Jerusalén crecía considerablemente el número de los discípulos; también gran número de sacerdotes respondían con su adhesión.

Reacción de las sinagogas de la diáspora

⁸ Esteban, lleno de gracia y de fuerza, realizaba grandes prodigios y señales en medio del pueblo. ⁹ Entonces, algunos de la sinagoga llamada de los Libertos, con algunos de Cirene y de Alejandría y otros oriundos de Cilicia y de Asia, se pusieron a discutir con Esteban, ¹⁰ pero no lograban hacer frente al saber y al Espíritu con que hablaba. ¹¹ Sobornaron entonces a algunos para que dijeran: «Lo hemos oído pronunciar palabras blasfemas contra Moisés y contra Dios».

¹² Alborotaron tanto al pueblo como a los senadores y los letrados, lo agarraron por sorpresa y lo condujeron al Consejo, ¹³ presentando testigos falsos que decían:

—Este individuo no para de hablar contra el lugar santo y la Ley. ¹⁴ Le hemos oído decir que ese Jesús, el Nazoreo, destruirá este lugar y cambiará las tradiciones que nos transmitió Moisés.

¹⁵ Todos los miembros del Consejo fijaron la vista en él y vieron que su rostro era como el rostro de un ángel.

Testimonio de Esteban

7 ¹ El sumo sacerdote le preguntó:

—¿Es verdad eso?

² Contestó Esteban:

—Padres y hermanos míos, escúchenme: El Dios de la gloria se apareció a nuestro padre Abrahán en Mesopotamia, antes de que fuera a establecerse en Harrán, ³ y le dijo: «*Sal de tu tierra y de tu parentela, y vete a la tierra que te mostraré*» (Gn 12,1). ⁴ Salió entonces del país de los caldeos y se estableció en Harrán. Cuando murió su padre, Dios lo hizo trasladarse de allí a esta tierra en que ustedes habitan ahora. ⁵ En ella, no le dio en propiedad ni siquiera un palmo de terreno, pero prometió *dársela en posesión a él y, más tarde, a su descendencia* (Gn 17,8), aunque todavía no tenía hijos. ⁶ Dios le habló diciéndole que «*su descendencia emigraría a un país extranjero, y que la esclavizarían y maltratarían por cuatrocientos años;* ⁷ *pero a la nación que va a esclavizarlos la juzgaré yo –dijo Dios– y entonces saldrán para darme culto en este lugar*» (Gn 15,13; Éx 3,12). ⁸ Le dio como alianza la circuncisión; por eso, cuando tuvo a Isaac, lo circuncidó al octavo día, lo mismo Isaac a Jacob, y Jacob a los doce patriarcas. ⁹ Los patriarcas, por envidia de José, lo vendieron a Egipto; pero Dios estaba con él ¹⁰ y lo sacó de todas sus aflicciones; además, le *dio* un saber que le ganó el favor del faraón, rey de Egipto, y éste lo nombró gobernador de Egipto y de toda la casa real. ¹¹ Hubo escasez en todo Egipto y en Canaán una gran angustia, y nuestros padres no encontraban víveres. ¹² Al enterarse Jacob de que en Egipto había provisiones, envió a nuestros padres por primera vez; ¹³ la segunda vez, José se dio a conocer a sus hermanos, y el faraón se enteró de qué estirpe era José. ¹⁴ José mandó llamar a su padre Jacob y a toda su parentela, en total setenta y cinco personas. ¹⁵ Jacob bajó a Egipto y allí acabaron su vida él y nuestros padres; ¹⁶ los trasladaron a Siquén y los enterraron allí en el sepulcro que había comprado Abrahán con su dinero a los hijos de Hamor.

¹⁷ Cuando se acercaba el cumplimiento de la promesa que Dios había hecho a Abrahán, el pueblo creció y se multiplicó en Egipto, ¹⁸ hasta *que surgió otro rey que no había conocido a José* (Éx 1,8). ¹⁹ Éste, usando malas artes con nuestra gente, se ensañó con nuestros padres haciéndoles abandonar a los recién nacidos para que no sobrevivieran. ²⁰ En aquella situación nació Moisés, hombre grato a Dios. Se crió tres meses en la casa de su padre; ²¹ cuando lo abandonaron, lo adoptó la hija del Faraón y lo hizo criar como hijo suyo. ²² Así Moisés fue instruido en todo el saber de los egipcios, y fue elocuente y hombre de acción.

²³ Cuando Moisés iba a cumplir cuarenta años, le vino la idea de visitar a sus hermanos los israelitas. ²⁴ Al ver maltratado a uno, lo defendió y vengó al oprimido golpeando de muerte al egipcio. ²⁵ Pensaba que sus hermanos comprenderían que Dios los iba a salvar por su medio, pero ellos no lo comprendieron. ²⁶ Al día siguiente, apareció mientras unos se peleaban y trató de que hicieran las paces, diciéndoles: «Hombres, si ustedes son hermanos, ¿por qué se maltratan?» ²⁷ Pero el que maltrataba a su prójimo lo rechazó diciendo: «¿*Quién te ha nombrado jefe y juez nuestro?* ²⁸ *¿Quieres matarme*

a mí como mataste ayer al egipcio?» (Éx 2,13-15). ²⁹ Al oír esto, Moisés huyó y emigró al país de Madián, donde tuvo dos hijos.

³⁰ Cuarenta años más tarde, se le apareció en el desierto del monte Sinaí un ángel en la llama que abrasaba una zarza. ³¹ Moisés quedó sorprendido de aquella visión y, al acercarse para mirar, resonó la voz del Señor: ³² «Yo soy el Dios de tus padres, el Dios de Abrahán, de Isaac y de Jacob» (Éx 3,6). Moisés se echó a temblar y no se atrevía a mirar. ³³ Pero el Señor le dijo: «Quítate las sandalias de los pies, pues la tierra que pisas es sagrada. ³⁴ He visto la opresión de mi pueblo en Egipto, he escuchado su gemido y he bajado a liberarlos. Ahora ven acá, que te voy a enviar a Egipto» (Éx 3,5.7-8.10). ³⁵ A este mismo Moisés, de quien habían renegado diciendo: «Quién te ha nombrado jefe y juez nuestro?», (Éx 2,14), Dios lo envió como jefe y liberador por medio del ángel que se le había aparecido en la zarza. ³⁶ Él fue quien los sacó, realizando prodigios y señales en Egipto, en el Mar Rojo y en el desierto durante cuarenta años. ³⁷ Fue este Moisés quien dijo a los israelitas: «Dios les suscitará entre sus hermanos un profeta como yo» (Dt 18,15). ³⁸ Fue él quien, en la asamblea del desierto, medió entre el ángel que le hablaba en el monte Sinaí y nuestros padres, y recibió palabras de vida para comunicárnoslas. ³⁹ Pero nuestros padres no quisieron obedecerle; al contrario, lo rechazaron y desearon volver a Egipto; ⁴⁰ y dijeron a Aarón: «Haznos dioses que abran la mar-cha, pues ese Moisés que nos sacó de Egipto no sabemos qué ha sido de él» (Ex 32,1).

⁴¹ Por aquellos mismos días fabricaron un becerro y ofrecieron sacrificios al ídolo, y festejaron la obra de sus manos. ⁴² Dios les volvió la espalda y los entregó al culto de los astros, como está escrito en el libro de los Profetas:

¿Acaso me ofrecieron ustedes
víctimas y sacrificios
en los cuarenta años del desierto, casa de Israel?
⁴³ No, ustedes transportaron la tienda de Moloc
y el astro del dios Refán,
imágenes que se fabricaron para adorarlas.
Pues yo los deportaré más allá de Babilonia (Am 5,25-27 LXX).

⁴⁴ Nuestros padres tenían en el desierto la Tienda del Encuentro, tal como la que hablaba con Moisés le había ordenado fabricarla, conforme al modelo que había visto. ⁴⁵ Nuestros padres a su vez, guiados por Josué, la introdujeron en el territorio de los paganos, a los que Dios expulsó delante de nuestros padres, y se la fueron transmitiendo hasta el tiempo de David. ⁴⁶ Éste alcanzó el favor de Dios y le pidió poder disponer de un lugar de reunión para la casa de Jacob; ⁴⁷ Salomón, en cambio, le construyó una casa para él. ⁴⁸ Pero el Altísimo no habita en edificios construidos por mano de hombres, como dice el Profeta:

⁴⁹ El cielo es mi trono,
la tierra, el estrado de mis pies.

¿Qué casa pueden construirme
–dice el Señor–
o qué lugar para que descanse?
⁵⁰ *¿Acaso no ha hecho mi mano*
todo esto? (Is 66,1s).

⁵¹ ¡Rebeldes, infieles de corazón y reacios de oído! Ustedes siempre resistieron al Espíritu Santo: se portan lo mismo que sus padres. ⁵² ¿Hubo un profeta que sus padres no persiguieran? Ellos mataron a los que anunciaban la venida del Justo, y a él ustedes ahora lo han traicionado y asesinado; ⁵³ ustedes, que recibieron la Ley por mediación de ángeles y no la han observado.

Martirio de Esteban

⁵⁴ Oyendo sus palabras, se recomían por dentro y rechinaban los dientes contra él. ⁵⁵ Pero Esteban, que estaba lleno de Espíritu Santo, fijó la mirada en el cielo, vio la gloria de Dios y a Jesús de pie a la derecha de Dios, ⁵⁶ y dijo:

–Estoy contemplando el cielo abierto y al Hijo del hombre de pie a la derecha de Dios.

⁵⁷ Dando un grito estentóreo, se taparon los oídos, y todos a una, se abalanzaron sobre él, ⁵⁸ lo empujaron fuera de la ciudad y se pusieron a apedrearlo. Los testigos depusieron sus mantos a los pies de un joven llamado Saulo ⁵⁹ y se pusieron a apedrear a Esteban, que repetía esta invocación:

–Señor Jesús, recibe mi espíritu. ⁶⁰ Luego, cayendo de rodillas, lanzó un fuerte grito:

–Señor, no les tomes en cuenta este pecado.

Y dicho esto se durmió.

8 ¹ᵃ Saulo, por su parte, daba su aprobación a la ejecución de Esteban.

GESTACIÓN DE UNA NUEVA IGLESIA

Dispersión de la comunidad helenista

¹ᵇ Aquel día se desató una violenta persecución contra la comunidad que residía en la ciudad de Jerusalén; todos se dispersaron por las comarcas de Judea y Samaría, excepto los apóstoles.
² Enterraron a Esteban unos hombres piadosos e hicieron gran duelo por él.
³ Saulo, por su parte, se ensañaba con la comunidad creyente; penetraba en las casas, arrastraba a hombres y mujeres y los hacía encarcelar.

Felipe
Personalismo del evangelista Felipe: Simón Mago

⁴ Entre tanto, los dispersos iban anunciando el mensaje durante su recorrido. ⁵ Felipe bajó a la ciudad de Samaría y les proclamó el Mesías. ⁶ Las multitudes hacían caso unánime de lo que decía Felipe, porque oían hablar de las señales que realizaba y las estaban viendo: ⁷ de muchos poseídos salían los espíritus inmundos lanzando gritos, y muchos paralíticos y lisiados se curaban; ⁸ se produjo gran alegría en

aquella ciudad.

⁹ Sin embargo, ya de antes estaba en la ciudad cierto individuo de nombre Simón, que practicaba la magia y pasmaba a la nación samaritana, haciéndose pasar por un ser extraordinario. ¹⁰ Todos, pequeños o grandes, le hacían caso, pues decían:

—Éste es la Fuerza de Dios, esa que llaman la Grande. ¹¹ Le hacían caso porque por largo tiempo los había tenido pasmados con sus magias; ¹² pero cuando dieron fe a Felipe que anunciaba la buena noticia del reinado de Dios y la persona de Jesús Mesías, tanto hombres como mujeres se fueron bautizando. ¹³ Tambien Simón mismo creyó y, una vez bautizado, no se apartaba de Felipe; y, presenciando las señales y grandes milagros que sucedían, se quedaba pasmado.

Pedro y Juan quitan el obstáculo de la comunidad

¹⁴ Al enterarse los apóstoles que residían en Jerusalén de que toda Samaría había aceptado en firme el mensaje de Dios, les enviaron a Pedro y a Juan. ¹⁵ Éstos bajaron allí y oraron por ellos para que recibieran Espíritu Santo, ¹⁶ porque no había bajado aún sobre ninguno de ellos: solamente habían quedado bautizados vinculándose al Señor Jesús. ¹⁷ Entonces les fueron imponiendo las manos, y recibían Espíritu Santo.

¹⁸ Al ver Simón que, al imponer las manos los apóstoles, se daba el Espíritu, les ofreció dinero, ¹⁹ diciendo:

—Denme a mí también ese poder, que a quien yo le imponga las manos reciba Espíritu Santo.

²⁰ Pedro le replicó:

—¡Perece tú con tu dinero, por haber pensado que con dinero se compra el don de Dios! ²¹ No es cosa tuya ni se ha hecho para ti el mensaje este, pues por dentro no andas a derechas con Dios. ²² Por eso, arrepiéntete de esa maldad tuya y ruega al Señor, a ver si se te perdona esa idea que te ha venido; ²³ porque te veo destinado a la hiel amarga y a las cadenas de los inicuos.

²⁴ Respondió Simón:

—Rueguen ustedes al Señor por mí, para que no me venga encima nada de lo que han dicho.

Felipe evangeliza al etíope eunuco

²⁵ Después de dar testimonio exponiendo el mensaje del Señor, Pedro y Juan, de regreso a la ciudad de Jerusalén, iban anunciando la buena noticia en muchas aldeas samaritanas. ²⁶ Entonces el ángel del Señor habló así a Felipe:

—Levántate y vete hacia el sur, por el camino que baja de Jerusalén a Gaza, que se encuentra desierto.

²⁷ Él se levantó y se puso en camino. En esto apareció un etíope eunuco, ministro de Candaces, reina de Etiopía, superintendente del

---

8,20 "perece tú con tu dinero", lit. "tu dinero sea contigo para perdición".

tesoro, que había ido en peregrinación a Jerusalén [28] e iba de regreso, sentado en su carroza, leyendo el profeta Isaías.

[29] Dijo entonces el Espíritu a Felipe:

–Acércate y pégate a esa carroza.

[30] Felipe se acercó corriendo, lo oyó leer el profeta Isaías y le preguntó:

–¿Entiendes de veras lo que estás leyendo?

[31] Contestó:

–Y ¿cómo podré entenderlo, al menos que alguien me guíe?

E invitó a Felipe a subir y sentarse con él. [32] El pasaje de la Escritura que estaba leyendo era éste:

Como oveja llevada al matadero
y como cordero mudo ante el esquilador
no abre su boca.
[33] Lo humillaron, negándole todo derecho
–su descendencia, ¿quién podrá enumerarla?–,
porque arrancan su vida de la tierra (Is 53,7s).

[34] El eunuco le preguntó a Felipe:

–Por favor, ¿de quién dice esto el profeta? ¿De sí mismo o de algún otro?

[35] Felipe tomó la palabra y, a partir de aquel pasaje, le anunció la buena noticia de Jesús. [36] Mientras iban de camino, llegaron a un sitio donde había agua, y dijo el eunuco:

–Mira, ahí hay agua, ¿qué impide que yo me bautice?

[38] Mandó parar la carroza, bajaron los dos al agua, tanto Felipe como el eunuco, y lo bautizó. [39] Cuando salieron del agua, el Espíritu del Señor arrebató a Felipe. El eunuco ya no volvió a verlo, y siguió su camino, lleno de alegría.

[40] Felipe fue a parar a Azoto e iba dando la buena noticia por todos los pueblos que atravesaba, hasta llegar a Cesarea.

Saulo

Crisis de Saulo, el perseguidor por antonomasia

9 [1] Saulo, respirando aún amenazas de muerte contra los discípulos del Señor, fue a ver al sumo sacerdote [2] y le pidió credenciales para las sinagogas de Damasco, autorizándolo a llevar presos a Jerusalén a los que encontrase que seguían aquel Camino, lo mismo hombres que mujeres.

[3] En el viaje, al acercarse a Damasco, de repente una luz celeste lo envolvió de claridad; [4] cayó a tierra y oyó una voz que le decía:

–¡Saúl, Saúl!, ¿por qué me persigues?

[5] Preguntó él:

–¿Quién eres, Señor?

Respondió éste:

–Yo soy Jesús, a quien tú persigues. [6] Anda, levántate, entra en la ciudad y allí te dirán lo que tienes que hacer.

[7] Sus compañeros de viaje se habían detenido mudos de estupor,

---

8,36 Algunos mss. añaden el v. 37: "contestó Felipe: 'Si crees de todo corazón, se puede', Respondió: 'Creo que el Hijo de Dios es Jesús el Mesías' ". El texto no es uniforme en los mss.

porque oían la voz, pero no veían a nadie. ⁸ Saulo se levantó del suelo y, aunque tenía los ojos abiertos, no veía nada. De la mano lo llevaron hasta Damasco. ⁹ Estuvo tres días sin vista y sin comer ni beber.

Saulo recobra la vista gracias a Ananías

¹⁰ Había en Damasco cierto discípulo de nombre Ananías. El Señor lo llamó en una visión:

–¡Ananías!

Respondió él:

–Aquí estoy, Señor.

¹¹ El Señor le dijo:

–Ve en seguida a la calle que llaman Derecha y pregunta en casa de Judas por un tal Saulo de Tarso. Ahora está orando ¹² y ha tenido una visión: que un individuo llamado Ananías entraba y le aplicaba las manos para que recobrase la vista.

¹³ Ananías replicó:

–Señor, he oído a muchos hablar de ese individuo y del daño que ha hecho a tus consagrados en Jerusalén; ¹⁴ y aquí tiene poderes de los sumos sacerdotes para apresar a todos los que invocan tu nombre.

¹⁵ El Señor le repuso:

–Anda, ve, que ese hombre es un instrumento elegido por mí para que lleve mi nombre delante de los paganos y de sus reyes, así como de los israelitas. ¹⁶ Yo le mostraré cuánto tiene que padecer por ese nombre mío.

¹⁷ Partió Ananías y entró en aquella casa, le aplicó las manos y le dijo:

–Hermano Saúl, el Señor me ha enviado, Jesús, el que se te apareció cuando venías por el camino, para que recobres la vista y te llenes de Espíritu Santo.

¹⁸ Inmediatamente se le cayeron de los ojos una especie de escamas y recobró la vista. Se levantó y lo bautizaron. ¹⁹ Luego tomó alimento y le volvieron las fuerzas.

Saulo proclama que Jesús es el Mesías

Pasó unos días con los discípulos de Damasco, ²⁰ y muy pronto se puso a predicar en las sinagogas sobre Jesús, afirmando que éste es el Hijo de Dios. ²¹ Todos los oyentes quedaban pasmados y comentaban:

–¿No es éste el que se ensañaba en Jerusalén contra los que invocan ese nombre? Y ¿no había venido aquí precisamente para llevarlos presos a los sumos sacerdotes?

²² Pero Saulo se crecía y confutaba a los judíos que residían en Damasco, demostrando que Jesús es el Mesías.

²³ Pasados bastantes días, los judíos se concertaron para darle muerte, ²⁴ pero Saulo tuvo noticia de su conjura. Como día y noche custodiaban las puertas de la ciudad para matarlo, ²⁵ los discípulos lo cogieron de noche y lo descolgaron muro abajo en un cesto.

²⁶ Llegado a Jerusalén, trataba de juntarse a los discípulos; pero todos le tenían miedo, porque no se fiaban de que fuera discípulo. ²⁷ Entonces Bernabé lo acogió, lo presentó a los apóstoles y les contó cómo había visto al Señor en el camino y que le había hablado, y

cómo en Damasco había predicado con valentía sobre la persona de Jesús.

²⁸ Saulo iba y venía con ellos en Jerusalén predicando con valentía sobre la persona de Jesús. ²⁹ Hablaba y discutía también con los judíos de lengua griega, que se propusieron darle muerte. ³⁰ Al enterarse los hermanos, lo bajaron a Cesarea y de allí lo enviaron a Tarso.

Pedro

Preocupación de Pedro por las comunidades: Eneas, Tabita y Simón

³¹ Entre tanto, las comunidades gozaban de paz en toda Judea, Galilea y Samaría, pues se iban construyendo, progresaban en el respeto al Señor y crecían, alentadas por el Espíritu Santo.

³² Sucedió que Pedro, que iba recorriéndolo todo, bajó también a ver a los consagrados que residían en Lida. ³³ Encontró allí a cierto individuo de nombre Eneas, que estaba paralizado y llevaba ocho años postrado en un catre. ³⁴ Pedro le dijo:

–Eneas, Jesús Mesías te da la salud; levántate y recuéstate a la mesa.

Al instante se levantó. ³⁵ Lo vieron todos los que residían en Lida y en la llanura de Sarón y se convirtieron al Señor.

³⁶ En Jafa había cierta discípula de nombre Tabita, que traducido significa Gacela, colmada de obras buenas y, en particular, de las limosnas que hacía. ³⁷ Sucedió que,

por aquellos mismos días, cayó enferma y murió; la lavaron y la pusieron en la sala de arriba. ³⁸ Como Lida está cerca de Jafa, al enterarse los discípulos de que Pedro estaba allí, enviaron a dos hombres que le suplicaron:

–No tardes en venir hasta nosotros.

³⁹ Pedro se fue con ellos al momento. Cuando llegó, lo llevaron a la sala de arriba y se le presentaron todas las viudas, mostrándole con lágrimas en los ojos los vestidos y mantos que hacía Gacela cuando estaba con ellas. ⁴⁰ Pedro mandó salir fuera a todos y, de rodillas, se puso a orar. Se volvió hacia el cuerpo y dijo:

–Tabita, levántate.

Ella abrió los ojos y, al ver a Pedro, se incorporó. ⁴¹ Él le dio la mano, la levantó y, llamando a los consagrados y a las viudas, se la presentó viva. ⁴² El hecho fue notorio en toda Jafa, y muchos creyeron en el Señor.

⁴³ Pedro se quedó en Jafa bastantes días, en casa de cierto Simón, que era curtidor.

Crisis de Pedro: el centurión Cornelio

10 ¹ Había en Cesarea cierto individuo de nombre Cornelio, centurión de la cohorte Itálica. ² Era devoto y adicto a la religión judía, como toda su familia; daba muchas limosnas al pueblo y era constante en los rezos. ³ A eso de la media tarde tuvo una visión: vio claramente al ángel de Dios que entraba en su cuarto y lo llamaba:

241

–¡Cornelio!

[4] Él se le quedó mirando y le preguntó asustado:

–¿Qué quieres, Señor?

Le dijo:

–Tus oraciones y tus limosnas han llegado hasta Dios y las tiene presentes. [5] Envía ahora hombres a Jafa y manda a buscar a cierto Simón, el llamado Pedro; [6] se aloja en casa de otro Simón, curtidor, cuya casa está junto al mar. [7] Cuando se marchó el ángel que le había hablado, llamó a dos de sus criados y a un soldado devoto, que era ordenanza suyo; [8] les refirió todo y los mandó a Jafa.

[9] Al día siguiente, mientras ellos iban de camino, cerca ya de la ciudad, hacia el mediodía, subió Pedro a la azotea para orar, [10] pero sintió hambre y tenía ganas de tomar algo. Mientras se lo preparaban tuvo un trance; [11] contemplaba el cielo abierto y un receptáculo que bajaba, como un toldo enorme; que por los cuatro picos se posaba sobre la tierra.

[12] Contenía todo género de cuadrúpedos y reptiles de la tierra y de pájaros del cielo. [13] Y una voz le habló:

–Levántate, Pedro, sacrifica y come.

[14] Replicó Pedro:

–Ni pensarlo, Señor, nunca he comido nada profano ni impuro.

[15] De nuevo, por segunda vez, le habló una voz:

–Lo que Dios ha declarado puro, no lo llames tú profano.

[16] Esto se repitió tres veces, y en seguida se llevaron el receptáculo al cielo.

[17] Pedro no acertaba a explicarse el sentido de aquella visión. Entre tanto, los emisarios de Cornelio, que habían andado buscando la casa de Simón, se presentaron en el portal [18] y, dando una voz, preguntaron si se alojaba allí Simón, el llamado Pedro.

[19] Mientras Pedro reflexionaba sobre la visión, le dijo el Espíritu:

–Mira, hay tres hombres que te buscan. [20] Levántate, baja y vete con ellos sin poner reparos, que los he enviado yo.

[21] Pedro bajó a donde estaban y les dijo

–Aquí estoy, yo soy el que ustedes buscan. ¿Por qué razón han venido?

[22] Contestaron ellos.

–Cornelio, el centurión, hombre recto y adicto al judaísmo, recomendado por la entera nación judía, ha recibido aviso de un ángel santo encargándole que te mande llamar, para que vayas a su casa y escuche lo que le digas.

[23] Pedro los invitó a entrar y les dio alojamiento.

Al día siguiente, se levantó, salió con ellos sin tardar, acompañado de algunos hermanos de Jafa. [24] Al otro día llegó a Cesarea. Cornelio los estaba aguardando, había reunido a sus parientes y amigos íntimos. [25] Cuando Pedro iba a entrar, Cornelio le salió al encuentro y se echó a sus pies a modo de homenaje; [26] pero Pedro lo alzó diciendo:

–Levántate, que también yo soy un simple hombre.

[27] Entró en la casa conversando con él, encontró a muchas personas reunidas [28] y les dijo:

–Ustedes saben cómo le está prohibido a un judío tener trato con extranjeros o entrar en su casa; pero a mí me ha enseñado Dios a no llamar profano o impuro a ningún hombre. ²⁹ Por eso, cuando me han mandado llamar, no he tenido inconveniente en venir. Ahora quisiera saber el motivo de la llamada.

³⁰ Contestó Cornelio:

–Hace cuatro días estaba yo orando en mi casa a esta misma hora, a media tarde, cuando se me presentó un hombre con ropaje espléndido, ³¹ que me dijo: «Cornelio, Dios ha escuchado tu oración y tiene presentes tus limosnas. ³² Manda alguien a Jafa e invita a venir a Simón, el llamado Pedro, que se aloja en casa de Simón el curtidor, junto al mar». ³³ Te mandé recado enseguida y tú has tenido la amabilidad de venir. Ahora, aquí nos tienes a todos delante de Dios, para escuchar todo lo que el Señor te haya encargado decirnos.

³⁴ Pedro tomó la palabra y dijo:

–Realmente, voy comprendiendo que Dios no discrimina a nadie, ³⁵ sino que acepta al que lo respeta y obra rectamente, sea de la nación que sea. ³⁶ Él envió su mensaje a los israelitas, anunciando la paz que traería Jesús el Mesías, que es Señor de todos. ³⁷ Ustedes conocen muy bien el hecho acaecido en todo el país judío, empezando por Galilea, después de que Juan predicó el bautismo, ³⁸ el hecho de Jesús de Nazaret, ungido por Dios con la fuerza del Espíritu Santo, que pasó haciendo el bien y curando a todos los sojuzgados por el diablo, porque Dios estaba con él. ³⁹ Nosotros somos testigos de todo lo que hizo tanto en el país judío como en Jerusalén. Lo mataron, colgándolo de un madero. ⁴⁰ A éste, Dios lo resucitó al tercer día e hizo que se dejara ver, ⁴¹ no de todo el pueblo, sino de los testigos que Dios había designado de antemano, de nosotros, que hemos comido y bebido con él después que resucitó de la muerte. ⁴² Él nos mandó predicar al pueblo dando solemne testimonio de que Dios lo ha nombrado juez de vivos y muertos. ⁴³ Sobre esto el testimonio de los profetas es unánime; todo el que le da su adhesión obtiene el perdón de los pecados.

⁴⁴ Todavía estaba hablando Pedro, cuando bajó impetuosamente el Espíritu Santo sobre todos los que escuchaban el mensaje. ⁴⁵ Los creyentes circuncisos que habían ido con Pedro se quedaron desconcertados de que el don del Espíritu Santo se derramara también sobre los paganos, ⁴⁶ pues los oían hablar en otras lenguas proclamando la grandeza de Dios. Entonces intervino Pedro:

⁴⁷ –¿Se puede acaso negar el agua del bautismo a éstos, que han recibido el Espíritu Santo igual que nosotros?

⁴⁸ Y dispuso que se bautizaran invocando a Jesús Mesías. Entonces le rogaron que se quedara unos días allí.

Pedro ante la Iglesia de Jerusalén

11 ¹ Los apóstoles y los hermanos de Judea se enteraron de que también los paganos habían aceptado el mensaje de Dios. ² Cuando Pedro subió a la ciudad de Jerusalén, los partidarios de la circuncisión le reprochaban:

³ —Has entrado en casa de incircuncisos y has comido con ellos.

⁴ Entonces Pedro, empezando por el principio, les expuso los hechos por su orden:

⁵ —Estaba yo orando en la ciudad de Jafa, cuando en un trance tuve una visión: un receptáculo que bajaba, como un toldo enorme, que por los cuatro picos era arriado del cielo hasta donde yo estaba. ⁶ Miré, me fijé y vi los cuadrúpedos que hay en la tierra, las fieras y los reptiles y los pájaros del cielo. ⁷ Luego oí una voz que me decía: «Levántate, Pedro, sacrifica y come». ⁸ Yo repliqué: «Ni pensarlo, Señor; nunca ha entrado en mi boca nada profano ni impuro». ⁹ Por segunda vez habló una voz del cielo: «Lo que Dios ha declarado puro, no lo llames tú profano». ¹⁰ Esto se repitió tres veces, luego tiraron de todo aquello y lo subieron otra vez al cielo. ¹¹ En aquel preciso momento se presentaron en la casa donde estábamos tres hombres enviados desde Cesarea con un recado para mí. ¹² El Espíritu me dijo que fuera con ellos sin poner reparos. Me acompañaron también estos seis hermanos, y entramos en la casa de aquel hombre. ¹³ Él nos contó cómo había visto al ángel que se presentó en su casa diciéndole: «Envía alguien a Jafa y manda a buscar a Simón, el llamado Pedro. ¹⁴ Lo que te diga él te traerá la salvación a ti y a tu familia». ¹⁵ En cuanto empecé a hablar, bajó impetuosamente el Espíritu Santo sobre ellos, igual que sobre nosotros al principio, ¹⁶ y me acordé de aquel dicho del Señor: «Juan bautizó con agua; ustedes, en cambio, serán bautizados con Espíritu». ¹⁷ Pues si Dios quiso darles a ellos el mismo don que a nosotros, por haber creído en el Señor Jesús Mesías, ¿cómo podía yo impedírselo a Dios?

¹⁸ Con esto se calmaron y alabaron a Dios diciendo:

—¡Así que también a los paganos les ha concedido Dios el arrepentimiento que lleva a la vida!

Antioquía, punto de confluencia de los dispersos

¹⁹ Entre tanto, los dispersos con motivo de la persecución provocada por lo de Esteban llegaron en su recorrido hasta Fenicia, Chipre y Antioquía, sin exponer el mensaje a nadie más que a los judíos. ²⁰ Pero hubo algunos de ellos, naturales de Chipre y de Cirene, quienes, al llegar a Antioquía, se pusieron a hablarles también a los griegos, dándoles la buena noticia del Señor Jesús. ²¹ Como la fuerza del Señor los sostenía, gran número creyó, convirtiéndose al Señor. ²² Llegó noticia de esto a oídos de la comunidad de Jerusalén, y enviaron a Bernabé a Antioquía. ²³ Al llegar allí y ver aquella generosidad de Dios, se alegró mucho y se puso a exhortar a todos a seguir unidos al Señor con firme propósito, ²⁴ porque era hombre de bien, lleno de Espíritu Santo y de fe. Una multitud considerable se adhirió al Señor.

²⁵ Entonces salió para Tarso en busca de Saulo, ²⁶ lo encontró y se

lo llevó a Antioquía. Vivieron un año entero con aquella comunidad instruyendo a una multitud considerable, y fue en Antioquía donde por primera vez los discípulos fueron llamados «cristianos».

MANIFESTACIÓN DE LA IGLESIA «CRISTIANA»

[27] Por aquellos mismos días unos profetas bajaron a Antioquía, desde la ciudad de Jerusalén. [28] Uno de ellos, de nombre Ágabo, se puso en pie y, movido por el Espíritu, vaticinó que iba a haber una gran escasez en el mundo entero. (Fue la que sucedió en tiempo de Claudio.) [29] Los discípulos, sin embargo, decidieron mandar un subsidio, según los recursos de cada uno, a los hermanos que residían en Judea: [30] así lo hicieron, enviándolo a los responsables por mano de Bernabé y Saulo.

PEDRO RECONOCE A LA COMUNIDAD DE JUAN «MARCOS»

Herodes se ensaña con la iglesia judeocreyente

12 [1] En aquella ocasión, el rey Herodes echó mano a algunos miembros de la comunidad para ensañarse con ellos. [2] Hizo pasar a cuchillo a Santiago, el hermano de Juan. [3] Viendo que esto agradaba a los judíos, procedió a detener también a Pedro. Eran los días de la fiesta de los Ázimos. [4] Mandó prenderlo y meterlo en la cárcel, encargando de vigilarlo a cuatro piquetes de cuatro soldados cada uno: tenía intención de hacerlo comparecer ante el pueblo pasadas las fiestas de Pascua.

Éxodo de Pedro fuera de la institución judía

[5] Mientras Pedro era custodiado en la cárcel, la comunidad oraba a Dios insistentemente por él. [6] Cuando Herodes iba a hacerlo comparecer, aquella noche estaba Pedro durmiendo entre dos soldados, atado con dos cadenas, y centinelas hacían guardia a la puerta de la cárcel.

[7] En esto se presentó el ángel del Señor, y una luz brilló en la celda. Golpeándolo en el costado, despertó a Pedro y le dijo:

—Date prisa, levántate.

Se le cayeron las cadenas de las manos, [8] y el ángel añadió:

—Ponte el cinturón y cálzate las sandalias.

Así lo hizo, y el ángel le dijo:

—Échate el manto y sígueme

[9] Salió y se puso a seguirlo sin saber si lo que hacía el ángel era real; más bien creía ver una visión. [10] Atravesaron la primera y la se-

---

11,30 "responsables", en griego, presbíteros", el mismo término usado para los senadores judíos, cf 5,4.8.23; 6,12. En la comunidad cristiana "presbítero" no tenía aún el significado que adquirió más tarde, de ahí la traducción.

gunda guardia y llegaron al portón de hierro que daba salida a la ciudad y se les abrió por sí solo. Salieron, y, en cuanto llegaron al final de la calle, el ángel se separó de él.

[11] Al tomar conciencia de lo sucedido, dijo Pedro:

–Ahora sé realmente que el Señor ha enviado a su ángel para librarme de las manos de Herodes y de toda la expectación del pueblo judío.

[12] Una vez que cayó en la cuenta fue a la casa de María, la madre de Juan, el llamado Marcos, donde había buen número de personas reunidas orando. [13] Llamó a la puerta de la calle y una sirvienta de nombre Rosa fue a ver quién era; [14] al reconocer la voz de Pedro, le dio tanta alegría que, en vez de abrir, corrió dentro anunciando que Pedro estaba a la puerta. [15] Pero ellos le dijeron:

–Estás loca.

Ella se empeñaba en que sí. Los otros decían:

–Será su ángel.

[16] Pedro seguía llamando. Abrieron y, al verlo, se quedaron de una pieza. [17] Hizo señas con la mano para que se callaran; entonces les contó cómo el Señor lo había sacado de la cárcel y concluyó:

–Informen de esto a Santiago y a los hermanos.

A continuación salió y se marchó a otro lugar.

Trágico fin del rey Herodes

[18] Al hacerse de día, se armó un buen alboroto entre los soldados, preguntándose qué había sido de Pedro. [19] Herodes hizo pesquisas, pero no dio con él. Entonces interrogó a los guardias y los mandó ejecutar. Bajó después de Judea a Cesarea y se quedó allí.

[20] Estaba furioso con los habitantes de Tiro y de Sidón. Se le presentó una comisión conjunta que, después de ganarse a Blasto, chambelán real, solicitó la paz, porque su país recibía los víveres del territorio del rey. [21] El día señalado, Herodes, vestido con el manto real y sentado en la tribuna, les dirigió una arenga. [22] La plebe aclamaba:

–¡Palabras de un dios, no de un hombre!

[23] Al instante lo golpeó de muerte el ángel del Señor, por haber usurpado el honor de Dios, y expiró roído de gusanos.

Colofón

[24] El mensaje de Dios iba cundiendo y se propagaba. [25] Bernabé y Saulo, cumplido su servicio, regresaron de Jerusalén llevándose con ellos a Juan, el llamado Marcos.

III

MISIÓN DE LA IGLESIA DE
ANTIOQUÍA ENTRE LOS PAGANOS

Investidura de Bernabé y Saulo

13 ¹ Había en Antioquía, según el uso de la comunidad local, profetas y maestros, a saber, Bernabé, Simeón, apodado el Negro, y Lucio, el Cireneo, así como Manaén, que se había criado con el tetrarca Herodes, y Saulo. ² Estaban ellos dando culto al Señor y ayunando, cuando les urgió el Espíritu Santo:

—Apártenme a Bernabé y a Saulo para la obra a que los tengo llamados.

³ Entonces, después de ayunar y de orar imponiéndoles las manos, los despidieron.

Primera fase: Chipre, Pisidia, Licaonia y Panfilia

Chipre

⁴ Así pues, enviados por el Espíritu Santo, bajaron ellos a Seleucia y de allí zarparon para Chipre. ⁵ Llegados a Salamina, se pusieron a anunciar el mensaje de Dios en las sinagogas judías, aunque tenían a Juan como garante del mensaje.

La prueba:
el exclusivismo judío

⁶ Atravesaron la isla entera hasta Pafos y encontraron a cierto individuo, mago de profesión, falso profeta judío, de nombre Barjesús, ⁷ que vivía con el procónsul Sergio Pablo, hombre juicioso. Éste mandó llamar a Bernabé y a Saulo, expresando su deseo de escuchar el mensaje de Dios. ⁸ Pero les hacía la contra el mago Elimas (que eso significaba su nombre), intentando desviar de la fe al procónsul.

⁹ Entonces Saulo, llamado también Pablo, se llenó de Espíritu Santo, fijó la vista en él ¹⁰ y le dijo:

—Tú, plagado de trampas y fraudes, secuaz del diablo, enemigo de todo lo recto, ¿cuándo dejarás de desviar los caminos derechos del Señor? ¹¹ Pues ahora mismo va a descargar sobre ti la mano del Señor: te quedarás ciego y no verás la luz del sol por un tiempo.

Al instante lo envolvieron densas tinieblas y buscaba a tientas alguien que lo llevara de la mano.

¹² Entonces el procónsul, al ver lo sucedido, creyó, impresionado por aquella lección del Señor.

Antioquía de Pisidia

¹³ Pablo y sus compañeros se hicieron a la vela en Pafos y llegaron a Perge de Panfilia. Juan se separó de ellos y regresó a la ciudad de Jerusalén; ¹⁴ ellos atravesaron desde Perge hasta Antioquía de Pisidia. El día de sábado entraron en la sinagoga y tomaron asiento. ¹⁵ Acabada la lectura de la Ley y los Profetas, los jefes de la sinagoga les mandaron a decir:

—Hermanos, si tienen alguna exhortación que dirigir al pueblo, hablen.

Discurso programático
de Pablo

[16] Pablo se puso en pie y, reclamando atención con la mano, dijo:
—Israelitas y adeptos, escuchen: [17] El Dios de este pueblo, Israel, eligió a nuestros padres y exaltó al pueblo cuando vivía como forastero en Egipto; con brazo potente los sacó de allí [18] y los soportó durante cuarenta años en el desierto. [19] Exterminó siete naciones en el país de Canaán y les dio en posesión su territorio. [20] Así pasaron unos cuatrocientos cincuenta años. Luego les dio jueces hasta el tiempo del profeta Samuel. [21] Entonces pidieron un rey, y Dios les dio a Saúl, hijo de Quis, de la tribu de Benjamín, que reinó cuarenta años. [22] Lo depuso y les suscitó como rey a David, de quien hizo esta alabanza: *«He encontrado a David, hijo de Jesé, un hombre a mi gusto* (1 Sm 13,14) *que cumplirá todos mis designios»*. [23] De su descendencia, según lo prometido, Dios sacó para Israel un salvador, Jesús. [24] Antes de su llegada, Juan predicó a todo el pueblo de Israel un bautismo en señal de enmienda. [25] Cuando Juan estaba para acabar el curso de su vida, decía: «¿Qué piensan que yo sea? Yo no soy ése; no, miren que detrás de mí llega uno a quien no merezco desatar las sandalias de los pies».

[26] Hermanos, descendientes de Abrahán y ustedes los adeptos, a nosotros se nos ha enviado ese mensaje de salvación. [27] Porque los habitantes de Jerusalén y sus jefes no reconocieron a Jesús y, al condenarlo, cumplieron las profecías que se leen cada sábado; [28] aunque no encontraron nada que mereciera la muerte, pidieron a Pilato que lo mandara ejecutar. [29] Cuando realizaron todo lo que estaba escrito de él, lo descolgaron del madero y lo pusieron en un sepulcro. [30] Pero Dios lo resucitó de la muerte; [31] durante muchos días se apareció a los que habían subido con él de Galilea a Jerusalén, y ellos son ahora sus testigos ante el pueblo. [32] Y nosotros les damos la buena noticia, que la promesa hecha a los padres, [33] Dios nos la ha cumplido a nosotros los hijos resucitando a Jesús, como está escrito en el Salmo segundo:

Hijo mío eres tú,
yo te he engendrado hoy (Sal 2,7).

[34] Que lo resucitó de la muerte, para nunca volver a la corrupción, lo dejó expresado así:

Les cumpliré los pactos que aseguré a David (Is 53,3 LXX);

[35] por eso dice también en otro lugar:

No dejarás a tu fiel conocer la corrupción (Sal 15,10 LXX).

[36] Ahora bien, David, habiendo secundado el designio de Dios para su época, murió, fue a reunirse con sus padres y conoció la corrupción. [37] En cambio, aquel a quien Dios resucitó, no conoció la corrupción.

[38] Por tanto, entérense bien, hermanos: se les anuncia el perdón de los pecados por medio de él, es decir, que de todo aquello de que no pudieron rehabilitarse con la Ley de

Moisés, ³⁹ se rehabilita gracias a él todo el que cree. ⁴⁰ Cuidado, pues, con que no les suceda lo que dicen los Profetas:

⁴¹ *Miren, escépticos,*
pásmense y anonádense:
porque en sus días estoy yo rea-
lizando una obra,
una obra tal que si se la cuen-
tan,
no no la creerán ustedes (Hab 1,5).

⁴² Al salir, les rogaron que el sábado siguiente les hablaran de lo mismo. ⁴³ Cuando se disolvió la asamblea, muchos judíos y prosélitos practicantes siguieron a Saulo y a Bernabé, quienes continuaron hablando con ellos, persuadiéndolos de ser fieles al favor de Dios.

El fracaso con los judíos abre la puerta de la fe a los paganos

⁴⁴ El sábado siguiente se reunió casi toda la ciudad para escuchar el mensaje del Señor. ⁴⁵ Pero los judíos, al ver las multitudes, se llenaron de envidia y se oponían con insultos a las palabras de Pablo. ⁴⁶ Con valentía, tanto Pablo como Bernabé dijeron:

—Era menester anunciar primero a ustedes el mensaje de Dios; pero como lo rechazan y no se consideran dignos de la vida definitiva, miren, vamos a dirigirnos a los paganos, ⁴⁷ porque así nos lo ha mandado el Señor:

Te he destinado para que seas
luz de los paganos,
para que lleves la salvación
hasta los confines de la tierra (Is 49,6).

⁴⁸ Al oír esto los paganos se alegraron y ponderaban este mensaje del Señor; y cuantos estaban dispuestos para obtener vida definitiva creyeron.

Colofón

⁴⁹ El mensaje del Señor se iba difundiendo por toda la región, ⁵⁰ pero los judíos incitaron a las señoras distinguidas y adictas y a los principales de la ciudad, provocaron una persecución contra Pablo y Bernabé y los expulsaron de su territorio. ⁵¹ Ellos se sacudieron el polvo de los pies para echárselo en cara y se fueron a Iconio, ⁵² mientras los discípulos se llenaban de alegría y de Espíritu Santo.

Iconio

Actividad programática

14 ¹ Sucedió en Iconio que, como de costumbre, entraron ellos en la sinagoga judía y hablaron de tal modo que creyó una gran muchedumbre de judíos y paganos. ² Los judíos que no se dejaron convencer solivantaron a los paganos y les malearon el ánimo contra los hermanos.

³ Ellos se detuvieron allí bastante tiempo, hablando con valentía, apoyados en el Señor que acreditaba su mensaje de gracia realizando por medio de ellos señales y prodigios. ⁴ La población de la ciudad se dividió así en dos bandos: unos estaban por los judíos y otros por los apóstoles.

⁵ Ahora bien, como de parte tanto de los paganos como de los ju-

díos, a sabiendas de sus jefes, hubo un conato de usar la violencia y apedrearlos, ⁶ al darse cuenta se escaparon a Licaonia, hacia las ciudades de Listra y Derbe y la comarca circundante; ⁷ también allí estuvieron anunciando la buena noticia.

Listra

Curación del lisiado junto al templo de Zeus

⁸ Residía en Listra cierto individuo inválido de las piernas, lisiado de nacimiento, que nunca había podido andar. ⁹ Este había escuchado las palabras de Pablo; Pablo se le quedó mirando, y viendo que tenía una fe capaz de curarlo, ¹⁰ le dijo en voz alta:

—¡Levántate en pie, derecho!

Dio un salto y echó a andar. ¹¹ Las multitudes, al ver lo que Pablo había hecho, exclamaron en la lengua de Licaonia:

—¡Los dioses en figura de hombres han bajado hasta nosotros!

¹² A Bernabé lo llamaban Zeus, a Pablo Hermes, porque él era el portavoz del mensaje. ¹³ El sacerdote del templo de Zeus, que estaba a la entrada de la ciudad hizo llevar a las puertas toros y guirnaldas, y con el gentío quería ofrecerles un sacrificio.

¹⁴ Al enterarse los apóstoles, Bernabé y Pablo, se rasgaron el manto y rompieron por medio de la multitud, ¹⁵ gritando:

—¿Qué van a hacer? Nosotros somos hombres mortales igual que ustedes, y la buena noticia que les anunciamos es que dejen esos falsos dioses y se conviertan al Dios vivo, *que hizo el cielo, la tierra y el mar y todo lo que contienen.* ¹⁶ En las edades pasadas, él dejó que cada nación siguiera su camino; ¹⁷ aunque siempre se dio a conocer por sus beneficios, mandándoles desde el cielo estaciones fértiles, lluvias y cosechas, dándoles comida y gozo en abundancia.

¹⁸ Con estas palabras disuadieron a las multitudes, aunque a duras penas, de que les ofrecieran sacrificio.

¹⁹ Pero se presentaron unos judíos de Antioquía y de Iconio y se ganaron al gentío; apedrearon a Pablo y lo arrastraron fuera de la ciudad, dándolo ya por muerto. ²⁰ᵃ Pero, cuando lo rodearon los discípulos, él se levantó y entró en la ciudad.

Epílogo de la primera fase de la misión

²⁰ᵇ Al día siguiente, salió con Bernabé para Derbe.

²¹ Después de anunciar la buena noticia en aquella ciudad y de ganar numerosos discípulos, regresaron a Listra, a Iconio y a Antioquía, ²² afianzando el ánimo de los discípulos y exhortándolos a perseverar en la fe diciendo:

—Tenemos que pasar mucho para entrar en el reino de Dios.

²³ En cada comunidad les designaban responsables, oraban, ayunaban y los encomendaban al Señor, en quien habían creído. ²⁴ Atravesaron Pisidia y llegaron a Panfilia. ²⁵ Predicaron el mensaje en Perge, bajaron a Atalía, ²⁶ y de allí zarparon para Antioquía, su punto de partida, donde habían sido encomen-

dados al favor de Dios para la obra que habían cumplido. [27] Al llegar, reunieron a la comunidad y se pusieron a contarles lo que Dios había hecho con ellos y cómo había abierto a los paganos la puerta de la fe. [28] Se detuvieron allí por algún tiempo con los discípulos.

LA ASAMBLEA DE JERUSALÉN: EL DILEMA JUDAÍSMO-CRISTIANISMO

Conflicto sobre la validez de la Ley

15 [1] Unos que habían bajado de Judea se pusieron a enseñar a los hermanos:

–Si no se circuncidan conforme a la tradición de Moisés, no pueden salvarse.

[2] Se produjo un altercado y una seria discusión con Pablo y con Bernabé, y determinaron que Pablo y Bernabé, con algunos más de ellos, subieran a Jerusalén a consultar a los apóstoles y responsables sobre aquella cuestión.

[3] Así pues, la comunidad los proveyó para el viaje, atravesaron Fenicia y Samaría refiriendo la conversión de los paganos y causando gran alegría en todos los hermanos. [4] Llegados a Jerusalén, fueron recibidos por la comunidad, por los apóstoles y los responsables y les contaron lo que Dios había hecho con ellos. [5] Pero algunos de la facción farisea, que se habían hecho creyentes, se levantaron para decir:

–Hay que circuncidarlos y mandarles que observen la Ley de Moisés.

Reunión de la asamblea

Pedro defiende la causa de los paganos

[6] Se reunieron entonces los apóstoles y los responsables para examinar el asunto. [7] Como la discusión se caldeaba, se levantó Pedro y les dijo:

–Hermanos, ustedes saben que, desde la primera época, Dios me escogió entre ustedes para que los paganos oyeran de mi boca el mensaje del evangelio y creyeran. [8] Y Dios, que lee los corazones, se declaró a favor de ellos, dándoles el Espíritu Santo igual que a nosotros. [9] No ha hecho distinción alguna entre ellos y nosotros, pues ha purificado sus corazones por la fe. [10] ¿Por qué, entonces, provocan a Dios ahora imponiendo a esos discípulos un yugo que ni nuestros padres ni nosotros hemos tenido fuerzas para soportar? [11] No, nosotros creemos que nos salvamos por la gracia del Señor Jesús, de la misma manera que ellos.

[12] Toda la asamblea guardó silencio para escuchar a Bernabé y Pablo, que les contaban cuántas señales y prodigios había hecho Dios por su medio entre los paganos.

Santiago salvaguarda el privilegio de Israel

[13] Cuando ellos se callaron, replicó Santiago:

–Hermanos, escúchenme: [14] Simeón ha relatado cómo Dios por vez primera se ha dignado escoger de entre los paganos un pueblo para él. [15] Concuerdan con esto los dichos de los Profetas, como está escrito:

[16] *Después de esto volveré*
para reconstruir la tienda caída
de David;
reconstruiré sus ruinas
[17] *y la pondré en pie,*
para que el resto de los hombres busque al Señor,
con todas las naciones que ya llevan mi nombre,
dice el Señor, que lo hizo [18] notorio
desde antiguo (Am 9,11-12 LXX).

[19] Por tanto, he resuelto yo que no se debe molestar a los paganos que se convierten a Dios; [20] basta escribirles que se abstengan de contaminarse con la idolatría, de contraer uniones ilegales, de comer animales estrangulados o [21] sangre; porque desde las primeras generaciones Moisés ha tenido quien lo proclame en cada ciudad, cuando se lee cada sábado en las sinagogas.

Resolución de la asamblea

[22] Entonces decidieron los apóstoles y los responsables, de acuerdo con la entera comunidad, elegir a algunos de ellos y enviarlos a Antioquía con Pablo y Bernabé: eligieron a Judas, el llamado Barsabá, y a Silas, hombres con ascendiente entre los hermanos, [23] para mandarles por su medio este escrito:

[24] «Los apóstoles y sus hermanos los responsables saludan a los hermanos de Antioquía, Siria y Cilicia procedentes del paganismo.

Nos hemos enterado de que algunos de los nuestros han ido desde aquí y los han alarmado y perturbado el ánimo con sus palabras, sin encargo nuestro. [25] Por eso hemos decidido por unanimidad elegir a algunos y enviarlos a ustedes con nuestros queridos Bernabé y Pablo, [26] hombres que han dedicado sus vidas a la causa de nuestro Señor, Jesús Mesías. [27] En consecuencia mandamos a Judas y Silas, que les referirán lo mismo de palabra. [28] Porque hemos decidido, el Espíritu Santo y nosotros, no imponerles más cargas que las indispensables: [29] abstenerse de carne sacrificada a los ídolos, de comer sangre o animales estrangulados, y de contraer uniones ilegales. Harán bien en guardarse de todo eso. Salud».

Conflicto entre Pablo y Bernabé

[30] Ellos, pues, se despidieron y bajaron a Antioquía, donde congregaron a la asamblea y entregaron la carta. [31] Al leerla se alegraron de aquellas palabras de aliento.

[32] Tanto Judas como Silas, siendo ellos también profetas, hablaron largamente alentando y afianzando a los hermanos. [33] Pasado algún tiempo fueron despedidos cordialmente por los hermanos para que volviesen a los que los habían enviado. [35] Pablo y Bernabé se detuvieron en Antioquía enseñando y anunciando con otros muchos el mensaje del Señor.

[36] Unos días más tarde le urgió Pablo a Bernabé:

–Vamos otra vez a visitar a los hermanos en todas aquellas ciudades donde anunciamos el mensaje del Señor, para ver cómo están. [37] Bernabé quería llevarse con ellos a Juan, el llamado Marcos. [38] Pablo, en cambio, opinaba que a uno que, en vez de acompañarlos en la obra, los había dejado plantados en Panfilia, no debían llevarlo con ellos. [39] El conflicto se agudizó tanto que se separaron uno de otro: Bernabé se llevó a Marcos y se embarcó para Chipre; [40] Pablo, por su parte, escogió a Silas y, encomendado por los hermanos al favor del Señor, se marchó de allí [41] y fue atravesando Siria y Cilicia afianzando a las comunidades.

Segunda fase de la misión: Macedonia y Grecia

Contemporización de Pablo

16 [1] Llegó a Derbe y luego a Listra. Resultó que había allí cierto discípulo, de nombre Timoteo, de madre judía creyente, pero de padre griego. [2] Éste gozaba de buena reputación entre los hermanos de Listra e Iconio. [3] Por eso quiso Pablo que se fuera con él y lo circuncidó por causa de los judíos que vivían en aquella región, pues todos sabían que su padre era griego. [4] Al pasar por las ciudades les comunicaban los decretos sancionados por los apóstoles y responsables de la ciudad de Jerusalén, para que los observasen.

Impedimentos del Espíritu Santo: visión del macedonio

[5] Las comunidades, pues, se robustecían en la fe y crecían en número de día en día. [6] Mientras tanto, ellos atravesaron Frigia y la región de Galacia, pues el Espíritu Santo les había impedido exponer el mensaje en la provincia de Asia. [7] Al llegar al confín de Misia intentaron dirigirse a Bitinia, pero el Espíritu de Jesús no se lo consintió. [8] Entonces cruzaron Misia y bajaron a Tróade.

[9] Aquella noche Pablo tuvo una visión: se le apareció un macedonio que, de pie, le suplicaba:

–¡Pasa aquí a Macedonia y ayúdanos!

[10] Apenas tuvo la visión, nos esforzamos por salir inmediatamente para Macedonia, convencidos de que Dios nos había llamado a darles la buena noticia.

Filipos

Conversión de Lidia, prosélita judía

[11] Zarpando de Tróade navegamos derechos a Samotracia. Al día siguiente salimos para Neápolis [12] y de allí para la ciudad de Filipos, la principal colonia romana del distrito de Macedonia, En esta ciudad nos detuvimos unos días. [13] El sábado salimos a las afueras y fuimos bordeando el río hasta donde pensábamos que había un lugar de

---

15,33 Algunos manuscritos añaden, con diferentes redacciones, el v. 34: "Pero a Silas le pareció mejor quedarse y Judas se marchó solo".

oración. Nos sentamos y nos pusimos a hablar a las mujeres que se habían reunido. ¹⁴ Cierta mujer de nombre Lidia, natural de Tiatira, vendedora de púrpura, que era adicta al judaísmo, estaba escuchando, y el Señor le abría el corazón para que hiciera caso de lo que Pablo hablaba. ¹⁵ Cuando se bautizó con su familia, nos suplicó:

–Si están convencidos de que soy fiel al Señor, vengan a hospedarse en mi casa.

Y nos obligó a aceptar.

El espíritu adivino del paganismo

¹⁶ Sucedió que cuando íbamos nosotros al lugar de oración, nos salió al encuentro cierta esclava que tenía espíritu de adivinación y procuraba grandes ganancias a sus señores prediciendo el porvenir. ¹⁷ Ésta venía detrás de Pablo y de nosotros y se puso a gritar:

–Estos hombres son siervos del Dios Altísimo, y nos anuncian un camino de liberación.

¹⁸ Hizo lo mismo muchos días, hasta que Pablo, fastidiado, se volvió y dijo al espíritu:

–En nombre de Jesús Mesías te mando que salgas de ella.

Y al instante salió.

¹⁹ Los señores, al ver que se les iba toda esperanza de ganar dinero, agarraron a Pablo y a Silas, los arrastraron a la plaza ante las autoridades ²⁰ y los presentaron a los magistrados diciendo:

–Estos hombres, siendo judíos, están alborotando nuestra ciudad, ²¹ pues proponen costumbres que nosotros, romanos como somos, no podemos aceptar ni practicar.

²² La multitud se amotinó contra ellos y los magistrados dieron orden de que les quitaran la ropa y los apalearan; ²³ después de molerlos a palos, los metieron en la cárcel, mandando al carcelero que los pusiera a buen recaudo. ²⁴ Él, recibida esta orden, los metió en la mazmorra y les sujetó los pies en el cepo.

Conversión del carcelero pagano

²⁵ A eso de media noche, Pablo y Silas oraban cantando himnos a Dios. Los otros presos escuchaban. ²⁶ De repente se produjo un temblor de tierra tan violento que sacudió los cimientos de la prisión; se abrieron de golpe todas las puertas y a todos se les soltaron las cadenas. ²⁷ El carcelero se despertó y, al ver las puertas de la cárcel abiertas de par en par, tiró de machete para suicidarse, pensando que los presos se habían fugado. ²⁸ Pablo le dijo a voz en grito:

–No te hagas ningún daño, que estamos todos aquí.

²⁹ Pidió una lámpara, saltó dentro y se echó temblando a los pies de Pablo y de Silas, ³⁰ los sacó fuera y les preguntó:

–Señores, ¿qué tengo que hacer para salvarme?

³¹ Le contestaron:

–Cree en el Señor Jesús y te salvarás con tu familia.

³² Y le expusieron el mensaje del Señor a él y a todos los de su casa. ³³ El carcelero se los llevó consigo a aquellas horas de la noche, les lavó las heridas y se bautizó, sin tardar,

con todos los suyos; [34] luego los subió a su casa, preparó la mesa y celebraron una fiesta de familia por haber creído en Dios.

[35] Al hacerse de día, los magistrados enviaron a los alguaciles con este recado:

—Pon en libertad a esos hombres.

[36] El carcelero le comunicó a Pablo estas palabras diciéndole:

—Los magistrados mandan a decir que lo ponga en libertad; ahora, por tanto, salgan y márchense en paz.

[37] Pero Pablo les replicó:

—¡Cómo! Nos azotan en público sin previa sentencia, a nosotros que somos ciudadanos romanos, nos meten en la cárcel ¿y ahora pretenden echarnos a escondidas? ¡Ni hablar! Que vengan ellos en persona a sacarnos.

[38] Los alguaciles comunicaron la respuesta a los magistrados. Al oír que eran ciudadanos romanos, les entró miedo [39] y fueron a excusarse; los sacaron fuera y les rogaron que se marcharan de la ciudad.

[40] Al salir de la cárcel, fueron a casa de Lidia y, después de ver a los hermanos y de alentarlos, se marcharon.

Tesalónica

Pablo polemiza con los judíos

17 [1] Pasando por Anfípolis y Apolonia fueron a Tesalónica, donde había una sinagoga judía. [2] Según su costumbre, Pablo entró en la reunión y por tres sábados discutió con ellos tomando pie de las Escrituras, [3] explicando y probando que el Mesías tenía que padecer y resucitar de la muerte; y concluía:

—Ese Mesías es Jesús, el que yo les anuncio.

[4] Algunos de ellos se dejaron convencer y se asociaron a Pablo y a Silas, con gran número de griegos adictos y no pocas mujeres principales.

[5] Envidiosos los judíos reclutaron a unos maleantes del arroyo y, provocando tumultos, alborotaron la ciudad. Irrumpieron en casa de Jasón en busca de Pablo y Silas, para conducirlos ante la asamblea del pueblo. [6] Al no encontrarlos, arrastraron a Jasón y a algunos hermanos ante los concejales, vociferando:

—Ésos que han revolucionado el mundo entero, se han presentado también aquí, [7] y Jasón les ha dado hospedaje. Todos ellos actúan contrariamente los edictos del César, pues afirman que hay otro rey, Jesús.

[8] Estas palabras alarmaron a la multitud y a los concejales, [9] y exigieron una fianza a Jasón y a los demás para ponerlos en libertad.

Berea

Persecución implacable de los judíos

[10] Sin tardar, de noche, los hermanos hicieron salir a Pablo y a Silas para Berea. Llegados allí, se dirigieron a la sinagoga de los judíos. [11] Éstos eran de mejor natural que los de Tesalónica y recibieron el mensaje con el mayor interés, escudriñando a diario la Escritura

para ver si estaban así las cosas. [12] En consecuencia, muchos de ellos creyeron y, además, no pocos griegos, señoras distinguidas y hombres. [13] Pero cuando los judíos de Tesalónica se enteraron de que Pablo anunciaba el mensaje de Dios también en Berea, fueron allí para agitar y alborotar a las multitudes. [14] Entonces, sin tardar, los hermanos hicieron que Pablo saliera para la costa, mientras Silas y Timoteo se quedaban allí. [15] Los que conducían a Pablo lo llevaron hasta Atenas y regresaron con el encargo de que Silas y Timoteo se reunieran con él cuanto antes.

Atenas

Fracaso de Pablo en el Areópago

[16] Mientras Pablo los aguardaba en Atenas, se le exasperaba el ánimo al ver la ciudad poblada de ídolos. [17] Así que se puso a discutir en la sinagoga con los judíos y los adictos y, a diario, en la plaza mayor con los que acertaban a pasar. [18] Incluso algunos filósofos epicúreos y estoicos se pusieron a debatir con él. Unos se preguntaban:

–¿Qué pretenderá decir ese charlatán?

Otros, en cambio:

–Parece ser un propagandista de dioses extranjeros.

(Decían esto porque anunciaba la buena noticia de Jesús y de la resurrección.) [19] Lo tomaron, lo llevaron al Areópago y le preguntaron:

–¿Se puede saber qué es esa nueva doctrina que tú propones? [20] Porque estás introduciendo categorías que nos suenan extrañas y queremos saber qué significan.

[21] (Es que los atenienses todos y los extranjeros de paso no gastaban su tiempo en otra cosa que en contar o escuchar la última novedad.)

[22] Entonces Pablo, de pie en medio del Areópago, dijo:

–Atenienses, en cada detalle observo que ustedes son extremadamente religiosos. [23] Porque paseándome y fijándome en sus monumentos sagrados encontré incluso un altar con esta inscripción: «A un dios desconocido».

Pues eso que veneran sin conocerlo es precisamente lo que yo les anuncio: [24] el Dios que hizo el mundo y todo lo que contiene, ese que es Señor de cielo y tierra, no habita en templos construidos por mano de hombre, [25] ni le sirven manos humanas, como si necesitara de alguien, él que a todos da la vida y el aliento y todo. [26] De un solo hombre sacó a todas las naciones para que habitaran la faz de la tierra, determinando las etapas de su historia y los límites de sus territorios; [27] quería que buscasen a Dios, a ver si, al menos a tientas, lo encontraban; después de todo, no está lejos de ninguno de nosotros, [28] pues en él vivimos, nos movemos y existimos. Así lo dicen algunos de sus poetas:

Porque somos también estirpe suya (Arato, *Fenómenos 5*).

[29] Por tanto, si somos estirpe de Dios, no debemos pensar que la divinidad se parezca a oro, plata o piedra, a lo esculpido por la destreza y la fantasía de un hombre.

[30] Pues bien, Dios, pasando por alto aquellos tiempos de ignorancia, manda ahora a todos los hombres, en todas partes, que se enmienden; [31] porque tiene señalado un día en que juzgará el universo con justicia por medio de un hombre designado por él, y ha dado a todos garantía de esto resucitándolo de la muerte.

[32] Al oír «resurrección de muertos», unos lo tomaban a broma; otros dijeron:

—De eso te oiremos hablar en otra ocasión.

[33] Sin más, Pablo se salió del corro. [34] Algunos hombres, sin embargo, se le habían juntado y habían creído, entre ellos Dionisio el Areopagita, además de una mujer de nombre Dámaris y algunos otros.

Corinto

El Señor alienta a Pablo

18 [1] Después de aquello, abandonó Atenas y fue a Corinto. [2] Encontró a cierto judío de nombre Aquila, natural del Ponto, que había llegado hacía poco de Italia con su mujer Priscila, por haber decretado Claudio que todos los judíos abandonasen Roma, y se juntó con ellos. [3] Como ejercía el mismo oficio, se quedó a trabajar en su casa. (Eran tejedores de lona.)

[4] Todos los sábados discutía en la sinagoga, esforzándose por convencer a judíos y a griegos. [5] Pero cuando bajaron de Macedonia tanto Silas como Timoteo, se consagró por entero a la predicación, sosteniendo ante los judíos que Jesús es el Mesías. [6] Como éstos se cerraban en banda y lo insultaban, Pablo se sacudió la ropa y les dijo:

—Ustedes son responsables de lo que les ocurra, yo no tengo culpa. En adelante me voy con los paganos.

[7] Se marchó de allí y fue a casa de un tal Ticio Justo, adicto al judaísmo, cuya casa estaba al lado de la sinagoga. [8] Crispo, el jefe de sinagoga, creyó en el Señor con toda su familia; también otros muchos corintios que escuchaban, creían y se bautizaban.

[9] De noche, dijo el Señor a Pablo en una visión:

—No temas; al contrario, sigue hablando y no te calles, [10] que yo estoy contigo, y nadie que te ataque podrá hacerte daño, pues tengo un pueblo numeroso en esta ciudad.

[11] Se quedó allí año y medio enseñando entre ellos el mensaje de Dios.

[12] Siendo Galión procónsul de Grecia, los judíos arremetieron a una contra Pablo, lo condujeron al tribunal [13] y lo acusaron:

—Éste persuade a la gente a dar a Dios un culto ilegal.

[14] Iba Pablo a tomar la palabra, cuando Galión dijo a los judíos:

—Judíos, si se tratara de un crimen o de una fechoría grave, sería razón aceptar la querella; [15] pero si son cuestiones de doctrina, de títulos y de esa Ley de ustedes, vean ustedes mismos. Yo no quiero ser juez en esos asuntos

[16] —Y ordenó despejar el tribunal. [17] Entonces agarraron todos a Sóstenes, el jefe de sinagoga, y le dieron una paliza delante del tribunal. Galión no se dio por aludido.

Epílogo de la segunda fase de la misión

[18] Pablo se quedó todavía en Corinto bastantes días; luego se despidió de los hermanos y se embarcó para Siria, acompañado de Priscila y Aquila, después de afeitarse la cabeza en Cencreas, porque había hecho un voto. [19] Cuando llegó a Éfeso, los dejó y fue a la sinagoga, donde se puso a discutir con los judíos. [20] Éstos le rogaron que se quedara por más tiempo, pero no accedió [21] y se despidió diciendo:

–Ya volveré por aquí, si Dios quiere.

Zarpó de Éfeso, [22] desembarcó en Cesarea, subió a saludar a la comunidad, y luego bajó a Antioquía. [23] Pasado algún tiempo, salió de allí y fue recorriendo por etapas la región de Galacia y Frigia, afianzando a todos los discípulos.

Tercera fase de la misión: Asia

Orígenes de la Iglesia de Éfeso: Apolo

[24] Llegó a Éfeso cierto judío, de nombre Apolo, natural de Alejandría; era hombre elocuente y muy versado en la Escritura. [25] Éste había sido instruido en el Camino del Señor, hablaba con mucho entusiasmo y enseñaba con exactitud lo relativo a Jesús, aunque no conocía más bautismo que el de Juan. [26] Apolo se puso a hablar con valentía en la sinagoga; cuando lo oyeron Priscila y Aquila, lo tomaron por su cuenta y le explicaron con más exactitud el Camino de Dios. [27] Teniendo él intención de pasar a Grecia, los hermanos lo animaron

y escribieron a los discípulos de allí que lo recibieran bien. Su presencia, con el favor de Dios, contribuyó mucho al provecho de los creyentes, [28] pues rebatía vigorosamente en público a los judíos, demostrando con la Escritura que el Mesías es Jesús.

Constitución de la comunidad sobre una base judaizante

19 [1] Mientras Apolo estaba en Corinto, Pablo, después de atravesar la meseta interior, llegó a Éfeso; dio con algunos discípulos [2] y les preguntó:

–¿Recibieron Espíritu Santo cuando creyeron?

Contestaron:

–Ni siquiera nos hemos enterado de que se dé Espíritu Santo.

[3] Él volvió a preguntarles:

–Entonces, ¿qué clase de bautismo han recibido?

Respondieron:

–El bautismo de Juan.

[4] Pablo les dijo:

–El bautismo de Juan era un bautismo en señal de enmienda, pero diciendo al pueblo que diesen su adhesión al que llegaba detrás de él, es decir, a Jesús.

[5] Al oír esto, se bautizaron, vinculándose al Señor Jesús, [6] y al imponerles Pablo las manos, vino sobre ellos el Espíritu Santo y empezaron a hablar en otras lenguas y a profetizar. [7] Eran en total como doce hombres.

Fundación de la Iglesia de Asia

[8] Pablo fue a la sinagoga y, durante tres meses, habló con valen-

tía, discutiendo sobre el reino de Dios e intentando persuadirlos. ⁹ Como algunos se obstinaban en no dejarse persuadir y desacreditaban el Camino aquel delante de la muchedumbre, se separó de ellos y formó grupo aparte con los discípulos, discutiendo a diario en la escuela de Tirano. ¹⁰ Esto duró dos años, y así todos los habitantes de la provincia de Asia, lo mismo judíos que griegos, pudieron escuchar el mensaje del Señor.

Compendio: impotencia y peligros de la apologética

¹¹ Dios hacía milagros nada comunes por mano de Pablo, ¹² hasta el punto de que bastaba aplicar a los enfermos pañuelos o prendas que él había llevado, para ahuyentar las enfermedades y expulsar los espíritus malos.

¹³ Ciertos exorcistas judíos ambulantes probaron también a invocar el nombre del Señor Jesús sobre los que tenían los espíritus malos diciéndoles:

–Los conjuro por ese Jesús que Pablo predica.

¹⁴ (Los que esto hacían eran siete hijos de un tal Escevas, sumo sacerdote judío.)

¹⁵ Pero el espíritu malo les replicó:

–A Jesús lo conozco y de Pablo tengo noticia, pero ustedes, ¿quiénes son?

¹⁶ El hombre poseído por el espíritu malo se abalanzó de un salto sobre ellos los pudo y dominó a unos y otros, de modo que huyeron de la casa aquella desnudos y malheridos.

¹⁷ El hecho fue notorio a todos los habitantes de Éfeso, lo mismo judíos que griegos; los invadió a todos el temor, y empezó a proclamarse la grandeza del nombre del Señor Jesús.

¹⁸ Por su parte, muchos de los que ya creían iban a confesar públicamente sus malas artes, ¹⁹ y buen número de los que habían practicado la magia amontonaron los libros y les prendieron fuego delante de todos. Calculado el precio, resultó ser cincuenta mil monedas de plata.

Colofón

²⁰ Así, con vigor, el mensaje del Señor iba cundiendo y se fortalecía.

Dilación de la misión: subida de Pablo a Jerusalén

Pablo decide ir a Jerusalén

²¹ Cuando se cumplió todo esto, Pablo tomó la decisión de ir a la ciudad de Jerusalén, pasando por Macedonia y Grecia, y añadió:

–Después de haber estado allí, tengo que visitar también Roma.

²² Envió a Macedonia dos auxiliares suyos, Timoteo y Erasto, mientras él se detenía algún tiempo en la provincia de Asia.

Éfeso

La apologética judía irrita a los paganos

²³ Fue en aquella ocasión cuando se produjo un grave alboroto a propósito del Camino. ²⁴ Cierto individuo de nombre Demetrio, pla-

tero de oficio, que labraba en plata reproducciones del templo de Artemis, proporcionando no poca ganancia a los artesanos, [25] reunió a éstos con los otros obreros del ramo y les dijo:

–Amigos, ustedes saben que de esta ganancia depende nuestro bienestar; [26] pues bien, están viendo y oyendo decir que ese Pablo ha persuadido a buen número de gente a cambiar de idea, no sólo en Éfeso, sino prácticamente en toda la provincia de Asia, diciéndoles que no son dioses los que se fabrican con las manos. [27] No sólo hay peligro de que nuestro oficio se desacredite, sino también de que se desprestigie el templo de la gran Artemis y se derrumbe la majestad de la diosa venerada en toda la provincia de Asia y en el mundo entero.

[28] Al oír aquello, se pusieron a gritar enfurecidos:

–¡Arriba la Artemis de los efesios! [29] La ciudad se llenó de confusión y la gente se precipitó en masa hacia el teatro arrastrando a dos macedonios, Gayo y Aristarco, compañeros de viaje de Pablo. [30] Pablo quería entrar en la asamblea del pueblo, pero no se lo permitían los discípulos. [31] También algunos senadores amigos suyos le mandaron recado aconsejándole que no se arriesgara a ir al teatro.

[32] Mientras cada uno gritaba una cosa, porque la asamblea estaba hecha un lío y la mayoría ni sabía para qué se habían congregado,

[33] algunos de la multitud aleccionaron a Alejandro, a quien los judíos habían empujado adelante. Alejandro reclamó atención con la mano, pues quería presentar una defensa ante la asamblea. [34] Pero en cuanto cayeron en la cuenta de que era judío, estuvieron gritando todos a coro por espacio de dos horas:

–¡Arriba la Artemis de los efesios!

[35] Después de calmar a la multitud, dijo el canciller:

–Efesios, ¿quién hay en el mundo que no sepa que la ciudad de Éfeso es la guardiana del templo de la gran Artemis y de su estatua caída del cielo? [36] Esto es indiscutible; por tanto, es menester que conserven la calma y no obren precipitadamente, [37] porque estos hombres que ustedes han traído no son ni sacrílegos ni blasfemos contra nuestra diosa. [38] Así pues, si Demetrio y los artesanos sus compañeros tienen querella contra alguno, ahí están las audiencias públicas y los procónsules; que unos y otros presenten allí sus querellas. [39] Y si ustedes tienen alguna otra demanda, se proveerá en la asamblea legal. [40] De hecho corremos riesgo de ser acusados de motín por lo de hoy, pues no podemos alegar ningún motivo que justifique este disturbio.

Y dicho esto disolvió la asamblea. **20** [1] Cuando se apaciguó el tumulto, Pablo mandó llamar a los discípulos para alentarlos; luego se despidió y salió para Macedonia.

19,28 "arriba", lit. "grande", grito de exaltación, id. v. 34.

Regreso de Pablo a Macedonia

² Después de recorrer aquella región alentando a los discípulos con largas conversaciones, llegó a Grecia. ³ A los tres meses de estar allí, como los judíos habían tramado una conjura contra él para el momento de embarcarse para Siria, tomó la determinación de regresar por Macedonia. ⁴ Lo acompañaron Sópatros, el de Pirro de Berea, Aristarco y Segundo de Tesalónica, Gayo de Derbe y Timoteo, Fortunato y Trófimo, naturales de Asia. ⁵ Éstos se adelantaron y nos esperaron en Tróade. ⁶ Nosotros, en cambio, pasados los días de los Ázimos, zarpamos de Filipos y, al cabo de cinco días, los alcanzamos en Tróade, donde nos detuvimos siete días.

Tróade

Amortecimiento y reanimación de la comunidad

⁷ El primer día de la semana, estando nosotros reunidos para partir el pan, Pablo, que iba a salir al día siguiente, se puso a argumentar ante ellos y alargó el discurso hasta la media noche. ⁸ (Había buen número de lámparas en la sala de arriba donde estábamos reunidos.) ⁹ Cierto joven, de nombre Buenaventura, estaba sentado en la ventana. Mientras Pablo argumentaba y argumentaba, le iba entrando cada vez más sueño; vencido por el sueño, se cayó abajo desde el tercer piso, y lo levantaron muerto. ¹⁰ Pablo bajó, se echó sobre él y, abrazándolo, dijo:

– No se alarmen, que tiene vida.

¹¹ Subió de nuevo, partió el pan y comió. Estuvo conversando largo hasta el alba y se marchó sin más. ¹² Trajeron vivo al muchacho con gran alivio de todos. ¹³ Nosotros fuimos con antelación a la nave y nos embarcamos rumbo a Aso, donde íbamos a recoger a Pablo, pues así lo había dispuesto él, que haría el viaje por tierra.

Mileto

Primera advertencia del Espíritu

¹⁴ Cuando nos alcanzó en Aso, subió a bordo con nosotros y llegamos a Mitilene. ¹⁵ Zarpamos de allí y al día siguiente llegamos a la altura de Quíos; al otro, costeamos en dirección a Samos y un día después llegamos a Mileto, ¹⁶ pues Pablo había resuelto pasar de largo Éfeso, no fuera a perder tiempo en la provincia de Asia; se daba prisa a ver si lograba estar en la ciudad de Jerusalén para el día de Pentecostés.

¹⁷ Desde Mileto mandó recado a Éfeso y llamó a los responsables de la comunidad. ¹⁸ Cuando se presentaron, les dijo:

–Ustedes saben cómo me he portado con ustedes todo este tiempo, desde el día en que por primera vez puse el pie en Asia: ¹⁹ he servido al Señor con toda humildad entre las penas y pruebas que me han procurado las conjuras de los judíos. ²⁰ Saben que en nada que fuera útil me he retirado de predicarles y enseñarles en público y en privado, ²¹ instando lo mismo a judíos que a griegos al arrepentimiento que lleva a Dios y a dar la adhesión a nuestro Señor Jesús.

²² Y ahora, miren, atado yo por mi propia decisión voy camino de Jerusalén, sin saber lo que allí me espera. ²³ Sólo que el Espíritu Santo, de ciudad en ciudad, me declara que me aguardan prisiones y conflictos. ²⁴ Pero la vida para mí no cuenta, al lado de dar remate a mi carrera y al servicio que me confió el Señor Jesús: dar testimonio de la buena noticia del favor de Dios.

²⁵ Y ahora, miren, yo sé que ninguno de ustedes, entre quienes he pasado predicando el reino, volverá a verme. ²⁶ Por eso les declaro en el día de hoy que no soy responsable de la suerte de nadie, ²⁷ porque no me he retraído de anunciarles enteramente el plan de Dios. ²⁸ Tengan cuidado de ustedes mismos y de todo el rebaño en que el Espíritu Santo los ha puesto como guardianes, para que velen como pastores por la comunidad del Señor, que él adquirió con su propia sangre. ²⁹ Ya sé que, cuando los deje, se meterán entre ustedes lobos feroces que no perdonarán al rebaño, ³⁰ e incluso de entre ustedes mismos saldrán algunos que propondrán doctrinas perversas para arrastrar tras ellos a los discípulos a seguirlos. ³¹ Por eso, estén alerta: recuerden que durante tres años, día y noche, no he cesado de amonestar con lágrimas en los ojos a cada uno en particular.

³² Ahora los dejo en manos de Dios y del mensaje de su gracia, que tiene fuerza para construir y para darles la herencia con todos los consagrados. ³³ No he deseado plata, oro ni ropa de nadie; ³⁴ saben por experiencia que estas manos han atendido a mis necesidades y a las de mis compañeros. ³⁵ Les hice ver siempre que hay que trabajar así para socorrer a los necesitados, acordándose de aquellas palabras del Señor Jesús cuando dijo: «Hay más dicha en dar que en recibir».

³⁶ Cuando terminó de hablar, se puso de rodillas con todos ellos y oró. ³⁷ Todos rompieron a llorar y, echándose al cuello de Pablo, lo besaban, ³⁸ apenados sobre todo por lo que había dicho de que no volverían a verlo. Luego lo acompañaron hasta la nave.

Tiro

Segunda advertencia del Espíritu

21 ¹ Cuando llegó el momento de embarcarnos, nos separamos de ellos y navegando derechos llegamos a Cos; al día siguiente, a Rodas y de allí a Pátara. ² Encontrando una nave que hacía la travesía a Fenicia, nos embarcamos y zarpamos. ³ Después de avistar Chipre y dejarla a babor, seguimos rumbo a Siria y llegamos a Tiro, donde la nave tenía que alijar la carga.

⁴ Dimos con los discípulos y pasamos allí siete días. Ellos, movidos por el Espíritu, instaron a Pablo a que no pusiera pie en la ciudad de Jerusalén. ⁵ Al cabo de aquellos días, salimos para continuar el viaje; todos, incluso las mujeres y los niños, nos acompañaron hasta las afueras de la ciudad. Luego nos pusimos a orar de rodillas en la pla-

ya, ⁶ nos despedimos unos de otros y nos embarcamos. Ellos se volvieron a sus casas.

Cesarea

Tercera y definitiva advertencia del Espíritu

⁷ Nosotros, terminado el viaje por mar, llegamos desde Tiro a Tolemaida, saludamos a los hermanos y pasamos un día con ellos. ⁸ Salimos al día siguiente y llegamos a Cesarea; fuimos a casa de Felipe, el predicador de la buena noticia, uno de aquellos Siete, y nos hospedamos allí. ⁹ Felipe tenía cuatro hijas vírgenes con el don de profecía.

¹⁰ Cuando llevábamos allí varios días, bajó de Judea cierto profeta, de nombre Ágabo; ¹¹ vino a vernos, tomó la faja de Pablo, se ató los pies y las manos y dijo:

–Esto dice el Espíritu Santo: «Al dueño de esta faja lo atarán así los judíos en Jerusalén y lo entregarán en manos de los paganos».

¹² Al oír aquello, nos pusimos a exhortar a Pablo, tanto nosotros como los del lugar, a que no subiera a Jerusalén. ¹³ Entonces replicó Pablo:

–¿A qué viene ese llanto? ¿Quieren descorazonarme? Pues bien, yo estoy dispuesto no sólo a dejarme atar, sino incluso a morir en Jerusalén por la causa del Señor Jesús.

¹⁴ Como no se dejaba convencer, desistimos, diciendo:

–Que se realice el designio del Señor.

Jerusalén

Pablo visita a Santiago y se purifica en el templo

¹⁵ Pasados aquellos días y acabados los preparativos, emprendimos la subida a la ciudad de Jerusalén. ¹⁶ Vinieron también con nosotros algunos discípulos de Cesarea para conducirnos a casa de un tal Mnasón, natural de Chipre, discípulo de la primera época, donde íbamos a alojarnos. ¹⁷ Cuando llegamos a la ciudad de Jerusalén, los hermanos nos recibieron gustosos.

¹⁸ Al día siguiente, Pablo, con nosotros, entró en casa de Santiago, donde estaban también todos los responsables. ¹⁹ Los saludó y se puso a contarles punto por punto lo que Dios había hecho entre los paganos mediante su labor. ²⁰ Al oírlo, alababan a Dios, al tiempo que le decían:

–Ya ves, hermano, cuántos millares y millares de creyentes hay entre los judíos, pero todos siguen siendo fervientes partidarios de la Ley. ²¹ Por otra parte, han sido informados acerca de ti de que a todos los judíos que viven entre paganos les enseñas a renegar de Moisés, diciéndoles que no circunciden a sus hijos ni observen las tradiciones. ²² ¿Qué hacemos, pues? En todo caso, se van a enterar de que has llegado. ²³ Por eso, sigue nuestro consejo: tenemos aquí cuatro hombres que se han comprometido a cumplir un voto; ²⁴ llévatelos contigo, purifícate con ellos y costéales tú el afeitado de cabeza; así sabrán todos que los informes acerca de ti no tienen fundamento, sino que también tú te comportas rectamente observando la Ley. ²⁵ Por lo que toca a los paganos que se han hecho creyentes, nosotros les comunicamos por escrito lo que habíamos decidido: que se guarden de comer la carne sacrificada a los ídolos, así como sangre o animales estrangulados y de contraer uniones ilegales.

²⁶ Entonces Pablo se llevó a aquellos hombres y al día siguiente entró en el templo para purificarse con ellos, avisando de cuándo se terminaban los días de la purificación y tocaba ofrecer la oblación por cada uno.

PROCESO DE PABLO: DE JERUSALÉN A CESAREA

Arresto de Pablo en el templo

²⁷ Cuando estaban para cumplirse los siete días, los judíos de la provincia de Asia, que lo vieron en el templo, alborotaron al gentío y echaron mano a Pablo, ²⁸ gritando:

–¡Auxilio, israelitas! Éste es el individuo que ataca a nuestro pueblo, a la Ley y a este lugar, enseñando a todo el mundo por todas partes. Es más, ha introducido a unos griegos en el templo, profanando este lugar sagrado.

²⁹ Era que antes habían visto por la ciudad a Trófimo, el de Éfeso, con Pablo, y pensaban que éste lo había introducido en el templo.

³⁰ El revuelo cundió por la entera ciudad y hubo una avalancha del pueblo; agarraron a Pablo, lo arrastraron fuera del templo e inmediatamente se cerraron las puertas. ³¹ Intentaban matarlo, cuando llegó noticia al comandante de la guarnición de que toda Jerusalén andaba revuelta ³² y, al instante, llamó a soldados y centuriones y bajó corriendo; ellos, al ver al comandante y a los soldados, dejaron de golpear a Pablo. ³³ Entonces se acercó el comandante, arrestó a Pablo y dio orden de que lo ataran con dos cadenas; luego intentó averiguar quién era y qué había hecho, ³⁴ pero en la multitud cada uno gritaba una cosa. No pudiendo sacar nada en limpio por el barullo, ordenó que lo condujeran al cuartel; ³⁵ al llegar a las gradas, era tal la violencia de la multitud que Pablo tuvo que ser llevado en volandas por los soldados, ³⁶ pues el pueblo en masa seguía detrás gritando:

–¡Quítalo de en medio!

Primera apología y testimonio de Pablo ante el pueblo judío

³⁷ Cuando estaban para meterlo en el cuartel, dijo Pablo al comandante:

–¿Me permites decirte algo?

Éste repuso:

–¿Sabes griego? ³⁸ Entonces, ¿no eres tú el egipcio que hace algún tiempo amotinó a aquellos cuatro mil guerrilleros y se echó al desierto con ellos?

³⁹ Pablo contestó:

–Yo soy judío, natural y vecino de Tarso de Cilicia, ciudad no insignificante. Por favor, permíteme hablar al pueblo.

⁴⁰ Le dio permiso, y Pablo, de pie en las gradas, reclamó la atención del pueblo haciendo señas con la mano. Se hizo un gran silencio, y se dirigió a ellos en lengua aramea:

22 ¹ –Hermanos y padres: Escuchen la defensa que les presento ahora.

² Al oír que les hablaba en lengua aramea, la calma se hizo mayor. Prosiguió entonces:

³ –Yo soy judío, nacido en Tarso de Cilicia, pero criado en esta ciudad; como alumno de Gamaliel, me eduqué en todo el rigor de la Ley de nuestros padres, con tanto fervor religioso como ustedes ahora. ⁴ Yo perseguí a muerte este Camino, apresando y metiendo en la cárcel a hombres y mujeres; ⁵ y son testigos de todo esto el mismo sumo sacerdote y todo el senado. Ellos me dieron credenciales para nuestros hermanos, y fui a Damasco para traer presos a Jerusalén a los que hubiese allí, para que los castigaran.

⁶ Pero sucedió que en el viaje, al acercarme yo a Damasco, hacia mediodía, de repente una gran luz celeste me envolvió de claridad, ⁷ caí por tierra y oí una voz que me decía: «Saúl, Saúl, ¿por qué me persigues?» ⁸ Yo pregunté:

«¿Quién eres, Señor?» Me respondió: «Yo soy Jesús, el Nazoreo, a quien tú persigues». ⁹ Mis acompañantes vieron el resplandor, pero no comprendieron lo que decía el que me hablaba. ¹⁰ Yo pregunté: «¿Qué debo hacer, Señor?» El Señor me respondió: «Levántate, sigue hasta Damasco, y allí te explicarán la tarea que se te ha asignado». ¹¹ Como yo no veía por el resplandor de aquella luz, los que estaban conmigo me llevaron de la mano hasta Damasco.

¹² Un tal Ananías, hombre devoto al modo de la Ley, recomendado por todos los judíos de la ciudad, ¹³ fue a verme, se puso a mi lado y me dijo: «Saúl, hermano, recobra la vista». Y yo, en aquel mismo momento, recobré la vista y lo vi. ¹⁴ Él me dijo: «El Dios de nuestros padres te destinó a que conocieras su designio, vieras al Justo y escucharas palabras de su boca, ¹⁵ porque vas a ser su testigo ante todos los hombres de lo que has visto y oído. ¹⁶ Y ahora, ¿qué esperas? Levántate, bautízate y lava tus pecados invocándolo a él».

¹⁷ Pero sucedió que, de regreso a Jerusalén, mientras oraba en el templo, tuve un trance; ¹⁸ y vi a él que me decía: «Date prisa y sal en seguida de Jerusalén, porque no van a aceptar tu testimonio sobre mí». ¹⁹ Yo le repliqué: «Señor, si ellos saben que yo iba por las sinagogas para encarcelar a tus fieles y azotarlos...; ²⁰ además, cuando se derramó la sangre de Esteban, tu testigo, también yo estaba presente dando mi aprobación y guardando los mantos de los que le daban muerte». ²¹ Pero él me dijo: «Anda, que yo te voy a enviar lejos, a naciones paganas».

Pablo evita la flagelación

²² Lo estuvieron escuchando hasta que pronunció aquellas palabras, pero entonces se pusieron a vociferar:

—¡Elimina de la tierra a ese individuo, que no merece vivir!

²³ Como seguían dando gritos, rasgándose las vestiduras y echando polvo al aire, ²⁴ el comandante mandó que lo metieran en el cuartel y ordenó que lo hicieran hablar a latigazos, para averiguar por qué vociferaban así contra él.

²⁵ Mientras lo estiraban con las correas, preguntó Pablo al centurión que estaba presente:

—¿Les está permitido azotar a un ciudadano romano sin previa sentencia?

²⁶ Al oírlo, el centurión fue a avisar al comandante:

—¿Qué es lo que vas a hacer? Ese hombre es romano.

²⁷ Acudió el comandante y le preguntó:

—Dime, ¿tú eres romano?

Pablo respondió:

—Sí.

²⁸ El comandante añadió:

—A mí la ciudadanía romana me ha costado una fortuna.

Pablo contestó:

—Pues yo la tengo de nacimiento.

²⁹ Los que iban a hacerlo hablar se retiraron en seguida, y el comandante tuvo miedo de haberle puesto cadenas, al enterarse de que era romano.

Ante el Consejo: Pablo se alinea con los fariseos

³⁰ Al día siguiente, queriendo sacar en limpio de qué lo acusaban los judíos, mandó desatarlo, ordenó que se reunieran los sumos sacerdotes y el Consejo en pleno, hizo bajar a Pablo y lo presentó ante ellos.

23 ¹ Pablo, mirando fijamente al Consejo, dijo:

—Hermanos, yo hasta el día presente he procedido con Dios con la mejor conciencia.

² A esto, el sumo sacerdote Ananías ordenó a sus ayudantes que le dieran un golpe en la boca. ³ Pablo replicó:

—Dios te golpeará a ti, muro encalado; estás ahí sentado para juzgarme conforme a la Ley y ¿violas la Ley mandando que me peguen?

⁴ Los presentes dijeron:

—¿Insultas al sumo sacerdote de Dios?

⁵ Respondió Pablo:

—No sabía, hermanos, que fuese sumo sacerdote. Sí, la Escritura dice: *«No maldecirás al jefe de tu pueblo»* (Ex 22,27).

⁶ Sabiendo Pablo que una parte de ellos eran saduceos y otra fariseos, gritó en medio del Consejo:

—Hermanos, yo soy fariseo, discípulo de fariseos. Me juzgan por la esperanza en la resurrección de los muertos.

⁷ Apenas dijo esto, se produjo un altercado entre fariseos y saduceos, y la asamblea quedó dividida. ⁸ (Es que los saduceos sostienen que no hay resurrección, ni ángeles ni espíritus, mientras los fariseos admiten todo eso.)

⁹ Se armó un griterío enorme, y algunos letrados del partido fariseo se pusieron en pie protestando enérgicamente:

—No encontramos nada de malo en este hombre; ¿y si le ha hablado un espíritu o un ángel?

¹⁰ Como el altercado arreciaba, el comandante, temiendo que hicieran pedazos a Pablo, mandó

que bajara la tropa para arrebatár-selo y llevárselo al cuartel.

[11] La noche siguiente se le presentó el Señor y le dijo:

–¡Ánimo! Porque lo mismo que has declarado públicamente en Jerusalén el mandato que te di, tienes que dar testimonio también en Roma.

Conjura contra Pablo y salida para Cesarea

[12] Al hacerse de día, los judíos tuvieron un conciliábulo y se juramentaron a no comer ni beber hasta que mataran a Pablo. [13] (Los conjurados eran más de cuarenta.) [14] Éstos se presentaron a los sumos sacerdotes y a los senadores diciendo:

–Nos hemos juramentado solemnemente a no probar bocado hasta que matemos a Pablo. [15] Ahora ustedes, de acuerdo con el Consejo, expongan su deseo al comandante de que mande bajarlo con pretexto de examinar su caso con más detalle. Nosotros estamos dispuestos a eliminarlo antes de que llegue.

[16] Pero el sobrino de Pablo, hijo de su hermana, se enteró de la emboscada; se presentó en el cuartel, entró y se lo avisó a Pablo.

[17] Pablo llamó entonces a uno de los centuriones y le dijo:

–Conduce a este joven al comandante, pues tiene algo que comunicarle.

[18] El centurión se lo llevó, lo condujo al comandante y le dijo:

–El preso Pablo me ha llamado y me ha rogado que te traiga a este muchacho, que tiene algo que decirte.

[19] El comandante lo tomó de la mano y, retirándose, le preguntó aparte:

–¿Qué es lo que tienes que comunicarme?

[20] Le contestó:

–Los judíos se han puesto de acuerdo para rogarte que mañana hagas bajar a Pablo al Consejo con pretexto de investigar su asunto con más detalle. [21] Tú no les hagas caso, pues van a tenderle una emboscada más de cuarenta de sus hombres, quienes se han juramentado a no comer ni beber hasta que lo eliminen. Ya están dispuestos, sólo aguardan a que tú cumplas tu promesa.

[22] El comandante despidió al muchacho encareciéndole:

–No digas a nadie que me has denunciado esto.

[23] Llamó entonces a dos centuriones y les dijo:

–Para las nueve de la noche tengan preparados doscientos soldados de infantería, que tienen que ir a Cesarea, y además setenta de caballería y doscientos lanceros. [24] Provean también cabalgaduras para que las monte Pablo y así lo lleven a salvo al gobernador Félix.

[25] Escribió además una carta en estos términos:

[26] «Claudio Lisias saluda a su excelencia el gobernador Félix. [27] A este hombre lo habían prendido los judíos y lo iban a matar; al enterarme yo de que era ciudadano romano, acudí con la tropa y se lo quité de las manos. [28] Queriendo averiguar el delito de que lo acusaban, lo mandé bajar al Consejo judío; [29] me resultó que las acusaciones versaban sobre cuestiones de

su Ley, pero no sobre delitos que mereciesen muerte o prisión. ³⁰ Al ser informado de que se preparaba un atentado contra este hombre, te lo he remitido sin dilación, notificando a los acusadores que formulen sus querellas ante ti».

³¹ Entonces los soldados, siguiendo las órdenes recibidas, tomaron a Pablo y lo condujeron de noche hasta Antípatris; ³² al día siguiente dejaron que los de caballería se marcharan con él y ellos regresaron al cuartel. ³³ Éstos llegaron a Cesarea, entregaron la carta al gobernador y le presentaron a Pablo. ³⁴ La leyó y preguntó de qué provincia era; averiguado que era de Cilicia, le dijo:

³⁵ —Te daré audiencia cuando se presenten también tus acusadores.

Y mandó que quedase detenido en la residencia de Herodes.

Cesarea

Acusación contra Pablo

24 ¹ Al cabo de cinco días, el sumo sacerdote Ananías bajó a Cesarea con algunos senadores y un abogado, un tal Tértulo, quienes presentaron al gobernador querella contra Pablo. ² Citado Pablo, Tértulo empezó la acusación:

—La mucha paz que por ti gozamos y las mejoras hechas en pro de esta nación gracias a tu providencia, ³ excelentísimo Félix, las reconocemos en todo tiempo y lugar con la más profunda gratitud. ⁴ Pero no quiero importunarte demasiado, te ruego sólo que nos escuches un momento con tu acostumbrada indulgencia. ⁵ Pues bien,

hemos comprobado que este pernicioso individuo promueve motines contra los judíos del mundo entero y que es cabecilla de la secta de los nazoreos; ⁶ incluso ha intentado profanar el templo, y por eso lo hemos detenido. ⁸ Interrógalo tú mismo y podrás verificar todos esos cargos de que lo acusamos.

⁹ Los judíos corroboraron la acusación afirmando que así estaban las cosas.

Segunda apología de Pablo, ante el gobernador Félix

¹⁰ Cuando el gobernador le hizo señal de que tomara la palabra, Pablo respondió:

—El saber que desde hace muchos años administras justicia en esta nación me anima a hablar en mi defensa; ¹¹ tú puedes comprobar que no he pasado más que doce días en Jerusalén desde que subí para participar en el culto; ¹² y no me han encontrado discutiendo con nadie en el templo ni causando disturbios con la gente en las sinagogas ni por la ciudad; ¹³ tampoco pueden aducir pruebas de lo que ahora me acusan. ¹⁴ Esto sí te lo reconozco: que sirvo al Dios de nuestros padres siguiendo este Camino —secta lo llaman ellos—, creyendo todo lo que está escrito en la Ley y en los Profetas, ¹⁵ con la esperanza puesta en Dios, que también éstos comparten, de que habrá una resurrección de justos e injustos. ¹⁶ Por eso también yo me esfuerzo por conservar siempre una conciencia irreprochable ante Dios y los hombres.

¹⁷ Después de muchos años ha-

bía vuelto para hacer limosnas a mi nación y ofrecer sacrificios. ¹⁸ De eso me ocupaba yo en el templo cuando me encontraron después de mi purificación, sin turba ni tumulto. ¹⁹ Pero ciertos judíos de Asia..., son ellos los que habrían debido comparecer ante ti y acusarme si tenían algo en contra mía. ²⁰ Y, si no, que digan estos mismos qué crimen encontraron cuando comparecí ante el Consejo, ²¹ fuera de estas palabras que grité en presencia de ellos: «Hoy me juzgan ante ustedes por la resurrección de los muertos».

²² Félix, que estaba bastante bien informado a propósito del Camino, les dio largas diciendo:

–Cuando baje el comandante Lisias, examinaré y decidiré su caso.

²³ Dio orden al centurión de que Pablo siguiera preso, pero dejándole cierto margen y sin impedir que lo asistieran los suyos.

²⁴ De allí a unos días se presentó Félix con su mujer Drusila, que era judía, mandó llamar a Pablo y lo escuchó mientras le hablaba de la fe en el Mesías Jesús; ²⁵ pero cuando empezó a razonar sobre la honradez de conducta, el dominio de sí y el juicio futuro, se asustó Félix y lo interrumpió:

–Por el momento puedes retirarte. Cuando tenga tiempo te mandaré llamar.

²⁶ No perdía tampoco la esperanza de que Pablo le diera dinero; por eso también lo mandaba llamar con relativa frecuencia para conversar con él.

²⁷ Al cabo de dos años, Porcio Festo sucedió a Félix, y Félix, deseoso de congraciarse a los judíos, dejó a Pablo en la cárcel.

Apelación al César ante el gobernador Festo

25 ¹ A los tres días de hacerse cargo del gobierno de la provincia, subió Festo de Cesarea a la ciudad de Jerusalén.

² Los sumos sacerdotes y los judíos principales le presentaron querella contra Pablo y le insistían, ³ pidiéndole insidiosamente, como un favor, que lo trasladase a Jerusalén; pensaban tenderle una emboscada para eliminarlo en el camino.

⁴ Festo contestó que Pablo estaba preso en Cesarea y que él mismo iba a salir para allá muy pronto. ⁵ Y añadió:

–Por tanto, que bajen conmigo los que tengan autoridad entre ustedes y, si hay algo irregular en ese hombre, que presenten la acusación.

⁶ Festo pasó con ellos no más de ocho o diez días, bajó a Cesarea y al día siguiente tomó asiento en el tribunal, dando orden de que llevaran a Pablo. ⁷ Cuando compareció, lo rodearon los judíos que habían bajado de la ciudad de Jerusalén, aduciendo muchos y graves cargos que no podían probar, ⁸ mientras Pablo se defendía diciendo:

–No he faltado en nada contra la Ley judía ni contra el templo ni contra el César.

⁹ Pero Festo, deseoso de congraciarse a los judíos, intervino preguntando a Pablo:

–¿Quieres subir a la ciudad de Jerusalén y que se juzgue allí tu asunto ante mí?

¹⁰ Pablo contestó:

—Me encuentro ante el tribunal del César, que es donde tengo que ser juzgado. No he hecho ningún daño a los judíos, como tú mismo sabes perfectamente. ¹¹ Por tanto, si soy reo de algún delito que merezca la muerte, no rehuyo morir; pero si las acusaciones de éstos no tienen fundamento, nadie tiene derecho a cederme a ellos sin más ni más. Apelo al César.

¹² Festo entonces, después de consultar con sus consejeros, contestó:

—Has apelado al César, pues al César irás.

Tercera apología de Pablo, ante el rey judío Agripa

¹³ Transcurridos unos días, el rey Agripa y Berenice llegaron a Cesarea para cumplimentar a Festo; ¹⁴ como se entretuvieron allí varios días, Festo puso al rey en antecedentes del caso de Pablo, diciéndole:

—Tengo aquí cierto individuo que Félix ha dejado preso; ¹⁵ cuando estuve en la ciudad de Jerusalén, los sumos sacerdotes y los senadores judíos presentaron querella contra él, exigiendo su condena. ¹⁶ Les respondí que no es costumbre romana ceder a un individuo sin más ni más; primero el acusado tiene que carearse con sus acusadores, para tener ocasión de defenderse de lo que se le inculpa. ¹⁷ Cuando se reunieron aquí, yo, sin dilación alguna, al día siguiente me senté en el tribunal y mandé traer a ese hombre. ¹⁸ Pero, cuando los acusadores lo rodearon, no aducían ningún cargo grave de los que yo suponía: ¹⁹ se trataba de ciertas controversias con él acerca de su propia religión y, en particular, acerca de un tal Jesús, que había muerto, pero que Pablo sostenía que estaba vivo. ²⁰ Yo, no sabiendo a qué atenerme en los asuntos que se discutían, le propuse si quería ir a la ciudad de Jerusalén y ser juzgado allí sobre aquello. ²¹ Pero como Pablo ha apelado, pidiendo seguir en la cárcel hasta que decida el Augusto, he dado orden de dejarlo preso hasta que pueda remitirlo al César.

²² Agripa le dijo a Festo:

—Me gustaría a mí también oír a ese individuo.

Festo contestó:

—Mañana lo oirás.

²³ Al día siguiente, Agripa y Berenice llegaron con gran pompa y entraron en la sala de audiencias acompañados de jefes militares y de las personalidades de más relieve de la ciudad. A una orden de Festo llevaron a Pablo. ²⁴ Festo declaró:

—Rey Agripa y señores todos aquí presentes: ¿ven a este hombre? Pues la población judía toda entera ha acudido a mí, tanto en la ciudad de Jerusalén como en ésta, clamando que no debe vivir un día más. ²⁵ Yo, por mi parte, he comprendido que no ha cometido nada que merezca la muerte, pero, como él personalmente ha apelado al Augusto, he resuelto enviárselo. ²⁶ Sin embargo, no tengo nada preciso que escribir al soberano acerca de él: por eso lo he hecho comparecer ante ustedes y especialmente ante ti, rey Agripa, para, una vez celebrada esta audiencia, tener materia para mi informe; [27] pues me parece absurdo enviar un preso sin aducir al mismo tiempo los cargos que se le hacen.

26

[1] Agripa, dirigiéndose a Pablo, le dijo:

–Se te permite hablar en tu descargo.

Entonces Pablo, extendiendo la mano, empezó su defensa:

[2] – Me considero dichoso de poder defenderme hoy ante ti, rey Agripa, de todos los cargos que me imputan los judíos, [3] mayormente siendo tú experto en todo lo que a los judíos se refiere, lo mismo en sus costumbres que en sus controversias. Por eso te ruego que me escuches con paciencia.

[4] Mi vida de joven, que pasé desde un principio entre mi gente y precisamente en la ciudad de Jerusalén, es cosa sabida de todos los judíos. [5] Ellos me conocen desde hace mucho y, si quisieran, podrían atestiguar que viví como fariseo, la facción más estricta de nuestra religión. [6] Ahora estoy aquí procesado por la esperanza en la promesa que hizo a nuestros padres [7]–ésa que nuestras doce tribus esperan alcanzar dando culto a Dios asiduamente, día y noche–, de esa esperanza, Majestad, hay judíos que me acusan. [8]¿Por qué les parece increíble que Dios resucite a los muertos?

[9] Pues bien, yo pensaba que era mi deber combatir con todos los medios el nombre de Jesús el Nazoreo, [10] y así lo hice en la ciudad de Jerusalén: autorizado por los sumos sacerdotes, metí en la cárcel a muchos de los consagrados y daba mi voto favorable cuando iban a ajusticiarlos. [11] Repetidas veces, recorriendo todas y cada una de las sinagogas, me ensañaba con ellos intentando forzarlos a renegar; pero mi furor no conocía fronteras, y me puse a perseguirlos incluso en las ciudades del extranjero.

[12] En esto, yendo una vez camino de Damasco, con plenos poderes de los sumos sacerdotes, [13] a mediodía, Majestad, vi por el camino una luz venida del cielo, que me envolvía a mí y a mis compañeros de viaje con una claridad más brillante que la del sol. [14] Caímos todos por tierra y oí una voz que me decía en lengua aramea: «Saúl, Saúl, ¿por qué me persigues? Peor para ti si das coces contra la aguijada». [15] Yo pregunté: «¿Quién eres, Señor?» El Señor respondió: «Yo soy Jesús, a quien tú persigues. [16] Anda, levántate y ponte en pie: me he aparecido a ti precisamente para elegirte como garante y testigo de lo que has visto y de lo que te haré ver en adelante; [17] te sacaré de manos del pueblo y de los paganos, a quienes yo te envío [18] para que les abras los ojos, a fin de que se vuelvan de las tinieblas a la luz y del dominio de Satanás a Dios; para que, por su adhesión a mí, obtengan el perdón de los pecados y parte en la herencia de los consagrados».

[19] Así que, rey Agripa, no he sido desobediente a la visión celeste. [20] Al contrario, primero a los de Da-

masco y a los de la ciudad de Jerusalén, luego a todo el país judío y a los paganos, les he ido predicando que se arrepientan y se conviertan a Dios, comportándose como corresponde al arrepentimiento. ²¹ Por este motivo me prendieron los judíos, estando yo en el templo, y trataron de asesinarme; ²² pero, favorecido con la protección de Dios, me he mantenido hasta el día de hoy dando testimonio a pequeños y a grandes, sin añadir nada a lo que dijeron tanto los Profetas como Moisés que se había de realizar: ²³ que el Mesías tenía que padecer y que, siendo el primero en resucitar de la muerte, anunciaría un amanecer lo mismo para el pueblo que para los paganos.

Desenlace del proceso

²⁴ En este punto de su defensa exclamó Festo a voz en cuello:

– ¡Estás loco, Pablo! Tanto saber te trastorna el juicio.

²⁵ Pablo contestó:

–No estoy loco, excelentísimo Festo, mis palabras son verdaderas y sensatas. ²⁶ El rey entiende de estas cuestiones, por eso ante él hablo con franqueza; no puedo creer que al rey se le oculte nada de esto, pues no ha sucedido en un rincón. ²⁷ ¿Das fe a los Profetas, rey Agripa? Estoy seguro de que sí.

²⁸ Agripa le dijo a Pablo:

–Por poco me convences de hacerme cristiano.

²⁹ Pablo le contestó:

–Por poco o por mucho, quisiera Dios que no sólo tú, sino también todos los que hoy me escuchan, fueran lo mismo que yo soy..., cadenas aparte.

³⁰ Se levantaron entonces el rey y el gobernador, Berenice y los demás participantes en la sesión. ³¹ Al retirarse comentaban entre ellos:

–Este hombre no está haciendo nada que merezca muerte o prisión.

³² Agripa dijo a Festo:

–Si no fuera porque ha apelado al César, se podría dejar en libertad a este hombre.

Cuarta fase de la misión: Roma

El «calvario» de Pablo

27 ¹ Cuando se decidió que zarpásemos para Italia, entregaron a Pablo y a varios otros presos a cierto centurión de la cohorte Augusta, de nombre Julio. ² Embarcamos en una nave con matrícula de Adramitio que salía para los puertos de Asia, y nos hicimos a la mar. Nos acompañaba Aristarco, un macedonio de Tesalónica. ³ Al día siguiente tocamos en Sidón, y Julio, portándose humanamente con Pablo, le permitió visitar a los amigos para que lo atendiesen. ⁴ De allí nos hicimos a la mar y navegamos al abrigo de Chipre, porque los vientos eran contrarios; ⁵ luego atravesamos por alta mar frente a Cilicia y Panfilia y llegamos a Mira de Licia. ⁶ El centurión encontró allí una nave de Alejandría que se dirigía a Italia, y nos hizo embarcar. ⁷ Durante bastantes días la navegación fue lenta y a duras penas llegamos a la altura de Cnido; como el viento no nos era favorable, navegamos al abrigo de Creta, por bajo del cabo Salmón;

⁸ después de costear a duras penas la isla, llegamos a un lugar llamado Buenos Puertos, cerca de la ciudad de Lasea.

⁹ Se había perdido un tiempo considerable; la navegación era ya peligrosa, porque ya había pasado el ayuno de septiembre. Pablo les avisó ¹⁰ diciéndoles:

—Amigos, preveo que la travesía va a ser desastrosa, con gran perjuicio no sólo para la carga y la nave, sino también para nuestras vidas.

¹¹ Pero el centurión daba más crédito al piloto y al patrón de la nave que a las palabras de Pablo. ¹² Como además el puerto no era adecuado para invernar, los más se pronunciaron por zarpar de allí, a ver si podían alcanzar Fénix, puerto de Creta orientado al suroeste y al noroeste, y pasar allí el invierno.

¹³ Al levantarse brisa del sur, se figuraron poder realizar su proyecto; levaron anclas y fueron costeando Creta. ¹⁴ Pero de allí a poco se desató un viento huracanado, el llamado Euraquilón, procedente de la isla; ¹⁵ como la nave, arrastrada por el viento, no podía hacerle frente, nos dejamos llevar a la deriva. ¹⁶ Al pasar al abrigo de un islote llamado Cauda, a duras penas pudimos recobrar el control del bote. ¹⁷ Lo izaron a bordo y reforzaron el casco de la nave ciñéndolo con cables. Temiendo ir a dar contra los bajíos de la Sirte, soltaron el flotador y siguieron así a la deriva. ¹⁸ Al día siguiente, como el temporal seguía zarandeándonos con violencia, aligeraron la carga. ¹⁹ Al tercer día arrojaron al mar con sus pro-

pias manos el aparejo de la nave. ²⁰ Como por muchos días no se dejaron ver ni el sol ni las estrellas y persistía tamaño temporal, se iba disipando toda esperanza de salvarnos.

²¹ Como llevaban mucho tiempo sin comer, Pablo se puso en pie en medio de ellos y les dijo:

—Amigos, debieron haberme hecho caso y no zarpar de Creta; se habrían ahorrado este desastre y este perjuicio. ²² De todos modos, ahora les recomiendo que cobren ánimos, pues ninguna de sus vidas se perderá, sólo se perderá la nave; ²³ porque esta noche se me ha presentado un mensajero del Dios a quien pertenezco y doy culto, ²⁴ y me ha dicho: «No temas, Pablo, tienes que comparecer ante el César; mira, Dios te ha concedido la vida de todos tus compañeros de navegación». ²⁵ Por eso, ánimo, amigos; yo me fío de Dios y sé que sucederá exactamente como se me ha dicho; ²⁶ tenemos que ir a dar en una isla.

La noche de «pascua»

²⁷ A las catorce noches íbamos todavía a la deriva por el Adriático; hacia medianoche barruntaron los marineros que se acercaban a tierra. ²⁸ Echaron la sonda y marcaba veinte brazas; poco más adelante volvieron a echarla, y marcaba quince. ²⁹ Temiendo que fuéramos a dar contra unos escollos, echaron cuatro anclas a popa, implorando que se hiciera de día. ³⁰ Como los marineros trataban de escapar de la nave y se habían puesto a arriar el bote al agua con pretexto de echar

unas anclas a proa, [31] dijo Pablo al centurión y a los soldados:

—Si ésos no se quedan en la nave, ustedes no podrán salvarse.

[32] Entonces cortaron los soldados las amarras del bote y lo dejaron caer.

[33] Pablo les insistía a todos ellos en que, mientras despuntaba el día, tomaran alimento, diciéndoles:

—Con hoy llevan catorce días en vilo y en ayunas, sin probar bocado. [34] Por eso insisto en que tomen alimento, pues de ello depende su salvación; y ninguno de ustedes perderá ni un pelo de la cabeza.

[35] Dicho esto, tomó un pan, dio gracias a Dios delante de todos, lo partió y se puso a comer. [36] Todos cobraron ánimos y comieron también. [37] Éramos en total a bordo doscientas setenta y seis personas. [38] Una vez satisfechos, aligeraron la nave, arrojando el trigo al mar.

Malta

La «salvación» de Pablo y de sus compañeros de viaje

[39] Cuando se hizo de día, no reconocían la tierra, pero divisaron una ensenada con su playa, y se propusieron varar la nave allí, si les resultaba posible. [40] Soltaron las anclas de ambos lados dejándolas caer al mar, al tiempo que soltaban las correas de los timones; izaron la vela de proa y a favor de la brisa se fueron acercando a la playa. [41] Pero toparon con un bajío y encallaron; la proa se hincó y quedó inmóvil, mientras la popa se deshacía por la violencia de las olas. [42] Los soldados resolvieron matar a los presos, para que ninguno se escapase nadando; [43] pero el centurión, decidido a salvar a Pablo, les impidió realizar su propósito; a los que sabían nadar les mandó echarse al agua los primeros y salir a tierra; [44] a los demás les dijo que se valiesen de tablas o de restos de la nave. Así todos alcanzaron la tierra sanos y salvos.

28 [1] Una vez a salvo, supimos entonces que la isla se llamaba Malta. [2] Los indígenas nos trataron con una humanidad poco común: como estaba lloviendo y hacía frío encendieron una hoguera y nos acogieron a todos. [3] Pablo recogió una brazada de ramas secas y la echó en la hoguera, pero una víbora, huyendo del fuego, se le enganchó en la mano. [4] Los indígenas, al ver el animal colgándole de la mano, comentaban:

—Seguro que este hombre es un asesino; se ha salvado del mar, pero la diosa Justicia no le consiente vivir.

[5] Pablo, por su parte, sacudió el animal en el fuego y no sufrió ningún daño. [6] Los otros esperaban que de un momento a otro se hincharía o caería muerto de repente; aguardaron un buen rato y, viendo que no le pasaba nada anormal, cambiaron de parecer y empezaron a decir que era un dios.

[7] En los alrededores de aquel lugar tenía unos campos el principal de la isla, de nombre Publio; nos recibió y nos hospedó tres días amigablemente. [8] Coincidió que el padre de Publio guardaba cama aquejado de fiebre y disentería; Pablo entró a verlo, oró, le aplicó las

manos y lo curó. ⁹ Como consecuencia de esto los demás enfermos de la isla fueron acudiendo y se curaban. ¹⁰ Ellos a su vez nos colmaron de atenciones, y al hacernos a la mar nos proveyeron de todo lo necesario.

Roma

La acogida de los hermanos

¹¹ Al cabo de tres meses zarpamos en una nave de Alejandría que había invernado en la isla y llevaba por mascarón a los Dióscoros. ¹² Tocamos en Siracusa y nos detuvimos tres días; ¹³ desde allí, costeando, arribamos a Regio. Al día siguiente se levantó viento sur, y llegamos a Puteoli en dos días. ¹⁴ Encontramos allí hermanos y fuimos invitados a pasar siete días con ellos, y finalmente llegamos a Roma. ¹⁵ También allí los hermanos, que tenían noticia de nuestras peripecias, salieron a recibirnos al Foro Apio y las Tres Tabernas. Al verlos, Pablo dio gracias a Dios y cobró bríos. ¹⁶ Una vez entrados en Roma, le permitieron a Pablo tener su propio domicilio con un soldado que lo vigilase.

Último intento de Pablo de ganarse a los judíos

¹⁷ Tres días después invitó él a los judíos principales a un encuentro; cuando se reunieron les dijo:

–Yo, hermanos, sin haber hecho nada contra el pueblo o las tradiciones de nuestros padres, estoy preso desde que en la ciudad de Jerusalén me entregaron a los romanos. ¹⁸ Éstos me interrogaron y querían ponerme en libertad, porque respecto a mí no existía ningún cargo que mereciera la muerte; ¹⁹ pero como los judíos se oponían, me vi obligado a apelar al César, aunque sin intención alguna de acusar a mi nación. ²⁰ Éste es el motivo por el que les rogué poder verlos y hablar con ustedes, pues precisamente por la esperanza de Israel llevo encima estas cadenas.

²¹ Ellos le contestaron:

–Nosotros no hemos recibido ninguna carta de Judea acerca de ti ni ha llegado ningún hermano con malos informes o hablando mal de ti. ²² Sin embargo, nos gustaría saber lo que piensas, pues estamos enterados de que esta secta encuentra oposición en todas partes.

Pablo reconoce que el Espíritu lo había enviado a los paganos

²³ Fijaron con él un día y fueron a verlo a su alojamiento bastantes más. En su exposición Pablo les dio testimonio del reino de Dios y trataba de convencerlos de quién era Jesús, alegando lo mismo la Ley de Moisés que los Profetas; y esto desde la mañana hasta el anochecer.

²⁴ Mientras unos se dejaban convencer por lo que decía, otros se mostraban incrédulos. ²⁵ Mientras se despedían sin estar de acuerdo entre ellos, Pablo añadió una sola cosa:

–Con razón dijo el Espíritu Santo a sus padres por medio del profeta Isaías:

²⁶ *Ve a ese pueblo y dile:*
Por mucho que oigan no enten-
derán,
²⁷ *por mucho que miren no ve-*
rán,
porque está embotada la mente
de este pueblo,
son duros de oído,
han cerrado los ojos:
para no ver con los ojos,
ni oír con los oídos,
ni entender con la mente,
ni convertirse para que yo los
cure (Is 6,9s).

²⁸ Por tanto, entérense bien de que esta salvación de Dios se ha destinado a los paganos; ellos sí escucharán.

Epílogo

³⁰ Permaneció allí dos años enteros a su propia costa, recibiendo a todos los que acudían a él, ³¹ predicando el reinado de Dios y enseñando lo concerniente al Señor Jesús con toda valentía, sin impedimentos.

28,28 Algunos manuscritos añaden el v. 29: "Cuando él dijo esto, se marcharon los judíos discutiendo acaloradamente".

CARTAS DE PABLO

CARTA A LOS ROMANOS

1 [1] Pablo, siervo del Mesías Jesús, apóstol por llamamiento divino, escogido para anunciar la buena noticia de Dios.

Esta buena noticia, [2] prometida ya por sus Profetas en las Escrituras santas, [3] se refiere a su Hijo que, por línea carnal, nació de la estirpe de David y, por línea de Espíritu santificador, [4] fue constituido Hijo de Dios en plena fuerza a partir de su resurrección de la muerte: Jesús, Mesías, Señor nuestro.

[5] A través de él hemos recibido el don de ser apóstol, para que en todos los pueblos haya una respuesta de fe en honor de su nombre. [6] A ellos pertenecen también ustedes, llamados por Jesús el Mesías.

[7] A todos los predilectos de Dios que están en Roma, llamados y consagrados, les deseo el favor y la paz de Dios nuestro Padre y del Señor Jesús Mesías.

[8] Antes de nada, doy gracias a mi Dios, por medio de Jesús el Mesías, por todos ustedes, porque en el mundo entero se valora su fe. [9] Bien sabe Dios, a quien doy culto con toda mi alma proclamando la buena noticia de su Hijo, que no se me olvida su nombre de la boca cada vez que rezo, [10] y le pido a Dios que, si es su voluntad, alguna vez por fin consiga ir a visitarlos como sea. [11] Tengo muchas ganas de verlos, para comunicarles algún don del Espíritu que los afiance, [12] es decir, para animarnos mutuamente con la fe de unos y otros, la de ustedes y la mía.

[13] Por otra parte, quiero que sepan, hermanos, que muchas veces he tenido en proyecto hacerles una visita, pero hasta el presente siempre he encontrado obstáculos; esperaba recoger entre ustedes algún fruto, como entre los demás pueblos. [14] Estoy en deuda con griegos y extranjeros, con instruidos e ignorantes; [15] de ahí mi afán por exponerles la buena noticia también a ustedes los de Roma.

[16] Porque yo no me acobardo de anunciar la buena noticia, fuerza de Dios para salvar a todo el que cree, primero al judío, pero también al no judío, [17] pues por su medio se está revelando la amnistía que Dios concede, única y exclusivamente por la fe, como dice la Escritura: *«El que se rehabilita por la fe, vivirá»* Hab 2,4).

1,4 "a partir de su resurrección" o por su resurrección".

1,7 "consagrados" o "santos", que se decía de Israel en el AT como pueblo consagrado a Dios.

1,9 "con toda mi alma", lit. "con mi espíritu"; indica la totalidad de la persona.

1,17 "amnistía", en griego "dikaiosynë". "Única y exclusivamente por la fe", lit. "de fe hasta fe", expresión que se inspira en otra aramea con el sentido de "empezando por [la fe] y acabando por [la fe]", cf 2 Cor 2, 16.

I

LA HUMANIDAD, SIN SALIDA

Condición de los paganos

¹⁸ Se está revelando, además, desde el cielo la reprobación de Dios contra toda impiedad e injusticia humana, la de aquellos que reprimen con injusticias la verdad. ¹⁹ Porque lo que puede conocerse de Dios lo tienen a la vista, Dios mismo se lo ha puesto delante; ²⁰ desde que el mundo es mundo, lo invisible de Dios, es decir, su eterno poder y su divinidad, resulta visible para el que reflexiona sobre sus obras, de modo que no tienen disculpa. ²¹ Porque, al descubrir a Dios, en vez de tributarle la alabanza y las gracias que Dios se merecía, su razonar se dedicó a vaciedades y su mente insensata se confundió. ²² Pretendiendo ser sabios, resultaron unos necios ²³ que cambiaron la gloria de Dios inmortal por imágenes de hombres mortales, de pájaros, cuadrúpedos y reptiles.

²⁴ Por eso, abandonándolos a sus deseos, los entregó Dios a la inmoralidad, con la que degradan ellos mismos sus propios cuerpos, por haber sustituido ellos al ²⁵ Dios verdadero por uno falso, venerando y dando culto a la criatura en vez de al Creador. ¡Bendito él por siempre! Amén. ²⁶ Por esa razón los entregó Dios a pasiones degradantes: sus mujeres cambiaron las relaciones naturales por otras innaturales, ²⁷ y los hombres lo mismo: dejando las relaciones naturales con la mujer, se consumieron de deseos unos por otros; cometen infamias con otros hombres, recibiendo en su persona el pago inevitable de su extravío.

²⁸ Como además juzgaron inadmisible seguir reconociendo a Dios, los entregó Dios a la inadmisible mentalidad de romper toda regla de conducta, ²⁹ llenos como están de toda clase de injusticia, perversidad, codicia y maldad; plagados de envidias, homicidios, discordias, fraudes, depravación; son difamadores, calumniadores, hostiles a Dios, insolentes, ³⁰ arrogantes, fanfarrones, con inventiva para lo malo, rebeldes a sus padres, ³¹ sin conciencia, sin palabra, sin entrañas, sin compasión.

³² Conocían bien el veredicto de Dios, que los que se portan así son reos de muerte y, sin embargo, no sólo hacen esas cosas, sino que además aplauden a los que las hacen.

El judío no es mejor

2 ¹ Por eso tú, amigo, el que seas, que te eriges en juez, no tienes disculpa; al dar sentencia contra el otro te estás condenando a ti mismo, porque tú, el juez, te portas igual.

² —Pero, ¡sabemos que Dios condena con razón a los que obran de ese modo!

³ —Y tú, amigo, que juzgas a los que obran así mientras tú haces lo mismo, ¿te figuras que tú sí vas a escaparte de la sentencia de Dios? ⁴ ¿O es que no das importancia a

su inagotable benignidad, a su tolerancia y a su paciencia, sin darte cuenta de que la benignidad de Dios te está empujando a la enmienda?

[5] Pues con la dureza de tu corazón impenitente te estás almacenando castigos para el día del castigo, cuando se revelará el justo juicio de Dios, [6] que pagará a cada uno según sus obras. [7] A los que perseveraron en hacer el bien, buscando gloria y honor que no decaen, les dará vida eterna; [8] a los que por egoísmo se rebelaron contra la verdad y se afiliaron a la injusticia, les dará un castigo implacable.

[9] Aflicción y angustia tocarán a todo el que comete el mal, en primer lugar al judío, pero también al griego; [10] gloria, honor y paz a todo el que practica el bien, en primer lugar, al judío, pero también al griego. [11] Porque Dios no tiene favoritismos: [12] los que pecaban sin estar bajo la ley perecerán sin que intervenga la Ley; los que pecaban bajo la Ley, por la Ley serán juzgados. [13] Porque no basta escuchar la Ley para estar bien con Dios, hay que practicar la Ley para recibir su aprobación.

[14] Me explico: cuando los paganos, que no tienen Ley, hacen espontáneamente lo que ella manda, aunque la Ley les falte, son ellos su propia Ley; [15] y muestran que llevan escrito dentro el contenido de la Ley cuando la conciencia aporta su testimonio y dialogan sus pensamientos condenando o aprobando.

[16] Así será el día en que Dios juzgue lo escondido en el hombre; y, según el evangelio que predico, lo hará por medio de Jesús el Mesías.

Lo exterior no cuenta

[17] Supongamos ahora que tú te llamas judío, que te respaldas en la Ley, te glorías de Dios, [18] conoces su voluntad y, adoctrinado por la Ley, aciertas con lo mejor; [19] con eso estás convencido de ser guía de ciegos, luz de los que viven en tinieblas, [20] educador de ignorantes, maestro de simples, por tener el saber y la verdad plasmados en la Ley.

[21] Bueno y, enseñando tú a otros, ¿no te enseñas nunca a ti mismo? Predicando que no se robe, ¿robas tú? [22] Diciendo que no se cometa adulterio, ¿adulteras tú? Teniendo horror de los ídolos, ¿te aprovechas de sus templos? [23] Mientras te glorías de la Ley, ¿afrentas a Dios violando la Ley? [24] Claro, *por vuestra culpa maldicen los paganos el nombre de Dios*, como dice la Escritura (Is 52,5; Ez 36,20).

[25] La circuncisión sirve ciertamente para algo si practicas la Ley, pero, si la violas, tu circuncisión es como si no existiera. Esto supuesto, [26] si un pagano no circunciso cumple las exigencias de la Ley, ¿no se le considerará circunciso aunque no lo esté? [27] Físicamente no estará circuncidado, pero si observa la Ley te juzgará a ti, que con todo tu código escrito y tu circuncisión violas la Ley. [28] Porque ser judío no está en lo exterior, ni circuncisión es tampoco la exterior en el cuerpo; [29] no, judío se es por dentro, y circuncisión es la interior, he-

cha por el Espíritu, no por fuerza de un código; lo es el que está bien conceptuado, no por los hombres, sino por Dios.

Objeciones

3 [1] –Entonces, ¿en qué es superior el judío? ¿De qué sirve la circuncisión? [2] –De mucho, bajo cualquier aspecto. Ante todo, porque a ellos se les confiaron los oráculos de Dios. [3] ¿Qué importa que algunos hayan sido infieles? ¿Es que la infidelidad de éstos va a anular la fidelidad de Dios? [4] De ninguna manera; hay que dar por descontado que Dios es leal y que los hombres por su parte son todos desleales, como dice la Escritura:

Tus argumentos mostrarán tu inocencia
y en el juicio saldrás vencedor
(Sal 50,6).

[5] –Pero entonces, si nuestra iniquidad hace resaltar la rectitud de Dios, ¿qué se deduce? ¿No es Dios inicuo al descargar la cólera? Hablo en términos humanos.

[6] –¡De ninguna manera! En ese caso, ¿cómo podría Dios juzgar el mundo?

[7] –Pero si, por causa de mi deslealtad, la lealtad de Dios redunda en gloria suya, ¿por qué encima se me condena a mí como pecador?

[8] –Y ¿por qué no decir ya «hagamos el mal para que resulte el bien»? Esa calumnia nos levantan, y algunos van diciendo que eso enseñamos; razón hay para condenarlos.

[9] –En resumidas cuentas, ¿llevamos alguna ventaja?
–Todo considerado, ninguna, porque acabamos de probar que todos, judíos y paganos, están bajo el dominio del pecado; [10] así lo dice la Escritura:

Ninguno es inocente, ni uno solo,
[11] no hay ninguno sensato,
nadie que busque a Dios.
[12] Todos se extraviaron; igualmente obstinados,
no hay uno que obre bien, ni uno solo.
[13] Su garganta es un sepulcro abierto,
mientras halagan con la lengua,
con veneno de víboras en sus labios.
[14] Su boca está llena de maldiciones y fraudes,
[15] sus pies tienen prisa para derramar sangre;
[16] destrozos y ruinas jalonan sus caminos,
[17] no han descubierto el camino de la paz.
[18] El respeto a Dios no existe para ellos
(Sal 13,1-3; 5,10; 9,28; Is 59,7-8).

[19] Como sabemos, siempre que la Ley habla se dirige a sus súbditos; con esto se les tapa la boca a todos y el mundo entero queda convicto ante Dios, [20] dado que «ningún mortal quedará rehabilitado ante él» (Sal 143,2) por haber observado la Ley. De hecho, la función de la ley es dar conciencia del pecado.

II
REHABILITACIÓN

²¹ Ahora, en cambio, independientemente de toda Ley, está proclamada una amnistía que Dios concede, avalada por la Ley y los Profetas, ²² amnistía que Dios otorga por la fe en Jesús Mesías a todos los que tienen esa fe. A todos sin distinción, porque ²³ todos pecaron y están privados de la presencia de Dios; ²⁴ pero gratuitamente van siendo rehabilitados por la generosidad de Dios, mediante el rescate presente en el Mesías Jesús: ²⁵ Dios nos lo ha puesto delante como lugar donde, por medio de la fe, se expían los pecados con su propia sangre.

Así demuestra Dios que no fue injusto si dejó impunes ²⁶ con su tolerancia los pecados del pasado, con esa demostración de su rectitud en nuestros días: resulta así que él es justo y que rehabilita al que alega la fe en Jesús.

Y ahora, ²⁷ ¿dónde queda el orgullo? Eliminado. ¿Por qué régimen? ¿Por el de las obras? No, al contrario, por el régimen de la fe. Porque ésta es nuestra tesis: ²⁸ que el hombre se rehabilita por la fe, independientemente de la observancia de la Ley.

²⁹ ¿Acaso Dios lo es solamente de los judíos? ¿No lo es también de los demás pueblos? Evidentemente que también de los demás pueblos, ³⁰ dado que hay un solo Dios. Pues él rehabilitará a los circuncisos en virtud de la fe y a los no circuncisos también por la fe.

³¹ –Entonces, con la fe, ¿derogamos la Ley?

–Nada de eso; al revés, la Ley la convalidamos.

Testimonio de la Ley antigua: Abrahán

4 ¹ –¿Qué concluimos entonces del caso de Abrahán, progenitor de nuestra raza? Porque, ² si Abrahán fue rehabilitado por sus obras, tiene de qué estar orgulloso.

–Sí, pero con Dios no hubo tales; ³ a ver, ¿qué dice la Escritura? *«Abrahán se fió de Dios y eso le valió la rehabilitación»* (Gn 15,6).

Ahora bien, ⁴ a uno que hace su trabajo, el salario no le vale como gratificación, sino como algo debido; ⁵ en cambio, a uno que no lo hace, pero se fía de aquel que rehabilita al culpable, esa fe le vale la rehabilitación.

⁶ En esa línea llama también David dichoso al hombre a quien Dios le hace valer la rehabilitación independientemente de las obras:

⁷ *¡Dichosos los que están perdonados de sus culpas,*
a quienes han sepultado sus pecados!

⁸ *¡Dichoso el hombre a quien el Señor*
no le cuenta el pecado! (Sal 31,1-2).

3,23 "presencia", lit. "gloria", el esplendor por el que Dios manifestaba su presencia y comunicaba con su pueblo.

⁹ Ahora bien, esta bienaventuranza ¿se refiere sólo al circunciso o también al no circunciso? Hemos quedado en que *la fe de Abrahán le valió la rehabilitación,* pero, ¹⁰ ¿cuándo le valió: antes o después de circuncidarse? Antes, no después, ¹¹ y la circuncisión se le dio como señal, como sello de la rehabilitación obtenida por la fe antes de estar circuncidado; así es padre de todos los no circuncisos que creen, valiéndoles también a ellos la rehabilitación, ¹² y al mismo tiempo de todos los circuncisos que, además de estar circuncidados, siguen las huellas de la fe que tuvo nuestro padre Abrahán antes de circuncidarse.

¹³ Porque la promesa hecha a Abrahán y a su descendencia, de que su herencia sería el mundo, no suponía la observancia de la Ley, sino la rehabilitación obtenida por la fe. ¹⁴ Además, si el ser herederos dependiera de observar la Ley, la fe quedaría sin contenido y la promesa anulada, ¹⁵ porque la Ley no trae más que reprobación; en cambio, donde no hay Ley, no hay violación posible.

¹⁶ Ésa es la razón de que la promesa dependa de la fe, para que, siendo gratuita, esté segura para toda la descendencia; no sólo para la descendencia que sigue la Ley, sino también para la que sigue la fe de Abrahán. Que él es nuestro padre común, ¹⁷ lo dice la Escritura: «*Te he destinado a ser padre de todos los pueblos*» (Gn 17,5).

Fue al encontrarse con el Dios que da vida a los muertos y llama a la existencia a lo que no existe cuando creyó Abrahán. ¹⁸ Esperar cuando no había esperanza fue la fe que lo hizo *padre de todos los pueblos,* conforme a lo que Dios le había dicho: «*Así será tu descendencia*» (Gn 15,5). ¹⁹ Su fe no flaqueó al considerar su cuerpo, materialmente muerto (tenía casi cien años), y el seno de Sara ya sin vida; frente a la promesa de Dios la incredulidad no lo hizo vacilar; ²⁰ al contrario, su fe se reforzó reconociendo que Dios decía verdad y ²¹ convenciéndose plenamente de que tiene poder para cumplir lo que promete. ²² Precisamente por eso «*le valió la rehabilitación*».

²³ Pero ese «le valió» no se escribió sólo por él, sino también por nosotros; nos valdrá a nosotros ²⁴ porque tenemos fe en el que resucitó de la muerte a Jesús Señor nuestro, ²⁵ entregado por nuestros delitos y resucitado para nuestra rehabilitación.

III

SALVACIÓN

5 ¹ Según lo dicho, rehabilitados ahora por la fe, estamos en paz con Dios por obra de nuestro Señor Jesús Mesías, ² pues por él tuvimos entrada a esta situación de gracia en que nos encontramos y estamos orgullosos con la esperanza de alcanzar el esplendor de Dios.

4,20 "reconociendo que Dios decía verdad", lit. "dando gloria a Dios", cf 9, 24.

³ Más aún, estamos orgullosos también de las dificultades, sabiendo que la dificultad produce entereza, ⁴ la entereza calidad, la calidad esperanza; ⁵ y esa esperanza no defrauda, porque el amor que Dios nos tiene inunda nuestros corazones por el Espíritu Santo que nos ha dado.

⁶ Es que cuando aún nosotros estábamos sin fuerzas, entonces, en su momento, Jesús el Mesías murió por los culpables. ⁷ Cierto, con dificultad se dejaría uno matar por una causa justa; con todo, por una buena persona quizá afrontaría uno la muerte. ⁸ Pero el Mesías murió por nosotros cuando éramos aún pecadores: así demuestra Dios el amor que nos tiene.

⁹ Pues ahora que Dios nos ha rehabilitado por la sangre del Mesías, con mayor razón nos salvará por él del castigo; ¹⁰ porque si, cuando éramos enemigos, la muerte de su Hijo nos reconcilió con Dios, mucho más, una vez reconciliados, nos salvará su vida. ¹¹ Más aún, gracias a Jesús Mesías, Señor nuestro, que nos ha obtenido la reconciliación, estamos también orgullosos de Dios.

Nueva solidaridad con Cristo

¹² En consecuencia, igual que por un hombre entró el pecado en el mundo y por el pecado la muerte, y la muerte se propagó sin más a todos los hombres, dado que todos pecaban... ¹³ Porque antes de la Ley había ya pecado en el mundo; y, aunque donde no hay Ley no se imputa el pecado, ¹⁴ a pesar de eso la muerte reinó desde Adán hasta Moisés, incluso entre los que no habían pecado cometiendo un delito como el de Adán.

¹⁵ Éste era figura del que tenía que venir, pero no hay proporción entre el delito y la gracia que se otorga; pues, si por el delito de uno solo murió la multitud, mucho más la gracia otorgada por Dios, el don de gracia que correspondía a un hombre solo, Jesús Mesías, sobró para la multitud.

¹⁶ Y tampoco hay proporción entre las consecuencias del pecado de uno y el perdón que se otorga, pues el proceso, a partir de un solo delito, acabó en sentencia condenatoria, mientras la gracia, a partir de una multitud de delitos, acaba en amnistía. ¹⁷ En otras palabras: si por el delito de aquel solo la muerte inauguró su reinado, por culpa de aquel solo, mucho más los que reciben esa sobra de gracia y de perdón gratuito, viviendo reinarán por obra de uno solo, Jesús Mesías.

¹⁸ En resumen: lo mismo que el delito de uno solo resultó en la condena de todos los hombres, así el acto de fidelidad de uno solo resultó en la amnistía y la vida para todos los hombres; ¹⁹ es decir, como la desobediencia de aquel solo hombre constituyó pecadores a la multitud, así también la obediencia de éste solo constituirá justos a la multitud.

²⁰ Por lo que hace a la Ley, se metió por medio para que proliferase el delito, pero donde proliferó el pecado sobreabundó la gracia; así, mientras el pecado reinaba dando muerte, la gracia reina con-

cediendo una amnistía que acaba en vida eterna, gracias a Jesús, Mesías, Señor nuestro.

La nueva solidaridad excluye el pecado

6 ¹ –¿Qué sacamos de esto? ¡Persistamos en el pecado para que cunda la gracia!

² –¡De ningún modo! Nosotros que hemos muerto al pecado, ¿cómo vamos a vivir todavía sujetos a él?

³ ¿Han olvidado que a todos nosotros, al bautizarnos vinculándonos al Mesías Jesús, nos bautizaron vinculándonos a su muerte? ⁴Luego aquella inmersión que nos vinculaba a su muerte nos sepultó con él, para que, así como Cristo fue resucitado de la muerte por el poder del Padre, también nosotros empezáramos una vida nueva. Pues si por esa acción simbólica ⁵ hemos sido incorporados a su muerte, también lo seremos a su resurrección.

⁶ Tengan esto presente: el hombre que éramos antes fue crucificado con él, para que se destruyera el individuo pecador y así no seamos más esclavos del pecado; ⁷ porque, cuando uno muere, el pecado pierde todo derecho sobre él.

⁸ Ahora bien, por haber muerto con Cristo, creemos que también viviremos con él, ⁹ y sabemos que Cristo resucitado de la muerte no muere ya más, que la muerte no tiene dominio sobre él. ¹⁰ Porque su morir fue un morir al pecado de una vez para siempre; en cambio, su vivir es un vivir para Dios. ¹¹ Pues lo mismo: ténganse por muertos al pecado y vivos para Dios, mediante el Mesías Jesús.

¹² Por consiguiente, no reine más el pecado en su ser mortal, obedeciendo ustedes a sus deseos, ¹³ ni tengan más su cuerpo a disposición como instrumento para la injusticia; no, pónganse a disposición de Dios, como muertos que han vuelto a la vida, y sea su cuerpo instrumento para la honradez al servicio de Dios. ¹⁴ El pecado no tendrá dominio sobre ustedes, porque ya no están en régimen de Ley, sino en régimen de gracia.

¹⁵ –Entonces, ¿qué? ¡A pecar, que no estamos en régimen de Ley, sino en régimen de gracia!

¹⁶ –¡Ni mucho menos! Ustedes saben muy bien que estar a disposición de alguien obedeciéndole como esclavos es ser de hecho esclavos de ese a quien se obedece: si es el pecado, para acabar en la muerte; si es la obediencia a Dios, para la vida honrada.

¹⁷ Pero, gracias a Dios, aunque eran esclavos del pecado, respondieron de corazón a la doctrina básica que les transmitieron y, ¹⁸ emancipados del pecado, han entrado al servicio de la honradez ¹⁹ (hablo en términos humanos, por lo flojos que están). Me explico: igual que antes cedieron su cuerpo como esclavo a la inmoralidad y al desorden, para el desorden total, cédanlo ahora a la honradez, para

---

6,3 "vinculándonos al Mesías Jesús, sentido de la proposición griega que no indica el líquido para la sumersión (cf 1 Cor 10,2), sino la unidad de destino.

su consagración.

²⁰ Es un hecho que, cuando eran esclavos del pecado, la honradez no los gobernaba. ²¹ Y ¿qué salían ganando entonces de aquello, que ahora reconocen funesto? Porque eso lleva a la muerte. ²² Ahora, en cambio, emancipados del pecado y entrados al servicio de Dios, se van ganando una consagración que lleva a vida eterna. ²³ Porque el pecado paga con muerte, mientras Dios regala vida eterna por medio del Mesías Jesús, Señor nuestro.

Caducidad de la Ley

7 ¹ ¿Acaso ignoran, hermanos (y hablo a gente entendida en leyes), que la Ley obliga al individuo sólo mientras vive? ² Así, una mujer casada está legalmente vinculada al marido mientras él está vivo, pero, si el marido muere, queda exenta de las leyes del matrimonio. ³ Consecuencia: que si se va con otro mientras vive el marido, se le declara adúltera; en cambio, muerto el marido, está exenta de las leyes del matrimonio y, si se va con otro, no es adúltera.

⁴ Pues bueno, hermanos míos, en el cuerpo del Mesías los hicieron morir a la Ley; así pudieron ser de otro, del que resucitó de la muerte, y empezar a ser fecundos para Dios. ⁵ Cuando estaban sujetos a los bajos instintos, las pasiones pecaminosas, que atiza la Ley, activaban en nuestro cuerpo una fecundidad de muerte; ⁶ ahora, en cambio, al morir a lo que nos tenía atrapados, quedamos exentos de la Ley; así podemos servir en virtud de un espíritu nuevo, no de un có-

digo anticuado.

La Ley, régimen de muerte

⁷ –Conclusión: que Ley es sinónimo de pecado.

–¡Ni mucho menos! Es verdad que, si descubrí el pecado, fue sólo por la Ley. Yo realmente no sabía lo que era el deseo hasta que la Ley dijo: *«No desearás»*, ⁸ y entonces el pecado, tomando pie del mandamiento, provocó en mí toda clase de deseos. De hecho, en ausencia de Ley, el pecado está muerto, ⁹ mientras yo, antes, cuando no había Ley, estaba vivo. Pero, al llegar el mandamiento, recobró vida el pecado ¹⁰ y morí yo: me encontré con que el mismo mandamiento destinado a dar vida, daba muerte, ¹¹ porque el pecado, tomando pie del mandamiento, me engañó y, con el mandamiento, me mató.

¹² –Así que la Ley es santa y el mandamiento santo, justo y bueno. ¹³ En todo caso, eso en sí bueno se convirtió en muerte para mí.

–No, tampoco, sino que el pecado aparece como pecado porque utiliza eso en sí bueno para provocarme la muerte; de ese modo, gracias al mandamiento, resalta hasta el extremo lo criminal del pecado.

¹⁴ La Ley es espiritual, de acuerdo, pero yo soy un hombre de carne y hueso, vendido como esclavo al pecado. ¹⁵ Lo que realizo no lo entiendo, pues lo que yo quiero, eso no lo ejecuto y, en cambio, lo que detesto, eso lo hago. ¹⁶ Ahora, si lo que hago es contra mi voluntad, estoy de acuerdo con la Ley en que ella es excelente, ¹⁷ pero en-

tonces ya no soy yo el que realiza eso, es el pecado que habita en mí. ¹⁸ Veo claro que en mí, es decir, en mis bajos instintos, no anida nada bueno, porque el querer lo excelente lo tengo a mano, pero el realizarlo no; ¹⁹ no hago el bien que quiero; el mal que no quiero, eso es lo que ejecuto. ²⁰ Ahora, si lo que yo hago es contra mi voluntad, ya no soy yo el que lo realiza, es el pecado que habita en mí.

²¹ Así, cuando quiero hacer lo bueno, me encuentro fatalmente con lo malo en las manos. ²² En lo íntimo, cierto, me gusta la Ley de Dios, ²³ pero en mi cuerpo percibo unos criterios diferentes que luchan contra los criterios de mi razón y me hacen prisionero de esa ley del pecado que está en mi cuerpo. ²⁵ᵇ En una palabra: yo, por un lado, con mi razón, estoy sujeto a la Ley de Dios; por otro, con mis bajos instintos, a la ley del pecado.

²⁴ ¡Desgraciado de mí! ¿Quién me librará de este ser mío, instrumento de muerte? ²⁵ᵃ Pero ¡cuántas gracias le doy a Dios por Jesús, Mesías, Señor nuestro!

Liberación: vida por el Espíritu

8 ¹ En consecuencia, ahora no pesa condena alguna sobre los del Mesías Jesús, ² pues, mediante el Mesías Jesús, el régimen del Espíritu de la vida te ha liberado del régimen del pecado y de la muerte. ³ Es decir, lo que le resultaba imposible a la Ley, reducida a la impotencia por los bajos instintos, lo

ha hecho Dios: envió a su propio Hijo en una condición como la nuestra, pecadora, para el asunto del pecado, y en su carne mortal sentenció contra el pecado. ⁴ Así, la exigencia contenida en la Ley puede realizarse en nosotros, ya que no procedemos dirigidos por los bajos instintos, sino por el Espíritu.

⁵ Porque los que se dejan dirigir por los bajos instintos tienden a lo bajo, mientras los que se dejan dirigir por el Espíritu tienden a lo propio del Espíritu; ⁶ de hecho, los bajos instintos tienden a la muerte; el Espíritu, en cambio, a la vida y a la paz. ⁷ La razón es que la tendencia de lo bajo significa rebeldía contra Dios, pues no se somete a la Ley de Dios; en realidad, ni siquiera lo puede, ⁸ y los que viven sujetos a los bajos instintos son incapaces de agradar a Dios.

⁹ Ustedes, en cambio, no están sujetos a los bajos instintos, sino al Espíritu, ya que el Espíritu de Dios habita en ustedes; y si alguno no tiene el Espíritu de Cristo, ése no es cristiano. ¹⁰ Pues bien, si Cristo está en ustedes, aunque su ser estuvo muerto por el pecado, el Espíritu es vida por la amnistía; ¹¹ y si el Espíritu del que resucitó a Jesús de la muerte habita en ustedes, el mismo que resucitó al Mesías dará vida también a su ser mortal, por medio de ese Espíritu suyo que habita en ustedes.

¹² Resumiendo, hermanos: deudores lo somos, pero no de los bajos instintos para tener que vivir a su manera. ¹³ Si viven de ese

---

7,25a Se invierte el orden de los versículos para conservar la sucesión lógica.

modo, van a la muerte, y, al contrario, si con el Espíritu dan muerte a las bajas acciones, vivirán; [14] porque hijos de Dios son todos y sólo aquellos que se dejan llevar por el Espíritu de Dios.

[15] Miren, no recibieron un espíritu que los haga esclavos y los vuelva al temor; recibieron un Espíritu que los hace hijos y nos permite gritar: ¡Abba! ¡Padre! [16] Ese mismo Espíritu le asegura a nuestro espíritu que somos hijos de Dios; [17] ahora, si somos hijos, somos también herederos: herederos de Dios, coherederos con el Mesías; y el compartir sus sufrimientos es señal de que compartiremos también su gloria.

La esperanza de la gloria

[18] Sostengo, además, que los sufrimientos del tiempo presente son cosa de nada comparados con la gloria que va a revelarse reflejada en nosotros.

[19] De hecho, la humanidad otea impaciente aguardando a que se revele lo que es ser hijos de Dios; [20] porque, aun sometida al fracaso (no por su gusto, sino por aquel que la sometió), esta misma humanidad abriga una esperanza: [21] que se verá liberada de la esclavitud de la decadencia, para alcanzar la libertad y la gloria de los hijos de Dios.

[22] Sabemos bien que hasta el presente la humanidad entera sigue lanzando un gemido universal con los dolores de su parto. [23] Más aún: incluso nosotros, que poseemos el Espíritu como primicia, gemimos en lo íntimo a la espera de la plena condición de hijos, del rescate de nuestro ser, [24] pues con esta esperanza nos salvaron. Ahora bien, esperanza de lo que se ve ya no es esperanza; ¿quién espera lo que ya ve? [25] En cambio, si esperamos algo que no vemos, necesitamos constancia para aguardar.

[26] Pero, además, precisamente el Espíritu acude en auxilio de nuestra debilidad: nosotros no sabemos a ciencia cierta lo que debemos pedir, pero el Espíritu en persona intercede por nosotros con gemidos sin palabras; [27] y aquel que escruta el corazón conoce la intención del Espíritu, porque éste intercede por los consagrados como Dios quiere.

[28] Sabemos también que, con los que aman a Dios, con los que él ha llamado siguiendo su propósito, él coopera siempre para su bien. [29] Porque Dios los eligió primero, destinándolos desde entonces a que reprodujeran los rasgos de su Hijo, de modo que éste fuera el mayor de una multitud de hermanos; [30] y a esos que había destinado, los llamó; a esos que llamó los rehabilitó, y a esos que rehabilitó les comunicó su gloria.

Certeza de la salvación

[31] ¿Cabe decir más? Si Dios está a favor nuestro, ¿quién podrá estar

---

8,19 "la humanidad", mejor que "la creación", según el contexto y el uso de Pablo (cf 2 Cor 5,17; Gál 6,15).

en contra? ³² Aquel que no se guardó a su propio Hijo, sino que lo entregó por todos nosotros ¿cómo es posible que con él no nos lo regale todo? ³³ ¿Quién será el fiscal de los elegidos de Dios? Dios, el que perdona. Y ³⁴ ¿a quién tocará condenarlos? Al Mesías Jesús, el que murió, o, mejor dicho, resucitó, el mismo que está a la derecha de Dios, el mismo que intercede en favor nuestro. ³⁵ ¿Quién podrá privarnos de ese amor del Mesías? ¿Dificultades, angustias, persecuciones, hambre, desnudez, peligros, espa-da? ³⁶ Dice la Escritura:

Por ti estamos expuestos a la muerte todo el día,
nos tienen por ovejas de matanza (Sal 43,23).

³⁷ Pero todo eso lo superamos de sobra gracias al que nos amó. ³⁸ Porque estoy convencido de que ni muerte ni vida, ni ángeles ni soberanías, ni lo presente ni lo futuro, ni poderes, ³⁹ ni alturas, ni abismos, ni ninguna otra criatura podrá privarnos de ese amor de Dios, presente en el Mesías Jesús, Señor nuestro.

IV

LA TRAGEDIA DE ISRAEL.
EL PLAN DE SALVACIÓN EN LA HISTORIA

9 ¹ Como cristiano que soy, digo la verdad, no miento; me lo asegura mi conciencia, iluminada por el Espíritu Santo: ² siento una gran pena y un dolor íntimo e incesante, ³ pues, por el bien de mis hermanos, los de mi raza y sangre, quisiera ser yo mismo un proscrito lejos del Mesías.

⁴ Ellos descienden de Israel, fueron adoptados como hijos, tienen la presencia de Dios, la alianza, la Ley, el culto y las promesas; ⁵ suyos son los Patriarcas, y de ellos en lo humano nació el Mesías. ¡Dios que está sobre todo, bendito sea por siempre! Amén.

Dios elige a sus colaboradores

⁶ No es que Dios haya faltado a su palabra, es que no todos los descendientes de Israel son pueblo de Israel, ⁷ como tampoco todos los descendientes de Abrahán son hijos de Abrahán; no, «*por Isaac continuará tu apellido*» (Gn 21,12). ⁸ Es decir, que no es la generación natural la que hace hijos de Dios, ⁹ es lo engendrado en virtud de la promesa lo que cuenta como descendencia, pues aquel dicho contenía una promesa: «*Volveré por este tiempo y Sara tendrá ya un hijo*» (Gn 18,10).

9,1 "como cristiano", lit. "en Cristo", es decir, unido a Cristo.
9,5 "suyo es el Dios Soberano, etc.", texto conjetural; el transmitido dice: "[el Mesías], el que está sobre todo. ¡Bendito sea Dios por siempre! Amén". Los autores difieren sobre la puntuación y traducción del texto.

¹⁰ Pero hay más: Rebeca concibió dos gemelos de Isaac nuestro antepasado. ¹¹ Pues bien, para continuar el propósito de Dios de elegir no por las obras, sino porque él llama, antes de que nacieran y pudieran hacer nada bueno ni malo, se dijo a Rebeca: ¹² *«El mayor será siervo del menor»* (Gn 25,23), ¹³ conforme al otro pasaje de la Escritura: *«Quise a Jacob más que a Esaú»* (Mal 1,2s).

¹⁴ –¿Qué se concluye? ¿Que Dios es injusto?

¹⁵ –¡De ninguna manera! De hecho, él le dijo a Moisés: *«Tendré misericordia de quien yo quiera y compasión de quien yo quiera»* (Éx 33,19). ¹⁶ En consecuencia, la cosa no está en que uno quiera o se afane, sino en que Dios tenga misericordia, ¹⁷ pues se dice al Faraón en la Escritura: *«Con este solo fin te he suscitado, para mostrar en ti mi fuerza y que se extienda mi fama por toda la tierra»* (Éx 9,16). ¹⁸ En conclusión: Dios tiene misericordia de quien quiere y deja endurecerse a quien quiere.

Libertad y misericordia de Dios

¹⁹ Ahora me dirás tú: ¿Y por qué todavía se queja? ¿Quién puede resistir a su voluntad?

²⁰ ¡Vamos, hombre! ¿Quién eres tú para contestar a Dios? *¿Va a decirle la arcilla al que la modela* (Is 29,16): por qué me has hecho así? ²¹ ¿No tiene el alfarero derecho sobre la arcilla para hacer del mismo barro un objeto de valor y uno ordinario?

²² ¿Y si Dios quisiera mostrar su reprobación y manifestar su potencia soportando con mucha paciencia a los que eran objeto de reprobación, ya prontos para destruirlos, ²³ y dar a conocer su inagotable esplendidez con los que eran objeto de misericordia, que él había preparado para la gloria?... ²⁴ que somos nosotros, llamados además por él no sólo de entre los judíos, sino también de entre los paganos. ²⁵ Eso es lo que dice en el libro de Oseas:

Llamaré pueblo mío al que no es mi pueblo,
a la no amada la llamaré amada mía;
²⁶ *y en el mismo sitio donde les dijeron:*
«Ustedes no son mi pueblo»,
los llamarán «hijos de Dios»
(Os 1,10).

²⁷ Isaías, por su parte, clama a propósito de Israel:
Aunque el número de los hijos de Israel
fuese como la arena del mar,
se salvará sólo el residuo;
²⁸ *porque sin mengua y sin tardanza*
cumplirá el Señor su palabra
en la tierra (Is 10,22-23).
²⁹ Pero también predijo Isaías:
Si el Señor de los ejércitos no nos hubiera dejado una semilla,
seríamos como Sodoma,
nos pareceríamos a Gomorra (Is 1,9).

9,13 "quise a Jacob más que a Esaú" (Mal 1,2s), lit. "quise a Jacob y odié a Esaú", cf Mt 22,14.

Libertad humana:
Israel y el evangelio

³⁰ ¿Qué se concluye? Que los paganos, que no tenían por meta una rehabilitación, consiguieron una rehabilitación, la rehabilitación por la fe. ³¹ Israel, en cambio, que tenía por meta una Ley rehabilitadora, no llegó a la Ley. ³² ¿Qué pasó? Que al no apoyarse en la fe, sino, como ellos sostienen, en las obras, tropezaron con el obstáculo de esa piedra ³³ que menciona la Escritura:

Miren, coloco en Sión una piedra de obstáculo,
unà roca para caerse;
pero quien crea en ella no quedará defraudado (Is 28,16).

10 ¹ Hermanos, mi anhelo más profundo y lo que pido a Dios por ellos es que se salven. ² Que tienen fervor religioso lo declaro en su honor, pero mal entendido; ³ pues, olvidándose de la rehabilitación que Dios da y porfiando por mantenerla a su modo, no se sometieron a la rehabilitación de Dios. ⁴ Porque el fin de la Ley es el Mesías, y con eso se rehabilita a todo el que cree.

⁵ La rehabilitación que viene por la Ley la define Moisés en estos términos: «El que cumple estos preceptos, por ellos vivirá» (Lv 18,5); ⁶ en cambio, la rehabilitación que viene por la fe se expresa así: «No te preguntes: ¿quién subirá al cielo? (es decir, con la idea de hacer bajar al Mesías); ⁷ ni tampoco: ¿quién bajará al abismo?» (es decir, con la idea de sacar al Mesías de la muerte). ⁸ ¿Qué dice enton-

ces? Esto: «A tu alcance está la palabra, en tus labios y en tu corazón» (Dt 30,14); la palabra, es decir, la fe que proclamamos. ⁹ Porque si tus labios profesan que Jesús es Señor y crees de corazón que Dios lo resucitó de la muerte, te salvarás. ¹⁰ La fe interior obtiene la rehabilitación y la profesión pública obtiene la salvación, ¹¹ pues dice la Escritura: «Ninguno que crea en él quedará defraudado» (Is 28,16). ¹² Y ya no hay distinción entre judío y griego, porque uno mismo es el Señor de todos, generoso con todos los que lo invocan; ¹³ porque «todo el que invoca el nombre del Señor se salvará» (Jl 3,5).

¹⁴ Pero, ¿cómo van a invocarlo sin creer en él? Y ¿cómo van a creer sin oír hablar de él? Y ¿cómo van a oír sin uno que lo anuncie? ¹⁵ ¿Y cómo lo van a anunciar sin ser enviados? Según aquello de la Escritura: «Bienvenidos los que traen buenas noticias» (Is 52,7).

Resistencia de Israel

¹⁶ Sin embargo, no todos han respondido a la buena noticia. Miren lo que dice Isaías: «Señor, ¿quién ha dado fe a nuestro mensaje?» (Is 53,1). ¹⁷ ¿Lo ves? La fe sigue al mensaje, y el mensaje es el anuncio del Mesías. ¹⁸ Pero pregunto yo: ¿Será que no han oído hablar? Todo lo contrario, «a toda la tierra alcanzó su pregón y hasta los límites del orbe su lenguaje» (Sal 19,5). ¹⁹ Insisto: ¿será que Israel no ha entendido? Para empezar, cito a Moisés:

Yo les daré envidia con un pueblo ilusorio,

Los irritaré con una nación fatua (Dt 32,21).

²⁰ E Isaías se atreve a más:

Me encontraron los que no me buscaban,
me revelé a los que no preguntaban por mí (Is 65,1).

²¹ En cambio, de Israel dice:

Tenía mis manos extendidas todo el día
hacia un pueblo rebelde y provocador (Is 65,2).

11 ¹ Entonces me pregunto: ¿habrá Dios desechado a su pueblo? ¡Ni pensarlo! También yo soy israelita, descendiente de Abrahán, de la tribu de Benjamín. ² *Dios no ha desechado a su pueblo,* que él se eligió.

Recuerdan, sin duda, aquello que cuenta de Elías la Escritura, cómo interpelaba a Dios en contra de Israel: ³ «Señor, han matado a tus profetas y derrocado tus altares; me he quedado yo solo y atentan contra mi vida». ⁴ Pero, ¿qué le responde la voz de Dios? «Me he reservado siete mil hombres que no han doblado la rodilla ante Baal» (1 Re 19,10.18).

⁵ Pues lo mismo ahora, en nuestros días, ha quedado un residuo, escogido por puro favor. ⁶ Y si es por puro favor, no se basa en las obras; si no, el favor dejaría de serlo. ⁷ ¿Qué se sigue? Que Israel no consiguió lo que buscaba; los escogidos lo consiguieron, mientras los demás se han obcecado, ⁸ como estaba escrito:

Dios les embotó el espíritu,

les dio ojos para no ver
y orejas para no oír
hasta el día de hoy (Dt 19,3; 29,4; Is 29,10).

⁹ Y David dice:

Que su mesa les sirva de trampa y de lazo,
de tropiezo y de castigo;
¹⁰ *que sus ojos se nublen y no vean,*
haz que su espalda esté siempre encorvada (Sal 68,23-24).

¹¹ Pregunto ahora: ¿han caído para no levantarse? Por supuesto que no. Si por haber caído ellos la salvación ha pasado a los paganos, es para dar envidia a Israel. ¹² Por otra parte, si su caída ha supuesto riqueza para el mundo, es decir, si su devaluación ha supuesto riqueza para los paganos, ¿qué no será su afluencia en masa?

Aviso a los de origen pagano

¹³ Ahora voy con ustedes, los de origen pagano. Yo soy apóstol de los paganos y, como tal, procuro dar publicidad a mi trabajo, ¹⁴ a ver si les entra envidia a los de mi raza y salvo a algunos. ¹⁵ Porque si descartarlos a ellos ha supuesto reconciliación para el mundo, ¿qué será el acogerlos, sino un volver de muerte a vida? ¹⁶ Además, si están consagradas las primicias, lo está también la masa, y si está consagrada la raíz, también lo están las ramas.

¹⁷ Han desgajado algunas ramas y, entre las que quedaban, te han injertado a ti, que eres de un olivo salvaje; así entraste a participar con ellos de la raíz y savia del olivo. ¹⁸ Pero no presumas con las ramas;

y si te da por presumir, recuerda que no sostienes tú a la raíz, sino que la raíz te sostiene a ti.

¹⁹ Dirás tú: «Desgajaron ramas para injertarme a mí». ²⁰ Perfectamente: las desgajaron por su falta de fe y tú te mantienes por la fe; conque no seas soberbio y ándate con cuidado, ²¹ que si Dios no tuvo miramientos con las ramas naturales, a lo mejor tampoco los tiene contigo. ²² Fíjate en la benignidad y en la severidad de Dios: para los que cayeron, severidad; para ti, su benignidad. Con tal que no te salgas de su benignidad, que, si no, también a ti pueden cortarte; ²³mientras a ellos, si no persisten en su falta de fe, los injertarán, que Dios tiene poder para injertarlos de nuevo. ²⁴ Si a ti te cortaron de tu olivo salvaje nativo y, contra tu natural, te injertaron en el olivo, cuánto más fácil será injertarlos a ellos, nacidos del olivo, en el tronco en que nacieron.

Salvación universal

²⁵ Y no quiero que ignoren, hermanos, el designio que se esconde en esto, para que no se sientan suficientes: la terquedad de una parte de Israel durará hasta que entre el conjunto de los pueblos; ²⁶ entonces todo Israel se salvará, como dice la Escritura:

Llegará de Sión el libertador,
para expulsar de Jacob los crímenes;
²⁷ *así será la alianza que haré con ellos*
cuando perdone sus pecados (Is 59,20; 27,9).

²⁸ Por un lado, considerando el evangelio, son enemigos, para ventaja de ustedes; pero, por otro, considerando la elección, son predilectos, por razón de los patriarcas, ²⁹ pues los dones y la llamada de Dios son irrevocables.

³⁰ Ustedes, antes rebeldes a Dios, mediante la rebeldía de ellos han obtenido misericordia; ³¹ lo mismo ellos: son ahora rebeldes para, por medio de esa misericordia que han obtenido ustedes, obtener a su vez misericordia. ³² Porque Dios encerró a todos en la rebeldía, para tener misericordia de todos.

³³ ¡Qué abismo de riqueza, de sabiduría y de conocimiento el de Dios! ¡Qué insondables sus decisiones y qué irrastreables sus caminos! ³⁴ Pues, «¿quién conoce la mente del Señor? ³⁵ ¿Quién es su consejero? ¿Quién le ha prestado para que él le devuelva?» (Is 40,13). ³⁶ Él es origen, camino y meta del universo: a él la gloria por los siglos, amén.

V

ACTUALIZANDO LA SALVACIÓN

Culto y moral cristianos

12 ¹ Por ese cariño de Dios los exhorto, hermanos, a que ofrezcan su propia existencia como sacrificio vivo, consagrado, agradable a Dios, como su culto auténtico; ² y no se amolden al mundo este, sino váyanse transformando con la nueva mentalidad, para ser ustedes capaces de distinguir cuál es el designio de Dios, lo bueno, grato y perfecto.

³ Además, en virtud del don que he recibido, aviso a cada uno de ustedes, sea quien sea, que no se tenga en más de lo que hay que tenerse, sino que se tenga en lo que debe tenerse, según el cupo de fe que Dios haya repartido a cada uno.

⁴ Porque en el cuerpo, que es uno, tenemos muchos miembros, pero no todos tienen la misma función; ⁵ lo mismo nosotros, con ser muchos, unidos a Cristo formamos un solo cuerpo y, respecto de los demás, cada uno es miembro, ⁶ pero con dotes diferentes, según el regalo que Dios nos haya hecho: si es el hablar inspirado, ejérzase en proporción a la fe; ⁷ si es el servicio, dedicándose a servir; si es el que enseña, a enseñar; ⁸ si es el que exhorta, a exhortar. El que contribuye, hágalo con esplendidez; el encargado, con empeño; el que reparte la asistencia, con simpatía.

⁹ El amor, sin fingimientos: aborrezcan lo malo y apéguense a lo bueno. ¹⁰ Como buenos hermanos, sean cariñosos unos con otros, rivalizando en la estima mutua. ¹¹ En la actividad, no se echen atrás; en el espíritu, manténganse fervientes, siempre al servicio del Señor. ¹² Que la esperanza los tenga alegres, sean enteros en las dificultades y asiduos a la oración; ¹³ háganse solidarios de las necesidades de los consagrados; esmérense en la hospitalidad.

¹⁴ Bendigan a los que los persiguen; bendigan, sí, no maldigan. ¹⁵ Con los que están alegres, alégrense ; ¹⁶ con los que lloran, lloren. Anden de acuerdo unos con otros; no piensen en grandezas, que los atraiga lo humilde; no muestren suficiencia.

¹⁷ No devuelvan a nadie mal por mal. Procuren *la buena reputación entre la gente* (Prov 5,4); ¹⁸ en cuanto sea posible y por lo que a ustedes toca, estén en paz con todo el mundo.

¹⁹ Amigos, no se tomen la justicia por su mano, dejen lugar al castigo, porque dice el Señor en la Escritura: «*Mío es el desquite, yo daré lo merecido*» (Dt 32,35). ²⁰ En vez de eso, «*si tu enemigo tiene hambre, dale de comer; si tiene sed, dale de beber: así le sacarás los colores a la cara*» (Prov 25,21s). ²¹ No te dejes vencer por el mal, vence al mal a fuerza de bien.

Deberes con la autoridad

13 ¹ Sométase todo individuo a las autoridades superiores; no hay autoridad sin que lo disponga Dios y, por tanto, las que existen han sido establecidas por él. ² En consecuencia, el rebelde a la autoridad se opone a la disposición de

---

12,20 "le sacarás los colores a la cara", sentido de la expresión hebrea "amontonarás ascuas en su cabeza", cf Prov 25,21-22.

Dios y los que se le oponen se ganarán su sentencia.

³ De hecho, los que mandan no son una amenaza para la buena acción, sino para la mala. ¿Quieres no tener miedo a la autoridad? ⁴ Sé honesto y tendrás su aprobación, pues ella es agente de Dios para ayudarte a lo bueno. En cambio, si no eres honesto, teme, que por algo lleva la espada: es agente de Dios, ejecutora de su reprobación contra el delincuente.

⁵ Por eso, forzosamente hay que estar sometido, no sólo por miedo a esa reprobación, sino también por motivo de conciencia. ⁶ Y por la misma razón pagan impuestos, porque son funcionarios de Dios dedicados en concreto a esa misión. ⁷ Paguen a cada uno lo que le deban: impuesto, contribución, respeto, honor, lo que le corresponda.

Amor mutuo y conducta cristiana

⁸ A nadie le queden debiendo nada, fuera del amor mutuo, pues el que ama al otro tiene cumplida la Ley. ⁹ De hecho, el *«no cometerás adulterio, no matarás, no robarás, no envidiarás»* (Éx 20,13-17; Dt 5,17-21) y cualquier otro mandamiento que haya se resumen en esta frase: *«Amarás a tu prójimo como a ti mismo»* (Lv 19,18). ¹⁰ El amor no causa daño al prójimo y, por tanto, el cumplimiento de la Ley es el amor.

¹¹ Y más conociendo las circunstancias; ya es hora de despertarse del sueño, porque ahora tenemos la salvación más cerca que cuando empezamos a creer. ¹² La noche está avanzada, el día se echa encima: dejemos las actividades propias de las tinieblas y pertrechémonos para actuar en la luz. ¹³ Comportémonos como en pleno día, con decoro: nada de comilonas ni borracheras, nada de orgías ni desenfrenos, nada de riñas ni porfías. ¹⁴ En vez de eso, revístanse del Señor, Jesús Mesías, y no den rienda suelta a los bajos deseos.

No exacerbar las diferencias

14 ¹ Al que tiene la fe débil, denle una buena acogida, sin discutir opiniones. ² Hay quien tiene fe para comer de todo; otro, en cambio, que la tiene débil, come sólo verduras. ³ El que come de todo, que no desprecie al que se abstiene; el que se abstiene, que no juzgue al que come, pues Dios lo ha acogido. ⁴ ¿Quién eres tú para poner falta al criado de otro? Que siga en pie o se caiga es asunto de su señor; y en pie se mantendrá, que fuerzas tiene el Señor para sostenerlo.

⁵ Éste, además, da preferencia a un día sobre otro; en cambio para aquél cualquier día es bueno. Cada cual esté bien convencido de lo que piensa. ⁶ El que se preocupa de días determinados, lo hace por el Señor; el que come de todo, lo hace por el Señor, y la prueba es que da gracias a Dios: el que se abstiene, lo hace por el Señor, y también da gracias a Dios. ⁷ Porque ninguno de nosotros vive para sí ni ninguno muere para sí: ⁸ si vivimos, vivimos para el Señor, y si

morimos, morimos para el Señor; o sea que, en vida o en muerte, somos del Señor. [9] Para eso murió el Mesías y recobró la vida, para tener señorío sobre vivos y muertos.

[10] Tú ¿por qué juzgas a tu hermano? Y tú ¿por qué desprecias a tu hermano? Todos compareceremos ante el tribunal de Dios, [11] como dice la Escritura:

Por mi vida, dice el Señor,
ante mí se doblará toda rodilla,
a mí me alabará toda lengua (Is 45,23).

[12] Total, que cada uno de nosotros tendrá que dar cuenta a Dios de sí mismo.

Mirar por los débiles

[13] Por tanto, basta ya de juzgarnos unos a otros; mejor será que adopten por criterio no poner obstáculo ni escandalizar a ningún hermano. [14] Por Jesús el Señor sé y estoy convencido de que nada es profano de por sí; algo es profano para el que lo tiene por profano y nada más. [15] Ahora que, si por comer de algo, hieres a tu hermano, ya no estás procediendo como pide el amor. Que por comer tú no se pierda uno por quien el Mesías murió.

[16] Conque ese bien que tienen, que no puedan denigrarlo, [17] porque al fin y al cabo no reina Dios por lo que uno come o bebe, sino por la honradez, la paz y la alegría que da el Espíritu Santo; [18] y el que sirve así al Mesías agrada a Dios y lo aprueban los hombres.

[19] En resumen: esmerémonos en lo que favorece la paz y construye la vida común. [20] No destruyas la obra de Dios por una cuestión de comida; todo es puro, pero es malo comer causando escándalo. [21] Mejor es abstenerse alguna vez de carne o vino o de lo que sea, si eso es obstáculo para tu hermano; [22] esa convicción que tienes, guárdatela para ti, que Dios la ve. Dichoso el que examina las cosas y se forma un juicio; [23] en cambio, el que come con dudas es culpable, porque no procede por convicción, y todo lo que no procede de convicción es pecado.

15 [1] Nosotros los robustos debemos cargar con los achaques de los endebles y no buscar lo que nos agrada. [2] Procuremos cada uno dar satisfacción al prójimo en lo bueno, mirando a lo constructivo. [3] Tampoco el Mesías buscó su propia satisfacción; al contrario, como dice la Escritura: «Las afrentas con que te afrentaban cayeron sobre mí» (Sal 69,10). [4] Es un hecho que todas las antiguas Escrituras se escribieron para enseñanza nuestra, de modo que, entre nuestra constancia y el consuelo que dan las Escrituras, mantengamos la esperanza.

[5] Que Dios, fuente de toda constancia y consuelo, les conceda andar de acuerdo entre ustedes, como es propio de cristianos; [6] para que unánimes, a una voz,

---

14,22 "convicción", lit. "fe", en este caso y en el versículo siguiente, en la rectitud de una conducta.

alaben a Dios, Padre de nuestro Señor, Jesús Mesías.

Aceptarse mutuamente

[7] Por consiguiente, acéptense mutuamente como el Mesías los aceptó para honra de Dios. [8] Quiero decir con esto que el Mesías se hizo servidor de los judíos para demostrar la fidelidad de Dios, ratificando las promesas hechas a los Patriarcas [9] y haciendo que los paganos alabaran a Dios por su misericordia. Así lo dice la Escritura:

Por eso te alabaré en medio de las naciones
y cantaré a tu nombre (Sal 17,50).

[10] Y en otro lugar:

Alégrense, naciones, con su pueblo (Dt 32,43 LXX).

[11] Y de nuevo:

Alaben, naciones todas, al Señor,
ensálzenlo, todos los pueblos (Sal 116,1).

[12] Y también Isaías dice:

Retoñará la raíz de Jesé,
el vástago reinará sobre las naciones:
las naciones esperarán en él (Is 11,10 .

[13] Que el Dios de la esperanza colme su fe de alegría y de paz, para que con la fuerza del Espíritu Santo desborden de esperanza.

EPÍLOGO

[14] Con todo, hermanos, en el caso de ustedes yo personalmente estoy convencido de que rebosan buena voluntad y de que les sobra saber para aconsejarse unos a otros. [15] A pesar de eso, les he escrito para refrescarles la memoria, a veces con bastante atrevimiento. [16] Me da pie el don recibido de Dios, que me hace celebrante del Mesías Jesús para con los paganos: mi función sacra consiste en anunciar la buena noticia de Dios, para que la ofrenda de los paganos, consagrada por el Espíritu Santo, le sea agradable.

[17] Por eso, en lo que toca a Dios, pongo mi orgullo en el Mesías, Jesús; [18] y así no se me ocurrirá hablar de nada que no sea lo que el Mesías ha hecho por mi medio para que respondan los paganos, valiéndose de palabras y acciones, [19] de la fuerza de señales y prodigios, de la fuerza del Espíritu; de ese modo, dando la vuelta desde Jerusalén hasta la Iliria, he completado el anuncio de la buena noticia del Mesías, [20] poniendo así además todo mi esfuerzo en anunciarla donde aún no se había pronunciado su nombre; no quería construir sobre cimiento ajeno, [21] sino atenerme a la Escritura:

Los que no tenían noticia lo verán,
los que nunca habían oído comprenderán (Is 52,15).

[22] Las mayoría de las veces ha sido eso precisamente lo que me ha impedido ir a visitarlos; [23] ahora,

en cambio, no tengo ya campo de acción en estas regiones, y como hace muchos años que siento muchas ganas de hacerles una visita, [24] de paso para España..., porque espero verlos al pasar y que ustedes me faciliten el viaje; aunque primero tengo que disfrutar un poco de su compañía.

[25] Por el momento me dirijo a Jerusalén, prestando un servicio a los consagrados; [26] porque Macedonia y Grecia han decidido dar una muestra de solidaridad a los pobres entre los consagrados de Jerusalén. [27] Lo han decidido, sí, y de hecho se lo deben, porque si los demás pueblos han compartido sus bienes espirituales, les deben a su vez una ayuda en lo material.

[28] Concluido este asunto y entregado el producto de la colecta, saldré para España pasando por su ciudad, [29] y sé que mi ida ahí cuenta con la plena bendición de Cristo.

[30] Por nuestro Señor, Jesús el Mesías, y por el amor que inspira el Espíritu, les pido ahora un favor, hermanos: luchen a mi lado pidiendo a Dios [31] que escape de los incrédulos de Judea y que este servicio mío a Jerusalén sea bien acogido allí por los consagrados. [32] De esa manera, si Dios quiere, podré ir a verlos contento y descansaré un poco en su compañía .

[33] El Dios de la paz esté con ustedes, amén.

APÉNDICE

16 [1] Les recomiendo a nuestra hermana Febe, diaconisa de la Iglesia de Cencreas; [2] recíbanla como cristianos, como corresponde a gente consagrada; pónganse a su disposición en cualquier asunto que necesite de ustedes, pues, lo que es ella, se ha hecho abogada de muchos, empezando por mí.

[3] Recuerdos a Prisca y Áquila, colaboradores míos en la obra del Mesías Jesús; [4] por salvar mi vida se jugaron la cabeza, y no soy yo solo quien les está agradecido, lo mismo todas las Iglesias del mundo pagano. [5] Saluden a la comunidad que se reúne en su casa.

Recuerdos a mi querido Epéneto, primer fruto de Asia para Cristo. [6] Recuerdos a María, que ha trabajado tanto por ustedes . [7] Recuerdos a Andrónico y Junias, paisanos míos y compañeros de prisión, que son apóstoles insignes e incluso fueron cristianos antes que yo. [8] Recuerdos a Ampliato, mi amigo en el Señor. [9] Recuerdos a Urbano, colaborador mío en la obra de Cristo y a mi querido Estaquis. [10] Recuerdos a Apeles, que ha dado pruebas de ser todo un cristiano.

[11] Recuerdos a la familia de Aristóbulo. Recuerdos a Herodión, mi paisano. Recuerdos a los cristianos de la casa de Narciso. [12] Recuerdos a Trifena y Trifosa, que trabajan duro por el Señor. Recuerdos a mi amiga Pérside, que ha trabajado tanto por el Señor. [13] Recuerdos a Rufo, ese cristiano eminente, y a su madre, que también lo es mía.

[14] Recuerdos a Asíncrito, a Flegón, a Hermes, a Patrobas, a Hermas y a los hermanos que viven

con ellos. ¹⁵ Recuerdos a Filólogo y a Julia, a Nereo y a su hermana, a Olimpio y a todos los consagrados que están con ellos.

¹⁶ Salúdense unos a otros con el beso ritual. Todas las comunidades cristianas los saludan.

¹⁷ Por favor, hermanos, estén en guardia contra esos que crean disensiones y escándalos opuestos a la doctrina que han aprendido; ¹⁸ evítenlos, gente de ésa no está al servicio del Mesías nuestro Señor, sino al de su propio estómago, y con zalamerías y halagos engañan a los ingenuos. ¹⁹ Sin duda, la respuesta de la fe de ustedes ha llegado a oídos de todos, y esto me alegra; pero además quisiera que fueran listos para lo bueno y simples para lo malo, ²⁰ que el Dios de la paz no tardará en aplastar a Satanás bajo sus pies.

El favor de nuestro Señor Jesús los acompañe.

²¹ Saludos de mi colaborador Timoteo y de Lucio, Jasón y Sosipatro. ²² Yo, Tercio, el amanuense, les mando un saludo cristiano. ²³ Saludos de Gayo, que me da hospitalidad a mí y a toda esta comunidad. ²⁴ Saludos de Erasto, tesorero de la ciudad, y de nuestro hermano Cuarto.

²⁵ A aquel que tiene poder para afianzarlos en la buena noticia que anuncio y la proclamación de Jesús Mesías, con la revelación de un secreto callado por incontables siglos, ²⁶ pero manifestado ahora y, por disposición de Dios eterno, comunicado con escritos proféticos a todos los pueblos para que respondan con la fe, ²⁷ a Dios, el único sabio, por medio de Jesús Mesías, sea la gloria por siempre, amén.

PRIMERA CARTA A LOS CORINTIOS

1 ¹ Pablo, apóstol del Mesías Jesús por designio y llamamiento de Dios, y Sóstenes, nuestro hermano, ² a la iglesia que está en Corinto, a los que han sido consagrados por el Mesías Jesús, llamados y consagrados con todos los que en cualquier lugar invocan el nombre de nuestro Señor Jesús Mesías, Señor de ellos y nuestro. ³ Les deseamos el favor y la paz de Dios nuestro Padre y del Señor Jesús Mesías.

⁴ Continuamente doy gracias a mi Dios por ustedes, por el favor que se les ha concedido mediante el Mesías Jesús, ⁵ pues por su medio los ha hecho ricos de todo, de todos los dones de palabra y de conocimiento; ⁶ así se vio confirmado entre ustedes el testimonio que damos del Mesías, ⁷ hasta el punto de que en ningún don se quedan cortos, mientras aguardan la manifestación de nuestro Señor, Jesús Mesías; ⁸ él, por su parte, los mantendrá firmes hasta el fin, para que el día de nuestro Señor Jesús nadie pueda acusarlos. ⁹ Fiel es Dios, y él los llamó a ser solidarios de su Hijo: Jesús Mesías, Señor nuestro.

I

DIVISIONES EN CORINTO

¹⁰ Les ruego, sin embargo, hermanos, por el mismo Señor nuestro, Jesús Mesías, que se pongan de acuerdo y no haya bandos entre ustedes, sino que formen bloque con la misma mentalidad y el mismo parecer.

¹¹ He recibido informes, hermanos míos, por la gente de Cloe, de que hay discordias entre ustedes. ¹² Me refiero a eso que cada uno por su lado anda diciendo: «Yo estoy con Pablo, yo con Apolo, yo con Pedro, yo con Cristo». ¹³ ¿Está el Mesías dado en exclusiva? ¿Acaso crucificaron a Pablo por ustedes? O ¿es que los bautizaron para vincularlos a Pablo?

¹⁴ Gracias a Dios no bauticé a ninguno más que a Crispo y a Gayo, ¹⁵ así nadie podrá decir que lo bautizaron para vincularlo a mi persona. ¹⁶ Sí, también bauticé a la familia de Esteban: fuera de ésos, no bauticé a ningún otro, que yo sepa. ¹⁷ Porque, más que a bautizar, Cristo me mandó a dar la buena noticia; y eso sin elocuencia, para que no pierda su eficacia la cruz del Mesías.

La cruz, subversión de los valores

¹⁸ De hecho, el mensaje de la cruz para los que se pierden resulta

---

1,2 "consagrados", cf Rom 1,7.
1,12 "Pedro"; en el texto, la forma aramea "Cefas".
1,13 "dado en eclusiva", "asignado", o bien "dividido", según los dos significados del verbo griego.

una locura; en cambio, para los que se salvan, para nosotros, es un portento de Dios, [19] pues dice la Escritura:

Anularé el saber de los sabios descartaré la cordura de los cuerdos (Is 29,14).

[20] ¡A ver un sabio, a ver un letrado, a ver un estudioso del mundo este! ¿No ha demostrado Dios que el saber de este mundo es locura? [21] Miren, cuando Dios mostró su saber, el mundo no reconoció a Dios por medio del saber; por eso Dios tuvo a bien salvar a los que creen en esa locura que predicamos. [22] Pues mientras los judíos piden señales y los griegos buscan sabiduría, [23] nosotros predicamos un Mesías crucificado, escándalo para los judíos, locura para los paganos; [24] en cambio, para los llamados, lo mismo judíos que griegos, un Mesías que es portento de Dios y saber de Dios: [25] porque la locura de Dios es más sabia que los hombres, y la debilidad de Dios más potente que los hombres.

[26] Y si no, hermanos, fíjense a quiénes llamó Dios: no a muchos intelectuales, ni a muchos poderosos, ni a muchos de buena familia; [27] todo lo contrario: Dios escogió lo necio del mundo para humillar a los sabios; y Dios escogió lo débil del mundo para humillar a lo fuerte; [28] y lo plebeyo del mundo, lo despreciado, lo escogió Dios: lo que no existe, para anular a lo que existe, [29] de modo que ningún mortal pueda enorgullecerse.

[30] Pero de él viene que ustedes, mediante el Mesías Jesús, tengan existencia, pues él se hizo para nosotros saber que viene de Dios, honradez y, además, consagración y liberación, [31] para que, como dice la Escritura: *«El que está orgulloso, que esté orgulloso del Señor»* (Jr 9,22).

Predicación de Pablo

2 [1] Por eso, hermanos, cuando yo llegué a su ciudad, no llegué anunciándoles el secreto de Dios con ostentación de elocuencia o de saber; [2] con ustedes decidí ignorarlo todo excepto a Jesús Mesías y, a éste, crucificado.

[3] Por eso, yo me presenté ante ustedes con una sensación de impotencia y temblando de miedo; [4] mis discursos y mi mensaje no usaban argumentos hábiles y persuasivos; la demostración consistía en la fuerza del Espíritu, [5] para que su fe no se basara en saber humano, sino en la fuerza de Dios.

El verdadero saber

[6] Con las personas maduras, sin embargo, exponemos un saber, pero no un saber de este mundo ni un saber como el de los jefes decadentes de la historia actual; [7] no, exponemos un saber divino y secreto, el saber escondido; [8] ese que, conforme al decreto de Dios antes de los siglos, había de ser nuestra gloria, ese que ninguno de los jefes de la historia presente ha llegado a conocer, pues, si lo hubieran descubierto, no habrían crucificado al glorioso Señor.

[9] Pero, en cambio, aquello que dice la Escritura: *«Lo que ojo nunca vio ni oreja oyó ni hombre al-*

guno ha imaginado, lo que Dios ha preparado para los que lo aman» (Is 64,4), nos lo ha revelado Dios a nosotros por medio del Espíritu.

¹⁰ Porque el Espíritu lo sondea todo, incluso lo profundo de Dios. ¹¹ De hecho, ¿quién conoce a fondo la manera de ser del hombre si no es el espíritu del hombre que está dentro de él? Pues lo mismo: la manera de ser de Dios nadie la conoce si no es el Espíritu de Dios. ¹² Y nosotros no hemos recibido el espíritu del mundo, sino el Espíritu que viene de Dios: así conocemos a fondo los dones que Dios nos ha hecho.

¹³ Eso es precisamente lo que exponemos, no con el lenguaje que enseña el saber humano, sino con el que enseña el Espíritu, explicando temas espirituales a hombres de espíritu.

¹⁴ El hombre en su interior no acepta la manera de ser del Espíritu de Dios, le parece una locura; y no puede captarla porque hay que enjuiciarla con el criterio del Espíritu. ¹⁵ En cambio, el hombre de espíritu puede enjuiciarlo todo, mientras a él nadie lo puede enjuiciar; ¹⁶ pues, ¿quién conoce el modo de pensar del Señor, para poder darle lecciones? (Is 40,13). Y nuestro modo de pensar es el de Cristo.

Inmadurez de los corintios: culto de la personalidad

3 ¹ Por mi parte, hermanos, no pude hablarles como a hombres de espíritu, sino como a gente débil, como a cristianos en la infancia. ² Los nutrí con leche, no con alimento sólido, porque no estaban preparados. ³ Por supuesto, ni siquiera ahora lo están, pues aún siguen los bajos instintos. Mientras haya entre ustedes rivalidad y discordia, ¿no es que los guían los bajos instintos y que proceden como gente cualquiera?

⁴ Pues cuando uno dice «yo estoy con Pablo», y otro, «yo, con Apolo», ¿no son como gente cualquiera? ⁵ En fin de cuentas, ¿qué es Apolo y qué es Pablo? Auxiliares por medio de los cuales ustedes llegaron la fe, cada uno con lo que le dio el Señor. ⁶ Yo planté, Apolo regó, pero era Dios el que hacía crecer; ⁷ por lo tanto, ni el que planta significa nada ni el que riega tampoco; cuenta el que hace crecer, o sea, Dios. ⁸ El que planta y el que riega hacen el trabajo de uno, aunque el salario que cobre cada cual dependerá de lo que haya trabajado. ⁹ Es decir, nosotros trabajamos juntos para Dios; labranza de Dios, edificio de Dios son ustedes.

¹⁰ Conforme al don que Dios me ha dado, yo, como hábil arquitecto, coloqué el cimiento, pero otro levanta el edificio. ¹¹ Ahora que cada cual preste atención a cómo construye; porque un cimiento diferente del ya puesto, que es Jesús Mesías, nadie lo puede poner; ¹² pero encima de ese cimiento puede uno edificar con oro, plata, piedras preciosas, madera, cañas o paja. ¹³ Y la obra de cada uno se verá por lo que es, pues la luz del día la pondrá de manifiesto; porque ese día amanecerá con fuego, y el fuego pondrá a prueba la calidad de cada obra: ¹⁴ si la obra de

uno resiste, recibirá su recompensa; [15] Si se quema, la perderá; sin embargo, él sí saldrá con vida, pero como quien escapa de un incendio.

[16] ¿Han olvidado que son templo de Dios y que el Espíritu de Dios habita en ustedes? [17] Si alguno destruye el templo de Dios, Dios lo destruirá a él, porque el templo de Dios es santo, y ese templo son ustedes.

[18] Que nadie se engañe: el que se las da de sabio entre ustedes al modo de este mundo, vuélvase necio para ser sabio de veras. [19] Porque el saber del mundo es necedad a los ojos de Dios, como dice la Escritura:

Él atrapa a los sabios en su propia astucia (Job 5,13).

[20] Y en otro sitio:

El Señor conoce lo triviales que son

las argucias de los astutos (Sal 93,11).

[21] Total, que nadie ponga su orgullo en hombres, porque todo es de ustedes: [22] Pablo, Apolo, Pedro, el mundo, la vida, la muerte, lo presente y lo que está por venir, todo es de ustedes; [23] pero ustedes son de Cristo y Cristo de Dios.

La conciencia del apóstol

4 [1] Según esto, que se nos considere a nosotros servidores de Cristo y encargados de anunciar los secretos de Dios, [2] y en tal supuesto, lo que al fin y al cabo se les pide a los encargados es que sean personas de fiar.

[3] Por lo que a mí toca, poco me importa que ustedes me pidan cuentas o un tribunal humano; más aún, ni siquiera yo me las pido; [4] pues aunque la conciencia no me remordiera, eso no significaría que estoy absuelto; quien me pide cuentas es el Señor.

[5] Por consiguiente, no juzguen nada antes de tiempo, esperen a que llegue el Señor: él sacará a la luz lo que esconden las tinieblas y pondrá al descubierto los motivos del corazón. Entonces cada uno recibirá su calificación de Dios.

Sarcasmo y aviso a los engreídos

[6] Hermanos, he aplicado lo anterior a Apolo y a mí por causa de ustedes, para que con nuestro caso aprendan aquello de «no saltarse el reglamento» y no sean entusiastas de uno a costa del otro.

[7] Vamos a ver, ¿quién te hace a ti superior? Y, en todo caso, ¿que tienes que no hayas recibido? Y si de hecho lo has recibido, ¿a qué tanto orgullo, como si nadie te lo hubiera dado?

[8] Ya están satisfechos, ya se han enriquecido, sin nosotros han llegado a reinar. Ojalá fuera verdad, [9] así podríamos asociarnos a ustedes, pues, por lo que veo, Dios nos asigna, a nosotros los apóstoles, el último puesto, como si fuéramos condenados a muerte, entregándonos como espectáculo al mundo entero, lo mismo a ángeles que a la humanidad.

3,22 "Pedro"; en el texto, la forma aramea "Cefas".

¹⁰ Nosotros, unos locos por Cristo; ustedes, ¡qué cristianos tan sensatos!; nosotros débiles, ustedes fuertes; ustedes célebres, nosotros despreciados; ¹¹ hasta el momento presente no hemos dejado de pasar hambre, sed, frío y malos tratos; no tenemos domicilio fijo, ¹² nos agotamos trabajando con nuestras propias manos; nos insultan y les deseamos el bien; nos persiguen y aguantamos; ¹³ nos difaman y respondemos con buenos modos; se diría que somos la basura del mundo, desecho de la humanidad, y eso hasta el día de hoy.

¹⁴ No les escribo esto para avergonzarlos, sino para llamarles la atención como a hijos míos queridos, ¹⁵ porque, como cristianos, puede que tengan mil tutores, pero padres no tienen muchos; como cristianos fui yo quien los engendré con el evangelio. ¹⁶ Por eso los exhorto a que sigan mi ejemplo ¹⁷ y para eso les mando a Timoteo, hijo mío querido y cristiano fiel; él les recordará mis principios cristianos, los mismos que enseño en todas partes, a cada comunidad.

¹⁸ Algunos, por otra parte, pensando que no iré, han empezado a engreírse; ¹⁹ pero si el Señor quiere, llegaré muy pronto y entonces veré no lo que dicen esos engreídos, sino lo que hacen; ²⁰ porque Dios no reina cuando se habla, sino cuando se actúa. ²¹ ¿Qué quieren? ¿Voy con la vara o con cariño y suavidad?

II

TRES ESCÁNDALOS CONTRA EL TESTIMONIO

El caso del incestuoso

5 ¹ Se oye hablar entre nosotros, como si nada, de un caso de inmoralidad, y una inmoralidad tal que no se da ni entre los paganos: uno que vive con su madrastra.

² ¡Y ustedes siguen engreídos en lugar de ponerse de luto y echar del grupo al que ha cometido eso!

³ Yo, por mi parte, ausente con el cuerpo, pero presente en espíritu, ya he tomado una decisión, como si estuviera presente, respecto al que ha hecho eso: ⁴ reunidos ustedes –y yo en espíritu– en nombre de nuestro Señor Jesús, con el poder de nuestro Señor Jesús ⁵ entreguen a ese individuo a Satanás; humanamente quedará destrozado, pero la persona se salvará el día del Señor.

⁶ Esa jactancia de ustedes no viene a cuento, ¿no saben que con un poco de levadura se fermenta toda la masa? ⁷ Hagan buena limpieza de la levadura del pasado para ser una masa nueva, conforme a lo que son: panes sin levadura. Porque Cristo, nuestro cordero pascual, ya fue inmolado; ⁸ entonces celebren la fiesta, pero no con levadura del pasado, no con levadura de maldad y perversidad, sino con panes sin levadura, que son candor y autenticidad.

⁹ Les decía en la otra carta que no se juntaran con libertinos. ¹⁰ No

me refería en general a los libertinos de este mundo, ni tampoco a
los codiciosos y estafadores, ni a
los idólatras; para eso tendrían que
marcharse del mundo. ¹¹ Lo que de
hecho les dije fue que no se juntaran con uno que, llamándose cristiano, es libertino, codicioso, idólatra, difamador, borracho o estafa-
dor: con uno así ni sentarse a la
misma mesa. ¹²¿Es asunto mío juzgar a los de fuera? ¿No es a los de
dentro a quienes juzgan ustedes?
¹³ A los de fuera los juzga Dios.
Expulsen de su grupo al malvado
(Dt 17,7).

Los procesos en tribunales paganos

6 ¹ Cuando uno de ustedes está
en litigio con un compañero,
¿cómo tiene el valor de hacer que
lo juzguen paganos y no gente
consagrada? ² O ¿es que no saben
que los consagrados juzgarán el
universo? Y si ustedes van a juzgar
al mundo, ¿no son capaces de re-
solver pleitos insignificantes? ³ No
olviden que juzgaremos a ángeles;
cuánto más asuntos de la vida ordinaria.

⁴ De manera que en los pleitos
ordinarios toman por jueces a esa
gente que para la comunidad no
cuenta. ⁵ ¿No les da vergüenza?
¿Así que no hay entre ustedes ningún entendido que pueda arbitrar
entre dos hermanos? ⁶ No, señor,
hermano con hermano se meten
en un proceso, y además ante no
creyentes. ⁷ De cualquier manera,
ya es ciertamente un fallo que haya
procesos judiciales entre ustedes.

¿Por qué no mejor sufrir la injusticia? ¿Por qué no mejor dejarse robar? ⁸ En cambio, son ustedes los
injustos y los ladrones, y eso con
sus hermanos.

⁹ ¿Han olvidado que la gente injusta no heredará el reino de Dios?
No se engañen: los inmorales, idólatras, adúlteros, invertidos, sodo-
mitas, ¹⁰ ladrones, codiciosos, borrachos, difamadores o estafadores no heredarán el reino de Dios.
¹¹ Eso eran algunos de ustedes antes, pero ustedes se han purificado, pero han sido consagrados,
pero han sido rehabilitados por la
acción del Señor, Jesús Mesías, y
mediante el Espíritu de nuestro
Dios.

La inmoralidad

¹² —«Todo me está permitido».

—Sí, pero no todo aprovecha.
Todo me está permitido, pero yo
no me dejaré dominar por nada.

¹³ —La comida es para el estómago y el estómago para la comida y,
además, Dios acabará con lo uno y
con lo otro.

—Pero el cuerpo no es para el libertinaje, sino para el Señor, y el Señor para el cuerpo, ¹⁴ pues Dios, que
resucitó al Señor, nos resucitará
también a nosotros con su poder.

¹⁵ ¿Se les ha olvidado que son
miembros de Cristo? Y ¿voy a quitarle un miembro al Mesías para
hacerlo miembro de una prostituta? ¡Ni pensarlo! ¹⁶ ¿No saben que
unirse a una prostituta es hacerse
un cuerpo con ella? Lo dice la
Escritura: *Serán los dos un solo
ser* (Gn 2,24). ¹⁷ En cambio, estar
unido al Señor es ser un Espíritu

con él. [18] Huyan del libertinaje; cualquier pecado que uno cometa queda fuera del cuerpo; en cambio, el libertino peca contra su propio cuerpo.

[19] Saben muy bien que su cuerpo es templo del Espíritu Santo, que está en ustedes porque Dios se lo ha dado. [20] Ustedes no se pertenecen, han sido comprados a un alto precio; pues glorifiquen a Dios con su cuerpo.

III

RESPUESTA A UNA CONSULTA SOBRE EL ESTADO DE VIDA

Matrimonio

7 [1] Ahora, acerca de aquello que escribieron: «Está bien que uno no se case». [2] Sin embargo, por tanta inmoralidad como hay, tenga cada uno su propia mujer y cada mujer su propio marido. [3] El marido dé a su mujer lo que le debe y lo mismo la mujer al marido; [4] la mujer ya no es dueña de su cuerpo, lo es el hombre; y tampoco el hombre es dueño de su cuerpo, lo es la mujer.

[5] No se priven el uno del otro; si acaso, de común acuerdo y por cierto tiempo, para dedicarse a la oración, y luego vuelvan a estar juntos otra vez, no sea que el diablo los tiente si no se pueden contener, [6] y esto lo digo a modo de concesión, no como una orden. [7] A todos les desearía que vivieran como yo, pero cada uno tiene el don particular que Dios le ha dado, unos uno y otros otro.

[8] A los solteros y a las viudas les digo que estaría bien que se quedaran como están, como hago yo. [9] Sin embargo, si no pueden contenerse, que se casen; más vale casarse que quemarse.

[10] A los ya casados les mando –bueno, no yo, el Señor– que la mujer no se separe del marido. [11] Y si llega a separarse, que no vuelva a casarse o que haga las paces con su marido; y el marido que no deje a su mujer.

[12] A los demás, les hablo yo, no el Señor: si un cristiano está casado con una no cristiana, y ella está de acuerdo en vivir con él, que no la despida. [13] Y si una mujer está casada con un no cristiano y él está de acuerdo en vivir con ella, que no despida al marido. [14] Porque el marido no cristiano queda consagrado a Dios por su mujer, y la mujer no cristiana queda consagrada por el marido cristiano. Si no fuera así, sus hijos serían ajenos a Dios, mientras que de hecho están consagrados. [15] Ahora que si el no cristiano quiere separarse, que se separe; en semejantes casos el cristiano o la cristiana no están vinculados; Dios nos ha llamado a una vida de paz. [16] ¿Quién te dice a ti, mujer, que vas a salvar a tu marido? O ¿quién te dice a ti, marido, que vas a salvar a tu mujer?

No cambiar de estado de vida

[17] Fuera de este caso, viva cada uno en la condición que el Señor le asignó, en el estado en que Dios lo llamó.

Esta norma doy en todas las comunidades. [18] ¿Te llamó Dios estando circuncidado? No lo disimules. ¿Te ha llamado sin estarlo? No te circuncides. [19] Estar circuncidado o no estarlo no significa nada, lo que importa es cumplir lo que Dios manda.

[20] Siga cada uno en el estado en que Dios lo llamó. [21] ¿Te llamó Dios siendo esclavo? No te importe (aunque si de hecho puedes obtener la libertad, mejor aprovéchate), [22] porque si el Señor llama a un esclavo, el Señor le da la libertad; y lo mismo: si llama a uno libre, es esclavo de Cristo. [23] Pagaron para comprarlos, no sean esclavos de hombres. [24] Hermanos: cada uno siga ante Dios en la condición en que lo llamaron.

Aplicación a solteros y viudas

[25] Respecto a los solteros no ha dispuesto el Señor nada, que yo sepa; les doy mi parecer como creyente que soy por la misericordia del Señor. [26] Estimo que lo que dije está bien, por motivo de la calamidad que se viene encima; es decir, que está bien quedarse como uno está. [27] ¿Estás unido a una mujer? No trates de separarte. ¿Estás soltero? No busques mujer, [28] aunque si te casas no haces nada malo, y si una soltera se casa, tampoco. Es verdad que en lo humano pasarán ésos sus apuros, pero yo los respeto.

[29] Lo que afirmo es que el plazo se ha acortado; en adelante, los que tienen mujer pórtense como si no la tuvieran; [30] los que sufren, como si no sufrieran; los que gozan, como si no gozaran; los que adquieren, como si no poseyeran; [31] los que sacan partido de este mundo, como si no disfrutaran, porque el papel de este mundo está para terminar.

[32] Querría además que se ahorren preocupaciones. El soltero se preocupa de los asuntos del Señor, buscando complacer al Señor. [33] El casado, en cambio, se preocupa de los asuntos del mundo, buscando complacer a su mujer, [34] y tiene dos cosas en qué pensar. La mujer sin marido y la joven soltera se preocupan de los asuntos del Señor, para dedicarse a él en cuerpo y alma. La casada, en cambio, se preocupa de los asuntos del mundo, buscando complacer al marido. [35] Les digo estas cosas para su bien personal, no para echarles el lazo. Miro al decoro y a una continua adhesión al Señor.

[36] Supongamos que uno con mucha vitalidad piensa que se está propasando con su compañera y que la cosa no tiene remedio; que haga lo que desea, no hay pecado en eso: cásense. [37] Otro, en cambio, está firme interiormente y no siente una compulsión irresistible, sino que tiene libertad para tomar

---

7,36 "su compañera", lit. "su virgen", es decir, compañera de trabajo soltera; el versículo siguiente muestra que no puede tratarse de la novia.

su propia decisión y ha determinado dentro de sí respetar a su compañera; hará perfectamente. ³⁸ En resumen, el que se casa con su compañera hace bien, y el que no se casa, todavía mejor.

³⁹ La mujer está ligada mientras vive el marido; si se muere, queda libre para casarse con el que quiera, con tal que sea cristiano. ⁴⁰ Sin embargo, será más feliz si se queda como está; ésta es mi opinión, y Espíritu de Dios creo tener también yo.

IV

OTRA CONSULTA:
¿SE PUEDE COMER LA CARNE SACRIFICADA?

Libertad, sí, pero con cautela

8 ¹ Acerca de la carne de los sacrificios: «Todos tenemos conocimiento», ya lo sabemos. (El conocimiento engríe, lo constructivo es el amor.) ² Quien se figura haber terminado de conocer algo, aún no ha empezado a conocer como es debido. ³ En cambio, al que ama a Dios, Dios lo reconoce.

⁴ Esto supuesto, respecto a lo de comer carne de los sacrificios sabemos que en el mundo un ídolo no representa nada y que nadie es Dios más que uno; ⁵ pues aunque hay los llamados dioses, ya sea en el cielo, ya en la tierra –y de hecho hay numerosos dioses y numerosos señores–, ⁶ para nosotros no hay más que un Dios: el Padre, de quien procede el universo y a quien estamos destinados nosotros, y un sólo Señor: Jesús Mesías, por quien existe el universo y por quien existimos nosotros.

⁷ Sin embargo, no es de todos ese conocimiento: algunos, acostumbrados hasta hace poco a la idolatría, comen pensando que la carne está consagrada al ídolo, y su conciencia, por estar insegura, se mancha.

⁸ No será la comida lo que nos recomiende ante Dios: ni por privarnos de algo somos menos, ni por comerlo somos más; ⁹ pero cuidado para que esa libertad de ustedes no se convierta en obstáculo para los inseguros. ¹⁰ Porque si uno te ve a ti, «que tienes conocimiento», sentado a la mesa en un templo pagano, ¿no se envalentonará su conciencia, insegura y todo, y comerá carne del sacrificio? ¹¹ Es decir, que por tu conocimiento el inseguro irá al desastre: un hermano por quien el Mesías murió.

¹² Al pecar de esa manera contra los hermanos, haciendo daño a su conciencia insegura, pecan contra Cristo. ¹³ Por esa razón, si un alimento pone en peligro a un hermano mío, nunca volveré a probar la carne, para no poner en peligro a mi hermano.

*Saber renunciar
a los propios derechos*

9 ¹ ¿No soy libre? ¿No soy apóstol? ¿Es que no he visto a Jesús Señor nuestro? ¿No es obra mía el que ustedes sean cristianos? ² Si para otros no soy apóstol, al menos para ustedes lo soy, pues el sello de mi apostolado, es que ustedes son cristianos. ³ Esta es mi defensa contra los que me discuten.

⁴ ¿Acaso no tenemos derecho a comer y beber? ⁵ ¿Acaso no tenemos derecho a viajar en compañía de una mujer cristiana como los demás apóstoles, incluyendo a los parientes del Señor y a Pedro? ⁶ O ¿somos Bernabé y yo los únicos que no tenemos derecho a dejar otros trabajos? ⁷ ¿Cuándo se ha visto que un militar corra con sus gastos? ¿Quién planta una viña y no come de su fruto? ¿Qué pastor no se alimenta de la leche del rebaño?

⁸ ¿Que son humanas las razones que alego? ¿O es que la Ley, por su parte, no dice también eso? ⁹ Porque en la Ley de Moisés está escrito: *«No pondrás bozal al buey que trilla»* (Dt 25,4). ¿Le importan a Dios los bueyes, ¹⁰ o lo dice precisamente por nosotros? Sí, se escribió por nosotros, porque el que ara tiene que arar con esperanza, y el que trilla, con esperanza de obtener su parte. ¹¹ Si nosotros hemos sembrado para ustedes lo espiritual, ¿será mucho que cosechemos nosotros de sus bienes materiales? ¹² Si otros comparten los bienes de los que ustedes disponen, nosotros con mayor razón. Sin embargo, no hicimos uso de ese derecho, al contrario, siempre renunciamos a él para no crear obstáculo alguno a la buena noticia del Mesías.

¹³ Bien saben que el templo sustenta a los que celebran el culto y que los que atienden al altar tienen su parte en las ofrendas del altar. ¹⁴ Pues también el Señor dio instrucciones a los que anuncian el evangelio diciéndoles que vivieran de su predicación.

¹⁵ Yo, sin embargo, nunca he hecho uso de nada de eso, ni tampoco escribo estas líneas con intención de reclamarlo, más me valdría morirme que... Nadie me privará de este motivo de orgullo. ¹⁶ Porque el hecho de predicar el evangelio no es para mí un motivo de orgullo, ése es mi destino. ¡Pobre de mí si no lo anunciara! ¹⁷ Si lo hiciera por mi voluntad, tendría mérito; pero si me han confiado un encargo independientemente de mi voluntad, ¹⁸ ¿dónde está entonces mi mérito? En predicar el evangelio ofreciéndolo de balde, sin aprovecharme del derecho que me da esa predicación.

¹⁹ Soy libre, cierto, nadie es mi amo; sin embargo, me he puesto al servicio de todos, para ganar a los más posibles. ²⁰ Con los judíos me porté como judío para ganar judíos; con los sujetos a la Ley, me sujeté a la Ley, aunque personalmente no esté sujeto, para ganar a los sujetos a la Ley. ²¹ Con los que no tienen la Ley, me porté como libre de la Ley, para ganar a los que no tienen Ley –no es que yo esté sin ley de Dios, no, mi ley es el Mesías–; ²² con los inseguros me porté como un inseguro, para ganar a los inseguros. Con los que sea me hago lo que sea, para ganar a algunos como sea. ²³ Y todo lo hago por el evangelio, para que la buena noticia me aproveche también a mí.

9,5 "Pedro"; en el texto, la forma aramea "Cefas".

Autodisciplina para no inutilizar la fe

²⁴ ¿Acaso no saben que en el estadio todos los corredores participan en la carrera, pero uno solo se lleva el premio? Corran de este modo, para ganar. ²⁵ Además, cada contendiente se impone en todo una disciplina; ellos para ganar una corona que se marchita, nosotros una que no se marchita. ²⁶ Pues yo corro de esa manera, no sin rumbo fijo; boxeo de esa manera, no dando golpes al aire; ²⁷ nada de eso, mis golpes van a mi cuerpo y lo obligo a que me sirva, no sea que después de predicar a otros me descalifiquen a mí.

10 ¹ Porque no quiero que olviden, hermanos, que nuestros antepasados estuvieron todos bajo la nube, que todos atravesaron el mar ² y que, en la nube y en el mar, recibieron todos un bautismo que los vinculaba a Moisés. ³ Todos también comieron el mismo alimento profético y todos bebieron la misma bebida profética, ⁴ porque bebían de la roca profética que los acompañaba, roca que representaba al Mesías. ⁵ A pesar de eso, la mayoría no agradó a Dios, y la prueba es que fueron abatidos en el desierto.

⁶ Todo esto sucedió para que aprendiéramos nosotros, para que no estemos deseosos de lo malo, como ellos lo desearon. ⁷ No sean tampoco idólatras, como algunos de ellos, según dice la Escritura: «*El pueblo se sentó a comer y beber y luego se levantó a danzar*» (Ex 32,6). ⁸ Tampoco seamos libertinos, como lo fueron algunos de ellos, y en un solo día cayeron veintitrés mil. ⁹ Tampoco provoquemos al Señor, como lo provocaron algunos de ellos y perecieron víctimas de las serpientes. ¹⁰ Tampoco protesten, como protestaron algunos de ellos y perecieron a manos del exterminador.

¹¹ A ellos les sucedían estas cosas para que aprendieran, y se escribieron para que escarmentemos nosotros, a quienes llegan los resultados de la historia. ¹² Por consiguiente, quien se ufana de estar en pie, cuidado con caerse.

¹³ Ninguna prueba les ha caído encima que salga de lo ordinario: fiel es Dios, y no permitirá él que la prueba supere sus fuerzas. No, para que sea posible resistir, con la prueba dará también la salida.

La idolatría, incompatible con la fe

¹⁴ Por esa razón, amigos míos, huyan de la idolatría. ¹⁵ Les hablo como a gente sensata, juzguen ustedes esto que digo. ¹⁶ Esa «copa de la bendición» que bendecimos, ¿no significa solidaridad con la sangre del Mesías? Ese pan que partimos, ¿no significa solidaridad con el cuerpo del Mesías? ¹⁷ Como hay un solo pan, aun siendo muchos formamos un solo cuerpo, pues todos y cada uno participamos de ese único pan.

¹⁸ Consideren el pueblo de Israel:

10,3 "profético", lit. "espiritual", como el lenguaje y la inspiración de los profetas, cf Ap 11,8.

los que comen de las víctimas quedan unidos con el altar. [19] ¿Qué quiero decir con esto? ¿Que las víctimas son algo o que un ídolo es algo? [20] No, sino que ofrecen sus sacrificios a demonios que no son Dios, y no quiero que ustedes entren en sociedad con los demonios. [21] No pueden al mismo tiempo beber de la copa del Señor y de la copa de los demonios. [22] No pueden participar de la mesa del Señor y de la mesa de los demonios. ¿Queremos dar celos al Señor? ¿Es que somos más fuertes que él?

Libertad sí, pero responsable

[23] –Todo está permitido.

–Sí, pero no todo aprovecha. Todo está permitido, pero no todo es constructivo. [24] Que nadie busque su propio interés, sino el ajeno.

[25] Coman de todo lo que se vende en el matadero, sin más averiguar por escrúpulo de conciencia, [26] *porque la tierra y todo lo que contiene es del Señor* (Sal 24,1).

[27] Si un pagano los invita y quieren ir, coman de todo lo que les pongan, sin más averiguar por escrúpulo de conciencia. [28] Pero en caso que uno les advierta: «Eso es carne sacrificada», no coman, por motivo del que les avisa y de la conciencia; [29] y cuando hablo de conciencia no entiendo la propia, sino la del otro.

–¡Vaya! Y ¿a santo de qué mi libertad va a tener por juez la conciencia de otro? [30] Si yo, cuando participo en una comida, se lo agradezco a Dios, ¿por qué tienen que denigrarme por algo que tomo dándole las gracias?

[31] –De todas formas, hagan lo que hagan, comer, beber o lo que sea, háganlo todo para gloria de Dios; [32] no sean un impedimento para judíos ni griegos ni para la comunidad, [33] como yo a mi vez procuro en todo dar satisfacción a todos, no buscando mi provecho, sino el de la gente, para que se salven.

11 [1] Sigan mi ejemplo, como yo sigo el de Cristo.

V

DOS AVISOS PARA LAS CELEBRACIONES

Para actuar en público, cúbranse las mujeres

[2] Los felicito porque siempre me recuerdan y porque mantienen las tradiciones como se las transmití.

[3] Quiero que sepan, sin embargo, que el Mesías es cabeza de todo hombre, el hombre cabeza de la mujer y Dios cabeza del Mesías. [4] Un hombre que ora o habla inspirado con la cabeza cubierta, abochorna a su cabeza.

[5] Una mujer que ora o habla inspirada con la cabeza descubierta, abochorna a su cabeza, porque eso y estar rapada, es uno y lo mismo. [6] O sea, que para estar desarreglada, que se pele; y si es vergonzoso para una mujer dejarse pelar o rapar, que se cubra.

[7] Es decir, el hombre no debe

cubrirse, siendo como es, imagen y reflejo de Dios; la mujer, en cambio, es reflejo del hombre. [8] Porque no procede el hombre de la mujer, sino la mujer del hombre; [9] ni tampoco fue creado el hombre para la mujer, sino la mujer para el hombre. [10] Por eso la mujer debe llevar en la cabeza una señal de sujeción, por los ángeles.

[11] –Sólo que en cristiano ni hay mujer sin el hombre, ni hombre sin la mujer, [12] pues lo mismo que la mujer salió del hombre, también el hombre nace por la mujer, y todo viene de Dios.

[13] –Júzguenlo ustedes mismos: ¿es decente que una mujer ore a Dios descubierta? [14] ¿No nos enseña la misma naturaleza que es deshonroso para el hombre dejarse el pelo largo, mientras a la mujer el pelo largo le da realce? Porque el pelo largo va bien con un velo.

[16] Y si alguno está dispuesto a discutir, sepa que nosotros no tenemos tal costumbre, ni las comunidades tampoco.

Eucaristía sin amor fraterno, imposible

[17] A propósito de estas instrucciones, no puedo felicitarlos de que sus reuniones causen más daño que provecho. [18] Porque, en primer lugar, oigo decir que cuando ustedes se reúnen en asamblea forman bandos; [19] y en parte lo creo, porque es necesario que entre ustedes haya divisiones, para que quede patente quiénes de ustedes superan esa prueba.

[20] Además, cuando tienen una reunión, les resulta imposible comer la cena del Señor, [21] pues cada uno se adelanta a comerse su propia cena, y mientras uno pasa hambre, el otro está borracho. [22] ¿Será que no tienen casas para comer y beber? O ¿es que tienen en poco a la asamblea de Dios y quieren abochornar a los que no tienen? ¿Qué quieren que les diga? ¿Que los felicite? Por esto no los felicito.

[23] Porque lo mismo que yo recibí y que venía del Señor, se lo transmití a ustedes: que el Señor Jesús, la noche en que iban a entregarlo, tomó un pan, [24] dio gracias, lo partió y dijo: «Esto es mi cuerpo, que se entrega por ustedes; hagan lo mismo en memoria mía». [25] Después de cenar, hizo igual con la copa, diciendo: «Esta copa es la nueva alianza sellada con mi sangre; cada vez que la beban, hagan lo mismo en memoria mía». [26] Y de hecho, cada vez que comen de ese pan y beben de esa copa, proclaman la muerte del Señor, hasta que él vuelva. [27] Por consiguiente, el que come del pan o bebe de la copa del Señor sin darles su valor tendrá que responder del cuerpo y de la sangre del Señor.

[28] Examínese cada uno a sí mismo antes de comer el pan y beber de la copa, [29] porque el que come y bebe sin apreciar el cuerpo, se come y bebe su propia sentencia. [30] Esa es la razón de que entre ustedes muchos estén flojos y deprimidos y, bastantes, adormilados. [31] Si nos juzgáramos debidamente nosotros, no nos juzgarían, [32] aunque si el Señor nos juzga es para corregirnos, para que no salgamos condenados con el mundo.

³³ Así que, hermanos míos, cuando se reúnan para comer, espérense unos a otros; ³⁴ Si uno está hambriento, que coma en su casa, para que sus reuniones no acaben con una sanción.

Lo demás lo arreglaré cuando vaya.

VI
DONES DEL ESPÍRITU

Múltiples dones, un Espíritu

12 ¹ En la cuestión de los fenómenos espirituales no quiero que sigan en la ignorancia. ² Recuerden que, cuando eran paganos, se sentían arrebatados hacia los ídolos mudos, siguiendo el ímpetu que les venía. ³ Por eso les advierto que nadie puede decir: «¡Afuera Jesús!», si habla impulsado por el Espíritu de Dios; ni nadie puede decir: «¡Jesús es Señor!», si no es impulsado por el Espíritu Santo.

⁴ Los dones son variados, pero el Espíritu el mismo; ⁵ las funciones son variadas, aunque el Señor es el mismo; ⁶ las actividades son variadas, pero es el mismo Dios quien lo activa todo en todos.

⁷ La manifestación particular del Espíritu se le da a cada uno para el bien común. ⁸ A uno, por ejemplo, mediante el Espíritu, se dan palabras acertadas; a otro, palabras sabias, conforme al mismo Espíritu; ⁹ a un tercero, fe, por obra del mismo Espíritu; a otro, por obra del único Espíritu, dones para curar; a otro, realizar obras extraordinarias; ¹⁰ a otro, un mensaje inspirado; a otro, distinguir inspiraciones; a aquél, hablar diversas lenguas; ¹¹ a otro, traducirlas. Pero todo eso lo activa el mismo y único Espíritu, que lo reparte dando a cada individuo en particular lo que a él le parece.

Miembros del mismo cuerpo

¹² Es un hecho que el cuerpo, siendo uno, tiene muchos miembros, pero los miembros, aun siendo muchos forman entre todos un solo cuerpo. ¹³ Pues también el Mesías es así, porque también a todos nosotros, ya seamos judíos o griegos, esclavos o libres, nos bautizaron con el único Espíritu para formar un solo cuerpo, y sobre todos derramaron el único Espíritu. ¹⁴ Y es que tampoco el cuerpo es todo el mismo órgano, sino muchos. ¹⁵ Aunque el pie diga: «como no soy mano, no soy del cuerpo», no por eso deja de serlo. ¹⁶ Y aunque la oreja diga: «como no soy ojo, no soy del cuerpo», no por eso deja de serlo. ¹⁷ Si todo el cuerpo fuera ojos, ¿cómo podría oír? Si todo el cuerpo fuera oídos, ¿cómo podría oler? ¹⁸ Pero, de hecho, Dios estableció en el cuerpo cada uno de los órganos como él quiso. ¹⁹ Si todos ellos fueran el mismo órgano, ¿qué

12,10 "mensaje inspirado", en griego "profecía", es decir, dirigirse a la comunidad inspirado por el Espíritu.

cuerpo sería ése? ²⁰ Pero no, de hecho hay muchos órganos y un solo cuerpo.

²¹ Además, no puede el ojo decir a la mano: «no me haces falta»; ni la cabeza a los pies: «no me hacen falta». ²² Al contrario, los miembros que parecen de menos categoría son los más indispensables, ²³ y los que nos parecen menos dignos los vestimos con más cuidado. ²⁴ Lo menos presentable lo tratamos con más miramiento; lo presentable no lo necesita.

Es más, Dios combinó las partes del cuerpo procurando más cuidado a lo que menos valía, ²⁵ para que no haya discordia en el cuerpo y los miembros se preocupen igualmente unos de otros. ²⁶ Así, cuando un órgano sufre, todos sufren con él; cuando a uno lo tratan bien, con él se alegran todos.

²⁷ Pues bien, ustedes son cuerpo de Cristo, y cada uno por su parte es miembro. ²⁸ En la comunidad Dios ha establecido a algunos en primer lugar como apóstoles; en segundo lugar, como profetas; en tercer lugar, como maestros; luego hay obras extraordinarias; luego dones de curar, asistencias, funciones directivas, diferentes lenguas. ²⁹ ¿Son todos apóstoles? ¿Son todos profetas? ¿Son todos maestros? ¿Hacen todos obras extraordinarias? ³⁰ ¿Tienen todos dones de curar? ³¹ᵃ ¿Hablan todos en lenguas? ¿Pueden todos traducirlas? ³¹ᵇ Pues ambicionen los dones más valiosos.

El amor a los demás, camino excepcional

13 ¹ Y me queda por señalarles un camino excepcional.

Ya puedo hablar las lenguas de los hombres y de los ángeles, que, si no tengo amor, no paso de ser una campana ruidosa o unos platillos estridentes. ² Ya puedo hablar inspirado y penetrar todo secreto y todo el saber; ya puedo tener toda la fe, hasta mover montañas, que, si no tengo amor, no soy nada.

³ Ya puedo dar en limosnas todo lo que tengo, ya puedo dejarme quemar vivo, que, si no tengo amor, de nada me sirve.

⁴ El amor es paciente, es afable; el amor no tiene envidia, no se jacta ni se engríe, ⁵ no es grosero ni busca lo suyo, no se exaspera ni lleva cuentas del mal, ⁶ no simpatiza con la injusticia, simpatiza con la verdad. ⁷ Disculpa siempre, confía siempre, espera siempre, soporta siempre.

⁸ El amor no falla nunca. Los dichos inspirados se acabarán, las lenguas cesarán, el saber se acabará; ⁹ porque limitado es nuestro saber y limitada nuestra inspiración y, ¹⁰ cuando venga lo perfecto, lo limitado se acabará.

¹¹ Cuando yo era niño, hablaba como un niño, tenía mentalidad de niño, discurría como un niño; cuando me hice un hombre, acabé con las niñerías. ¹² Porque ahora vemos confusamente en un espejo, mientras entonces veremos cara a cara; ahora conozco limitadamente, entonces comprenderé

13,2 "hablar inspirado", cf. 12,10.28.

como Dios me ha comprendido. [13] Así que esto queda: fe, esperanza, amor, éstas tres; y de ellas la más valiosa es el amor.

Preferir los dones útiles a los llamativos

14 [1] Esmérense en el amor mutuo; ambicionen también las manifestaciones del Espíritu, sobre todo el hablar inspirados.

[2] Porque el que habla en lenguas extrañas no habla a los hombres, sino a Dios, ya que nadie lo entiende; llevado del Espíritu dice cosas misteriosas. [3] En cambio, el que profetiza habla a los hombres, construyendo, exhortando y animando.

[4] El que habla en lenguaje extraño se construye él solo, mientras el que profetiza construye la comunidad. [5] A todos les deseo que hablen esas lenguas, pero prefiero que profeticen. Para que la comunidad reciba algo constructivo, vale más profetizar que hablar en lenguas, excepto en caso de que se traduzcan.

[6] Vamos a ver, hermanos, si yo les hiciera una visita hablando en alguna de esas lenguas, ¿de qué les serviría, si mis palabras no les transmiten ninguna revelación, saber, inspiración o doctrina? [7] Pasa lo mismo con los instrumentos musicales, por ejemplo, una flauta o una cítara: si las notas que dan no guardan los intervalos, ¿cómo se va a saber lo que tocan? [8] Otro ejemplo: si la trompeta da un sonido confuso, ¿quién se va a preparar al combate? [9] Pues lo mismo ustedes con la lengua: si no se pronuncian palabras reconocibles, ¿cómo va a entenderse lo que hablan? [10] Estarán hablando al aire. Vaya uno a saber cuántos lenguajes hay en el mundo, y ninguno carece de sentido; [11] de todos modos, si uno habla un lenguaje que yo no conozco, mis palabras serán una confusión para él y las suyas para mí. [12] Apliquen el cuento: ya que ambicionan tanto los dones del Espíritu, procuren que abunden los que construyen la comunidad. [13] Por lo tanto, el que habla en una lengua de ésas, pida a Dios la traducción.

[14] Cuando pronuncio una oración en esas lenguas, el Espíritu reza en mí, pero mi inteligencia no saca nada. [15] ¿Conclusión de esto? Quiero rezar llevado del Espíritu, pero rezar también con la inteligencia; quiero cantar llevado del Espíritu, pero cantar también con la inteligencia. [16] Supongamos que pronuncias la bendición llevado del Espíritu; ¿cómo va a responder «amén» a tu acción de gracias la persona ordinaria que no tiene tu mismo don, si no sabe lo que dices? [17] Tu acción de gracias estará muy bien, pero al otro no le ayuda.

[18] Gracias a Dios hablo en esas lenguas más que todos ustedes, [19] pero en la asamblea prefiero pronunciar media docena de palabras inteligibles, para instruir también a los demás, antes que diez mil en una lengua extraña.

[20] Hermanos, no tengan actitud de niños; sean niños para lo malo, pero su actitud sea de hombres hechos. [21] En la Ley está escrito:

«Con gente de otras lenguas, por boca de extranjeros

hablaré a este pueblo:
pero ni así me escucharán» (Is 28,11-12).

²² Eso dice el Señor, de modo que esas lenguas no son una señal destinada a los que creen, sino a los incrédulos. En cambio, el mensaje inspirado no está destinado a los incrédulos, sino a los que creen. ²³ Supongamos ahora que la comunidad entera tiene una reunión y que todos van hablando en esas lenguas; si entra gente no creyente o corriente, ¿no dirán que ustedes están locos? ²⁴ En cambio, si todos hablan inspirados y entra un no creyente o un hombre corriente, lo que dicen unos y otros le demuestra sus fallos, lo escruta, formula lo que lleva secreto en el corazón, ²⁵ entonces se postrará y rendirá homenaje a Dios, reconociendo que Dios está realmente con ustedes.

Orden en la asamblea

²⁶ ¿Qué concluimos, hermanos? Cuando se reúnan, cada cual aporte algo: un canto, una enseñanza, una revelación, hablar en lenguas o traducirlas; pues que todo resulte constructivo. ²⁷ Si se habla en lenguas extrañas, que sean dos cada vez o a lo más tres, por turno, y que traduzca uno sólo. ²⁸ Si no hay quien traduzca, que guarden silencio en la asamblea, y hable cada

uno con Dios por su cuenta. ²⁹ De los profetas, que hablen dos o tres, los demás den su opinión. ³⁰ Pero en caso de que otro, mientras está sentado, reciba una revelación, que se calle el de antes, ³¹ porque todos pueden hablar inspirados, pero uno a uno, para que aprendan todos y se animen todos. ³² Además, los que hablan inspirados pueden controlar su inspiración, ³³ porque Dios no quiere desorden, sino paz, como en todas las demás comunidades de consagrados.

³⁴ Las mujeres guarden silencio en la asamblea, no les está permitido hablar; en vez de eso, que se muestren sumisas, como lo dice también la Ley. ³⁵ Si quieren alguna explicación, que pregunten a sus maridos en casa, porque no se ve bien que las mujeres hablen en las asambleas.

³⁶ ¿Acaso empezó con Corinto la palabra de Dios, o quizás son ustedes los únicos a quienes ha llegado? ³⁷ El que se tiene por profeta o por hombre de espíritu comprenderá que esto que les escribo es ordenanza del Señor; ³⁸ y si alguno no lo sabe, peor para él.

³⁹ En una palabra, hermanos: que su ambición sea hablar inspirados, aunque sin impedir que se hable en lenguas; .⁴⁰ pero que todo se haga con dignidad y con orden.

14,34 Los versículos 34-35 son probablemente una interpolación posterior, que contradice 11,5.
15,5 Cefas.

VII
LA RESURRECCION

La resurrección de Cristo

15 ¹ Les recuerdo ahora, hermanos, el evangelio que les prediqué, ² ese que aceptaron, ese en que se mantienen, ese que los está salvando..., si lo conservan en la forma como yo se lo anuncié; de no ser así, fue inútil que ustedes creyeran.

³ Lo que les transmití fue, ante todo, lo que yo había recibido: que el Mesías murió por nuestros pecados, como lo anunciaban las Escrituras, ⁴ que fue sepultado y que resucitó al tercer día, como lo anunciaban las Escrituras; ⁵ que se apareció a Pedro y más tarde a los Doce. ⁶ Después se apareció a más de quinientos hermanos a la vez: la mayor parte viven todavía, aunque algunos han muerto. ⁷ Después se le apareció a Santiago, luego a los apóstoles todos.

⁸ Por último, se me apareció también a mí, como al nacido a destiempo. ⁹ Es que yo soy el menor de los apóstoles; yo, que no merezco el nombre de apóstol, porque perseguí a la Iglesia. ¹⁰ Sin embargo, por gracia de Dios soy lo que soy y esa gracia suya no ha sido en balde; al contrario: he rendido más que todos ellos, no yo, es verdad, sino el favor de Dios que me acompaña. ¹¹ De todos modos, sea yo, sean ellos, eso es lo que predicamos y eso fue lo que creyeron.

La resurrección de todos

¹² Ahora, si de Cristo se proclama que resucitó de la muerte, ¿cómo dicen algunos de ustedes que no hay resurrección de los muertos? ¹³ Si no hay resurrección de los muertos, tampoco Cristo ha resucitado, ¹⁴ y si Cristo no ha resucitado, entonces nuestra predicación no tiene contenido ni su fe tampoco.

¹⁵ Además, como testigos de Dios, resultamos unos mentirosos, porque en nuestro testimonio le atribuimos falsamente el haber resucitado al Mesías, cosa que no ha hecho si realmente los muertos no resucitan. ¹⁶ Porque si los muertos no resucitan, tampoco ha resucitado el Mesías, ¹⁷ y si el Mesías no ha resucitado, la fe de ustedes es ilusoria y siguen con sus pecados. ¹⁸ Y, por supuesto, también los cristianos difuntos han perecido.

¹⁹ Si la esperanza que tenemos en el Mesías es sólo para esta vida, somos los más desgraciados de los hombres. ²⁰ Pero de hecho el Mesías ha resucitado de la muerte, como primer fruto de los que duermen, ²¹ pues, si un hombre trajo la muerte, también un hombre trajo la resurrección de los muertos; ²² es decir, lo mismo que por Adán todos mueren, así también por el Mesías todos recibirán la vida, ²³ aunque cada uno en su propio turno: como primer fruto, el Mesías; después, los del Mesías el día de su venida; ²⁴ luego el fin, cuando entregue el reinado a Dios Padre, cuando haya aniquilado toda soberanía, autoridad y poder. ²⁵ Porque su reinado tiene que durar hasta que ponga a todos sus enemigos

bajo sus pies; 26 como último enemigo aniquilará a la muerte: 27 pues «*todo lo han sometido bajo sus pies*» (Sal 8,7) (aunque cuando diga: «Todo le está sometido», se exceptuará evidentemente el que le sometió el universo). 28 Y cuando el universo le quede sometido, entonces también el Hijo se someterá al que se lo sometió, y Dios lo será todo en todos.

29 De no ser así, ¿qué van a sacar los que se bautizan por los muertos? Si decididamente los muertos no resucitan, ¿a qué viene bautizarse por ellos? 30 ¿A qué viene que nosotros estemos en peligro a todas horas? 31 No hay día que no esté yo al borde de la muerte, tan verdad como el orgullo que siento por ustedes, hermanos, gracias al Mesías, Jesús Señor nuestro. 32 Si hubiera tenido que luchar con fieras en Éfeso por motivos humanos, ¿de qué me habría servido? Si los muertos no resucitan, «*comamos y bebamos, que mañana moriremos*» (Is 22 13).

33 No se engañen: «las malas compañías echan a perder las buenas costumbres». 34 Sacúdanse la modorra como es razón, y dejen de pecar. Ignorancia de Dios es lo que algunos tienen; lo digo para vergüenza de ustedes.

El cuerpo resucitado

35 Alguno preguntará: ¿Y cómo resucitan los muertos? ¿Qué clase de cuerpo traerán? 36 Necio, lo que tú siembras no cobra vida si antes no muere. 37 Y, además, ¿qué siembras? No siembras lo mismo que va a brotar después, siembras un simple grano, de trigo, por ejemplo, o de alguna otra semilla. 38 Es Dios quien le da la forma que a él le pareció, a cada semilla la suya propia.

39 Todas las carnes no son lo mismo; una cosa es la carne del hombre, otra la del ganado, otra la carne de las aves y otra la de los peces. 40 Hay también cuerpos celestes y cuerpos terrestres, y una cosa es el resplandor de los celestes y otra el de los terrestres. 41 Hay diferencia entre el resplandor del sol, el de la luna y el de las estrellas; y tampoco las estrellas brillan todas lo mismo.

42 Igual pasa en la resurrección de los muertos:

se siembra lo corruptible, resucita incorruptible;

43 se siembra lo miserable, resucita glorioso;

se siembra lo débil, resucita fuerte;

44 se siembra un cuerpo animal, resucita cuerpo espiritual.

Si hay cuerpo animal, lo hay también espiritual, 45 así está escrito: «*El primer hombre, Adán, fue un ser animado*» (Gn 2,7); el último Adán es un espíritu de vida. 46 No, no es primero lo espiritual, sino lo animal; lo espiritual viene después. 47 El primer hombre salió del polvo de la tierra, el segundo procede del cielo. 48 El hombre de la tierra fue el modelo de los hombres terrenos, el hombre del cielo es el modelo de los celestes; 49 y lo mismo que hemos llevado en nuestro ser la imagen del terreno, llevaremos también la imagen del celeste.

50 Quiero decir, hermanos, que esta carne y hueso no pueden heredar el reino de Dios, ni lo ya corrompido heredar la incorrupción.

⁵¹ Miren, les revelo un secreto: no todos moriremos, ⁵² pero todos seremos transformados en un instante, en un abrir y cerrar de ojos, al son de la trompeta final. Cuando resuene, los muertos resucitarán incorruptibles y nosotros seremos transformados; ⁵³ porque esto corruptible tiene que vestirse de incorrupción y esto mortal tiene que vestirse de inmortalidad. ⁵⁴ Entonces, cuando esto corruptible se vista de incorrupción y esto mortal de inmortalidad, se cumplirá lo que está escrito: «*Sucumbió la muerte en la victoria*». «*Muerte, ¿dónde está tu victoria?* ⁵⁵*¿Dónde está, muerte, tu aguijón?*» (Os 13,14). ⁵⁶ El aguijón de la muerte es el pecado, y la fuerza del pecado, la Ley. ⁵⁷ ¡Demos gracias a Dios que nos da esta victoria por medio de nuestro Señor, Jesús Mesías!

⁵⁸ Por consiguiente, queridos hermanos, estén firmes e inconmovibles, trabajando cada vez más por el Señor, sabiendo que sus fatigas como cristianos no son inútiles.

VIII
CUESTIONES VARIAS Y DESPEDIDA

La colecta para Jerusalén

16 ¹ Acerca de la colecta para los consagrados: sigan también las instrucciones que di a las comunidades de Galacia. ² Los domingos pongan aparte cada uno por su cuenta lo que hayan ahorrado, para que, cuando yo vaya, no haya que andar entonces con colectas. ³ Cuando llegue daré cartas de presentación a los que ustedes consideren personas de fiar y los enviaré a Jerusalén con su regalo; ⁴ y si vale la pena que yo también vaya, iremos todos juntos.

⁵ Llegaré ahí después de haber pasado por Macedonia, pues el viaje lo haré por Macedonia. ⁶ En cambio, con ustedes es posible que me detenga, y tal vez todo el invierno, para que ustedes me ayuden a continuar para donde sea. ⁷ Porque esta vez no quiero verlos sólo de paso, es decir, espero que darme algún tiempo junto a ustedes, si el Señor me lo permite; ⁸ pero me quedaré en Éfeso hasta Pentecostés, ⁹ porque se presenta una gran ocasión de trabajo eficaz y muchos hacen la contra.

¹⁰ Si llega Timoteo, procuren que no se sienta atemorizado, pues trabaja en la obra del Señor lo mismo que yo; ¹¹ por tanto, que nadie lo desprecie. Además, ayúdenle cordialmente a que vuelva aquí, pues lo estoy esperando con los hermanos. ¹² Acerca del hermano Apolo: le insistí mucho en que fuera a verlos con los hermanos; no tenía absolutamente ninguna gana de ir ahora, pero irá cuando se presente la ocasión.

¹³ Estén alerta, manténganse en la fe, sean maduros, sean robustos; ¹⁴ todo lo que hagan, que sea con amor.

¹⁵ Un favor les pido, hermanos: bien saben que la familia de Este-

ban ha sido la primicia de Acaya y que se ha dedicado a servir a los consagrados; [16] yo quisiera que también ustedes estén a disposición de la gente como ellos y de todo el que colabora en la tarea.

[17] Me alegro de la llegada de Esteban, Fortunato y Acaico; ellos han compensado por la ausencia de ustedes, [18] tranquilizándome a mí y a todos ustedes. Por eso, estén agradecidos de tener hombres como ellos.

[19] Les mandan recuerdos las comunidades de Asia. Un caluroso saludo cristiano de parte de Áquila, Prisca y de la comunidad que se reúne en su casa. [20] Recuerdos de todos los hermanos. Salúdense mutuamente con el beso ritual.

[21] La despedida, de mi mano: Pablo. [22] El que no quiera al Señor, que se aparte de él. Ven, Señor.

[23] El favor del Señor Jesús los acompañe. [24] Mi amor cristiano los acompañe a todos ustedes.

SEGUNDA CARTA A LOS CORINTIOS

1 ¹ Pablo, apóstol del Mesías Jesús por designio de Dios, y el hermano Timoteo, a la Iglesia de Dios que está en Corinto y a todos los consagrados de Grecia entera. ² Les deseamos el favor y la paz de Dios nuestro Padre y del Señor, Jesús Mesías.

³ ¡Bendito sea Dios, Padre de nuestro Señor, Jesús Mesías, Padre cariñoso y Dios que es todo consuelo! ⁴ Él nos alienta en todas nuestras dificultades, para que nosotros podamos alentar a los demás en cualquier dificultad, con el ánimo que nosotros recibimos de Dios; ⁵ pues si los sufrimientos del Mesías rebosan sobre nosotros, gracias al Mesías rebosa en proporción nuestro ánimo.

⁶ Si pasamos dificultades es para aliento y bien de ustedes; si cobramos aliento es para que ustedes recobren ese aliento que se traduce en soportar los mismos sufrimientos que padecemos nosotros. ⁷ Ustedes nos dan fundados motivos de esperanza, pues sabemos que si son compañeros en el sufrimiento, también lo son en el ánimo.

⁸ Porque no queremos que ignoren, hermanos, las dificultades que pasé en Asia. Me vi abrumado tan por encima de mis fuerzas, que perdí toda esperanza de vivir. ⁹ Sí, en mi interior di por descontada la sentencia de muerte; así aprendí a no confiar en mí mismo, sino en Dios, que resucita a los muertos. ¹⁰ Él me salvó y me salvará de tan tremendos peligros de muerte; en él está nuestra esperanza y nos salvará en adelante; ¹¹ cooperen también ustedes pidiendo por mí; así, viniendo de muchos el favor que Dios me haga, muchos le darán gracias por causa mía.

I

EL CAMBIO DE PLANES

¹² Mi orgullo es el testimonio de mi conciencia; ella me asegura que trato con todo el mundo, y no digamos con ustedes, con la sinceridad y candor que Dios da, y no por saber humano, sino por gracia de Dios. ¹³ O sea, que en mis cartas no hay más de lo que leen y entienden; ¹⁴ y ya que ustedes me han entendido en parte, espero que entiendan del todo que yo seré una honra para todos ustedes, como ustedes lo serán para mí, el día de nuestro Señor Jesús.

¹⁵ Precisamente con esta confianza me proponía empezar por visitarlos, para que les tocara un regalo doble: ¹⁶ pensé ir a Macedonia pasando por Corinto, y de Macedonia volver de nuevo a Corinto, para que ustedes me ayudaran a preparar el viaje a Judea. ¹⁷ ¿Será entonces que este propósito lo hice a la ligera? O ¿hago mis planes con miras humanas, para dejar ambiguo el sí y el no? ¹⁸ Bien sabe Dios que

cuando me dirijo a ustedes no hay un sí o un no ambiguo, ¹⁹ pues el Hijo de Dios, Jesús el Mesías, que les hemos predicado nosotros –quiero decir Silvano y Timoteo conmigo–, no fue un ambiguo sí y no; en él ha habido únicamente un sí, ²⁰ es decir, en su persona se ha pronunciado el sí a todas las promesas de Dios. Y, por eso, a través de él respondemos nosotros a la doxología con el «amén» a Dios. ²¹ Y el que nos mantiene firmes –a mí y a ustedes– en la adhesión al Mesías es Dios que nos ungió; ²² él también nos marcó con su sello y nos dio dentro el Espíritu como garantía.

Motivo del cambio

²³ Por lo que a mí hace, séame Dios testigo y que me muera si miento; si aún no he vuelto a Corinto ha sido por consideración a ustedes. ²⁴ No es que la fe de ustedes esté en nuestra mano, pero somos cooperadores en su alegría –de hecho en la fe ustedes se mantienen firmes–.

2 ¹ Y tomé la decisión de no ir de nuevo a causarles pena. ² Porque, si yo les causo pena, ¿quién me va a alegrar a mí? ¡Como no sea el que está pesaroso por causa mía!

³ Esto precisamente pretendía con mi carta: que, cuando fuera, no me causaran pena los que deberían darme alegría, persuadido de que todos tienen mi alegría por suya. ⁴ De tanta congoja y agobio como sentía, les escribí con muchas lágrimas, pero no era mi intención causarles pena, sino hacerles çaer en la cuenta del amor tan especial que les tengo.

⁵ Y si uno ha ofendido, no me ha ofendido a mí, sino hasta cierto punto, para no exagerar, a todos ustedes. ⁶ Bástele a ese individuo el correctivo que le ha impuesto la mayoría; ⁷ ahora, en cambio, más vale que lo perdonen y animen, no sea que el excesivo pesar se lo lleve. ⁸ Por eso, les recomiendo que lo confirmen con su amor. ⁹ Sólo éste fue el propósito de mi carta: comprobar el temple de ustedes y ver si hacen caso en todo. ¹⁰ Sin embargo, al que le perdonan algo, se lo perdono yo también, pues de hecho lo que yo perdono, si algo tengo que perdonar, es debido a ustedes, delante de Cristo; ¹¹ quiero evitar que Satanás saque partido de esto, pues no ignoramos sus ardides.

¹² Así pues, llegué a Tróade para anunciar la buena noticia del Mesías, y aunque se presentaba una ocasión de trabajar por el Señor, ¹³ al no encontrar allí a Tito, mi hermano, no me quedé tranquilo; me despedí de ellos y salí para Macedonia.

¹⁴ Doy gracias a Dios, que constantemente nos asocia a la victoria que él obtuvo por el Mesías y que por nuestro medio difunde en todas partes la fragancia de su conocimiento. ¹⁵ Porque somos el incienso que el Mesías ofrece a Dios entre los que se salvan y los que se pierden; ¹⁶ para éstos, un olor que da muerte y sólo muerte; para los otros, un olor que da vida y sólo vida.

II
AGENTE DEL ESPÍRITU

[16 b] Y para esto, ¿quién tiene aptitudes? [17] Porque no vamos traficando con el mensaje de Dios, como hace la mayoría, sino que hablamos conscientes de nuestra sinceridad, conscientes de que lo hacemos de parte de Dios, bajo su mirada, movidos por Cristo.

3 [1] ¿Estoy empezando a recomendarme otra vez? ¿Será que, como algunos individuos, necesito cartas de recomendación para ustedes o escritas por ustedes? [2] Ustedes son mi carta, escrita en sus corazones, carta abierta y leída por todo el mundo. [3] Se les nota que son carta de Cristo y que fui yo el amanuense, no está escrita con tinta, sino con Espíritu de Dios vivo, no en tablas de piedra, sino en tablas de carne, en el corazón.

[4] Ésta es la clase de confianza que sentimos ante Dios gracias al Mesías. [5] No es que por sí mismo uno tenga aptitudes para poder apuntarse algo como propio. La aptitud nos la ha dado Dios. [6] Fue él quien nos hizo aptos para el servicio de una alianza nueva, no de código, sino de Espíritu; porque el código da muerte, mientras el Espíritu da vida.

Antigua y nueva alianza

[7] Aquel agente de muerte –letras grabadas en piedra– se inauguró con gloria, tanto que los israelitas no podían fijar la vista en el rostro de Moisés, «por el resplandor de su rostro», caduco y todo como era. [8] Pues cuánto mayor no será la gloria de lo que es agente del Espíritu. [9] Si el agente de la condena tuvo su esplendor, cuánto más intenso será el esplendor del agente de la rehabilitación. [10] Y de hecho el esplendor aquél ya no es tal esplendor, eclipsado por esta gloria incomparable, [11] pues si lo caduco tuvo su momento de gloria, cuánto mayor no será la gloria de lo permanente.

[12] Por eso, teniendo una esperanza como ésta, procedemos con toda franqueza, [13] no como hizo Moisés, que se echaba un velo sobre la cara, y así los israelitas no se fijaron en la finalidad de aquello caduco; [14] pero se les embotó la inteligencia, porque hasta el día de hoy aquel mismo velo sigue ahí cuando leen el Antiguo Testamento, y no se les descubre que con el Mesías caduca. [15] No, hasta hoy, cada vez que leen a Moisés, un velo cubre sus mentes. [16] *«Pero, cuando se vuelva hacia el Señor, se quitará el velo»* (Ex 34,34); [17] ahora bien, ese Señor es el Espíritu, y donde hay Espíritu del Señor, hay libertad. [18] Y nosotros, que llevamos todos la cara descubierta y reflejamos la gloria del Señor, nos vamos transformando en su imagen con resplandor creciente; tal es el influjo del Espíritu del Señor.

III
LA VIDA DEL APÓSTOL

Honradez, mensaje

4 ¹ Por eso, encargados de este servicio por misericordia de Dios, no nos acobardamos; ² al contrario, hemos renunciado a tapujos vergonzosos, dejándonos de intrigas y no falseando el mensaje de Dios; en vez de eso, manifestando la verdad, nos recomendamos a la íntima conciencia que tiene todo hombre ante Dios.

³ Pero, además, si la buena noticia que anunciamos sigue velada, es para los que se pierden, ⁴ pues por su incredulidad el dios del mundo este les ha cegado la mente y no distinguen el resplandor de la buena noticia del Mesías glorioso, imagen de Dios. ⁵ Porque no nos predicamos a nosotros, predicamos que Jesús Mesías es Señor y nosotros siervos de ustedes por Jesús; ⁶ pues el Dios que dijo: «*Brille la luz sobre la faz de las tinieblas*» (Gn 1,3), la ha encendido en nuestros corazones, haciendo resplandecer el conocimiento de la gloria de Dios, reflejada en el rostro del Mesías.

⁷ Pero este tesoro lo llevamos en vasijas de barro, para que se vea que esa fuerza tan extraordinaria es de Dios y no viene de nosotros. ⁸ Nos aprietan por todos lados, pero no nos aplastan; ⁹ estamos apurados, pero no desesperados; acosados, pero no abandonados; ¹⁰ nos derriban, pero no nos rematan; paseamos continuamente en nuestro cuerpo el suplicio de Je-

sús, para que también la vida de Jesús se transparente en nuestro cuerpo; ¹¹ es decir, que a nosotros que tenemos la vida, continuamente nos entregan a la muerte por causa de Jesús, para que también la vida de Jesús se transparente en nuestra carne mortal. ¹² Así la muerte actúa en nosotros y la vida en ustedes.

¹³ Sin embargo, poseyendo el mismo espíritu de fe que se expresa en aquel texto de la Escritura: «*Creo, por eso hablo*» (Sal 116,10), también creemos nosotros y por eso hablamos, ¹⁴ sabiendo que aquel que resucitó a Jesús nos resucitará también a nosotros con Jesús y nos colocará con ustedes a su lado. ¹⁵ Y todo esto es por ustedes, de suerte que, al extenderse la gracia a más y más gente, multiplique la acción de gracias para gloria de Dios.

¹⁶ Por esta razón, no nos acobardamos; no, aunque nuestro exterior va decayendo, lo interior se renueva de día en día; ¹⁷ porque nuestras penalidades momentáneas y ligeras nos producen una riqueza eterna, una gloria que las sobrepasa desmesuradamente; ¹⁸ y nosotros no ponemos la mira en lo que se ve, sino en lo que no se ve, porque lo que se ve es transitorio y lo que no se ve es eterno.

5 ¹ Es que sabemos que si nuestro albergue terrestre, esta tienda de campaña, se derrumba, tenemos un edificio que viene de Dios, un albergue eterno en el cielo, no construido por hombres; ² y de hecho por eso suspiramos, por el anhelo de vestirnos encima la morada que viene del cielo, ³ suponiendo que, al quitarnos ésta, no quedemos desnudos del todo. ⁴ Sí, los que vivimos en tiendas suspiramos abrumados, porque no querríamos quitarnos lo que tenemos puesto, sino vestirnos encima, de modo que lo mortal quedase absorbido por la vida. ⁵ Quien nos preparó concretamente para eso fue Dios, y como garantía nos dio el Espíritu.

⁶ En consecuencia, siempre estamos animosos, aunque sepamos que mientras sea el cuerpo nuestro domicilio, estamos desterrados del Señor, ⁷ porque nos guía la fe, no la vista. ⁸ A pesar de todo, estamos animosos, aunque preferiríamos el destierro lejos del cuerpo y vivir con el Señor. ⁹ En todo caso, sea en el domicilio o en el destierro, nuestro mayor empeño es agradarle, ¹⁰ porque todos tenemos que aparecer como somos ante el tribunal del Mesías, y cada uno recibirá lo suyo, bueno o malo, según se haya portado mientras tenía este cuerpo.

Para el cristiano
no valen las apariencias

¹¹ Sabiendo, pues, el respeto que se debe al Señor, trato de sincerarme con los hombres, pues Dios me ve como soy, y espero que cada uno de ustedes tenga conciencia de lo que soy.

¹² No me estoy recomendando otra vez ante ustedes, estoy dándoles argumentos para que presuman de mí; así tendrán algo que responder a los que presumen de apariencias y no de lo que hay dentro. ¹³ Porque, si perdí el juicio, fue por Dios; si estoy en mis cabales, es por ustedes. ¹⁴ Es que el amor del Mesías no nos deja escapatoria, cuando pensamos que uno murió por todos; ¹⁵ con eso, todos y cada uno han muerto; es decir, murió por todos para que los que viven ya no vivan más para sí mismos, sino para el que murió y resucitó por ellos.

¹⁶ Por consiguiente, nosotros ya no apreciamos a nadie por la apariencia y, aunque una vez valoramos al Mesías por la apariencia, ahora ya no. ¹⁷ Por consiguiente, donde hay un cristiano, hay humanidad nueva; lo viejo ha pasado; miren, existe algo nuevo.

Al servicio de la reconciliación

¹⁸ Y todo eso es obra de Dios, que nos reconcilió consigo a través del Mesías y nos encomendó el servicio de la reconciliación; ¹⁹ quiero decir que Dios, mediante el Mesías, estaba reconciliando el mundo consigo, cancelando la deuda de los delitos humanos, y poniendo en nuestras manos el mensaje de la reconciliación. ²⁰ Somos, pues, embajadores de Cristo y es como si Dios exhortara por nuestro medio. Les pido por Cristo: déjense reconciliar con Dios. ²⁵ Al que no tenía que ver con el pecado, por nosotros lo cargó con el pecado, para que nosotros, por su medio, obtuviéramos la rehabilitación de Dios.

6 ¹ Secundando, pues, su obra, los exhortamos también a no echar en saco roto esta gracia de Dios. ² (Dice él: *«En tiempo favora-*

ble te escuché, en día de salvación vine en tu ayuda» (Is 49,8); pues miren, ahora es tiempo propicio, ahora es día de salvación.)

³ Para que no pongan tacha a nuestro servicio, nunca damos a nadie motivo de escándalo; ⁴ al contrario, continuamente damos prueba de que somos servidores de Dios con tanto como aguantamos: ⁵ luchas, infortunios, angustias, golpes, cárceles, motines, ⁶ fatigas, noches sin dormir y días sin comer; procedemos con limpieza, saber, paciencia y amabilidad,

⁷ con dones del Espíritu y amor sincero, llevando el mensaje de la verdad y la fuerza de Dios. Con la derecha y con la izquierda empuñamos las armas de la honradez, ⁸ a través de honra y afrenta, de mala y buena fama. Somos los impostores que dicen la verdad, ⁹ los desconocidos conocidos de sobra, los moribundos que están bien vivos, los penados nunca ajusticiados, ¹⁰ los afligidos siempre alegres, los pobres que enriquecen a muchos, los necesitados que todo lo poseen.

IV
RECONCILIACIÓN

¹¹ Me he desahogado con ustedes, corintios; siento el corazón ensanchado. ¹² Dentro de mí no están estrechos, son ustedes los de sentimientos estrechos. ¹³ Páguenme con la misma moneda –les hablo como a hijos– y ensánchense también ustedes.

Paréntesis: templo de Dios

¹⁴ No se unzan al mismo yugo con los infieles: ¿qué tiene que ver la rectitud con la maldad? ¿Puede unirse la luz con las tinieblas? ¹⁵ ¿Pueden estar de acuerdo Cristo y el diablo? ¿Irán a medias el fiel y el infiel? ¹⁶ ¿Son compatibles el templo de Dios y los ídolos? Porque nosotros somos templo de Dios vivo, así lo dijo él:

Habitaré y caminaré con ellos,
seré su Dios y ellos serán mi pueblo (Lv 26,12).
¹⁷ Por eso, salgan de en medio de esa gente,
apártense, dice el Señor,
no toquen lo impuro y yo los acogeré (Is 52,11).
¹⁸ Seré un padre para ustedes
y ustedes para mí hijos e hijas,
dice el Señor soberano de todo (2 Sm 7,14).

7 ¹ Estas promesas tenemos, amigos; por eso, limpiémonos toda suciedad de cuerpo o de espíritu, y sigamos completando nuestra consagración con el respeto que a Dios se debe.

Efecto de la carta anterior. Alegría de Pablo

² Ábrannos un espacio: a nadie ofendimos, a nadie arruinamos, a nadie explotamos. ³ No los estoy censurando, ya les tengo dicho que los llevo tan dentro, que estamos unidos para vida y para muer-

te. [4] Mucha es mi confianza con ustedes, mucho mi orgullo por ustedes, me siento lleno de ánimos, reboso alegría en medio de todas mis penalidades. [5] Porque, de hecho, tampoco cuando llegué a Macedonia tuvo mi pobre persona un momento de sosiego; no, dificultades por todas partes, contiendas por fuera y temores por dentro. [6] Pero Dios, que da aliento a los deprimidos, nos animó con la llegada de Tito; [7] y no sólo con su llegada, sino también con los ánimos que traía por causa de ustedes; me habló de las añoranzas, de las lágrimas, y de todo el interés de ustedes por mí, y esto me alegró todavía más.

[8] Por eso, aunque les causé pena con mi carta, no lo siento; antes lo sentía, viendo que aquella carta les dolió, aunque fue por poco tiempo; [9] pero ahora me alegro, no de que sintieran pesar, sino de que ese pesar produjese enmienda. El pesar de ustedes fue realmente como Dios manda, de modo que no salieron perdiendo nada por causa mía. [10] Porque un pesar como Dios manda produce una enmienda saludable y sin vuelta atrás; en cambio, el pesar de este mundo procura la muerte. [11] ¡Hay que ver! El hecho de haber sentido pesar como Dios manda cuánto empeño produjo en ustedes, qué excusas, qué indignación, qué respeto, qué añoranza, qué emulación, qué escarmiento. Ustedes han probado de todos los modos posibles que no tenían culpa en el asunto. [12] Ya ven que el motivo real de la carta no eran el ofensor ni el ofendido; me proponía que descubrieran delante de Dios el aprecio que sienten por mí. [13] Esto es lo que me ha dado ánimos.

Además de estos ánimos, me alegró mucho más aún lo feliz que se sentía Tito, pues se ha quedado tranquilo por todos ustedes. [14] En ninguno de los elogios que le había hecho de ustedes quedé mal, todo lo contrario: lo mismo que a ustedes siempre les he dicho la verdad, también los elogios que hice a Tito de ustedes resultaron ser verdad. [15] Siente mucho más afecto por ustedes, recordando su respuesta unánime y con qué escrupulosa atención lo recibieron. [16] Me alegra poder contar con ustedes en todo.

V

LA COLECTA PARA JERUSALÉN

8 [1] Quiero que conozcan, hermanos, el favor que Dios ha hecho a las comunidades de Macedonia, [2] pues, en medio de una dificultad que los pone a dura prueba, su desbordante alegría y su extrema pobreza se han volcado con ese derroche de generosidad. [3] Hicieron todo lo que podían, yo soy testigo, incluso más de lo que podían; [4] espontáneamente me pidieron con mucha insistencia el favor de poder contribuir en la prestación a los consagrados. [5] Superaron mis

previsiones, porque ante todo se dieron ellos personalmente al Señor y a nosotros, como Dios quería, [6] hasta tal punto que le he pedido a Tito que, lo mismo que él empezó la cosa, dé el último toque ahí entre ustedes a esta obra de caridad.

[7] Ustedes tienen abundancia de todo: de fe, de dones de palabra, de conocimiento, de empeño para todo y de ese amor que ustedes sienten por mí: pues que sea también abundante su donativo. [8] No es que se lo mande; les hablo del empeño que ponen otros para comprobar si la caridad de ustedes es genuina; [9] porque ya saben lo generoso que fue nuestro Señor, Jesús Mesías: siendo rico, se hizo pobre por ustedes para enriquecerlos con su pobreza. [10] En este asunto doy sólo un consejo; les viene muy bien, pues hace ya un año que ustedes tomaron la iniciativa, no sólo en la ejecución, sino en el propósito; terminen ahora la ejecución, [11] de modo que el término corresponda a la buena voluntad del propósito; según sus medios, [12] pues donde hay buena voluntad se la acepta con lo que tenga, sin pedir imposibles. [13] No se trata de aliviar a otros pasando ustedes estrecheces, sino que, por exigencia de la igualdad, [14] en el momento actual su abundancia remedia la falta que ellos tienen, para que un día la abundancia de ellos remedie lo que le falte a ustedes, y así haya igualdad, [15] como dice la Escritura:

«*Al que recogía mucho no le sobraba y al que recogía poco no le faltaba*» (Éx 16,18).

Emisarios de Pablo

[16] Doy gracias a Dios por haber puesto en el corazón de Tito el mismo aprecio por ustedes; [17] porque, desde luego, ha accedido a mi petición, pero además, como es tan diligente, espontáneamente se marcha a visitarlos. [18] Mando con él a un hermano que se ha hecho célebre en todas las comunidades anunciando la buena noticia; [19] más aún, las comunidades lo han elegido para que sea mi compañero de viaje en esta obra de caridad que administramos para gloria del Señor y en prueba de nuestra buena voluntad. [20] Evito así las posibles críticas por la administración de esta importante suma, [21] pues *tenemos cuidado de quedar bien* no sólo *ante Dios,* sino también *ante los hombres* (Prov 3,4 LXX).

[22] Mando también con ellos a otro hermano nuestro, cuya diligencia he comprobado muchas veces en muchos asuntos, y ahora muestra mucha más, por lo mucho que se fía de ustedes.

[23] A propósito de Tito, es compañero mío y colabora conmigo en los asuntos de ustedes; nuestros hermanos son delegados de las comunidades y honra de Cristo. [24] Por eso denles pruebas de su amor y justifiquen ante ellos y ante sus comunidades mi orgullo por ustedes.

VI
BILLETE SOBRE LA COLECTA PARA JERUSALÉN

9 [1] Es ciertamente superfluo escribirles sobre la prestación en favor de los consagrados. [2] Conozco la buena voluntad de ustedes y de ella alardeo con los macedonios, diciéndoles que Acaya tiene hechos todos los preparativos desde el año pasado; y el entusiasmo de ustedes ha estimulado a la mayoría.

[3] Les mando a los hermanos para que mis alardes no queden desmentidos en este punto; o sea, para que ustedes estén preparados, como les decía a ellos; [4] pues si los macedonios que vayan conmigo los encuentran sin preparar, yo, por no decir ustedes, voy a quedar mal en este asunto. [5] Por eso he juzgado necesario pedir a los hermanos que se me adelanten y tengan preparado de antemano el generoso donativo que ustedes habían prometido. Así estará a punto y parecerá generosidad, en vez de sacado a regañadientes.

[6] Recuerden aquello: «*A siembra mezquina, cosecha mezquina; a siembra generosa, cosecha generosa*» (Prov 11,24-25). [7] Cada uno dé lo que haya decidido en conciencia, no a disgusto ni por compromiso, que *Dios* prefiere *al que da de buena gana* (Prov 22,8 LXX)

[8] y poder tiene Dios para colmarlos de toda clase de favores, de modo que, además de tener siempre y en todo plena suficiencia, les sobre para toda clase de obras buenas. [9] Como dice la Escritura: «*Reparte limosna a los pobres, su limosna es constante, sin faltá*» (Sal 111,9). [10] El que suministra semilla para sembrar y pan para comer, suministrará y hará crecer su sementera y multiplicará la cosecha proveniente de la limosna de ustedes; [11] serán ricos de todo para ser generosos en todo, y esta generosidad, pasando por nuestras manos, produce acción de gracias a Dios.

[12] Porque la prestación de este servicio no sólo cubre las necesidades de los consagrados, sino que redunda además en las muchas gracias que se dan a Dios; [13] al comprobar el valor de la prestación, alabarán a Dios por la obediencia que ustedes profesan a la buena noticia del Mesías y lo generosa que es su solidaridad con ellos y con todos; [14] al ver el extraordinario favor que Dios les muestra a ustedes, expresarán su afecto orando por ustedes. [15] Bendito sea Dios por ese don inefable.

VII
POLÉMICA

10 [1] Yo, Pablo, en persona, les voy a pedir algo por la paciencia e indulgencia del Mesías; yo, tan encogido de cerca y tan valiente de lejos. [2] Ahórrenme, por favor, tener que hacer el valiente cuando vaya, pues me siento seguro y pienso atreverme con esos que me achacan proceder por miras humanas. [3] Aunque procedo, cierto, como hombre que soy, no milito con miras humanas, [4] porque las armas de mi milicia no son humanas; no, es Dios quien les da poder para derribar fortalezas: derribamos falacias [5] y todo torreón que se yerga contra el conocimiento de Dios; hacemos prisionero a todo el que maniobra, sometiéndolo al Mesías, [6] y estamos preparados para castigar toda rebeldía, una vez que esa sumisión de ustedes sea completa.

[7] Ustedes se fijan sólo en las apariencias. El que esté convencido de ser de Cristo, que tenga en cuenta también esto: que yo soy tan de Cristo como él. [8] Y aunque alardeara un poco demasiado de mi autoridad, que me dio el Señor para construir la comunidad de ustedes, no para destruirla, nadie va a dejarme en mal lugar, [9] para no dar la impresión de que los amedrento sólo con cartas. [10] Alguno dice: «Las cartas, sí, son duras y severas, pero tiene poca presencia y un hablar detestable». [11] El individuo que dice eso sepa que de cerca voy a ser en los hechos lo que soy de lejos y de palabra en mis cartas.

Sarcasmo. No se excede en sus pretensiones

[12] Cierto que uno no se atreve a equipararse o a compararse con algunos de esos que se hacen tanta publicidad, aunque ellos, a fuerza de tomarse por patrón de sí mismos y de compararse consigo mismos, ya no coordinan.

[13] Por lo que a mí me toca, no voy a presumir pasándome de la raya; me atendré a las medidas de mi campo de acción, las medidas que Dios me asignó y que alcanzaban también a Corinto. [14] Porque no tengo que estirarme como si no alcanzara hasta ahí, pues también a Corinto fui el primero en llegar con la buena noticia del Mesías. [15] Y no por pasarme de la raya y presumir de fatigas ajenas, sino con la esperanza de que, conforme crecía el número de creyentes, me multiplicaría más y más entre ustedes [16] y anunciaría la buena noticia más allá de Corinto, sin presumir de campo ajeno entrando en lo ya labrado.

[17] Además, *el que presume, que presuma del Señor* (Jr 9,22-23), [18] pues quien se hace a sí mismo publicidad no es ése el que está aprobado, sino aquel a quien se la hace el Señor.

11 [1] ¡Ojalá me aguantaran unos cuantos disparates! ¡Vamos, aguántenmelos! [2] Es que tengo celos de ustedes, los celos de Dios, pues quise desposarlos con un solo marido, presentándolos al Mesías como una virgen intacta, [3] y me temo que, igual que la serpiente sedujo a Eva con su astucia, se pervierta su modo de pensar y ustedes abandonen la entrega y fidelidad al Mesías. [4] Porque si el primero que se presenta predica un Jesús diferente del que yo prediqué, o reciben un espíritu diferente del que recibieron y un evangelio diferente del que aceptaron, lo aguantan ustedes tan tranquilos.

Los superapóstoles

⁵ Pues bajo ningún concepto me tengo yo en menos que esos superapóstoles. ⁶ En el hablar seré inculto, de acuerdo; pero en el saber no, y lo he demostrado ante ustedes siempre y en todo. ⁷ ¿Hice mal en abajarme para elevarlos a ustedes? Lo digo porque les anuncié de balde la buena noticia de Dios. ⁸ Para estar a su servicio tuve que saquear a otras comunidades, aceptando un subsidio; ⁹ mientras estuve con ustedes, aunque pasara necesidad, no le saqué el jugo a nadie; los hermanos que llegaron de Macedonia proveyeron a mis necesidades. Mi norma fue y seguirá siendo no serles gravoso en nada, ¹⁰ y tan verdad como que soy cristiano, que nadie en toda Acaya me quitará esa honra. ¹¹ ¿Por qué será? ¿Porque no los quiero? Bien sabe Dios cuánto.

¹² Esto hago y seguiré haciendo, para cortarles de raíz todo apoyo a esos que buscan un pretexto para gloriarse de ser tanto como yo. ¹³ Esos tales son apóstoles falsos, obreros tramposos, ¹⁴ disfrazados de apóstoles del Mesías. Y no hay por qué extrañarse; ¹⁵ si Satanás se disfraza de mensajero de la luz, no es mucho que también sus agentes se disfracen de agentes de la honradez; su final corresponderá a sus obras.

Pablo no es inferior en trabajos

¹⁶ Lo repito, que nadie me tenga por insensato; y si no, aunque sea como insensato, acéptenme, para que pueda presumir un poquito yo también. ¹⁷ En este asunto del presumir, lo que diga no lo digo como cristiano, sino disparatando. ¹⁸ Son tantos los que presumen de títulos humanos, que también yo voy a presumir, porque ¹⁹ ustedes soportan con gusto a los insensatos, por lo mismo que ustedes son sensatos. ²⁰ Si alguno os esclaviza, si los explota, si los estafa, si se da importancia, si los abofetea en la cara, se lo aguantan. ²¹ ¡Qué vergüenza, verdad, ser yo tan débil!

Pues en lo que otro se atreva, y hablo disparatando, me atrevo yo también. ²² ¿Que son hebreos? También yo. ¿Que son linaje de Israel? También yo. ¿Que son descendientes de Abrahán? También yo. ²³ ¿Que sirven a Cristo? Voy a decir un desatino: yo más. Les gano en fatigas, les gano en cárceles, en palizas sin comparación, y en peligros de muerte con mucho. ²⁴ Los judíos me han azotado cinco veces, con los cuarenta golpes menos uno; ²⁵ tres veces he sido apaleado, una vez me han apedreado, he tenido tres naufragios y pasé una noche y un día en el agua. ²⁶ Cuántos viajes a pie, con peligros de ríos, con peligros de bandoleros, peligros entre mi gente, peligros entre paganos, peligros en la ciudad, peligros en despoblado, peligros en el mar, peligros con los falsos hermanos. ²⁷ Muerto de cansancio, sin dormir muchas noches, con hambre y sed, a menudo en ayunas, con frío y sin ropa. ²⁸ Y, aparte de eso exterior, la carga de cada día, la preocupación por todas las comunidades. ²⁹ ¿Quién enferma sin que yo enferme? ¿Quién cae sin que a mí me dé fiebre?

³⁰ Si hay que presumir, presumiré de lo que muestra mi debilidad, ³¹ y bien sabe Dios, el Padre de nuestro Señor, Jesús Mesías –bendito sea por siempre–, que no miento. ³² En Damasco, el gobernador del rey Aretas tenía montada una guardia en la ciudad para prenderme; ³³ metido en un costal me descolgaron por una ventana de la muralla y así escapé de sus manos.

Tampoco en revelaciones del Señor

12 ¹ ¿Hay que presumir? No se saca nada, pero pasaré a las visiones y revelaciones del Señor.

² Yo sé de un cristiano que hace catorce años fue arrebatado hasta el tercer cielo; ³ con el cuerpo o sin cuerpo, ¿qué sé yo? Dios lo sabe. ⁴ Lo cierto es que ese hombre fue arrebatado al paraíso y oyó palabras arcanas, que un hombre no es capaz de repetir; con el cuerpo o sin cuerpo, ¿qué sé yo? Dios lo sabe.

⁵ De uno como ése podría presumir; lo que es yo, sólo presumiré de mis debilidades. ⁶ Y eso que si quisiera presumir, no sería un insensato, diría la pura verdad; pero lo dejo, para que nadie me tenga en más de lo que puede sacar viéndome u oyéndome.

⁷ Y por lo extraordinario de las revelaciones, para que no tenga soberbia, me han metido una espina en la carne, un emisario de Satanás, para que me abofetee y no tenga soberbia. ⁸ Tres veces le he pedido al Señor verme libre de él, ⁹ pero me contestó: «Te basta con mi gracia, la fuerza se realiza en la debilidad». Por consiguiente, con muchísimo gusto presumiré, si acaso, de mis debilidades, porque así residirá en mí la fuerza del Mesías. ¹⁰ Por eso estoy contento en las debilidades, ultrajes e infortunios, persecuciones y angustias por Cristo; pues, cuando soy débil, entonces soy fuerte.

Preocupación por los corintios. Calumnias

¹¹ He sido un insensato, ustedes me obligaron. Hablar en favor mío debería ser cosa de ustedes, pues, aunque yo no sea nadie, en nada soy menos que esos superapóstoles. ¹² La marca de apóstol se vio en mi trabajo entre ustedes, en la constancia a toda prueba y en las señales, portentos y milagros. ¹³ ¿Qué tienen que envidiar a otras comunidades, excepto que yo no fui una carga para ustedes? Perdónenme esta injuria.

¹⁴ Por tercera vez estoy preparado para ir a Corinto y tampoco ahora seré una carga. No me interesa su patrimonio, sino ustedes, pues no son los hijos quienes tienen que ganar para los padres, sino los padres para los hijos. ¹⁵ Por mi parte, con muchísimo gusto gastaré y me desgastaré yo mismo por ustedes. Los quiero demasiado. ¿Es una razón para que ustedes me quieran menos?

¹⁶ Pase, dirán algunos, que yo no he sido una carga para ustedes; pero como soy tan astuto, los he cazado con engaño. ¹⁷ Vamos a ver, de los que he mandado a Corinto, ¿de cuál me he servido para

explotarlos? ¹⁸ Le pedí a Tito que fuera y con él mandé al otro hermano. ¿Los ha explotado Tito? ¿No hemos procedido con el mismo espíritu? ¿No hemos seguido las mismas huellas?

¹⁹ ¿Piensan ya hace rato que me estoy justificando ante ustedes? Hablo como cristiano, delante de Dios, y todo es para construir su comunidad, amigos míos, ²⁰ porque yo temo que cuando vaya no los voy a encontrar como quisiera y que tampoco ustedes me van a encontrar a mí como quisieran. Podría encontrar discordia, rivalidad, arrebatos de ira, egoísmos, difamación, chismes, engreimientos, alborotos. ²¹ Temo que, cuando vaya, mi Dios me aflija otra vez ahí entre ustedes y tenga que ponerme de luto por muchos que fueron antes pecadores y no se han enmendado de la inmoralidad, libertinaje y desenfreno en que vivían.

13 ¹ Esta vez va a ser mi tercera visita. *Todo asunto se resolverá basándose en la declaración de dos o tres testigos* (Dt 19,15). ² Los prevengo ahora ausente de aquello de que previne en mi segunda visita a los antiguos pecadores y a todos en general: que, cuando vuelva, no tendré contemplaciones; ³ ésta será la prueba de que Cristo habla por mí. Él no es débil con ustedes; al contrario, muestra su poder entre ustedes; ⁴ es verdad que fue crucificado por su debilidad, pero vive ahora por la fuerza de Dios. Yo, aunque comparto su debilidad, con la fuerza de Dios participaré de su vida frente a ustedes.

⁵ Pónganse a prueba a ver si se mantienen en la fe, sométanse a examen. ¿No tienen conciencia de que el Mesías Jesús está entre ustedes? ⁶ A ver si es que no pasan el examen; pero reconocerán, así lo espero, que yo sí lo he pasado. ⁷ Pido a Dios que no hagan nada malo; no es que me interese ostentar mis calificaciones, sino que ustedes practiquen el bien, aunque parezca que yo estoy descalificado.

⁸ No tenemos poder alguno contra la verdad, sólo en favor de la verdad. ⁹ Con tal que ustedes estén fuertes, me alegro de ser yo débil; todo lo que pido es que se recuperen. ¹⁰ Por esta razón, les escribo así mientras estoy fuera, para no verme obligado a ser tajante en persona con la autoridad que el Señor me ha dado para construir, no para derribar.

¹¹ Y nada más, hermanos: estén alegres, recóbrense, tengan ánimos y anden de acuerdo; vivan en paz, y el Dios del amor y la paz estará con ustedes.

¹² Salúdense unos a otros con el beso ritual. Todos los consagrados los saludan.

¹³ El favor del Señor Jesús Mesías y el amor de Dios y la solidaridad del Espíritu Santo estén con todos ustedes.

CARTA A LOS GÁLATAS

1 ¹ Pablo, apóstol no por nombramiento ni intervención humana, sino por intervención de Jesús el Mesías y de Dios Padre, que lo resucitó de la muerte.

² Yo y todos los hermanos que están conmigo, a las comunidades de Galacia: ³ les deseamos el favor y la paz de Dios nuestro Padre y del Señor Jesús Mesías, ⁴ que se entregó por nuestros pecados para librarnos de este perverso mundo presente, conforme al designio de Dios nuestro Padre. ⁵ A él la gloria por los siglos de los siglos. Amén.

Introducción:
no hay más que un evangelio

⁶ Me extraña que tan de prisa dejen al que los llamó al favor que obtuvo el Mesías para pasarse a una buena noticia diferente, ⁷ que no es tal cosa, sino que hay algunos que los alborotan tratando de darle la vuelta a la buena noticia del Mesías.

⁸ Pues miren, incluso si nosotros mismos o un ángel bajado del cielo les anunciara una buena noticia distinta de la que les hemos anunciado, ¡fuera con él! ⁹ Lo que les había dicho se lo repito ahora: si alguien les anuncia una buena noticia distinta de la que recibieron, ¡fuera con él!

¹⁰ Qué, ¿trato ahora de congraciarme con los hombres o con Dios? O ¿busco yo contentar a hombres? Si todavía tratara de contentar a hombres, no podría estar al servicio de Cristo.

I

DEFIENDE SU TÍTULO DE APÓSTOL Y SU DOCTRINA

¹¹ Les advierto, además, hermanos, que la buena noticia que yo les anuncié no es invento humano; ¹² porque tampoco a mí me la ha transmitido ni enseñado ningún hombre, sino una revelación de Jesús como Mesías.

¹³ Sin duda han oído hablar de mi conducta pasada en el judaísmo; con qué saña perseguía yo a la Iglesia de Dios tratando de destruirla ¹⁴ y hacía carrera en el judaísmo más que muchos compatriotas de mi generación, por ser mucho más fanático en mis tradiciones ancestrales.

¹⁵ Y cuando aquel que me escogió desde el seno de mi madre y me llamó por su gracia se dignó ¹⁶ revelarme a su hijo para que yo lo anunciara a los paganos, no consulté con nadie de carne y hueso ni tampoco ¹⁷ subí a Jerusalén para ver a los apóstoles anteriores a mí, sino que inmediatamente salí para Arabia, de donde volví otra vez a Damasco.

Primera visita a Jerusalén

¹⁸ Después, tres años más tarde, subí a Jerusalén para conocer a Pedro y me quedé quince días con él. ¹⁹ No vi a ningún otro apóstol, excepto a Santiago, el pariente del Señor. ²⁰ Y en esto que les escribo

Dios es testigo de que no miento. ²¹ Fui después a Siria y Cilicia. En cambio, ²² las comunidades cristianas de Judea no me conocían personalmente; ²³ nada más oían decir que el antiguo perseguidor predicaba ahora la fe que antes intentaba destruir, ²⁴ y alababan a Dios por causa mía.

Segunda visita a Jerusalén

2 ¹ Después, a los catorce años, subí de nuevo a Jerusalén en compañía de Bernabé, llevándome también a Tito. ² Subí por una revelación y les expuse la buena noticia que pregono a los paganos, pero en particular, a «los respetados», para evitar que mis afanes de ahora o de entonces resulten inútiles, ³ y así fue; ni siquiera obligaron a circuncidarse a mi acompañante, Tito, aunque era griego.

⁴ Se debía la cosa a aquellos intrusos, a aquellos falsos hermanos que se infiltraron para acechar nuestra libertad –esa que tenemos gracias al Mesías Jesús–, con intención de esclavizarnos. ⁵ Ante aquellos ni por un momento cedimos dejándonos avasallar, para que la verdad de la buena noticia siguiera con ustedes.

⁶ Pues bien, por parte de los respetados por ser algo (lo que fueran o dejaran de ser no me interesa nada, Dios no mira lo exterior del hombre); a mí, como decía, «los respetados» no me tuvieron nada que añadirme, ⁷ todo lo contrario: viendo que se me ha confiado anunciar la buena noticia a los paganos (como a Pedro a los judíos, ⁸ pues aquel que capacitó a Pedro para la misión de los judíos me capacitó también a mí para los paganos) ⁹ y reconociendo el don que he recibido, Santiago, Pedro y Juan, considerados como pilares, nos dieron la mano a mí y a Bernabé en señal de solidaridad, de acuerdo en que nosotros nos dedicáramos a los paganos y ellos a los judíos. ¹⁰ Sólo nos pidieron que nos acordásemos de los pobres de allí, y eso en concreto lo tomé muy a pecho.

Incidente con Pedro

¹¹ Pero cuando Pedro fue a Antioquía tuve que enfrentarme con él, porque se había equivocado. ¹² Antes que llegaran ciertos individuos de parte de Santiago, comía con los paganos; pero llegados aquéllos, empezó a retraerse y ponerse aparte, temiendo a los partidarios de la circuncisión.

¹³ Los demás judíos se asociaron a su simulacro y hasta el mismo Bernabé se dejó arrastrar con ellos a aquella farsa.

¹⁴ Ahora que cuando yo vi que no andaban derecho con la verdad del evangelio, le dije a Pedro delante de todos:

–Si tú, siendo judío, estás viviendo como un pagano y en nada como un judío, ¿cómo intentas forzar a los paganos a las prácticas judías? ¹⁵ Nosotros éramos judíos de nacimiento, no de esos paganos pecadores, ¹⁶ pero comprendimos

---

1,18 y 2,11 "Pedro"; en el texto, la forma aramea "Cefas".

que ningún hombre es rehabilitado por observar la Ley, sino por la fe en Jesús Mesías. Por eso también nosotros hemos creído en el Mesías Jesús, para ser rehabilitados por la fe en el Mesías y no por observar la Ley, pues por observar la Ley «no será rehabilitado ningún mortal» (Sal 143,2 LXX). [17] Ahora, si por buscar la rehabilitación por medio del Mesías hemos resultado también nosotros unos pecadores, ¿qué? ¿Está el Mesías al servicio del pecado? –¡Ni pensarlo!–, [18] porque si uno construye de nuevo lo que demolió una vez, demuestra uno mismo haber sido culpable.

[19] En cuanto a mí, estando bajo la Ley morí para la Ley, con el fin de vivir para Dios. Con el Mesías quedé crucificado y ya no vivo yo, Cristo vive en mí, [20] y mi vivir humano de ahora es un vivir de la fe en el Hijo de Dios, que me amó y se entregó por mí. [21] Yo no inutilizo el favor de Dios; y si la rehabilitación se consiguiera con la Ley, entonces en balde murió el Mesías.

II
EXPOSICIÓN:
DIOS REHABILITA AL HOMBRE POR LA FE, NO POR LA OBSERVANCIA DE LA LEY

3 [1] ¡Gálatas estúpidos! ¿Quién los ha embrujado? ¡Después que ante sus ojos presentaron a Jesús Mesías en la cruz! [2] Contéstenme nada más esto: ¿recibieron el Espíritu por haber observado la Ley o por haber escuchado con fe? [3] ¿Tan estúpidos son? ¿Empezaron por el espíritu para terminar ahora con la materia? [4] ¡Tan magníficas experiencias en vano! Suponiendo que hayan sido en vano. [5] Vamos a ver: cuando Dios les comunica el Espíritu y obra prodigios entre ustedes, ¿lo hace porque cumplen la Ley o porque escuchan con fe?

Abrahán rehabilitado por la fe

[6] Dado que Abrahán «se fió de Dios y eso le valió la rehabilitación» (Gn 15,6), [7] sepan de una vez que únicamente son hijos de Abrahán los hombres de fe. [8] Además, la Escritura, previendo que Dios rehabilitaría a los paganos por la fe, le adelantó a Abrahán la buena noticia: *«Por ti serán benditas todas las naciones»* (Gn 12,3). [9] Así que son los hombres de fe los que reciben la bendición con Abrahán el creyente.

[10] Miren: los que se apoyan en la observancia de la Ley llevan encima una maldición, porque dice la Escritura: *«Maldito el que no se atiene a todo lo escrito en el libro de la Ley y lo cumple»* (Dt 27,26). [11] Y que por la Ley nadie se rehabilita ante Dios es evidente, pues *«vivirá el que se rehabilita por la fe»* (Hab 2,4), [12] y la Ley no alega la fe, sino que dice: *«El que cumple sus preceptos, vivirá por ellos»* (Lv 18,5).

[13] El Mesías nos rescató de la mal-

dición de la Ley, haciéndose por nosotros un maldito, pues dice la Escritura: *"Maldito todo el que cuelga de un palo"* (Dt 21,23); [14] y esto para que por medio del Mesías, Jesús, la bendición de Abrahán alcanzara a los paganos y por la fe recibiéramos el Espíritu prometido.

La promesa no depende de la Ley

[15] Hermanos, hablo desde el punto de vista humano: aunque sea de un hombre, un testamento debidamente otorgado nadie puede anularlo ni se le puede añadir una cláusula. [16] Pues bien, las promesas se hicieron a Abrahán y a su descendencia; no se dice «y a los descendientes» en plural, sino en singular, *«y a tu descendencia»* (Gn 12,7), que es el Mesías.

[17] Quiero decir esto: una herencia ya debidamente otorgada por Dios no iba a anularla una Ley que apareció cuatrocientos treinta años más tarde, dejando sin efecto la promesa; [18] y en caso de que la herencia viniera en virtud de la Ley, ya no dependería de la promesa, mientras que a Abrahán Dios le dejó hecha la donación con la promesa.

[19] Entonces, ¿para qué la Ley? Se añadió para denunciar los delitos, hasta que llegara el descendiente beneficiario de la promesa, y fue promulgada por ángeles, por boca de un mediador; [20] pero este mediador no representa a uno solo, mientras Dios es uno solo.

[21] Entonces, ¿contradice la Ley a las promesas de Dios? Nada de eso. Si se hubiera dado una Ley capaz de dar vida, la rehabilitación dependería realmente de la Ley. [22] Pero no, la Ley escrita lo encerró todo en el pecado, para que lo prometido se dé por la fe en Jesús Mesías a todo el que cree.

La Ley, infancia de la humanidad

[23] Antes de que llegara la fe estábamos custodiados por la Ley, encerrados esperando a que la fe se revelara. [24] Así la Ley fue nuestra niñera, hasta que llegara el Mesías y fuéramos rehabilitados por la fe. [25] En cambio, una vez llegada la fe, ya no estamos sometidos a la niñera, [26] pues todos ustedes son hijos de Dios por la adhesión al Mesías Jesús; [27] porque todos, al bautizarse, vinculándose al Mesías, se revistieron del Mesías. [28] Ya no hay más judío ni griego, esclavo ni libre, varón o hembra, pues ustedes hacen todos uno, mediante el Mesías Jesús; [29] y, si son del Mesías, son por consiguiente descendencia de Abrahán, herederos conforme a la promesa.

El hombre, mayor de edad

4 [1] Quiero decir: mientras el heredero es menor de edad, en nada se diferencia de un esclavo, pues, aunque es dueño de todo, [2] lo tienen bajo tutores y curadores, hasta la fecha fijada por su padre. [3] Igual nosotros, cuando éramos

---

3,22 "la Ley escrita", lit. "la Escritura", con referencia al código legal.
3,24 "niñera", en griego "pedagogo", esclavo encargado de cuidar del niño y llevarlo a la escuela.

menores estábamos esclavizados por lo elemental del mundo.

⁴ Pero cuando se cumplió el plazo envió Dios a su Hijo, nacido de mujer, sometido a la Ley, ⁵ para rescatar a los que estaban sometidos a la Ley, para que recibiéramos la condición de hijos. ⁶ Y la prueba de que ustedes son hijos es que Dios envió a su interior el Espíritu de su Hijo, que grita: ¡Abba! ¡Padre! ⁷ De modo que ya no eres esclavo, sino hijo, y si eres hijo eres también heredero, por obra de Dios.

III

LA SITUACIÓN EN GALACIA

Vuelta a las observancias

⁸ Antes, cuando no sabían de Dios, se hicieron esclavos de seres que por su naturaleza no son dioses. ⁹ Ahora que han reconocido a Dios, mejor dicho, que Dios los ha reconocido, ¿cómo se vuelven de nuevo a esos elementos sin eficacia ni contenido? ¹⁰ ¿Quieren ser sus esclavos otra vez como antes? Respetan ciertos días, meses, estaciones y años; ¹¹ me hacen temer que mis fatigas por ustedes hayan sido inútiles.

Frialdad con Pablo

¹² Pónganse en mi lugar, hermanos, por favor, que yo, por mi parte, me pongo en el lugar de ustedes. En nada me han ofendido. ¹³ Recuerdan que la primera vez les anuncié el evangelio con motivo de una enfermedad mía, ¹⁴ pero no me despreciaron ni me hicieron ningún desaire, aunque mi estado físico los debió tentar a eso; al contrario, me recibieron como a un mensajero de Dios, como al Mesías Jesús en persona.

¹⁵ Siendo esto así, ¿dónde ha ido a parar aquella dicha? Porque hago constar a su favor que, a ser posible, se hubieran sacado los ojos para dármelos. ¹⁶ ¿Y ahora me he convertido en su enemigo por ser sincero con ustedes?

¹⁷ El interés que ésos les muestran no es de buena ley; quieren aislarlos para acaparar su interés. ¹⁸ Sería mejor, en cambio, que se interesaran por lo bueno siempre, y no sólo cuando estoy ahí con ustedes.

¹⁹ Hijos míos, otra vez me causan dolores de parto, hasta que Cristo tome forma en ustedes. ²⁰ Quisiera estar ahora ahí y cambiar el tono de mi voz, pues con ustedes no sé qué hacer.

IV

LA LIBERTAD CRISTIANA

²¹ Vamos a ver, si quieren someterse a la Ley, ¿por qué no escuchan lo que dice la Ley? ²² Porque en la Escritura se cuenta que

Abrahán tuvo dos hijos: uno de la esclava y otro de la mujer libre, ²³ pero el de la esclava nació de modo natural, mientras el de la libre fue por una promesa de Dios.

²⁴ Esto significa algo más: las mujeres representan dos alianzas; una, la del monte Sinaí, engendra hijos para la esclavitud: ésa es Agar ²⁵ (el nombre de Agar significa el monte Sinaí, de Arabia) y corresponde a la Jerusalén de hoy, esclava ella y sus hijos.

²⁶ En cambio, la Jerusalén de arriba es libre y ésa es nuestra madre, ²⁷ pues dice la Escritura:

Alégrese, la estéril que no ha dado a luz,

póngase a gritar, la que no conocía los dolores,

porque la abandonada tiene muchos hijos,

más que la que vive con el marido (Is 54,1).

²⁸ Pues ustedes, hermanos, son hijos por la promesa, como Isaac. ²⁹ Ahora bien, si entonces el que nació de modo natural perseguía al que nació por el Espíritu, lo mismo ocurre ahora. ³⁰ Pero ¿qué añade la Escritura?: *«Echa fuera a la esclava y a su hijo, porque el hijo de la esclava no compartirá la herencia con el hijo de la libre»* (Gn 21,10). ³¹ Por tanto, hermanos, no somos hijos de la esclava, sino de la mujer libre.

5 ¹ Para que seamos libres nos liberó el Mesías; así que manténganse firmes y no se dejen atar de nuevo al yugo de la esclavitud.

Conclusión

² Miren lo que les digo yo, Pablo: si se dejan circuncidar, el Mesías no les servirá ya de nada, ³ y a todo el que se circuncida le repito de nuevo que está obligado a observar la Ley entera. ⁴ Los que buscan la rehabilitación por la Ley, han roto con el Mesías, han caído en desgracia.

⁵ Por nuestra parte, la anhelada rehabilitación la esperamos en la fe por la acción del espíritu, ⁶ pues como cristianos da lo mismo estar circuncidado o no estarlo; lo que vale es una fe que se traduce en amor.

⁷ Con lo bien que corrían, ¿quién les cortó el paso para que no siguieran la verdad? ⁸ Ese influjo no venía del que los llama. ⁹ «Una pizca de levadura fermenta toda la masa».

¹⁰ Respecto a ustedes yo confío en que el Señor hará que estén plenamente de acuerdo con esto, pero el que los alborota, sea quien sea, cargará con su sanción.

¹¹ Por lo que a mí toca, hermanos, si es verdad que sigo predicando la circuncisión, ¿por qué todavía me persiguen? Vean, ya está neutralizado el escándalo de la cruz. ¹² ¡Ojalá se mutilaran del todo esos que los alborotan!

V

APÉNDICE: LIBERTAD RESPONSABLE

¹³ A ustedes, hermanos, los han llamado a la libertad; solamente que esa libertad no dé pie a los bajos instintos. Al contrario; que el

amor los tenga al servicio de los demás, [14] porque la Ley entera queda cumplida con un solo mandamiento, el de «amarás a tu prójimo como a ti mismo» (Lv 19,18). [15]Cuidado, que si se siguen mordiendo y devorando unos a otros, se van a destrozar mutuamente.

[16] Quiero decir: procedan guiados por el Espíritu y nunca se rebajen a deseos rastreros. [17] Miren, los objetivos de los bajos instintos son opuestos al Espíritu y los del Espíritu a los bajos instintos, porque los dos están en conflicto. Resultado: que no pueden hacer lo que quisieran. [18] En cambio, si se dejan llevar por el Espíritu, no están sometidos a la Ley.

[19] Las acciones que proceden de los bajos instintos son conocidas: lujuria, inmoralidad, libertinaje, [20] idolatría, magia, enemistades, discordia, rivalidad, arrebatos de ira, egoísmos, partidismos, sectarismos, envidias, borracheras, orgías y cosas por el estilo. [21] Y los prevengo, como ya los previne, que los que se dan a eso no heredarán el reino de Dios.

[22] En cambio, el fruto del Espíritu es amor, alegría, paz, tolerancia, agrado, generosidad, lealtad, sencillez, [23] dominio de sí. Contra esto no hay ley que valga. [24] Los que son del Mesías han crucificado sus bajos instintos con sus pasiones y deseos.

Exhortación: seguir al Espíritu

[25] Si el Espíritu nos da vida, sigamos también los pasos del Espíritu. No seamos vanidosos, provocándonos unos a otros, envidiándonos unos a otros.

6 [1] Hermanos, incluso si a un individuo se le sorprende en algún desliz, ustedes, los hombres de espíritu, recupérenlo con mucha suavidad; estando tú sobre aviso, no vayas a ser tentado también tú.

[2] Arrimen todos el hombro a las cargas de los otros, que con eso cumplirán la ley del Mesías. [3] Por supuesto, si alguno cree ser algo, cuando no es nada, él mismo se engaña. [4] Cada cual examine su propia actuación, y tenga entonces motivo de satisfacción refiriéndose sólo a sí mismo, no refiriéndose al compañero, [5] pues cada uno tendrá que cargar con su propio bulto.

[6] Cuando uno está instruyéndose en el mensaje, comparta con el catequista todo lo que tiene.

[7] No se engañen, con Dios no se juega: lo que uno cultive eso cosechará. [8] El que cultiva los bajos instintos, de ellos cosechará corrupción; el que cultiva el espíritu, del Espíritu cosechará vida definitiva. [9] Por tanto, no nos cansemos de hacer el bien, que, si no desmayamos, a su tiempo cosecharemos. [10] En una palabra: mientras tenemos ocasión, trabajemos por el bien de todos, especialmente por el de la familia de la fe.

Posdata y despedida

[11] Fíjense qué letras tan grandes, son de mi propia mano.

[12] Esos que intentan forzarlos a la circuncisión son ni más ni menos los que desean quedar bien con los demás; su única preocupación es que no los persigan por causa de la cruz del Mesías, [13] por-

que la Ley no la observan ni los mismos circuncisos; pretenden que se circunciden para gloriarse de que los han sometido a ese rito.

¹⁴ Lo que es a mí, Dios me libre de gloriarme más que de la cruz de nuestro Señor, Jesús Mesías, en la cual el mundo quedó crucificado para mí y yo para el mundo. ¹⁵ ¡Circuncisión o no circuncisión, qué más da! ¹⁶ Lo que importa es una nueva humanidad. Paz y misericordia para todo el que sigue esta norma y para el Israel de Dios.

¹⁷ En adelante, que nadie me amargue más la vida, que yo llevo en mi cuerpo las marcas de Jesús.

¹⁸ El favor de nuestro Señor, Jesús Mesías, los acompañe, hermanos, amén.

CARTA A LOS EFESIOS

1 [1] Pablo, apóstol del Mesías por designio de Dios, a los consagrados, a los que son también fieles del Mesías Jesús: [2] les deseo el favor y la paz de Dios nuestro Padre y del Señor Jesús el Mesías.

I

EL DESIGNIO DE DIOS: LA UNIÓN UNIVERSAL

[3] ¡Bendito sea Dios, Padre de nuestro Señor, Jesús Mesías, que, por medio del Mesías, nos ha bendecido desde el cielo con toda bendición del Espíritu!

[4] Porque nos eligió con él antes de crear el mundo, para que estuviéramos consagrados y sin defecto a sus ojos por el amor; [5] destinándonos ya entonces a ser constituidos hijos suyos por medio de Jesús Mesías –conforme a su querer y a su designio–, [6] a ser un himno a su gloriosa generosidad.

La derramó sobre nosotros por medio de su Hijo querido, [7] el cual, con su sangre, nos ha obtenido la liberación, el perdón de los pecados; muestra de su inagotable generosidad.

[8] Y la derrochó con nosotros –y ¡con cuánta sabiduría e inteligencia!–, [9] revelándonos su designio secreto, conforme al querer y proyecto que él tenía [10] para llevar la historia a su plenitud: hacer la unidad del universo por medio del Mesías, de lo terrestre y de lo celeste.

[11] Por su medio, pues por él, Dios hizo de nosotros su heredad (a esto habíamos sido destinados, conforme al proyecto de aquel que activa el universo según su plan y su designio), [12] para que los que ya esperábamos en el Mesías fuéramos un himno a su gloria.

[13] Y por él también, ustedes, después de oír el mensaje de la verdad, la buena noticia de su salvación, por él, al creer, han sido sellados con el Espíritu Santo prometido, [14] garantía de nuestra herencia, para liberación de su patrimonio, para himno a su gloria.

[15] Por eso, por lo que a mí toca, enterado de su adhesión al Señor Jesús y de su amor a todos los consagrados, [16] no ceso de dar gracias a Dios por ustedes cuando los encomiendo en mis oraciones.

[17] Que el Dios de nuestro Señor Jesús Mesías, el Padre que posee la gloria, les dé un saber y una revelación interior con profundo conocimiento de él; [18] que tenga iluminados los ojos de su alma, para que comprendan qué esperanza abre su llamamiento, qué tesoro es la gloriosa herencia destinada a sus consagrados [19] y qué extraordi-

---

1,1 "santos" o "consagrados", que se decía de Israel en el AT como pueblo consagrado a Dios, cf Rom 1,7. Con los mejores manuscritos se omiten las palabras "en Efeso".

1,6 "generosidad", o bien, "favor", "gracia", "benevolencia". Así, con frecuencia, en la carta.

naria su potencia en favor de los que creemos, conforme a la eficacia de su poderosa fuerza.

Fundamentos de la esperanza

[20] Desplegó esa eficacia con el Mesías, resucitándolo y sentándolo a su derecha en el cielo, [21] por encima de toda soberanía y autoridad y poder y dominio, y de todo título reconocido no sólo en esta edad, sino también en la futura. [22] *Sí, todo lo sometió bajo sus pies* (Sal 8,7), y a él lo hizo, por encima de todo, cabeza de la Iglesia, [23] que es su cuerpo, el complemento del que llena totalmente el universo.

2 [1] También ustedes estaban muertos por sus culpas y pecados, [2] pues tal era antes su conducta, siguiendo el genio de este mundo, siguiendo al jefe que manda en esta zona inferior, el espíritu que ahora actúa eficazmente en los rebeldes. [3] De ellos éramos también nosotros, pues todos vivíamos antes sujetos a los bajos deseos, obedeciendo a los caprichos del instinto y de la imaginación, y, naturalmente, estábamos destinados a la reprobación como los demás.

[4] Pero Dios, rico en misericordia, por el gran amor que nos tuvo, [5] cuando estábamos muertos por las culpas, nos dio vida con el Mesías –han sido salvados por pura generosidad–, [6] con él nos resucitó y con él nos hizo sentar en el cielo, en la persona del Mesías Jesús. Con esa bondad suya para con nosotros, por medio del Mesías Jesús, [7] quería mostrar a las edades futuras su espléndida e incomparable generosidad.

[8] De hecho, gracias a esa generosidad han sido ya salvados por la fe; es decir, no viene de ustedes, es don de Dios; [9] no es por lo que hubieran hecho, para que nadie se enorgullezca. [10] Somos realmente hechura suya, creados, mediante el Mesías Jesús, para hacer el bien que Dios nos asignó de antemano como línea de conducta.

II

EL MESÍAS, EJECUTOR DEL DESIGNIO DE UNIDAD: LA HUMANIDAD NUEVA

Situación anterior. Obra del Mesías. Resultado

[11] Recuerden por eso que antes ustedes, los paganos en el cuerpo –tratados de «incircuncisos» por los que se llamaban «circuncisos» (en el cuerpo y por mano de hombres)– [12] recuerden que no tenían un Mesías, que estaban excluidos de la ciudadanía de Israel y eran ajenos a las alianzas, sin esperanza en la promesa ni Dios en el mundo.

[13] Ahora, en cambio, gracias al Mesías Jesús, ustedes, los que an-

---

2,2 "el genio", en griego "Eón", tal vez en alusión al Dios de ese nombre, que personificaba el tiempo de la eternidad.

tes estaban lejos, están cerca por la sangre del Mesías, ¹⁴ porque él es nuestra paz: él, que de los dos pueblos hizo uno y derribó la barrera divisoria, la hostilidad, ¹⁵ aboliendo en su vida mortal la ley de los minuciosos preceptos; así, con los dos, creó en sí mismo una humanidad nueva, estableciendo la paz, ¹⁶ y a ambos, hechos un solo cuerpo, los reconcilió con Dios por medio de la cruz, matando en sí mismo la enemistad.

¹⁷ Por eso su venida *anunció la paz a los que estaban lejos y la paz a los que estaban cerca* (Is 57,19), ¹⁸ pues, gracias a él, unos y otros, por un mismo Espíritu, tenemos acceso al Padre.

¹⁹ Por tanto, ya no son extranjeros ni intrusos, sino conciudadanos de los consagrados y familia de Dios, ²⁰ pues han sido edificados sobre el cimiento de los apóstoles y profetas, con el Mesías Jesús como piedra angular. ²¹ Por obra suya la construcción se va levantando compacta, para formar un templo consagrado por el Señor; ²² y también por obra suya van entrando ustedes con los demás en esa construcción, para formar por el Espíritu una morada para Dios.

Explica de nuevo el designio de Dios

3 ¹ Por esta razón yo, Pablo, prisionero por el Mesías Jesús para el bien de ustedes los paganos... ² Supongo que estarán enterados del encargo que Dios generosamente me ha dado con vistas a ustedes; ³ cómo en una revelación se me dio a conocer el secreto que he expuesto con brevedad anteriormente; ⁴ leyéndolo pueden darse cuenta de que entiendo del secreto del Mesías.

⁵ Nunca se había dado a conocer a los hombres de otras generaciones como ahora lo ha revelado el Espíritu a los consagrados, a sus apóstoles y profetas: ⁶ que los paganos mediante el Mesías Jesús y gracias a la buena noticia, entran en la misma herencia, forman un mismo cuerpo y tienen parte en la misma promesa; ⁷ buena noticia a cuyo servicio estoy, regalo que me hizo Dios generosamente con la eficacia de su poder. ⁸ A mí, el más insignificante de todos los consagrados, me concedieron este don: anunciar a los paganos la inimaginable riqueza del Mesías ⁹ y aclararles a todos cómo se va realizando el secreto escondido desde siempre en Dios, creador del universo.

¹⁰ Así, desde el cielo, por medio de la Iglesia, se dan a conocer a las soberanías y autoridades las múltiples formas de la sabiduría de Dios, ¹¹ contenidas en el proyecto de siglos; que desde la eternidad llevó a efecto mediante el Mesías, Jesús Señor nuestro.

¹² Gracias a él tenemos esa libertad de acercamiento, con la osadía que da la fe en él; ¹³ por eso, háganme el favor de no acobardarse cuando paso dificultades por ustedes; ellas son precisamente su gloria.

Pide la experiencia interior

¹⁴ Por esta razón doblo las rodillas ante el Padre, ¹⁵ el que da el apellido a toda familia en cielo y tierra, y le pido que, ¹⁶ mostrando su inagota-

ble esplendidez, los refuerce y robustezca interiormente con su Espíritu, [17] para que el Mesías se instale por la fe en lo íntimo de ustedes y queden arraigados y cimentados en el amor; [18] con eso serán capaces de comprender, en compañía de todos los consagrados, lo que es anchura y largura, altura y profundidad, [19] y de conocer lo que supera todo conocimiento, el amor del Mesías, llenándolos de la plenitud total, que es Dios.

[20] Al que puede hacer mucho más sin comparación de lo que pedimos o concebimos, con esa potencia que actúa eficazmente en nosotros, [21] a él dé gloria la Iglesia con el Mesías Jesús por todas las generaciones, de edad en edad, amén.

III

UNIDAD Y AMOR MUTUO

La diversidad, instrumento de unidad

4 [1] En consecuencia, un favor les pido, yo, el prisionero por el Señor: que vivan a la altura del llamamiento que han recibido; [2] sean de lo más humilde y sencillo, sean pacientes y acéptense unos a otros con amor. [3] Esfuércense por mantener la unidad que crea el Espíritu, estrechándola con la paz. [4] Hay un solo cuerpo y un solo Espíritu, como una es también la esperanza que les abrió su llamamiento:

[5] un Señor, una fe, un bautismo,
[6] un Dios y Padre de todos,

que está sobre todos, entre todos y en todos.

[7] Pero cada uno hemos recibido el don en la medida en que el Mesías nos lo dio. [8] Por eso dice la Escritura:

Subió a lo alto llevando cautivos, dio dones a los hombres (Sal 67,19).

[9] ¿Qué significa ese «subió» sino que también bajó a esta tierra inferior? [10] El que bajó es aquel que subió por encima de los cielos para llenar el universo.

[11] Y así, fue él quien dio a unos como apóstoles, a otros como profetas, a otros como evangelistas, a otros como pastores y maestros, [12] con el fin de equipar a los consagrados para la tarea del servicio, para construir el cuerpo del Mesías, [13] hasta que todos sin excepción alcancemos la unidad que es fruto de la fe y del conocimiento del Hijo de Dios, la edad adulta, el desarrollo que corresponde al complemento del Mesías.

[14] Así ya no seremos niños, zarandeados y a la deriva por cualquier viento de doctrina, a merced de individuos tramposos, consumados en las estratagemas del error. [15] En vez de eso, siendo auténticos en el amor, crezcamos en todo aspecto hacia aquel que es la cabeza, Cristo. [16] De él viene que el cuerpo entero, compacto y trabado por todas las junturas que lo alimentan, con la actividad peculiar de cada una de las partes, vaya creciendo como cuerpo, construyéndose él mismo por el amor.

Romper con el pasado

[17] Por tanto, en nombre del Señor les digo y les recomiendo que no vivan más como los paganos, con la cabeza vacía, [18] con el pensamiento a oscuras y ajenos a la vida de Dios; esto se debe a la inconsciencia que domina entre ellos por la ceguera de su mente: [19] perdida toda sensibilidad, se han entregado al vicio, dándose insaciablemente a toda clase de inmoralidad.

[20] Por lo que respecta a ustedes, no fue ésa la instrucción que les dieron sobre el Mesías; [21] supongo que les hablaron de él y que, a propósito de él, les enseñaron lo que responde a la realidad de Jesús; [22] es decir, a despojarse, respecto a la vida anterior, del hombre que eran antes, que se iba desintegrando seducido por sus deseos, [23] a cambiar su actitud mental [24] y a revestirse de ese hombre nuevo creado a imagen de Dios, con la rectitud y santidad propias de la verdad.

[25] Por tanto, déjense de mentiras, *hable cada uno con verdad a su prójimo* (Zac 8,16), que somos miembros unos de otros. [26] *Si se enojan, no lleguen a pecar* (Sal 4,4), que la puesta del sol no los sorprenda en su enojo; [27] no dejen ningún lugar al diablo.

[28] El ladrón, que no robe más; mejor será que se fatigue trabajando honradamente con sus propias manos para poder repartir con el que lo necesita. [29] Malas palabras no salgan de su boca; lo que digan sea bueno, constructivo y oportuno, así hará bien a los que lo oyen.

[30] No aflijan al santo Espíritu de Dios que los selló para el día de la liberación: [31] nada de brusquedad, coraje, cólera, voces ni insultos; destierren eso y toda clase de maldad. [32] Unos con otros sean agradables y de buen corazón, perdonándose mutuamente como Dios los perdonó por Cristo.

5 [1] En una palabra: como hijos queridos de Dios, procuren parecerse a él [2] y vivan en mutuo amor, igual que el Mesías los amó y se entregó por ustedes, ofreciéndose a Dios como sacrificio fragante.

[3] Por otra parte, de lujuria, inmoralidad de cualquier género o codicia, entre ustedes, ni hablar; es impropio de gente consagrada; [4] y lo mismo obscenidades, disparates o tonterías, que están fuera de lugar; en lugar de eso, den gracias a Dios. [5] Porque esto que digo, ténganlo por sabido y resabido: nadie que se da al libertinaje, la inmoralidad o a la codicia, que es una idolatría, tendrá parte en el reino del Mesías y de Dios.

[6] Que nadie los engañe con argumentos falsos: estas cosas son las que atraen la reprobación de Dios sobre los rebeldes. [7] Por eso no se hagan cómplices de ellos; [8] porque antes, sí, eran tinieblas, pero ahora, como cristianos, son luz. [9] Pórtense como gente hecha a la luz, donde florece toda bondad, honradez y sinceridad, [10] examinando para ver lo que agrada al Señor. [11] En vez de asociarse a las acciones improductivas de las tinieblas, denúncienlas; [12] porque lo que ésos hacen a escondidas da vergüenza hasta decirlo. [13] Pero todo eso, cuando la luz lo denun-

cia, queda al descubierto, [14] y todo lo que está al descubierto recibe el influjo de la luz. Por eso dicen:

Despierta, tú que duermes,
levántate de la muerte
y te iluminará el Mesías.

[15] Por consiguiente, mucha atención a cómo se portan: no como simplones, sino con talento, [16] aprovechando las ocasiones, porque corren días malos. [17] No sean irreflexivos, traten de comprender lo que el Señor quiere.

[18] Tampoco se emborrachen con vino, que esconde libertinaje; eso sí, llénense de Espíritu, [19] exprésense entre ustedes con salmos, himnos y cánticos inspirados, cantando y tocando con toda el alma para el Señor y, [20] por medio de nuestro Señor, Jesús Mesías, den gracias por todo sin cesar a Dios Padre.

IV

RELACIONES DOMÉSTICAS

[21] Sean sumisos unos a otros por respeto a Cristo: [22] las mujeres a sus maridos como si fuera al Señor; [23] porque el marido es cabeza de la mujer, como el Mesías, salvador del cuerpo, es cabeza de la Iglesia. [24] Como la Iglesia es dócil al Mesías, así también las mujeres a sus maridos en todo.

[25] Maridos, amen a sus mujeres como el Mesías amó a la Iglesia y se entregó por ella: [26] quiso así consagrarla con su palabra, lavándola en el baño del agua, [27] para prepararse una Iglesia radiante, sin mancha ni arruga ni nada parecido, una Iglesia santa e inmaculada. [28] Así deben también los maridos amar a sus mujeres como a su propio cuerpo. Amar a su mujer es amarse a sí mismo; [29] y nadie ha odiado nunca a su propio cuerpo, al contrario, lo alimenta y lo cuida, como hace el Mesías con la Iglesia, [30] porque somos miembros de su cuerpo. [31] *«Por eso dejará el hombre a su padre y a su madre, se unirá a su mujer y serán los dos un solo ser»* (Gn 2,24). [32] Este símbolo es magnífico; yo lo estoy aplicando a Cristo y a la Iglesia; [33] pero también ustedes, cada uno en particular, debe amar a su mujer como a sí mismo, y la mujer debe respetar al marido.

[1] Hijos, obedezcan a sus padres cristianamente, como es razón. [2] *«Honra a tu padre y a tu madre»* es el primer mandamiento que lleva una promesa: [3] *«te irá bien y vivirás largo tiempo en la tierra»* (Éx 20,12).

[4] Padres, ustedes no exasperen a sus hijos; críenlos educándolos y corrigiéndolos como el Señor quiere.

[5] Esclavos, obedezcan escrupulosamente a sus amos de la tierra, de todo corazón, como si fuera al Mesías. [6] No en lo que se ve, para quedar bien, sino como esclavos de Cristo que cumplen la voluntad de Dios con toda el alma; [7] sirvan de buena gana, como si fuera al Señor

y no a hombres; [8] recuerden que lo que uno haga de bueno, sea esclavo o libre, se lo pagará el Señor.

[9] Amos, ustedes correspóndanles dejándose de amenazas; recuerden que ellos y ustedes tienen un amo en el cielo y que ése no tiene favoritismos.

V

RECOMENDACIÓN FINAL Y DESPEDIDA

[10] Para terminar, dejen que los robustezca el Señor con su poderosa fuerza. [11] Pónganse las armas que Dios da para resistir a las estratagemas del diablo, [12] porque la lucha nuestra no es contra hombres de carne y hueso, sino la del cielo contra las soberanías, contra las autoridades, contra los jefes que dominan en estas tinieblas, contra las fuerzas espirituales del mal.

[13] Por eso les digo que se pongan las armas que Dios da, para poder hacerles frente en el momento difícil y acabar el combate sin perder terreno. [14] Conque en pie: *abróchense el cinturón de la verdad, por coraza colóquense la honradez* (Is 11,5); [15] bien calzados, *dispuestos a dar la noticia de la paz* (Is 52,7). [16] Tengan siempre en la mano el escudo de la fe, que les permitirá apagar todas las flechas incendiarias del malo. [17] Tomen *por casco la salvación y por espada la del Espíritu* (Is 59,17), es decir, la palabra de Dios.

[18] Al mismo tiempo, con la ayuda del Espíritu, no pierdan ocasión de orar, insistiendo en la oración y en la súplica; y para eso espanten el sueño y pidan constantemente por todos los consagrados; [19] y también por mí, para que Dios abra mis labios y me conceda palabras para comunicar sin temor su secreto, la buena noticia [20] de la que soy portavoz... en cadenas. Pidan que tenga valor para hablar de él como debo.

[21] Quiero que también ustedes sepan qué es de mí y qué tal sigo; de todo les informará Fortunato, nuestro hermano querido y auxiliar fiel en la tarea del Señor. [22] Se lo mando precisamente para que tengan noticias nuestras y les dé ánimos.

[23] Que Dios Padre y el Señor, Jesús Mesías, concedan a los hermanos paz y amor acompañados de fe; [24] su favor acompañe a todos los que aman a nuestro Señor, Jesús Mesías, sin desfallecer.

6,5 "escrupulosamente", lit. "con temor y temblor", expresión que indica el máximo cuidado, cf 2 Cor 7,15; Flp 2,12.
6,12 "hombres de carne y hueso", lit. "sangre y carne", cf Mt 16,17.

CARTA A LOS FILIPENSES

1 [1] Pablo y Timoteo, siervos del Mesías Jesús, a todos los consagrados por el Mesías Jesús que residen en Filipos, con sus encargados y auxiliares. [2] Les deseamos el favor y la paz de Dios nuestro Padre y del Señor, Jesús Mesías.

[3] Doy gracias a mi Dios por todo lo que recuerdo de ustedes; [4] cada vez que pido por todos ustedes siempre lo hago con alegría, por la parte que han tomado en anunciar la buena noticia desde el primer día hasta hoy; [6] seguro, además, de una cosa, de que aquel que dio principio a la buena empresa de ustedes le irá dando remate hasta el día del Mesías Jesús.

[7] Esto que siento de ustedes está justificado: los llevo muy dentro, pues tanto durante mi prisión como durante mi defensa y confirmación de la buena noticia todos tienen parte conmigo en el privilegio que me ha tocado. [8] Bien sabe Dios con qué cariño cristiano los echo de menos.

[9] Y esto pido en mi oración: que el amor de ustedes abunde todavía más y más en penetración y en sensibilidad para todo; [10] así podrán ustedes acertar con lo mejor y llegar genuinos y sin tropiezo al día del Mesías, [11] colmados de ese fruto de rectitud que viene por Jesús Mesías, para gloria y alabanza de Dios.

I

NOTICIAS PERSONALES Y RECOMENDACIÓN

[12] Además, quiero que sepan, hermanos, que esto que me ocurre más bien ha favorecido el avance de la buena noticia, [13] pues el entero pretorio y todos los demás ven claro que estoy en la cárcel por ser cristiano, [14] y la mayoría de los hermanos, alentados por mi prisión a confiar en el Señor, se atreven mucho más a exponer el mensaje sin miedo.

[15] Es verdad que algunos proclaman al Mesías por envidia y antagonismo hacia mí; otros, en cambio, lo hacen con buena intención; [16] éstos porque me quieren y saben que estoy reducido a defender el evangelio; [17] los otros anuncian al Mesías por rivalidad, jugando sucio, pensando en hacer más penoso mi encarcelamiento.

[18] ¿Qué más da? Al fin y al cabo, de la manera que sea, con segundas intenciones o con sinceridad, se anuncia a Cristo y yo me alegro; [19] más aún, me seguiré alegrando, porque sé que todo será para mi bien, gracias a sus oraciones y al Espíritu de Jesús el Mesías que me socorre. [20] Tal es mi expectación y

---

1,1 "encargados y auxiliares" en griego "epyskopoi kde diákonoi", términos que aún no tienen el significado de épocas posteriores.

mi esperanza, que en ningún caso saldré fracasado, sino que, viva o muera, ahora como siempre se manifestará públicamente en mi persona la grandeza de Cristo. [21] Porque para mí vivir es Cristo y morir ganancia. [22] Por otra parte, si vivir en este mundo me supone trabajar con fruto, ¿qué elegir? No lo sé. [23] Las dos cosas tiran de mí: deseo morirme y estar con Cristo (y esto es en todo lo mejor); [24] sin embargo, quedarme en este mundo es más necesario por ustedes. [25] Convencido de esto, siento que me quedaré y estaré a su lado, para que avancen alegres en la fe, [26] de modo que su orgullo de ser cristianos rebose por causa mía cuando me encuentre de nuevo entre ustedes.

[27] Una sola cosa: vivan a la altura de la buena noticia del Mesías, de modo que ya sea que vaya a verlos o que tenga de lejos noticias de ustedes, sepa que se mantienen firmes en el mismo espíritu y que luchan juntos como un solo hombre por la fidelidad a la buena noticia, [28] sin el menor miedo a los adversarios; esto será para ellos signo de derrota, para ustedes de victoria, todo por obra de Dios. [29] Porque a ustedes se les ha concedido el privilegio de estar del lado de Cristo, no sólo creyendo en él, sino sufriendo por él, [30] involucrados como están en el mismo combate; ése en que me vieron una vez y ahora conocen de oídas.

II

EVITAR LAS DIVISIONES

2 [1] Entonces, si hay un estímulo en el Mesías y un aliento en el amor mutuo, si existe una solidaridad de espíritu y un cariño entrañable, [2] háganme feliz del todo y anden de acuerdo, teniendo un amor recíproco y un interés unánime por la unidad. [3] En vez de obrar por egoísmo o presunción, cada cual considere humildemente que los otros son superiores [4] y nadie mire únicamente por lo suyo, sino también cada uno por lo de los demás.

[5] Entre ustedes tengan la misma actitud del Mesías Jesús:

[6] Él, a pesar de su condición divina,

no se aferró a su categoría de Dios;

[7] al contrario, se despojó de su rango

y tomó la condición de siervo, haciéndose uno de tantos.

Así, presentándose como simple hombre,

[8] se abajó, siendo fiel hasta la muerte,

y muerte en cruz.

[9] Por eso Dios lo encumbró sobre todo

y le concedió el título que sobrepasa todo título;

2,6 "no se aferró", lit. "no consideró una presa".

¹⁰ de modo que a ese título de Jesús

toda rodilla se doble

–en el cielo, en la tierra, en el abismo–

¹¹ *y toda boca proclame* (Is 45,23)

que Jesús, el Mesías, es Señor, para gloria de Dios Padre.

¹² Por tanto, amigos míos, igual que en toda ocasión han sido fieles, sigan realizando su salvación escrupulosamente, no sólo cuando yo esté presente, sino mucho más ahora en mi ausencia; ¹³ porque es Dios quien activa en ustedes ese querer y ese actuar que sobrepasan la buena voluntad.

¹⁴ Cualquier cosa que hagan sea sin protestas ni discusiones, ¹⁵ para ser irreprochables y límpidos, hijos de Dios sin tacha en medio de una gente torcida y depravada, ¹⁶ entre la cual brillan como lumbreras del mundo, manteniendo un mensaje de vida. El día del Mesías eso será una honra para mí, que mis trabajos no hayan sido inútiles ni mis fatigas tampoco. ¹⁷ Y aun suponiendo que mi sangre haya de derramarse sobre el sacrificio litúrgico que es la fe de ustedes, yo sigo alegre y me asocio a su alegría; ¹⁸ pues lo mismo ustedes, estén alegres y asóciense a la mía.

III

ENVÍO DE TIMOTEO Y VUELTA DE EPAFRODITO

¹⁹ Con la ayuda del Señor Jesús espero mandarles pronto a Timoteo, para animarme yo también recibiendo noticias de ustedes; ²⁰ porque no tengo ningún otro amigo íntimo que se preocupe lealmente de los asuntos de ustedes; ²¹ todos sin excepción buscan su interés, no el de Jesús Mesías. ²² De Timoteo, en cambio, conocen la calidad, pues se puso conmigo al servicio del evangelio como un hijo con su padre; ²³ éste es el que espero mandarles en cuanto aclare lo que va a ser de mí, ²⁴ aunque con la ayuda del Señor, confío en ir pronto personalmente.

²⁵ Por otra parte, me considero obligado a mandarles de vuelta a Epafrodito, mi hermano, colaborador y compañero de armas, a quien ustedes me enviaron para atender a mi necesidad. ²⁶ Él les echaba mucho de menos y estaba angustiado porque ustedes se habían enterado de su enfermedad. ²⁷ De hecho estuvo para morirse, pero Dios tuvo compasión de él; no sólo de él, también de mí, para que no me cayera encima pena tras pena. ²⁸ Lo mando lo antes posible, para que viéndolo vuelvan a estar alegres y yo me sienta aliviado. ²⁹ Recíbanlo, pues, cristianamente con la mayor alegría; estimen a hombres como él, ³⁰ que por la causa de Cristo ha estado a punto de morir, exponiendo su vida

---

2,12 "escrupulosamente", cf 2 Cor 7,15; Ef 6,5.

para prestarme, en lugar de ustedes, el servicio que ustedes no podían.

3 [1a] Por lo demás, hermanos míos, estén alegres con el Señor.

IV
OFENSIVA DE LOS PARTIDARIOS DE LA LEY

El ideal que proponen fue el de Pablo

[1b] Repetirles lo ya dicho otras veces no me cuesta a mí nada y a ustedes les dará seguridad. [2] ¡Ojo con esos perros, ojo con esos malos obreros, ojo con la mutilación! [3] Porque los circuncisos somos nosotros, que damos culto con el Espíritu de Dios y ponemos nuestra gloria en el Mesías Jesús sin confiar en lo propio nuestro. [4] Aunque lo que es yo, ciertamente tendría motivos para confiar en lo propio, y si algún otro piensa que puede hacerlo, yo mucho más: [5] circuncidado a los ocho días de nacer, israelita de nación, de la tribu de Benjamín, hebreo de pura cepa y, por lo que toca a la Ley, fariseo; [6] si se trata de intolerancia, fui perseguidor de la Iglesia; si de la rectitud que propone la Ley, era intachable.

Renunciando, gana al Mesías

[7] Sin embargo, todo eso que para mí era ganancia, lo tuve por pérdida comparado con el Mesías; [8] más aún, cualquier cosa tengo por pérdida al lado de lo grande que es haber conocido personalmente al Mesías Jesús, mi Señor. Por él perdí todo aquello y lo tengo por basura con tal de ganar al Mesías [9] e incorporarme a él, no por tener la propia rectitud que concede la Ley, sino la que viene por la fe en el Mesías, la rectitud que Dios concede como respuesta a la fe. [10] Quiero así tomar conciencia de su persona, de la potencia de su resurrección y de la solidaridad con sus sufrimientos, reproduciendo en mí su muerte [11] para poder alcanzar como sea la resurrección de entre los muertos.

[12] No es que ya haya conseguido el premio o que ya esté en la meta; sigo corriendo a ver si lo obtengo, pues el Mesías Jesús lo obtuvo para mí. [13] Hermanos, yo no pienso haberlo ya obtenido personalmente, y sólo una cosa me interesa: olvidando lo que queda atrás y [14] lanzándome a lo que está delante, correr hacia la meta, para recibir el premio al que Dios llama desde arriba por el Mesías Jesús.

[15] ¡A ver, los hombres hechos, ésta es nuestra línea! Y si en algún punto piensan de otro modo, Dios se encargará de aclararles también eso. [16] En todo caso, seamos consecuentes con lo ya alcanzado.

Contraste entre las dos mentalidades

[17] Hermanos, sigan todos mi ejemplo y tengan siempre delante a los que proceden según el modelo que tienen en nosotros, porque andan por ahí muchos... [18] ¡Cuántas

veces se los he señalado, y ahora lo hago con lágrimas en los ojos, a esos enemigos de la Cruz del Mesías! [19] Su paradero es la ruina, honran a Dios con el estómago y ponen su gloria en sus vergüenzas, centrados como están en lo terreno.

[20] Nosotros, en cambio, somos ciudadanos del cielo, de donde aguardamos como salvador al Señor Jesús, el Mesías; [21] él transformará la bajeza de nuestro ser reproduciendo en nosotros el esplendor del suyo, con esa energía que le permite incluso someterse el universo.

4 [1] De modo que, hermanos míos queridos y añorados, mi alegría y mi corona, mis amigos, manténganse así fieles al Señor.

V

RECOMENDACIONES FINALES Y AGRADECIMIENTO

[2] Recomiendo a Evodia y lo mismo a Síntique que anden de acuerdo como cristianas que son; [3] por supuesto, a ti en particular, leal compañero, te pido que les ayudes, pues ellas lucharon a mi lado por el evangelio, con Clemente y los demás colaboradores míos, cuyos nombres están escritos en el registro de los vivos.

[4] Estén siempre alegres con el Señor; se los repito, estén alegres. [5] Que todo el mundo note lo comprensivos que son. El Señor está cerca, [6] no se agobien por nada; en lo que sea, presenten ante Dios sus peticiones con esa oración y esa súplica que incluyen acción de gracias; [7] así la paz de Dios, que supera todo razonar, custodiará su mente y sus pensamientos mediante el Mesías Jesús.

[8] Por último, hermanos, todo lo que sea verdadero, todo lo respetable, todo lo justo, todo lo honrado, todo lo estimable, todo lo de buena fama, cualquier virtud o mérito que haya, eso ténganlo como de ustedes; [9] y lo que aprendieron, y recibieron, y oyeron, y vieron de mí o en mí, eso llévenlo a la práctica; así el Dios de la paz estará con ustedes.

[10] El Señor me dio mucha alegría porque ahora pueden por fin expresar de nuevo su interés por mí, pues, aunque me sentían, les faltaban ocasiones. [11] No piensen que lo digo porque ando escaso, pues he aprendido a arreglarme en toda circunstancia: [12] sé vivir con estrechez y sé tener abundancia; ninguna situación tiene secretos para mí, ni estar harto, ni pasar hambre, ni tener de sobra, ni que me haga falta; [13] siempre me siento con fuerzas, gracias al que me robustece. [14] Con todo, me han hecho un favor al tomar como de ustedes mi dificultad.

[15] Ustedes los filipenses saben además que desde que salí de Ma-

---

4,3 "registro de los vivos", lit. "libro de la vida".

cedonia y empecé la misión, ninguna Iglesia, aparte de ustedes, se hizo cargo de saldar mi debe y haber. [16]Ya a Tesalónica me mandaron más de una vez un subsidio para aliviar mi necesidad; [17]no es que yo busque el regalo, busco que los intereses se acumulen a la cuenta de ustedes.

[18] Éste es mi recibo por todo: tengo de sobra, he quedado bien provisto al recibir lo que me mandan con Epafrodito: es un incienso perfumado, un sacrificio aceptable que agrada a Dios. [19] Mi Dios, por su parte, cubrirá todas sus necesidades con sus inagotables riquezas por medio del Mesías Jesús. [20] A Dios nuestro Padre la gloria por los siglos de los siglos, amén.

[21] Recuerdos a todo consagrado por el Mesías Jesús. Les mandan saludos los hermanos que están conmigo; [22] los saludan también todos los consagrados, especialmente los que están al servicio del emperador. [23] El favor del Señor los acompañe.

CARTA A LOS COLOSENSES

1 [1] Pablo, apóstol del Mesías Jesús por designio de Dios, y el hermano Timoteo, [2] a los consagrados que viven en Colosas, hermanos fieles en Cristo: les deseamos el favor y la paz de Dios nuestro Padre.

[3] En nuestras oraciones damos constantemente gracias por ustedes a Dios, Padre de nuestro Señor Jesús Mesías, [4] desde que nos enteramos de su adhesión al Mesías Jesús y del amor que tienen a todos los consagrados. [5] Los anima a esto la esperanza de lo que Dios les tiene reservado, que conocieron cuando llegó hasta ustedes la buena noticia, el mensaje de la verdad. [6] Así es como va dando fruto creciente en el mundo entero, como ha ocurrido entre ustedes desde el día que la escucharon y comprendieron de verdad lo generoso que es Dios; [7] así lo aprendieron de Epafras, nuestro querido compañero de servicio, fiel agente del Mesías para con ustedes; [8] es él quien nos ha informado del amor que les inspira el Espíritu.

[9] Por esta razón nosotros, desde el momento que nos enteramos, oramos por ustedes sin cesar; pedimos a Dios que les dé pleno conocimiento de su designio, con todo el saber e inteligencia que procura el Espíritu. [10] Así vivirán como el Señor se merece, agradándole en todo: dando fruto creciente en toda buena actividad gracias al conocimiento de Dios; [11] fortalecidos en todo aspecto por el poder que irradia de él, con una entereza y paciencia a toda prueba, [12] y dando gracias con alegría al Padre, que los ha capacitado para tener parte en la herencia de los consagrados, en la luz.

I

DESIGNIO Y ACCIÓN DE DIOS POR MEDIO DE CRISTO

[13] Porque él nos libró del poder de las tinieblas,
trasladándonos al Reino de su Hijo querido,
[14] por quien obtenemos la redención,
el perdón de los pecados.
[15] Éste es imagen de Dios invisible,
nacido antes que toda criatura,
[16] pues por su medio se creó
el universo celeste y terrestre,
lo visible y lo invisible,
ya sean majestades, señoríos,
soberanías o autoridades.
[17] Él es modelo y fin del universo creado,
él es antes que todo

1,2 "santos" o "consagrados", que en el AT se decía de Israel como pueblo consagrado a Dios",
cf Rom 1,7.
1,5 "Dios", lit. "en el cielo", perífrasis por el nombre divino.

y el universo tiene en él su consistencia.

[18] Él es también la cabeza del cuerpo,

que es la Iglesia.

Él es el principio,

el primero en nacer de la muerte,

para tener en todo la primacía;

[19] pues Dios, la Plenitud total,

quiso habitar en él,

[20] para por su medio reconciliar consigo el universo,

lo terrestre y lo celeste,

después de hacer la paz con su sangre

derramada en la cruz.

[21] También ustedes estaban antes distanciados y eran enemigos jurados por sus malas acciones; [22] ahora, en cambio, con la muerte que el Mesías sufrió en su cuerpo mortal, Dios los ha reconciliado para hacerlos gente consagrada, sin defecto y sin reproche a sus ojos; [23] a condición de que permanezcan cimentados y estables en la fe e inamovibles en la esperanza que escucharon en el evangelio; el que se proclama a toda criatura bajo el cielo, y a cuyo servicio yo, Pablo, fui destinado.

II

EL MESÍAS, SECRETO DE DIOS, Y SU EFICACIA EN LOS CRISTIANOS

[24] Ahora me alegro de sufrir por ustedes, pues voy completando en mi carne mortal lo que falta a las penalidades del Mesías por su cuerpo, que es la Iglesia. [25] Yo fui destinado a su servicio cuando Dios me confió este encargo respecto a ustedes: anunciar por entero el mensaje de Dios, [26] el secreto escondido desde el origen de las edades y de las generaciones, revelado ahora a sus consagrados. [27] A éstos ha querido Dios manifestar qué espléndida riqueza representa este secreto para los paganos, pues consiste en que el Mesías, la gloria esperada, les pertenece. [28] Y esto predicamos nosotros, aconsejando a toda persona y enseñando a todo ser humano lo mejor que sabemos, para hacer de todo ser humano un cristiano cabal; [29] con esta intención peno y lucho, sostenido por esa fuerza suya que despliega en mí su eficacia.

2 [1] Quiero que tengan noticia de la esforzada lucha que sostengo por ustedes y los de Laodicea y por tantos otros que no me conocen personalmente; [2] así cobrarán ánimos, uniéndose estrechamente con el amor mutuo y enriqueciéndose con toda la certeza que da el comprender, penetrando el secreto de Dios, el Mesías, [3] en quien se esconden todos los tesoros del saber y del conocer. [4] Les digo

---

1,19 "la Plenitud total", se explicita "Dios" según 2,9.

esto para que nadie los desoriente con discursos malintencionados, [5] pues, aunque corporalmente estoy ausente, mi espíritu está con ustedes, alegrándome de verlos bien alineados y firmes en su adhesión al Mesías.

[6] Por tanto, ya que han aceptado al Mesías Jesús como a Señor, procedan como cristianos: [7] arraigados en él, vayan construyéndose sobre él y afianzándose en la fe, que les enseñaron, rebosando agradecimiento. [8] Cuidado con que haya alguno que los capture con ese sistema de vida, vana ilusión tradicional en la humanidad, basado en lo elemental del mundo y no en el Mesías.

[9] Porque es en éste en quien habita realmente la plenitud total de la divinidad, [10] y por él, que es cabeza de toda soberanía y autoridad, han obtenido ustedes su plenitud. [11] Fue él quien los circuncidó con una circuncisión no hecha por seres humanos, despojándose de los bajos instintos de nuestro propio ser; tal fue la circuncisión del Mesías al sepultarlos con él en el bautismo; [12] éste los asoció a su resurrección por la fe en la fuerza de Dios que lo resucitó de la muerte. [13] También a ustedes, muertos como estaban por sus delitos y por no extirpar sus bajos instintos, Dios les dio vida con él; cuando nos perdonó a nosotros todos nuestros delitos, [14] cancelando el recibo que nos pasaban los preceptos de la Ley, éste nos era contrario, pero Dios lo quitó de en medio clavándolo en la cruz. [15] Despojando a las soberanías y autoridades las ofreció en espectáculo público, después de triunfar de ellas por medio del Mesías.

III

CONSECUENCIA. LO SUPERADO Y LO ESENCIAL

[16] Por eso nadie tiene que dar juicio sobre lo que comen o beben ustedes, ni en cuestión de fiestas, lunas nuevas o sábados; [17] eso era sombra de lo que tenía que venir, la realidad es el Mesías. [18] Que no vaya a descalificarlos ninguno que se recrea en humildades y devociones a ángeles, que se encierra en sus visiones y se engríe tontamente con las ideas de su amor propio; [19] ése se desprende de la cabeza, que por las junturas y tendones da al cuerpo entero alimento y cohesión, haciéndolo crecer como Dios quiere.

[20] Si ustedes murieron con el Mesías a lo elemental del mundo, ¿por qué se someten a reglas como si aún vivieran sujetos al mundo? [21] «No tomes, no pruebes, no toques», [22] de cosas que son todas

2,8 "sistema de vida", en griego "filosofía", que no se refiere a una mera especulación, sino a la manera de vivir, consecuencia de una concepción del mundo.

para el uso y consumo, según las ya sabidas prescripciones y enseñanzas humanas. ²³ Eso tiene apariencia de sabiduría por sus voluntarias devociones, humildades y severidad con el cuerpo; pero no tiene valor ninguno, sirve para cebar el amor propio.

3 ¹ Por tanto, si han resucitado con el Mesías, busquen lo de arriba, donde está el Mesías sentado a la derecha de Dios; ² estén centrados arriba, no en la tierra. ³ Han muerto, repito, y la vida de ustedes está escondida con el Mesías en Dios; ⁴ cuando se manifieste el Mesías, que es su vida, con él también se manifestarán ustedes gloriosos.

⁵ En consecuencia, extirpen lo que hay de terreno en ustedes: lujuria, inmoralidad, pasión, deseos rastreros y codicia, que es una idolatría; ⁶ eso es lo que atrae el castigo de Dios sobre los rebeldes. ⁷ Entre ellos andaban también ustedes cuando vivían de esta manera; ⁸ ahora, en cambio, despójense de todo eso: cólera, arrebatos de ira, malevolencia, insultos y groserías, ¡fuera de la boca de ustedes! ⁹ Dejen de mentirse unos a otros, ya que se despojaron de la persona que eran antes y de su manera de obrar ¹⁰ y se vistieron de esa persona nueva que por el conocimiento se va renovando a imagen de su Creador; ¹¹ y aquí no hay ya griego ni judío, circunciso ni incircunciso, extranjero, bárbaro, esclavo ni libre: no, lo es todo y en todos Cristo.

¹² En vista de eso, como elegidos de Dios, consagrados y predilectos, vístanse de ternura entrañable, de agrado, humildad, sencillez, tolerancia; ¹³ conllévense mutuamente y perdónense cuando uno tenga queja contra otro; el Señor los ha perdonado, hagan ustedes lo mismo. ¹⁴ Y, por encima de todo, cíñanse el amor mutuo, que es el cinturón perfecto. ¹⁵ Interiormente, la paz del Mesías tenga la última palabra; a esta paz se les ha llamado como miembros de un mismo cuerpo. Sean también agradecidos. ¹⁶ El mensaje del Mesías habite entre ustedes con toda su riqueza: enséñense y aconséjense unos a otros lo mejor que sepan; con agradecimiento canten de corazón a Dios salmos, himnos y cánticos inspirados; ¹⁷ y hagan cualquier actividad, de palabra o de obra, siempre en honor del Señor Jesús, dando gracias a Dios Padre por medio de él.

Deberes sociales

¹⁸ Mujeres, subordínense a sus maridos, como conviene a cristianas. ¹⁹ Maridos, amen a sus esposas y no sean agrios con ellas.

²⁰ Hijos, obedezcan en todo a sus padres, que da gusto ver eso en los cristianos. ²¹ Padres, no exasperen a sus hijos, para que no se depriman.

3,5 "extirpad", lit. "matad". "Lo que hay de terreno", lit. "los miembros que están sobre la tierra".

3,11 "extranjero", en griego "bárbaro", esto es, el que habla una lengua desconocida. "Bárbaro", lit. escita", aplicado a pueblos no civilizados.

²² Esclavos, obedezcan en todo a sus amos humanos, no en lo que se ve, para quedar bien, sino de todo corazón por respeto al Señor. ²³ Cualquier cosa que hagan, háganla con toda el alma, como si fuera para el Señor y no para seres humanos, ²⁴ sabiendo que el Señor les recompensará con la herencia. El Señor a quien sirven es Cristo; miren que al injusto le pagarán sus injusticias, y no hay favoritismos.

4 ¹ Amos, procuren a los esclavos lo que es justo y equitativo, sabiendo que también ustedes tienen un amo en el cielo.

² Sean constantes en la oración; que ella los mantenga en vela dando gracias a Dios. ³ Pidan al mismo tiempo por nosotros, para que el Señor nos dé ocasión de predicar y de exponer el secreto del Mesías, por el que estoy en la cárcel; ⁴ pidan que lo publique con el lenguaje que debo.

⁵ Con los de fuera, procedan con tacto, aprovechando las ocasiones; ⁶ que su conversación sea siempre agradable, con su pizca de sal, sabiendo cómo tratar con cada uno.

IV

NOTICIAS, SALUDOS Y DESPEDIDA

⁷ De todo lo que a mí se refiere les informará Fortunato, hermano querido, auxiliar fiel y compañero en el servicio del Señor; ⁸ se lo mando precisamente para eso, para que sepan de mí y les dé ánimos. ⁹ Con él va Onésimo, fiel y querido hermano, que es de los de ustedes; ellos los pondrán al corriente de todo lo que hay por aquí.

¹⁰ Recuerdos de Aristarco, que está preso conmigo; de Marcos, el primo de Bernabé (ya tienen instrucciones sobre él; en caso de que vaya a visitarlos, recíbanlo) ¹¹ y también de Jesús, por otro nombre Justo; éstos son los únicos judíos que trabajan conmigo por el reinado de Dios y han sido un alivio para mí. ¹² Recuerdos de su compatriota Epafras, servidor del Mesías Jesús; con sus oraciones no cesa de luchar en favor nuestro para que ustedes se mantengan cabales y entregados, cualquiera que sea el designio de Dios. ¹³ Yo soy testigo del mucho trabajo que se toma por ustedes y también por los de Laodicea y Hierápolis. ¹⁴ Recuerdos de Lucas, el querido médico, y de Dimas.

¹⁵ Recuerdos a los hermanos de Laodicea, a Ninfa y a la Iglesia que se reúne en su casa. ¹⁶ Cuando hayan leído esta carta hagan que se lea también en la Iglesia de Laodicea, y la de allí léanla también ustedes.

¹⁷ Díganle a Arquipo que considere el encargo que el Señor le ha dado y que lo cumpla.

¹⁸ La despedida, de mi mano: PABLO. Acuérdense de que estoy en la cárcel. La gracia los acompañe.

PRIMERA CARTA A LOS TESALONICENSES

1 [1] Pablo, Silvano y Timoteo, a los que en Tesalónica forman la Iglesia de Dios Padre y del Señor Jesús Mesías. Les deseamos gracia y paz.

[2] Continuamente damos gracias a Dios por todos ustedes al encomendarlos en nuestras oraciones, [3] recordando sin cesar ante Dios nuestro Padre la actividad de su fe, el esfuerzo de su amor y el tesón de su esperanza en nuestro Señor, Jesús Mesías. [4] Sabemos, hermanos amados por Dios, que él los ha elegido, [5] porque la buena noticia que anunciamos no se quedó para ustedes en palabras, sino resultó además una fuerza exuberante del Espíritu Santo; tal fue nuestra actuación entre ustedes, como saben, para su bien.

[6] Ustedes, por su parte, siguieron nuestro ejemplo y el del Señor: a pesar de tantas dificultades, acogieron el mensaje con la alegría del Espíritu Santo, [7] convirtiéndose en modelo para todos los creyentes de Macedonia y Grecia. [8] Porque desde su comunidad ha resonado el mensaje del Señor, y no solamente en Macedonia y Grecia; en todas partes su fe en Dios ha corrido de boca en boca, de modo que nosotros no necesitamos hablar para nada; [9] ellos mismos, hablando de nosotros, cuentan qué acogida nos hicieron ustedes, cómo abandonando los ídolos se convirtieron a Dios, para servir al Dios vivo y verdadero [10] y aguardar la vuelta desde el cielo de su Hijo, al que resucitó de la muerte, de Jesús, el que nos libra del castigo que viene.

Actuación de Pablo y respuesta de los tesalonicenses

2 [1] Saben muy bien, hermanos, que la acogida que nos hicieron ustedes no resultó inútil; [2] a pesar de los sufrimientos e injurias padecidos en Filipos, que ya conocen, nos atrevimos, apoyados en nuestro Dios, a exponerles la buena noticia de Dios en medio de fuerte oposición. [3] Es que nuestra exhortación no nace de error ni de motivos sucios ni de doblez; [4] no, como Dios nos aprobó para confiarnos la buena noticia, hablamos como corresponde, no para contentar a la gente o las personas, sino a Dios, que examina nuestro interior.

[5] Como bien saben, nunca hemos tenido palabras aduladoras ni codicia disimulada –bien lo sabe Dios–; [6] no buscamos honores humanos, ni de ustedes ni de otros. [7] Aunque por ser apóstoles del Mesías podríamos reclamar autoridad, los tratamos con delicadeza, como una madre que cría con mimo a sus hijos; [8] por el cariño que les teníamos, les habríamos entregado con gusto no sólo la buena noticia de Dios, sino nuestra propia vida; tanto llegamos a quererlos. [9] Recuerden si no, hermanos, nuestros sudores y fatigas;

1,7 "Grecia", lit. "Acaya". Lo mismo en el versículo 8.

trabajando día y noche para no ser una carga para nadie, proclamamos entre ustedes la buena noticia de Dios.

¹⁰ Ustedes son testigos, y Dios también, de lo impecable, honrado y sin tacha que fue nuestro proceder con ustedes los creyentes; ¹¹ saben perfectamente que tratamos con cada uno de ustedes personalmente, como un padre con sus hijos, ¹² exhortando, con tono suave o enérgico, a vivir como se merece Dios, que los ha llamado a su Reino y gloria.

¹³ Ésa es precisamente la razón por la que damos gracias a Dios sin cesar; que al oírnos predicar el mensaje de Dios, no lo acogieron como palabra humana, sino como lo que es realmente, como palabra de Dios, que despliega su energía en ustedes los creyentes; ¹⁴ de hecho, ustedes, hermanos, resultaron imitadores de las comunidades cristianas de Judea, pues sus propios compatriotas los han hecho sufrir, exactamente como a ellos los judíos, ¹⁵ esos que mataron al Señor Jesús y a los Profetas, y nos persiguieron a nosotros; esos que no agradan a Dios y son enemigos de los hombres; ¹⁶ esos que estorban que hablemos a los paganos para que se salven, colmando en todo tiempo la medida de sus pecados; pero el castigo los ha alcanzado de lleno.

Deseo de verlos.
Envío y vuelta de Timoteo

¹⁷ Por nuestra parte, hermanos, al poco tiempo de vernos privados de ustedes, lejos con la persona, no con el corazón, redoblamos los esfuerzos para ir a verlos personalmente, tan ardiente era nuestro deseo; ¹⁸ porque nos propusimos hacerles una visita –y en particular, yo, Pablo, más de una vez–, pero Satanás nos cortó el paso. ¹⁹ Al fin y al cabo, ¿quién sino ustedes será nuestra esperanza, nuestra alegría y nuestra honrosa corona ante nuestro Señor Jesús cuando venga? ²⁰ Sí, nuestra gloria y alegría son ustedes.

3 ¹ Por eso, no pudiendo aguantar más, preferí quedarme solo en Atenas ² y mandé a Timoteo, hermano nuestro y compañero en el trabajo de Dios anunciando la buena noticia del Mesías, ³ para que afianzase y alentase la fe de ustedes y ninguno se desoriente en las dificultades presentes, pues saben bien que en esa situación estamos. ⁴ Cuando estábamos con ustedes, les predecíamos ya que nos esperaban dificultades, y saben que así ocurrió. ⁵ Por esa razón, yo no pude aguantar más y envié a uno que se informara de cómo andaba su fe, temiendo que los hubiera tentado el tentador y que nuestras fatigas hubieran resultado inútiles.

⁶ Ahora Timoteo acaba de llegar y nos ha dado buenas noticias de su fe y de su amor mutuo, añadiendo que conservan grato recuerdo de nosotros y que tienen tantas ganas de vernos como nosotros de verlos. ⁷ Por todo esto, en medio de todos nuestros aprietos y dificultades, ustedes con su fe nos animan; ⁸ ahora me siento vivir, sabiendo que se mantienen fieles al Señor. ⁹ ¿Cómo podremos agradecérselo

bastante a Dios? Agradecerle tanta alegría como gozamos delante de nuestro Dios por su causa, [10] mientras le pedimos día y noche con toda el alma verlos cara a cara y remediar las deficiencias de su fe.

[11] Que Dios mismo, nuestro Padre, y nuestro Señor Jesús, dirijan nuestra ruta hacia ustedes, [12] y que les conceda el Señor un amor siempre creciente de unos a otros y a todos, como el nuestro por ustedes; [13] que los afiance así interiormente, para que se presenten con una santidad sin tacha ante Dios nuestro Padre cuando vuelva nuestro Señor Jesús con todos sus santos.

II

INSTRUCCIONES Y ACLARACIONES

4 [1] En fin, hermanos, esto les pido con insistencia por el Señor Jesús: ya que aprendieron de nosotros cómo deben comportarse para agradar a Dios, y ya que se comportan así, que sigan progresando.

[2] Conocen bien las instrucciones que les dimos en nombre del Señor Jesús: [3] Dios quiere que vivan consagrados a él, que se aparten del libertinaje, [4] que sepa cada cual ganarse su propia mujer santa y respetuosamente, [5] sin dejarse arrastrar por la pasión, como los paganos que no conocen a Dios, [6] para no ofender ni engañar a su hermano en este asunto, porque el Señor venga todo eso, como ya les dijimos y aseguramos. [7] Dios no nos llamó a la inmoralidad, sino a una vida consagrada; [8] por consiguiente, quien rechaza estas instrucciones, no rechaza a un hombre, sino a Dios, el que les da su Espíritu Santo.

[9] Acerca del cariño de hermanos no necesitan que les escriba, Dios mismo les enseña a amarse unos a otros, [10] y ya lo practican con todos los hermanos de Macedonia entera; pero los exhortamos, hermanos, a seguir progresando, [11] a poner todo ahínco en conservar la calma, en ocuparse de sus asuntos y trabajar con sus propias manos según nuestras instrucciones; [12] así su proceder será correcto ante los de fuera y no tendrán necesidad de nadie.

La venida del Señor

[13] Hermanos, no queremos que ignoren la suerte de los que mueren, para que no se aflijan como esos otros que no tienen esperanza. [14] ¿No creemos que Jesús murió y resucitó? Pues también a los que han muerto, Dios, por medio de Jesús, los llevará con él.

[15] Miren, esto que voy a decirles se apoya en una palabra del Señor: nosotros, los que quedemos vivos para cuando venga el Señor, no llevaremos ventaja a los que hayan muerto; [16] pues cuando se dé la orden, a la voz del arcángel y al son de la trompeta celeste, el Señor en persona bajará del cielo; primero resucitarán los cristianos difuntos, [17] luego nosotros, los que quedemos vivos, junto con ellos seremos arrebatados en nubes, para recibir al Señor en el

aire, y así estaremos siempre con el Señor. [18] Consuélense, pues, mutuamente con estas palabras.

5 [1] Acerca del tiempo y las circunstancias, no necesitan, hermanos, que se les escriba, [2] pues saben perfectamente que el día del Señor llegará como un ladrón de noche. [3] Cuando estén diciendo «hay paz y seguridad», entonces les caerá encima de improviso el exterminio, como los dolores a una mujer encinta, y no podrán escapar. [4] A ustedes, en cambio, que no viven en tinieblas, ese día no tiene por qué sorprenderlos como un ladrón, [5] pues todos viven en la luz y en pleno día. No pertenecemos a la noche ni a las tinieblas, [6] por eso no durmamos como los demás, estemos despiertos y despejados. [7] Los que duermen, duermen de noche; los borrachos se emborrachan de noche; [8] en cambio, nosotros, que pertenecemos al día, estemos despejados y armados: la fe y el amor mutuo *sean nuestra coraza;* la esperanza de la *salvación,* nuestro *casco* (Is 59,17). [9] Porque Dios no nos ha destinado al castigo, sino a obtener la salvación por medio de nuestro Señor, Jesús Mesías; [10] él murió por nosotros para que, despiertos o dormidos, vivamos con él. [11] Por eso anímense mutuamente y ayúdense unos a otros a crecer, como ya lo hacen.

Construir la comunidad

[12] Les rogamos, hermanos, que aprecien a esos de ustedes que trabajan duro, haciéndose cargo de ustedes por el Señor y llamándolos al orden. [13] Muéstrenles toda estima y amor por el trabajo que hacen. Entre ustedes tengan paz.

[14] Por favor, hermanos, llamen la atención a los ociosos, animen a los apocados, sostengan a los débiles, sean pacientes con todos. [15] Miren que nadie devuelva a otro mal por mal; esmérense siempre en hacerse el bien unos a otros y a todos.

[16] Estén siempre alegres, [17] oren constantemente, [18] den gracias en toda circunstancia, porque esto quiere Dios de ustedes como cristianos. [19] No apaguen el Espíritu, [20] no tengan en poco los mensajes inspirados; [21] pero examínenlo todo, [22] retengan lo que haya de bueno y manténganse lejos de toda clase de mal.

[23] Que el Dios de la paz los consagre él mismo íntegramente y que su persona entera, alma y cuerpo, se conserve sin tacha de la venida de nuestro Señor, Jesús Mesías. [24] El que los llama es fiel y él lo hará. [25] Hermanos, pidan también por nosotros. [26] Saluden a todos los hermanos con el beso ritual. [27] Los conjuro por el Señor a que lean esta carta a todos los hermanos.

[28] El favor de nuestro Señor, Jesús Mesías, los acompañe.

5,18 "como cristianos", lit. "en Cristo", unidos a Cristo.
5,26 "beso ritual", lit. "beso santo", cf Rom 16,16.

SEGUNDA CARTA A LOS TESALONICENSES

1 ¹ Pablo, Silvano y Timoteo, a los que en Tesalónica forman la Iglesia de Dios nuestro Padre y del Señor, Jesús Mesías: ² Les deseamos el favor y la paz de Dios Padre y del Señor, Jesús Mesías.

³ Es deber nuestro dar continuas gracias a Dios por ustedes, hermanos; y es también justo, pues su fe crece vigorosamente, y su amor, de cada uno por todos y de todos por cada uno, sigue aumentando. ⁴ Esto hace que nos mostremos orgullosos de ustedes ante las Iglesias, por la constancia de su fe en medio de todas las persecuciones y agobios que soportan.

I

LA VENIDA DEL SEÑOR

⁵ Esto es indicio claro del justo juicio de Dios, que se propone concederles su Reino, por el cual tanto padecen; ⁶ ya que será justo a los ojos de Dios pagar con aflicción a los que los afligen ⁷ y con alivio a ustedes los afligidos, junto con nosotros, cuando el Señor Jesús se revele, viniendo del cielo con sus poderosos ángeles, ⁸ *en medio de un fuego llameante, para hacer justicia contra los que se niegan a reconocer a Dios* (Is 66,15) y a responder al evangelio de nuestro Señor Jesús; ⁹ su castigo será la ruina definitiva, *lejos de la presencia del Señor y del esplendor de su fuerza* (Is 2,10-17), ¹⁰ cuando venga él aquel día, para que en sus consagrados se manifieste su gloria, y en todos los que creyeron, sus maravillas; y ustedes creyeron nuestro testimonio.

¹¹ Teniendo esto presente, pedimos continuamente a nuestro Dios que los ponga a la altura de su vocación, y con su poder dé plena realidad a todo buen propósito y actividad de la fe; ¹² así glorificarán a nuestro Señor Jesús y él a ustedes, con la generosidad de nuestro Dios y del Señor, Jesús Mesías.

El impío

2 ¹ A propósito de la venida de nuestro Señor, Jesús Mesías, y de nuestra reunión con él, les rogamos, hermanos, ² que no pierdan fácilmente la cabeza ni se alteren o pongan nerviosos por supuestas revelaciones, dichos o cartas nuestras, como si afirmásemos que el día del Señor está encima. ³ Que nadie en modo alguno los desoriente; primero tiene que llegar la apostasía y aparecer la impiedad en persona, el hombre destinado a la ruina, ⁴ el que se enfrentará y *se pondrá por encima de todo* lo que se llama *Dios* o es objeto de culto hasta *instalarse en el* templo *de Dios* (Dn 11,36), proclamándose él mismo *Dios*.

⁵ ¿No recuerdan que estando aún con ustedes les hablaba de esto? ⁶ Saben lo que ahora lo frena,

para que su aparición llegue a su debido tiempo. ⁷ Porque esta impiedad escondida está ya en acción; apenas se quite de en medio el que por el momento lo frena, ⁸ aparecerá el impío, a quien el Señor Jesús *destruirá con el aliento de su boca* (Is 11,4; Sal 33,6) y aniquilará con el esplendor de su venida.

⁹ La venida del impío tendrá lugar, por obra de Satanás, con ostentación de poder, con portentos y prodigios falsos, ¹⁰ y con toda la seducción que la injusticia ejerce sobre los que se pierden, en pago de no haberse abierto al amor de la verdad que los habría salvado. ¹¹ Por eso Dios les manda un extravío que los incita a creer a la mentira; ¹² así todos los que no dieron fe a la verdad y aprobaron la injusticia serán llamados a juicio.

¹³ Por ustedes , en cambio, debemos dar continuas gracias a Dios, hermanos amados por el Señor, porque Dios los escogió como primicias para salvarlos consagrándolos con el Espíritu y una fe verdadera. ¹⁴ Para eso los llamó por medio de la buena noticia que anunciamos, para que sea suya la gloria de nuestro Señor, Jesús Mesías. ¹⁵ Por tanto, hermanos, sigan firmes y mantengan las tradiciones que les enseñamos de palabra o por carta , ¹⁶ y que ese mismo Señor nuestro, Jesús Mesías en persona y Dios, nuestro Padre, que nos ha amado tanto y graciosamente nos ha dado un ánimo indefectible y una magnífica esperanza, ¹⁷ los anime interiormente y los afiance en todo bien de palabra y de obra.

II
INSTRUCCIONES

3 ¹ En fin, hermanos, pidan por nosotros, para que el mensaje del Señor se propague rápidamente y sea acogido con honor como entre ustedes . ² Pidan también que nos veamos libres de la gente malvada y sin principios, pues no todos son de fiar; ³ el Señor sí es de fiar y él los afianzará y los guardará del malvado. ⁴ El Señor nos da la certeza de que cumplen y cumplirán nuestras instrucciones; ⁵ que el Señor los dirija hacia el amor de Dios y la constancia del Mesías.

⁶ Hermanos, éstas son nuestras instrucciones en nombre del Señor, Jesús Mesías: aléjense de todo hermano que lleva una vida irregular y no sigue la tradición que recibió de nosotros. ⁷ Bien saben en qué forma hay que seguir nuestro ejemplo: estando con ustedes, no estuvimos ociosos, ⁸ no comimos el pan de balde a costa de alguien, sino con fatiga y cansancio, trabajando día y noche para no ser gravoso a nadie. ⁹ Y no es que no tuviéramos el derecho de hacerlo, pero queríamos presentarnos ante ustedes como un modelo que imitar, ¹⁰ pues cuando estábamos ahí les dimos esta norma: el que no quiera trabajar, que no coma. ¹¹ Es que nos hemos enterado de que al-

gunos de su grupo viven en la ociosidad, muy ocupados en no hacer nada; [12] a éstos les mandamos y recomendamos en nombre del Señor, Jesús Mesías, que trabajen pacíficamente y así ganen para comer. [13] Ustedes, por su parte, hermanos, no se cansen de hacer el bien, [14] y si alguno no hace caso de lo que decimos en la carta, señálenlo con el dedo y háganle el vacío, para que se avergüence. [15] No quiero decir que lo traten como a un enemigo, sino que le llamen la atención como a un hermano.

[16] Que el Señor de la paz les conceda la paz en toda circunstancia y en todo. El Señor los acompañe a todos.

[17] La despedida, de mi mano: PABLO; ésta es la contraseña en todas las cartas, ésta es mi letra. [18] El favor de nuestro Señor, Jesús Mesías, acompañe a todos.

PRIMERA CARTA A TIMOTEO

1 [1] Pablo, apóstol del Mesías Jesús por disposición de Dios, nuestro salvador, y de Jesús Mesías, nuestra esperanza, [2] a Timoteo, hijo legítimo en la fe. Te deseo el favor, la misericordia y la paz de Dios Padre y del Mesías Jesús, Señor nuestro.

[3] Al salir para Macedonia te encargué que no te movieras de Éfeso; tenías que mandarles a algunos que no enseñaran doctrinas diferentes [4] ni se ocuparan de fábulas e interminables genealogías, cosas que llevan más a discusiones que a formar en la fe como Dios quiere.

[5] Esa orden tiene por objeto el amor mutuo, que brota del corazón limpio, de la buena conciencia y de la fe sentida. [6] Algunos han fallado en esto y se han dado a vanas palabrerías; [7] pretenden ser maestros de la Ley, cuando no saben lo que dicen ni entienden de lo que dogmatizan.

[8] Sabemos que la Ley es cosa buena siempre que se tome como Ley; [9] sabiendo esto: que no ha sido instituida para la gente honrada; está para los criminales e insubordinados, para los impíos y pecadores, sacrílegos y profanadores, para los parricidas, matricidas y asesinos; [10] para los libertinos, invertidos y traficantes de esclavos; para los estafadores, perjuros y para todo lo demás que se oponga a la sana enseñanza, [11] según el evangelio de la gloria de Dios bienaventurado, que me han confiado.

Reflexiones de Pablo sobre su pasado

[12] Qué agradecido estoy al que me dio fuerzas, al Mesías Jesús Señor nuestro, por la confianza que tuvo en mí al designarme para su servicio; [13] en mí, antes un blasfemo, perseguidor e insolente. A pesar de eso, como lo hacía con la ignorancia del que no cree, Dios tuvo misericordia de mí; [14] y se desbordó la generosidad de nuestro Señor, dándome fe y amor cristiano.

[15] Mucha verdad es ese dicho y digno de que todos lo hagan suyo: "que el Mesías Jesús vino al mundo para salvar pecadores"; [16] nadie más pecador que yo, pero, precisamente por eso, Dios tuvo misericordia de mí, para que el Mesías Jesús mostrase en mí el primero hasta dónde llega su paciencia, proponiendo un ejemplo típico a los que en el futuro creyesen en él para obtener vida eterna. [17] Al Rey de los siglos, al inmortal, invisible y único Dios, honor y gloria por los siglos de los siglos. Amén.

[18] Te encomiendo dar estas instrucciones, Timoteo, hijo mío, ateniéndome a aquellos mensajes inspirados que se referían a ti; apoyado en ellos presta servicio en este noble combate, armado de fe y de buena conciencia. [19] Algunos prescindieron de ella y han naufragado en la fe, entre ellos Himeneo y Alejandro; yo los entregué a Satanás para que aprendan a no ofender a Dios.

Oración pública

2 ¹ Según esto, lo primero que recomiendo es que se tengan súplicas y oraciones, peticiones y acciones de gracias por la humanidad entera, ² por los reyes y todos los que ocupan altos cargos, para que llevemos una vida tranquila y sosegada, con un máximo de piedad y decencia. ³ Esto es cosa buena y agrada a Dios nuestro salvador, ⁴ pues él quiere que todos los hombres se salven y lleguen a conocer la verdad.

⁵ Porque no hay más que un Dios y no hay más que un mediador entre Dios y los hombres, un hombre, el Mesías Jesús, ⁶ que se entregó en rescate por todos. Ese testimonio se dio a su debido tiempo ⁷ y de él me han nombrado pregonero y apóstol –digo la verdad, no miento– maestro de los paganos fiel y veraz.

⁸ En cualquier lugar que sea, quiero que las oraciones las digan los hombres; que levanten manos inocentes, sin ira ni rencores. ⁹ Por lo que toca a las mujeres, que vayan convenientemente arregladas, compuestas con decencia y modestia, sin adornos de oro en el peinado, sin perlas ni vestidos suntuosos; ¹⁰ adornadas con buenas obras, como corresponde a mujeres que se profesan piadosas.

¹¹ La mujer, que escuche la enseñanza, quieta y con docilidad. ¹² A la mujer no le consiento enseñar ni imponerse a los hombres; le corresponde estar quieta, ¹³ porque Dios formó primero a Adán y luego a Eva. ¹⁴ Además a Adán no lo engañaron, fue la mujer quien se dejó engañar y cometió el pecado; ¹⁵ pero llegará a salvarse por la maternidad, con tal que persevere con fe, amor y una vida santa y modesta.

Funciones directivas

3 ¹ Está muy bien dicho que quien aspira a un cargo directivo no es poco lo que desea, ² porque el dirigente tiene que ser intachable, fiel a su única mujer, juicioso, equilibrado, bien educado, hospitalario, hábil para enseñar, ³ no dado al vino ni amigo de reyertas, sino comprensivo, pacífico y desinteresado. ⁴ Tiene que gobernar bien su propia casa y hacerse obedecer de sus hijos con dignidad. ⁵ Uno que no sabe gobernar su casa, ¿cómo va a cuidar de una asamblea de Dios? ⁶ Que no sea recién convertido, por si se le sube a la cabeza y lo condenan como al diablo. ⁷ Se requiere además que tenga buena fama entre los de fuera, para evitar el desprestigio y que el diablo lo atrape.

⁸ También los auxiliares tienen que ser respetables, hombres de palabra, no aficionados a beber mucho ni a sacar dinero, ⁹ conservando la fe revelada con una conciencia limpia. ¹⁰ También éstos tienen que ser probados primero, y cuando se vea que son irreprochables, que empiecen el servicio. ¹¹ Las mujeres lo mismo: sean respetables, no chismosas, juiciosas y de fiar en todo.

3,1 "cargo directivo" traduce el término griego *"episkopé"* que significa "inspección", "supervisión". Este término no corresponde aún al significado posterior de "episcopado", *posterior*, como se ve por los rasgos que señala a continuación.

3,2 "dirigente", en griego *"episkopos"*, cf el versículo anterior.

3,8 "auxiliar" traduce el término griego *"diákonos"*, "servidor", "sirviente", cf v. 10 y 12.

[12] Los auxiliares sean fieles a su única mujer y gobiernen bien a sus hijos y sus propias casas; [13] porque los que se han distinguido en el servicio, se ganan una posición distinguida y mucha libertad para hablar de fidelidad cristiana.

El misterio de Cristo

[14] Aunque espero ir a verte pronto, te escribo esto por si me retraso; [15] quiero que sepas cómo hay que conducirse en la casa de Dios, es decir, en la asamblea de Dios vivo, pilar y base de la verdad. [16] Sin discusión, grande es el misterio que veneramos:

Él se manifestó como hombre,
lo rehabilitó el Espíritu,
se apareció a los mensajeros,
se proclamó a las naciones,
se le dio fe en el mundo,
fue elevado a la gloria.

Apostasía de algunos

4 [1] El Espíritu dice expresamente que en los últimos tiempos algunos abandonarán la fe, por dar oídos a inspiraciones erróneas y enseñanzas de demonios, [2] de impostores hipócritas, embotados de conciencia. [3] Ésos prohibirán el matrimonio y el comer ciertos alimentos que Dios creó para que los gustaran con gratitud los fieles que conocen la verdad. [4] Porque todo lo que Dios ha creado es bueno, no hay que desechar nada, basta tomarlo con agradecimiento, [5] pues la palabra de Dios y nuestra oración lo consagran.

El buen servidor de Cristo

[6] Si propones estas cosas a los hermanos, servirás bien al Mesías Jesús, alimentándote con los principios de la fe y de la buena enseñanza que has seguido siempre. [7] En cambio, evita esas fábulas profanas de viejas. Tú ejercítate en la piedad. [8] El ejercicio corporal es útil por poco tiempo; en cambio, la piedad es útil para siempre, pues tiene una promesa para esta vida y para la futura. [9] Este dicho es mucha verdad y todos deberían hacerlo suyo; [10] y éste es el objetivo de nuestras fatigas y luchas, pues tenemos puesta la esperanza en Dios vivo, salvador de todos los hombres, sobre todo de los fieles. [11] Prescribe estas cosas y enséñalas. [12] Nadie te tenga en poco por ser joven; sé tú un modelo para los fieles, en el hablar y en la conducta, en el amor, la fe y la decencia. [13] Mientras llego, preocúpate de la lectura pública, de animar y enseñar. [14] No descuides el don que posees, que se te concedió por indicación de una profecía con la imposición de manos del colegio de responsables. [15] Cuida de esas cosas y dedícate a ellas, para que todos vean cómo adelantas. [16] Preocúpate de ti y de la enseñanza, sé constante; si lo haces, te salvarás tú y los que te escuchan.

Conducta con los miembros de la comunidad

5 [1] Con un hombre anciano no seas duro, exhórtalo como a un

---

3,16 "mensajeros", en griego *"angeloi"*, en su sentido original.

padre; a los jóvenes, como a hermanos; [2] a las mujeres de edad como a madres, y a las jóvenes, con la mayor delicadeza, como a hermanas.

[3] El subsidio de viuda dáselo a las viudas de verdad; [4] Pero si una viuda tiene hijos o nietos, que aprendan éstos primero a querer a su familia y a corresponder por lo que han recibido de sus padres. Esto es lo que agrada a Dios.

[5] La viuda de verdad, la que está sola en el mundo, tiene puesta su esperanza en Dios y se pasa el día y la noche pidiendo y rezando. [6] En cambio, la frívola ha muerto en vida. [7] Insiste en estas cosas para que sean intachables. [8] Quien no mira por los suyos, y en particular por los de su casa, ha renegado de la fe y es peor que un descreído.

[9] No inscribas en la lista a una viuda de menos de sesenta años; [10] tiene que haber sido fiel a su marido y estar recomendada por sus buenas obras: si ha criado bien a sus hijos, si ha ejercitado la hospitalidad, si ha lavado los pies a los consagrados, si ha ayudado a los que sufren, en fin, si ha aprovechado toda ocasión de hacer el bien.

[11] A las viudas jóvenes no las apuntes, pues cuando su sensualidad las aparta del Mesías, quieren casarse otra vez, [12] y se ven condenadas por haber roto su compromiso anterior. [13] Además, se acostumbran a ir de casa en casa sin hacer nada; y no sólo no hacen nada, sino que chismorrean y se meten en todo, hablando de lo que no conviene. [14] Quiero que las viudas jóvenes se casen, tengan hijos, se ocupen de su casa y no den pie a las críticas de los adversarios, [15] porque ya algunas se han descarriado siguiendo a Satanás. [16] La cristiana que tenga viudas en su familia, que las asista, para que la comunidad no esté sobrecargada y pueda asistir a las realmente viudas.

Responsables

[17] Los responsables que dirigen bien merecen doble honorario, sobre todo los que se atarean predicando y enseñando, [18] porque dice la Escritura: *"No le pondrás bozal al buey que trilla"* (Dt 25,4) y también "el obrero merece su jornal". [19] No admitas una acusación contra un responsable, a menos que esté apoyada *por dos o tres testigos* (Dt 19,15).

Pecadores públicos

[20] A los que pequen repréndelos públicamente, para que los demás escarmienten. [21] Por Dios, por Jesús Mesías y por los ángeles elegidos te pido encarecidamente que observes estas normas, excluyendo todo prejuicio y sin ser parcial en nada. [22] A ninguno le impongas las manos a la ligera ni te hagas cómplice de pecados ajenos; tú consérvate honesto. [23] Deja de beber agua sola, toma un poco de vino, por el estómago y tus frecuentes indisposiciones.

[24] Los pecados de algunos son tan manifiestos, que van antes que ellos al juicio; los de otros, en cam-

---

5,17 "responsables", en griego *"presbyteroi"*, "ancianos", "senadores", que aún no corresponde al significado posterior de "presbítero", cf Hch 11,30.

bio, salen a relucir después. ²⁵ Las buenas obras lo mismo, o son manifiestas o, si no lo son, no pueden quedar ocultas.

Esclavos cristianos

6 ¹ Los que están bajo yugo de esclavitud, consideren a sus amos dignos de todo respeto, para que no se maldiga a Dios y a nuestra doctrina. ^{2a} Los que tienen amos creyentes no los tengan en menos porque sean hermanos; al contrario, sírvanles mejor, pues los que reciben el beneficio son creyentes y amigos.

Falsos maestros

^{2b} Esto es lo que tienes que enseñar y recomendar. ³ Quien enseña cosas diferentes y no se atiene a las palabras saludables, las de nuestro Señor Jesús Mesías, y a la doctrina propia de la piedad, ⁴ es un ignorante con pretensiones que tiene el vicio de discutir sobre cuestiones de palabras; de ahí salen las envidias, riñas, insultos, viles sospechas, ⁵ altercados interminables, típicos de mentes depravadas, privadas de la verdad. Piensan que la piedad es un negocio; ⁶ la piedad es ciertamente un buen negocio cuando uno se conforma con lo que tiene; ⁷ porque nada trajimos al mundo, como nada podremos llevarnos, ⁸ así que teniendo qué comer y con qué vestirnos, podemos estar contentos. ⁹ Los que quieren hacerse ricos, caen en tentaciones, trampas y mil afanes insensatos y funestos, que hunden a los hombres en la ruina y en la perdición, ¹⁰ porque raíz de todos los males es el amor al dinero; por esta ansia algunos se desviaron de la fe y se dieron a sí mismos mil tormentos.

¹¹ Tú, en cambio, hombre de Dios, huye de todo eso, esmérate en la rectitud, la piedad, la fidelidad, el amor, la constancia, la delicadeza. ¹² Lucha en el noble combate de la fe, conquista la vida eterna a la que fuiste llamado: de esa fe hiciste noble profesión en presencia de muchos testigos. ¹³ Y ahora, delante de Dios que da vida al universo y del Mesías Jesús que dio testimonio ante Poncio Pilato con tan noble profesión, ¹⁴ te insisto en que guardes el mandamiento sin mancha ni reproche hasta la venida de nuestro Señor Jesús Mesías; ¹⁵ a su debido tiempo lo manifestará Dios bienaventurado y único soberano, rey de reyes y señor de señores, ¹⁶ único que posee la inmortalidad, que habita en una luz inalcanzable, a quien nadie ha visto ni puede ver. A él el honor y dominio eterno, amén.

Ricos

¹⁷ A los ricos de este mundo insísteles en que no sean soberbios ni pongan su confianza en riqueza tan incierta, sino en Dios que nos procura todo en abundancia para que lo disfrutemos. ¹⁸ Que hagan el bien, que sean ricos en buenas obras, generosos y con sentido social: ¹⁹ y así acumularán un capital sólido para el porvenir y alcanzarán la vida verdadera.

²⁰ Querido Timoteo, conserva el depósito, apartándote de charlatanerías irreverentes y de las objeciones de esa mal llamada ciencia; ²¹ algunos que hacían profesión de ella se han desviado de la fe.

La gracia los acompañe.

SEGUNDA CARTA A TIMOTEO

1 ¹ Pablo, apóstol del Mesías Jesús por designio de Dios, conforme a la promesa de vida que hay en Jesús Mesías, ² a Timoteo, hijo querido. Te deseo el favor, la misericordia y la paz del Dios Padre y del Mesías Jesús, Señor nuestro.

³ Doy gracias a Dios, a quien sirvo con limpia conciencia, como aprendí de mis antepasados, cuando te encomiendo en mis oraciones noche y día. ⁴ Al acordarme de tus lágrimas, ansío verte, para llenarme de alegría ⁵ refrescando la memoria de tu fe sincera, esa fe que tuvieron tu abuela Loide y tu madre, Eunice, y que estoy seguro tienes también tú.

⁶ Por esta razón te recuerdo que reavives el don de Dios que recibiste cuando te impuse las manos; ⁷ porque Dios no nos ha dado un espíritu de cobardía, sino un espíritu de valentía, de amor y de dominio propio.

⁸ Por tanto, no te avergüences de dar testimonio de nuestro Señor, ni de que yo esté en la cárcel por él. Al contrario, sufre conmigo por el evangelio, con la fuerza de Dios: ⁹ él nos salvó y nos llamó a una vida consagrada, no por méritos nuestros, sino por aquella decisión suya y aquella gracia que nos concedió en el Mesías Jesús antes que empezaran los tiempos, ¹⁰ manifestada ahora por la aparición en la tierra de nuestro salvador, el Mesías Jesús; él ha aniquilado la muerte y ha irradiado vida e inmortalidad por medio del evangelio.

¹¹ De este evangelio me han nombrado heraldo, apóstol y maestro; ¹² ésta es la razón de mi penosa situación presente; pero no me siento derrotado, pues sé de quién me he fiado y estoy firmemente persuadido de que tiene poder para asegurar hasta el último día el encargo que me dio.

¹³ Lleva contigo un compendio de la saludable enseñanza que me oíste acerca de la fe y el amor cristiano; ¹⁴ guarda el precioso depósito con la ayuda del Espíritu Santo que habita en nosotros.

¹⁵ Ya sabes que todos los de Asia me han vuelto la espalda, entre otros Figelo y Hermógenes. ¹⁶ Dios tenga misericordia de Onesíforo y familia, pues él me ha dado tantas veces aliento y no se ha avergonzado de que esté en la cárcel; ¹⁷ al contrario, al llegar a Roma me buscó sin descanso hasta que dio conmigo. ¹⁸ Que el Señor le conceda alcanzar su misericordia en el último día. Por lo demás, tú conoces mejor que nadie los servicios que prestó en Éfeso.

Buen soldado de Cristo

2 ¹ Por tanto, hijo mío, saca fuerzas de la gracia que tenemos en el Mesías Jesús; ² lo que me oíste a mí en presencia de muchos testigos encomiéndalo a hombres de fiar, capaces a su vez de enseñar a otros. ³ Comparte las penalidades como buen soldado del Mesías Jesús; ⁴ ningún soldado en ejercicio se enreda en asuntos civiles, si quiere tener contento al que lo ha enrolado. ⁵ Tampoco un atleta recibe el premio si no compite conforme al reglamento. ⁶ El labrador que suda es el primero que tiene derecho a una parte de la cosecha. ⁷ Reflexiona sobre esto que te digo, que el Señor te lo hará comprender todo.

⁸ Acuérdate de Jesús Mesías, resucitado de la muerte, nacido del linaje de David; ésta es la noticia que anuncio ⁹ y por ella sufro hasta llevar cadenas como un criminal; pero el mensaje de Dios no está encadenado. ¹⁰ Por eso soporto lo que sea por los elegidos, para que también ellos alcancen la salvación presente en el Mesías Jesús con la gloria eterna.

¹¹ Esto es mucha verdad:

si morimos con él, viviremos con él;

¹² si perseveramos, reinaremos con él;

si lo negamos, también él nos negará;

¹³ si le somos infieles, él permanece fiel,

porque negarse a sí mismo no puede.

¹⁴ Sigue recordándoles todo esto, avisando seriamente en nombre de Dios que no discutan sobre palabras; no sirve para nada y es catastrófico para los oyentes. ¹⁵ Esfuérzate por que Dios te apruebe como a un obrero irreprensible, que predica la verdad sin desviaciones.

¹⁶ A las charlatanerías profanas déjalas de lado, porque se irán haciendo cada vez más impías, ¹⁷ y la enseñanza de esa gente corroerá como una gangrena; entre ellos están Himeneo y Fileto, ¹⁸ que se desviaron de la verdad pretendiendo que la resurrección se ha efectuado ya, y trastornando la fe de algunos. ¹⁹ A pesar de todo, el sólido cimiento de Dios está firme y lleva esta inscripción: *El Señor conoce a los suyos*, y *quien invoca el nombre del Señor aléjese de la maldad* (Nm 16,5).

²⁰ En una casa grande no hay sólo utensilios de oro y plata, también los hay de madera y de barro, unos para usos nobles, otros para usos bajos. ²¹ Si uno quiere ser un utensilio para usos nobles, consagrado y útil a su dueño, disponible para toda obra buena, tiene que limpiarse bien de todo eso.

²² Huye de las pasiones juveniles, esmérate en la rectitud y la fidelidad, en el amor fraterno y la paz con los que invocan al Señor limpiamente. ²³ Niégate a discusiones estúpidas y superficiales, sabiendo que acaban en peleas; ²⁴ y uno que sirve al Señor no debe pelearse, sino ser amable con todos; debe ser hábil para enseñar, sufrido, ²⁵ suave para corregir a los contradictores; puede que Dios les conceda enmendarse y comprender la verdad; ²⁶ entonces recapacitarán y se zafarán del lazo del diablo que los tiene ahora atrapados y sumisos a su voluntad.

En los últimos días

3 ¹ Ten presente que en los tiempos finales va a haber momentos difíciles: ² la gente será egoísta e interesada, serán arrogantes, soberbios, difamadores, desobedientes a sus padres, ingratos, impíos, ³sin corazón, implacables y calumniadores, gente sin control, inhumanos y enemigos de todo lo bueno; ⁴traidores, temerarios, presuntuosos, amigos del placer en vez de amigos de Dios. ⁵Tendrán semblante de piedad, pero serán la negación de su esencia. No te juntes con gente de ésa; ⁶y a ellos pertenecen los que se cuelan por las casas y cautivan a mujerzuelas cargadas de pecados, zarandeadas por múltiples caprichos, ⁷que están siempre aprendiendo pero son incapaces de llegar a conocer la verdad. ⁸Yanes y Yambres se opusieron a Moisés; exactamente lo mismo se oponen éstos a la verdad: mentes degeneradas, hombres incapacitados para la fe. ⁹Pero no irán más adelante, pues todos verán su insensatez, como les pasó a aquéllos.

Enseñar con paciencia

¹⁰Tú, en cambio, seguiste asiduamente mi enseñanza y mi manera de vivir: mis proyectos, mi fe y paciencia, mi amor fraterno y mi aguante ¹¹en las persecuciones y sufrimientos, como aquellos que me ocurrieron en Antioquía, Iconio y Listra. ¡Qué persecuciones padecí! Pero de todas me sacó el Señor; ¹²y lo mismo: todo el que se proponga vivir como buen cristiano será perseguido. ¹³Esos perversos embaucadores, por su parte, irán de mal en peor, extraviando a otros y extraviándose ellos. ¹⁴Tú mantén lo que aprendiste y te convenció; recuerda quiénes te lo enseñaron

¹⁵y también que desde niño conoces la Sagrada Escritura. Ella puede instruirte acerca de la salvación por la fe en el Mesías Jesús.

¹⁶Todo escrito inspirado por Dios sirve además para enseñar, reprender, corregir, educar en la rectitud; ¹⁷así el hombre de Dios será competente, perfectamente equipado para cualquier tarea buena.

4 ¹Delante de Dios y del Mesías Jesús, que ha de juzgar a vivos y muertos, te pido encarecidamente, en nombre de su venida y de su reinado: ²proclama el mensaje, insiste a tiempo y a destiempo, usando la prueba, el reproche y la exhortación, con la mayor comprensión y competencia; ³porque va a llegar el momento en que la gente no soportará la doctrina sana; no, según sus propios caprichos, se rodearán de maestros que les halaguen el oído; ⁴se harán sordos a la verdad y darán oídos a las fábulas. ⁵Tú no pierdas nunca el control, soporta lo adverso, trabaja en propagar la buena noticia y desempeña bien tu servicio, ⁶pues por lo que a mí toca, estoy para derramar mi sangre y no me falta mucho para soltar las amarras. ⁷He competido en noble lucha, he corrido hasta la meta, me he mantenido fiel. ⁸Ahora ya me aguarda la merecida corona con la que el Señor, juez justo, me premiará el último día y no sólo a mí, sino también a todos los que anhelan su venida.

Encargos y noticias

⁹Procura venir cuanto antes. ¹⁰Dimas me ha dejado, enamora-

do de este mundo presente, y se ha marchado a Tesalónica; Crescente se ha ido a Galacia; Tito, a Dalmacia; ¹¹ sólo Lucas está conmigo. Tráete contigo a Marcos, que me va a ser útil en la tarea. ¹²A Fortunato lo he mandado a Éfeso.

¹³ El abrigo que dejé en Tróade, en casa de Carpo, tráetelo al venir, y los libros también, pero sobre todo los cuadernos. ¹⁴ Alejandro el broncista me ha causado mucho daño, el Señor le pagará lo que ha hecho. ¹⁵ Ten cuidado con él también tú, pues contradijo violentamente mis palabras. ¹⁶ En mi primera defensa ninguno se presentó en mi favor, todos me abandonaron. Dios no se lo tenga en cuenta.

¹⁷ Pero el Señor estuvo a mi lado y me dio fuerzas; quería anunciar íntegro el mensaje por medio de mí y que lo oyera todo el mundo pagano; él me libró de las fauces del león. ¹⁸ El Señor seguirá librándome de toda acción malvada y me guardará incólume para su reino celeste. A él la gloria por los siglos de los siglos, amén.

¹⁹ Recuerdos a Prisca y Áquila, y a Onesíforo y familia. ²⁰ Erasto se quedó en Corinto. A Trófimo lo dejé enfermo en Mileto. ²¹ Procura venir antes del invierno. Recuerdos de Eúbulo, Pudente, Lino, Claudia y todos los hermanos.

²² El Señor te acompañe. La gracia los acompañe.

CARTA A TITO

1 [1] Pablo, siervo de Dios y apóstol de Jesús Mesías, para que crean los elegidos de Dios: para que conozcan la verdad propia de la piedad que se apoya [2] en la esperanza de vida eterna. Dios, que no miente, [3] había prometido esa vida desde tiempos inmemoriales; al llegar el momento ha cumplido su palabra públicamente con la predicación que me han confiado por disposición de Dios nuestro Salvador.

[4] Querido Tito, hijo legítimo en la fe común: te deseo el favor y la paz de Dios Padre y del Mesías Jesús salvador nuestro.

Misión de Tito en Creta

[5] Mi intención al dejarte en Creta era que acabaras de organizar lo que faltaba y nombrases responsables en cada ciudad, siguiendo las instrucciones que te di yo; [6] cada uno sea intachable, fiel a su única mujer, con hijos creyentes, no indisciplinados ni de mala fama. [7] Porque, siendo administrador de Dios, el dirigente tiene que ser intachable: no debe ser arrogante ni colérico, ni dado al vino, a riñas o a sacar dinero. [8] Al revés, que sea hospitalario, amigo de lo bueno, equilibrado, acepto a los hombres y a Dios, dueño de sí; [9] debe ser adicto a la doctrina auténtica; así será capaz de predicar una enseñanza sana y de rebatir a los adversarios.

[10] Porque hay mucho insubordinado, charlatán y embaucador, sobre todo entre los judíos convertidos, [11] y hace falta taparles la boca. Revuelven familias enteras enseñando lo que no se debe, todo para sacar dinero. [12] Fue uno de su tierra, un profeta de ellos quien dijo: «Cretenses, siempre embusteros, bichos malos, estómagos gandules», [13] y tenía razón en lo que dijo. Por este motivo, repréndelos enérgicamente, para que estén saludables en la fe. [14] Que se dejen de dar oídos a fábulas judaicas y a preceptos de hombres que vuelven la espalda a la verdad. [15] Todo es limpio para los limpios; en cambio, para los sucios y faltos de fe no hay nada limpio: hasta la mente y la conciencia la tienen sucia. [16] Hacen profesión de conocer a Dios, pero con sus acciones lo desmienten, por esa detestable obstinación que los incapacita para cualquier acción buena.

2 [1] Por tu parte, habla de lo que es conforme a la enseñanza sana. [2] Di a los ancianos que sean juiciosos, respetables y sensatos, que estén saludables en la fe, en el amor y en la paciencia. [3] A las ancianas lo mismo: que sean muy devotas en el porte, que no sean chismosas ni se envicien con el vino; [4] han de ser maestras en lo bueno y aconsejar a las jóvenes que quieran a sus maridos y a sus hijos, [5] que sean sensatas y púdicas, que cui-

---

1,12 Se trata de Epiménides de Gnosos, poeta cretense del siglo VI. La palabra "profeta" se utiliza con el sentido de "vate".

den de la casa, que sean bondadosas y subordinadas a los maridos, para que no se desprestigie la buena noticia.

⁶ A los jóvenes recomiéndales también que sean sensatos, ⁷ presentándote en todo como un modelo de buena conducta. ⁸ Cuando enseñes, que se vea tu integridad y seriedad, con un hablar bien fundado e inatacable, para que la parte contraria se abochorne no pudiendo denigrarnos en nada.

⁹ Los esclavos, que sean sumisos a sus amos y que procuren dar satisfacción en todo; ¹⁰ que no sean respondones ni sisen; al contrario, muestren completa fidelidad y honradez y hagan honor a lo que Dios nuestro Salvador nos enseña.

¹¹ Porque el favor de Dios se hizo visible, trayendo salvación para todos los hombres; ¹² nos enseñó a rechazar la vida impía y los deseos mundanos, y a vivir en este mundo con equilibrio, rectitud y piedad, ¹³ aguardando la dicha que esperamos: la venida de Jesús Mesías, gloria del gran Dios y salvador nuestro, ¹⁴ del que se entregó por nosotros para rescatarnos de toda clase de maldad y purificarse un pueblo elegido, entregado a hacer el bien. ¹⁵ De esto tienes que hablar, animando y reprendiendo con autoridad; que nadie te mire por encima del hombro.

3 ¹ Recuérdales que acaten al gobierno y autoridades, que hagan caso y estén disponibles para toda buena iniciativa, ² que no insulten a nadie ni sean agresivos, que sean comprensivos y muestren la mayor sencillez con todo el mundo, ³ porque antes también nosotros con nuestra insensatez y obstinación íbamos fuera de camino: éramos esclavos de pasiones y placeres de todo género, nos pasábamos la vida haciendo daño y comidos de envidia, éramos insoportables y nos odiábamos unos a otros. ⁴ Pero se hizo visible la bondad de Dios y su amor por los hombres, ⁵ y entonces, no por las buenas obras que hubiéramos hecho, sino por su misericordia, nos salvó con el baño regenerador y renovador, con el Espíritu Santo ⁶ que Dios derramó copiosamente sobre nosotros por medio de nuestro salvador, Jesús Mesías. ⁷ Así, rehabilitados por Dios por pura generosidad, somos herederos, con esperanza de una vida eterna.

⁸ Esto es mucha verdad y en ello quiero que seas categórico, para que los que ya creen en Dios pongan empeño en señalarse en hacer el bien. Eso es lo bueno y lo útil para los demás. ⁹ En cambio, a las cuestiones estúpidas, las genealogías, disputas y peleas sobre la Ley, dales de lado; son inútiles y sin sustancia. ¹⁰ Al que introduzca división llámalo al orden hasta dos veces, luego no tengas que ver con él. ¹¹ Comprende que un individuo así está desviado y peca, condenándose él mismo.

¹² Cuando te mande a Artemas o a Fortunato, procura ir a encontrarme a Nicópolis, donde pienso pasar el invierno. ¹³ A Zenas el abogado y a Apolo esmérate en proveerlos para el viaje, de modo que

nada les falte, [14] y que aprendan los nuestros en particular a señalarse en hacer el bien, atendiendo a las necesidades urgentes; así no serán improductivos.

[15] Recuerdos de todos los que están conmigo. Saluda tú a nuestros amigos en la fe. La gracia los acompañe a todos.

3,12 "Fortunato", en griego "Tíquico", como en Col 4,7 y 2 Tim 4,12; distinto del Fortunato (nombre latino) de 1 Cor 16,17.

CARTA A FILEMÓN

1 [1] Pablo, preso por el Mesías Jesús, y el hermano Timoteo, a Filemón, nuestro querido amigo y colaborador, [2] a nuestra hermana Apia, a Arquipo, nuestro compañero de armas, y a la comunidad que se reúne en tu casa. [3] Les deseamos el favor y la paz de Dios nuestro Padre y del Señor Jesús Mesías.

[4] Doy siempre gracias a Dios cuando te encomiendo en mis oraciones, [5] pues recibo noticias de tu amor y de la fidelidad que tienes al Señor Jesús y a todos los consagrados. [6] Pido a Dios que la solidaridad propia de tu fe se active al comprender que todo bien que tengamos es para Cristo.

[7] Mucho me alegró y animó tu caridad, hermano; gracias a ti los consagrados se sienten tranquilos. [8] Por eso, aunque por Cristo tengo plena libertad para mandarte lo que convenga, [9] prefiero rogártelo apelando a tu caridad, yo, el viejo Pablo, ahora además preso por el Mesías Jesús. [10] Te ruego en favor de este hijo mío, de Onésimo, al que engendré en la cárcel; [11] antes te era inútil, ahora puede sernos útil a ti y a mí. [12] Te lo mando de vuelta a él, es decir, al hijo de mis entrañas.

[13] Me habría gustado retenerlo conmigo para que él me sirviera en lugar tuyo mientras estoy preso por el evangelio. [14] Sin embargo, no quise hacer nada sin contar contigo; no quiero que tu bondad parezca forzada, sino espontánea. [15] Si te dejó por algún tiempo, fue tal vez para que ahora lo recobres definitivamente, [16] y no ya como esclavo, más que como esclavo, como hermano querido; para mí lo es muchísimo, cuánto más va a serlo para ti, como hombre y como cristiano.

[17] Si te sientes solidario conmigo, recíbelo como si fuera yo. [18] Si en algo te ha perjudicado o te debe algo, ponlo a mi cuenta; [19] yo, Pablo, te firmo el pagaré de mi puño y letra, para no hablar de que tú me debes tu propia persona. [20] Anda, hermano, deja que, como cristiano, me aproveche yo de ti; tranquilízame tú como cristiano.

[21] Te escribo seguro de tu respuesta, sabiendo que harás aún más de lo que te pido. [22] Y, a propósito, prepárame alojamiento, pues, gracias a las oraciones de ustedes, espero que Dios les enviará este regalo.

[23] Recuerdos de Epafras, mi compañero de cárcel por el Mesías Jesús, [24] y también de Marcos, Aristarco, Dimas y Lucas, mis colaboradores.

[24] El favor del Señor Jesús Mesías los acompañe.

---

12 "al hijo de mis entrañas", sentido de la expresión "mis entrañas".

CARTA A LOS HEBREOS

EXORDIO

1 ¹ En múltiples ocasiones y de muchas maneras habló Dios antiguamente a nuestros padres por los Profetas. ² Ahora, en esta etapa final, nos ha hablado por un Hijo, al que nombró heredero de todo, lo mismo que por él había creado los mundos y las edades. ³ Él es reflejo de su gloria, impronta de su ser; él sostiene el universo con la palabra potente de Dios; y después de realizar la purificación de los pecados, se sentó a la derecha de su Majestad en las alturas, ⁴ haciéndose tanto más poderoso valedor que los ángeles cuanto más extraordinario es el título que ha heredado.

I

UN TÍTULO SUPERIOR AL DE LOS ÁNGELES

Hijo de Dios

⁵ Pues, ¿a cuál de los ángeles dijo jamás: «*Mi Hijo eres tú, yo te he engendrado hoy*» (Sal 2,7), ni tampoco: «*Y seré para él un padre y él para mí un hijo*» (2 Sm 7,14)? ⁶ Además, en otro pasaje, cuando introduce en el mundo al primogénito, dice: «*Adórenlo todos los ángeles de Dios*» (Dt 32,43).

⁷ Por una parte habla así de los ángeles: «*Envía a sus ángeles como a los vientos, a sus ministros como al rayo*» (Sal 104,4). ⁸ En cambio, del Hijo: «*Tu trono, oh Dios, permanece para siempre*», y también: «*Cetro de rectitud es tu cetro real. ⁹ Has amado la justicia y odiado la iniquidad; por eso Dios, tu Dios, te ha distinguido de tus compañeros ungiéndote con perfume de fiesta*» (Sal 45,7-8.10-12). ¹⁰ Otra vez se expresa así: «*Tú, Señor, en los comienzos cimentaste la tierra; obra de tus manos son los cielos; ¹¹ ellos desaparecerán, tu permaneces; se gastarán como la ropa, ¹² los envolverás como una capa, serán como vestido que se cambia. Pero tú eres siempre el mismo, tus años no se acabarán*» (Sal 102,26-28).

¹³ Y ¿a cuál de los ángeles dijo jamás: «*Siéntate a mi derecha mientras pongo a tus enemigos por estrado de tus pies*»? (Sal 110,1). ¹⁴ ¿Qué son todos sino espíritus en servicio activo, que se envían en ayuda de los que han de heredar la salvación?

2 ¹ Por esa razón, para no ir a la deriva, tenemos que prestar más atención a lo aprendido. ² Pues si las palabras dictadas por los ángeles tuvieron validez, y toda transgresión y desobediencia fue justamente castigada, ³ ¿cómo escaparemos nosotros si desdeñamos una salvación tan excepcional? Una que fue anunciada al principio por el Señor y que nos han confirmado los que la oyeron, [4] mientras Dios añadía su testimonio con portentosas señales, con variados milagros y distribuyendo dones del Espíritu Santo según su voluntad.

Hermano de los hombres

[5] Porque no fue a los ángeles a quienes Dios sometió el mundo futuro de que hablamos. [6] Alguien lo atestiguó en alguna parte diciendo:

«¿Quién es el hombre para que te acuerdes de él,
el ser humano para que mires por él?
[7] Lo hiciste un poco inferior a los ángeles,
lo coronaste de gloria y dignidad;
[8] todo lo sometiste bajo sus pies» (Sal 8,5-7 LXX).

Claro que, al sometérselo todo, nada dejó de someterle. Ahora, es verdad, no vemos todavía el universo entero sometido a él; [9] pero vemos ya al que Dios hizo por un poco inferior a los ángeles, a Jesús, que, por haber sufrido la muerte, está coronado de gloria y dignidad (Sal 8,5-7 LXX); así, por la gracia de Dios, la muerte que él experimentó redunda en favor de todos.

[10] De hecho convenía que Dios, fin del universo y creador de todo, proponiéndose conducir muchos hijos a la gloria, al pionero de su salvación lo consumara por el sufrimiento, [11] pues el consagrante y los consagrados son todos del mismo linaje. Por esta razón no tiene él reparo en llamarlos hermanos, [12] cuando dice:

«Expondré tu fama a mis hermanos,
en medio de la asamblea te alabaré» (Sal 22,23),

y en otro lugar:

[13] «En él pondré yo mi confianza»,

y también:

«Aquí estoy yo con los míos, los que Dios me ha dado (Is 8,17-18)».

[14] Por eso, como los suyos tienen en común la carne y sangre, también él asumió una como la de ellos, para con su muerte reducir a la impotencia al que tenía dominio sobre la muerte, es decir, al diablo, [15] y liberar a todos los que por miedo a la muerte pasaban la vida entera como esclavos. [16] Porque no es a los ángeles, está claro, a los que él tiende la mano, sino a los hijos de Abrahán (Is 41,8-9). [17] Por eso tenía que parecerse en todo a sus hermanos, para ser sumo sacerdote compasivo y fidedigno en lo que toca a Dios y expiar así los pecados del pueblo. [18] Pues, por haber pasado él la prueba del dolor, puede auxiliar a los que ahora la están pasando.

2,13 "con los míos", lit. "y los niños", en el sentido de discípulos o seguidores.

II

JESÚS, SUMO SACERDOTE FIDEDIGNO Y MISERICORDIOSO

Fidelidad de Moisés y fidelidad de Jesús

3 ¹ Por lo dicho, hermanos consagrados que comparten el mismo llamamiento celeste, consideren al enviado y sumo sacerdote de la fe que profesamos: a Jesús, ² que tiene la confianza del que lo nombró, como la tuvo Moisés *entre todos los de la casa de Dios* (Nm 12,7 LXX). ³ Es decir, el honor concedido a Jesús es mayor que el de Moisés, en cuanto el que construye la casa tiene mayor dignidad que la casa misma. ⁴ (Porque toda casa la construye alguien, aunque el que todo lo construye es Dios.) ⁵ Moisés, además, tuvo la confianza *entre todos los de la casa* como criado, para transmitir lo que Dios fuera diciendo, ⁶ mientras el Mesías la tiene como Hijo, al frente de la casa, y esa casa somos nosotros, con tal que mantengamos la libertad y el orgullo que da la esperanza.

No ser infieles

⁷ Por eso, como dice el Espíritu Santo:

Si hoy oyen su voz, ⁸ no endurezcan el corazón
como en el tiempo de la rebelión,
como el día de la prueba en el desierto,
⁹ cuando sus padres me pusieron a prueba y me tentaron,
aunque habían visto mis obras

¹⁰ durante cuarenta años.
Por eso me indigné contra aquella generación y dije:
«Su corazón está siempre extraviado, no han conocido mis caminos:
¹¹ como lo juré en mi cólera,
nunca entrarán en mi descanso» (Sal 95,7-11).

¹² Cuidado, hermanos, con que ninguno de ustedes tenga un corazón dañado por la incredulidad, que lo haga desertar del Dios vivo; ¹³ no, mientras resuena ese «hoy», anímense unos a otros día tras día, para que ninguno se endurezca seducido por el pecado. ¹⁴ Porque somos compañeros del Mesías siempre que mantengamos firme hasta el final la actitud del principio, ¹⁵ dado que dice: «Si hoy oyen su voz, no endurezcan el corazón como en el tiempo de la rebeldía». ¹⁶ ¿Quiénes se rebelaron al oírlo? Ciertamente todos los que salieron de Egipto por obra de Moisés. ¹⁷ Y ¿contra quiénes se indignó durante cuarenta años? Contra los que habían pecado, cuyos *cadáveres quedaron tendidos en el desierto* (Nm 14,21-23). ¹⁸ Y ¿a quién *juró que no entrarían en su descanso*, sino a los rebeldes (Sal 95,11)? ¹⁹ Y vemos que no pudieron entrar por falta de fe.

4 ¹ Precaución, por tanto; no sea que mientras está en pie la promesa de entrar en su descanso, resulte que alguno se quede rezagado. ² Pues, de hecho, la buena noticia la hemos recibido nosotros lo mismo que aquellos, pero a ellos no les sirvió de nada oír la palabra, porque no se sumaron por la fe a los que habían oído. ³Entremos, pues, los que ya hemos creído, en el descanso a que se refieren las palabras: «*Como lo juré en mi cólera, nunca entrarán en mi descanso* (Sal 95,11)».

Las tareas, por cierto, terminaron con la creación del mundo, ⁴ pues en algún sitio se habla así del día séptimo: «*Y el día séptimo descansó Dios de todas sus tareas*»; ⁵ pero esta vez, en este pasaje: «*Nunca entrarán en mi descanso*» (Sal 95,11).

⁶ Ya que, según esto, quedan algunos por entrar en él, y los primeros que recibieron la buena noticia no entraron por su rebeldía. ⁷ Dios señala esta vez cierto día, «hoy», al decir mucho tiempo después, por boca de David, lo antes citado: «*Si hoy oyen su voz, no endurezcan el corazón*» (Sal 95,8). ⁸ Claro que si Josué les hubiera dado el descanso no habría hablado Dios de otro día después de aquello; ⁹ por consiguiente, un descanso queda todavía para el pueblo de Dios, ¹⁰ pues el que entra en su descanso, descansa él también de sus tareas, como Dios de las suyas. ¹¹ Esforcémonos, por tanto, por entrar en ese descanso y nadie caiga siguiendo el ejemplo aquel de rebeldía.

¹² Además, la palabra de Dios es viva y enérgica, más tajante que una espada de dos filos, penetra hasta la unión de alma y espíritu, de órganos y médula, juzga sentimientos y pensamientos. ¹³ No hay criatura que escape a su mirada, todo está desnudo y vulnerable a sus ojos, y es a ella a quien habremos de dar cuenta.

¹⁴ Teniendo, pues, un sumo sacerdote extraordinario que ha pasado a través de los cielos, Jesús, el Hijo de Dios, mantengamos firmes la fe que profesamos.

Jesús, sumo sacerdote misericordioso

¹⁵ Porque no tenemos un sumo sacerdote incapaz de compadecerse de nuestras debilidades, sino uno probado en todo igual que nosotros, excluido el pecado. ¹⁶ Acerquémonos, por tanto, confiadamente al tribunal de la gracia para alcanzar misericordia y obtener la gracia de un auxilio oportuno.

5 ¹ Porque todo sumo sacerdote se escoge siempre entre los hombres y se le establece para que los represente ante Dios y ofrezca dones y sacrificios por los pecados. ² Es capaz de ser indulgente con los ignorantes y extraviados porque a él también la debilidad lo cerca. ³ Por ese motivo se ve obligado a ofrecer sacrificios por sus propios pecados como por los del pueblo. ⁴ Ahora que nadie puede arrogarse esa dignidad; tiene que designarlo Dios, como en el caso de Aarón.

⁵ De la misma manera, tampoco el Mesías se adjudicó los honores de sumo sacerdote; no, el que le habló diciendo: «*Mi hijo eres tú, yo te he engendrado hoy* (Sal 2,8), ⁶ le dijo también: «*Tú eres sacerdote perpetuo en la línea de Melquisedec*» (Sal 110,4). ⁷ Él, en los días de

su vida mortal, ofreció oraciones y súplicas, a gritos y con lágrimas, al que podía salvarlo de la muerte, y Dios lo escuchó, pero después de aquella angustia, [8] Hijo y todo como era. Sufriendo aprendió la dureza de la fidelidad [9] y, así consumado, se convirtió en causa de salvación definitiva para todos los que le son fieles, [10] pues Dios lo proclamó sumo sacerdote *en la línea de Melquisedec.*

III

EL SUMO SACERDOTE DEL NUEVO CULTO EFICAZ

[11] De eso nos queda mucho por decir y es difícil explicarlo, porque ustedes se han vuelto indolentes para escuchar. [12] Cierto, con el tiempo que llevan deberían ser ya maestros, y, en cambio, necesitan que se les enseñen de nuevo los rudimentos de los primeros oráculos de Dios; han vuelto a necesitar leche, en vez de alimento sólido; [13] y, claro, los que toman leche están faltos de juicio moral, porque son niños. [14] El alimento sólido es propio de adultos, que con la práctica tienen una sensibilidad entrenada en distinguir lo bueno de lo malo.

6 [1] Por eso, prescindamos ya de los preámbulos al Mesías y vamos a lo adulto, sin echar más cimientos de conversión de las obras muertas y fe en Dios, [2] de enseñanza sobre baños e imposición de manos, resurrección de muertos y juicio final. [3] Esto precisamente vamos a hacer, si Dios lo permite.

[4] Pues para los que fueron iluminados una vez, han saboreado el don celeste y participado del Espíritu Santo, [5] han saboreado la palabra favorable de Dios y los dinamismos de la edad futura, [6] si apostatan es imposible otra renovación, volviendo a crucificar, para que se arrepientan ellos, al Hijo de Dios, es decir, exponiéndolo al escarnio. [7] Además, cuando una tierra se empapa de las lluvias frecuentes y produce plantas útiles para los que la labran, está participando de una bendición de Dios, [8] pero *si da espinas y cardos* (Gn 3,18), es tierra de desecho a un paso de la *maldición,* y acabará quemada.

[9] Aunque hablamos así, amigos míos, en el caso de ustedes estamos ciertos de lo mejor y de lo conducente a la salvación. [10] Porque Dios no es injusto, para olvidarse de su trabajo ni del amor que le han mostrado prestando servicio a los consagrados como hacen todavía. [11] Desearíamos, sin embargo, que todos mostraran la misma dedicación hasta que esta esperanza sea finalmente realidad; [12] que no sean indolentes, sino que imiten a los que por la fe y la paciencia van heredando las promesas.

[13] Porque cuando Dios hizo la promesa a Abrahán, no tenía a nadie superior a él por quien jurar, *juró por sí mismo* [14] diciendo: *«Te bendeciré copiosamente y te multiplicaré sin medida»* (Gn 22,16). [15] Y así Abrahán, aguardando con paciencia, obtuvo la promesa.

[16] Los hombres juran por uno superior a ellos, y el juramento, dando garantías, pone fin a todo litigio. [17] Y como Dios quería demostrar urgentemente a los herederos de la promesa lo irrevocable de su decisión, interpuso un juramento. [18] Así, dos actos irrevocables, en los que es imposible que Dios mienta, nos dan brío y ánimo a nosotros los que buscamos asilo aferrándonos a la esperanza que tenemos delante; [19] ésta es para nosotros como un ancla de la existencia, sólida y firme, que entra, además, hasta el otro lado de la cortina, [20] hasta el lugar donde como precursor entró por nosotros Jesús, hecho sumo sacerdote *perpetuo en la línea de Melquisedec* (Sal 110,4).

A) SUMO SACERDOTE EN LA LÍNEA DE MELQUISEDEC

Melquisedec

7 [1] Este *Melquisedec, rey de Salem, sacerdote de Dios Altísimo, se encontró con Abrahán que volvía de derrotar a los reyes; lo bendijo,* [2] y a él le adjudicó *Abrahán el diezmo de todo.* El nombre significa "rey de justicia" y el título es "*rey de Salem*" es decir, "rey de paz". [3] Al omitir padre, madre y genealogía, el principio de sus días y el fin de su vida, asemejándolo al Hijo de Dios, permanece sacerdote para siempre.

[4] Consideren lo grande que debía de ser éste para que Abrahán, el patriarca, le diera el diezmo de lo mejor del botín. [5] Mientras a los hijos de Leví, que reciben el sacerdocio, les manda la Ley cobrar un diezmo al pueblo, es decir, a sus hermanos, a pesar de que todos descienden de Abrahán, [6] Melquisedec, que no tenía ascendencia común con ellos, percibe el diezmo de Abrahán y bendice al depositario de las promesas. [7] Ahora bien, está fuera de discusión que lo que es más bendice a lo que es menos. [8] Y aquí los que cobran el diezmo son hombres que mueren, mientras allí fue uno de quien se declara que vive. [9] Además, por así decir, en la persona de Abrahán también Leví, el que ahora cobra el diezmo, lo pagó; [10] pues estaba ya presente en su padre cuando a éste lo encontró Melquisedec.

Los dos sacerdocios

[11] Ahora bien, si se realizaba una transformación por medio del sacerdocio levítico –pues en él se basaba la legislación dada al pueblo–, ¿qué falta hacía que surgiera otro *sacerdote en la línea de Melquisedec* y que no se le llame *de la línea de Aarón?* [12] Porque cambiar el sacerdocio lleva consigo forzosamente cambiar la Ley; [13] y ése de que habla el texto pertenece a una tribu diferente, de la que ninguno ha tenido que ver con el altar. [14] Es cosa sabida que nuestro Señor nació de Judá, y de esa tribu nunca habló Moisés tratando del sacerdocio. [15] Esto resulta aún más evidente si, a semejanza de *Melquisedec,* [16] surge otro *sacerdote* que no lo es en virtud de una ley, de una disposición sobre el linaje, sino por una fuerza de vida indestructible, [17] pues

se declara. «*Tú eres sacerdote perpetuo en la línea de Melquisedec* (Sal 110,4)». ¹⁸ Es decir, por una parte se cancela una disposición anterior, por ser ineficaz e inútil ¹⁹ –pues la Ley no consiguió transformar nada– y, en cambio, se introduce una esperanza más valiosa, por la cual nos acercamos a Dios.

²⁰ Aquí no falta, además, un juramento (pues aquéllos fueron sacerdotes sin garantía de juramento, ²¹ éste, en cambio, por el juramento que le hicieron al decirle: «*El Señor lo ha jurado y no se arrepentirá: Tú eres sacerdote perpetuo*»), ²² señal de que él, Jesús, es garante de una alianza más valiosa.

²³ De aquéllos ha habido multitud de sacerdotes, porque la muerte les impedía permanecer; ²⁴ como éste, en cambio, dura para siempre, tiene un sacerdocio exclusivo. ²⁵ De ahí que puede también salvar hasta el final a los que por su medio se van acercando a Dios, pues está siempre vivo para interceder por ellos.

²⁶ Porque así tenía que ser nuestro sumo sacerdote: santo, inocente, sin mancha, separado de los pecadores y encumbrado por encima de los cielos; ²⁷ él no necesita ofrecer sacrificios cada día –como hacen los sumos sacerdotes, primero por sus propios pecados y luego por los del pueblo–, porque esto lo hizo de una vez para siempre ofreciéndose él mismo. ²⁸ Es que la Ley establece como sumos sacerdotes a hombres débiles, mientras el juramento que vino después de la Ley establece a un Hijo consumado para siempre.

B) PERFECTO, CONSUMADO, CONSAGRADO

Insuficiencia del culto antiguo

8 ¹ Estamos en el punto capital de la exposición, y es que tenemos esa clase de sumo sacerdote: uno que en el cielo se sentó a la derecha del trono de la Majestad, ² como celebrante del santuario y del tabernáculo verdadero, erigido por el Señor, no por hombres. ³ Como a todo sumo sacerdote se le nombra para que ofrezca dones y sacrificios, era indispensable que también él tuviera algo que ofrecer. ⁴ Ahora que, si estuviera en la tierra, no sería ni siquiera sacerdote, pues ya están los que ofrecen los dones prescritos por la Ley. ⁵ Pero el servicio de éstos es un esbozo y sombra de lo celeste, según las instrucciones que recibió Moisés cuando iba a construir el tabernáculo: «*Ten cuidado de hacerlo todo conforme al modelo que se te ha mostrado en el monte*» (Éx 25,40). ⁶ De hecho a él le ha tocado una liturgia muy diferente, pues él es mediador de una alianza más valiosa, legalmente establecida en base a promesas de más valor.

Crítica y sustitución de la alianza antigua

⁷ Es decir, si aquella primera alianza no hubiera tenido defecto, no quedaría lugar para una segunda; ⁸ pero de hecho Dios le encuentra defecto cuando les dice:

Llegan días –dice el Señor–
en que haré con la casa de Israel
y la casa de Judá una alianza
nueva,
[9] *no como la alianza que hice*
con sus padres
cuando los tomé de la mano
para sacarlos de Egipto;
ellos quebrantaron mi alianza
y yo me desentendí de ellos
–dice el Señor.
[10] *La alianza que estableceré*
con la casa de Israel
cuando lleguen esos días –dice
el Señor– será así:
al dar mis leyes
las escribiré en su razón y en
sus corazones,
yo seré su Dios y ellos serán mi
pueblo.
[11] *Un hombre no tendrá que ins-*
truir a su conciudadano
ni el otro a su hermano
diciéndoles: «Reconoce al Se-
ñor»;
porque todos me reconocerán,
desde el pequeño al grande,
[12] *cuando perdone sus crímenes*
y no recuerde más sus pecados
(Jr 31,31-34).

[13] Al llamar *nueva* a esta alianza, dejó anticuada la primera; y todo lo que se vuelve antiguo y envejece está próximo a desaparecer.

Ineficacia de las antiguas instituciones cultuales

9 [1] La primera alianza tenía reglas para el culto y el santuario terrestre. [2] De hecho, se construyó un tabernáculo, el primero, donde estaban el candelabro, la mesa y los panes presentados –éste se llama el Santo– [3] y, detrás de la segunda cortina, el tabernáculo llamado el Santísimo; [4] había allí un altar de oro para el incienso y el arca de la alianza toda recubierta de oro; en ésta se guardaban una urna de oro con el maná, la vara florecida de Aarón y las tablas de la alianza. [5] Encima estaban los querubines de la gloria, cubriendo con su sombra el lugar de la expiación. Pero no es ahora el momento de perderse en detalles.

[6] Construido todo de esta manera, en el primer tabernáculo entran los sacerdotes continuamente para celebrar el culto; [7] pero en el segundo entra una vez al año el sumo sacerdote solo y además llevando sangre para ofrecerla por él mismo y por las faltas del pueblo. [8] Con esto da a entender el Espíritu Santo que, mientras esté en pie el primer tabernáculo, el camino que lleva al santuario no está patente. [9] Esto es un símbolo de la situación actual; según él, se ofrecen dones y sacrificios que no pueden transformar en su conciencia al que practica el culto, [10] pues se relacionan sólo con alimentos, bebidas y abluciones diversas, observancias exteriores impuestas hasta que llegara el momento de poner las cosas en su punto.

El sacrificio de Cristo, eficaz y definitivo

[11] El Mesías, en cambio, presentándose como sumo sacerdote de los bienes ya presentes, mediante el tabernáculo mayor y más perfecto, no hecho por hombres, es decir, no de este mundo creado, [12] y mediante sangre no de cabras y becerros, sino suya propia, entró

de una vez para siempre en el santuario, consiguiendo una liberación definitiva.

¹³ Pues si la sangre de cabras y toros y unas cenizas de becerra, cuando rociaban a los que se han hecho profanos, los consagran confiriéndoles una pureza externa, ¹⁴ ¿cuánto más la sangre del Mesías, que con decisión irrevocable se ofreció él mismo a Dios como sacrificio sin defecto, purificará nuestra conciencia de las obras de muerte, para que demos culto al Dios vivo?

¹⁵ Por esta razón es mediador de una alianza nueva: para que, después de una muerte que librase de los delitos cometidos con la primera alianza, los llamados puedan recibir la herencia perenne, objeto de la promesa.

¹⁶ Miren: para disponer de una herencia es preciso que conste la muerte del testador, ¹⁷ pues un testamento adquiere validez en caso de defunción; mientras vive el testador, todavía no tiene vigencia.

¹⁸ De ahí que tampoco faltara sangre en la inauguración de la primera alianza. ¹⁹ Cuando Moisés acabó de leer al pueblo todas las prescripciones contenidas en la Ley tomó la sangre de los becerros y las cabras además de agua, lana escarlata e hisopo, y roció primero el libro mismo y después al pueblo

entero, ²⁰ diciendo: «*Ésta es la sangre de la alianza que hace Dios con* ustedes». ²¹ Con la sangre roció, además, el tabernáculo y todos los utensilios litúrgicos. ²² Según la Ley, prácticamente todo se purifica con sangre, y sin derramamiento de sangre no hay perdón.

²³ Bueno, estos esbozos de las realidades celestes tenían que purificarse por fuerza con tales ritos, pero lo celeste mismo necesita sacrificios de más valor que éstos; ²⁴ y, de hecho, el Mesías no entró en un santuario hecho por hombres, copia del verdadero, sino en el mismo cielo, para presentarse ahora ante Dios en favor nuestro. ²⁵ Y no era tampoco para ofrecerse repetidas veces, como el sumo sacerdote, que entra año tras año en el santuario, llevando una sangre que no es la suya; ²⁶ si no, habría tenido que sufrir muchas veces desde que se creó el mundo. De hecho, su manifestación ha tenido lugar una sola vez, al final de la historia, para abolir con su sacrificio el pecado.

²⁷ Por cuanto es destino de cada hombre morir una vez, y luego un juicio, ²⁸ así también el Mesías se ofreció una sola vez, para quitar los pecados de tantos; la segunda vez, ya sin relación con el pecado, se manifestará a los que lo aguardan para salvarlos.

C) CAUSA DE SALVACIÓN ETERNA

10 ¹ Pues, poseyendo la Ley sólo una sombra de los bienes que habían de venir y no la imagen misma de lo real, con los sacrificios, siempre los mismos, que se ofrecen indefectiblemente año tras año, nunca puede transformar a los que se acercan. ² O

¿es que no dejarían de ofrecerse si los que practican el culto quedasen purificados de una vez y perdiesen toda conciencia de pecado? ³ Por el contrario, en esos sacrificios se recuerdan los pecados año tras año.

⁴ Es que es imposible que sangre de toros y cabras quite los pecados; ⁵ por eso, al entrar en el mundo dice él:

Sacrificios y ofrendas no los quisiste,

en vez de eso, me has dado un cuerpo a mí;

⁶ *holocaustos y víctimas expiatorias*

no te agradan;

⁷ *entonces dije: «Aquí estoy yo (en un título del libro está escrito de mí)*

para realizar tu designio, Dios mío» (Sal 40,7-9 LXX).

⁸ Primero dice: *«Sacrificios y ofrendas, holocaustos y víctimas expiatorias ni los quieres ni te agradan»* –éstos son los que manda ofrecer la Ley– ⁹ y después añade: *«Aquí estoy yo para realizar tu designio* (Sal 110,1)». Deroga lo primero para establecer lo segundo. ¹⁰ Por esa voluntad hemos quedado consagrados, mediante la ofrenda del cuerpo de Jesús Mesías, única y definitiva.

¹¹ Los sacerdotes están todos de pie cada día celebrando el culto, ofreciendo una y otra vez los mismos sacrificios, que son totalmente incapaces de quitar los pecados. ¹² Éste, en cambio, después de ofrecer un sacrificio único por los pecados, *se sentó para siempre a la derecha de Dios.* ¹³ No le queda más que aguardar a que *«pongan a sus enemigos por estrado de sus pies»,* ¹⁴ pues con una ofrenda única dejó transformados para siempre a los que va consagrando.

¹⁵ Lo mismo atestigua el Espíritu Santo; porque, después de haber dicho: ¹⁶ *«Ésta es la alianza que haré con ellos cuando lleguen aquellos días»,* dice el Señor: *«Al dar mis leyes, las escribiré en sus corazones y en su razón;* ¹⁷ *de sus pecados y de sus crímenes no volveré a acordarme»* (Jr 31,33-34). ¹⁸ Ahora bien, donde el perdón es un hecho, ya no hay más ofrendas por el pecado.

EXHORTACIÓN

¹⁹ Hermanos, tenemos libertad para entrar en el santuario llevando la sangre de Jesús, ²⁰ y tenemos un acceso nuevo y viviente que él nos ha abierto a través de la cortina, que es su carne, ²¹ y tenemos además un gran sacerdote al frente de la familia de Dios.

²² Acerquémonos, pues, con sinceridad y plenitud de fe, purificados en lo íntimo de toda conciencia de mal y lavados por fuera con un agua pura; ²³ aferrémonos a la esperanza inamovible que profesamos, pues fiel es quien hizo la promesa, ²⁴ y considerémonos unos a otros para acicate del amor mutuo y del bien obrar, ²⁵ sin faltar a nuestra reunión, como algunos acostumbran; anímense, en cambio, y mucho más viendo que se acerca aquel día.

²⁶ Porque si, después de haber recibido el conocimiento de la verdad, nos obstinamos en el pecado, ya no quedan sacrificios por los pecados, ²⁷ queda sólo la perspectiva pavorosa de un juicio y el furor de un fuego dispuesto a devorar a los enemigos. ²⁸ Al que viola la Ley de Moisés lo ejecutan sin compasión, *basándose en dos o tres testigos* (Dt 17,6). ²⁹ Cuánto peor castigo piensen que merecerá uno que ha pisoteado al Hijo de Dios, que ha juzgado impura la sangre de la alianza que lo había consagrado y que ha ultrajado al Espíritu de la gracia. ³⁰ Sabemos muy bien quién dijo aquello: *«Mío es el desquite, yo daré a cada cual su merecido»*, y también: *«El Señor juzgará a su pueblo»* (Dt 12,35-36). ³¹ Es horrendo caer en manos del Dios vivo.

³² Recuerden aquellos días primeros, cuando recién iluminados sostuvieron fuertes y penosos combates; ³³ unas veces los exponían públicamente a escarnio y vejaciones, otras se hacían solidarios de los que así eran tratados. ³⁴ De hecho compartieron el sufrimiento de los encarcelados y aceptaron con alegría que les confiscaran los bienes, sabiendo que tenían un patrimonio mejor y estable.

³⁵ Conque, mejor, no renuncien a su valentía, a la que está reservada una gran recompensa. ³⁶ Es decir, les hace falta constancia, para realizar el designio de Dios y alcanzar así la promesa; ³⁷ porque ya *«falta poco, muy poco, para que llegue el que viene; no se retrasará»* (Is 26,20 LXX). ³⁸ *«Mi justo vive de su fidelidad; en cambio, si se echa atrás, dejará de agradarme»* (Hab 2,3-4 LXX). ³⁹ Y nosotros no somos de los que se echan atrás y perecen, sino hombres fieles que conservan la vida.

IV

FE Y CONSTANCIA

La fe de los antiguos

11 ¹ Es la fe anticipo de lo que se espera, prueba de realidades que no se ven. ² Por ella declaró Dios su aprobación a los antiguos.

³ Por la fe comprendemos que la orden de Dios formó los mundos, haciendo que lo visible surgiera de lo que no aparece.

⁴ Por la fe ofreció Abel un sacrificio superior al de Caín, y por ella recibió testimonio de su rectitud, pues Dios mismo aprobó sus dones; por su fe, estando muerto, habla todavía.

⁵ Por su fe se llevaron a Henoc sin pasar por la muerte: *«Desapareció porque se lo llevó Dios»* (Gn 5,24). Se declara que ya antes de llevárselo *agradaba a Dios*, ⁶ y sin fe es imposible agradarle: quien se acerca a Dios debe creer que existe y que recompensará a los que lo buscan.

⁷ Por la fe, Noé, recibido el oráculo de lo que aún no se veía, angustiado preparó un arca para salvarse con su familia. Con su fe demostró la sinrazón del mundo y

adquirió derecho a la salvación que da la fe.

De Abrahán a José

[8] Por la fe respondió Abrahán al llamamiento de salir para la tierra que iba a recibir en herencia, y salió sin saber a dónde iba. [9] Por la fe emigró a la tierra prometida como un extranjero, habitando en tiendas con Isaac y Jacob, herederos de la misma promesa. [10] Esperaba la ciudad con cimientos, cuyo arquitecto y constructor es Dios.

[11] Por la fe recibió vigor para fundar una descendencia con Sara, aunque le había pasado la edad, porque juzgó digno de fe al que se lo prometía. [12] Así, de uno solo y, en este aspecto, ya extinguido, nacieron hijos numerosos *como los astros del cielo y como la arena incontable de la orilla del mar* (Gn 22,17).

[13] Con fe murieron todos éstos, sin recibir lo prometido, nada más viéndolo y saludándolo de lejos y confesando ser extranjeros y peregrinos en la tierra. [14] Hablando así demostraban que buscaban una patria, [15] pues, si es que añoraban la patria que habían dejado, estaban a tiempo de volver; [16] suspiraban, por tanto, por una patria mejor, es decir, por la celeste. Y como Dios les había preparado una ciudad, no tiene reparo en que lo llamen su Dios.

[17] Por la fe, Abrahán, puesto a prueba, ofreció a Isaac, y era su hijo único lo que ofrecía el depositario de la promesa, [18] después que le habían dicho: «*Isaac continuará tu descendencia*» (Gn 21,12), [19] estimando que Dios tiene poder hasta para levantar de la muerte; así, aun exponiéndolo a la muerte, lo recobró.

[20] Por la fe también bendijo Isaac el futuro de Jacob y de Esaú. [21] Por la fe bendijo Jacob, al morir, a cada uno de los hijos de José, *y se postró curvándose sobre el puño de su bastón* (Gn 47,31). [22] Por la fe, José, estando para morir, mencionó el éxodo de los hijos de Israel y dio disposiciones acerca de sus restos.

Moisés

[23] Por la fe, a Moisés recién nacido lo escondieron sus padres, viendo que el niño era hermoso, y sin temor al decreto del rey. [24] Por la fe, Moisés, ya crecido, rehusó ser adoptado por la hija del Faraón, [25] prefiriendo ser maltratado con el pueblo de Dios al goce efímero del pecado. [26] Estimaba mayor riqueza el oprobio del ungido que los tesoros de Egipto, pues miraba a la recompensa. [27] Por la fe se marchó de Egipto, sin temer la cólera del rey; fue tenaz como si viera al Invisible.

[28] Por la fe celebró la pascua y untó la sangre, para que el exterminador no tocase a los primogénitos de ellos. [29] Por la fe atravesaron el Mar Rojo como tierra firme, y al intentar lo mismo los egipcios, se ahogaron. [30] Por la fe se derrumbaron los muros de Jericó a los siete días de dar vueltas alrededor.

[31] Por la fe, Rajab, la prostituta, no pereció con los rebeldes, por haber acogido amistosamente a los espías. [32] ¿Qué más quieren que diga? Porque si me detuviera

con Gedeón, Barac, Sansón, Jefté, con David, Samuel y los Profetas, me faltaría tiempo. ³³ Ellos, con su fe, subyugaron reinos, administraron justicia, consiguieron promesas, taparon bocas de leones, ³⁴ apagaron la violencia del fuego, escaparon del filo de la espada, se repusieron de enfermedades, fueron valientes en la guerra y pusieron en fuga ejércitos extranjeros. ³⁵ Hubo mujeres que recobraron resucitados a sus difuntos.

A otros, en cambio, los mataron a golpes, pues no aceptaron el rescate, queriendo obtener una resurrección más valiosa. ³⁶ Otros tuvieron que sufrir el ultraje de los azotes e incluso de cadenas y cárceles. ³⁷ Fueron apedreados, aserrados, quemados, murieron a filo de espada. Andaban errantes, cubiertos de pieles de ovejas o de cabras, pasando necesidad, apuros y malos tratos: ³⁸ el mundo no los merecía. Andaban por despoblado, por los montes, por cuevas y oquedades del suelo.

³⁹ Pero de todos éstos, que por la fe recibieron la aprobación de Dios, ninguno alcanzó la promesa, ⁴⁰ pues Dios preparó algo mejor para nosotros y no quiso sin nosotros llevarlos a la meta.

La constancia necesaria

12 ¹ En consecuencia, rodeados como estamos por tal nube de testigos de la fe, sacudámonos todo lastre y el pecado que se nos pega. Corramos con constancia en la competición que se nos presenta, ² fijos los ojos en el pionero y consumador de la fe, Je-

sús; el cual, por la dicha que le esperaba, sobrellevó la cruz, despreciando la ignominia, y está sentado a la derecha del trono de Dios. ³ Mediten, pues, en el que soportó tanta oposición de parte de los pecadores, y no se cansen ni pierdan el ánimo.

⁴ Aún no han resistido hasta la sangre en su lucha con el pecado; ⁵ además han echado en olvido la recomendación que les dirigen como a hijos: «*Hijo mío, no tengas en poco que el Señor te eduque, ni te desanimes cuando te reprende;* ⁶ *porque el Señor educa a los que ama y da azotes a los hijos que reconoce por suyos*» (Prov 3,11-12 LXX). ⁷ Lo que soportan los educa, Dios los trata como a hijos; y ⁸ ¿qué hijo hay a quien su padre no corrija? Si los eximen de la corrección, que es patrimonio de todos, será que son bastardos y no hijos.

⁹ Más aún, tuvimos por educadores a nuestros padres carnales y nos portábamos bien. ¿No nos sujetaremos con mayor razón al Padre de nuestro espíritu para tener vida? ¹⁰ Porque aquéllos nos educaban para breve tiempo, según sus luces; Dios, en cambio, en la medida de lo útil, para que participemos de su santidad. ¹¹ En el momento, ninguna corrección resulta agradable, sino molesta; pero después, a los que se han dejado entrenar por ella, los recompensa con un fruto apacible de honradez. ¹² Por eso levanten *los brazos débiles,* fortalezcan *las rodillas vacilantes,* ¹³ planten *los pies en sendas llanas* (Is 35,3) para que la pierna coja no se disloque, sino se cure.

FRUTOS DE LA FIDELIDAD

Horizonte escatológico

[14] Esmérense en tener paz con todos y en vivir consagrados, sin lo cual nadie verá al Señor. [15] Cuiden que nadie quede excluido del favor de Dios, porque no retoñe ninguna raíz venenosa y dañe contagiando a la multitud, [16] y porque nadie se prostituya y profane como Esaú, que por un solo plato vendió sus derechos de primogénito. [17] Saben que más tarde quiso heredar la bendición, pero fue excluido, pues no obtuvo la retractación por más que la pidió hasta con lágrimas.

[18] No se han acercado a un monte tangible y a un fuego ardiente, ni a densos nubarrones y tormenta, [19] ni al estrépito de la trompeta ni al clamor de las palabras; fue tal que aquéllos, al oírlo, pidieron que no continuara. [20] No podían soportar lo que mandaba: *«Quien toque el monte, aunque sea un animal, morirá apedreado»* (Éx 19,12s). [21] Tan espantoso era el espectáculo, que dijo Moisés: *«Estoy temblando de miedo»* (Dt 9,19).

[22] En cambio se han acercado al monte Sión, a la ciudad de Dios vivo, la Jerusalén celeste; a los millares de ángeles en fiesta; [23] a la asamblea de los primogénitos inscritos en el cielo; a Dios, juez de todo; a los espíritus de los justos llegados a la meta; [24] al mediador de una nueva alianza, Jesús, y a la sangre de la aspersión, que clama con más fuerza que la de Abel.

[25] Cuidado con rechazar al que habla, pues si aquéllos no escaparon por haber rechazado al que transmitía los oráculos en la tierra, cuánto menos nosotros, si volvemos la espalda al que habla desde el cielo. [26] Su voz entonces hizo vacilar la tierra, pero ahora tiene prometido esto: *«La última vez haré vacilar no sólo la tierra, sino también el cielo»* (Ag 2,6). [27] Esa *«última vez»* indica la desaparición de lo que vacila por ser creado, para que quede lo inconmovible. [28] Por eso nosotros, que recibimos un reino inconmovible, estemos agradecidos; sirvamos así a Dios, como a él le agrada, con piedad y reverencia , [29] porque nuestro *Dios es fuego devorador* (Dt 4,24).

Actitudes cristianas

13 [1] Conserven el amor fraterno. [2] La hospitalidad no la echen en el olvido, que por ella algunos, sin saberlo, hospedaron ángeles. [3] Acuérdense de los presos, como ligados con ellos, y de los maltratados, que también ustedes viven en un cuerpo.

[4] Valoren todos el matrimonio y no deshonren el lecho nupcial, porque a los libertinos y adúlteros los juzgará Dios.

[5] La conducta sea desinteresada, conformándose con lo que uno tiene, pues él ha dicho: *«Nunca te dejaré, nunca te abandonaré»* (Dt 31,6). [6] Con esto podemos decir animosos: *«El Señor está conmigo, no temo; ¿qué podrá hacerme un hombre?»* (Sal 118,6).

[7] Acuérdense de aquellos dirigentes suyos que les expusieron la palabra de Dios, y, teniendo pre-

sente cómo acabaron su vida, imiten su fe.

[8] Jesús Mesías es el mismo hoy que ayer y lo será siempre. [9] No se dejen arrastrar por doctrinas complicadas y extrañas, lo importante es robustecerse interiormente por gracia y no con prescripciones alimentarias, que de nada valieron a los que las observaban. [10] Nosotros tenemos un altar del que no tienen derecho a comer los que dan culto en el tabernáculo; [11] porque los cadáveres de los animales, cuya sangre lleva el sumo sacerdote al santuario para el rito de la expiación, se queman fuera del campamento; [12] y por eso Jesús, para consagrar al pueblo con su propia sangre, murió fuera de las murallas. [13] Salgamos, pues, a encontrarlo fuera del campamento, cargados con su oprobio, [14] que aquí no tenemos ciudad permanente; andamos en busca de la futura. [15] Por su medio ofrezcamos continuamente a Dios un sacrificio de alabanza, es decir, el tributo de labios que bendicen su nombre. [16] No se olviden de la solidaridad y de hacer el bien, que tales sacrificios son los que agradan a Dios.

[17] Hagan caso a sus dirigentes y sean dóciles, pues ellos se desvelan por su bien, sabiéndose responsables. Que puedan cumplir su tarea con alegría y no suspirando, pues lo contrario no les serviría de nada.

[18] Recen por nosotros: estamos convencidos de tener la conciencia limpia, ya que nuestra voluntad es proceder en todo noblemente; [19] pero les ruego encarecidamente que lo hagan para que me reciban de vuelta cuanto antes.

[20] Que el Dios de la paz, que sacó de la muerte al sumo Pastor del rebaño, portador de una sangre de alianza perpetua, a nuestro Señor Jesús, [21] los equipe con dotes de toda clase, para realizar su designio, y nos utilice para ir realizando lo que él estima indicado, por medio de Jesús Mesías. A él la gloria por los siglos de los siglos, amén.

[22] Por favor, hermanos, toleren que les mande el sermón con estas breves líneas.

[23] Sepan que han puesto en libertad a Timoteo; si viene pronto, irá conmigo a verlos.

[24] Recuerdos a todos sus dirigentes y a todos los consagrados. Los italianos los saludan. [25] La gracia los acompañe a todos.

CARTAS «CATÓLICAS» O «CANÓNICAS»

CARTA DE SANTIAGO

1 ¹ Santiago, siervo de Dios y del Señor Jesús Mesías, saluda a las doce tribus de la emigración.

I

CONSEJOS VARIOS Y PRECISIONES

² Ténganse por muy dichosos, hermanos míos, cuando se vean rodeados por pruebas de todo género, ³ sabiendo que esa piedra de toque de su fe engendra constancia. ⁴ Que la constancia acabe su obra, para que sean hombres logrados y cabales, sin deficiencia alguna. ⁵ Y si alguno de ustedes se ve falto de acierto, pídaselo a Dios, que da sin regatear y sin humillar; él se lo dará. ⁶ Pero tiene que pedir con fe, sin titubear lo más mínimo, pues quien titubea se parece al oleaje del mar agitado y sacudido por el viento; ⁷ no piense ese individuo que va a recibir algo del Señor, ⁸ siendo un indeciso que no sigue rumbo fijo.

⁹ El hermano de condición humilde esté orgulloso de su alta dignidad, ¹⁰ y el rico de su humilde condición, pues pasará como flor de hierba. ¹¹ Sale el sol y empieza el calor, seca la hierba, cae la flor y su bello aspecto perece; pues así se marchitará el rico en medio de sus empresas.

¹² Dichoso el hombre que resiste la prueba, porque, al salir airoso, una vez superada, recibirá en premio la vida que Dios ha prometido a los que lo aman.

¹³ Cuando uno se ve tentado, no diga que Dios lo tienta; lo malo a Dios no lo tienta y él no tienta a nadie. ¹⁴ A cada uno le viene la tentación cuando su propio deseo lo arrastra y lo seduce; ¹⁵ el deseo concibe y da a luz pecado, y el pecado, cuando madura, engendra muerte.

¹⁶ No se equivoquen, queridos hermanos; todo buen regalo, todo don acabado viene de arriba, ¹⁷ del Padre de los astros, en el cual no hay fases ni períodos de sombra. ¹⁸ Por propia iniciativa nos engendró con el mensaje de la verdad, para que fuéramos en cierto modo primicias de sus criaturas.

II

DISCERNIMIENTO

Verdadera religiosidad

¹⁹ Saber, sí saben, queridos hermanos; sin embargo, sea cada cual pronto para escuchar, lento para hablar, lento para la ira, ²⁰ porque la ira del hombre no produce la rectitud que Dios quiere. ²¹ Por tanto, rechacen toda impureza y exceso de maldad y acepten dócilmente el mensaje plantado en ustedes, que es capaz de salvarlos.

²² Lleven a la práctica el mensaje y no se inventen razones para escuchar y nada más, ²³ pues quien escucha el mensaje y no lo pone en práctica se parece a aquel que se miraba en el espejo la cara que Dios le dio y, ²⁴ apenas se miraba, daba media vuelta y se olvidaba de cómo era. ²⁵ En cambio, el que se concentra en la ley perfecta, la de los hombres libres, y es constante, no se oírla y olvidarla, sino en ponerla por obra, ése encontrará su felicidad en practicarla.

²⁶ Quien se tenga por religioso pero no controla sus palabras, conserva pervertido su corazón y su religión está vacía. ²⁷ Religión pura y sin tacha a los ojos de Dios Padre, es ésta: mirar por los huérfanos y las viudas en sus apuros y no dejarse contaminar por el mundo.

Verdadera fidelidad

2 ¹ Hermanos míos, no confundan la fidelidad a nuestro Señor Jesús, Mesías glorioso, con ciertos favoritismos. ² Supongamos que en su reunión entra un personaje con sortijas de oro y traje flamante y entra también un pobre mal vestido. ³ Si atienden al del traje flamante y le dicen: «tú siéntate aquí cómodo», y dicen al pobre «tú, quédate de pie o siéntate aquí en el suelo junto a mi estrado», ⁴ ¿no han hecho discriminaciones entre ustedes? Y ¿no se convierten en jueces de raciocinios inicuos?

⁵ Escuchen, queridos hermanos, ¿no fue Dios quien escogió a los que son pobres a los ojos del mundo para que fueran ricos de fe y herederos del Reino que él prometió a los que lo aman? ⁶ Ustedes, en cambio, han afrentado al pobre.

¿No son los ricos los que los oprimen y ellos los que los arrastran a los tribunales? ⁷ ¿No son ellos los que ultrajan el nombre ilustre que les impusieron? ⁸ Que, a pesar de eso, cumplan la ley del Reino enunciada en la Escritura: «Amarás a tu prójimo como a ti mismo» (Lv 19,18), está muy bien. ⁹ Pero mostrar favoritismo sería cometer un pecado y esa ley los acusaría como a transgresores. ¹⁰ Porque quien observa entera esa ley, pero falla en un solo punto, tiene que responder de la totalidad.

¹¹ Un ejemplo: el mismo que dijo «no cometas adulterio» dijo también «no mates» (Dt 5,17-18). Si tú no cometes adulterio, pero matas, eres ya transgresor de esa ley.

¹² Hablen y actúen a la manera de quienes van a ser juzgados por una ley de hombres libres, ¹³ porque el juicio será sin misericordia para quien no ejerció la misericordia: la misericordia triunfa sobre el juicio.

Verdadera fe

¹⁴ Hermanos míos, ¿de qué le sirve a uno decir que tiene fe si no tiene obras? ¿Es que esa fe podrá salvarlo? ¹⁵ Supongamos que un hermano o una hermana no tiene qué ponerse y andan faltos del alimento diario, ¹⁶ y que uno de ustedes le dice: «Anda con Dios, abrígate y come», pero sin darle lo necesario para el cuerpo; ¿de qué sirve eso? ¹⁷ Pues lo mismo la fe: si no tiene obras, ella sola es un cadáver.

¹⁸ Alguno dirá: «Tú tienes fe y yo

tengo obras»; muéstrame esa fe tuya sin obras, que yo te mostraré la fe con mis obras. [19] Tú crees que hay un solo Dios; muy bien hecho, pero eso lo creen también los demonios y los hace temblar. [20] ¿Quieres enterarte, hombre vano, de que la fe sin obras es inútil? [21] A nuestro padre Abrahán, ¿no se le rehabilitó por las obras, por ofrecer a su hijo Isaac sobre el altar? [22] Fíjate en que la fe colaboraba con sus obras y que con las obras se realizó la fe; [23] así llegó a cumplirse lo que dice aquel pasaje de la Escritura: *«Abrahán se fió de Dios y eso le valió la rehabilitación»*, y se le llamó «amigo de Dios» (Gn 15,6).

[24] Ya ves que un hombre está rehabilitado por las obras, no por la fe sola. [25] Lo mismo vale de Rajab la prostituta: ¿no se le rehabilitó por sus obras? ¿Por acoger a los emisarios y hacerlos salir por otro camino? [26] O sea, lo mismo que un cuerpo que no respira es un cadáver, también la fe sin obras es un cadáver.

III

EL MAESTRO Y EL VERDADERO SABER

3 [1] No se metan tantos a maestros, hermanos míos; saben bien que nuestro juicio será muy severo, [2] pues todos fallamos muchas veces. Quien no falla cuando habla es un hombre maduro, capaz de marcar el rumbo también a todo su ser.

[3] Miren, a los caballos les metemos el freno en la boca para que nos obedezcan, y dirigimos todo su cuerpo. [4] Y ahí los barcos: tan grandes como son y con vientos tan recios que los empujan, se dirigen con un timón pequeñísimo adonde al piloto le da por llevarlos.

[5] Pues lo mismo la lengua: pequeña como órgano, alardea de grandes cosas. Ahí tienen, un fuego de nada incendia un bosque enorme. [6] También la lengua es fuego (ese mundo de la maldad). La lengua, siendo uno de nuestros órganos, contamina, sin embargo, al cuerpo entero: inflama el curso de la existencia, inflamada ella misma por el infierno.

[7] Porque fieras y pájaros, reptiles y bestias marinas de toda especie se pueden subyugar y han sido subyugados por la especie humana; [8] pero lo que es esa lengua, bicho turbulento, cargado de veneno mortal, no hay hombre capaz de subyugarla.

[9] Con ella bendecimos al que es Señor y Padre y con ella maldecimos a los hombres, creados a semejanza de Dios. [10] De la misma boca sale bendición y maldición. Eso no puede ser, hermanos míos; [11] ¿es que una fuente echa por el mismo conducto agua dulce y salobre? [12] Hermanos míos, ¿puede dar aceitunas la higuera o higos la vid? Tampoco un manantial salino puede dar agua dulce. [13] A ver, ¿quién de ustedes es sabio y entendido? Pues demuestre con su buena conducta que obra como sabio, sin violencia. [14] Pero si interiormente los amarga el despecho y son peleadores, dejen de presumir y

engañar a costa de la verdad. ¹⁵ No es ése el saber que baja de lo alto; ése es terrestre, irracional, maléfico; ¹⁶ y donde hay despecho y división hay turbulencia y toda clase de malas faenas. ¹⁷ En cambio, el saber que baja de lo alto es, ante todo, límpido y luego apacible, comprensivo y abierto, rebosa buen corazón y buenos frutos, no hace discriminaciones ni es fingido. ¹⁸ Y la cosecha de justicia, con paz la van sembrando los que trabajan por la paz.

IV

AMBICIÓN E INJUSTICIA

4 ¹ ¿De dónde esas guerras y de dónde esas luchas entre ustedes? ¿No será precisamente de esos apetitos agresivos que llevan en el cuerpo? ² Desean y no obtienen, sienten envidia y despecho y no consiguen nada; ³ luchan y se hacen la guerra, y no obtienen, porque no piden; o si piden, no reciben, porque piden mal, para satisfacer sus apetitos.

⁴ ¡Idólatras, ¿no saben que la amistad con el mundo es hostilidad contra Dios? Por tanto, quien decide ser amigo del mundo se hace enemigo de Dios.

⁵ ¿No les parece que por algo dice aquel texto de la Escritura: «Desea con envidia el espíritu que él metió en nosotros, pero la gracia que concede es mayor»? ⁶ Por eso dice: *«Dios se enfrenta con los arrogantes, pero concede gracia a los humildes»* (Prov 3,34 LXX).

⁷ Por consiguiente, sométanse a Dios; resistan al diablo y huirá. ⁸ Acérquense a Dios y él se les acercará: lávense las manos, pecadores; purifíquense el corazón, indecisos. ¡Empiecen el lamento, el duelo y el llanto! ⁹ ¡Conviértase su risa en duelo y su alegría en consternación! ¹⁰ Humíllense ante el Señor y él los levantará.

La mala lengua

¹¹ Dejen de denigrarse unos a otros. Quien denigra a su hermano o juzga a su hermano, denigra a la Ley y juzga a la Ley; y, si juzgas a la Ley, ya no la estás cumpliendo, eres su juez. ¹² Uno solo es legislador y juez: el que puede salvar y destruir. ¿Quién eres tú para juzgar al prójimo?

Comerciantes.
Hombres de negocios

¹³ Vamos, ahora los que dicen: «Hoy mismo o mañana salimos para tal o cual ciudad, nos pasamos allí un año negociando, y ia ganar dinero!». ¹⁴ Y eso sin tener idea de lo que va a ser de ustedes mañana. Su vida, ¿qué es? Una niebla que se ve un rato y luego se desvanece. ¹⁵ Lo que deberían decir es esto: «Si el Señor quiere y nos da vida, haremos esto y lo otro». ¹⁶ En lugar de eso se enorgullecen de sí mismos, y toda jactancia de ese estilo es mala. ¹⁷ En resumen, el que sabe cómo portarse bien y no lo hace, está en pecado.

Explotadores

5 ¹ Vamos, ahora los ricos: lloren a gritos por las desgracias que se les vienen encima. ² Su riqueza se ha podrido, sus trajes se han apolillado, ³ su oro y su plata se han oxidado, su moho será testigo en contra suya y se comerá sus carnes como fuego; atesoraron para los últimos días. ⁴ Miren, el jornal de los trabajadores que segaron sus campos, defraudado por ustedes, está clamando, y los gritos de los segadores han llegado a los oídos del Señor de los ejércitos. ⁵ Con lujo vivieron en la tierra y se dieron la gran vida, cebando sus apetitos... para el día de la matanza. ⁶ Condenaron y asesinaron al inocente: ¿no se les va a enfrentar Dios?

V

AVISOS VARIOS

⁷ Tengan paciencia, hermanos, hasta que venga el Señor; miren cómo el labrador aguarda la valiosa cosecha de la tierra esperando con paciencia a que reciba la lluvia *temprana y la tardía* (Dt 11,14). ⁸ No pierdan la paciencia tampoco ustedes, refuercen el ánimo, que la venida del Señor está cerca.

⁹ Hermanos: no se quejen unos de otros, para que les den sentencia; miren que el juez está a la puerta.

¹⁰ Hermanos, en el sufrir y en la paciencia tomen por modelo a los profetas que hablaron en nombre del Señor. ¹¹ Llamamos dichosos a los que tuvieron paciencia. Han oído hablar de la paciencia de Job y ya ven el final que le dio el Señor, porque *el Señor es compasivo y misericordioso* (Job 42,10-17; Sal 103,8).

¹² Sobre todo, hermanos míos, no juren, ni por el cielo, ni por la tierra, ni por ninguna otra cosa; su sí sea un sí y su no un no, para no exponerse a un juicio.

¹³ ¿Sufre alguno de ustedes? Que rece. ¿Está uno de buen humor? Que cante. ¹⁴ ¿Hay alguno enfermo? Llame a los responsables de la comunidad, que recen por él y lo unjan con aceite invocando al Señor. ¹⁵ La oración hecha con fe dará la salud al enfermo y el Señor hará que se levante; si, además, tiene pecados, se le perdonarán.

¹⁶ Por tanto, confiésense los pecados unos a otros y recen unos por otros, para que se curen. Mucho puede la oración intensa del justo: ¹⁷ Elías era un hombre débil como nosotros, y cuando oró insistentemente para que no lloviera, no cayó una gota en tres años y medio; ¹⁸ oró de nuevo, y el cielo dio su lluvia y la tierra produjo su fruto.

¹⁹ Hermanos míos, si alguno se desvía de la verdad y otro lo endereza, ²⁰ tengan presente que quien endereza a un pecador de su extravío se salvará él mismo de la muerte y sepultará un sinfín de pecados.

PRIMERA CARTA DE PEDRO

1 ¹ Pedro, apóstol de Jesús Mesías, a los emigrantes dispersos por el Ponto, Galacia, Capadocia, Asia y Bitinia: ² a los elegidos mediante la consagración con el Espíritu, conforme al proyecto de Dios Padre, para responder a Jesús Mesías y recibir la aspersión de su sangre. Les deseo gracia y paz creciente.

I

EL NUEVO NACIMIENTO

Renacer a la esperanza

³ ¡Bendito sea Dios, Padre de nuestro Señor, Jesús Mesías!

Por su gran misericordia nos ha hecho nacer de nuevo, para la viva esperanza que nos dio resucitando de la muerte a Jesús Mesías; ⁴ para la heredad que no decae; ni se mancha, ni se marchita, reservada en el cielo para ustedes, ⁵ que, gracias a la fe, están custodiados por la fuerza de Dios;

para la salvación dispuesta a revelarse en el momento final.

⁶ Por eso estén alegres, si hace falta ahora sufrir por algún tipo de diversas pruebas; ⁷ de esa manera los quilates de su fe resultan más preciosos que el oro perecedero que, sin embargo, se aquilata a fuego, y alcanzará premio, gloria y honor cuando se revele Jesús Mesías. ⁸ Ustedes no lo vieron, pero lo aman; ahora, creyendo en él sin verlo, sienten un gozo indecible, radiantes de alegría, ⁹ porque obtienen el resultado de su fe, la salvación personal.

¹⁰ Por esta salvación empezaron a interesarse y a investigar ciertos profetas que habían predicho la gracia destinada a ustedes. ¹¹ El Espíritu de Cristo que estaba en ellos les declaraba por anticipado los sufrimientos por Cristo y los triunfos que seguirían. ¹² Ellos indagaban queriendo saber para cuándo y para qué circunstancia lo indicaba, y se les reveló que aquel ministerio profético no miraba a ellos, sino a ustedes. Ahora, por medio de los que les trajeron la buena noticia, se lo ha comunicado el Espíritu Santo enviado del cielo. Los ángeles se asoman deseosos de verlo.

¹³ Por eso, con la mente preparada para el servicio y viviendo con sobriedad, pongan una esperanza sin reservas en el don que les va a traer la manifestación de Jesús Mesías. ¹⁴ Como hijos obedientes, no se amolden más a los deseos que tenían antes, en los días de su ignorancia. ¹⁵ No, igual que es santo el que los llamó, sean también ustedes santos en toda su conducta, ¹⁶ porque la Escritura dice: "Serán santos, porque yo soy santo" (Lv 19,2).

¹⁷ Además, si pueden llamar Padre a aquel que juzga imparcialmente las obras de cada uno, con-

dúzcanse con respeto mientras están aquí de paso, [18]porque saben con qué los rescataron del modo de vivir idolátrico que heredaron de sus padres: no con oro ni plata perecederos, [19]sino con una sangre preciosa, la del Mesías, cordero sin defecto y sin mancha, [20]escogido desde antes de la creación del mundo y manifestado en los últimos tiempos por ustedes. [21]Por medio de él confían en Dios que lo resucitó de la muerte y lo glorificó; así su fe y su esperanza están puestas en Dios.

[22]Purificados ya internamente por la respuesta a la verdad, que lleva al cariño sincero por los hermanos, ámense unos a otros de corazón e intensamente. [23]Porque han vuelto a nacer, y no de una semilla mortal, sino de una inmortal por medio de la palabra de Dios viva y permanente, [24]porque *"todo mortal es hierba y toda su belleza es flor de hierba: se agosta la hierba y cae la flor. [25]En cambio, la palabra del Señor permanece para siempre"* (Is 40,6-8). Y ésa es la palabra que les anunciaron.

2 [1]Así pues, despojados de toda maldad, de toda doblez, fingimiento, envidia y de toda maledicencia, [2]como niños recién nacidos, ansíen la leche auténtica, no adulterada, para crecer con ella hacia la salvación, [3]ya que *han saboreado lo bueno que es el Señor*.

[4]Al acercarse a él, piedra viva desechada por los hombres, pero elegida y digna de honor a los ojos de Dios, [5]también ustedes, como piedras vivas, van entrando en la construcción del templo espiritual, formando un sacerdocio santo, destinado a ofrecer sacrificios espirituales que acepta Dios por Jesús Mesías. Porque está dicho en la Escritura: [6]*"Yo coloco en Sión una piedra angular, elegida y digna de honor: quien crea en ella no quedará defraudado"* (Is 28,16). [7]El honor es para ustedes los creyentes; para los incrédulos, en cambio, es *"la piedra que habían desechado los constructores la que se ha convertido en piedra angular"*; [8]más, *"en piedra para tropezar y en roca para estrellarse"* (Sal 118,22). Ellos tropiezan por ser rebeldes al mensaje: ése es su destino.

[9]Ustedes, en cambio, son *linaje elegido, sacerdocio real, nación consagrada, pueblo adquirido por Dios, para publicar las proezas* (Is 43,20-21) del que los llamó de las tinieblas a su maravillosa luz. [10]Los que antes *no eran pueblo,* ahora son *pueblo de Dios; los que nunca habían alcanzado misericordia,* ahora han *alcanzado misericordia* (Os 1,6-9).

II

TESTIMONIO ANTE EL MUNDO

[11]Amigos míos, como a forasteros y emigrantes que son, les recomiendo que se mantengan a distancia de esos bajos deseos que

nos hacen la guerra; [12] o sea, pórtense honradamente entre los paganos; así, ya que los tachan de malhechores, las buenas acciones de que son testigos los obligarán a rectificar el día que Dios los visite.

Ciudadanos del Imperio

[13] Acaten toda institución humana por amor del Señor; [14] lo mismo al emperador como a soberano que a los gobernadores como delegados suyos para castigar a los malhechores y premiar a los que hacen el bien. [15] Porque así lo quiere Dios: que haciendo el bien le tapen la boca a la estupidez de los ignorantes; [16] y esto como hombres libres; es decir, no usando la libertad como tapadera de la villanía, sino sirviendo a Dios. [17] Muestren consideración a todo el mundo, amen a sus hermanos, respeten a Dios, honren al Emperador.

Esclavos cristianos

[18] Criados, sean sumisos a los amos con todo respeto, no sólo a los buenos y comprensivos, sino también a los malgeniados. [19] Porque dice mucho en favor de uno si, por la experiencia que tenemos de Dios, soporta que lo maltraten injustamente. [20] Vamos a ver, ¿qué hazaña supone aguantar que les peguen si se portan mal? En cambio, si hacen el bien y además aguantan el sufrimiento eso dice mucho ante Dios.

[21] De hecho, a eso los llamaron, porque también Cristo sufrió por ustedes, dejándoles un modelo para que sigan sus huellas. [22] *"Él no cometió pecado ni encontraron mentira en sus labios"* (Is 53,9); [23] cuando lo insultaban no devolvía el insulto, mientras padecía no profería amenazas; al contrario, se ponía en manos del que juzga rectamente. [24] *Él*, en su persona, *subió* nuestros pecados a la cruz, para que nosotros muramos a los pecados y vivamos para la honradez: *"sus llagas los curaron"*. [25] *Descarriados como ovejas* (Is 53,4-6), pero ahora han vuelto a su pastor y guardián.

Matrimonios

3 [1] Respecto a las mujeres: estén subordinadas a los propios maridos; de este modo, si hay algunos rebeldes a la palabra, la conducta de sus mujeres podrá ganarlos sin palabras, [2] al ser testigos del escrupuloso recato de su conducta. [3] Lo propio de ustedes no sea el adorno exterior de peinados y aderezos de oro ni la variedad en el vestir, [4] sino la personalidad escondida dentro, con el adorno inalterable de un carácter suave y sereno. Eso sí que vale a los ojos de Dios. [5] Así se adornaban antiguamente aquellas santas mujeres que esperaban en Dios subordinadas a sus maridos. [6] Así respondió Sara a Abrahán llamándolo su señor. Ahora, con hacer el bien y no alarmarse por lo que pueda pasar, se han hecho hijas suyas.

[7] Respecto a los maridos: tengan tacto en la vida común, mostrando consideración con la mujer, por ser de constitución más delicada y también por ser herederas como

ustedes del don de la vida; así podrán orar sin obstáculos.

Comunidad cristiana

⁸ En fin, tengan todos la misma actitud y sean compasivos, con afecto de hermanos, buen corazón y humildad. ⁹ No devuelvan mal por mal ni insulto por insulto; al contrario, respondan con bendiciones, pues a esto los llamaron: a heredar una bendición. ¹⁰ Porque, *"si uno ama la vida y quiere ver días felices, refrene su lengua del mal y sus labios de la falsedad; ¹¹apártese del mal y obre el bien, busque la paz y corra tras ella", ¹² pues "los ojos del Señor se fijan en los justos y sus oídos atienden a sus ruegos; pero el Señor hace frente a los que practican el mal"* (Sal 34,13-17).

La oposición del mundo

¹³ Y además, ¿quién podrá hacerles daño si se dedican con empeño a lo bueno? ¹⁴ Pero aun suponiendo que tuvieran que sufrir por ser honrados, dichosos ustedes. *No les tengan miedo ni se asusten;* ¹⁵ en lugar de eso, en su corazón *reconozcan* al Mesías como a *Señor* (Is 8,12-13 LXX), dispuestos siempre a dar razón de su esperanza a todo el que les pida una explicación, ¹⁶ pero con buenos modos y respeto y teniendo la conciencia limpia. Así, ya que los difaman, los que denigran de la buena conducta cristiana de ustedes quedarán mal. ¹⁷ Más valdría padecer porque uno hace el bien, si tal fuera el designio de Dios, que por hacer el

mal. ¹⁸ Porque también el Mesías sufrió una vez por los pecados, el inocente por los culpables, para llevarnos a Dios; sufrió la muerte en su cuerpo, pero recibió vida en su espíritu. ¹⁹ Fue entonces cuando proclamó la victoria incluso a los espíritus encarcelados ²⁰ que antiguamente fueron rebeldes, cuando en tiempo de Noé la paciencia de Dios esperaba mientras se construía el arca; en ella unos pocos, ocho personas, se salvaron a través del agua, ²¹ a la que corresponde el bautismo que ahora los salva: no el hecho de quitarse una suciedad corporal, sino el compromiso con Dios de una conciencia honrada, fundado en la resurrección de Jesús el Mesías, ²² a quien sometieron ángeles, autoridades y poderes, llegó al cielo y está a la derecha de Dios.

4 ¹ Por tanto, dado que el Mesías sufrió en su carne mortal, ármense también ustedes del mismo principio: que uno que ha sufrido en su carne ha roto con el pecado, ² para vivir el resto de sus días guiado por la voluntad de Dios, no por deseos humanos. ³ Bastante tiempo pasaron ya viviendo de manera pagana, dados como estaban a libertinajes y vicios, borracheras, orgías, festines y nefandas idolatrías. ⁴ Ahora, cuando no acuden con ellos al consabido derroche de inmoralidad, se extrañan y los insultan; ⁵ ya darán cuenta al que está preparado para juzgar a vivos y muertos. ⁶ ¿Para qué, si no, se dio la buena noticia a los que han muerto? Para que después de haber recibido en su carne mortal la

sentencia común a todos los hombres, vivieran por el Espíritu con la vida de Dios.

Conducta cristiana

7 Además, el final de todo está cerca; por tanto, calma y sobriedad para poder orar. 8 Sobre todo, mantengan en tensión el amor mutuo, que el amor sepulta un sinfín de pecados. 9 Practiquen la hospitalidad unos con otros sin refunfuñar. 10 Las dotes que cada uno ha recibido úselas para servir a los demás, como buenos administradores de la múltiple gracia de Dios. 11Quien habla, sea portavoz de Dios; quien se dedica al servicio, hágalo con las fuerzas que Dios le da. De modo que sea en lo que sea, Dios reciba gloria por medio de Jesús Mesías, a quien pertenecen la gloria y el dominio por los siglos de los siglos, amén.

III

AVISOS VARIOS

Alegría en la persecución

12 Amigos míos, no se extrañen del fuego que se ha prendido ahí para ponerlos a prueba, como si les ocurriera algo extraño. 13 Al contrario, estén alegres en proporción a los sufrimientos que comparten con el Mesías; así también cuando se revele su gloria, desbordarán de alegría. 14 Si los insultan por ser cristianos, dichosos ustedes; eso indica que el Espíritu de la gloria, que es el de Dios, reposa sobre ustedes. 15 Que a ninguno de ustedes lo castiguen por ladrón, homicida o malhechor, ni tampoco por meterse en asuntos ajenos. 16 Pero si sufre por ser cristiano, no tiene por qué avergonzarse; que alabe a Dios por el nombre que lleva. 17 Es que ha llegado el momento del juicio y está empezando por el templo de Dios. Si lo nuestro es el principio, ¿cuál será el final con los que se rebelan contra la buena noticia de Dios? 18 *Si el justo a duras penas se salva, ¿qué va a ser del impío y pecador* (Prov 11,31 LXX)? 19 Conclusión: los que padecen según ese designio de Dios, que practiquen el bien, poniéndose así en manos del Creador, que es fiel.

Presbíteros y comunidad

5 1 Me dirijo a los responsables de sus comunidades, yo, responsable como ellos, que fui testigo de la pasión del Mesías y experimenté la gloria que va a revelarse: 2 cuiden del rebaño de Dios que tienen a su cargo, miren por él, no por obligación, sino de buena gana, como Dios quiere; tampoco por sacar dinero, sino con entusiasmo; 3 no tiranizando a los que les han confiado, sino haciéndose modelos del rebaño. 4 Así, cuando aparezca el supremo Pastor, recibirán la corona perenne de la gloria. 5 Respecto a los jóvenes: estén a disposición de las personas de

edad. Y todos, en el trato mutuo, revístanse bien de humildad, porque *"Dios se enfrenta con los arrogantes, pero concede gracia a los humildes"* (Prov 3,34 LXX). ⁶ Por eso háganse humildes, para estar bajo la mano poderosa de Dios, que él a su tiempo los levantará; ⁷ descarguen en Dios todo agobio, que a él le interesa el bien de ustedes.

Alerta en la persecución

⁸ Despéjense, espabílense, que su adversario el diablo, rugiendo como un león, ronda buscando a quien tragarse. ⁹ Háganle frente firmes en la fe, sabiendo que sus hermanos en el mundo entero están pasando por idénticos sufrimientos. ¹⁰ Tras un breve padecer, Dios, que es todo gracia y los llamó por el Mesías a su eterna gloria, él en persona los restablecerá, afianzará, robustecerá y dará estabilidad. ¹¹ Suyo es el dominio por los siglos, amén.

¹² Por mano de Silvano, hermano de toda confianza –que por tal lo tengo–, les he escrito esta breve carta para exhortarlos y confirmarles que ésta es la verdadera gracia de Dios: apóyense en ella.

¹³ Les manda recuerdos la que está en Babilonia, elegida como ustedes, y en particular mi hijo Marcos. ¹⁴ Salúdense unos a otros con el beso fraterno. Paz a todos ustedes los cristianos.

SEGUNDA CARTA DE PEDRO

1 ¹ Simón Pedro, siervo y apóstol de Jesús el Mesías, a los que han obtenido una fe de tanto valor como la nuestra gracias a la equidad de nuestro Dios y salvador, Jesús Mesías: ² crezcan la gracia y la paz de ustedes por el conocimiento de Dios y de Jesús Señor nuestro.

³ Su divino poder, al darnos conocimiento de aquel que nos llamó con su divino esplendor y potencia, nos ha concedido todo lo necesario para la vida y la piedad. ⁴ Con eso nos ha concedido también los inapreciables y extraordinarios bienes prometidos, que les permiten escapar de la corrupción que el egoísmo causa en el mundo y participar de la naturaleza divina. ⁵ Precisamente por eso pongan todo empeño en añadir a su fe la virtud; ⁶ a la virtud, el criterio; al criterio; el dominio propio; al dominio propio; la constancia; a la constancia, la piedad; ⁷ a la piedad, el cariño fraterno; al cariño fraterno, el amor. ⁸ Estas cualidades, si las poseen y van creciendo, no permiten ser remisos e improductivos en la adquisición del conocimiento de nuestro Señor, Jesús Mesías. ⁹ El que no las tiene es un ciego y miope que ha echado en olvido la purificación de sus antiguos pecados. ¹⁰ Por eso hermanos, pongan cada vez más fuerza en ir ratificando su llamamiento y elección. Si lo hacen así, no tropezarán nunca, ¹¹ y les abrirán de par en par las puertas del reino eterno de nuestro Señor y Salvador, Jesús Mesías.

¹² Por eso nunca dejaré de recordarles estas cosas, aunque ya lo saben y siguen firmes en la verdad que llegó hasta ustedes. ¹³ Mientras habito en esta tienda de campaña, creo deber mío refrescarles la memoria, ¹⁴ sabiendo que pronto voy a dejarla como me lo comunicó nuestro Señor, Jesús Mesías. ¹⁵ Pondré empeño en que, incluso después de mi muerte, siempre que haga falta tengan la posibilidad de acordarse de esto.

¹⁶ Porque cuando les hablábamos de la venida de nuestro Señor, Jesús Mesías, en toda su potencia, no plagiábamos fábulas rebuscadas, sino que habíamos sido testigos presenciales de su grandeza. ¹⁷ Él recibió de Dios honra y gloria cuando, desde la sublime gloria, le llegó aquella voz tan singular: "Éste es mi hijo, mi amado, en quien yo he puesto mi favor". ¹⁸ Esta voz llegada del cielo la oímos nosotros estando con él en la montaña sagrada. ¹⁹ Y nos confirma la palabra de los profetas, a la cual hacen muy bien en prestar atención como a lámpara que brilla en la oscuridad hasta que despunte el día y el lucero nazca en sus corazones. ²⁰ Ante todo tengan presente que ninguna predicción de la Escritura está a merced de interpretaciones personales; ²¹ porque ninguna predicción antigua aconteció por designio humano; hombres como eran, hablaron de parte de Dios movidos por el Espíritu Santo.

Invectiva contra los falsos doctores

2 ¹ No faltaron falsos profetas en el pueblo judío; y lo mismo entre ustedes habrá falsos maestros que introducirán bajo cuerda sectas perniciosas; por negar al Señor que los rescató, se acarrean un rápido desastre. ² Muchos los seguirán en su libertinaje y, por ese motivo, el camino verdadero se verá difamado. ³ Llevados de la codicia, los explotarán con discursos artificiosos. Pero hace mucho tiempo que su sentencia está dictada y que el desastre que les espera está pronto a consumarse.

⁴ Dios no perdonó a los ángeles que pecaron; al contrario, los precipitó en las oscuras tinieblas del infierno, guardándolos para el juicio. ⁵ Aunque puso al seguro a ocho personas, contando a Noé, el pregonero de la rectitud, tampoco perdonó a la humanidad antigua: al contrario, mandó el diluvio sobre aquel mundo de impíos. ⁶ A las ciudades de Sodoma y Gomorra las condenó reduciéndolas a ceniza, dejándolas como ejemplo a los impíos del futuro. ⁷ Pero salvó al justo Lot, atormentado por la desenfrenada conducta de aquella gente malvada; ⁸ aquel justo, con lo que veía y oía mientras convivía con ellos, día tras día sentía despedazarse su espíritu recto por sus obras inicuas. ⁹ Sabe el Señor sacar a los piadosos de la prueba; a los culpables, en cambio, sabe ir castigándolos, guardándolos para el día del juicio. ¹⁰ Sobre todo, a los que se van tras los deseos infectos de la carne y menosprecian toda autoridad.

¹¹ Temerarios y suficientes, maldicen sin temblar a seres gloriosos, mientras los ángeles, superiores a ellos en fuerza y poder, no se atreven a echar una maldición formal ante el Señor. ¹² Éstos, al revés, son como animales, por naturaleza nacidos y destinados a que los cacen y los maten, por maldecir lo que no conocen; y como los animales morirán, ¹³ cobrando daño por daño. Su idea del placer es la francachela en pleno día. ¡Qué asco y qué vergüenza cuando banquetean con ustedes, deleitándose en sus placeres! ¹⁴ Se comen con los ojos a las mujerzuelas y no se hartan de pecar; engatusan a la gente insegura, se saben todas las mañas de la codicia y están destinados a la maldición. ¹⁵ Se extraviaron dejando el camino recto y metiéndose por la senda de Balaán de Bosor, que se dejó sobornar por la injusticia. ¹⁶ Pero tuvo quien le echase en cara su delito: una burra muda, hablando con voz humana, detuvo el desatino del profeta.

¹⁷ Son fuentes agotadas, brumas arrastradas por la tormenta; las lóbregas tinieblas los aguardan. ¹⁸ Vocean pomposas vaciedades y, atizando los deseos de la carne y el desenfreno, engatusan a los que apenas empiezan a apartarse de los que viven en el extravío. ¹⁹ Les prometen libertad, ellos, los esclavos de la corrupción: pues cuando uno se deja vencer por algo, queda hecho su esclavo. ²⁰ Si después de haber escapado de los vicios del mundo, gracias al conocimiento de nuestro Señor y Salvador, Jesús Mesías, otra vez se dejan enredar y

vencer por ellas, el final les resulta peor que el principio. ²¹ Más les habría valido no conocer el camino de la rectitud que, después de conocerlo, volverse atrás del mandamiento santo que les transmitieron. ²² Les ha sucedido lo de aquel proverbio tan acertado: *"El perro vuelve a su propio vómito"* (Prov 26,11) y "cerda lavada se revuelca en el fango".

El retraso de la parusía

3 ¹ Ésta es ya, amigos, la segunda carta que les escribo. En las dos les refresco la memoria, ² para que su mente sincera recuerde los dichos de los santos profetas de antaño y el mandamiento del Señor y Salvador comunicado por sus apóstoles. ³ Sobre todo tengan presente que en los últimos días vendrán hombres que se burlarán de todo y procederán como les dicten sus deseos. ⁴ Ésos preguntarán: "¿En qué ha quedado la promesa de su venida? Nuestros padres murieron y desde entonces todo sigue como desde que empezó el mundo". ⁵ Éstos pretenden ignorar que originariamente existieron cielo y tierra; con su palabra, Dios los sacó del agua y los estableció entre las aguas; ⁶ por eso el mundo de entonces pereció inundado por el agua. ⁷ Y por esa misma palabra, el cielo y la tierra de ahora están reservados para el fuego, guardados para el día del juicio y de la ruina de los impíos.

⁸ Pero no olviden una cosa, amigos, que para el Señor un día es como mil años y mil años como un día. ⁹ No retrasa el Señor lo que prometió, aunque algunos lo estimen retraso; es que tiene paciencia con ustedes, porque no quiere que nadie perezca, quiere que todos tengan tiempo para enmendarse. ¹⁰ El día del Señor llegará como un ladrón, y entonces los cielos acabarán con un estampido, los elementos se desintegrarán abrasados y la tierra y lo que se hace en ella desaparecerán.

¹¹ En vista de esa desintegración universal, ¿qué clase de personas deben ser en la conducta santa y en las prácticas de piedad, ¹² mientras aguardan y apresuran la llegada del día de Dios? Ese día incendiará los cielos hasta desintegrarlos, abrasará los elementos hasta fundirlos. ¹³ Ateniéndonos a su promesa, aguardamos *un cielo nuevo y una tierra nueva* en los que habite la justicia (Is 65,17; 66,22).

¹⁴ Por eso, amigos, mientras aguardan esto, pongan empeño en estar en paz con él, libres de mancha y defecto. ¹⁵ Consideren que la paciencia de Dios es nuestra salvación, como les escribió nuestro querido hermano Pablo con el saber que Dios le dio. ¹⁶ En todas sus cartas habla de esto; es verdad que hay en ellas pasajes difíciles que esos ignorantes e inestables tergiversan, como hacen con las demás Escrituras, para su propia ruina.

¹⁷ Así pues, amigos, ustedes están prevenidos; estén en guardia para que no los arrastre el error de esos hombres sin principios y pierdan pie. ¹⁸ Crezcan en el favor y el conocimiento de nuestro Señor Jesús el Mesías, a quien sea la gloria ahora y hasta el día eterno, amén.

PRIMERA CARTA DE JUAN

PRÓLOGO

1 ¹ Lo que existía desde el principio,

lo que hemos oído,

lo que han visto nuestros ojos,

lo que contemplamos y palparon nuestras manos

acerca de la Palabra, que es la vida,

² –porque la vida se ha manifestado,

la hemos visto, damos testimonio y les anunciamos la vida definitiva,

la que se dirigía al Padre

y se ha manifestado a nosotros–

³ eso que hemos visto y oído

se lo anunciamos también a ustedes

para que lo compartan con nosotros;

y nuestro compartir lo es con el Padre y con su Hijo, Jesús Mesías.

⁴ Les escribimos esto

para que nuestra alegría llegue al máximo.

I

DIOS ES LUZ.
VIVE EN LA LUZ QUIEN AMA AL PRÓJIMO

⁵ El anuncio que le hemos oído y que les manifestamos es éste: que Dios es luz y en él no hay tiniebla alguna.

⁶ Si afirmamos estar unidos a él mientras nos movemos en las tinieblas, mentimos, y nuestra conducta no es auténtica. ⁷ En cambio, si nos movemos en la luz, como él está en la luz, estamos unidos unos con otros, y la sangre de Jesús su Hijo nos va limpiando de todo pecado.

⁸ Si afirmamos no tener pecado, nosotros mismos nos engañamos y no llevamos dentro la verdad. ⁹ Si reconocemos nuestros pecados, Dios, que es fiel y justo, cancela nuestros pecados y nos limpia de toda injusticia.

¹⁰ Si afirmamos no haber pecado nunca, lo hacemos mentiroso y no llevamos dentro su mensaje.

2 ¹ Hijos, les escribo esto para que no pequen; pero, en caso de que uno peque, tenemos un defensor ante el Padre, Jesús, Mesías justo, ² que ha expiado nuestros pecados, y no sólo los nuestros, sino también los del mundo entero. ³ Ésta es la señal de que conocemos a Dios, que cumplimos sus mandamientos. ⁴ Quien dice «yo lo conozco», pero no cumple sus mandamientos, es un mentiroso y no lleva dentro la verdad. ⁵ En cambio, en uno que cumple su mensaje, el amor de Dios queda realizado

2,1 "les digo", lit. "les escribo".

413

de verdad: ésa es la señal de que estamos unidos a él; [6] quien habla de habitar en él tiene que proceder como procedió Jesús.

[7] Amigos míos, no les comunico un mandamiento nuevo, sino un mandamiento antiguo, el que han tenido desde el principio; ese antiguo mandamiento es el mensaje que escucharon. [8] Por otra parte, el mandamiento que les comunico es nuevo, cosa que es verdad de él y de nosotros; la prueba es que se van disipando las tinieblas y la luz verdadera va brillando.

[9] Quien dice estar en la luz mientras odia a su hermano, no ha salido de las tinieblas. [10] Quien ama a su hermano habita en la luz, y en la luz no se tropieza. [11] En cambio, quien odia a su hermano está en las tinieblas y camina en las tinieblas sin saber adónde va, porque las tinieblas le han cegado los ojos.

II
IDENTIDAD CRISTIANA Y SUS ENEMIGOS

Características de la comunidad cristiana

[12] Les digo, hijos, que sus pecados están cancelados por obra suya.

[13] Les digo, padres, que ya conocen al que existía desde el principio.

Les digo, jóvenes, que ya han vencido al Malo.

[14] Les repito, hijos, que ya conocen al Padre.

Les repito, padres, que ya conocen al que existía desde el principio.

Les repito, jóvenes, que son fuertes, que el mensaje de Dios está en ustedes y que ya han vencido al Malo.

El mundo

[15] No amen al mundo ni lo que hay en el mundo.

Quien ama al mundo no lleva dentro el amor del Padre, [16] porque de todo lo que hay en el mundo –los bajos apetitos, los ojos insaciables, la arrogancia del dinero– nada procede del Padre, procede del mundo, y el mundo pasa y su codicia también. [17] En cambio, quien realiza el plan de Dios permanece para siempre.

Los anticristos

[18] Hijos, es un momento decisivo. ¿No oyeron que iba a venir un anticristo? Pues vean cuántos anticristos se han presentado: de ahí deducimos que es un momento decisivo.

[19] Aunque han salido de nuestro grupo, no eran de los nuestros; si hubieran sido de los nuestros se habrían quedado con nosotros, pero así demuestran que ninguno de ellos era de los nuestros.

[20] A ustedes, además, el Consagrado les confirió una unción, y todos tienen conocimiento. [21] Si les

---

2,14 "os repito", lit. "os escribí", refiriéndose a las frases anteriores.

escribo no es porque no conozcan la verdad, sino porque la conocen y saben que de la verdad no sale mentira alguna.

²² ¿Quién es el embustero? ¿Quién sino el que niega que Jesús es el Mesías? Ése es un anticristo, el que niega que son Padre e Hijo. ²³ Todo el que niega al Hijo se queda también sin el Padre; quien reconoce al Hijo tiene también al Padre.

²⁴ Por su parte, permanezca en ustedes lo que aprendieron desde el principio; si eso que aprendieron desde el principio permanece en ustedes, también ustedes permanecerán con el Hijo y con el Padre; ²⁵ y ésa es la vida definitiva, la promesa que él nos hizo.

²⁶ Sobre los que intentan extraviarlos, basta con lo escrito. ²⁷ Además, la unción con que él los ungió sigue con ustedes y no necesitan otros maestros. No, como esa unción suya, que es realidad, no ilusión, les va enseñando en cada circunstancia conforme a lo que él les enseñó, permanezcan con él.

²⁸ Pues ahora, hijos, sigan con él, para que, si se manifiesta, nos sintamos seguros y no tengamos que alejarnos de él, avergonzados, el día de su visita.

III

DIOS ES PADRE.
ES HIJO DE DIOS QUIEN AMA AL PRÓJIMO

²⁹ Si saben que él es justo, deduzcan que todo el que practica la justicia ha nacido de él.

3 ¹ Miren qué prueba de amor nos ha dado el Padre, que nos llamemos hijos de Dios; y de hecho lo somos. La razón de que el mundo no nos reconozca es que nunca ha conocido a Dios.

² Amigos míos, ya somos hijos de Dios, aunque todavía no se ha manifestado lo que vamos a ser; pero sabemos que cuando eso se manifieste seremos semejantes a él, puesto que lo veremos como es. ³ Todo el que tiene puesta en él esta esperanza se purifica, para ser puro como él lo es.

Las dos opciones

⁴ Todo el que comete pecado comete también rebeldía, porque el pecado equivale a la rebeldía. ⁵ Como saben, él se manifestó para quitar los pecados, y en él no hay pecado. ⁶ Ninguno que permanece con él se da al pecado; nadie que se da al pecado lo ha visto ni lo ha conocido.

⁷ Hijos, que nadie los extravíe: quien practica la justicia es justo, como justo es él; ⁸ quien comete el pecado es del Enemigo, que ha sido pecador desde el principio. Precisamente para esto se manifestó el Hijo de Dios, para deshacer las obras del Enemigo.

2,22 "que son Padre e Hijo", lit. "al Padre y al Hijo", refiriéndose a la relación entre los dos.

⁹ Quien vive como nacido de Dios no comete pecado, porque lleva dentro la semilla de Dios; es más, porque vive como nacido de Dios, le resulta imposible pecar.

¹⁰ Con esto queda patente quiénes son los hijos de Dios y quiénes los hijos del Enemigo. Quien no practica la justicia, o sea, quien no ama a su hermano, no es de Dios; ¹¹ porque el mensaje que oyeron desde el principio fue éste: que nos amemos unos a otros; ¹² no como Caín, que estaba de parte del Malo y asesinó a su hermano. Y ¿por qué lo asesinó? Porque sus propias acciones eran malas y las de su hermano justas.

¹³ No se extrañen, hermanos, si el mundo los odia.

¹⁴ Nosotros sabemos que hemos pasado de la muerte a la vida porque amamos a los hermanos. No amar es quedarse en la muerte, ¹⁵ odiar al propio hermano es ser un asesino, y saben que ningún asesino lleva dentro la vida definitiva.

¹⁶ Hemos comprendido lo que es el amor porque aquél entregó su vida por nosotros; ahora también nosotros debemos entregar la vida por nuestros hermanos. ¹⁷ Si uno posee bienes de este mundo y, viendo que su hermano pasa necesidad, le cierra sus entrañas, ¿cómo va a estar en él el amor de Dios? ¹⁸ Hijos, no amemos con palabras y de boca, sino con obras y de verdad.

El amor/Espíritu elimina la inseguridad

¹⁹ De este modo sabremos que estamos de parte de la verdad y podremos apaciguar ante Dios nuestra conciencia; ²⁰ y eso aunque nuestra conciencia nos condene, pues por encima de nuestra conciencia está Dios, que lo sabe todo.

²¹ Amigos míos, cuando la conciencia no nos condena, sentimos confianza para dirigirnos a Dios ²² y obtenemos cualquier cosa que le pidamos, porque cumplimos sus mandamientos y hacemos lo que le agrada. ²³ Y éste es su mandamiento: que creamos en lo que es su Hijo, Jesús Mesías, y nos amemos unos a otros como él nos dejó mandado. ²⁴ Quien cumple sus mandamientos habita en Dios y Dios en él; y ésta es la señal de que habita en nosotros, el Espíritu que nos ha dado.

IV

VERDADERA Y FALSA INSPIRACIÓN

4 ¹ Amigos míos, no den fe a cualquier inspiración; sométanlas a prueba para ver si vienen de Dios, pues ya han salido en el mundo muchos falsos profetas. ² Ésta es la señal de la inspiración de Dios: toda inspiración que confiesa que Jesús es el Mesías venido ya en carne mortal, procede de Dios; ³ y toda inspiración que no confiesa a ese Jesús no procede de Dios; eso es lo propio del anticristo. Oyeron que iba a venir, y ahora ya está en el mundo.

⁴ Hijos, ustedes son de Dios y ya los han vencido, porque el que está entre ustedes es más fuerte que el que está en el mundo. ⁵ Ellos pertenecen al mundo, por eso hablan el lenguaje del mundo y el mundo los escucha. ⁶ Nosotros, en cambio, somos de Dios; quien conoce a Dios nos escucha a nosotros; quien no es de Dios no nos escucha.

Con esto podemos distinguir el espíritu de la verdad del espíritu del engaño.

V

DIOS ES AMOR.
SÓLO QUIEN AMA CONOCE A DIOS

⁷ Amigos míos, amémonos unos a otros, porque el amor viene de Dios y todo el que ama ha nacido de Dios y conoce a Dios. ⁸ El que no ama no tiene idea de Dios, porque Dios es amor.

⁹ De este modo se manifestó entre nosotros el amor de Dios: enviando al mundo a su Hijo único para que tuviésemos vida por su medio.

¹⁰ Esto define a ese amor: no el haber nosotros amado antes a Dios, sino el habernos él demostrado su amor enviando a su Hijo para que expiase nuestros pecados. ¹¹ Amigos míos, si Dios nos ha amado así, es deber nuestro amarnos unos a otros. ¹² A la divinidad nadie la ha visto nunca; si nos amamos mutuamente, Dios habita en nosotros y su amor queda realizado en nosotros. ¹³ Ésta es la señal de que habitamos en él y él en nosotros, que nos ha hecho participar de su Espíritu.

¹⁴ Nosotros lo hemos contemplado y atestiguamos que el Padre envió a su Hijo al mundo para salvar al mundo. ¹⁵ Si uno reconoce que Jesús es el Hijo de Dios, Dios habita en él y él en Dios. ¹⁶ Por nuestra parte, le hemos dado fe y conocemos el amor que Dios mantiene en nosotros. Dios es amor: quien permanece en el amor permanece en Dios y Dios en él.

¹⁷ Entonces queda realizado el amor en nosotros, cuando nos sentimos seguros en el momento de ser juzgados, porque lo que es él, también lo somos nosotros en este mundo. ¹⁸ En el amor no existe temor; al contrario, el amor pleno echa fuera el temor, porque el temor anticipa el castigo; quien siente temor aún no está realizado en el amor.

¹⁹ Podemos amar nosotros porque él nos amó primero. ²⁰ El que diga «yo amo a Dios» mientras odia a su hermano, es un mentiroso, porque quien no ama a su hermano a quien está viendo no puede amar a Dios, a quien no ve. ²¹ Y éste es el mandamiento que recibimos de él, que quien ama a Dios ame también a su hermano.

VI
VICTORIA SOBRE EL MUNDO. LA VIDA

5 ¹ Quien cree que Jesús es el Mesías ha nacido de Dios, y quien ama al que da el ser ama también a todo el que ha nacido de él.

² Ésta es la señal de que amamos a los hijos de Dios, que amamos a Dios cumpliendo sus mandamientos, ³ porque amar a Dios significa cumplir sus mandamientos.

Sus mandamientos no son una carga, ⁴ porque todo el que ha nacido de Dios vence al mundo; y ésta es la victoria que ha vencido al mundo, nuestra fe. ⁵ Pues, ¿quién puede vencer al mundo sino el que cree que Jesús es el Hijo de Dios?

Testimonio en favor del Hijo

⁶ Éste es el que pasó a través de agua y sangre, Jesús Mesías. No se sumergió en el agua solamente, sino en el agua y en la sangre, y es el Espíritu quien está dando testimonio, porque el Espíritu es la verdad. ⁷ Son tres los que dan testimonio: ⁸ el Espíritu, el agua y la sangre, y los tres coinciden.

⁹ Si aceptamos el testimonio humano, el testimonio de Dios tiene más fuerza; porque ése es el testimonio de Dios, que ha dejado su testimonio acerca de su Hijo.

¹⁰ Quien mantiene su adhesión al Hijo de Dios tiene el testimonio en sí mismo; quien no da fe a Dios lo hace mentiroso, por negarse a dar su adhesión al testimonio que ha dejado Dios acerca de su Hijo. ¹¹ Y éste es el contenido del testimonio: que Dios nos ha dado vida definitiva y esta vida está en su Hijo: ¹² quien tiene al Hijo tiene la vida; quien no tiene al Hijo de Dios no tiene la vida.

EPÍLOGO

¹³ Me he propuesto con esta carta que ustedes, los que se han adherido a la persona del Hijo de Dios, estén seguros de que tienen vida definitiva.

¹⁴ Ésta es la seguridad que tenemos al dirigirnos a él, que si pedimos algo conforme a su designio, nos escucha; ¹⁵ y al estar ciertos de que él escucha cualquier cosa que le pidamos, estamos ciertos de que obtendremos lo que le hemos pedido.

¹⁶ Si uno se da cuenta de que su hermano peca en algo que no acarrea la muerte, pida por él y le dará vida. Digo los que cometen pecados que no acarrean la muerte.

5,7 La Vulgata clementina añade los tres testigos celestes, el Padre, la Palabra y el Espíritu Santo. Esta adición no se encuentra en los códices griegos; entre los latinos se lee sólo en algunos españoles.

Hay un pecado que acarrea la muerte; no me refiero a ése cuando digo que rece. ¹⁷ Toda injusticia es pecado, pero hay pecados que no acarrean la muerte.

¹⁸ Sabemos que todo el que vive como nacido de Dios no peca; no, lo preserva el que nació de Dios, y el Malo no puede atraparlo.

¹⁹ Sabemos que somos de Dios, mientras el mundo entero está en poder del Malo.

²⁰ Sabemos que ha venido el Hijo de Dios y nos ha dado entendimiento para conocer al Verdadero, y estaremos con el Verdadero, estando con su Hijo, Jesús Mesías. Ése es el verdadero Dios y vida definitiva.

²¹ Hijos, cuídense de los ídolos.

SEGUNDA CARTA DE JUAN

¹ EL anciano, a la señora elegida y a sus hijos, a los que yo amo de verdad; y no sólo yo, sino también todos los que tienen conocimiento de la verdad, ² gracias a la verdad que está en nosotros y que nos acompañará para siempre. ³ Nos acompañará el favor, misericordia y paz de Dios Padre y de Jesús el Mesías, el Hijo del Padre, con la verdad y el amor.

⁴ Me alegré mucho al enterarme de que tienes hijos que proceden con sinceridad, conforme al mandamiento que el Padre nos dio. ⁵ Pues ahora te ruego, señora –y no es que vaya a hablarte de un mandamiento nuevo, sino del que tenemos desde el principio–, que nos amemos unos a otros. ⁶ Y amar consiste en esto: en proceder conforme a sus mandamientos. Como lo oyeron desde el principio, éste es el mandamiento que debe regir nuestra conducta.

⁷ Es que han salido en el mundo muchos impostores, los que no confiesan que Jesús es el Mesías venido en carne mortal, ¡ése es el impostor y el anticristo! ⁸ Atención ustedes, no echen a perder lo trabajado, si quieren recibir una recompensa plena.

⁹ Quien va demasiado lejos y no se mantiene en la enseñanza del Mesías, no tiene a Dios; quien permanece en esa enseñanza, ése sí tiene al Padre y al Hijo. ¹⁰ Si los visita alguno que no trae esa enseñanza, no lo reciban en casa ni le den la bienvenida; ¹¹ quien le da la bienvenida se hace cómplice de sus malas acciones.

¹² Aunque tengo mucho más que decirles, no quiero confiarlo al papel y la tinta; espero ir a visitarlos y hablarles cara a cara, para que nuestra alegría llegue a su plenitud.

¹³ Un saludo para ti de los hijos de tu hermana elegida.

TERCERA CARTA DE JUAN

[1] El anciano, a su amigo Gayo, a quien quiere de verdad.

[2] Querido amigo, te deseo que la prosperidad personal de que ya gozas se extienda a todos tus asuntos, y buena salud.

[3] ¡Qué alegría he tenido cuando han llegado hermanos y nos han hablado de tu sinceridad, de lo sinceramente que tú procedes! [4] No puedo tener mayor alegría que enterarme de que mis hijos proceden con sinceridad.

[5] Querido amigo, qué bien te portas en todo lo que haces por los hermanos, y eso que para ti son extraños; [6] ellos han hablado de tu caridad delante de la comunidad de aquí. Por favor, dáles para el viaje, como Dios se merece, [7] pues emprendieron el viaje por Cristo sin aceptar nada de los paganos; [8] es deber nuestro hacernos cooperadores de la verdad ayudando a hombres como éstos.

[9] Escribí unas letras a la comunidad, pero Diotrefes, con su afán de dominar, no nos acepta. [10] En vista de eso, cuando vaya por ahí sacaré a relucir lo que está haciendo con esas puyas malignas que nos echa. Y no contento con eso, él, por sí y ante sí, tampoco acepta a los hermanos, y a los que quieren aceptarlos se lo impide y los expulsa de la comunidad.

[11] Querido amigo, no imites lo malo, sino lo bueno; quien hace el bien es de Dios, quien hace el mal no ha visto a Dios.

[12] Todos recomiendan a Demetrio, y esto responde a la verdad; también nosotros lo recomendamos y sabes que nuestro testimonio es verdadero.

[13] Tendría mucho que decirte, pero no quiero hacerlo con tinta y pluma. [14] Espero verte pronto y hablarte cara a cara.

[15] La paz esté contigo. Un saludo para ti de los amigos. Salúdame a los amigos uno por uno.

CARTA DE JUDAS

[1] Judas, siervo de Jesús Mesías y hermano de Santiago, a los llamados que ama Dios Padre y custodia Jesús Mesías. [2] Les deseo misericordia, paz y amor crecientes.

[3] Amigos, mientras les estaba escribiendo con todo empeño acerca de nuestra común salvación, me vi forzado a mandarles esta carta para exhortarlos a combatir por esa fe que se transmitió a los consagrados de una vez para siempre. [4] La razón es que se han infiltrado ciertos individuos, marcados desde antiguo por la Escritura para esta condena, impíos que convierten en libertinaje la gracia de nuestro Dios y reniegan de nuestro único Soberano y Señor, Jesús Mesías.

[5] Aunque lo saben de sobra, quiero, sin embargo, traerles a la memoria que el Señor, después de haber sacado al pueblo de Egipto, más tarde exterminó a los que no creyeron; [6] y que los ángeles que no se mantuvieron en su rango y abandonaron su propia morada los tiene guardados para el juicio del gran día, atados en las tinieblas con cadenas perpetuas. [7] También Sodoma y Gomorra, con las ciudades circunvecinas, que, de modo parecido, se entregaron a la inmoralidad siguiendo deseos contra la naturaleza, quedan ahí como ejemplo, incendiadas en castigo perpetuo.

[8] Lo mismo pasa con éstos: desvariando, contaminan la carne, desprecian todo señorío, insultan a seres gloriosos.

[9] El arcángel Miguel, cuando altercaba con el diablo disputándole el cuerpo de Moisés, no se atrevió a condenarlo con palabras insultantes, dijo solamente: "Que el Señor te reprima". [10] Éstos, en cambio, insultan lo que no conocen, y lo que saben por instinto irracional como los animales, los corrompe. [11] ¡Ay de ellos! Se han metido por la senda de Caín, por dinero han caído en la aberración de Balaán y han perecido en el motín de Coré. [12] Son éstos la vergüenza de sus comidas fraternas, banqueteando sin recato, guiándose a sí mismos. Nubes sin lluvia que se llevan los vientos, árboles que en otoño no dan fruto y que, arrancados de cuajo, mueren por segunda vez; [13] olas salvajes del mar, coronadas por la espuma de sus propias desvergüenzas; estrellas fugaces a quienes está reservada la oscuridad de las eternas tinieblas.

[14] A éstos se refería aquella profecía de Henoc, el séptimo después de Adán: "Miren, llega el Señor con sus millares de ángeles, [15] para someter a todos a juicio y dejar convictos a todos los impíos de todas las impías obras que impíamente cometieron, y de todas las insolencias que pronunciaron

---

9 Texto inspirado en el libro apócrifo *Ascensión de Moisés*.
14 El autor cita el *Apocalipsis de Henoc*, 1,9.

contra él como impíos pecadores". [16] Son una partida de perezosos que reniegan de su suerte y proceden como les dictan sus deseos; su boca es exagerada, mostrando parcialidad por las personas para sacar provecho.

[17] Ustedes, queridos hermanos, acuérdense de lo que predijeron los apóstoles de nuestro Señor, Jesús Mesías. [18] Ellos les decían que en el tiempo final habrá quienes se burlen de todo y procedan como les dictan sus deseos impíos. [19] Son éstos los que crean división, siendo hombres de tejas abajo y sin espíritu. [20] Ustedes, en cambio, queridos hermanos, permaneciendo sobre el cimiento de su santa fe y orando movidos por el Espíritu Santo, [21] manténganse en el amor de Dios, aguardando la misericordia de nuestro Señor, Jesús Mesías, que dará vida definitiva.

[22] De los que titubean, tengan compasión; [23] a otros, sálvenlos arrancándolos del fuego; a otros, muéstrenles compasión, pero con cautela, aborreciendo hasta el vestido que esté manchado por los bajos instintos.

[24] Al que puede preservarlos de tropiezos y presentarlos ante su gloria exultantes y sin mancha, [25] al único Dios, nuestro Salvador, gloria y majestad, dominio y autoridad por medio de Jesús Mesías, Señor nuestro, desde siempre y ahora y por todos los siglos, amén.

APOCALIPSIS
O
VISIÓN DE JUAN

APOCALIPSIS

PRÓLOGO

1 ¹ Revelación de Jesús Mesías. Lo que Dios le encargó mostrar a sus siervos sobre lo que tiene que suceder en breve, y él comunicó enviando su ángel a su siervo Juan. ² Diciendo todo lo que ha visto, éste se hace testigo de la palabra de Dios y del testimonio de Jesús Mesías.

³ Dichoso el que lee y los que escuchan esta profecía y hacen caso de lo que está escrito en ella, porque el momento está cerca.

Dirección y saludo

⁴ Juan, a las siete Iglesias de la provincia de Asia.

Gracia y paz a ustedes de parte del que es y que era y que viene, de parte de los siete espíritus que es-tán ante su trono ⁵ y de parte de Jesús Mesías, el testigo fidedigno, el primero en nacer de la muerte y el soberano de los reyes de la tierra.

Al que nos ama y con su sangre nos rescató de nuestros pecados, ⁶ al que hizo de nosotros linaje real y sacerdotes para su Dios y Padre, a él la gloria y el poder por los siglos de los siglos, amén.

⁷ *Miren, viene entre las nubes:* todos lo verán con sus ojos, también aquellos que lo *traspasaron, y se lamentarán por él todas las razas de la tierra.* Así es. Amén (Dn 7,13; Zac 12, 10-14).

⁸ Yo soy el Alfa y la Omega, dice el Señor Dios, el que es y que era y que viene, el soberano de todo.

I

LO QUE ESTÁ SUCEDIENDO

Visión inaugural

⁹ Juan, su hermano, que comparto con ustedes la lucha, el linaje real y la constancia cristiana, me encontraba en la isla de Patmos por proclamar el mensaje de Dios y dar testimonio de Jesús. ¹⁰ Un domingo me arrebató el Espíritu y oía a mis espaldas una voz vibrante como una trompeta, que decía: ¹¹ «Lo que vas a ver, escríbelo en un libro y mándalo a estas siete Iglesias: Éfeso, Esmirna, Pérgamo, Tiatira, Sardis, Filadelfia y Laodicea».

¹² Me volví para ver de quién era la voz que me hablaba; al volverme vi siete candelabros de oro ¹³ y en medio de los candelabros *una figura humana vestida de túnica talar* con una faja *dorada* a la altura del pecho. ¹⁴ *El pelo de su cabeza era blanco como lana, como nieve; sus ojos llameaban,* ¹⁵ *sus pies parecían bronce incandescente*

1,13 "una figura humana", lit. "como un hijo de hombre" (Dn 7,13), cf Mt 8,20.

(Dn 10,5-6) en la fragua y *era su voz como el estruendo del océano*. ¹⁶ Con la mano derecha sostenía siete estrellas, de su boca salía una espada aguda de dos filos y su semblante resplandecía como el sol en plena fuerza.

¹⁷ Al verlo caí a sus pies como muerto. Él puso su diestra sobre mí, diciéndome: «No temas, yo soy el primero y el último, ¹⁸ el que vive. Estuve muerto, pero como ves estoy vivo por los siglos de los siglos y tengo las llaves de la muerte y del abismo. ¹⁹ Escribe esto que has visto: lo que está sucediendo y lo que va a suceder después. ²⁰ Éste es el simbolismo de las siete estrellas que viste en mi diestra y de los siete candelabros de oro: las siete estrellas significan los ángeles de las siete Iglesias; los siete candelabros, las siete Iglesias».

Las siete cartas

2 ¹ Al ángel de la Iglesia de *Éfeso* escribe así:

Esto dice el que tiene las siete estrellas en su diestra y anda entre los siete candelabros de oro:

² Conozco tus obras, tu esfuerzo y tu entereza; sé que no puedes sufrir a los malvados, que pusiste a prueba a esos que se llaman apóstoles sin serlo y hallaste que son unos embusteros. ³ Tienes aguante, has sufrido por causa mía y no te has rendido a la fatiga, ⁴ pero tengo en contra tuya que has dejado el amor primero.

⁵ Recuerda de dónde has caído, enmiéndate y vuelve a proceder como al principio; si no, como no te enmiendes, vendré a quitar tu candelabro de su sitio. ⁶ Es verdad que tienes una cosa a tu favor: aborreces las prácticas de los nicolaítas, que yo también aborrezco.

⁷ Quien tenga oídos, oiga lo que dice el Espíritu a las Iglesias.

Al que salga vencedor le daré a comer del árbol de la vida, que está en el jardín de Dios.

⁸ Al ángel de la Iglesia de *Esmirna* escribe así:

Esto dice el que es primero y último, el que estuvo muerto y volvió a la vida: ⁹ Conozco tu apuro y tu pobreza, y, sin embargo, eres rico; sé también cómo te calumnian esos que se llaman judíos y no son más que sinagoga de Satanás. ¹⁰ No temas nada de lo que vas a sufrir; el diablo va a meter a algunos de ustedes en la cárcel para ponerlos a prueba, pero su apuro durará diez días. Sé fiel hasta la muerte y te daré la corona de la vida.

¹¹ Quien tenga oídos oiga lo que dice el Espíritu a las Iglesias.

El que salga vencedor no será víctima de la muerte segunda.

¹² Al ángel de la Iglesia de *Pérgamo* escribe así:

Esto dice el que tiene la espada aguda de dos filos: ¹³ sé dónde habitas, donde Satanás tiene su trono. A pesar de eso, te mantienes conmigo, y no renegaste de mi fe ni siquiera cuando a Antipas, mi testigo, mi fiel, lo mataron en la ciudad de ustedes, morada de Satanás. ¹⁴ Tengo, sin embargo, algo en contra tuya: tienes ahí algunos que profesan la doctrina de Balaán, el que enseñó a Balac a tentar a los israelitas incitándolos a participar en banquetes idolátricos y a fornicar. ¹⁵ Además otra cosa: también tú tienes algunos que profesan la doctrina de los nicolaítas.

¹⁶ A ver si te enmiendas, que si no iré enseguida y los combatiré con la espada de mi boca.

¹⁷ Quien tenga oídos oiga lo que dice el Espíritu a las Iglesias.

Al que salga vencedor le daré maná escondido y le daré también un guijarro blanco; el guijarro lleva escrito un nombre nuevo que sólo sabe el que lo recibe.

¹⁸ Al ángel de la Iglesia de *Tiatira* escribe así:

Esto dice el Hijo de Dios, el de ojos llameantes y pies como bronce. ¹⁹ Conozco tus obras, tu amor fraterno, fe, dedicación y aguante, y últimamente tu actividad es mayor que al principio; ²⁰ pero tengo en contra tuya que toleras a esa Jezabel, la mujer que dice poseer el don de profecía, que extravía a mis servidores con su enseñanza, incitándolos a la fornicación y a participar en banquetes idolátricos. ²¹ Le di tiempo para enmendarse, pero no quiere enmendarse de su fornicación. ²² Mira, la voy a postrar en cama y a sus amantes los voy a poner en grave aprieto, si no se enmiendan de lo que hacían con ella. ²³ A los hijos que tuvo les daré muerte; así sabrán todas las Iglesias que yo soy el que escruta corazones y mentes y les voy a pagar a cada uno conforme a sus obras.

²⁴ Ahora me dirijo a ustedes, los demás de Tiatira que no profesan esa doctrina ni han experimentado lo que ellos llaman las profundidades de Satanás. No les impongo ninguna otra carga, ²⁵ basta que mantengan lo que tienen hasta que yo llegue.

²⁶ Al que salga vencedor cumpliendo hasta el final mis tareas, *le daré* autoridad *sobre las naciones*, la misma que yo tengo de mi Padre, ²⁷ *las regirá con cetro de hierro y las hará pedazos como a jarros de loza* (Sal 2,8-9). ²⁸ Le daré también el lucero de la mañana.

²⁹ Quien tenga oídos oiga lo que dice el Espíritu a las Iglesias.

3 ¹ Al ángel de la Iglesia de *Sardis* escribe así:

Esto dice el que tiene los siete espíritus de Dios y las siete estrellas: conozco tus obras; nominalmente vives, pero estás muerto. ² Anda vigilante y consolida los restos que iban a morir, pues no he encontrado obras tuyas acabadas a los ojos de mi Dios. ³ Recuerda, por tanto, lo que oíste y aún mantienes, haz caso y enmiéndate, que, si no estás en vela, llegaré como un ladrón sin que se dé cuenta de la hora de mi llegada. ⁴ A pesar de todo, tienes ahí en Sardis unos cuantos que no han manchado su ropa; ésos caminarán conmigo vestidos de blanco, pues se lo merecen.

⁵ El que salga vencedor se vestirá de blanco y no borraré su nombre del registro de los vivos, pues ante mi Padre y sus ángeles reconoceré su nombre.

⁶ Quien tenga oídos oiga lo que

3,5 "registro de los vivos", lit. "libro de la vida".

dice el Espíritu a las Iglesias.

⁷ Al ángel de la Iglesia de *Filadelfia* escribe así:

Esto dice el santo, el veraz, el que tiene la *llave de David, el que abre y nadie cierra, cierra y nadie abre* (Is 22,22). ⁸ Conozco tus obras; mira, ante ti dejo abierta una puerta que nadie puede cerrar, pues aunque tu fuerza es pequeña, has hecho caso de mis palabras y no has renegado de mí. ⁹ Haré que algunos de la sinagoga de Satanás, de esos que dicen ser judíos (pero es mentira, no lo son), vayan a postrarse ante ti y se den cuenta de que te quiero. ¹⁰ Por haber seguido el ejemplo de mi constancia yo te preservaré en la hora de prueba que va a llegar para el mundo entero, y que pondrá a prueba a los habitantes de la tierra. ¹¹ Llego enseguida, mantén lo que tienes, para que nadie te quite tu corona.

¹² Al que salga vencedor lo haré columna del santuario de mi Dios y ya no saldrá nunca de él; grabaré en él el nombre de mi Dios, el nombre de la ciudad de mi Dios, la nueva Jerusalén que baja del cielo de junto a mi Dios, y mi nombre nuevo.

¹³ Quien tenga oídos oiga lo que dice el Espíritu a las Iglesias.

¹⁴ Al ángel de la Iglesia de *Laodicea* escribe así:

Esto dice el amén, el testigo fiel y veraz, el principio de la creación de Dios: ¹⁵ conozco tus obras, y no eres ni frío ni caliente. Ojalá fueras frío o caliente, ¹⁶ pero como estás tibio y no eres ni frío ni caliente, voy a escupirte de mi boca. ¹⁷ Tú dices: «Soy rico, tengo reservas y nada me falta». Aunque no lo sepas, eres desventurado y miserable, pobre, ciego y desnudo. ¹⁸ Te aconsejo que me compres oro purificado a fuego, así serás rico; y un vestido blanco, para ponértelo y que no se vea tu vergonzosa desnudez, y colirio para untártelo en los ojos y ver. ¹⁹ A los que yo amo los reprendo y los corrijo; sé ferviente y enmiéndate. ²⁰ Mira que estoy a la puerta llamando: si uno me oye y me abre, entraré en su casa y cenaremos juntos.

²¹ Al que salga vencedor lo sentaré conmigo en mi trono, lo mismo que yo, cuando vencí, me senté con mi Padre en su trono.

²² Quien tenga oídos oiga lo que dice el Espíritu a las Iglesias.

II

LO QUE VA A SUCEDER DESPUÉS

PRIMERA SECCIÓN: VISIÓN INAUGURAL

4 ¹ En la visión apareció después una puerta abierta en el cielo; la voz con timbre de trompeta que me habló al principio decía: «Sube aquí y te mostraré lo que va a suceder después». ² Al momento me arrebató el Espíritu.

Había un trono en el cielo y alguien sentado en el trono. ³ El que estaba sentado en el trono parecía de jaspe y granate, y el trono irradiaba todo alrededor un halo que parecía de esmeralda.

⁴ En círculo, alrededor del trono, había otros veinticuatro tronos, y sentados en ellos veinticuatro ancianos con vestiduras blancas y coronas de oro en la cabeza. ⁵ Del trono salen relámpagos, estampidos y truenos; ante el trono arden siete lámparas, los siete espíritus de Dios, ⁶ y delante se extiende una especie de mar, transparente como cristal.

En el centro, alrededor del trono, había cuatro vivientes tachonados de destellos por delante y por detrás; ⁷ *el primero* se parecía *a un león, el segundo a un novillo, el tercero* tenía *cara de hombre y el cuarto* parecía *un águila* en vuelo. ⁸ Los cuatro vivientes, *cada uno con seis alas* (Ez 1,5-21; 10,14; Is 6,2-3), estaban tachonados de destellos por un lado y por otro. Día y noche cantan sin pausa:

¡Santo, santo, santo es el Señor, soberano de todo,
el que era y es y viene!

⁹ Y cada vez que los cuatro vivientes gritan:

¡Gloria y honor y gracias
al que está sentado en el trono, que vive por los siglos de los siglos!,

¹⁰ los veinticuatro ancianos se postran ante el que está sentado en el trono, para rendir homenaje al que vive por los siglos de los siglos, y arrojan sus coronas ante el trono diciendo:

¹¹ Tú mereces, Señor y Dios nuestro,
recibir la gloria, el honor y la fuerza
por haber creado el universo:
por designio tuyo fue creado y existe.

5 ¹ En la diestra del que está sentado en el trono vi un rollo escrito por las dos caras y sellado con siete sellos. ² Vi también un ángel vigoroso que pregonaba con voz potente: «¿Quién es capaz de soltar los sellos y abrir el rollo?» ³ Pero nadie, ni en el cielo ni en la tierra ni bajo la tierra, podía abrir el rollo y ni siquiera examinarlo.

⁴ Lloraba yo mucho porque no había nadie que fuera capaz de abrir el rollo ni de examinarlo siquiera. ⁵ Entonces uno de los ancianos me dijo: «No llores, ha vencido el león de la tribu de Judá, el retoño de David; él abrirá el rollo y sus siete sellos».

⁶ Entonces, entre el trono con los cuatro vivientes y el círculo de los ancianos vi un Cordero: estaba de pie, aunque parecía degollado; tenía siete cuernos y siete ojos, que son los siete espíritus de Dios enviados a la tierra entera.

⁷ Se acercó el Cordero y recibió el rollo de la diestra del que está

4,6 "destellos", en griego "*opthalmón*", que se refiere probablemente no a ojos, sino a puntos de luz, como en Ez 1,18; lo mismo en el versículo 8.

sentado en el trono. ⁸ Cuando él recibió el rollo, los cuatro vivientes y los veinticuatro ancianos se postraron ante el Cordero; tenía cada uno una cítara y copas de oro, que son las oraciones de los consagrados, llenos de aromas; ⁹ cantaban un cántico nuevo:

Tú mereces recibir el rollo y soltar sus sellos,

porque fuiste degollado

y con tu sangre adquiriste para Dios

hombres de toda raza y lengua, pueblo y nación;

¹⁰ hiciste de ellos linaje real

y sacerdotes para nuestro Dios,

y serán reyes en la tierra.

¹¹ En la visión oí la voz de multitud de ángeles que rodeaban el trono, a los vivientes y a los ancianos; eran miles de miles, millares de millares, ¹² y aclamaban:

¡El Cordero que fue degollado

merece todo poderío y riqueza,

saber y fuerza,

honor, gloria y alabanza!

¹³ Oí entonces que todas las criaturas del cielo, de la tierra, de bajo la tierra y del mar, todo lo que hay en ellos, respondían:

¡Al que está sentado en el trono y al Cordero,

la alabanza, el honor,

la gloria y el poder

por los siglos de los siglos!

¹⁴ Los cuatro vivientes decían: «Amén»; y los ancianos se postraron rindiendo homenaje.

SEGUNDA SECCIÓN: SE ABRE EL ROLLO

Los cuatro primeros sellos: los jinetes

6 ¹ En la visión, cuando el Cordero soltó el primero de los siete sellos, oí al primero de los vivientes que decía con voz de trueno: "Ven". ² En la visión apareció un caballo blanco; el jinete llevaba un arco, le entregaron una corona y se marchó victorioso para vencer otra vez.

³ Cuando soltó el segundo sello, oí al segundo viviente que decía: «Ven». ⁴ Salió otro caballo, alazán, y al jinete le dieron poder para quitar la paz a la tierra y hacer que los hombres se degüellen unos a otros; le dieron también una espada grande.

⁵ Cuando soltó el tercer sello, oí al tercer viviente que decía: «Ven». En la visión apareció un caballo negro; su jinete llevaba en la mano una balanza. ⁶ Me pareció oír una voz que salía de entre los cuatro vivientes, que decía: «Un cuartillo de trigo, un denario de plata; tres cuartillos de cebada, un denario de plata; al aceite y al vino, no los dañes».

⁷ Cuando soltó el cuarto sello, oí la voz del cuarto viviente que decía: «Ven». ⁸ En la visión apareció un caballo amarillento; el jinete se llamaba «Muerte» y el Abismo lo seguía. Les dieron potestad sobre la cuarta parte de la tierra, para matar con espada, hambre, epidemias y con las fieras salvajes.

El quinto sello:
los mártires apelan a Dios

⁹ Cuando soltó el quinto sello, vi al pie del altar, con vida, a los asesinados por proclamar la palabra de Dios y por el testimonio que mantenían; ¹⁰ clamaban a grandes voces:

Tú, el soberano, el santo y leal,
¿para cuándo dejas el juicio de los habitantes
de la tierra y la venganza de nuestra sangre?

¹¹ Dieron a cada uno una vestidura blanca y les dijeron que tuvieran calma todavía por un poco, hasta que se completase el número de sus compañeros de servicio y hermanos suyos que iban a sufrir la muerte como ellos.

El sexto sello:
intervención divina

¹² En la visión, cuando se abrió el sexto sello, se produjo un gran terremoto, el sol se puso negro como un sayo de pelo, la luna se tiñó de sangre ¹³ y las estrellas del cielo cayeron a la tierra como caen los higos verdes de una higuera cuando la sacude un huracán. ¹⁴ Desapareció el cielo como un volumen que se enrolla y montes e islas se desplazaron de su lugar. ¹⁵ Los reyes de la tierra, los magnates, los generales, los ricos, los potentes y todo hombre, esclavo o libre, se escondieron en las cuevas y entre las rocas de los montes, ¹⁶ *diciendo a los montes y a las rocas*:

«Caigan sobre nosotros y ocúltennos (Os 10,8) de la presencia del que está sentado en el trono y de la cólera del Cordero, porque ha llegado el gran día de su cólera y ¿quién podrá subsistir?»

Marcan a los fieles de la tierra

7 ¹ Después de esto vi cuatro ángeles, plantado cada uno en un ángulo de la tierra; retenían a los cuatro vientos de la tierra para que ningún viento soplase sobre la tierra ni sobre el mar ni sobre los árboles.

² Vi después otro ángel que subía del oriente llevando el sello de Dios vivo. Con un grito estentóreo dijo a los cuatro ángeles encargados de dañar a la tierra y al mar: ³ «No dañen a la tierra ni al mar ni a los árboles hasta que marquemos en la frente con el sello a los siervos de nuestro Dios».

⁴ Oí también el número de los marcados, ciento cuarenta y cuatro mil, de todas las tribus de Israel:

⁵ de la tribu de Judá, doce mil marcados,
de la tribu de Rubén, doce mil,
de la tribu de Gad, doce mil,
⁶ de la tribu de Aser, doce mil,
de la tribu de Neftalí, doce mil,
de la tribu de Manasés, doce mil,
⁷ de la tribu de Simeón, doce mil,
de la tribu de Leví, doce mil,
de la tribu de Isacar, doce mil,
⁸ de la tribu de Zabulón, doce mil,

6.9 "con vida", en griego "*tás psykhás*", indicando la existencia, la vida, como contraste con la muerte que habían sufrido, cf Mt 10,28.

de la tribu de José, doce mil,
de la tribu de Benjamín, doce mil marcados.

Victoria de Dios
y suerte de los fieles

⁹ Después de esto apareció en la visión una muchedumbre innumerable de toda nación y raza, pueblo y lengua; estaban de pie ante el trono y ante el Cordero, vestidos de blanco y con palmas en la mano; ¹⁰ aclamaban a gritos:

¡La victoria pertenece a nuestro Dios,
que está sentado en el trono,
y al Cordero!

¹¹ Todos los ángeles que estaban de pie rodeando el trono, los ancianos y los cuatro vivientes, cayeron rostro en tierra ante el trono y rindieron homenaje a Dios, ¹² diciendo:

Amén.
¡La alabanza, la gloria, la sabiduría,
las gracias, el honor,
la potencia y la fuerza
se deben a nuestro Dios
por los siglos de los siglos!
Amén.

¹³ Se dirigió a mí uno de los ancianos y me preguntó: «Esos vestidos de blanco ¿quiénes son y de dónde vienen?» Yo le respondí: «Señor mío, tú lo sabrás». ¹⁴ Él me contestó: «Ésos son los que han salido de la gran persecución; han lavado y blanqueado sus vestiduras con la sangre del Cordero, ¹⁵ por eso están ante el trono de Dios, sirviéndole noche y día en su santuario; el que está sentado en el trono habitará con ellos; ¹⁶ *no pasarán más hambre ni más sed, ni el sol ni el bochorno pesarán sobre ellos*, ¹⁷ pues el Cordero que está ante el trono *será su pastor y los conducirá a fuentes de agua viva* (Is 49,10) y *Dios enjugará las lágrimas* de sus ojos» (Is 25,8).

TERCERA SECCIÓN: EL SÉPTIMO SELLO
Y LA SERIE DE LAS TROMPETAS

8 ¹ Cuando soltó el séptimo sello, se hizo silencio en el cielo por cosa de media hora. ² Vi a los siete ángeles que están delante de Dios; les dieron siete trompetas.

³ Llegó otro ángel llevando un incensario de oro y se detuvo junto al altar; le entregaron gran cantidad de aromas para que los mezclara con las oraciones de todos los consagrados sobre el altar de oro situado ante el trono. ⁴ De la mano del ángel subió ante Dios el humo de los aromas mezclado con las oraciones de los consagrados.

⁵ El ángel tomó entonces el incensario, lo llenó de ascuas del altar y lo arrojó a la tierra: hubo truenos, estampidos, relámpagos y un terremoto; ⁶ y los siete ángeles que tenían las siete trompetas se aprestaron a tocarlas.

Las cuatro primeras trompetas

⁷ Al tocar su trompeta el primero, se produjeron granizo y centellas mezclados con sangre y los lanza-

ron a la tierra: un tercio de la tierra se quemó, un tercio de los árboles se quemó y toda la hierba verde se quemó.

⁸ Al tocar su trompeta el segundo ángel, lanzaron al mar un enorme bólido incandescente: ⁹ un tercio del mar se convirtió en sangre, un tercio de los seres que viven en el mar murió y un tercio de las naves naufragó.

¹⁰ Al tocar su trompeta el tercer ángel, se desprendió del cielo un gran cometa que ardía como una antorcha y fue a dar sobre un tercio de los ríos y sobre los manantiales. ¹¹ El cometa se llamaba «Ajenjo»: un tercio de las aguas se convirtió en ajenjo y mucha gente murió a consecuencia del agua, que se había vuelto amarga.

¹² Al tocar su trompeta el cuarto ángel, repercutió en un tercio del sol, en un tercio de la luna y en un tercio de las estrellas: se entenebreció un tercio de cada uno y al día le faltó un tercio de su luz, y lo mismo a la noche.

¹³ En la visión oí un águila que volaba por mitad del cielo clamando: «¡Ay, ay, ay de los habitantes de la tierra por los restantes toques de trompeta, por los tres ángeles que van a tocar!»

Quinta trompeta o primer ay: la langosta

9 ¹ Al tocar su trompeta el quinto ángel, vi en la tierra una estrella caída del cielo. Le entregaron la llave del pozo del abismo y abrió el pozo del abismo; ² del pozo salió humo como el humo de un gran horno, y con el humo del pozo se oscurecieron el sol y el aire.

³ Del humo saltaron a la tierra langostas, y se les dio ponzoña de escorpiones. ⁴ Se les ordenó que no hicieran daño a la hierba ni a nada verde ni a ningún árbol, sino sólo a los hombres que no llevan la marca de Dios en la frente. ⁵ No se les permitió matarlos, pero sí atormentarlos durante cinco meses; el tormento que causan es como picadura de escorpión. ⁶ En aquellos días los hombres buscarán la muerte y no la encontrarán, ansiarán morir y la muerte huirá de ellos.

⁷ Las langostas tienen aspecto de caballos aparejados para la guerra; llevan en la cabeza una especie de corona dorada y la cara parece de hombre, ⁸ las crines son como pelo de mujer y los dientes parecen de león. ⁹ Tienen el pecho como corazas de hierro y el estruendo de sus alas era como el estruendo de carros con muchos caballos que corren al combate. ¹⁰ Tienen colas con aguijones, como el escorpión, y en la cola la ponzoña para dañar a los hombres durante cinco meses. ¹¹ Están a las órdenes de un rey, el ángel del abismo; en hebreo su nombre es Abaddón, en griego Apolíon, el exterminador.

¹² El primer ay ha pasado; quedan todavía dos.

Sexta trompeta o segundo ay: la caballería infernal

¹³ Al tocar su trompeta el sexto ángel, oí una voz que salía de los ángulos del altar de oro que está delante de Dios. ¹⁴ Le decía al sexto ángel, al que tenía la trompeta:

«Suelta a los cuatro ángeles que están atados junto al gran río, el Éufrates». [15] Quedaron sueltos los cuatro ángeles, que estaban reservados para matar en tal hora, día, mes y año a la tercera parte de la humanidad. [16] Las tropas de caballería contaban doscientos millones; el número lo oí.

[17] En la visión vi así a los caballos y a sus jinetes: llevaban corazas color fuego, jacinto y azufre; las cabezas de los caballos parecían cabezas de león y por la boca echaban fuego, humo y azufre. [18] Estas tres plagas, es decir, el fuego, humo y el azufre que echan por la boca, mataron a la tercera parte de la humanidad. [19] Los caballos tienen su ponzoña en la boca y también en la cola, pues las colas parecen serpientes con cabezas y con ellas dañan.

[20] El resto de los hombres, los que no murieron por estas plagas, tampoco se arrepintieron: no renunciaron a las obras de sus manos, ni dejaron de rendir homenaje a los demonios y *a los ídolos de oro y plata, bronce, piedra y madera, que no ven ni oyen ni andan* (Sal 115,4-7). [21] No se arrepintieron tampoco de sus homicidios, ni de sus maleficios, ni de su lujuria, ni de sus robos.

El librito profético

10 [1] Vi entonces otro ángel vigoroso que bajaba del cielo envuelto en una nube; el arco iris aureolaba su cabeza, su rostro parecía el sol y sus piernas columnas de fuego. [2] Llevaba en la mano un librito abierto. Plantó el pie derecho en el mar y el izquierdo en la tierra [3] y dio un grito fuerte, como rugido de león; cuando gritó él, los siete truenos hicieron resonar su estruendo.

[4] Cuando hablaron los siete truenos, me dispuse a escribir, pero oí una voz del cielo que decía: «Guárdate lo que han dicho los siete truenos, no lo escribas ahora».

[5] El ángel que había visto de pie sobre el mar y la tierra *levantó la mano derecha al cielo* [6] *y juró por el que vive por los siglos de los siglos* (Dn 12,7), por el que creó el cielo y cuanto contiene, la tierra y cuanto contiene, el mar y cuanto contiene: «Se ha terminado el plazo; [7] cuando el séptimo ángel empuñe su trompeta y dé su toque, entonces, en esos días, llegará a su término el designio secreto de Dios, como lo anunció a sus siervos los Profetas».

[8] La voz del cielo que había escuchado antes se puso a hablarme de nuevo diciendo: «Ve a tomar el libro abierto de la mano del ángel que está de pie sobre el mar y la tierra». [9] Me acerqué al ángel y le dije «Dame el librito». Él me contestó: «Tómalo y cómetelo; te amargará las entrañas, aunque al paladar te sabrá dulce como miel».

[10] Tomé el librito de mano del ángel y me lo comí; en la boca me sabía dulce como miel, pero cuando me lo tragué sentí una amargura en las entrañas. [11] Entonces me dijeron: «Tienes que profetizar todavía contra muchos pueblos, naciones, lenguas y reinos».

Los dos testigos

11 [1] Me dieron una caña como de una vara, diciéndome: «Ve a medir el santuario de Dios, el altar y el espacio para los que dan culto. [2] Prescinde del patio exterior que está fuera del santuario, no lo midas, pues se ha permitido a las naciones pisotear la ciudad santa cuarenta y dos meses; [3] pero haré que mis dos testigos profeticen vestidos de sayal mil doscientos sesenta días».

[4] Ellos son los dos olivos y los dos candelabros que están en la presencia del Señor de la tierra. [5] Si alguno quiere hacerles daño, saldrá de su boca fuego que devorará a sus enemigos; así, el que intente hacerles daño morirá sin remedio. [6] Tienen poder para cerrar el cielo y que no llueva mientras dure su profecía; tienen también poder para transformar el agua en sangre y herir la tierra a voluntad con plagas de toda especie.

[7] Cuando terminen su testimonio, la fiera que sube del abismo les hará la guerra, los derrotará y los matará. [8] Sus cadáveres yacerán en la calle de la gran ciudad, llamada en lenguaje profético Sodoma o Egipto, donde también su Señor fue crucificado. [9] Durante tres días y medio, gente de todo pueblo y raza, de toda lengua y nación mirarán sus cadáveres y no permitirán que les den sepultura. [10] Los habitantes de la tierra se felicitarán por su muerte, harán fiesta y se cambiarán regalos, porque estos dos profetas eran un tormento para los habitantes de la tierra.

[11] Al cabo de los tres días y medio, un aliento de vida mandado por Dios entró en ellos y se pusieron en pie; el terror sobrecogió a todos los que los veían. [12] Oyeron entonces una voz potente que les decía desde el cielo: «Suban aquí». Y subieron al cielo en una nube, a la vista de sus enemigos.

[13] En aquel momento se produjo un gran terremoto y se desplomó la décima parte de la ciudad; murieron en el terremoto siete mil personas, y los demás, aterrorizados, dieron la razón al Dios del cielo.

[14] El segundo ay ha pasado; el tercero va a llegar pronto.

CUARTA SECCIÓN: LA SÉPTIMA TROMPETA Y LA SERIE DE LAS COPAS

[15] Al tocar su trompeta el séptimo ángel, se oyeron aclamaciones en el cielo:

¡El reinado sobre el mundo
ha pasado a nuestro Señor y a su Mesías

y reinará por los siglos de los siglos!

[16] Los veinticuatro ancianos que están sentados delante de Dios cayeron rostro en tierra rindiendo homenaje a Dios, [17] y decían:

11,13 "dieron la razón", lit. "dieron gloria", cf Lc 23,47; Jn 9,24.

¡Gracias, Señor Dios, soberano de todo,

el que eres y eras,

por haber asumido tu gran potencia

y haber empezado a reinar!

[18] Montaron en cólera las naciones,

pero tu cólera ha llegado:

el momento de juzgar a los muertos,

pequeños y grandes;

para recompensar a tus siervos los profetas,

a los consagrados y a los que respetan tu nombre,

para destruir a los que destruyen la tierra.

[19] Se abrió en el cielo el santuario de Dios y en su santuario apareció el arca de su alianza; se produjeron relámpagos, estampidos, truenos, un terremoto y temporal de granizo.

La mujer y el dragón

12 [1] Apareció en el cielo una magnífica señal: una mujer envuelta en el sol, con la luna bajo sus pies y en la cabeza una corona de doce estrellas. [2] Estaba encinta, gritaba por los dolores del parto y el tormento de dar a luz.

[3] Apareció en el cielo otra señal: un gran dragón rojo con siete cabezas y diez cuernos, y en las cabezas siete diademas. [4] Su cola barrió la tercera parte de las estrellas del cielo y las arrojó a la tierra.

El dragón se quedó delante de la mujer que iba a dar a luz, para devorar a su hijo cuando naciera. [5] Ella dio a luz un hijo varón, destinado a *regir* a todas *las naciones con cetro de hierro* (Sal 2,9); pero arrebataron a su hijo y lo llevaron hasta Dios y su trono. [6] La mujer huyó al desierto, donde tiene un lugar reservado por Dios, para que allí la sustenten mil doscientos sesenta días.

[7] En el cielo se trabó una batalla: Miguel y sus ángeles declararon guerra al dragón. Lucharon el dragón y sus ángeles, pero no vencieron [8] y desaparecieron del cielo definitivamente. [9] Al gran dragón, a la serpiente primordial que se llama Diablo y Satanás y extravía a la tierra entera, lo precipitaron a la tierra y precipitaron a sus ángeles con él.

[10] Oí en el cielo una aclamación:

¡Ha sonado la hora de la victoria de nuestro Dios,

de su poderío y de su reinado

y de la potestad de su Mesías!

Porque ha derribado al acusador de nuestros hermanos,

al que los acusaba día y noche ante nuestro Dios;

[11] ellos lo vencieron con la sangre del Cordero

y con el testimonio que pronunciaron

y no amando la vida hasta temer la muerte.

[12] Alégrense por eso, cielos,

y los que en ellos habitan.

¡Ay de la tierra y del mar!

El diablo bajó contra ustedes rebosando furor,

pues sabe que le queda poco tiempo.

[13] Cuando vio el dragón que lo habían arrojado a la tierra se puso a perseguir a la mujer que había dado a luz el hijo varón. [14] Le dieron a la mujer las alas del águila real para que volara a su lugar en el de-

sierto, donde será sustentada un año y otro año y medio año lejos de la serpiente. ¹⁵ La serpiente, persiguiendo a la mujer, echó por la boca un río de agua, para que el río la arrastrara; ¹⁶ pero la tierra salió en ayuda de la mujer, abrió su boca y se bebió el río salido de la boca de la serpiente. ¹⁷ Furioso el dragón contra la mujer, se marchó a hacer la guerra al resto de su descendencia, a los que cumplen los mandamientos de Dios y mantienen el testimonio de Jesús.

Las dos fieras

¹⁸ El dragón se detuvo en la arena del mar.

13 ¹ Entonces vi una fiera que salía del mar; tenía diez cuernos y siete cabezas, llevaba en los cuernos diez diademas y en las cabezas un título blasfemo. ² La fiera que vi parecía una pantera con patas de oso y fauces de león. El dragón le confirió su poder, su trono y gran autoridad. ³ Una de sus cabezas parecía tener un tajo mortal, pero su herida mortal se había curado. Todo el mundo, admirado, seguía a la fiera; ⁴ rindieron homenaje al dragón por haber dado su autoridad a la fiera y rindieron homenaje a la fiera exclamando: «¿Quién hay como la fiera? ¿Quién puede combatir con ella?»

⁵ Dieron a la fiera una boca grandilocuente y blasfema y el derecho de actuar cuarenta y dos meses. ⁶ Abrió su boca para maldecir a Dios, insultar su nombre, su morada y a los que habitaban en el cielo. ⁷ Le permitieron guerrear contra los consagrados y vencerlos, y le dieron autoridad sobre toda raza, pueblo, lengua y nación. ⁸ Le rendirán homenaje todos los habitantes de la tierra, excepto aquellos cuyos nombres están escritos desde que empezó el mundo en el registro de los vivos que tiene el Cordero degollado.

⁹ Quien tenga oídos que oiga:

¹⁰ *El que está destinado al cautiverio,*
al cautiverio va.
Al que tenía que morir a espada,
a espada lo mataron (Jr 15,2).
¡Aquí del aguante y la fe de los consagrados!

¹¹ Vi después otra fiera que salía de la tierra; tenía dos cuernos de cordero, pero hablaba como un dragón, ¹² y ejerce toda la autoridad de la primera fiera, a su vista; consigue que el mundo entero y todos los habitantes veneren a la primera fiera, la que tenía curada su herida mortal. ¹³ Realizaba grandes señales, incluso hacía bajar fuego del cielo a la tierra a la vista de la gente. ¹⁴ Con las señales que le concedieron hacer a la vista de la fiera, extraviaba a los habitantes de la tierra, incitándolos a que hicieran una estatua de la fiera que había sobrevivido a la herida de la espada. ¹⁵ Se le concedió dar vida a la estatua de la fiera, de modo que la estatua de la fiera pudiera hablar e hiciera dar muerte al que no venerara la estatua de la fiera. ¹⁶ A todos, grandes y pequeños, ricos y pobres, esclavos y libres, hizo que los marcaran en la mano derecha o en la frente, ¹⁷ para impedir com-

prar ni vender al que no llevara la marca con el nombre de la fiera o la cifra de su nombre [18] Aquí del talento: quien sea inteligente descifre la cifra de la fiera, que es una cifra humana. Y su cifra es 666.

En el monte Sión

14

[1] En la visión apareció el cordero de pie sobre el monte Sión y con él ciento cuarenta y cuatro mil que llevaban inscrito en la frente el nombre del Cordero y el nombre de su Padre.

[2] Oí también un ruido que bajaba del cielo, parecido al estruendo del océano y al estampido de un trueno fuerte: [3] era el son de citaristas que tocaban sus cítaras delante del trono, delante de los cuatro vivientes y los ancianos, cantando un cántico nuevo.

Nadie podía aprender aquel cántico, fuera de los ciento cuarenta y cuatro mil, los adquiridos en la tierra. [4] Éstos son los que no se han manchado con mujeres, porque son vírgenes; éstos son los que siguen al Cordero adondequiera que vaya; los adquirieron como primicias de la humanidad para Dios y el Cordero. [5] En sus labios no ha habido mentira, no tienen falta.

Tres ángeles predicen la victoria

[6] Vi otro ángel que volaba por mitad del cielo; llevaba una buena noticia perenne para anunciarla a los habitantes de la tierra, a toda nación, raza, lengua y pueblo. [7] Clamaba: «Respeten a Dios y denle la razón, porque ha sonado la hora de su juicio; rinden homenaje al que hizo el cielo, la tierra, el mar y los manantiales».

[8] Lo siguió otro ángel, el segundo, que decía: «Cayó, cayó la gran Babilonia, la que ha hecho beber a todas las naciones del vino del furor de su fornicación».

[9] Lo siguió otro ángel, el tercero, clamando: «Quien venere a la fiera y a su estatua y reciba su marca en la frente o en la mano, [10] ése beberá del vino del furor de Dios, preparado sin diluir en la copa de su cólera, y será atormentado con fuego y azufre ante los santos ángeles y el Cordero. [11] El humo de su tormento sube por los siglos de los siglos, pues los que veneran a la fiera y el que recibe la marca con su nombre no tienen respiro ni día ni noche».

[12] ¡Aquí del aguante de los consagrados que guardan los mandamientos de Dios y la fidelidad a Jesús!

[13] Oí una voz del cielo que decía: «Escribe: Dichosos desde ahora los que mueran como cristianos». «Cierto, dice el Espíritu, podrán descansar de sus trabajos, pues sus obras los acompañan».

Visión anticipada del juicio

[14] En la visión apareció una nube blanca y, sentada encima, una figura humana con una corona de oro en la cabeza y en la mano una hoz afilada. [15] Salió del santuario otro ángel dando gritos fuertes al que estaba sentado en la nube: «Arrima tu hoz y siega; ha llegado la hora de la siega, pues la mies de la tierra ya está pajiza». [16] El que es-

taba sentado encima de la nube acercó su hoz a la tierra y la segó.

[17] Del santuario celeste salió otro ángel llevando también él una hoz afilada. [18] Del altar salió otro, el ángel que tiene poder sobre el fuego, y dio una gran voz al de la hoz afilada diciendo: «Arrima tu hoz afilada y vendimia los racimos de la viña de la tierra, que las uvas están en sazón». [19] El ángel acercó su hoz a la tierra, vendimió la viña de la tierra y echó las uvas en el gran lagar del furor de Dios. [20] Pisaron el lagar fuera de la ciudad y del lagar corrió tanta sangre, que subió hasta los bocados de los caballos, a una distancia de sesenta leguas.

Se preparan las siete últimas plagas

15 [1] Vi en el cielo otra señal, magnífica y sorprendente: siete ángeles que llevaban siete plagas, las últimas, pues con ellas se agotó el furor de Dios.

[2] Vi también una especie de mar de vidrio veteado de fuego; en la orilla del mar de vidrio estaban de pie los que habían triunfado de la fiera, de su estatua y de la cifra de su nombre; [3] con cítaras que Dios les había dado cantaban el cántico de Moisés, el siervo de Dios, y el cántico del Cordero, diciendo:

Grandes y admirables son tus obras,
Señor Dios, soberano de todo;
justo y verdadero tu proceder,
rey de las naciones.
[4] ¿Quién no te respetará?
¿Quién no dará gloria a tu nombre,

si sólo tú eres santo?
Todas las naciones vendrán
a postrarse ante ti,
porque tus justas sentencias
se han promulgado.

[5] Después, en la visión, se abrió en el cielo el santuario de la tienda del Encuentro, [6] y salieron del santuario los siete ángeles que llevaban las siete plagas, vestidos de lino puro esplendente y ceñidos con fajas doradas a la altura del pecho. [7] Uno de los cuatro vivientes repartió a los siete ángeles siete copas de oro llenas hasta el borde del furor de Dios, que vive por los siglos de los siglos. [8] El humo de la gloria de Dios y de su potencia llenó el santuario; nadie podía entrar en él hasta que no se terminaran las siete plagas de los siete ángeles.

16 [1] Oí una voz potente que salía del santuario y decía a los siete ángeles: «Vayan a derramar en la tierra las siete copas del furor de Dios».

Las seis primeras copas

[2] Se alejó el primero, derramó su copa en la tierra y apareció una llaga maligna y enconada en los hombres que llevaban la marca de la fiera y veneraban su imagen.

[3] El segundo derramó su copa en el mar, y el mar se convirtió en sangre de muerto; todo animal marino murió.

[4] El tercero derramó su copa en los ríos y manantiales, y se convirtieron en sangre.

[5] Oí que el ángel de las aguas decía:

Tú, el que eras y eres, el santo,
tienes razón en dar esta sentencia:

⁶ a los que derramaron sangre
de consagrados y profetas
les diste a beber sangre.
Se lo merecen.

⁷ Y oí que el altar decía:

Así es, Señor Dios, soberano de
todo,
tus sentencias son legítimas y
justas.

⁸ El cuarto derramó su copa en el
sol, e hizo que quemara a los hombres con su ardor; ⁹ los hombres su-
frieron quemaduras por el enorme
calor y maldecían el nombre de Dios
que dispone de tales plagas, en vez
de arrepentirse y darle la razón.

¹⁰ El quinto derramó su copa sobre el trono de la fiera, y su reino
quedó en tinieblas; los hombres se
mordían la lengua de dolor ¹¹ y
maldecían al Dios del cielo por los
dolores y las llagas, pero no enmendaron su conducta.

¹² El sexto derramó su copa sobre el gran río, el Éufrates, y se
quedó seco, dejando preparado el
camino a los reyes que vienen del
Oriente.

¹³ De la boca del dragón, de la
boca de la fiera y de la boca del falso profeta vi salir tres espíritus inmundos en forma de ranas. ¹⁴ Los
espíritus eran demonios con poder
de efectuar señales y se dirigían a
los reyes de la tierra entera con el
fin de reunirlos para la batalla del
gran día de Dios, soberano de
todo.

¹⁵ (Miren, voy a llegar como un
ladrón. Dichoso el que está en vela
con la ropa puesta, así no tendrá
que pasear desnudo dejando ver
sus vergüenzas.)

¹⁶ Y los reunieron en el lugar llamado en hebreo Harmagedón.

QUINTA SECCIÓN: LA SÉPTIMA COPA.
EL DESENLACE

¹⁷ El séptimo derramó su copa
en el aire, y del interior del santuario salió una voz potente que venía
del trono y decía: «Es un hecho».

¹⁸ Se produjeron relámpagos,
estampidos y truenos, y un terremoto tan violento que desde que
hay hombres en la tierra no se ha
producido terremoto de tal magni-
tud. ¹⁹ La gran ciudad se hizo tres
pedazos y las capitales de las naciones se derrumbaron.

Recordaron a Dios que hiciera
beber a la gran Babilonia la copa
de su vino, el furor de su cólera.
²⁰ Todas las islas huyeron, los montes desaparecieron. ²¹ Granizos como adoquines cayeron del cielo
sobre los hombres, y los hombres
maldijeron a Dios por el daño del
granizo, pues el daño que hacía era
terrible.

16,21 "como adoquines", lit "como talentos", medida de peso entre 26 y 36 kilos; en otros casos
hasta sesenta.

La prostituta y la fiera

17 ¹ Se acercó uno de los siete ángeles que tenían las siete copas y me habló así: «Ven acá, voy a mostrarte la sentencia de la gran prostituta que está sentada al borde del océano, ² con la que han fornicado los reyes de la tierra, la que ha emborrachado a los habitantes de la tierra con el vino de su prostitución».

³ En visión profética me llevó a un desierto. Vi allí una mujer montada en una fiera escarlata, cubierta de títulos blasfemos, que tenía siete cabezas y diez cuernos. ⁴ La mujer iba vestida de púrpura y escarlata y enjoyada con oro, pedrería y perlas. Tenía en la mano una copa de oro llena hasta el borde de abominaciones y de las inmundicias de su fornicación; ⁵ en la frente llevaba escrito un nombre enigmático: «La gran Babilonia, madre de las prostitutas y de las abominaciones de la tierra». ⁶ Vi que la mujer estaba borracha de la sangre de los consagrados y de la sangre de los testigos de Jesús.

⁷ Al verla me quedé boquiabierto. El ángel me dijo:

«¿Por qué razón te admiras? Yo te explicaré el simbolismo de la mujer y de la fiera que la lleva, la de las siete cabezas y los diez cuernos. ⁸ La fiera que viste estuvo ahí; ahora no está, pero va a salir del abismo para ir a su ruina. Los habitantes de la tierra cuyo nombre no está escrito desde la creación del mundo en el registro de los vivos se sorprenderán al ver que la fiera que estaba ahí y ahora no está se presenta de nuevo.

⁹ ¡Aquí de la inteligencia, el que tenga talento! Las siete cabezas son siete colinas donde está asentada la mujer y siete reyes; ¹⁰ cinco cayeron, uno está ahí, otro no ha llegado todavía y cuando llegue durara poco tiempo. ¹¹ La fiera que estaba ahí y ahora no está es el octavo y al mismo tiempo uno de los siete, y va a su ruina ¹² Los diez mandamientos que viste son también diez reyes que aún no han comenzado a reinar, pero recibirán autoridad por breve tiempo asociados a la fiera ¹³ Éstos, de común acuerdo, cederán sus fuerzas y su autoridad a la fiera ¹⁴ Combatirán contra el Cordero, pero el Cordero los vencerá, porque es Señor de señores y Rey de reyes, y los llamados a acompañarlo son elegidos y fieles».

¹⁵ Y añadió: «El océano donde viste sentada a la prostituta, son pueblos y masas, naciones y lenguas. ¹⁶ Pero los diez cuernos que viste y la fiera van a tomar odio a la prostituta y a dejarla asolada y desnuda; se comerán su carne y la destruirán con fuego. ¹⁷ Dios les ha metido en la cabeza que ejecuten su designio; por eso, llegando a un acuerdo, cederán su realeza a la fiera hasta que se cumpla lo que Dios ha dicho. ¹⁸ Por último, la mujer que viste es la gran ciudad, emperatriz de los reyes de la tierra».

Se anuncia la caída de Babilonia

18 ¹ Vi después otro ángel que bajaba del cielo; venía con gran autoridad y su resplandor iluminó la tierra. ² Gritó a pleno pulmón:

¡Cayó, cayó la gran Babilonia!
Se ha convertido en morada de demonios,
en guarida de todo espíritu impuro,
en guarida de todo pájaro inmundo y repugnante;
³ porque el vino del furor de su fornicación
lo han bebido todas las naciones,
los reyes de la tierra fornicaron con ella
y los comerciantes se hicieron ricos
con su lujo desaforado.

⁴ Y oí otra voz del cielo que decía:

Pueblo mío, sal de ella
para no hacerte cómplice de sus pecados
ni víctima de sus plagas;
⁵ porque sus pecados han llegado hasta el cielo
y Dios se ha acordado de sus crímenes.
⁶ Páguenle con su misma moneda,
devuélvanle el doble de lo que ha hecho,
mézclenle en la copa
el doble de lo que ella mezcló.
⁷ En proporción a su fasto y a su lujo
denle tormento y duelo.
Ella solía decirse:
«Sentada estoy como una reina,
viuda no soy y duelo nunca veré».
⁸ Por eso el mismo día le llegarán todas sus plagas,
epidemia, duelo y hambre,
y el fuego la abrasará,

porque es fuerte el Señor Dios que la juzga.

Lamentación por Babilonia

⁹ Llorarán y se lamentarán por ella los reyes de la tierra que con ella fornicaron y se dieron al lujo, cuando vean el humo de su incendio; ¹⁰ manteniéndose a distancia por miedo de su tormento, dirán:

¡Ay, ay de la gran ciudad,
de Babilonia, la ciudad poderosa!
¡Que haya bastado una hora
para que llegue tu castigo!

¹¹ También los comerciantes de la tierra llorarán y se lamentarán por ella, porque su cargamento ya no lo compra nadie; ¹² el cargamento de oro y plata, pedrería y perlas; de lino, púrpura, seda y escarlata, toda la madera de sándalo, los objetos de marfil y de maderas preciosas, de bronce, hierro y mármol; ¹³ la canela, el clavo y las especias, perfumes e incienso, vino y aceite, flor de harina y trigo, ganado mayor y menor, caballos, carros, esclavos y siervos.

¹⁴ La fruta de otoño que excitaba tu apetito
se alejó de ti,
toda opulencia y esplendor
se acabó para ti,
y nunca volverán.

¹⁵ Los que comerciaban en estos géneros y se hicieron ricos a costa de ella se detendrán a distancia por miedo de su tormento, ¹⁶ llorando y lamentándose así:

¡Ay, ay de la gran ciudad!
La que se vestía de lino,

púrpura y escarlata
y se enjoyaba con oro,
pedrería y perlas.
[17] ¡Que haya bastado una hora
para asolar tanta riqueza!

También los capitanes, los que navegan de puerto en puerto, los marineros y cuantos viven del mar se detuvieron a distancia [18] y gritaban al ver el humo de su incendio: «¿Quién podía compararse con la gran ciudad?» [19] Se echaron polvo en la cabeza y gritaban llorando y lamentándose:

¡Ay, ay de la gran ciudad
donde se hicieron ricos todos los armadores
por lo elevado de sus precios!
¡Que haya bastado una hora
para asolarla!
[20] ¡Regocíjate, cielo, por lo que le pasa,
y también ustedes, los consagrados,
los apóstoles y los profetas!
Porque, condenándola a ella,
Dios ha reivindicado su causa.

Un ángel representa la caída de Babilonia

[21] Un ángel vigoroso levantó en vilo una piedra del tamaño de una rueda de molino y la tiró al mar diciendo:

Así, de golpe,
precipitarán a Babilonia, la gran ciudad,
y desaparecerá.
[22] El son de citaras y músicos,
de flautas y trompetas
no se oirá más en ti,
ni artífices de ningún arte

habrá más en ti,
ni murmullo de molino
se oirá más en ti,
[23] ni luz de lámpara
brillará más en ti,
ni voz de novio y novia
se oirá más en ti,
porque tus comerciantes eran
los magnates de la tierra
y con tus brujerías embaucaste
a todas las naciones.
[24] Y en ella se encontró sangre de profetas
y consagrados
y de todos los asesinados en la tierra.

Alegría en el cielo

19 [1] Oí después en el cielo algo que recordaba el vocerío de una gran muchedumbre; cantaban:

Aleluya.
¡La victoria, la gloria y el poder
pertenecen a nuestro Dios,
[2] porque sus sentencias son legítimas y justas!
Él ha condenado a la gran prostituta
que corrompía la tierra con su fornicación
y le ha pedido cuenta de la sangre de sus siervos.

[3] Y repitieron:

Aleluya.
El humo de su incendio
sube por los siglos de los siglos.

[4] Se postraron los veinticuatro ancianos y los cuatro vivientes rindiendo homenaje a Dios, que está sentado en el trono, diciendo:

Amén. Aleluya.

⁵ Y del trono salió una voz que decía:

¡Alaben a nuestro Dios todos sus siervos,

todos sus fieles,

pequeños y grandes!

⁶ Y oí algo que recordaba el rumor de una gran muchedumbre, el estruendo del océano y el retumbar de fuertes truenos; decían:

Aleluya.

¡Ha empezado a reinar el Señor nuestro Dios, soberano de todo!

⁷ Hagamos fiesta, saltemos de gozo

y démosle a él la gloria, porque han llegado las bodas del Cordero;

La esposa se ha ataviado,

⁸ le han regalado un vestido de lino puro, esplendente.

(Y el lino representa las buenas obras de los consagrados.)

⁹ Entonces me dijo: «Escribe: Dichosos los invitados al banquete de bodas del Cordero». Y añadió: «Estas palabras verídicas son de Dios».

¹⁰ Caí a sus pies para rendirle homenaje, pero él me dijo: «No, cuidado, soy tu compañero de servicio, tuyo y de esos hermanos tuyos que mantienen el testimonio de Jesús; rinde homenaje a Dios». Es que dar testimonio de Jesús equivale a la inspiración profética.

Ruina de la fiera

¹¹ Vi el cielo abierto y apareció un caballo blanco; su jinete se llama el fiel y el leal, porque lleva razón en el juicio y en la guerra. ¹² Sus ojos llameaban, ceñían su cabeza mil diademas y llevaba grabado un nombre que sólo él conoce. ¹³ Iba envuelto en una capa teñida en sangre y lo llaman Palabra de Dios. ¹⁴ Lo seguían las tropas del cielo en caballos blancos, vestidos de lino blanco puro. ¹⁵ De su boca salía una espada aguda, para herir con ella a las naciones, pues él *va a regirlas con cetro de hierro* (Sal 2,9) y a pisar el lagar del vino de la furiosa cólera de Dios, soberano de todo. ¹⁶ En la capa y en el muslo llevaba escrito un título: «Rey de reyes y Señor de señores».

¹⁷ Vi entonces un ángel de pie en el sol, que dio un grito fuerte, diciendo a todas las aves que vuelan por mitad del cielo: «Vengan acá, reúnanse para el gran banquete de Dios, ¹⁸ comerán carne de reyes, carne de generales, carne de valientes, carne de caballos y de jinetes, carne de hombres de toda clase, libres y esclavos, pequeños y grandes».

¹⁹ Vi a la fiera y a los reyes de la tierra con sus tropas reunidos para hacer la guerra contra el jinete del caballo y su ejército. ²⁰ Capturaron a la fiera y con ella al falso profeta que efectuaba señales a su vista, extraviando con ellas a los que llevaban la marca de la fiera y veneraban su estatua. ²¹ A los dos los echaron vivos en el lago de azufre ardiendo. A los demás los mató el jinete con la espada que sale de su boca, y las aves todas se hartaron de su carne.

Derrota del dragón

20 ¹ Vi entonces un ángel que bajaba del cielo llevando la llave del abismo y una cadena grande en la mano. ² Agarró al dragón, la serpiente primordial, el diablo o Satanás, y lo encadenó para mil años. ³ Lo arrojó al abismo, echó la llave y puso un sello encima, para que no pueda extraviar a las naciones antes que se cumplan los mil años. Después tiene que estar suelto por un poco de tiempo.

⁴ Vi también tronos, donde se sentaron los encargados de pronunciar sentencia; vi también con vida a los decapitados por dar testimonio de Jesús y proclamar el mensaje de Dios, los que no habían rendido homenaje a la fiera ni a su estatua y no habían llevado su marca en la frente ni en la mano. Estos tuvieron vida y fueron reyes con el Mesías mil años.

⁵ (El resto de los muertos no volvió a la vida hasta pasados dos mil años.)

⁶ Ésta es la primera resurrección. Dichoso y santo aquel a quien le toca en suerte la primera resurrección, sobre ellos la segunda muerte no tiene poder: serán sacerdotes de Dios y del Mesías y serán reyes con él los mil años.

⁷ Pasados los mil años soltarán a Satanás de la prisión. ⁸ Saldrá él para engañar a las naciones de los cuatro lados de la tierra, a Gog y Magog, y reclutarlos para la guerra, incontables como las arenas del mar.

⁹ Subieron a la llanura y cercaron el campamento de los consagrados y la ciudad predilecta, pero bajó fuego del cielo y los devoró. ¹⁰ Al diablo que los había engañado lo arrojaron al lago de fuego y azufre con la fiera y el falso profeta, y serán atormentados día y noche por los siglos de los siglos.

Juicio universal y derrota de la muerte

¹¹ Vi un trono magnífico y brillante y al que estaba sentado en él; huyeron de su presencia la tierra y el cielo y desaparecieron definitivamente.

¹² Vi también a los muertos, grandes y pequeños, de pie ante el trono de Dios. Se abrieron unos libros y abrieron luego un libro aparte, el registro de los vivos. Juzgaron a los muertos por sus obras, según lo escrito en los libros. ¹³ El mar entregó sus muertos, la muerte y el abismo entregaron sus muertos, y cada uno de ellos fue juzgado por sus obras.

¹⁴ A la muerte y al abismo los echaron al lago de fuego. El lago de fuego es la segunda muerte. Y a todo el que no estaba escrito en el registro de los vivos lo arrojaron al lago de fuego.

Nuevo universo y nueva ciudad

21 ¹ Vi entonces un cielo nuevo y una tierra nueva, porque el primer cielo y la primera tierra habían desaparecido y el mar ya no existía.

20,12 "registro de los vivos", cf 3,5. Lo mismo en el versículo 15.

² Y vi bajar del cielo, de junto a Dios, a la ciudad santa, la nueva Jerusalén, ataviada como una novia que se adorna para su esposo. ³ Y oí una voz potente que decía desde el trono:

Ésta es la morada de Dios con los hombres;
él habitará con ellos
y ellos serán su pueblo (Ez 37,27);
Dios en persona estará con ellos
y será su Dios.
⁴ Él enjugará las lágrimas de sus ojos,
ya no habrá más muerte ni luto
ni llanto ni dolor,
pues lo de antes ha pasado.

⁵ Y el que estaba sentado en el trono dijo:
Todo lo hago nuevo.
Y añadió:
Escribe, que estas palabras son fidedignas y verídicas.
⁶ Y me dijo todavía:
Ya son un hecho. Yo soy el Alfa y la Omega, el principio y el fin. Al sediento, yo le daré a beber de balde de la fuente de agua viva. ⁷ Quien salga vencedor heredará esto, porque yo seré su Dios y él será mi hijo. ⁸ En cambio, a los cobardes, infieles, indignos, asesinos, lujuriosos, hechiceros e idólatras y a todos los embusteros les tocará en suerte el lago de azufre ardiendo, que es la segunda muerte.

La nueva Jerusalén

⁹ Se acercó uno de los siete ángeles que tenían las siete copas llenas de las siete plagas últimas y me habló así: «Ven acá, voy a mostrarte a la novia, a la esposa del Cordero».

¹⁰ En visión profética me transportó a la cima de una montaña grande y alta y me mostró la ciudad santa, Jerusalén, que bajaba del cielo de junto a Dios, ¹¹ radiante con la gloria de Dios. Brillaba como una piedra preciosísima parecida a jaspe claro como cristal. ¹² Tenía una muralla grande y alta con doce puertas; en las puertas doce ángeles y en cada una grabado el nombre de una de las tribus de Israel; ¹³ tres puertas daban a oriente, tres puertas al norte, tres puertas al sur, tres puertas a occidente (Ez 48,31-35). ¹⁴ La muralla tenía doce basamentos con doce nombres grabados: los nombres de los doce apóstoles del Cordero.

¹⁵ El que me hablaba tenía una vara de medir de oro, para medir la ciudad, las puertas y la muralla. ¹⁶ La planta de la ciudad es cuadrada, igual de ancha que de larga. Midió la ciudad con la vara y resultaron cuatrocientas cincuenta y seis leguas; la longitud, la anchura y la altura son iguales. ¹⁷ Midió la muralla: ciento cuarenta y cuatro codos, medida humana que usaba el ángel. ¹⁸ La mampostería del muro era de jaspe y la ciudad de oro puro, parecido a vidrio claro.

¹⁹ Los basamentos de la muralla de la ciudad estaban incrustados de toda clase de piedras preciosas: el primero de jaspe, el segundo de zafiro, el tercero de calcedonia, el cuarto de esmeralda, ²⁰ el quinto de ónix, el sexto de granate, el séptimo de crisolito, el octavo de aguamarina, el noveno de topacio, el décimo de ágata, el undécimo de

jacinto, el duodécimo de amatista. ²¹ Las doce puertas eran doce perlas, cada puerta hecha de una sola perla. Las calles de la ciudad eran de oro puro, como vidrio transparente.

²² Templo no vi ninguno, su templo es el Señor Dios, soberano de todo, y el Cordero. ²³ La ciudad no necesita sol ni luna que la alumbre, la gloria de Dios la ilumina y su lámpara es el Cordero.

La humanidad en la nueva Jerusalén

²⁴ Se pasearán las naciones bañadas en su luz, los reyes de la tierra llevarán a ella su esplendor ²⁵ y sus puertas no se cerrarán de día, pues allí no habrá noche. ²⁶ Llevarán a ella el esplendor y la riqueza de las naciones, ²⁷ pero nunca entrará en ella nada impuro, ni idóla-tras ni impostores, sólo entrarán los inscritos en el registro de los vivos que tiene el Cordero.

22 ¹ Me mostró entonces el ángel un río de agua viva, luciente como el cristal, que salía del trono de Dios y del Cordero. ² *A mitad* de la calle de la ciudad, a un lado y otro del *río, crecía el árbol de la vida:* da doce cosechas, *una cada* mes del año, y *las hojas* del árbol sirven *de medicina* a las naciones (Ez 47,12).

³ No habrá ya nada maldito. En la ciudad estará el trono de Dios y del Cordero, y sus siervos le prestarán servicio, ⁴ lo verán cara a cara y llevarán su nombre en la frente. ⁵ Noche no habrá más, ni necesitarán luz de lámpara o del sol, porque el Señor Dios irradiará luz sobre ellos y serán reyes por los siglos de los siglos.

EPÍLOGO

El ángel, Juan y Jesús autentican el libro

⁶ Me dijo: «Estas palabras son dignas de fe y verdaderas». El Señor Dios que inspira a los profetas envió su ángel para que mostrase a sus siervos lo que tiene que suceder en breve.

⁷ «Voy a llegar enseguida, dichoso el que hace caso de la profecía contenida en este libro».

⁸ Soy yo, Juan, quien vio y oyó todo esto. Al oírlo y verlo caí a los pies del ángel que me lo mostraba, para rendirle homenaje; ⁹ pero él me dijo: «No, cuidado, yo soy tu compañero de servicio, tuyo y de tus hermanos los profetas y de los que hacen caso de las palabras de este libro; rinde homenaje a Dios».

¹⁰ Él me dijo: «No selles el mensaje profético contenido en este libro, que el momento está cerca. ¹¹ El que daña, siga dañando; el manchado, siga manchándose; el honrado, siga portándose honradamente; el consagrado, siga consagrándose».

¹² «Voy a llegar enseguida, llevando mi recompensa para retribuir a cada uno conforme a la calidad de su trabajo. ¹³ Yo soy el Alfa y

la Omega, el primero y el último, el principio y el fin».

¹⁴ «Dichosos los que lavan su ropa para tener derecho al árbol de la vida y entrar por las puertas de la ciudad. ¹⁵ Fuera los perros, los hechiceros, los lujuriosos, los asesinos, los idólatras y todo amigo de cometer fraudes».

¹⁶ «Yo, Jesús, envié mi ángel para que les declarara esto acerca de las Iglesias. Yo soy el retoño y el linaje de David, el lucero brillante de la mañana».

¹⁷ Dicen el Espíritu y la esposa: «¡Ven!»

Diga el que escucha: «¡Ven!»

Quien tenga sed, que se acerque; el que quiera, tome de balde agua viva.

¹⁸ A todo el que escucha la profecía contenida en este libro, le declaro yo: Si alguno añade algo, Dios le mandará las plagas descritas en este libro. ¹⁹ Y si alguno suprime algo de las palabras proféticas escritas en este libro, Dios lo privará de su parte en el árbol de la vida y en la ciudad santa descritos en este libro.

²⁰ El que se hace testigo de estas cosas dice: «Sí, voy a llegar enseguida».

Amén. Ven, Señor Jesús.

²¹ El favor del Señor Jesús esté con todos.

VOCABULARIO BÍBLICO-TEOLÓGICO

Amor. I. En los sinópticos, Jesús no enseña explícitamente a los suyos el *amor a Dios,* implícito en la participación del Espíritu (para el pueblo judío, cf. Mt 22,37 par.); lo traduce en imitación (Mt 5,44s), fidelidad (5,20), en realizar el designio de Dios (Mt 6,10; 7,21; 12,50; 18,14; 21,23; Mc 3,35; Lc 8,21).

En el sermón del monte, ser fiel a Dios (Mt 5,20) significa cumplir las bienaventuranzas (5,19: «esos mandamientos mínimos») y se traduce en no despreciar ni ofender (Mt 5,21-26.27-30.31s), ser sincero (5,33-37), renunciar a la venganza y practicar la generosidad (5,38-42), hacer el bien incluso al que se declara enemigo (5,43-48), renunciar a la vanidad y ostentación (6,1-18), perdonar las ofensas (6,14s), no acumular riquezas (6,19-21), no ser esclavo del dinero (6,24) ni preocuparse sólo por lo material (6,25-34), no condenar (7,1), es decir, *amar al prójimo* con las obras, pues eso significan la Ley y los profetas (7,12).

Condición necesaria y suficiente para alcanzar vida definitiva es el amor al prójimo (Mt 10,17-19 par.; Lc 10,25-37; Mt 25,31-46).

II. En Jn el amor se designa con dos sustantivos: *kháris,* el amor gratuito y generoso que se traduce en don (1,14.16.17), y el prácticamente sinónimo *agápê,* que significa el amor en cuanto es entrega de sí (5,42; 13,35; 15,9.10.13; 17,26). *Philos,* amigo, se opone a «siervo» (15,15) y denota el vínculo de amistad que establece una relación de igualdad.

a) El «amor leal» se identifica con «la gloria» (1,14.17) y con el Espíritu (1,14.32s), el don de amor que los discípulos reciben de la plenitud de Jesús (1,16; 20,22). El Espíritu es el amor en cuanto dinamismo y fuerza interior (4,24).

El término «lealtad/fidelidad» (gr. *alétheia),* que califica al amor (1,14.17), se emplea también sólo para indicar el amor leal (3,21). El contenido del «mensaje» (gr. *logos*) es la práctica del amor (5,24; 8,31; 14,24). El «mandamiento» es el amor en cuanto norma de vida (13,34). La «vida» se identifica con el «amor»; de ahí que la comunicación del Espíritu-amor sea comunicación de vida (6,63). La «verdad», desde el punto de vista subjetivo, es la experiencia de vida que produce la práctica del amor (8,31s).

b) Símbolos del amor. La sangre y el agua que salen del costado de Jesús: amor manifestado y Espíritu/amor comunicado (19,34; cf. 13,3-15). La permanencia de ese amor se indica por el símbolo del costado abierto después de la resurrección (20,20.25.27). Símbolo del amor como servicio es el paño que Jesús se ata para lavar los pies a sus discípulos (13,4) y que conservará puesto (13,5.12).

c) El amor de Dios: el Padre. Característica de Dios como Padre es el amor indefectible (1,14). Dios es Espíritu (4,24; 1 Jn 4,8: Dios es amor), fuerza y dinamismo de amor, que alcanza a la humanidad entera (3,16: el mundo) y lo demuestra dando a su Hijo único. Su amor se propone que el hombre no conozca muerte, sino que tenga vida definitiva (3,16.18; cf. 6,39).

El Padre ha amado al Hijo desde antes que existiera el mundo (17,24). Demuestra su amor a Jesús comunicándole la plenitud de su gloria, el amor leal (1,14), el Espíritu (1,32; 4,24); lo hace así igual a él, lo pone todo en su mano (3,35; 17,10), la actividad del Hijo es la del Padre (5,17.19s.21.26) y el Padre está siempre con Jesús (8,29; 16,32). El amor del Padre a Jesús se basa en la igualdad e identificación que crea la plena comunicación de la gloria/Espíritu (10,30.38, cf. 14.10.1-11b.22).

d) Ama a los discípulos porque ellos quieren a Jesús y le dan su adhesión (16,27; 17,32.36; 19,30); les demuestra su amor viniendo con Jesús y quedándose a vivir con ellos, como compañero de vida (14,23).

e) Amor de identificación y amor de entrega. El amor del Padre a Jesús y a todo hombre se muestra en la entrega de sí mismo por la que comunica su Espíritu/amor, principio de vida (1,14: gloria), que unifica con él. Jesús, «uno» con el Padre (10,30), está identificado con él (10,38; 14,9); su respuesta al amor del Padre es la entrega de sí mismo a los hombres (14,31), para comunicarles el amor/Espíritu del Padre y suyo (19,30).

El discípulo recibe de Jesús el Espíritu/amor (1,16.33; 15, 26; 20,22; cf. 17,22), quedando integrado en «la unidad», identificado con Jesús y el Padre, a nivel comunitario (14,20) y personal (14,23). Responde al amor recibido con una entrega igual a la de Jesús (13,34). Se amplía así progresivamente el ámbito de «lo uno» (17,11b.21.22.23), de donde irradia el amor a la humanidad. Esta unidad en el amor («lo uno») constituye el reino de Dios.

f) Jesús expresa su amor al Padre con su entrega (10,18), amando a los hombres como el Padre, hasta el extremo (13,1; 14,31; cf. 15,9s), mostrando así su identidad de designio con el Padre (5,30; 6,39). Se entrega por la humanidad entera (10,11: las ovejas; cf. 5,25; 10,3a); su amor es eficaz con los que escuchan su mensaje (5,25; 10,3b) y le dan su adhesión (3,16; 6,39s; 10,14.26; 12,46 18,37).

g) Jesús ama a sus discípulos (11,5; 13,1.34; 14,21; 15,9, 12). Un discípulo innominado, el predilecto de Jesús, su amigo íntimo y confidente, es el prototipo de ese amor (13,23; 19,26; 20,2; 21,7.20). Amor de amistad, que excluye la sumisión y la distancia propias del siervo (15,13-15; cf. 21,17; Lc 12,4).

h) Explica a los suyos la calidad de su amor en el lavado de los pies (13,4-17), donde, siendo «el Señor», se hace servidor, dándole también a ellos la categoría de «señores» (hombres libres, cf. 8,36). El amor es, por tanto, la entrega de sí para dar al hombre dignidad y hacerlo libre, creando la igualdad. Se extiende a los enemigos, incluso a costa de la propia vida (13, 21ss).

El amor de los discípulos a Jesús consiste en la identificación con él (14,15), en la asimilación a él (6,54), cumbre 'de la adhesión/fe; permite amar como ha amado Jesús (13,34), cumplir sus mandamientos (14,15), lo que es a su vez la prueba de que existe la identificación/amor (14,21.23). Al que se porta así, Jesús le hace experimentar su presencia (14,21; cf. 15,9).

i) En la comunidad resplandece el amor, «la gloria» (17,22; *cf.* 17,10), que es la presencia del Padre en ella y la convierte en santuario de Dios. Es el factor de la unidad (17,22.23). Se manifiesta en el compartir (6,11; 12,8; 1 Jn 3,17).

k) El amor, condición para conocer la verdad.

III. Para Pablo, la gran prueba del amor de Dios al hombre es que Jesús Mesías murió por los culpables (Rom 5,8); el Espíritu da al creyente experiencia interior de ese amor (5,5), que da la seguridad de la salvación (5,10), pues Dios ya no acusa, sino perdona (8,33) y colabora en toda circunstancia al bien de los que lo aman (8,28); hay que estar orgullosos de tal Dios (5,11).

El cristiano conoce el amor de Jesús (Gál 2,20; Ef 3,19). El amor fraterno, expresión necesaria de la fe (Gál 5,6; cf. Sant 2,14-17; 1 Pe 1,22), entrega al servicio (Gál 5,13), fruto del Espíritu (Gál 5,22; cf. Rom 15,30), don de Dios por excelencia, superior a todo carisma (1 Cor 12,31-13,3).

El amor construye (1 Cor 8,1), es el vínculo de la unidad (Col 2,2), el cimiento y raíz de la comunidad cristiana (Ef 3,17), hace inmaculados ante Dios (Ef 1,4; cf. 1 Pe 4,8), es el cumplimiento de la ley moral (Rom 13,10). Dios mismo lo enseña (1 Tes 4,9), es el clima de la comunidad (Rom 12,10; Heb 13,1); el buen estado de las comunidades se mide por su fe/adhesión a Jesús y por su amor mutuo (Ef 1,15; Col 1,4; 1 Tes 1,3; 3,6.12), que se manifestaba con el beso ritual (Rom 16,16; 1 Cor 16,20; 2 Cor 13, 12; 1 Tes 5,26; cf. 1 Pe 5,14).

IV. También Santiago reduce la ley moral al mandamiento del amor al prójimo, ley del Reino (2,8), ley de hombres libres (1,25; 2,12), ley perfecta (1,25). Exigencias del amor son la igualdad cristiana (2,1-4), preferencia por los pobres (2,5-7), amor de obra (2,14-17); la explotación, excluida (5,1-6).

Cruz. I. Suplicio romano para esclavos y criminales. Para los judíos, el crucificado era un maldito (Gál 3,13; cf. Dt 21,23). Máximo insulto para los judíos, crucificar a su rey (Mc 15,26 par.); escarnio al crucificado (Mc 15,29-32).

Jesús sufre la muerte como un criminal (Lc 2,37); horror y aceptación (Mc 14,33-36 par.; Jn 12,27s). En Jn, la hora de Jesús, que es la de su muerte (13,1), es al mismo tiempo la manifestación de su gloria/amor y de la del Padre (13,31; 17,1), expresión suprema de su amor al Padre (14,31) y victoria sobre el mundo (12,31). En consecuencia, Jn omite todo ultraje a Jesús en la cruz.

Se pide la muerte para Jesús en nombre de la religión y de la Ley judías (Mc 14,61-64 par.; Jn 19,7). Las autoridades religiosas fuerzan la mano a la civil (Jn 19,4.6.7.12.16); los poderosos se alían (Lc 19,47; cf. Hch 4,27). Jesús crucificado es lo opuesto a toda la expectativa mesiánica de Israel (Mc 15,32 par.).

II. Para Pablo, la cruz muestra el fracaso de la humanidad: lo que ésta ha condenado es lo que Dios aprueba (1 Cor 1,18-31); un saber que no reconoce a Dios es necedad (ibid. 20-21); la esperanza judía en un Mesías triunfador era una ilusión (ibid. 22s: «señales», cf. Mc 8,l0s; Mt 12,38; 16,1 par.). La cruz invalida la grandeza humana y condena su orgullo (1 Cor 1,26-31); para los que se pierden es una locura, para los que se salvan, un portento de Dios (ibid. 18).

La cruz deroga la Ley, causa de división entre el pueblo judío y los paganos (Ef 2,15); libera de la deuda con la Ley acreedora (Col 2,14), del pecado (1 Pe 2,24). Volver a la Ley significa neutralizar el escándalo de la cruz (Gál 5,11); algunos lo hacen para evitar persecuciones (ibid. 6,12).

III. Condición para ser discípulo es «cargar con su cruz» (Mc 8,34 par.), es decir, aceptar la hostilidad de la sociedad e incluso el riesgo de muerte por fidelidad a Jesús. Es gloria de Pablo la ruptura radical con el mundo simbolizada por la Cruz (Gál 6,14), que implica la ruptura con las pasiones y deseos de los bajos instintos (ibid. 5,24). Proceso de asimilación a la muerte de Jesús, que lleva a la resurrección (Flp 3,10s).

Dios. I. Mc distingue los apelativos de Dios: «Dios» (ho theos) designa al Creador (13,19) e incluye la idea de universalidad (1,15, etc.); «Señor» (gr. Kyrios, sin artículo; 13,20), traducción de «Yahvé», designa al Dios de Israel (cf. Mt 1,20; 4,7, etc.; Lc 1,17.38; 2,9; 4,18); para la comunidad cristiana, Dios es designado como «Padre».

«Señor», sin artículo, designa a Dios en las citas del AT (Mt 1,22; 2,15; 3,3; 21,42; 22,44; 23,39; Mc 1,3; 11,9; 12,11.36; Lc 4,8.18s; 13,35; Jn 1,23; 12,13; 12,38a).

En los evangelios, «el Señor» suele aplicarse a Jesús, como título de respeto (en boca de los discípulos, Jn 6,69; 11,3. 12.21.27.32, etc.; en boca de otros personajes, 4,11.15.19.49; 5,7; 6,34; 9,36.38) que Jesús confirma (13,13.14); el narrador lo utiliza en 6,23; 11,2; 20,20; 21,12 (cf. Mt 7,21s; 8,2ss; 21,25. etc.; Mc 7,28; 11,3; Lc 5,8.12; 9,54, etc.).

II. *a)* En Jn, «Dios», en gr. con artículo, designa a Dios Padre (6,27; 16,27s, etc.; en 20,28, dirigido a Jesús, la forma articulada equivale al vocativo). «Dios», sin art., designa la condición divina (1,1c.13.18), a menos que vaya precedido de preposición (1,6; 9,16.33, etc.).

b) Dios es Espíritu (4,24), es decir, fuerza de vida cuya actividad es el amor generoso y fiel (1,14). La actividad de su amor que comunica vida hace que sea designado como Padre. El Padre es el único Dios verdadero (17,3; cf. 5,44) y, paralelamente, sólo aquel que se manifiesta como Padre es el Dios de Jesús y de sus discípulos o hermanos (20,17).

c) La falsa imagen de Dios es la que oculta su calidad de Padre, es decir, su amor al hombre y su designio de darle vida plena, presentándolo, en cambio, como el soberano que somete (cf. 15,15), poniendo la observancia de la Ley por encima del bien del hombre (5,10; 9,16.24; cf. Mc 3,4). Es la idea del Dios exigente la que crea la continua conciencia de pecado. Esta falsa idea de Dios es «la mentira» (8,44) o «la tiniebla» que intenta apagar la luz (1,5).

Los dirigentes judíos presentan la imagen de un Dios opresor que legitima la opresión que ellos ejercen; Jesús revela un Dios liberador que, por su medio, saca al hombre de la esclavitud para darle la condición de hijo (8,36). La deformación de Dios puede llegar hasta el punto de pensar que se le ofrece culto dando muerte al hombre (16,2).

Espíritu. I. Tanto en griego como en hebreo, el término significa primariamente «viento», «aliento», que implican respectivamente «fuerza» e «interioridad vital» y designa secundariamente realidades no perceptibles con los sentidos; de ahí el juego entre «viento» y «espíritu» en Jn 3,5-8.

II. *Espíritu del hombre* (Mt 26,41, en opos. a «carne»; 1 Cor 2,11; 2 Cor 7,1.13) y, por extensión, la persona («ustedes», Gál 6,18; Flp 4,23; Flm 25; cf. Rom 1,9: «con toda mi alma»).

En Mt 5,3 denota la interioridad del hombre en cuanto dinámica (acto de conocimiento o voluntad, o expresión de sentimiento), por oposición a «corazón» (Mt 5,7), que denota la interioridad estática o permanente (ideología, disposiciones, amores u odios). En el contexto de 5,3 denota primariamente el acto de voluntad o decisión personal («los que deciden/eligen ser pobres»). Acto de conocimiento, en Mc 2,8 («intuyendo», lit. «conociendo con su espíritu»); expresión de sentimiento, en Mc 8,12 («dando un profundo suspiro», lit. «suspirando con su espíritu»), Lc 1,47 («exulta mi espíritu»).

III. *Espíritu inmundo*, fuerza (espíritu) exterior inaceptable para Dios (inmundo) que despersonaliza al hombre que la acepta, impidiéndole el uso de su razón, suprimiendo su libertad y dominando su actividad. En los sinópticos, este antiguo concepto designa el fanatismo producido por una ideología de violencia, tanto la nacionalista judía (Mc 1,23.28; 3,11s;

9,25) como la de los esclavos paganos en rebelión (Mc 5,2-5 par.; 7,25 par.). Cuando el fanatismo se muestra habitual y públicamente, se le llama también "demonio" (Mc 1,32.34;3,22).

Liberar al hombre de los espíritus inmundos es señal de que llega el reinado de Dios (Mt 12,28: Lc 11,20), por eso a la proclamación se une la autoridad para expulsar demonios (Mt l0,17s; Mc 3,14s; 6,7; Lc 9,1s; 10,17). La falta de fe/adhesión a Jesús impide expulsar el espíritu inmundo (Mc 9.18.28 par.).

IV. *El Espíritu de Dios* (Mt 3,16; 12,28; Rom 8,9; 1 Cor 2,11; 3,16; 2 Cor 3,3; Flp 3,3; 1 Pe 4,14; 1 Jn 4,2) o *del Señor* (Lc 4,8, cf. Is 61,1; Hch 5,9; 8,39) o *de vuestro Padre* (Mt 10,20) o *de Jesús* (Hch 16,7) o *del Mesías* (Rom 8,9; 1 Pe 1,11) o *de Jesús Mesías* (Flp 1,19) o *de su Hijo* (Gál 4,6), Santo/santificador (Mc 1,8) o simplemente *el Espíritu* (Mc 1,10.12).

El Espíritu es la fuerza (Mt 12,28; Hch 1,8; 1 Cor 2,4) de vida de Dios mismo (Rom 8,2), que se identifica con su amor y da al hombre la libertad (2 Cor 3,17). Es fuerza creadora, de él tiene origen la humanidad de Jesús, que da comienzo a una nueva humanidad (Mt 1,18-20; Lc 1,35); en el bautismo, baja y permanece en Jesús (Mc 1,9s par.). Jesús portador del Espíritu (Mt 12,18; Lc 4,18); a partir de su muerte-resurrección, dador del Espíritu (Jn 7,39; Hch 2,33).

a) Símbolos del Espíritu: *paloma,* espíritu creador, cf. Gn 1,2 (Mc 1,10 par.); *viento,* fuerza (un 3,8; Hch 2,2); *lenguas de fuego,* fuerza de convicción; *lluvia* que empapa y fecunda («bautismo con Espíritu Santo», Mc 1,8; 1 Cor 12,13; cf. Sal 63,2), *agua* (Jn 7,38s); se derrama, (cf. Hch 2,17s; Rom 5,5); *sello,* que hace de los cristianos propiedad de Dios (2 Cor 1,22; Ef 1,13).

b) Como estaba anunciado (Jl 3,1), Dios derrama su Espíritu sobre todo hombre, por medio de Jesús exaltado (Hch 2,17.33; 10,44-47; 11,15). Espíritu = don de Dios por excelencia (Hch 2,38; 8,20; 10,45; 11,17) para todo el que responde al mensaje con la fe/adhesión a Jesús, independientemente del bautismo (Hch 2,4; 10,44-47) o en el bautismo (9,17s; 19,6). Si anormalmente el don del Espíritu no acompaña al bautismo, hay que suplir con la oración (Hch 8,15-17). Efectos del Espíritu, hablar en lenguas o inspirados (Hch 2,4; 10,45s; 19,6).

c) El Espíritu está en el hombre rehabilitado por Dios (Rom 8,9; 1 Cor 3,16) y lo consagra (1 Pe 1,2); da la experiencia del amor que Dios tiene al hombre (Rom 5,5), hace hijos de Dios (Rom 8,15s; Gál 4,6s), libera al hombre de la tiranía del pecado y de la muerte (Rom 8,2) y del dominio de los bajos instintos (8,9; Gál 5,16); es primicia de la gloria futura (Rom 8,23) y su garantía (2 Cor 1,22; 5,5; Ef 1,14). Fruto del Espíritu (= madurez cristiana) (Gál. 5,22); la libertad, efecto propio del Espíritu (2 Cor 3,17); anima a la Iglesia (Hch 9,31), guía su actividad (Hch 8,29.39; 10,19;

11,12; 13,2; 15,28); crea la unidad (Ef 4,3), su voz es la de Jesús (Ap 2,7.11, etc.); es abogado o valedor de la comunidad cristiana frente al mundo (Jn 14,16.26; 16,3).

d) Existe oposición entre la ley escrita, propia del AT, y la guía del Espíritu, propia del NT (2 Cor 3,6), que equivale a oposición entre muerte y vida (Rom 7,5; 8,2.6; 2 Cor 3,6), entre esclavitud y condición de hijos (Rom 8,15; Gál 4, 7) entre temor y libertad (Rom 8,15). Conforma el modo de pensar al de Cristo (1 Cor 2,16) y da capacidad para juzgar con el criterio del Espíritu (1 Cor 2,14s).

Acción especial del Espíritu en el momento de la persecución (Mt 10,20; Mc 13,11; Lc 12,12); puede «llenar» a una persona y dar habilidad para expresarse (Lc 1,41.67; Hch 4,8.31; 6,5) o eficacia a sus palabras (Hch 13,9).

e) Inspiró a los profetas del AT (Hch 28,25; Heb 10,15; 2 Pe 1,21) y al salmista (Mt 22,43; Heb 3,7); inspira a los profetas del Nuevo (Hch 11,28; 1 Pe 1,11). Su acción se manifiesta en la asamblea cristiana (1 Cor 14,23s.26; Ef 5,18); no como premio a la observancia de la Ley, sino como respuesta a la fe (Gál 3,2.5).

V. Jn emplea el término *pneuma* solamente en sentido positivo (no menciona «espíritus inmundos») Ordinariamente designa al Espíritu divino, una vez el *pneuma* de Jesús (11,33), dos veces el «hombre-espíritu» (3,6; 7,39). En Jn, el gran símbolo del Espíritu es el agua, que significa vida, fecundidad, satisfacción de las aspiraciones (sed) del hombre. En el contexto de la boda-alianza, lo es el vino, símbolo de la alegría y el amor.

El Espíritu que baja del cielo sobre Jesús y permanece en él (1,32s) es la riqueza/gloria del Padre, su amor leal, cuya plenitud comunica al Hijo único (1,14). De ahí el paralelo entre las expresiones «amor y lealtad» (1,14) y «Espíritu y lealtad» (4, 23s).

VI. Dios es Espíritu, es decir, fuerza de vida/amor (4,24; cf. 1 Jn 4.8: «Dios es amor»). Al bajar el Espíritu sobre Jesús y permanecer en él de forma estable (1,32s) realiza en su condición humana el proyecto divino (1,14: el proyecto hecho «carne »/hombre), haciendo de Jesús el Hombre acabado, el modelo de Hombre (el Hijo del hombre); la condición humana llega así a su cumbre, al ser el Hombre «el Hijo de Dios» (1,34), el Dios engendrado (1,18; cf. 20,28), en quien se hace visible el Padre (12,14;14,9) (línea de la creación). Al mismo tiempo, el Espíritu lo consagra Mesías (1,41; 6,69; 10,36; 17,19), nuevo David (1,32.33, cf. 1 Sm 16 13) (línea de la Alianza-Pascua o de la liberación/salvación). La salvación se efectúa dando remate a la creación.

La misión de Jesús como Mesías es comunicar el Espíritu (1,33), simbolizado por el agua del costado (19,34); por ella, el hombre «nace de nuevo/de arriba» (3,3.7). En la muerte de Jesús, la manifestación de la gloria/amor del Padre coincide con la entrega del Espíritu/amor (13,31s; 17,1), culminación de su obra (19,30.34).

La plenitud de la gloria/Espíritu que reside en Jesús hace de él el santuario de Dios (1,14; 2,19.21), el nuevo templo de donde fluyen los ríos del Espíritu (7,38s); los que le dan su adhesión pueden beber de esta agua viva (7,38s), participando así de su plenitud (1,16).

La comunicación del Espíritu (Mc 1,8 par.) caracteriza la nueva alianza, sustituyendo a la Ley (1,17: «amor y lealtad» = Espíritu).

VII. *a)* La comunicación al hombre del Espíritu/amor produce una separación (consagración) o ruptura consumada con «el mundo», liberándolo del «pecado del mundo» (1,29), la integración en el orden injusto (8,23). «El mundo» o sistema de injusticia está caracterizado por su actitud en contra de la vida y del hombre (8, 44: homicida y mentiroso); el Espíritu/amor leal efectúa la separación por el cambio de actitud hacia el hombre.

b) Con otra imagen, el Espíritu, principio vital, realiza en el hombre un «nuevo nacimiento» (3,3.5.7), que se contrapone al de «la carne» (3,6) y hace superar esa condición, caracterizada por la debilidad (*carne); lleva* así a término la obra creadora (cf. 20,22: «soplo», línea de la creación). En otras palabras, el hombre no llega a serlo del todo mientras no posea la capacidad de amar que comunica el Espíritu; así completado, es «espíritu» (3,6; 7,39), semejante a Dios (4,24). «Nacer del Espíritu» significa «nacer de Dios» (1,13), recibir la capacidad de «hacerse hijo de Dios» (1,12) por la semejanza con él que produce la práctica del amor.

c) El Espíritu comunicado al hombre, simbolizado por el agua viva y vivificante (4,14), se convierte en un manantial interior que vivifica el ser y la actividad de cada uno; es principio personalizante, que desarrolla las capacidades del hombre y produce vida definitiva (4,14; 6,63).

d) La práctica del amor leal, para la que capacita el Espíritu, es el único culto que el Padre acepta (4,23s).

e) Las exigencias de Jesús son Espíritu y, en consecuencia, son vida (Espíritu principio vital), pues su práctica comunica el Espíritu sin medida (3,34); la práctica del amor es fuente inagotable de Espíritu.

VIII. En la comunidad, el Espíritu es el valedor permanente que le da seguridad (14,16s). Él le enseña, recordándole el mensaje de Jesús: la experiencia del Espíritu recibido descubre el sentido de sus palabras (14,26). Es el Espíritu de la verdad porque actualiza el mensaje de Jesús (el del amor hasta el extremo), que es «la verdad» (14,6), y porque, al ser aceptado, la experiencia de vida que produce hace conocer la verdad (8,31s).

La venida del Espíritu a la comunidad se identifica con la de Jesús (14,17-19); el nuevo valedor no lo sustituye, sino que lo hace presente, interiorizando a Jesús en los discípulos; es una nueva calidad de presencia y ayuda de Jesús mismo; no externa, como antes de su muerte-exaltación, sino interior (14,17).

En la comunidad, el Espíritu da testimonio de Jesús (15,26) Mesías e Hijo de Dios (cf. 20,31). Los discípulos, a su vez, lo dan en medio del mundo (15,26). El contenido del testimonio no es el enunciado de una verdad, sino la persona misma de Jesús vivo, cuya presencia se percibe por «sus obras»: la transformación que produce el Espíritu en los que dan su adhesión a Jesús.

El Espíritu crea la unidad (17,1 11b.21-23) y da la experiencia interior de ella (14,20); consagra a los discípulos para la misión, que es la de Jesús (17,17s; 20,21s). Él los sostiene frente a la hostilidad del mundo, dándoles la seguridad en su postura (16,17-11). Él les irá interpretando los acontecimientos, capacitándolos así para una misión eficaz (16,13). Habla en la comunidad por medio del mensaje profético, cuyo contenido recibe de Jesús (16,14s).

IX. «Espíritu» (gr. *pneuma*), amor leal *(kharis kai alétheia, agápê)*, gloria *(dóxa)*, vida *(zôê)*, son términos que denotan una misma realidad, que Jesús recibe del Padre y los discípulos, a su vez, de Jesús. Se llama «Espíritu» en cuanto es la fuerza vital de Dios mismo y consagra para una misión. «Amor», en cuanto describe la naturaleza de esa fuerza vital y produce la actividad propia de la vida. «Gloria» (= esplendor, riqueza), en cuanto es posesión de la riqueza del Padre y esplendor visible de la actividad del amor. «Vida», en cuanto exalta las capacidades del hombre y le hace superar la muerte. La «verdad», por su parte, es la experiencia formulable de la vida que produce el Espíritu, que lleva a conocer el ser de Dios (su amor) y el del hombre (el proyecto de su amor).

Jesús. 1. Títulos de Jesús: a) *Mesías* Cristo = Ungido = Consagrado.

b) *Hijo de Dios,* (Mc 1,1; cf. 3,11; 14,61 par.), por oposición al Mesías «hijo de David» (cf. Mc 12,35-37 par.).

c) *El Hijo del hombre/el Hombre.* La locución significa el Hombre en su plenitud, el modelo de hombre. En los evangelios, siempre en boca de Jesús, "el Hombre" es el individuo humano de condición divina, por tener el Espíritu de Dios (Jn 6,27: "el Padre, Dios, lo ha marcado con su sello; (cf 1,32s; 13,13) y, con él, posee en la tierra la "autoridad divina" (Mc 2,10 par.) y la libertad divina (Mc 2,28 par.).

d) *Señor,* título que expresa la condición divina del Hijo (Lc 2,11; Jn 20,28; 1 Cor 8,6; Flp 2,11).

e) *El Esposo* (Mc 2,19 par.; Jn 3, 29).

f) *El Profeta* o nuevo Moisés (cf. Dt 18,15.18; Mt 21,11; Jn 6,14; 7,40; Hch 3,22; 7,37).

g) De sí mismo afirma Jesús ser más que Jonás (Mt 12,41 par.), que Salomón (Mt 12,42 par), que el templo (Mt 12,6); corrige la Ley de Moisés (Mt 5,21-28; Mc 10,5 par.), Juan Bautista es su precursor (Mt 11,10 par.).

II. Hijo de María virgen e hijo legal de José. Se anuncia su nacimiento (Mt 1,20-23; Lc 1,26-33), nace en Belén de Judá, ciudad de David (Mt 2,1; Lc 2,4-7), pero se cría en Nazaret, en Galilea (Mt 2,23; Lc 2,39), de oficio carpintero (Mc 6,3), como José (Mt 13,55) hasta los treinta años (Lc 3,23). Emparentado con Juan Bautista (Lc 1,36). Entre sus parientes próximos están Santiago, José, Simón y Judas (Mc 6,3; Mt 13,55; cf. Gál 1,19).

Se predice que será Salvador (Jesús = Dios salva) (Mt 1,21, Lc 1,31; 2,11), Hijo de Dios, a quien Dios dará el trono de David, su antepasado, y rey perpetuo de Israel (Lc 1,32s; cf Mt 2,2). Su madre ve en el nacimiento de Jesús el cumplimiento del plan de Dios (Lc 1, 50-55); lo mismo Zacarías (Lc 1,68-75), Simeón lo declara Salvador, luz de las naciones y gloria de Israel (Lc 2,30-32); su presencia causará división (Lc 2,34s; cf. 12,49-51).

Le rinden homenaje pastores judíos (gente marginada) (Lc 2,15-18) y astrólogos extranjeros (Mt 2,1-12). Ya de niño, sufre persecución y tienen que llevarlo a Egipto (Mt 2,13-15). En su primera peregrinación a Jerusalén, cumplidos los doce años, da muestras de un talento excepcional (Lc 2,46s) y de la conciencia de su misión (Lc 2,49). Desarrollo del niño (Lc 2,40.52).

III. Jesús no se instala en el desierto, sino que recorre Galilea (Mc 1,14s.39), no era un asceta como Juan (Mc 2,18s; Mt 11,18s par.). Juan bautizaba con agua; Jesús, con Espíritu. Proclama la buena noticia del reinado de Dios, que invita a todos, justos y pecadores, observantes y descreídos, a cambiar de vida.

Madre. 1. La madre de Jesús aparece en los sinópticos de diversas maneras. En la infancia de Mt (caps. 1-2) aparece como figura representativa de la comunidad cristiana que ha comprendido el mensaje de Jesús, en contraste con José, figura del grupo creyente apegado a la tradición judía. En 12,56s, se hace mención de la madre, sin nombre.

En la infancia de Lc aparece María, madre/origen de Jesús, como la figura representativa del Israel fiel, de «los pobres» de Yahvé. Se opone, por una parte, a Zacarías, representante de la institución sacerdotal y de la espiritualidad de la Ley (1 ,5s), y a José, representante de la casa de David.

En Mt y Lc, «virgen», pues aún no vivía con su esposo José (Mt 1,18.23; Lc 1,27.34). La concepción por obra del Espíritu Santo se anuncia en Lc 1,35 y se explica a José en Mt 1,20. Es el Espíritu creador: con Jesús comienza una humanidad nueva. En Lc, el ángel Gabriel da a María el título de «favorecida» o predilecta de Dios (1,28; cf. 30), asegurándole el apoyo divino *(ibid.)*, y le anuncia que será madre del Mesías, Rey eterno, Hijo de Dios (1,32). María visita a Isabel, su pariente, que estaba encinta; ésta la saluda como la bendita entre las mujeres (Lc 1,39-45). María, representante de «los pobres de Yahvé», expresa poéticamente su agradecimiento a Dios (1,46-50) y describe la acción de Dios, que va a ponerse de parte de los humildes y de los pobres, contra los poderosos y los ricos (1,51-55; cf. 6,20s. 24s). Parto en Belén (Lc 2,4-7); se la menciona con su hijo (Mt 2,11; Lc 2,16); recuerda lo que va sucediendo y reflexiona sobre ello (Lc 2,19.51). Simeón se dirige a ella (Lc 2,34s); trágico fracaso de sus expectativas (2,35).

En Mc, la madre de Jesús aparece como figura de su origen, el pueblo de la montaña de Galilea, que, aferrado a su exaltado nacionalismo, no le da su adhesión. Va con los parientes de Jesús a apoderarse de él por estimar que está loco (Mc 3,20s.31-35; cf. Mt 12,46). La gente la menciona en la visita de Jesús a su pueblo (Mc 6,3 par.).

II. En Jn, la madre de Jesús aparece en tres lugares: Caná (2,1ss), Cafarnaún (2,12) y al pie de la cruz (19,25-27); se la menciona, además, en 6,42.

En las dos primeras escenas no se menciona su nombre. Como en Lc 1 es la figura femenina representativa del Israel fiel a la alianza (la masculina es Natanael, 1,45ss; 21,2), del que Jesús ha tenido su origen humano. Lo mismo en 2,12, donde aparece en compañía de «los hermanos» de Jesús («su gente»), que no lo aceptarán como Mesías, y de los discípulos. Al culminar «la hora» de Jesús al pie de la cruz, la madre/resto de Israel es integrada en la nueva comunidad universal, representada por el discípulo predilecto (19,26s).

III. En Hch 1,14 María forma parte del grupo que espera la llegada del Espíritu.

Mesías. Término hebreo, "Mesías" = griego "Cristo" = Ungido, Consagrado.

I. Jn especifica que el título gr. "Cristo" corresponde al hebr. "Mesías" (1,41), el Ungido, que se aplicaba a los reyes de Israel. Refiere, pues, el título griego a la expectación mesiánica del tiempo, pero la unción de Jesús Mesías es el Espíritu (1,32s).

En el AT, el rey (1 Sm 2,10.35; 24,7, etc.; Sal 2,2.6, etc.). En el NT, Jesús (Mc 1,1; 8,29 par.), Rey (Mt 25,34; Jn 18,33; 19,19), consagrado por Dios (Mc 1,24; Jn 6,69), ungido por el Espíritu después de su bautismo (Mc 1,10s par.; Lc 4,18s; *cf.* Is 42,1; 61,1). Intercambiable con Mesías es «Hijo de Dios» (cf. Sal 2,2.7; Mc 14,61; Hch 8,37; 9,20; Rom 5,9s; 8,11; 2 Cor 1,19; Gál 1,12.16; 1 Jn 5,1.5.10). El título «Mesías» designa una misión en la historia; en el mundo helenístico equivale a «Salvador» (cf. Lc 2,11; Jn 4,42; Ef 5,23; Flp 3,20; 2 Tim 1,10; Tit 1,4; 2,13; 2 Pe 1,1.11; 1 Jn 4,14).

II. Expresada en términos proféticos, la misión del Mesías es liberar a los hombres de la opresión, implantar el derecho y la justicia en el mundo entero, dar la buena noticia a los pobres (Mt 11,15; 12,18-21). En términos del NT, formar una sociedad nueva como alternativa a la existente; la sociedad nueva se llama en los sinópticos «el reino de Dios» (cf. Mc 1,15). Pablo la llama metafóricamente «el Cuerpo (= cuerpo social)» (1 Cor 12,12ss) del que el Mesías es Cabeza (= jefe) (Ef 1,22; Col 1,18). La relación de amor y fidelidad entre el Mesías y su pueblo se expresa, como en el AT, con el símbolo conyugal (Ef 5,23-25; 2 Cor 11,2-3; cf. Os 2,16-18). El Mesías había de ser el jefe inmediato de toda la humanidad y no a través de Israel (Ef 3,3-7; Col 1,26s), aboliendo toda discriminación (Rom 10,12; 1 Cor 12,13; Gál 3,28; Ef 2,13-16; Col 3,11; cf. Ap 5,9; 7,9). Su pueblo es la Iglesia (1 Cor 12,13.17; Ef 1,22; Col 1,18) o comunidad mesiánica (Mt 16,18), pero el objetivo es la unidad del universo (Ef 1,10). El Mesías hace caducar la antigua alianza (2 Cor 3,14; cf. Heb 8,13) y la Ley (Rom 10,4), obstáculo a la unidad del género humano (Ef 2,14-16).

Constituye su comunidad no con leyes exteriores, sino infundiéndole el Espíritu (1 Cor 12,13; Rom 8,9); le comunica vida (Col 2,19; cf. Jn 10,10). Como la Cabeza, el Cuerpo es un pueblo de ungidos (1 Jn 2,20-27), de consagrados (1 Cor 1,2) por el Espíritu (1 Pe 1,2) y por el amor (Ef 1,4), de hijos de Dios (Rom 8,16; Gál 4,5; Ef 1,5; 1 Jn 5,1) y sus herederos (Rom 8,17; Gál 4,7). El amor mutuo es la característica, el vínculo y el factor de crecimiento del pueblo-Cuerpo (Ef 4,16; Col 3,14; cf. Jn 13,34s). Para construir la nueva sociedad, el Mesías equipa a los suyos con dones diversos (Ef 4,7.11s).

III. La sociedad judía rechaza al Mesías, y éste muere ajusticiado (Lc 22,37). Cruz sangre = muerte violenta en nombre de la Ley (Jn 19,7). Pero su muerte estaba prevista (Mc 8,31 par; Lc 24,26.46; Jn 10,18; Gál 1,4; 2,20) y es prueba del amor de Dios a la humanidad (Rom 5,8; 1 Jn 4,9s). Ella inaugura la época del favor de Dios (Rom 5,9; Gál 1,4.6), libera del pecado (Rom 6,3.10.14; 8,2; Col 2,11), que es el egoísmo (2 Cor 5,15), de la Ley (Rom 7,4; Gál 5,1), de los determinismos cósmicos (= lo elemental del mundo) reflejados en las observancias obligatorias (Gál 4,3.9.10; Col 2,20). Dios reivindica al Mesías y su obra resucitándolo (Rom 8,11; 1 Cor 15,15) y exaltándolo, confiriéndole el título divino de «Señor» (Flp 2,9-11). La resurrección del Mesías funda la fe y la esperanza (1 Cor 15,17-19), pues su glorificación es la de los suyos (Ef 2,6). El juicio futuro pertenece al Mesías y a los suyos (Rom 2,16; Mt 19,28; 1 Cor 6,2s).

La fe cristiana consiste en reconocer a Jesús como Mesías (Rom 3,22; Gál 1,12; 2,16) y en seguirlo, trabajando por la creación de una nueva sociedad (Ef 4,12-16).

IV. a) Juan atribuye a Jesús el título de Mesías ya en el prólogo (1,17), y Andrés, desde su primera entrevista con Jesús (1,41). Jesús se identifica como tal a la samaritana (4,25s). Durante su enseñanza en el templo, la gente se pregunta repetidamente si es el Mesías (7,26s.31.41s). Los dirigentes le piden que se declare Mesías (10,24). Reconocer a Jesús como Mesías es parte de la formulación de la fe en Jesús (11,27; 20,31).

Al Mesías se le designa como «el Hijo de Dios», en cuanto es su presencia y actúa como él, «el Esposo», en cuanto funda la nueva alianza, «el Consagrado por Dios», en cuanto ha sido elegido y ha recibido su unción, «el Pastor», en cuanto dirige al pueblo.

En 1,17, Jn opone Jesús Mesías a Moisés el legislador. El Mesías no legisla ni se apoya en la Ley, su obra está en la línea de la creación y consistirá en hacer que exista en el hombre el amor leal (1,17). La característica del Mesías Jesús es ser el portador del Espíritu: el Espíritu es su unción y en comunicarlo consiste su misión (1,33); así efectuará la liberación (1,29); es «el Cordero de Dios», cuya carne será alimento y cuya sangre librará de la muerte (1,29). Jesús comunica a sus discípulos la unción mesiánica (el Espíritu), para que ellos continúen su misión (17,17; 20, 22). El Mesías es también Maestro (1,38.49; cf. 3,2). La manifestación mesiánica de Jesús es su primer acto público (1,13ss). Su gesto se interpreta mal: los discípulos y los peregrinos que llenan Jerusalén proyectan en Jesús su ideal mesiánico violento (2,17.23-25); Nicodemo, el jefe fariseo, proyecta su ideal de Mesías maestro de la Ley (3,2).

b) El modo de obrar de Jesús ante el mundo injusto está compendiado en la exposición que hace ante Pilato de las características de su realeza (18,33-38). En primer lugar, Jesús no usa la fuerza para afirmar su derecho (18,36); en segundo lugar, su misión consiste en dar testimonio de la verdad (18,37). Con estos dos rasgos describe su postura ante «el mundo». Éste es un sistema de poder movido por el afán de lucro y gloria personal (2,16; 5,41-44; 7,18; 8,44a); sus armas para dominar son la violencia (homicida) y la ideología (mentiroso) (8,44). Jesús no se opone con la violencia a la violencia del poder, pero desenmascara «la mentira» dando testimonio de «la verdad». Ésta no consiste en una ideología opuesta, sino en la comunicación de vida (el Espíritu) al hombre, dándole la experiencia del amor de Dios (la verdad sobre Dios) y de la libertad y dignidad a que Dios lo llama (la verdad sobre el hombre).

Lo mismo que comunica el Espíritu, su unción mesiánica, hace participar de su propia realeza (cf. 19,12). Jesús no acepta que «lo hagan rey» (6,15); el hombre tiene que hacerse rey él mismo (19,12), llegando a la suma libertad y plenitud por su entrega total.

Reino de Dios. El término griego *basileia* significa: 1) realeza, dignidad real (Lc 19,12.15; 22,29; Jn 18,36); 2) reinado, gobierno; 3) reino, súbditos y territorio; 4) casa real, linaje real (Ap 1,6.9; 5,10).

1. Como en la tradición judía, *basileia* suele tener en el NT sentido di-

námico, «reinado» o «gobierno» de Dios: que Dios va a reinar es la buena noticia (Mt 3,2; 4,17.23; 9,35; 10,7; 24,14; Mc 1,14s; Lc 8,1; 19,11) y el mensaje (Mt 13,19). Dios va a realizar el ideal de rey justo, anhelado en el AT, defendiendo y protegiendo a los débiles, oprimidos, desvalidos y pobres contra el explotador (Sal 72,4.12-15; cf. Is 29,20). El manifiesto del reinado de Dios son las bienaventuranzas (Mt 5,3-10.12; Lc 6,20-26), y su programa aparece en los textos proféticos con los que Jesús explica su actividad (Mt 11,5s; Lc 4,16-21).

«El reino de Dios» es una denominación teológica de la sociedad alternativa que Jesús propone a la humanidad.

II. Ante la dominación extranjera, Israel puso su esperanza en una instauración gloriosa del Reino por medio del Mesías, que humillaría a los paganos; Elías habría de preparar su llegada (cf. Mt 11,14; 17,10). El reinado de Dios habría de inaugurarse con una especie de golpe de Estado que pondría fin a los reinos precedentes (Dn 2,44).

Jesús corrige esta concepción: distingue claramente las dos etapas del reinado de Dios, la histórica y la final.

a) Etapa histórica. El reino de Dios es la sociedad alternativa que responde al proyecto de Dios sobre el hombre. La entrada en ella se describe como presente y sucesiva (Mt 23,13); el reino de Dios se compara a una cosecha que va madurando (Mt 13,24-29.36-38), a un árbol que crece) a una masa que fermenta, a una red que va recogiendo peces buenos y malos hasta llenarse (Mt 13,31-33.47s). El reino de Dios se acepta (Mc 10,15); es el tiempo para negociar con el capital recibido (Lc 19,13; cf. Mt 25,15-17) y durante el cual se puede pecar (Mt 18,21.28s). Israel era destinatario del Reino (Mt 8,12), pero por su infidelidad deja de serlo; se formará otro pueblo (Mt 21,43 par.). La culpa es de los jefes, cuya religiosidad oficial encubre la infidelidad a Dios (Mt 21, 32.35-39).

b) Etapa final. La vida definitiva que comunica el Espíritu hace que la comunidad de Jesús (Mc 10,29) y los hombres que han practicado el amor al prójimo (Mt 19,16-19; 25,34) constituyan la etapa definitiva del reino, la humanidad en su estado final. La incorporación sucesiva a ella de los seguidores de Jesús que van dando la vida en la misión queda descrita en Mc 13,26-27 par. La expresión «cerrar la puerta» en Lc 13,25 se refiere al fin de la oportunidad de Israel como pueblo, aunque queda abierta para los individuos; las de Mt 13,30.39-43 (siega), 13,48-50 (separación de los peces), 25,10s (cerrar la puerta), 25,19 (rendimiento de cuentas, cf. Lc 19,11-27), son imágenes que proponen la suerte final, para estimular a la responsabilidad (cf. 22,11-13). En Mt, la fase final del Reino se llama «el reinado del Padre» (13,43; 26,29; cf. 1 Cor 15,24).

III. Para Jesús, la etapa histórica del reino de Dios no incluía la restauración del reino de Israel (Mc 12,35-37 par.; cf. Hch 1,6) ni la humillación de los paganos (cf. Is 34,8; 35,4c; 61,2b y Lc 4,16-21; Mt 11,5s). Tampoco se haría por un golpe divino de fuerza; Dios no coacciona, espera la opción personal del hombre (Mc 10,15; Lc 17,20s); habrá muchos fracasos (Mt 13,4-8.18-23 par.), pero la humanidad está preparada (Mc 4,26-29) y el éxito es seguro (Mt 13,31-33 par.).

El reino de Dios no es puramente interior, sino un hecho social con exigencias muy definidas; no consiste en profesar unas ideas, sino en realizar un nuevo modo de vida (Mt 7,21.24.26; 13,20s). Jesús forma un grupo que debe reflejar las características del reino (Mc 1,16-21a; 2,14-17 par.), para que garantice la permanencia de la alternativa y presente de hecho la meta que él propone (Mt 5,13-16).

El lugar donde Dios reina se identifica así con la comunidad de Jesús; «entrar en el reino de Dios» y hacerse seguidor de Jesús llegan a ser equivalentes (cf. Lc 18,22-24 y 14,33; Mt 18,4 y 20,26).

El mensaje de Jesús, que proclama las exigencias del reino, produce una profunda división (Lc 12,51; Mt 10,34 par.). La sociedad detestará a los que lo practican («la cruz»: Mt 10,38; 16,24 par.). Mientras el reino de Dios era lejano anuncio profético, todos decían desearlo, pero al hacerse realidad se desata la violencia contra él (Mt 11,12-14; Lc 16,16).

Ya la etapa histórica del reino asegura la felicidad (Mc 10,29s par.; cf. Mt 13,44-46). La vida en el reino definitivo se representa como un banquete (Mt 8,11; Lc 13,28s; cf. Mt 6,11; 26,29 par.; Lc 16,23) o como su equivalente, una fiesta (Mt 25,21.23).

IV. «El secreto del reino de Dios» (Mc 4,11; Mt 13,11 y Lc 8,10: «los secretos») se refiere en primer lugar a su universalidad (Mc 1,39-45; 2,1-13.14) opuesta al exclusivismo judío; ésta implica la igualdad de todos los hombres ante el reino y el fin del ideal judío de gloria nacional y dominio sobre las naciones; se crea la comunidad universal (2,15-17); paralelamente, cesan las instituciones de Israel, ineptas para la nueva realidad (Mc 2,18-22 par.); cesa incluso la Ley (2,23-28). El valor supremo es el hombre, y para promover su bien hay que estar dispuesto a arriesgar la vida (3,1-7a).